李天綱 主編

浦東歷代要籍選刊編纂委員會 編

傅遜集

[明]傅遜 撰

孫大鵬 袁雯君 整理

復旦大學出版社

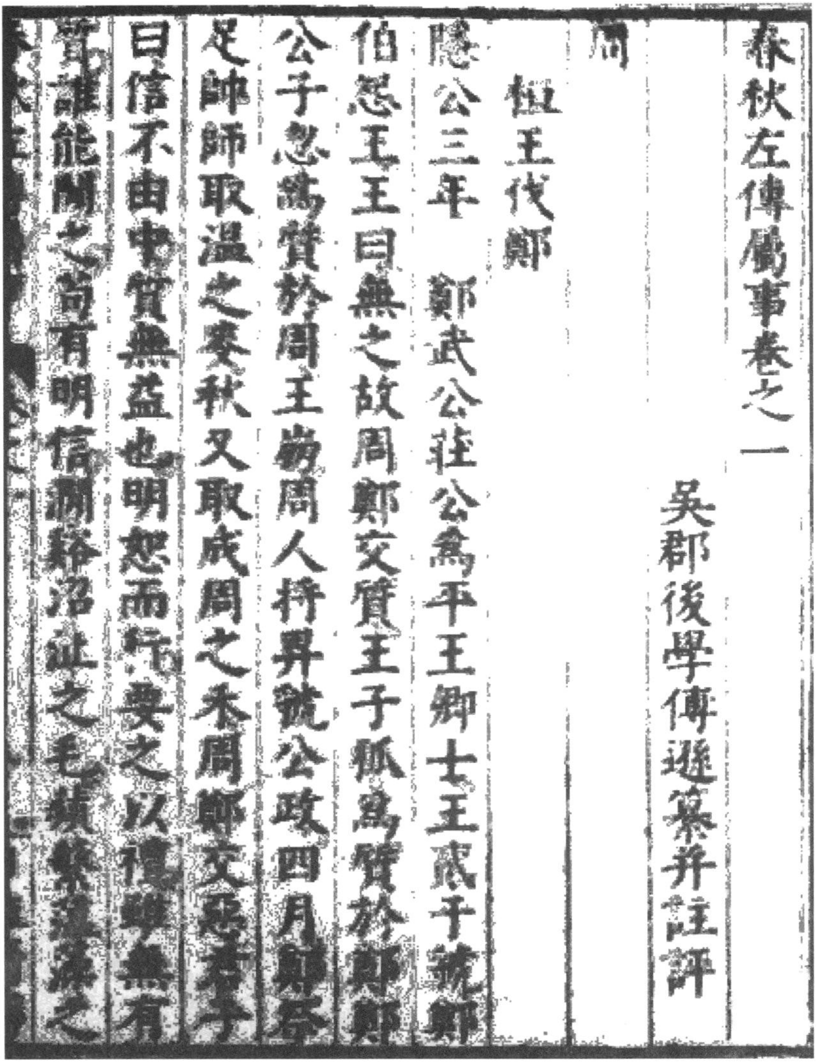
春秋左傳屬事卷之一

吳郡後學傅遜纂并註評

周

桓王伐鄭

隱公三年　鄭武公莊公爲平王卿士王貳于虢鄭伯怨王王曰無之故周鄭交質王子狐爲質於鄭鄭公子忽爲質於周王崩周人將畀虢公政四月鄭祭足帥師取溫之麥秋又取成周之禾周鄭交惡君子曰信不由中質無益也明恕而行要之以禮雖無有質誰能閒之苟有明信澗谿沼沚之毛蘋蘩薀藻之

《春秋左傳屬事》萬曆刻本書影

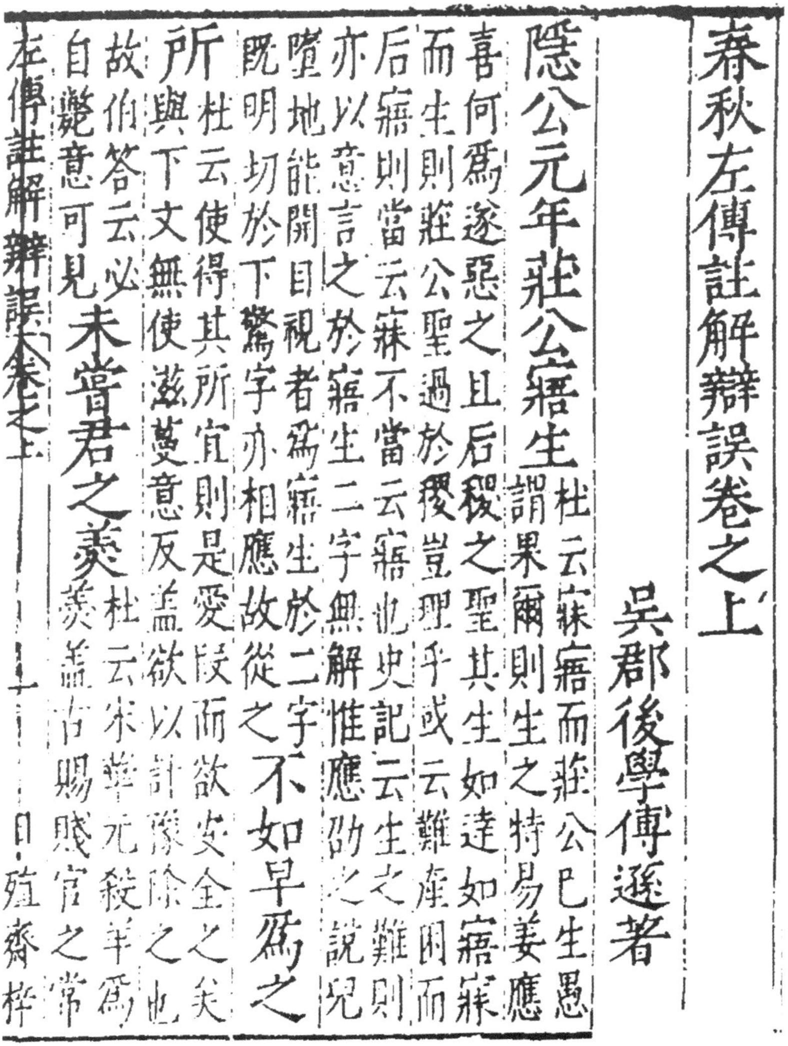
春秋左傳註解辯誤卷之上
吳郡後學傅遜著
隱公元年莊公寤生杜云寤寐而莊公已生愚謂果爾則生之特易姜應喜何爲遂惡之且后稷之聖其生如達如寤寐而生則莊公聖過於稷豈理乎或云難産困而后寤則當云寐不當云寤也史記云生之難則亦以意言之於寤生二字無解惟應劭之説兒墮地能開目視者爲寤生於二字既明切於下驚字亦相應故從之
不如早爲之所杜云使得其所宜則是愛段而欲安全之矣與下文無使滋蔓意反蓋欲以計除之也故仲荅云必自斃意可見
未嘗君之羹杜云宋華元殺羊爲羹蓋古賜賤官之常
左傳註解辯誤卷之上　十一　日殖齋梓

《春秋左傳註解辨誤》萬曆日殖齋補刻本書影

浦東歷代要籍選刊　編纂委員會

主　任　吳泉國

副主任　秦泉林　葛方耀　柴志光　吳才珺

委　員　丁麗華　朱峻峰　吳昊蕻　沈樂平　金達輝　孟　淵　邵　薇　施利民

唐湘根　唐正觀　莊　崚　馬春雷　許　芳　陳長華　陳偉忠　張劍容

張建明　張　堅　張澤賢　梁大慶　景亞南　費美榮　湯明飛　喬　漪

溫愛珍　楊　雋　潘　浩　趙鴻剛　盧　嵐　龍鴻彬

上海市浦東新區地方誌辦公室
上海市浦東新區政協學習和文史委員會　**編**

主　編　李天綱

副主編　柴志光　陳長華　金達輝　許　芳　張劍容

總序

葛劍雄

改革開放以來，浦東以新區的設立和其日新月異的發展面貌聞名於世，而此前還只是一個附屬於上海的地名。但這並不等於浦東的歷史是從二十世紀九十年代纔開始的，更不意味着此前的浦東没有自己的文化積累。

由於今上海市一帶至遲在西元十世紀已將河流稱之爲「浦」，如使上海得名的那條河即爲上海浦，一條河的東面就能被稱之爲「浦東」。因而「浦東」可以不止一個，但只有其中依託於比較大的、重要的「浦」而得名的「浦東」，方能成爲一個專用地名，並且能長期使用和流傳。這個「浦」自然非黄浦莫屬。

廣義的浦東是指黄浦江以東的地域，自然得名于黄浦江形成之後，但在兩千多年前的秦漢時期已經開始成陸，此後不斷擴大。黄浦這一名稱始見於南宋紹興二十八年（一一五八），是指吴淞江南岸的一條曾被稱爲東江的支流。此後河面漸寬，到明初已被稱爲大黄浦。永樂年間經夏元吉疏浚，黄浦水道折向西北，在今吴淞口流入長江。正德十六年（一五二一），經疏浚後的吴

淞江下游河道流入黃浦，此後，原在黃浦以東的吴淞江故道逐漸堙没，吴淞江成爲黃浦的支流，而黃浦成了上海地區最大河流。

南宋以降，相當於此後黃浦以東地屬兩浙路華亭縣。元至元二十九年（一二九二）析華亭縣置上海縣，此地大部改屬上海縣，南部仍屬華亭縣，北部一小塊自南宋嘉定十五年（一二二二）起屬嘉定縣。在明代黃浦下游河道形成後，黃浦以東地的隸屬關係並無變化。清雍正三年（一七二五）寶山縣設立，黃浦東原屬嘉定縣的北端改屬寶山。雍正四年，黃浦以東地的大部分設置了奉賢縣和南匯縣。嘉慶十五年（一八一〇），以上海縣東部濱海和南匯北部置川沙撫民廳（簡稱川沙廳），民國元年（一九一二）建川沙縣。但上海縣的轄境始終有一塊在黃浦之東，寶山縣也有一小塊轄境處於高橋以西至黃浦以東，故狹義的浦東往往專指這兩處。

一八四三年上海開埠後，租界與華界逐漸連成一片，形成大都市。一九二七年上海設特別市，至一九三〇年改上海市，其轄境均包括黃浦江以東部分，一般所稱浦東即此。一九五八年至一九六一年一度設縣，即以浦東爲名。川沙、南匯二縣雖屬江蘇，但與上海市區關係密切，故仍被視爲浦東，或稱浦東川沙、浦東南匯。一九五八年二縣由江蘇劃歸上海市後更是如此。

改革開放後，浦東新區於一九九二年成立，轄有南市、黃浦、楊浦三區黃浦江以東地、上海縣三林鄉，川沙縣撤銷後全部併入。至二〇〇九年五月，南匯區也撤銷併入浦東新區，則浦東已臻

名實相符。

故浦東雖仍有上海市域最年輕的土地，且每年續有增加，但其歷史文化仍可追溯一千多年。特別是上海建鎮、設縣以後，浦東地屬江南富裕地區，經濟發達，文教昌隆，自宋至清產生進士一百多名以及衆多舉人、貢生和秀才，留下大量著作和詩文。上海開埠和設市後，浦東作爲都市近鄰，頗得風氣之先，出現了具有全國影響的人物和著作。

據專家調查，浦東地區一九三七年前的人物傳世著作共有一千三百八十九種，其中收入四庫全書者十二種，列入四庫全書存目者十餘種，在小説、詩文、經學和醫學中均不乏一流作品。但其中部分已成孤本秘笈，本地久無收藏。大多問世後迄未再版，有失傳之虞。由於長期未進行搜集匯總，專業研究人員也難窺全貌，公衆不易查閲瞭解，外界更鮮爲人知。

浦東新區政府珍惜本地歷史文化，重視文化建設，滿足公衆精神需求，支持政協委員提案，決定由新區政協文史資料委員會和地方志辦公室聯合編纂浦東歷代要籍選刊。計劃以至少三年時間，選取整理宋代至民國初年浦東人著作一百種，近千萬字，分數十册出版。此舉不僅使浦東鄉邦文獻得以永續傳承，也使新老浦東人得以瞭解本地歷史和傳統文化，並使世人更全面認識浦東新區，理解浦東實施改革開放的內因和前景。

長期以來，流傳着西方人的到來使上海從一個小漁村變成了大都會的錯誤説法，完全掩蓋

了此前上海由一聚落而成大鎮、由鎮而縣、由縣而設置國家江海關的歷史。這固然是外人蓄意誤導的結果，也是本地人對自己的歷史和文化瞭解不夠、傳播更少所致。浦東自改革開放以來，外界也往往只見其高新技術產品密集於昔日農舍田疇，巨型建築崛起於荒野灘塗，而忽視了此前已存在的千年歷史和鬱鬱人文。況新浦東人不少來自外地和海外，又多科研、理工、財經、企管、行政專業人士，使他們全面深入瞭解浦東的歷史文化，更具現實和長遠的意義。

我自浦西移居浦東十餘年，目睹發展巨變，享受優美環境，今又躬逢浦東歷代要籍選刊編纂出版之盛事，曷其幸哉！是爲序。

二〇一四年六月於浦東康橋寓所

主編序

李天綱

地名：浦東之淵源

「浦東」，現在作爲一個「開發區」的概念，留在世人的印象中。一九九〇年代，「浦東」是國内外媒體上出現頻率最高的詞之一。一九九三年一月成立上海市政府直屬地方銀行，以「浦東發展銀行」命名，可見當代「浦東」之於上海的重要性。一九九二年十月，上海市政府執行國家「浦東開發」戰略，以川沙縣全境爲主體，將上海縣位於浦東的三林鄉，當年曾劃歸楊浦、黄浦、南市等市區管理的「浦東」部分合併，設立「浦東新區」。二〇〇九年，上海市政府又決定將地處黄浦江以東的南匯區（縣）全境劃入，成爲一個轄境一千四百二十九點六七平方公里的副省級行政單位，高於上海的一般區縣。「浦東」，作爲一個獨立的行政區劃概念，以强勢的面貌，出現於當代，爲世界矚目。

「浦東」一詞出現得晚，但絶不是没有來歷。浦東和古老的上海、松江和江南一起發展，已經有了上千年的歷史。固然，浦東新區全境都在三千年前形成的古岡身帶以東，所有陸地都是由長江、錢塘江攜帶的泥沙，與東海海潮的沖頂推湧，在唐代以後才形成的。上海博物館的考古隊，没有在浦東地區找到明以前的豪華墓葬。但是，這裏的土地、人物和歷史，與上海縣、松江府和江蘇省相聯繫，是江南地區吴越文明的繁衍與延伸。經過唐、宋時期的墾殖、開發和耕耘，浦東地區的經濟、社會和文化在明、清兩代登峯造極。川沙、周浦、横沔、新場這樣的鄉鎮日臻發達，絶非舊時的一句「斥鹵之地」所能輕視。

浦東新區由原屬上海市位於黄浦江東部的數縣，包括了川沙、南匯和上海縣部分鄉鎮重組而成。從行政統屬來看，浦東新區原屬各縣設立較晚。清代雍正四年（一七二六），從上海縣析出長人鄉，設立南匯縣； 嘉慶十五年（一八一〇），由上海縣析出高昌鄉，南匯縣析出長人鄉，加上八、九兩團，合併設立川沙撫民廳，簡稱川沙廳。開埠以後，租界及鄰近地區合併發展，迅速成爲「大上海」，上海、寶山、川沙等縣份受「洋場」影響，捲入到現代都市圈。南匯縣則因爲離市區較遠，和川沙仍皆隸屬於江蘇省松江府。一九一一年，中華民國建立後，廢除州、府、廳建制，南匯縣歸江蘇省管轄，川沙廳改稱川沙縣，亦直屬江蘇省。一九二八年，國民政府在上海設立特別市，浦東地區原屬寶山、川沙縣的鄉鎮高橋、高行、陸行、洋涇、塘橋、楊思等劃入市區。一九三七

年以後，日僞建立上海市大道政府、上海特别市政府，將川沙、南匯從江蘇省劃出，隸於「大上海市」。一九四五年抗戰勝利以後，國民政府恢復一九一一年建置，川沙、南匯仍然隸於江蘇省。一九五〇年，中華人民共和國公佈省、市建置，以上海、寶山兩縣舊境設立上海直轄市。浦東地區的川沙、南匯兩縣，歸由江蘇省松江專員行政公署管轄。一九五八年十月，中華人民共和國國務院將浦東的川沙、南匯兩縣，及江蘇省所轄松江、青浦、奉賢、金山、崇明等五縣一起，併入上海市直轄市。此前，一九五八年一月，江蘇省嘉定縣已先期劃歸上海市管理。

「浦東新區」之前，已經有過用「浦東」命名的行政區劃，此即一九五八年到一九六一年設置的「浦東縣」。一九五八年，爲「大躍進」發展的需要，上海市政府在原川沙縣西北臨近黄浦江地區，設立「浦東縣」，躍躍欲試地要跨江發展，開發浦東。「浦東縣」政府設在浦東南路，轄高橋、洋涇、楊思三個鎮，共十一個公社，六個街道。一九六一年一月，因工業化遭遇重大挫折，上海市政府在「三年自然災害」中撤銷了「浦東縣」，把東部農業型「東郊」區域的洋涇、楊思、高橋等鄉鎮，劃歸到川沙縣管理。沿黄浦江的「東昌」狹長工業地帶，則由對岸的老市區楊浦區、黄浦區、南市區接手管轄。「浦東縣」在上海歷史上雖然只存在了三年，卻顯示了上海人的一貫志向。即使在一九五〇年代的極端困難條件下，仍然懷揣著「開發浦東」的百年夢想，只要有機會，就想幹一下。

現代的「大上海」，原來是從上海、寶山兩縣的土地上生長起來的。明代以前，上海、寶山仍以吴淞江（後稱「蘇州河」）劃界。吴淞江以北的「淞北」，屬寶山縣；吴淞江以南的「淞南」，屬上海縣。吴淞江是松江府之源，「松江」，原名就是「淞江」，「府因以名」。按明正德松江府志的説法，「吴淞江，後以水災，去水從松，亦曰松陵江」。水克火，木生火，「淞江」去「水」，從「木」爲「松江」，上海果然「火」了。清代以前，上海士人寫的方志、筆記、小説，以及他們的堂號室名，都用「吴淞」、「淞南」作爲郡望。一六〇七年，徐光啟和利瑪竇合譯幾何原本，在北京刊刻，便是署名「泰西利瑪竇口譯，吴淞徐光啟筆受」，自稱「吴淞」人。另外，清嘉慶年間上海南匯人楊光輔編淞南樂府，光緒年間南匯人黄式權編淞南夢影録，昆山寓滬文人王韜（一八二八—一八九七）作淞隱漫録、淞濱瑣話，採用「淞南」、「吴淞」之名説上海，可見明、清文人學士，都用吴淞江作爲上海的標誌。吴淞江是上海的母親河，而「黄浦江是母親河」，只是一九八〇年代以後冒出的無知説法。

明、清時期的黄浦是一條大河，卻不是首要的幹流。方志裏的「水道圖」，都把「吴淞江」置於「黄浦」之前。「黄浦」，一説「黄歇浦」的簡稱，僅是一「浦」，並不稱「江」。在上海方言中，「浦」大於河，小於江，如周浦、桃浦、月浦、上海浦、下海浦……黄浦流經太湖流域，水流較清，經閔行、烏泥涇、龍華等鎮，匯入吴淞江。吴淞江受到長江泥沙的影響，水流較濁，淤泥沉澱，元代以後逐漸

堰塞。於是，原來較爲窄小的黃浦不斷受流，成爲松江府「南境巨川」。明代永樂元年（一四〇三），上海人葉宗行建議開鑿范家浜，引黃浦水入吳淞江，共赴長江。從此，江浦合流，黃浦佔用了吳淞江下游河道。黃浦江的受水量和徑流量，大約在明代已經超過吳淞江了。但是在人們的觀念中，黃浦江仍然没有吳淞江重要，經濟、交通和人文價值還不及後者。康熙上海縣志的「水道圖」，仍然把吳淞江和黃浦畫得一樣寬大。從地名遺跡來看，地處吳淞江下游的「江灣」，並非黃浦之灣，而是吳淞江之灣。同理，今天黃浦江的入口，並不稱爲「黃浦口」，依然是「吳淞口」。

黃浦江以東地區在唐代成陸，大規模的土地開發則是在宋代開始，於明代興盛。宋、元兩代，浦東地區產業以鹽田爲主，是屬華亭縣的「下砂鹽場」。從南匯的杭州灣，到川沙的長江口，「大團」到「九團」一字排開，團中間還有各「竈」的開設。聯繫各「竈」，設立爲「場」，爲當年的曬鹽場，「大團」、「六竈」、「新場」的地名沿用至今。隨著海水不斷退卻，海岸不斷東移，鹽業衰落，明代以後浦東地區便繼之以大規模的圍海造田，農業墾殖。早期的浦東開發，在泥濘中築堤、圍墾、挖河、開渠、種植，異常艱辛。爲了鼓勵浦東開發，元代至元年間的松江知府張之翰向中央申請減税，他描寫浦東人的苦惱，詩曰：「黃浦春風正怒號，扁舟一葉渡驚濤；諸君來問民間苦，何用潮頭幾丈高。」算是一位瞭解民間疾苦，懂得讓利培本的地方官。

隨著浦東的早期開發，以及浦東人的財富積累，「浦東」以獨特的形象登上了歷史舞臺。「黃

浦江」的概念在清末變得重要起來，上海人的地理觀念由此也經歷了從「淞南—淞北」到「浦東—浦西」的轉變。至晚在明中葉，「浦東」一詞已經在上海人的日常生活中使用。萬曆上海縣志載：「由閘江而下，若鹽鐵塘、沈家莊，若周浦，若三林塘，若楊淄樓，此爲浦東之水也。」「閘江」，即後之「閘港」，在南匯境內；「鹽鐵塘」、「沈家莊」，今天已不傳，地域在南匯、川沙交界處；「周浦」、「三林塘」在川沙境內；「楊淄樓」在今「楊家渡」附近。「浦東」，顧名思義是東海之內、黃浦以東的廣大地區，是泛稱，非確指。明清時，因爲黃浦到楊樹浦、周家嘴匯入吳淞江，故「浦東」只指南匯、川沙地區，還沒有包括當時在吳淞江對岸、屬寶山縣的高橋地區。歷史上的「浦東」一詞，只是方位，並非地名。同治上海縣志卷首「上海縣南境水道圖」中解釋：「是圖南起黃浦中界蒲匯塘，而浦東、西之支水在南境者並屬焉。」這裏的「浦東」，仍然僅僅是指示方位。通觀清代文獻，「浦東」一詞並沒有作爲地名，在自然地理、行政地理的敘述中使用。

時至清末，「黃浦」的重要性終於超過「吳淞江」，同治上海縣志說：「（松江）一郡之要害在上海，上海之要害在黃浦，黃浦之要害在吳淞所。」黃浦取得了地理上的重要性，主要是它成爲中外貿易的要道，近代上海是從黃浦江上崛起的。一八四三年，上海開埠以後，華界的南市（十六鋪）和英租界（外灘）、法租界（洋涇浜）、美租界（虹口）連爲一體，在幾十年間迅速崛起，這一段河道，只屬於黃浦，不屬於吳淞江。更致命的是，一八四八年上海道臺麟桂和英國領事阿禮國修訂

上海租地章程的時候，英語中把「吳淞江」翻譯成了「蘇州河」(Soo Choo River)，作爲英租界的北界。「蘇州河」以外灘爲終點，從此以後，吳淞江下游包括提籃橋、楊樹浦、軍工路、吳淞鎮的岸線，在現代上海人的心目中就專屬「黄浦」，「黄浦」由此升格爲「黄浦江」。囊括上海、寶山、川沙三縣的「大上海」，也正式地分爲「浦東」和「浦西」。「後殖民理論」的批評者，可以指責英國殖民者用「蘇州河」取代「吳淞江」，還捏造出一條「黄浦江」。但是，我們的解釋原理是既尊重歷史，也承認現實。從自然地理來看，原來用東西向的吳淞江，把上海分爲「淞南」、「淞北」，是一個局促的概念，確實不及用南北向的黄浦江分爲「浦西」、「浦東」更爲大氣與合理。地理上的重新區分，順應了上海的空間發展，以及上海人的觀念演化，更反映了上海的「近代化」。

認同：浦東之人文

浦東的地理，順著吳淞江、黄浦江東擴；浦東的人文，自然也是上海、寶山地區生活方式的延續與傳承。「開發浦東」是長江三角洲移民運動的結果。明清時期的上海，已經是一個移民導入地區，北方人、南方人來此營生的比比皆是。但是，當時的「浦東開發」，基本上是上海人民的自主行爲，具有主體性。四百多年前，歷史上最爲傑出的上海人徐光啟，就是浦東開發的先驅。

徐光啟是上海城裏人，中國天主教會領袖，編農政全書，號召國人農墾。話說有一位姓張的北京人，是帝都裏最早的天主教徒，他「由利瑪竇手領洗，後來徐光啟領他到上海，在徐宅服務。不久，即在黄浦江邊墾種新漲出之地，因而居留焉」。京城的張姓移民，在徐光啟的幫助下站住腳跟，歸化爲上海人。徐光啟後裔徐宗澤在中國天主教傳教史概論中説，這塊灘地，就是現在浦東的「張家樓」。

元代黄巖人陶宗儀，因家鄉動亂，移民上海，「避兵三吳間，有田一廛，家於淞南，作勞之暇，每以筆墨自隨」，遂作南村輟耕録。松江府華亭（上海）一帶果然是逃避戰亂、修生養息、耕讀傳家的好地方。上海的一個神奇之處，就在於這一片魚米之鄉，還總有灘地從江邊、海邊生長出來，而且平坦肥沃，風調雨順，易於開墾。願意吃苦的本地人、外地人，都很容易在浦東獲得更多的土地，過上好日子。子孫繁衍，數代之後就成爲佔據了整村、整鎮的大家族。「朱、張、顧、陸」，史稱江東大族，浦東的衆姓分佈也是如此。南匯縣周浦鎮朱氏，以萬曆年間朱永泰一族的事跡最堪稱道。徐光啟没有及第之前，永泰曾請他來浦東教授自家私塾。徐光啟位居相位之後，召他兒子入京辦事，永泰居然婉拒。直到順治十六年，永泰的孫子朱錦在南京一舉考取南榜「會元」，選爲庶吉士。朱錦秉承家風，「決意仕途，優游林下」（閲世編），淡泊利禄，不久就致仕回浦東，讀書自怡，專心著述。浦東士人，因爲生活優裕，方能富而好禮。

浦東張氏，舉新場鎮張元始家族爲例。張元始爲崇禎元年進士，曾爲户部侍郎。滿洲入侵的關頭，他回到松江、蘇州地區爲支用短缺的崇禎皇帝籌集軍餉，調運大批錢糧，北上抗清。東林黨爭，他「彈劾不避權貴」（閱世編），「性方嚴，不妄交游，留心經濟」（光緒南匯縣志）。浦東籍的士人，多有耿直性格。浦東顧氏，舉合慶鎮顧彰爲例。江南顧氏，傳説是西漢封王顧余侯之後，川沙顧氏則是明代弘治十八年狀元顧鼎臣家族傳人。顧鼎臣（一四七三—一五四〇），昆山人，位居禮部尚書，任武英殿大學士，明中葉以後家族繁衍，散佈在昆山、嘉定、寶山、川沙一帶。太平天國戰亂之後，江南經濟恢復，川沙人顧彰在村裏開設一家店鋪，額爲「顧合慶」。生意成功，周圍店家不斷開設，數年之内，幡招林立，成了市鎮，人稱「合慶鎮」。顧彰「開發浦東」有功，兩江總督端方請朝廷賞了顧彰的長子懿淵一個五品頭銜，顧彰的孫子占魁也被録取爲縣庠生。

浦東陸氏，我們更可以舉出富有傳奇的陸深家族爲例。陸深（一四七七—一五四四），松江府上海縣人，高祖陸餘慶以上世居馬橋鎮，元季喪亂，曾祖德衡遷居到黄浦岸邊的洋涇鎮。這樣一户普通的陸姓人家，累三世之耕讀，到陸深時已經成爲浦東的文教之家。弘治十四年（一五〇一），陸家院内的一棵從不開花的牡丹，忽然開出百朵鮮花，當年陸深在南京鄉試中便一舉奪得「解元」。後來大名鼎鼎的昆山「狀元」顧鼎臣和陸深同榜，這次卻被他壓在下面。陸深點了翰林，做過國子監祭酒，也給嘉靖皇帝做過經筵講官，但接下來的官運卻遠遠不及顧鼎臣，只在山西、浙

江、四川外放了幾次布政使。陸深去世後，嘉靖皇帝懷念上課時的快樂時光，也只給他加贈了一個「禮部侍郎」的副部級頭銜。不過，陸深給上海留下了一個大名頭：陸家宅邸、園林和墳塋地塊，在黃浦江和吳淞江的交界處，尖尖的一嘴，清代以後，人稱「陸家嘴」。

浦東地區的南匯、川沙，原屬上海縣，這裏和江南的其他地區一樣，物産豐富，人物鼎盛，文教繁榮，産生了許許多多的世家大族。「朱、張、顧、陸」的繁衍，是浦東本地著名大姓的例子。事實上，外來移民只要肯融入上海，即使孤身一人，也能在浦東成家立業，樹立自己的家族。無錫華氏家族，元代末年有一位華嶽（字太行），因戰亂離散，來到上海，在浦東横沔鎮蘇家入贅。按本地習俗，人稱爲「招女婿」，近似於「打工仔」。然而，華嶽一表人才，並不見外，奮身於鄉里，他「風姿英爽，遇事周詳，一鄉倚以爲重」（轉引自吳仁安明清時期上海地區著姓望族）。這位「引進人才」在蘇家積極工作，耕地開店，帶領全村發家致富，族人居然允許他自立門户，用華氏名義傳宗接代。乾隆初年，華氏子孫「增建市房，廛舍相望」（南匯縣志·疆域·邑鎮），這就是浦東名鎮「横沔鎮」的起源。管窺蠡測，我們在浦東横沔鎮華氏家族的復興故事中，看到了明、清時期上海社會接納外來移民的良性模式。寄居浦東，入籍上海，認同江南，融入本土社會，這是外來者成功的關鍵。「海納百川」，是上海本地人的博大胸襟；「融入本土」，則更應該是外來移民的必要自覺。浦東人講：「吃哪里嗒飯，做哪里嗒事體，講哪里嗒閒話。」熱愛鄉土，服務當地民衆福

祉，維護地方文化認同，如天經地義一般重要。

南匯、川沙原來都屬於上海縣，清代雍正、嘉慶年間剛剛分别設邑，爲什麽會在清末就有一個和上海「浦西」相對應的「浦東人」的認同發生？ 這是值得思考的問題。「浦東人」，就是明、清時期的「上海人」，他們在近代歷史上形成了一個子認同（sub-identity）。二十世紀開始，「浦東人」和黄浦江對岸的「大上海」既有聯繫，又有分别，大致可以用文化理論中的「子認同」來描述。十九、二十世紀中，浦東的地方語言，和上海市區方言差距拉大； 浦東的農耕生活，和市區的大工業、大商業有些不同。 儘管朱其昂、張文虎、賈步緯、楊斯盛、陶桂松、李平書、黄炎培、葉惠鈞、穆藕初、杜月笙等一大批川沙、南匯籍人士活躍於上海，但是「浦東」是他們口中念念的家鄉，「上海」是他們心中一個異様的「洋場」，因爲「大上海」的文化認同更加寬泛。

清末民初時期，占人口約百分之十的上海本地人，接納了約百分之九十的外地人、外國人，這裏熔鑄出一種新型的文化。「華洋雜居，五方雜處」，現代上海人的認同要素中，不但包括了蘇州、寧波、蘇北、廣東、福建、南京、杭州、安徽、山東人帶來的文化因數，還有很多英國、法國、美國、德國、日本的文化因數。「阿拉上海人」，是一個較大範圍的城市文化認同（identity）；「我伲浦東人」則是一個區域性的自我身份（status）。 熟悉上海歷史的人都知道，兩者之間確有一些微妙的差異。 但是，這種不同，互相補充，互爲激蕩，屬於同一個文化整體。 這種差異性，正説

明上海文化的内部，自身也充滿了各種「多樣性」(diversity)，並非一個專制體。文化，是拿來欣賞的，不是用作統治的。上海的「新文化」，有過一種文化上的均勢，曾經對「五方」、「華洋」的不同文化加以欣賞。在這個過程中，浦東地區保存的本土傳統生活方式，是「大上海」的母體文化，支撐了一種新文明。無論浦東文化是如何迅速地變異和動盪，變得不像過去那樣傳統，但它卻真的曾以「壁立千仞，海納百川」的胸襟，接納過世界各地來的移民。它是上海近代文化(俗所謂「海派文化」)的淵源，我們應該加倍地尊重和珍視纔是。

傳承：浦東之著述

直到明、清，以及中華民國的初期，江南士人的身份意識仍然是按照鄉、鎮、縣、府、省的單位，一級一級，自然而然，由下往上地漸次建立起來的。日常生活中，江南士人都主動或被動以自己的地望作爲身份，如「徐上海」、「錢常熟」、「顧崑山」地交際應酬，不會只用一個「中國人」的表面身份來隱藏自己。只有當公車顛沛，到了「帝都魏闕」，或厠身擠進了「午門大閱」，沾上些許皇帝的虛驕，纔會偶爾感到自己是個「中國人」。儒家推崇由近及遠，由裏而外，漸次推廣的傳統人際關係，有相當的合理性。在此過程中，不同地域的人羣學會了尊重各自的方言、禮節、習俗、

飲食和價值觀念，在一個「多樣性」的社會下生存。今天，「多元文化觀」在「國家主義」盛行的二十世紀，以及「全球化」横掃的二十一世紀，面臨著巨大的困窘。如何在當今社會發掘傳統，面對危機，重建認同，是一件很重要的事情。

二十世紀中，在現代化「大上海」的崛起中，上海地區的學者和出版家，一直努力將江南學術的優秀傳統，匯入「國際大都市」的文化建設，出版地方性的文獻叢書便是一種做法。一九三六年，負責編寫上海通志的上海通社整理刊刻了上海掌故叢書第一集十四種，後因「抗戰」、「内戰」發生，没有延續。一九八七年，華東師範大學出版社編輯影印了上海文獻叢書，共五種。一九八九年，上海古籍出版社標點排印了上海灘與上海人叢書，共二十三種。縣區一級的文獻叢書，有松江文獻系列叢書（上海社會科學院出版社，二〇〇〇年），共十二種；嘉定歷史文獻叢書（中華書局，二〇〇六年），線裝，二輯。在基層文化遺産保護前景堪憂的大局勢下，地方傳統文獻的整理出版工作倒是在各地區有識之士的堅持下，努力從事。上海浦東新區地方志辦公室的同仁們，亟願爲浦東文化留下一份遺産，編輯一套浦東歷代要籍選刊。復旦大學出版社憑藉獨有的學術組織能力和編輯實力，積極參與這一出版使命。這樣的工作，對開掘浦東的傳統内涵，維護當地的生活方式，發展自己的文化認同，都具有重要意義，無疑應該各盡其力，加以支持。

編纂浦東歷代要籍選刊，首要問題是如何釐定作者的本籍，將上海地區的「浦東人」作者挑

選出來。清代中葉之前，現在浦東新區範圍内的土地和人民並不自立，當時並沒有「浦東人」。但是，明、清時期江南地區的鄉鎮社會異常發達，大部分讀書人的籍貫，往往可以追究到鎮一級。爲此，我們在確定明、清時期的浦東籍作者時，都以鎮屬爲依據。那些或出生，或原居，或移居，或寓居在現在浦東地區鄉鎮的作者，儘管著述都以「上海縣」、「華亭縣」、「嘉定縣」標署，但隨著清代初年「南匯縣」、「川沙縣」，以及後來「浦東縣」、「浦東新區」的設立，理應歸入「浦東」籍。

例如：高橋籍舉人孫元化（一五八一—一六三二）追隨徐光啟，有著作幾何體用、幾何演算法、泰西算要等傳世。當時的高橋鎮在黄浦東岸，屬嘉定縣，孫元化的籍貫當然是嘉定。清代雍正二年（一七二四），嘉定縣析出寶山縣，孫元化曾被視爲寶山人。一九二八年，高橋鎮劃入上海特別市的浦東部分，從此孫元化可以被認定爲「浦東人」。陸深的浦東籍貫身份，也可以如此確定。明史本傳稱：「陸深，字子淵，上海人。」按葉夢珠閱世編·門祚記載，陸深科舉成功後曾移居上海城裏，居東門，稱「東門陸氏」。然而，陸深的祖居地及其墳塋，均在浦東陸家嘴，理當被視爲「浦東人」。相對於原本就出生在浦東地區的陸深、孫元化而言，黄體仁自陳「黄氏世爲上海人」（曾大父汝洪公曾大母任氏行實，收入黄體仁集），進士及第爲官後，即在城裏南門内擴建宅邸，黄家裏巷命名爲黄家弄（黄家路）。另外，黄體仁的父母去世後，也安葬在西門外周涇（西藏南路）的黄家祖塋（參見先考中山府君先妣瞿孺人繼妣沈孺人行實），是地地道道的上海人。黄

體仁之所以被認定爲浦東人，是因爲他在九歲的時候，爲躲避倭寇劫掠，曾隨祖母和母親在浦東避難，並佔用金山衛學的學額，考取秀才，進而中舉、及第。科場得意以後，他才回到上海城裏，終老於斯。明代之浦東，屬於上海縣，他甚至不能算是「流寓」川沙。然而，從黄體仁的曲折經歷，以及後來的行政劃分來看，他在川沙居住很久，確實也可以被劃爲「浦東人」。

選擇什麼樣的作者，將哪一些的著述列入出版，這是編纂浦東歷代要籍選刊的第二個難點。唐宋以前，浦東地區尚未開發，撰人和著述很少，可以不論。到了明、清時期，浦東地區開發有年，文教大族紛紛湧現，人才輩出，著述繁盛，堪稱「海濱鄒魯」，絶非中原學人所謂「斥鹵之地」可以藐視。按復旦大學古籍整理研究所近年來數篇博士論文的收集和研究，明、清時期上海浦東地區的著者人數，不亞於松江府、蘇州府其他各縣。據初步研究統計，清代中前期有著作存世的松江府作者人數共五百二十五人，其中華亭縣（府城）一百四十七人，上海縣一百二十三人，婁縣六十五人，青浦縣六十人，金山縣五十一人，南匯縣三十一人，奉賢縣二十二人，川沙縣二人，未詳二人。這其中，南匯、川沙屬於今天浦東新區，都是剛剛從上海縣劃分出來。以南匯縣本籍作者三十一人爲例，加上列在上海縣的不少浦東籍作者，這個新建邑城境内的文風一點不比其他縣份遜色。此項統計，可參見杜怡順復旦大學博士論文上海清代中前期著述研究。

明代天啟、崇禎年間，以松江地區爲中心，有「復社」、「幾社」的建立。那幾年，江南士人的文

章風流和人物氣節，盡在蘇、松、太一帶。經歷了清代順治、康熙年間的高壓窒息，到乾隆、嘉慶年間，上海地區的文風又有恢復。順應蘇州、松江地區的「樸學」發展，「家家許鄭，人人賈馬」，這裏做考據學問的人也越來越多。因此，浦東學者也和其他江南學者一樣，在經、史、子、集的研究上下過功夫。易、書、詩、禮、樂、春秋的「經學」，二十四史之「史學」，天文、地理、曆算、農、醫、兵、雜、小説，詩文詞曲，釋、道教，「三教九流」的學問都有人做。在這樣豐富的人物著述中，挑選和編輯浦東歷代要籍選刊，是綽綽有餘，裕付自如。

浦東地區設縣（南匯、川沙）之後的二百年間，各類學者層出不窮。以清末學者爲例，周浦鎮人張文虎（一八〇八—一八八五）以諸生出生，專研經學，學力深厚，卓然成家。道光年間，他幫助金山縣藏書家錢熙祚校刻守山閣叢書，一舉成名。一八七一年，張文虎受邀進入曾國藩幕府，破格録用，負責「同光中興」中的文教事業。他刊刻船山遺書，管理江南官書局，最後還擔任南菁書院山長。張文虎學貫四部，天文、算學、經學、音韻學，樣樣精通。按當代南匯縣志的統計，他著有舒藝室雜著、鼠壤餘蔬、周初朔望考、懷舊雜記、索笑詞、舒藝室隨筆、古今樂律考、春秋朔閏考、駁義餘編、湖樓校書記和詩存、詩續存、尺牘偶存等著作，實在是清末「西學」普及之前少見的「經世」型學者。

一八四三年，上海開埠以後，浦東地區的學者得風氣之先，來上海學習「西學」，成爲中國最

早的一批精通西方學術的學者。李杕（一八四〇—一九一一），名浩然，字問漁，幼年在川沙鎮從鎮人莊松樓經師學習儒家經學。一八五一年，李杕來上海，入徐家匯依納爵公學，學習法文、文學和科學。一八六二年加入耶穌會，一八七二年按立爲神父，一九〇六年繼馬相伯之後，擔任震旦學院哲學教授和教務長。李杕創辦和主編益聞報、格致彙報、聖心報等現代刊物，傳播西方科學、哲學和神學，著有理窟、古文拾級、新經譯義、宗徒大事録等，還編輯有徐文定公集、墨井集等。這樣一位貫通中西的複合型學者，在清末只有他的同班同學馬相伯等寥寥數人堪與之比。如果説明、清時期的浦東士人還是在追步江南，與蘇、松、太、杭、嘉、湖學風「和其光，同其塵」的話，那開埠以後的浦東學者在「西學」方面確是脱穎而出，顯山露水。

「且頑老人」李平書（一八五一—一九二七）是高橋鎮人，父親爲寶山縣諸生，太平天國佔領江蘇時以難民身份逃到上海。十七八歲時，纔獲得本邑學生資格，進入龍門書院學習。這位浦東學子聰明好學，進步神速，不久就擔任字林報、滬報主筆，在城廂内外宣導「改良」，開設自來水廠。一八八五年，經清廷考試，破格録用他爲知縣，在廣東、臺灣、湖北等地爲張之洞辦理洋務，樣樣「事體」做得出色，且一心維護清朝利益。李鴻章遇見他後，酸溜溜地説「君從上海來，不像上海人」，算是對他的肯定與表揚。李平書確是少見的洋務人才，他奉行「中體西用」，一手創建了上海城廂工程局、警察局、救火會、醫院、陳列所等。最後，他還從張之洞手中要到了「地方自

治權」，擔任上海自治公所的總董(市長)。李平書在一九一一年辛亥革命高潮中轉而支持革命黨，可見「且頑老人」是一位深明大義的上海人——浦東人。在仍然提倡士宦合一、知行合一的清末，李平書也有重要著述，他的新加坡風土記、且頑老人七十自述、上海自治志都是上海社會變革的佐證。

浦東地區的文人士大夫，經歷了明清易代，又看到了清朝覆滅，還親手創建了中華民國，所謂「歷代」，愈來愈精彩，浦東人參與的歷史也愈來愈重要。孫元化、陳于階(康橋鎮百曲村人)等浦東人，爲抗禦清朝獻出生命； 李平書、黃炎培、穆湘玥一代浦東人，參與締造了中華民國；黄自、傅雷這樣的浦東人，爲中國的現代藝術做出了獨特貢獻； 還有像張聞天、宋慶齡這樣的浦東人，厠身於中國的共産主義運動。這些浦東人都有著述存世，品類繁多，卷帙浩瀚，選擇起來頗費斟酌。我們以爲，刊印浦東歷代要籍選刊應該本著「厚古薄今」的原則，對那些本來數量不多，且又較少流傳的古籍，包括在上海圖書館、復旦大學圖書館收藏的刻本、稿本和抄本，盡可能地借此機會搶救和印製出來，以饗讀者。至於在民國期間，直到現在經常用平裝書、精裝書形式大量出版的近現代浦東人的著作，則選擇性收入。

出版一部完善的地方文獻叢書，還會遇到很多諸如資金、體例、版式、字體、設計等人力、物力方面的問題。好在有浦東新區政協文史委員會和地方志辦公室的鼎力支持，復旦大學出版社

的精心組織，加上全國和復旦大學歷年畢業的學者，以及相關專業的博士後、博士生的積極參與，浦東歷代要籍選刊一定能圓滿完成。受浦東新區政協文史委員會和地方志辦公室，以及復旦大學出版社的邀請，由我擔任本叢書主編，感到榮幸的同時，也覺得有不少責任。因教學、研究事務繁鉅，不能從事更多工作，但一定會承擔相應的策劃、遴選、審讀、校看和復核任務，做出一部能夠流傳、方便使用的文獻集刊，傳承浦東精神，接續上海文化。

二〇一四年八月十五日

暑假，於上海徐匯陽光新景寓所

浦東歷代要籍選刊　編纂凡例

一、地域範圍。選刊所稱之浦東，其地域範圍為今黄浦江以東浦東新區和閔行區浦江鎮所屬區域。

二、人物界定。祖籍浦東並居住在浦東的人物，祖籍浦東但寓居於外地（包括今上海其他地區）的人物，長期寓居於浦東的外地籍（包括今上海其他地區）人物，其撰寫的著作均在選刊範圍之內。清初浦東地區行政設置前，人物籍貫以浦東地區鄉鎮為準。

三、年代時限。所選著作的形成時間範圍，為南宋至國民政府時期（一一二七—一九四九）。

四、選錄標準。南宋至清嘉慶時期（一一二七—一八二〇）浦東人物所撰寫的著作原則上均予刊錄；清道光至民國末年（一八二一—一九四九）浦東人物所撰寫的著作擇要選刊。本籍人士所撰經、史、子、集四部著作，或日記、年譜、回憶錄等近代著述，不分軒輊，擇其影響重大者刊印。

五、編纂方式。依據古籍整理的通行規則，刊印文獻均用新式標點，直排繁體。選擇較早的底本，參照各本，並撰寫整理說明，編輯附錄。除附書影外，凡有人物像和手跡者亦附錄。尊重原著標題、卷次及文字，以存原始。

六、版本來源。所選各底本，力求原始。底本多據上海圖書館、復旦大學圖書館藏本，絕大多數著作為首次整理和刊佈。

整理説明

傅遜字士凱①，明代太倉人②。早年從歸有光熙甫遊學，嘉靖三十三年倭寇崑山，有光入城籌守禦事，士凱請縋城出，詣軍府告急，竟得兵以解圍，于是縉紳服其才氣焉③。士凱身長八尺，偉儀觀，喜談當世之務（同治蘇州府志卷第九十三），卻畢生「困頓場屋」。萬曆三年乙亥（一五七

---

① 傅遜於萬曆癸未（一五八三）作左傳註解辨誤序云：「遜於古人皆極崇仰，元凱資兼文武，尤深敬慕，嘗更賤名以志效法之意。」則他早年並不名士凱。檢歸有光崑山縣倭寇始末書，曾記嘉靖三十三年倭寇崑山，四月十八日傅遜爲「敢死士」縋城出請救兵，五月初十日「生員龔良相、徐偉、傅繼善奮義冒死請兵」，不知此生員傅繼善是否即傅遜早年之名，存疑。明清時生員須循年資選送爲貢生，儒林外史第四十五回余持曰：「生員離出貢還少十多年哩。」若此傅繼善果即傅遜，他至萬曆三年方選貢生，距此年計二十一年之久，可知四庫提要説他「困頓場屋」誠爲實言，時人深惜之。

② 諸方志及著録，記士凱之里籍，皆作太倉，或作時太倉所屬之嘉定，同治蘇州府志卷第九十三又云「徙崑山」，四庫提要亦云「太倉人」，光緒寶山縣志卷之九又云「居江東」。按乾隆時江東屬直隸太倉州寶山縣依仁鄉八都，即今上海市浦東新區高橋鎮。光緒寶山縣志卷之九又記載士凱之孫沖之「居高橋」，可證。

③ 諸傳記多記士凱早年「以節義自負」（乾隆江南通志卷一百五十九人物志），故而他于危急時刻有此膽略，可謂學行一致之「敢死士」。歸有光崑山縣倭寇始末書云：「當夜，鄉大夫蠟書，募敢死士縋城而下，自間道往，請救于代巡孫公。」

五）選貢生①，以歲薦爲嵊縣訓導（同治蘇州府志卷第九十三），十二年甲申（一五八四）補建昌教諭②，後選傅河南王以歸。

士凱少好讀書，至老不倦，其學長於論古今成敗，論者謂其馳騁文辭雖不能及乃師歸熙甫，而持論常屈之③。尤好春秋左氏傳，歸鄉後續成同門友王執禮之志，仿建安袁樞紀事本末之體，變編年爲屬事，更張附益爲春秋左傳屬事二十卷，同時又猥會衆説而折之衷，創以己意，作春秋左傳註解辨誤一卷。二書因體例完備謹審，又考證弘深精覈，尤擅場於地理之學，頗得古人讀史之遺意，而用心深至，推讓前賢，勝於文人相輕者多矣，故而受後人推賞，閻若璩自稱「苦愛斯語，以爲其一言破的處」。朱彝尊經義考稱揚士凱「論事之得失，悉中肌理」。至清嘉慶間經學家洪亮吉作春秋左傳詁，多有引用④。

---

① 嘉慶直隸太倉州志卷十五選舉，光緒寶山縣志卷之九同。

② 據春秋左傳屬事卷末潘志伊左傳屬事後敍。

③ 萬曆嘉定縣志卷十二人物考中。

④ 又如清許宗彥鑒止水齋集卷十一書廟祧考後大段節引士凱之相關考證，全文如下：「明傅遜左傳注解辨誤云：「自鄭康成以超訓祧，後世皆承其誤。貞山（陸粲別字）深主魏了翁説，以傳中所注祧爲遠祖，皆謬。愚疑不決，思之累年。考諸書，皆以祧爲遠祖廟，無有爲魏説者。然此衛成公於獻公爲曾祖，非親盡也，何得爲祧？又昭元年鄭子羽曰『其敢愛豐氏之祧』，而豐氏僅大夫兩世，何遠祖之有？則祧爲超之義也蓋可疑。又攷周禮大宗伯『守祧，奄八人，女祧，每廟二人，奚四人』，則祧不在廟數明矣。下云『廟則有司修除之』，蓋致其詳敬之意。祧則令守祧黝堊之，爾雅『地謂之黝，牆謂之堊』，地與牆非廟之兆域，而何又云以超訓祧？字義迂遠無當。从兆从示，爲祧本義，切而當矣。」按魏、陸、傅三家之意，以祧爲兆域是也，謂即廟之兆域則於遠廟爲祧不合。余考中罕及後人之説，故録而存之，俟覽者詳焉。

士凱於考據精審外，亦留心義理，多有通達之説。春秋左傳屬事卷十一：「竊謂簡論獻公之敗德是矣，所論象數非也。夫天地間有理斯有氣，有氣而象數固已畢具乎其中矣，物由以生，豈緣物始有乎？又豈有先後之分乎？簡固淺乎爲言，而杜更繆用以解。」今按韓簡所云「物生而後有象，象而後有滋，滋而後有數。」本有所滯礙，士凱辟之甚是。又如朱子嘗批評左傳常常以成敗論人物，頗中肯綮，春秋左傳屬事卷十五亦云：「惠公竊國，朔惡極矣，二公子討其罪而立黔牟，義之正也。不幸而無成，乃以『不度』名之，左氏以成敗論人類如此！」

左傳注解辨誤卷之上，辨析「用鼓」「用牲」，述及有得于「小孫沖之」，歎以前人之博且精，而見不如一孺子云云。知士凱有孫名沖之。據萬曆嘉定縣志卷之十有傅沖之，注云：字孝玄，遜之孫。乾隆江南通志卷一百三十選舉志，萬曆三十一年癸卯舉人科有傅沖之，注爲嘉定人。同治蘇州府志卷六十一載有傅沖之，注云：「孝轅，嘉定學。」則沖之字孝玄，同治蘇州府志避諱改爲字孝轅。檢光緒寶山縣志卷之九：

傅沖之字孝元，居高橋，萬曆三十一年舉人，選休寧敎諭，擢知湖廣均州①。州有武當山，司香中貴强與州事，沖之持法不少挫。璫恚之，欲中以危法，遂謝事去。司銓者重之，改補直隸州

---

① 康熙徽州府志卷之四「教喻」下有：「傅沖之，嘉定人，舉人，萬曆四十三年任。」道光休寧縣志卷之七「教喻」下有：「傅沖之，嘉定人，舉人。萬曆四十三年任。」康熙均州志卷二「知州」下有：「傅沖之，蘇州人，舉人，天啓七年任。」光緒襄陽府志卷弟十九「均州知州」下有：「傅沖之，蘇州人，舉人。七年。」按二府志記沖之天啟七年任均州知州，均州（今湖北省丹江口市均縣鎮）時屬襄陽府，乃楚之上游，爲數省之湊。

知州，終以廉直罷。庭植白皮古松，日婆娑其下，仿淵明庭柯句，賦白陶詞以見志。唐時升、程嘉燧並有白陶詩。

士凱生前「困厄以抑鬱」，著述「多悲慨語」，平生事跡能考者甚少，即生卒年亦不能確知，謹附記孫沖之所能僅得之行跡於此，以略發前人之幽光。而士凱之名能附左傳以傳後世，若使「蚤顯，豈復得餘暇爲此」？春秋左傳註解辨誤卷末士凱外甥金兆登於甲申春二月五日題跋云：「籍令終不顯，又烏足悲而慨也！」可見時人之推許。

春秋左傳屬事及春秋左傳註解辨誤二書，萬曆以後學者多有措意，焦竑國史經籍志、錢謙益絳雲樓書目、萬斯同明史、黄虞稷千頃堂書目、續文獻通考經籍考、續通志藝文略、張廷玉明史、乾隆江南通志藝文志、同治蘇州府志、光緒寶山縣志等皆有著録，唯書名略有出入而已。今人王重民氏中國善本書提要（上海古籍出版社一九八三年版）有春秋左傳屬事二十卷十册，明萬曆十三年乙酉刻本，乃據明祁承㸁澹生堂藏書目著録。

又士凱之其他著述，明祁承㸁澹生堂藏書目有春秋名號歸一圖一卷，朱彝尊經義考卷二百三有春秋古器圖一卷存目，清陳昌圖南屏山房集卷十九有春秋古器圖一卷，續通志卷一百六十六圖譜畧有春秋古器圖（未著卷帙），同治蘇州府志卷一百三十七有左傳奇字古字音釋一卷、春

秋古器圖（注云二書並見縣志），以上之著述，今皆不見，當已亡佚。

本次整理傳遜集，收入春秋左傳屬事二十卷及春秋左傳註解辨誤二卷，并附以相關士凱傳記資料。春秋左傳屬事以萬曆十三年乙酉刻本和四庫全書本對照整理而成。春秋左傳註解辨誤據萬曆二十五年丁酉日殖齋補刻本整理而成。春秋左傳屬事萬曆乙酉刻本每一卷下有「吴郡後學傳遜纂并注評」，又有「退耕堂藏書印」，書口有「日殖齋梓」。四庫全書本據此本抄録，每一卷下作「明傳遜撰」。春秋左傳註解辨誤由日殖齋刊刻于萬曆十二年甲申，士凱于萬曆二十五年丁酉在原版多有挖改及增補，今校理出全部改動痕跡，以見士凱詳覈得失之苦心。

在整理過程中，春秋左傳屬事之最末一卷，錢勇先生有所助益。復旦大學出版社杜怡順先生對全書多有訂正，謹致謝忱。唯時間較緊，點校舛誤必不能免，敬請讀者指正爲幸。

二〇一五年七月

總目

春秋左傳屬事……一
春秋左傳註解辨誤……六八三
附録……八二九

春秋左傳屬事

春秋左傳屬事目録

春秋左傳屬事序……八
凡例……一四
春秋左傳屬事卷一……一七
周……一七
桓王伐鄭……一七
子克子頹子帶之亂……二〇
王臣争政周公閱　王孫蘇　周公楚
王叔陳生……二六
定靈昏齊……二八
劉康公敗于茅戎……二九
景王讓晉……三〇
王臣喪亡成肅公　王子佞夫　單獻公
單成公　原伯　甘悼公　鞏簡公……三二
子朝之亂……三四
王朝交魯……四七
春秋左傳屬事卷二……五一
伯……五一
齊桓公之伯……五一
宋襄公圖伯……六四
晉文公之伯附襄公繼伯……六七

春秋左傳屬事卷三……八六
伯……八六
晉靈公楚穆王争伯……八六
楚莊王之伯……九〇
晉景公楚共王争伯……一〇七
春秋左傳屬事卷四……一二三
伯……一二三
晉楚鄢陵之戰……一二三
晉悼公復伯……一三三
春秋左傳屬事卷五……一五六
伯……一五六
晉平公楚康王争伯……一五六
晉楚爲成……一七〇
春秋左傳屬事卷六……一八四
伯……一八四
楚靈王之亂……一八四
晉失諸侯……一九八
春秋左傳屬事卷七……二二五
魯……二二五
隱公攝國……二二五
文姜之亂附莊公忘讎……二三二
魯與邾、莒之怨……二三五
季康子搆怨邾齊邾事附……二四七
春秋左傳屬事卷八……二五六
魯……二五六
魯與宋衛之好……二五六
小國交魯……二六〇
魯取小國……二六九
孔夫子仕魯……二七〇
列卿世嗣之變孟獻子之立　叔孫穆子之立

季悼子孟孝伯臧爲之立　叔孫昭子之立
孟懿子之生　臧會之立　季康子奪嫡……二七三
春秋左傳屬事卷九……二八八
魯……二八八
三桓弱公室……二八八
春秋左傳屬事卷十……三三一
魯……三三一
陪臣交叛南蒯之叛　陽虎之亂　侯犯之叛　公孫宿之叛……三三一
内外災異……三三〇
郊祀蒐狩……三四七
城築……三五〇
春秋左傳屬事卷十一……三五三
晉……三五三
曲沃篡晉……三五三
獻公滅虞號……三五六
驪姬之亂……三六〇
并諸戎狄……三七六
長狄之亡附……三八一
春秋左傳屬事卷十二……三八三
晉……三八三
卿族廢興……三八三
春秋左傳屬事卷十三……四二六
齊……四二六
襄公滅紀……四二六
襄公之弒……四二七
桓公五子爭立……四三〇
靈公滅萊……四三四
崔慶之亂……四三五
景公納燕伯……四四九
景公納莒郊公……四五〇
田氏傾齊……四五二

春秋左傳屬事卷十四……四七〇
宋……四七〇
殤公之弑……四七〇
閔公之弑……四七五
昭公之弑……四七七
桓族之亂……四八〇
子罕之賢……四八二
華向之亂……四八四
桓魋之亂……四九二
景公滅曹……四九六
大尹亂政……四九七
春秋左傳屬事卷十五……五〇〇
衛……五〇〇
州吁之亂……五〇〇
惠公竊國……五〇二
文公定狄難……五〇四
甯武子弭晉難……五〇六
孫甯廢立……五〇九
靈公之立……五一九
莊公出公父子争國……五二二
春秋左傳屬事卷十六……五三三
鄭……五三三
莊公克叔段……五三三
莊公入許……五三五
厲公篡國……五三七
穆公之立……五四二
靈公僖公之弑……五四四
西宮純門之難……五四六
子産相國……五四九
滅許……五七一

高克曼滿石制駟秦之敗……五七三
春秋左傳屬事卷十七……五七五
秦……五七五
納芮取梁……五七五
穆公霸西戎……五七六
秦晉交伐……五八四
春秋左傳屬事卷十八……五九三
楚……五九三
武王伐隨……五九三
屈瑕敗鄖敗絞伐羅……五九六
文王滅息鄧敗蔡黄……五九七
成王滅弦黄夔……六〇〇
成王之弑……六〇一
穆王滅江蓼六……六〇三
子燮子儀子越之亂……六〇三
三王滅庸舒……六〇五
五令尹代政……六〇八
平王得國……六一四
春秋左傳屬事卷十九……六二六
吴楚……六二六
吴通上國……六二六
闔廬入郢……六三七
春秋左傳屬事卷二十……六五三
楚吴越……六五三
昭王復國……六五三
白公勝之亂……六五九
楚滅陳……六六二
勾踐滅吴……六六七
春秋左傳屬事後叙……六七八
春秋左傳屬事後叙……六八〇

春秋左傳屬事序

史之體不一，而編年其正也。三代以前邈矣，罕睹焉，唯左氏發夫子筆削之旨而著傳。司馬君實奉英宗命而脩通鑑，上下二千餘年，蓋灝乎無不苞矣。司馬子長離腐刑之慘，發其忿毒而爲本紀、世家、列傳等言，似重乎其人。袁仲樞因通鑑以纂紀事本末，似重乎其事。至夫藝文類聚與錦繡萬花、合璧事類等書，似重乎其物。吾嘗評之，重乎人者，慕古尚友考世之士斯多取焉；重乎事者，經世制變撥亂致理之士斯多取焉；重乎物者，則鉤句摘事攟摭媲偶之士斯多取焉。是皆魁人墨士各任其志好，攄幽發粹，志實載往，以流惠乎後人者也。吾姍黨傅遜士凱氏，少抱志略，挫抑沉鬱於時，用袁氏體纂左傳屬事，以稍自露其長。予謂國語、戰國策、太史公八書已類是，非始於袁氏也。而士凱之所自負者，尤在訓詁中，自謂能革千載之譌。予觀其明簡雅覈，多以意悟於注家，誠可稱善。若祧廟、七音、筮短龜長數事，皆探前人微旨，抉其疑似而暢衍之，非漫爲臆説也。至弁髦、下二如身，雖已較勝舊説，而士凱猶自懷疑，從予正之。予謂：「冠禮算位本如是，特「弁髦」句於文氣覺拗然，古人文字亦多有然者。」其他大者無慮百餘條，小者數百，

皆去杜之舛，以發左之意。其有杜本無謬而爲他説所詿誤者，仍辨之以復於杜。左氏之詭於正者，亦以義裁之，使無誖乎聖人之訓，誠亦可謂卓爾不羣者矣。會其左宦引歸，貧不自聊，亟欲此書之布於世，數遺予書曰：「公爲序之，既冕其首，而尤附之翼也。」予謂凡古之立言以圖不朽者，孰不同是心哉？顧其顯晦也似有數焉。司馬史記今家藏士習，好之甚於六經，而更兩漢猶不顯，獨楊惲以其自出能讀之耳。韓昌黎文爲七大家之冠，或以配孟子，亦更四百餘年至歐陽永叔而始大行。是編也蓋不與二書侔，然觀其比事而屬之也，俱有意義焉。如齊桓之霸，始以鮑之薦管，其不能勝楚也以子文。晉悼之復霸，始以荀罃之歸，而其後之失霸也，以范鞅諸臣之賄。其他事事必指要陳詞，昭爲誠鑒，務思有益於世，非徒逞辨博、摽奇麗，爲搦管濡翰之資已也。有天下國家之責者俯而讀之，其必會於衷，而發其志智者多矣。使世之君子惟榮顯之圖，或雕蟲之是工，則匪直是編，諸古籍皆覆瓿類耳。如以措大自任、體國經治爲懷，則是編也將靡翼而横飛矣。序與不序也，奚與乎？予惟重有望於天下之士焉爾。吴郡王錫爵撰。

春秋左傳屬事序

昔者夫子春秋成而三氏翼之，左氏嘗及事夫子，其好惡與之同，而又身掌國史典故，其事最詳而辭甚麗。公、穀二氏私淑之子夏，而以能創義例，有所裨益於經學，士大夫多習之。其爲左氏而顯者，漢丞相張蒼、諸王太傅賈誼、京兆尹張敞、太中大夫劉公子、丞相翟方進之屬。賈誼至爲之訓故，然終不得與二氏並。而中壘校尉劉歆始篤好之，至移書太常博士明其屈，幾用此獲罪，其後獲竝立於學官。而晉征南大將軍杜預深究晢，其學復傳之而稱，其或先經以始事，或後經以終義，或依經而辨理，或錯經以合義。自杜預之傳行而左氏彬乎粲然，公穀反不得稱並矣。宋有胡安國者，負其精識，以爲獨能得夫子褒貶之微意，衷三氏而去取之。自胡氏之傳行而三氏俱絀，獨爲古文辭者尚好左氏，不能盡廢之。而所謂好者，好其語而已爾。於是稱左史者，舍經而言史。大抵史之體有二，左氏則編年，而司馬氏乃紀、傳、世家。編年者貴在事，而紀、傳、世家貴在人。貴在事則人或略而尚可推，貴在人則事易複而於天下之大計不可以次第得。然自司馬氏之紀、傳行，而後世之爲史者亡所不沿襲。當左氏時，所謂晉之乘、楚之檮杌，以至魏之汲冢，

其簡者若倣經，而詳者則爲左。其後奪於司馬氏，雖有荀悦、袁宏之類，然不甚爲世稱説。而能法左氏之編年者，司馬氏之後人光也。光所著史曰資治通鑑，其文雖不敢望左氏之精鑿，要亦有以繼之而上下千餘年，其事爲年隔而不能整栗。建安袁樞取而類分之，名曰紀事本末，而左氏其祖禰也，顧未有若袁樞者出。而吾鄉傅遜氏，少有雄志，博涉曉兵，尤好推前代理亂大原，謂左氏足以發其奇，益覃思詳索而融貫其義，用袁樞法而整齊之。其大體先王室，次盟主，次列國，次外夷，取事之大者與國之大者比，而小者附見焉。不必如訓家之所謂張本、爲伏、爲應，一舉始而終遂瞭然若指掌。其它句爲之故，字爲之考，雖不能不資之杜氏，而杜氏之有舛僻者，亦掊而正之，必使之無負乎左氏而後已。故執杜氏以治左氏，十而得八，執傅氏以治左氏，十不失一。且也爲杜而左者難，爲傅而左者易。故夫傅氏者左氏之慈孫，而杜氏之諍臣也。漢之時左氏故不能大重如公穀，而爲之者如嚮所稱三張、賈生輩，皆通達國體。而公穀之學，公孫弘用以繩下，而張湯傅爲峻文決理，又請用博士弟子治之者補廷尉史。雖以董江都之賢，而不能免於決事比之刻，豈所謂屬事者多達而析義者易深耶？使傅氏及是時而成此書，令三張、賈生者見之，其有裨於漢治當何如也？傅氏今雖尚墨墨守學官，部使者已從守令科三論薦矣，其將使之展而效之時哉！

吴郡王世貞撰。

春秋左傳屬事序

古史之存寡矣，唯左氏釋經以著傳，故魯二百五十五年之史獨完，而諸國事亦往往可以概見。雖當世衰季，篡弑、攻奪、烝姣之醜不絶於篇，而其間英臣偉士名言懿行猶足爲世規准。至戰、陳、射、御、燕、享、辭、命、卜、筮，皆非後世之所能及。蓋以去古未遠，而先聖之法尚有存焉故也。然體本編年而紀載繁博，或一簡而幾事錯陳，或累卷而一事乃竟，或以片言而張本至巨，或以微事而古典攸徵。兹欲遡流窮委，尋要領而繹旨歸，蓋亦難矣。自司馬子長變古法以爲紀、傳、世家等言，而後之作史者卒不能易。名編年者雖自荀悦以後無慮四十家，而書不多存，事無通會。至宋司馬文正始粹一千三百六十二年之事，以爲通鑑，而趙興智滅，實以上接左氏襄子惎智伯事。建安袁氏復因之，以纂紀事本末，使每事成敗始終之迹一覽而得，讀史者咸便而葆之。遜嘗欲祖其法以纂左傳事，而先師歸熙甫謂當難於通鑑數倍。遜頗悟其旨，取王敬文本蒧而成焉。懼其事繁紊且遺也，故於諸國事各以其國分屬而仍次第之。於時王道既衰，伯圖是賴，故以伯繼周，而凡盛衰離合大故，皆使自爲承續，而不列於諸國之中。以其文古，須註可讀，元凱好

之，自謂成癖，而其集解乃多紕繆疎略。或傳文未斷而裂其句以爲之註，如防川介山失其奇勝，且意義亦難於會解。遜故竟其篇章而總用訓詁於後，并參衆説，酌鄙意，僭爲之釐正焉。又讀胡身之註通鑑，時有評議，以發明其事之得失，輒慕而效之，其是非或不大誖於聖人，而微藴亦因以少見。遜少好讀史，兹傳雖以釋經，而與後之言經者多牴牾難合，故經不能强明，而獨耽其文辭，視以古史，妄纂兹録，名曰春秋左傳屬事，頗自謂得古人讀史之遺意，有助於考古者之便云。然袁氏書爲世所好，而事多遺脱，稍有錯誤，若得爲之補其遺，正其誤，而更益之以宋與元，使數千百年成敗興衰之故，皆得並論而詳列之，豈非生平之一快也哉？而未敢必其能與否也。噫！理難至當，人莫自知，以古人之賢猶不能無失，矧遜於古人無能爲役，寧不百其失乎？唯祈知言之君子不鄙而教之。時皇明萬曆十有三年乙酉初夏日，吴郡後學傅遜士凱自序。

凡例

一 列諸國先後，俱依經文。事既分屬，而小國以事交於某國者，即附見於某國之中。

一 纂事從題，無題從類。凡事與題稍相涉者，因爲附見，以無遺古史之文。

一 凡一事而宜分見兩屬者，則置於所重之中，而於其輕者則從節，仍云詳見某處。又有因事起事而於他事爲要本事無與者，則直置於他事，而云餘見某處。凡節文皆空一字，以別於全文。若有一二句從節者，止空一字，不復云詳見、餘見。

一 凡雖一事而歲月既久，枝節自繁，則於一題之内又分數題，其年月亦因其内事以爲先後。如三桓弱公室、小國交魯之類。

一 有大事而中有數事不可分析者，則於二事之交加一圈以別異之。如隱公攝國、晉楚争伯之類。

一 杜註於一事之始云爲某事張本，於終則云終某人之言，今事既類聚，故俱不用。其云在某公幾年者，今云在某事内。

一　此編本爲明達者之資，故多總括其意以註，而於字句或畧焉，以待觀者之自悟。悟而得之，則得之於心也固。

一　凡名物度數不可以意求者，則俱從詳，且以備檢考焉。

一　凡註或仍或革，於必然無疑者則直解，其中不復致辨。其有疑似難析，古制難辨，必須詳考乃定、深思方得者，則於去取創見之際俱不敢苟，故另爲辨誤二卷，以求正於博雅。其或無可考據、思之不得者，則並存其説，以并求正焉。

一　有本不必註而先爲杜註所謬者，則亦解之以正，其謬或見於辨誤中。

一　左氏好以成敗論人，凡於生死治亂之先，必預爲徵兆而後以事爲應驗，固有未必盡然者，先儒譏之以誣，當矣。然於世教有補，故皆因焉。而有悖倫傷化之極者，不得已而畧評數語於中，以明大義。凡評議仍用小圈以別於訓註，總評於後者則用大圈。

一　傳中地名，元凱皆釋以晉時所名，今皆易以昭代之制。古蹟晉有而今無者，則加舊字以存疑。未有考者姑闕，前見者從略。於其事有關係者，仍從詳。

一　杜於晉朝元皇后喪議，太子應既葬除服，故凡傳中喪制皆曲爲強解以信其説，先儒謂其巧飾經傳，以附人情，今註中悉爲釐正。

一　傳中於一人或以名，或以字，或以謚，或以邑，錯見於一事之中，觀者卒難別識。今於

一人始見，即詳其姓名字謚等，庶使易曉。

一　傳中多古字通用，及奇字難識，或以一字屢見，若悉爲音釋，似覺太繁，故另分部音釋，附於辨誤之前。

一　傳中有三代器名，以形不明，故義亦難解，今皆考而圖其形，并爲好古者之一資。

春秋左傳屬事卷一

周

桓王伐鄭

隱公三年　鄭武公、莊公爲平王卿士，王貳于虢，鄭伯怨王，王曰：「無之。」故周鄭交質，王子狐爲質於鄭，鄭公子忽爲質於周。王崩，周人將畀虢公政。四月，鄭祭足帥師取温之麥。秋又取成周之禾，周鄭交惡。君子曰：「信不由中，質無益也。明恕而行，要之以禮，雖無有質，誰能間之？苟有明信，澗谿沼沚之毛，蘋蘩薀藻之菜，筐筥錡釜之器，潢汙行潦之水，可薦於鬼神，可羞於王公。而況君子結二國之信，行之以禮，又焉用質？風有采蘩采蘋，雅有行葦泂酌，昭忠信也。」卿士，王卿之執政者，鄭父子秉周政。虢，西虢公，今陝西寶雞縣有虢國城，時亦仕王朝。貳，欲分政於虢也。以物相贅曰

質。狐，平王子。忽，莊公子。畀政，成先王意。祭足，鄭大夫，字仲。温，今河南温縣。成周，今河南洛陽縣。周四月秋，計麥禾猶未熟，取之者或爲圉牧用耳。交惡，相疾也。君子稱言，明恕開誠逮人也。禮，典秩。山夾水曰澗，水出於山曰谿。沼，池。沚，小渚。毛，草也。蘋，大萍。蘩，皤蒿。薀、藻，亦二水草。筐方筥圓，皆竹。錡有足，釜無足，皆金。潢汙，停水。行潦，流潦。羞，進也。風，國風，義取不嫌於薄物。雅，大雅。行葦，義取忠厚。泂酌，義取雖行潦可以供祭祀。○於此周與鄭等，而勢更出鄭下，陵夷極矣。左氏如此敘事，亦豈體乎？

六年　冬，鄭伯如周，始朝桓王也。王不禮焉，周桓公言於王曰：「我周之東遷，晉鄭焉依。善鄭以勸來者，猶懼不蔇，況不禮焉？鄭不來矣。」桓王即位久，至是始朝。桓公，名黑肩。周，采地。公曰後也。平王東遷，晉文侯、鄭武公左右王室，故曰依。蔇，至也。

八年　夏，虢公忌父始作卿士於周。于此遂畀之政。八月丙戌，鄭伯以齊人朝王，禮也。鄭伯不以虢公得政而背王，故爲禮。

九年　夏，宋公不王，鄭伯爲王左卿士，以王命討之，伐宋。秋，鄭人以王命來告伐宋。不王，不共王職。爲左，則與虢公分任。來告，乘魯怨宋也，詳見隱公攝國。

十年　六月，戊申，公會齊侯、鄭伯于老桃。壬戌，公敗宋師于菅。庚午，鄭師入郜。辛未，歸于我。庚辰，鄭師入防。辛巳，歸于我。君子謂：「鄭莊公於是乎可謂正矣，以王命討不庭，不貪其土，以勞王爵，正之體也。」蔡人、衛人、郕人不會王命。秋七月，庚寅，鄭師入郊，猶在郊，宋人、衛人入鄭，蔡人從之伐戴。八月，壬戌，鄭伯圍戴。癸亥，克之，取三師焉。宋、衛既入鄭，

而以伐戴召蔡人。蔡人怒，故不和而敗。九月，戊寅，鄭伯入宋。冬，齊人、鄭人入郕，討違王命也。老桃、菅，宋地。防、郜，宋邑。鄭伯後期而公獨敗宋師，故鄭頻獨進兵以入郜、防。入而不有，命魯取之。下事上皆成禮庭中，故不王曰不庭。勞者敘其勤以答之。魯侯爵尊，鄭伯爵卑，故言勞王爵。鄭師還，駐遠郊，故宋、衛得乘虛入其國。蔡從宋、衛，在戴，以不得同入鄭之功，不和，故鄭得圍之於戴，而皆取之。戴，國，今爲河南考城縣。郕亦國，在今山東汶上，縣北有郕國城。

十一年　秋，王取鄔、劉、蔿、邘之田于鄭，而與鄭人蘇忿生之田温、原、絺、樊、隰郕、欑茅、向、盟、州、陘、隤、懷。君子是以知桓王之失鄭也。恕而行之，德之則也，禮之經也。己弗能有，而以與人。人之不至，不亦宜乎？鄔、劉在今河南偃師縣境，舊有鄔聚、劉亭。蔿，闕。邘，河南懷慶縣有邘臺村。俱鄭田。温，前見。原，河南濟源縣。絺，在河南河内縣境。樊，一名陽樊，河南濟源縣有曲陽城爲其地。隰郕，河南懷慶府有期城爲其地。欑茅，河南修武縣有欑城。向，河南濟源縣有向城。盟，河南孟縣有孟城。州、陘，闕。隤，在河南修武縣境。懷，亦屬修武縣，有懷城。俱蘇忿生田。忿生，周武王司寇，時其後叛王。田本自據。恕則人心協而德順禮序，故爲則爲經。

桓公五年　王奪鄭伯政，鄭伯不朝。秋，王以諸侯伐鄭，鄭伯禦之。王爲中軍。虢公林父將右軍，蔡人、衛人屬焉。周公黑肩將左軍，陳人屬焉。鄭子元請爲左拒，以當蔡人、衛人。爲右拒，以當陳人，曰：「陳亂，民莫有鬬心，若先犯之，必奔。王卒顧之，必亂。蔡、衛不枝，固將先奔，既而萃於王卒，可以集事。」從之。曼伯爲右拒，祭仲足爲左拒，原繁、高渠彌以中軍奉公，

爲魚麗之陳。先偏後伍，伍承彌縫。戰于繻葛。命二拒曰：「旝動而鼓。」蔡、衛、陳皆奔，王卒亂，鄭師合以攻之，王卒大敗。祝聃射王中肩，王亦能軍。祝聃請從之，公曰：「君子不欲多上人，況敢陵天子乎？苟自救也，社稷無隕，多矣。」夜，鄭伯使祭足勞王，且問左右。奪，悉不使之與也。前忌父，此林父，疑皆虢公字。子元，鄭公子。拒，方陣。司馬法，車二十五乘爲偏，五人爲伍，以車居前，以伍次之，承偏之隙而彌縫之，此蓋魚麗陣法。繻葛，鄭地。旝，旃也，通帛爲之，蓋大將之麾，執以號令。王軍敗身傷，猶殿而不奔，故曰能軍。鄭伯斂軍問勞，稍存臣禮。曼伯、原繁、高渠彌、祝聃，皆鄭大夫。○鄭伯雖已不臣，而動假命以行，猶有尊周之心焉，可撫而御也。既易其田，又奪之政，是驅之叛矣。及討其不朝，能虞其不以兵禦耶？而遂親將以行也，至兵敗身傷，復受其勞問，而不自恥也，哀哉！

七年　夏，盟、向求成於鄭，既而背之。秋，鄭人、齊人、衛人伐盟、向。王遷盟、向之民于郟。前王以二邑與鄭，故求成。郟，王城，今爲河南府治。

子克子頹子帶之亂

桓公十八年　秋，周公欲弒莊王，而立王子克。辛伯告王，遂與王殺周公黑肩，王子克奔燕。初，子儀有寵于桓王，桓王屬諸周公。辛伯諫曰：「並后、匹嫡、兩政、耦國，亂之本也。」周公弗從，故及。莊王，桓王太子。克其弟，字子儀。辛伯，周大夫。周公見前。燕，南燕，今河南胙城縣即其地。妾如后，庶如嫡，臣

擅命，都如國，皆以致亂。及，及于難。○是爲子克之亂，下爲子頽之亂。

莊公十六年　初，晉武公伐夷，執夷詭諸。蔿國請而免之，既而弗報，故子國作亂，謂晉人曰：「與我伐夷而取其地。」遂以晉師伐夷，殺夷詭諸。周公忌父出奔虢。惠王立而復之。詭諸、蔿國，皆周大夫。夷，詭諸采地。弗報，不報施於蔿國。忌父，王卿士。奔虢，避子國難，至惠王始復其位。

十八年　春，虢公、晉侯、鄭伯使原莊公逆王后于陳。陳嬀歸于京師，實惠后。虢、晉朝王，鄭伯又以齊執其卿詹，故求王爲援，皆在周，倡義爲王定昏，所謂惠后也。嬀，陳姓，後寵愛少子帶，致亂。

十九年　初，王姚嬖于莊王，生子頽，子頽有寵，蔿國爲之師。及惠王即位，取蔿國之圃以爲囿。邊伯之宫近於王宫，王取之。王奪子禽祝跪與詹父田，而收膳夫之秩。故蔿國、邊伯、石速、詹父、子禽、祝跪作亂，因蘇氏。秋，五大夫奉子頽以伐王，不克，出奔温。蘇子奉子頽以奔衛，衛師、燕師伐周。冬，立子頽。王姚，莊王之妾，姚姓。蔿國，前已亂周，與邊伯、子禽、祝跪、詹父爲五大夫。膳夫，即石速，以士不數秩禄也。蘇氏，前桓王奪其邑以與鄭者。

二十年　春，鄭伯和王室，不克。執燕仲父。夏，鄭伯遂以王歸，王處于櫟。秋，王及鄭伯入於鄔，遂入成周，取其寶器而還。冬，王子頽享五大夫，樂及徧舞。鄭伯聞之，見虢叔曰：「寡人聞之，哀樂失時，殃咎必至。今王子頽歌舞不倦，樂禍也。夫司寇行戮，君爲之不舉，而況敢樂禍乎？奸王之位，禍孰大焉。臨禍忘憂，憂必及之，盍納王乎？」虢公曰：「寡人之願

也。」仲父，南燕伯字。櫟，鄭邑，今河南鈞州。鄔，王所取鄭邑。偏舞，備六代之樂。叔，虢公字。周禮，王日一舉鼎，十有二物皆有俎，以樂侑食。不舉，不舉鼎也。

二十一年　春，胥命于弭。夏，同伐王城。鄭伯將王自圉門入，虢叔自北門入。殺王子頹及五大夫。鄭伯享王于闕西辟，樂備。王與之武公之畧，自虎牢以東。原伯曰：「鄭伯效尤，其亦將有咎。」五月，鄭厲公卒。王巡虢守，虢公爲王宮于玤，王與之酒泉。鄭伯之享王也，王以后之鞶鑑予之。虢公請器，王予之爵。鄭伯由是始惡於王。　冬，王歸自虢。弭，鄭地。鄭、虢相命以謀納王。闕，象魏也。辟，偏也。樂備，備六代之樂。畧，界也。鄭武公傅平王，王賜之自虎牢以東，後失其地，故惠王復與。虎牢，今河南汜水縣。原伯，原莊公也。效尤，以子頹就戮而樂備，是效其偏舞也。厲公卒，子文公立。天子省方謂之巡守。玤，虢地。酒泉，周邑。鞶鑑，鞶帶，而以鏡爲飾也。爵，酒器。爵重於鞶鑑，故鄭惡。○茲役也，鄭伯功大於虢，而王待虢有加，寧毋徵亂乎？

二十七年　冬，王使召伯廖賜齊侯命，且請伐衛，以其立子頹也。召伯廖，王卿士。賜命爲侯伯。

二十八年　春，齊侯伐衛，戰，敗衛師，數之以王命，取賂而還。

二十九年　冬，樊皮叛王。樊，采地。皮，名，字仲，周大夫。

三十年　春，王命虢公討樊皮。夏四月，丙辰，虢公入樊，執樊仲皮，歸于京師。○以上爲子頹之亂，以下爲子帶之亂。

僖公七年　冬，閏月，惠王崩。襄王惡太叔帶之難，懼不立，不發喪，而告難于齊。襄王，惠王

太子，名鄭。帶，襄王弟，惠后之少子也。

八年　春，盟于洮，謀王室也。襄王定位而後發喪。會洮始定。冬，王人來告喪。難故也，是以緩。

十年　春，狄滅温，蘇子無信也。蘇子叛王即狄，又不能於狄，狄人伐之。王不救，故滅。蘇子奔衛。

十一年　夏，揚、拒、泉、皐、伊、雒之戎同伐京師，入王城，焚東門。王子帶召之也。秦、晉伐戎以救周。秋，晉侯平戎于王。揚、拒、泉、皐，皆戎邑，及雜戎居伊水、雒水間者。伊水源出河南盧氏縣悶頓嶺，經嵩縣、洛陽、偃師縣入洛。洛水源出陝西洛南縣冢領山，經盧氏、洛陽、偃師、鞏縣入河。帶召戎，欲以篡位，秦、晉有勤王之舉。

十二年　夏，王以戎難故，討王子帶。秋，王子帶奔齊。

十三年　春，齊侯使仲孫湫聘于周，且言王子帶。事畢，不與王言。歸，復命曰：「未可，王怒未怠。其十年乎！不十年，王弗召也。」湫，齊大夫。○子帶引外寇以危宗國，其罪大矣。而桓爲之請復，非也。仲孫號爲多智，能測王怒之未怠，而不能測帶惡之不悛乎？

二十年　春，滑人叛鄭而服於衛。夏，鄭公子士、洩堵寇帥師入滑。滑，屬鄭小國，今爲河南偃師縣。士，文公子。洩堵寇，鄭大夫。

二十二年　秋，富辰言于王曰：「請召大叔。詩曰：『協比其鄰，昏姻孔云。』吾兄弟之不

協，焉能怨諸侯之不睦？」王說。王子帶自齊復歸于京師，王召之也。富辰，周大夫。詩小雅言王者爲政，先和協近親，則昏姻甚相歸附。鄰，猶近也。孔，甚。云，旋也。○富辰論兄弟之常可耳，帶之長惡好亂，不可以是論矣。必召之歸致其罪，必不可容而殺之，曷若全之于外之爲愈乎？親親而擇人焉，亂斯免矣。

二十四年　鄭之入滑也，滑人聽命，師還，又即衛。鄭公子士、洩堵俞彌帥師伐滑。王使伯服、游孫伯如鄭請滑。鄭伯怨惠王之入而不與厲公爵也，又怨襄王之與衛滑也，故不聽王命而執二子。王怒，將以狄伐鄭，富辰諫曰：「不可。臣聞之：大上以德撫民，其次親親，以相及也。昔周公弔二叔之不咸，故封建親戚，以蕃屏周。管、蔡、郕、霍、魯、衛、毛、聃、郜、雍、曹、滕、畢、原、酆、郇，文之昭也。邘、晉、應、韓，武之穆也。凡、蔣、邢、茅、胙、祭，周公之胤也。召穆公思周德之不類，故糾合宗族于成周，而作詩曰：『常棣之華，鄂不韡韡。凡今之人，莫如兄弟。』其四章曰：『兄弟鬩于牆，外禦其侮。』如是則兄弟雖有小忿，不廢懿親。今天子不忍小忿，以棄鄭親，其若之何？庸勳、親親、暱近、尊賢，德之大者也。即聾、從昧、與頑、用嚚，姦之大者也。棄德崇姦，禍之大者也。鄭有平惠之勳，又有厲宣之親，棄嬖寵而用三良，於諸姬爲近，四德具矣。耳不聽五聲之和爲聾，目不別五色之章爲昧，心不則德義之經爲頑，口不道忠信之言爲嚚，狄皆則之，四姦具矣。周之有懿德也，猶曰『莫如兄弟』，故封建之，其懷柔天下也。猶懼有外侮，扞禦侮者莫如親親，故以親屏周。召穆公亦云。今周德既衰，於是乎又渝周、召，以從

諸姦，無乃不可乎？民未忘禍，王又興之，其若文、武何。」王弗聽，使頹叔、桃子出狄師。夏，狄伐鄭，取櫟。王德狄人，將以其女爲后，富辰諫曰：「不可。臣聞之曰：『報者倦矣，施者未厭。』狄固貪惏，王又啓之。女德無極，婦怨無終，狄必爲患。」王又弗聽。初，甘昭公有寵於惠后，惠后將立之，未及而卒。昭公奔齊，王復之，又通於隗氏。王替隗氏。頹叔、桃子曰：「我實使狄，狄其怨我。」遂奉大叔以狄師攻王。王御士將禦之，王曰：「先后其謂我何？寧使諸侯圖之。」王遂出，及坎欿，國人納之。秋，頹叔、桃子奉大叔以狄師伐周，大敗周師，獲周公忌父、原伯、毛伯、富辰。王出適鄭，處于氾。大叔以隗氏居于温。堵俞彌，鄭大夫。伯服、游孫伯，周大夫。辰意以鄭雖不臣而釁，本自王深以狄伐之非，故諫云：上古汤穆德盛而民懷，中古由親以逮之，弔傷咸同也。周公傷夏商之叔世踈其親戚，以至滅亡，故廣封其兄弟。十六國文王子，四國武王子，六國周公別子，胤嗣也。召穆公，周卿士，名虎，召采地。類，善。糾，收也。厲王失德，兄弟道缺，穆公于東都收而作詩，以親之屬。小雅國語詩序謂周公作。常棣，玉李也，花柎相承甚力，故以興兄弟焉。鄂，華發外者，萼通。不，豈不也。韡韡，光明貌。鬩，訟争貌。言内雖不和，猶禦外侮。庸，用。暱，昵也。崇，尊信也。平王東遷，晉鄭是依，惠王出奔，虢鄭納之，勳也。鄭祖桓公，厲王之子，宣王母弟，親也。嬖，寵，謂申侯子華。三良，謂叔詹、堵叔、師叔。用舍得人，賢也，所宜尊，且近在王畿，是爲四德。聾、昧、頑、嚚，本戎狄之性。周公封兄弟，召公作詩，皆親親也。今伐鄭，是變其道。渝，變也。頹、帶之亂未熄，而又興之使甚，將廢文、武之功業。王用狄師有功，將貴其女，辰又諫：有勞施則望報過厚，婦人多性蕩而怨深，尤足以致患。皆不納而亂作。昭，公子帶謚，食邑于甘。隗氏，王所立狄后。替，廢也。周禮，王之御士十二人。坎欿，周地，在今河南鞏縣境。原、毛，皆采邑。氾，鄭邑，今河南襄城縣，因襄王處此而名。

冬，王使來告難曰：「不穀不德，得罪于母弟之寵子帶，鄙在鄭地氾，敢告叔父。」臧文仲對曰：「天子蒙塵于外，敢不奔問官守？」王使簡師父告于晉，使左鄢父告于秦。天子無出，書曰「天王出居于鄭」，辟母弟之難也。天子凶服、降名，禮也。鄭伯與孔將鉏、石甲父、侯宣多省視官、具于氾，而後聽其私政，禮也。鄙，野處也。同姓諸侯稱叔父。天子清道而行，其居九重，故奔外曰蒙塵。不敢斥尊，故曰官守。師父、鄢父，周二大。夫凶服，素服。降名，稱不穀也。孔將鉏等，鄭三大夫。官，官司。具，器具。先君後己，故曰禮。

二十五年　春，秦伯師于河上，將納王，狐偃言于晉侯曰：「求諸侯莫如勤王。」晉侯辭秦師而下。三月，甲辰，次于陽樊，右師圍温，左師逆王。夏，四月，丁巳，王入于王城，取大叔于温，殺之于隰城。餘見晉文公之伯。〇噫！周之衰也，端守静正猶自全乎其爲尊。乃縱情多妄，以亂乎内，必外假諸國以定。是猶既羸而復自絶其食也。然皆起于紊蔑適嗣、寵愛庶孽之故，前車累覆而後不一鑒焉，其瞢甚哉！抑大叔罪大，殺之當矣，而稱昭公後，又有甘簡、甘悼、甘桓之屬，豈既殺之而又賜之美謚，復爲之立後耶？有不可解者。

王臣争政 周公閲　王孫蘇　周公楚　王叔陳生

文公十四年　春，頃王崩。周公閲與王孫蘇争政，故不赴。凡崩、薨，不赴則不書，禍、福，不告亦不書，懲不敬也。秋，周公將與王孫蘇訟于晉，王叛王孫蘇，而使尹氏與聃啓訟周公于晉。

趙宣子平王室而復之。王，匡王。叛，不與之訟，理其直。復，復使之和親也。○王既知曲直所歸，曷不能正，而乃求晉理之？其倒而授之也甚矣。

宣公十五年　夏，六月，王孫蘇與召氏、毛氏争政，使王子捷殺召戴公及毛伯衛，卒立召襄。王子捷，王札子别名。召襄，戴公子，立之嗣其位。

十六年　秋，爲毛、召之難故，王室復亂。王孫蘇奔晉，晉人復之。○蘇罪甚矣，而晉復之，非也。冬，晉侯使士會平王室，定王享之。原襄公相禮。殽烝。武子私問其故。王聞之，召武子，曰：「季氏，而弗聞乎？王享有體薦，宴有折俎。公當享，卿當宴，王室之禮也。」武子歸而講求典禮，以脩晉國之法。士會謚武子，字季。凡享，半解其體而薦之，以訓共儉。宴則體解節折，升之于俎，物皆可食，以示慈惠。士會以享當體薦而殽升，故怪問之。王言禮以分異，會卿，分宜宴，會故感焉而講求之，以脩國法。烝，升也。公，諸侯也。傳言典禮久廢，并會之賢。

成公十一年　夏，周公楚惡惠、襄之偪也，且與伯與争政，不勝怒而出。及陽樊，王使劉子復之，盟于鄄而入。三日復出，奔晉。惠、襄，二王之族。伯與，周卿士。陽樊，時屬晉。鄄，周地。

十二年　春，王使以周公之難來告，書曰：「周公出奔晉。」凡自周無出，周公自出故也。天子無外，故奔者不言出。周公爲王所復，而自絶于周，故書「出」以非之。

襄公十年　冬，王叔陳生與伯輿争政，王右伯輿。王叔陳生怒而出奔，及河，王復之，殺史

狡以說焉。不入，遂處之。晉侯使士匄平王室，王叔與伯輿訟焉。王叔之宰與伯輿之大夫瑕禽坐獄于王庭，士匄聽之。王叔之宰曰：「篳門圭竇之人而皆陵其上，其難爲上矣。」瑕禽曰：「昔平王東遷，吾七姓從王，牲用備具，王賴之，而賜之騂旄之盟，曰世世無失職。若篳門圭竇，其能來東厎乎？且王何賴焉？今自王叔之相也，政以賄成，而刑放於寵。官之師旅，不勝其富，吾能無篳門圭竇乎？唯大國圖之。下而無直，則何謂正矣？」范宣子曰：「天子所右，寡君亦右之。所左，亦左之。」使王叔氏與伯輿合要。王叔氏不能舉其契。王叔奔晉。不書，不告也。單靖公爲卿士，以相王室。陳生、伯輿，皆王卿士。右，助也。說，說陳生也。處，處之河上。士匄，晉卿，食邑於范，謚宣子。周禮，命夫命婦不躬坐獄訟，故使宰與屬大夫對爭曲直。篳門，柴門。圭竇，上鋭下方，狀如圭。宰言伯輿家微，不得陵上，瑕禽言先世以大姓，從王有勞，非微也。今政刑皆私屬，長皆受賂而富，故致我貧。放，肆也。牲，犧牲。用，器用。騂，赤牲。旄，犛牛也。牡牛爲犛，即騂牡也。舉此見得重盟，不以雞犬。厎，邸也。正者不失下之直。匄知伯輿直不自專，而推之於王。合要，合其要期之辭，以相辨詰，契其辭也。

定靈昏齊

宣公六年　夏，定王使子服求后于齊。冬，召桓公逆王后于齊。子服，周大夫。桓公，周卿士。

襄公十二年　冬，靈王求后于齊，齊侯問對于晏桓子，桓子對曰：「先王之禮，辭有之：天子求后于諸侯，諸侯對曰：『夫婦所生若而人，妾婦之子若而人。』無女而有姊妹及姑姊妹，則曰：『先守某公之遺女若而人。』」齊侯許昏，王使陰里結之。若而人，舉數以備擇也。陰里，周大夫。結，成也。

十四年　秋，王使劉定公賜齊侯命，曰：「昔伯舅大公右我先王，股肱周室，師保萬民，世胙大師，以表東海。王室之不壞，繄伯舅是賴。今予命女環，兹率舅氏之典，纂乃祖考，無忝乃舊。敬之哉！無廢朕命。」定公，名夏。胙，禄也。言世其禄，以爲東海之表率。繄，發聲。環，齊靈公名。纂，繼也。因昏而加褒顯。傳言王室不能命有功。

十五年　春，官師從單靖公逆王后于齊。卿不行，非禮也。官師，劉夏官。天子不親昏，使上卿逆，公監之。夏非卿，故非禮。

劉康公敗于茅戎

文公十七年　秋，周甘歜敗戎于邥垂，乘其飲酒也。歜，周大夫。邥垂，周地，屬今河南新安縣。

成公元年　春，晉侯使瑕嘉平戎于王，單襄公如晉拜成。劉康公徼戎，將遂伐之。叔服

曰：「背盟而欺大國，此必敗。背盟不祥，欺大國不義，神人弗助，將何以勝？」不聽，遂伐茅戎。三月癸未，敗績于徐吾氏。瑕嘉，晉大夫。襄公，王卿士。康公，王季子謚。戎平，還欲徼其無備。叔服，周内史。徐吾氏，茅戎之别。秋，王人來告敗。

襄公五年　春，王使王叔陳生愬戎于晉，晉人執之。士魴如京師，言王叔之貳于戎也。王叔，周卿士。戎陵虢周室，故愬于晉。王叔有貳心于戎，故晉執之，恐王以爲罪，故使魴言其故。

景王讓晉

僖公二十二年　初，平王之東遷也，辛有適伊川，見被髮而祭于野者，曰：「不及百年，此其戎乎？其禮先亡矣。」秋，秦、晉遷陸渾之戎于伊川。辛有，周大夫。伊川前見被髮而祭，遷戎之兆也。陸渾，今河南嵩縣，舊名陸渾縣。傳因遷戎，追記辛有之言。

文公八年　冬，襄仲會晉趙孟。遂會伊雒之戎。書曰「公子遂」，珍之也。襄仲，魯大夫，名遂。戎將伐魯，遂不復命，專與之盟。○懼戎與盟，何足珍乎？

昭公九年　春，周甘人與晉閻嘉争閻田。晉梁丙、張趯率陰戎伐潁。王使詹桓伯辭于晉，曰：「我自夏以后稷，魏、駘、芮、岐、畢，吾西土也。及武王克商，蒲姑、商奄，吾東土也。巴、

濮、楚、鄧，吾南土也。肅慎、燕、亳，吾北土也。吾何邇封之有？文、武、成、康之建母弟以蕃屏周，亦其廢隊是爲，豈如弁髦，而因以敝之。先王居檮杌于四裔，以禦魑魅，故允姓之姦居于瓜州。伯父惠公歸自秦，而誘以來，使偪我諸姬，入我郊甸，則戎焉取之。戎有中國，誰之咎也？后稷封殖天下，今戎制之，不亦難乎？伯父圖之。我在伯父，猶衣服之有冠冕，木水之有本原，民人之有謀主也。伯父若裂冠毀冕，拔本塞源，專棄謀主，雖戎狄，其何有余一人？」叔向謂宣子曰：「文之伯也，豈能改物？翼戴天子，而加之以共。自文以來，世有衰德，而暴滅宗周，以宣示其侈，諸侯之貳，不亦宜乎？且王辭直，子其圖之。」宣子説。王有姻喪，使趙成如周弔，且致閻田與襚，反潁俘。王亦使賓滑執甘大夫襄以説於晉，晉人禮而歸之。甘，周邑，今河南府城西有甘水。人，邑大夫，名襄。閻嘉，晉閻縣大夫。丙、趯，晉二大夫。陰戎，陸渾戎。潁，周邑，今河南登封縣有潁谷。桓伯，周大夫。辭，責讓也。魏，今山西平陸縣有魏城。駘，陝西武功縣有漦城。芮，山西芮城縣。岐，陝西岐山縣。畢，在長安縣西北。言自夏世以后稷功高，受此五國，爲西土長。蒲姑，齊地，今山東博興縣有蒲姑城。商奄，魯地，兖州有奄城。巴，四川重慶等府。濮，一云江漢之南，今雲南鎮沅景東府亦濮蠻。肅慎，今遼東三萬衛。燕，今燕京。亳，今山西垣曲縣有亳城。言武王光有天下，何所不統。弁髦，弁加於髦也，古童子垂髦，冠禮始冠緇布，冠次皮弁，次爵弁，記云：「三加彌尊。」是弁髦本以尊之，豈因以敝之乎？喻周爲宗主，當救其廢墜，不得陵蔑也。檮杌，舉四凶之一。言四裔，則三苗在其中。允姓，陰戎之祖，與三苗俱放三危。瓜州，今陝西、甘肅。邑外爲郊，郊外爲甸。言戎若不由晉，安能偪取此。封殖，猶培養。制，專制也。謀主，宗族之師長。又言在晉猶然，於戎狄無復可責，咎之深也。宣子，晉卿韓起謚。叔向，晉大夫。改物，改正朔，易服色。翼，佐。戴，奉也。

姻，外親。襚，送喪衣。俘，所獲俘囚。賓滑，周大夫。

王臣喪亡

成肅公　王子佞夫　單獻公　單成公　原伯　甘悼公　鞏簡公

成公十三年　春，三月，公及諸侯朝王。遂從劉康公、成肅公會晉侯伐秦。成子受脤于社，不敬，劉子曰：「吾聞之，民受天地之中以生，所謂命也。是以有動作、禮義、威儀之則，以定命也。能者養之以福，不能者敗以取禍。是故君子勤禮，小人盡力。勤禮莫如致敬，盡力莫如敦篤。敬在養神，篤在守業。國之大事，在祀與戎。祀有執膰，戎有受脤，神之大節也。今成子惰，棄其命矣，其不反乎？」劉、成二公，皆王卿。晉伐秦，請師於王，故魯公既朝王，從二公會晉侯。二子即二公。脤，宜社之肉，以蜃飾其所盛之器，故曰脤，宜出師祭社之名。劉子所云中，即書之「降衷」、詩之「秉彝」①。則，即「有物有則」、「善于其則」。而天之命我者，斯固所謂定命也，能以德養之則福自致，不德而敗焉，自召其禍。故上下各宜以分而盡其誠。上焉者養其神明之舍，下焉者守其職業之常。大事在祀與戎，而祀之執膰，戎之受脤，又神惠下臨，故爲大節，非至敬無以通乎幽，而答其貺。今以惰，是悖其則，而天命之中棄矣。以此知其亡之速也。斯言性命禍福之理，精矣。五月，成肅公卒于瑕。

---

① 彝，原作「夷」，據詩烝民「民之秉彝，好是懿德」改。

襄公三十年　初，王儋季卒，其子括將見王而嘆。單公子愆期爲靈王御士，過諸廷，聞其歎，而言曰：「烏乎！必有此夫。」入以告王，且曰：「必殺之。不慼而願大，視躁而足高，心在他矣。不殺，必害。」王曰：「童子何知！」及靈王崩，儋括欲立王子佞夫，佞夫弗知。戊子，儋括圍蔿，逐成愆。成愆奔平畤。五月，癸巳，尹言多、劉毅、單蔑、甘過、鞏成殺佞夫。括、瑕、廖奔晉。書曰：「天王殺其弟佞夫。」罪在王也。儋季，靈王弟。括除服，故見王。愆期，公子名。聞聲而知其志，必欲有此大權，告王預除之，王弗信而亂作。佞夫，靈王子，景王弟。成愆，蔿邑大夫。平畤，周邑。尹言多等，周五大夫。瑕、廖，括黨。佞夫不知，故罪王。

昭公七年　單獻公棄親用羈。冬十月，辛酉，襄、頃之族殺獻公而立成公。獻公，周卿士。羈，寄客也。襄、頃二王，獻公之先。成公，獻公弟。

十一年　秋，單子會韓宣子于戚，視下言徐。叔向曰：「單子其將死乎？朝有著定，會有表，衣有襘，帶有結。會朝之言必聞于表著之位，所以昭事序也。視不過結襘之中，所以道容貌也。言以命之，容貌以明之，失則有闕。今單子爲王官伯，而命事于會，視不登帶，言不過步，貌不道容，而言不昭矣。不道不共，不昭不從，無守氣矣。」單子，謚成公。戚，今北直隸開州有戚城。朝內列位常處謂之著。定字疑衍。野會設表以爲位。襘，領交。結，帶結。貌正曰共，言順曰從。十二月，單成公卒。

十二年　周原伯絞虐，其輿臣使曹逃。冬十月，壬申朔，原輿人逐絞，而立公子跪尋。絞奔

郊。絞，周大夫。輿，衆。曹，其徒也。跪尋，絞弟。郊，周邑。○甘簡公無子，立其弟過。過將去成、景之族。成、景之族賂劉獻公。丙申，殺甘悼公，而立成公之孫鰌。丁酉，殺獻大子之傅庾皮之子過，殺瑕辛于市，及宮嬖綽、王孫没、劉州鳩、陰忌、老陽子。甘簡公，周卿士。過，悼公名。成、景，皆過之先君。二族賂獻公，使之殺過。鰌，平公名。庾過、瑕辛及宮綽，五大夫，皆甘悼公黨。

定公元年　周鞏簡公棄其子弟，而好用遠人。

二年　夏四月，辛酉，鞏氏之羣子弟賊簡公。棄親用踈，故敗。

子朝之亂

昭公十五年　夏，六月乙丑，王大子壽卒。秋八月，戊寅，王穆后崩。壽，景王子。穆后，壽之母。十二月，晉荀躒如周，葬穆后，籍談爲介。既葬，除喪，以文伯宴，樽以魯壺。王曰：「伯氏，諸侯皆有以鎮撫王室，晉獨無有，何也？」文伯揖籍談，對曰：「諸侯之封也，皆受明器於王室，以鎮撫其社稷，故能薦彝器於王。晉居深山，戎狄之與鄰，而遠於王室，王靈不及，拜戎不暇，其何以獻器？」王曰：「叔氏，而忘諸乎？叔父唐叔，成王之母弟也，其反無分乎？密須之鼓，與其大路，文所以大蒐也。闕鞏之甲，武所以克商也。唐叔受之，以處參虛，匡有戎狄。其後襄之

二路，鏚鉞、秬鬯，彤弓、虎賁，文公受之，以有南陽之田，撫征東夏，非分而何？夫有勳而不廢，有績而載，奉之以土田，撫之以彝器，旌之以車服，明之以文章，子孫不忘，所謂福也。福祚之不登，叔父焉在？且昔而高祖孫伯黶司晉之典籍，以爲大政，故曰籍氏。及辛有之二子董之晉，于是乎有董史。女，司典之後也。何故忘之？」籍談不能對。賓出，王曰：「籍父其無後乎！數典而忘其祖。」籍談歸以告叔向，叔向曰：「王其不終乎！吾聞之，所樂必卒焉。今王樂憂，若卒以憂，不可謂終。王一歲而有三年之喪二焉。於是乎以喪賓宴，又求彝器，樂憂甚矣，且非禮也。彝器之來，嘉功之由，非由喪也。三年之喪，雖貴遂服，禮也。王雖弗遂，宴樂以早，亦非禮也。禮，王之大經也。一動而失二禮，無大經矣。言以考典，典以志經。忘經而多言，舉典，將焉用之？」

荀躒，字文伯。魯壺，魯國所獻壺樽，王因之責晉。鎮撫，謂獻物足爲王室重。揖談，揖使對。明器，明德之分器。彝，常也，常寶之物。談言晉遠王近戎，先無分器，故無獻。叔，談字。密須，姞姓國，今陝西靈臺縣，文王伐之，得其路鼓以蒐。闕鞏，國名。參虛，實沉之次，晉之分野。襄，襄王。二路，大路、戎路。鏚，斧。鉞，金鉞。秬，黑黍。鬯，香酒。彤弓，赤弓。虎賁，王之衛士。南陽凡四邑。不廢加賞，載書功于策也。土田，謂南陽。彝器，弓鉞之屬。車服，二路。文章，旌旗也。焉在，誰在也，言必在叔父。王以晉先世受分于王室，子孫世守之，以延其福祚，正當有以鎮撫我。孫伯黶，晉正卿，談九世祖。辛有，周人，其二子適晉爲大史。籍黶與之共董督晉典，因爲董氏。董狐其後。時談忘之，故王以占其無後而已，則非禮。叔向又以審其不終。禮，爲長子三年喪，妻雖期年，而以其子有三年之戚，爲之三年不娶，亦有三年之義。遂，竟也。王雖弗竟，而猶

當隱戚。今求器，且宴樂，是失二禮。棄大而詳其細，則無所附。

十八年　春王二月乙卯，周毛得殺毛伯過，而代之。萇弘曰：「毛得必亡。是昆吾稔之日也，侈故之以。而毛得以濟侈于王都，不亡何待！」過，周大夫。得，過之族。弘，周賢大夫。昆吾，夏伯也。稔，熟也。侈，惡。積稔，以乙卯日與桀同誅，今得惡同，故云。秋，葬曹平公。往者見周原伯魯焉，與之語，不説學。歸以語閔子馬，閔子馬曰：「周其亂乎！夫必多有是説，而後及其大人。大人患失而惑，又曰：『可以無學，無學不害。』不害而不學，則苟而可，於是乎下陵上替，能無亂乎？夫學，殖也。不學將落，原氏其亡乎！」伯魯，周大夫，時在曹，故往會葬者見之。閔子馬，魯賢人。云國亂俗壞，言不必學者既多，漸以及大人。大人懼違衆而失其位，志意惑亂，故狗流俗而相爲此言。則皆遂不學，而事懷苟且，陵替患生而必亂。殖，生長也，言學之進德，如農之殖苗，日新日益。落，衰也。○子馬之言，萬世之藥石也，而于今尤中傷哉！

二十一年　春，天王將鑄無射。泠州鳩曰：「王其以心疾死乎！夫樂，天子之職也。夫音，樂之輿也。而鐘，音之器也。天子省風以作樂，器以鐘之，輿以行之。小者不窕，大者不摦，則和於物，物和則嘉成。故和聲入於耳，而藏於心，心億則樂。窕則不咸，摦則不容，心是以感，感實生疾。今鐘摦矣。王心弗堪，其能久乎？」無射，鐘名，律中無射。泠，樂官，州鳩其名。省風，謂省風俗而作樂以移之。鐘言其聚，輿言其行。窕，細而不滿。摦，大而不入。嘉成，嘉樂告成也。億，安也。不咸，不充滿。不容，不堪容。以是感於心，則隨其感而心疾生。

二十二年　王子朝、賓起有寵於景王，王與賓孟説之，欲立之。劉獻公之庶子伯蚠事單穆公，惡賓孟之爲人也，願殺之。又惡王子朝之言，以爲亂，願去之。賓孟適郊，見雄雞自斷其尾，問之，侍者曰：「自憚其犧也。」遽歸告王，且曰：「雞其憚爲人用乎？人異於是。犧者實用人，人犧實難，己犧何害？」王弗應。夏，四月，王田北山，使公卿皆從，將殺單子、劉子。王有心疾，乙丑，崩于榮錡氏。戊辰，劉子摯卒，無子，單子立劉蚠。五月，庚辰，見王，遂攻賓起，殺之，盟羣王子于單氏。子朝，景王庶長子。賓起，子朝傅，字孟。説，相語也。劉獻公，名摯。伯蚠，一名狄。單穆公，名旗。子朝有欲位之言，故蚠惡之。起因犧雞而言犧雖寵飾，卒見殺，人見寵飾則貴盛，故異。使寵人如寵犧，是假人威權以招難。使犧在己，則無害己，喻子朝欲王早寵異之。時太子壽卒，王立子猛，復欲立子朝而未定，聞言心許，故不應。北山，北芒山，在今河南府城北。王知單、劉不欲立子朝，欲因獵殺之，未及先崩，故猛得立。榮錡，河南鞏縣西舊有榮錡澗。無子，無嫡子。見王，見猛也。懼羣子黨朝，故盟之。六月，丁巳，葬景王。王子朝因舊官、百工之喪職秩者，與靈、景之族以作亂，帥郊、要、餞之甲以逐劉子。壬戌，劉子奔揚。單子逆悼王于莊宮以歸。王子還夜取王以如莊宮。癸亥，單子出。王子還與召莊公謀曰：「不殺單旗，不捷。與之重盟，必來。背盟而克者多矣。」從之。樊頃子曰：「非言也，必不克。」遂奉王以追單子，及領，大盟而復。殺摯荒以説。劉子如劉，單子亡。乙丑，奔于平時。羣王子追之，單子殺還、姑、發、弱、鬷、延、定、稠。子朝奔京。丙寅，伐之，京人奔山。劉子入于王城。辛未，鞏簡公敗績于京。乙亥，甘平公亦敗

焉。叔鞅至自京師，言王室之亂也。閔馬父曰：「子朝必不克，其所與者，天所廢也。」單子欲告急於晉。秋，七月戊寅，以王如平時，遂如圃車，次于皇，劉子如劉，單子使王子處守于王城。盟百工于平宫。辛卯，鄩肸伐皇。大敗，獲鄩肸。壬辰，焚諸王城之市。八月，辛酉，司徒醜以王師敗績于前城。百工叛。己巳，伐單氏之宫，敗焉。庚午，反伐之。辛未，伐東圉。冬，十月丁巳，晉籍談、荀躒帥九州之戎，及焦、瑕、温、原之師，以納王于王城。庚申，單子、劉蚠以王師敗績于郊，前城人敗陸渾于社。十一月乙酉，王子猛卒。不成喪也。己丑，敬王即位，館于子旅氏。十二月庚戌，晉籍談、荀躒、賈辛、司馬督帥師軍于陰，于侯氏，于谿泉，次于社。王師軍于氾，于解，次于任人。閏月，晉箕遺、樂徵、右行詭濟師取前城，軍其東南。王師軍于京楚。辛丑，伐京，毁其西南。子朝憑寵不立，聚黨作亂。百工，百官。靈、景，二王。郊、要、餞，周三邑。劉子，伯蚠也，被逐奔揚。揚，周邑。悼王，猛也。單慮其孤弱，迎之歸。還，子朝黨，不欲單得王，乘夜取之。單失王，故出。召莊公，名奂，子朝黨。還與謀，誘單盟而殺之。樊頃子，名齊，黨猛，故決其不克。還竟奉王追之。領，周地。大盟殺荒，圖遂前謀也。時劉得歸其采邑，單知還謀，故亡奔。靈、景二族之羣子復追單，被殺者八子，還及焉。朝以其黨死，故奔劉，因得入王城。鞏、甘二公，猛黨，乃爲子朝所敗。鞅葬景王，還。閔馬父，即閔子馬。天所廢，謂羣喪職秩者。欲晉救，以王出次，示情急。處守王城，盟百工於平王廟。肸，朝黨，伐王敗，獲，被焚。醜，猛黨。前城，朝邑。百工因醜敗而叛。伐單氏，爲所敗，單再伐之于東圉。晉二帥以州戎與其四邑之師納王，而劉、單、陸渾又爲朝衆所敗。州，鄉屬也，五州爲鄉。猛卒，周人謚曰悼王。敬王，猛母弟，名匄。子

旅，周大夫。晉四將分軍于四邑，王師分次于三邑。晉三大夫復濟伊洛，取子朝邑而軍。敬王之師伐毀朝所居邑。

二十三年　春王正月，壬寅朔，二師圍郊。癸卯，郊鄩潰。丁未，晉師在平陰，王師在澤邑。王使告間。庚戌，還。二師，王師、晉師。郊、鄩，朝二邑，今河南偃師縣有鄩溪。朝敗，故告間，晉師還。夏，四月乙酉，單子取訾，劉子取牆人、直人。六月壬午，王子朝入于尹。癸未，尹圉誘劉佗，殺之。丙戌，單子從阪道，劉子從尹道伐尹。單子先至而敗，劉子還。己丑，召伯奂、南宮極以成周人戍尹。庚寅，單子、劉子、樊齊以王如劉。甲午，王子朝入于王城，次于左巷。秋，七月戊申，鄩羅納諸莊宮。尹辛敗劉師于唐。丙辰，又敗諸鄩。甲子，尹辛取西闈。丙寅，攻蒯，蒯潰。訾、牆人、直人，皆朝邑。入尹，自京入也。圉尹，文公，朝黨。佗，劉蚠族，敬王黨。奂、極，周卿士，朝黨。王如劉，以前敗，避朝也。鄩羅，周大夫。納，納朝也。辛，尹氏族。唐，周地。蒯，敬王邑，今河南洛陽縣舊蒯鄉。王師敗，邑潰，出居狄泉，尹氏立子朝。八月丁酉，南宮極震。萇弘謂劉文公曰：「君其勉之，先君之力可濟也。周之亡也，其三川震。今西王之大臣亦震，天棄之矣。東王必大克。」極，朝黨，以地震而死。文公，伯蚠謚。蚠父獻公欲立子猛，未及而卒，故弘云。三川，涇、渭、洛也，幽王時震。朝在王城，故曰西王。敬王居狄泉，在東，故曰東王。

二十四年　春王正月，辛丑，召簡公、南宮嚚以甘桓公見王子朝。劉子謂萇弘曰：「甘氏又往矣。」對曰：「何害？同德度義。大誓曰：『紂有億兆夷人，亦有離德。余有亂臣十人，同心同德。』此周所以興也。君其務德，無患無人。」戊午，王子朝入于鄔。簡公，莊公子，名盈。嚚，極之

子。桓公，平公子。度，謀也。弘言惟德同則能謀于義。大誓，周書。商周之興滅，在德不在衆。今子朝不德，無害于我，可脩德以勝之。時子朝稍强。鄖在今河南偃師縣境。三月庚戌，晉侯使士景伯涖問周故。士伯立于乾祭，而問於介衆。晉人乃辭王子朝，不納其使。涖，臨也。就問周衆以子朝、敬王曲直。乾祭，王城北門。介，大也。衆言子朝曲，故拒之。六月壬申，王子朝之師攻瑕及杏，皆潰。鄭伯如晉，子太叔相，見范獻子。獻子曰：「若王室何？」對曰：「老夫其國家不能恤，敢及王室？抑人亦有言曰：『嫠不恤其緯，而憂宗周之隕，爲將及焉。』今王室實蠢蠢焉，吾小國懼矣。然大國之憂也，吾儕何知焉？吾子其早圖之。詩曰：『缾之罄矣，惟罍之耻。』王室之不寧，晉之恥也。」獻子懼，而與宣子圖之，乃徵會於諸侯，期以明年。瑕、杏，敬王二邑。太叔，鄭卿，名游吉。獻子，晉卿，名鞅。嫠，寡婦。織者常苦緯少，所宜憂。將及，恐禍及己。喻己妄憂周亂。蠢蠢，動擾貌。詩小雅。缾小資於罍，至罄，則罍爲無餘，故恥之，以喻晉爲王室所仰。宣子，晉卿韓起謚。冬，十月癸酉，王子朝用成周之寶珪于河。甲戌，津人得諸河上，陰不佞以温人南侵，拘得玉者，取其玉，將賣之，則爲石。王定而獻之，與之東訾。朝以珪禱河求福，既而珪自出于水。陰不佞，敬王大夫。温人，晉師也，以之南侵子朝而得玉，賣之則石，玉之化也。王定，王後定其位也，獻而與之東訾，喜之也。見子朝神所不與，而珪宜歸之敬王。

二十五年　夏，會于黄父，謀王室也。趙簡子令諸侯之大夫輸王粟、具戍人，曰：「明年將納王。」黄父，晉地。簡子，晉卿，名鞅。納，納于王城。餘見晉卿族廢興與宋桓魋之亂。冬，十月壬申，尹文公涉于

鞏，焚東訾，弗克。文公，子朝黨，於鞏涉洛水。東訾，敬王邑。鞏，今河南鞏縣，舊有訾城。

二十六年　四月，單子如晉告急。五月戊午，劉人敗王城之師于尸氏。戊辰，王城人、劉人戰于施谷，劉師敗績。劉人，劉蚠之屬。王城，子朝之徒。尸氏、施谷，皆周地，今河南府有尸鄉。七月己巳，劉子以王出。庚午，次于渠。王城人焚劉。丙子，王宿于褚氏。丁丑，王次于萑谷。庚辰，王入于胥靡。辛巳，王次于滑。晉知躒、趙鞅帥師納王，使女寬守闕塞。劉師敗而懼，故以王出，朝衆遂焚其邑。王累遷而至滑。女寬，晉大夫。闕塞，在今河南府，城西有闕塞山，一名伊闕口。守之，以備子朝。冬十月丙申，王起師于滑。辛丑，在郊，遂次于尸。十一月辛酉，晉師克鞏，召伯盈逐王子朝。王子朝及召氏之族、毛伯得、尹氏固、南宫嚚奉周之典籍以奔楚。陰忌奔莒以叛。召伯逆王于尸，及劉子、單子盟。遂軍圉澤，次于隄上。癸酉，王入于成周。甲戌，盟于襄宫。晉師使成公般戍周而還。十二月癸未，王入于莊宫。王子朝使告于諸侯，曰：「昔武王克殷，成王靖四方，康王息民，並建母弟以蕃屏周，亦曰：『吾無專享文、武之功，且爲後人之迷敗傾覆而溺入于難，則振救之。』至于夷王，王愆于厥身，諸侯莫不並走其望，以祈王身。至于厲王，王心戾虐，萬民弗忍，居王于彘，諸侯釋位以間王政。宣王有志，而後效官。至于幽王，天不弔周，王昏不若，用愆厥位。攜王奸命，諸侯替之，而建王嗣，用遷郟鄏。則是兄弟之能用力于王室也。至于惠王，天不靖周，生頹禍心，施于叔帶。惠、襄辟難，越去王都。則有晉、鄭咸黜不端，以綏定王家。則是兄弟之能率

先王之命也。在定王六年，秦人降妖，曰：『周其有頿王，亦克能脩其職，諸侯服享，二世共職。王室其有間王位，諸侯不圖，而受其亂災。至于靈王，生而有頿，王甚神聖，無惡於諸侯。靈王、景王克終其世。今王室亂，單旗、劉狄剥亂天下，壹行不若，謂『先王何常之有，唯余心所命，其誰敢討之』，帥羣不弔之人，以行亂于王室，侵欲無厭，規求無度，貫瀆鬼神，慢棄刑法，倍奸齊盟，傲很威儀，矯誣先王。晉爲不道，是攝是贊，思肆其罔極。茲不穀震盪播越，竄在荆蠻，未有攸厎。若我一二兄弟甥舅獎順天法，無助狡猾，以從先王之命，毋速天罰，赦圖不穀，則所願也。敢盡布其腹心，及先王之經，而諸侯實深圖之。昔先王之命曰：『王后無適，則擇立長，年鈞以德，德鈞以卜。』王不立愛，公卿無私，古之制也。穆后及太子壽早夭即世，單、劉贊私立少，以間先王，亦惟伯仲叔季圖之！」閔馬父聞子朝之辭，曰：「文辭以行禮也。子朝干景之命，遠晉之大，以專其志，無禮甚矣！文辭何爲？」敬王得晉輔，浸强，竟逐子朝，而其位定。盈本黨子朝，晉師克鞏，知子朝不成，更逐之，而逆敬王。尹、召二族皆奔，故稱氏。重見尹固名者，爲後還見殺故。忌，朝黨。莒，周邑。盈懷疑，故盟。圉澤、堤上，皆周地。成周，洛陽也。般，晉大夫。子朝在楚，遺書諸侯，言三王封建母弟，非徒以共享先德，亦望其拯救災難。夷王，厲王父。愆，惡疾也。走，走禱。弗忍，不忍其虐也。時王流彘，王政劻勷，諸侯釋其位以理之，使少有間豫，所謂共和也。宣王，厲王子，時尚少，召公虎取而長之。效，授也。幽王，宣王子。若，順。愆，失也。攜王，幽王少子伯服。王嗣，太子宜臼也。幽王后申姜生宜臼，又幸褒姒，生伯服，欲殺宜臼而立之。宜臼奔申，申伯與鄫及西戎伐周，戰于戲，幽王死。諸侯廢伯服，而立

宜曰，是爲平王，東遷郟鄏。頹、帶之亂，見前。定王，襄王孫。二世，靈、景也。間王位，謂子朝也。今子朝以爲王猛受亂災，謂楚也。今子朝以爲晉。靈王，定王孫。景王，靈王子。劉狄，即劉蚠。壹，專也。弔，相恤也。貫，習。瀆，易也。先王，先王之命。不穀，子朝自謂。攸，所。厎，至也。赦，赦其憂。圖，圖其難。間，間錯先王之制。伯仲叔季，總謂諸侯。子朝私命遠晉，而徒矯以文詞，馬父譏之。干，私也。遠晉，遠視晉而蔑之也。

二十七年　秋，會于扈，令戍周。子朝雖奔，而其黨猶在，敬王勢微，不能自固，故戍之。十二月，晉籍秦致諸侯之戍于周，魯人辭以難。時昭公在外也。

二十九年　三月己卯，京師殺召伯盈、尹氏固及原伯魯之子。尹固之復也，有婦人遇之周郊，尤之，曰：「處則勸人爲禍，行則數日而反，是夫也，其過三歲乎？」夏，五月庚寅，王子趙車入于鄻以叛，陰不佞敗之。盈等皆子朝黨。稱伯魯子，驗閔子馬言。固從朝奔楚而道還，故婦人以爲輕於向背，而嘆其亡之速。趙車，子朝之餘，見王殺盈等，故叛。鄻，周邑。

三十二年　秋，八月，王使富辛與石張如晉，請城成周。天子曰：「天降禍于周，俾我兄弟並有亂心，以爲伯父憂。我一二親昵甥舅不遑啓處，於今十年，勤戍五年。余一人無日忘之，閔閔焉如農夫之望歲，懼以待時。伯父若肆大惠，復二文之業，弛周室之憂，徼文、武之福，以固盟主，宣昭令名，則余一人有大願矣。昔成王合諸侯城成周，以爲東都，崇文德焉。今我欲徼福假靈于成王，脩成周之城，俾戍人無勤，諸侯用寧，蝥賊遠屏，晉之力也。其委諸

伯父，使伯父實重圖之，俾我一人無徵怨于百姓，而伯父有榮施，先王庸之。」范獻子謂魏獻子曰：「與其戍周，不如城之。天子實云，雖有後事，晉勿與知可也。從王命以紓諸侯，晉國無憂。是之不務，而又焉從事？」魏獻子曰：「善。」使伯音對曰：「天子有命，敢不奉承以奔告於諸侯。遲速衰序，於是焉在。」冬，十一月，晉魏舒、韓不信如京師，合諸侯之大夫于狄泉，尋盟，且令城成周。魏子南面。衛彪傒曰：「魏子必有大咎。干位以令大事，非其任也。詩曰：『敬天之怒，不敢戲豫。敬天之渝，不敢馳驅。』況敢干位以作大事乎？」己丑，士彌牟營成周，計丈數，揣高卑，度厚薄，仞溝洫，物土方，議遠邇，量事期，計徒庸，慮財①用，書餱糧，以令役於諸侯。屬役賦丈，書以授帥，而效諸劉子，韓簡子臨之，以爲成命。子朝之亂，餘黨多在王城，敬王畏之，徙都成周，成周狹小，故欲城之。俾，使也。伯父，謂晉侯。言念諸侯勤勞已久，常閔閔冀望安定，如農夫之憂饑望來歲之熟。閔，憂貌。肆，展也。二文，謂文侯、文公也。固，申固其業。崇，尚也。文德，文教之德。蝥賊，謂子朝。徵，召也。庸，功也，先王之靈以爲大功。伯音，韓不信別名。衰序，差次也。在，在周所命。狄泉，在今洛陽城内，舊有大倉西南池水。尋盟，尋平丘之盟。南面，居君位。彪傒，衛大夫。詩大雅，戒王者當敬畏天之譴怒，不可自恣。渝，變也。士彌牟，字景伯。凡城有高卑、厚薄、溝洫、遠邇、財用、餱糧之類，皆須預料而審備之。度高曰揣，度深曰仞。物，相也。土方，土之方面。期，畢期也。庸，人功也。屬役，屬所役人數。賦丈，付所城丈尺，書爲成書。帥，諸侯之大夫。效，致也。臨，蒞其事。成命，

---

① 財，左傳作「材」。注同。

執之以爲定命也。

定公元年　春王正月，辛巳，晉魏舒合諸侯之大夫于狄泉，將以城成周。魏子涖政。衛彪傒曰：「將建天子，而易位以令，非義也。大事奸義，必有大咎。晉不失諸侯，魏子其不免乎！」是行也，魏獻子屬役于韓簡子及原壽過，而田于大陸，焚焉，還，卒于甯。范獻子去其柏椁，以其未復命而田也。孟懿子會城成周。庚寅，栽。宋仲幾不受功，曰：「滕、薛、郳，吾役也。」薛宰曰：「宋爲無道，絶我小國於周。以我適楚，故我常從宋。晉文公爲踐土之盟，曰：『凡我同盟，各復舊職。』若從踐土，若從宋，亦唯命。」仲幾曰：「踐土固然。」薛宰曰：「薛之皇祖奚仲居薛，以爲夏車正，奚仲遷於邳，仲虺居薛，以爲湯左相。若復舊職，將承王官，何故以役諸侯？」仲幾曰：「三代各異物，薛焉得有舊？爲宋役，亦其職也。」士彌牟曰：「晉之從政者新，子姑受功，歸，吾視諸故府。」仲幾曰：「縱子忘之，山川鬼神其忘諸乎？」士伯怒，謂韓簡子曰：「薛徵於人，宋徵於鬼，宋罪大矣。且已無辭，而抑我以神，誣我也。『啓寵納侮』，其此之謂矣。必以仲幾爲戮。」乃執仲幾以歸。三月，歸諸京師。城三旬而畢，乃歸諸侯之戍。齊高張後，不從諸侯。晉女叔寬曰：「周萇弘、齊高張皆將不免。萇叔違天，高子違人。天之所壞，不可支也。衆之所爲，不可奸也。」涖政，代天子大夫爲政，此即上事，啖助謂重記。魏獻子名舒，韓簡子名不信。原壽過，周大夫。廣平曰陸。禹貢：大陸在鉅陸北，杜謂絶遠，疑爲今河南汲縣有吴澤荒蕪之地。舒火而田此，并見焚。甯，今河

南脩武縣。范獻子名鞅，代魏子，去其柏椁，以示貶。栽，設版築。宋欲滕、薛、郳代己受功。郳，小邾。固然，固令薛爲宋役也。皇，大也。奚仲爲夏禹掌車服大夫，仲虺，奚仲之後，實相湯。薛宰言先世皆官王朝，豈爲役于諸侯。幾言居周世，不得以夏殷之舊爲據。彌牟言獻子新爲政，未習故事，當歸考之。仲幾又以盟時所告之神爲言，士年以徵于鬼爲誣而執之。尚書說命「無啓寵納侮」，毋開寵幸而納人之侮。天厭周德，萇弘欲遷都以延其祚，故曰遠天。諸侯相帥以崇天子，而高子後期，故曰違人。哀三年，萇弘殺，六年，高張奔。○萇弘身爲王臣，見王室之危而盡忠以匡衛，此人臣之義也。而乃云違天不免，是使人臣視其國家之傾亂而不爲之盡力乎？此于義尤謬甚。

五年　春，王人殺子朝于楚。因吴入郢也。

六年　夏，周儋翩率王子朝之徒因鄭人將作亂于周，鄭於是乎伐馮、滑、胥靡、負黍、狐人、闕外。六月，晉閻没戍周，且城胥靡。儋翩，子朝餘黨，鄭爲之伐周六邑。閻没，晉大夫，戍與城，皆以備之。冬十二月，天王處于姑蕕，辟儋翩之亂也。姑蕕，周地。

七年　春，二月，周儋翩入于儀栗以叛。夏，四月，單武公、劉桓公敗尹氏于窮谷。冬，十一月戊午，單子、劉子逆王于慶氏。晉籍秦送王。己巳，王入于王城，館于公族黨氏，而後朝于莊宫。儀栗，周邑。武公，穆公子。桓公，文公子。因尹氏復黨儋翩爲亂，故敗之。慶氏，守姑蕕大夫。黨氏，周大夫。

八年　二月己丑，單子伐穀城，劉子伐儀栗。辛卯，單子伐簡城，劉子伐盂，以定王室。穀城、簡城、盂，皆儋翩之黨。

哀公三年　劉氏、范氏世爲婚姻，萇弘事劉文公，故周與范氏、趙鞅以爲討。六月，癸卯，周人殺萇弘。時范氏叛晉，故弘忠賢橫戮，化爲碧，殆不誣也。

十九年　冬，叔青如京師，敬王崩故也。敬王能終其世，如萇弘言。○子朝之亂，尤甚於頹、帶，使非晉，是無周矣。景王毒流乃嗣，何其酷也。古人有行此而亂弭者，以廢立之賢不肖著白人人，所謂不有所左右而輕天下者乎？若周秦伯、漢東海王彊，又皆賢明克讓，遭逢國祚方隆，故上下安榮而名與業俱顯，何可冀哉？彼輕以私愛易置者，又安得以藉口也。

王朝交魯

隱公元年　秋，七月，天王使宰咺來歸惠公仲子之賵。緩，且子氏未薨，故名。天子七月而葬，同軌畢至。諸侯五月，同盟至。大夫三月，同位至。士踰月，外姻至。贈死不及尸，弔生不及哀，豫凶事，非禮也。惠公葬在春秋前，故曰緩。子氏，仲子也，薨在二年。賵，助喪之物。言同軌，以别四夷。同盟，同方岳之盟。古者行役不踰時，故云三月。踰月，度月也。此言赴弔各以遠近爲差，因爲葬節。尸，未葬之通稱。贈死當在未葬，既葬而贈，無及矣。弔生當在哀痛之時。今惠公薨久而弔，是不及哀；仲子生而來贈，故曰豫凶事。十二月，祭伯來，非王命也。

三年　春王三月，壬戌，平王崩，赴以庚戌，故書之。秋，武氏子來求賻，王未葬也。

六年　冬，京師來告饑，公爲之請糴于宋、衛、齊、鄭，禮也。得事王之禮。

七年　初，戎朝于周，發幣于公卿，凡伯弗賓。冬，王使凡伯來聘，還，戎伐之于楚丘，以歸。戎朝而發幣于公卿，凡伯不以賓禮待之，故怒，邀而執之。

桓公四年　夏，周宰渠伯糾來聘。父在，故名。

五年　夏，仍叔之子，弱也。來聘魯也。弱，幼小。

八年　冬，祭公來，遂逆王后于紀，禮也。天子娶于諸侯，使同姓諸侯爲之主。祭公來，受命于魯，故曰禮。

九年　春，紀季姜歸于京師。凡諸侯之女行，唯王后書。

十五年　春，天王使家父來求車，非禮也。諸侯不貢車服，天子不私求財。車服，上之所以賜下，職貢諸侯有常。

莊公元年　秋，築王姬之館于外。代王室主婚與齊襄也，詳文姜之亂。

三年　夏，五月，葬桓王，緩也。王崩於桓公十五年三月，閱七年矣。公穀云遷葬也。

十一年　冬，齊侯來逆共姬。齊桓公也。

僖公三十年　冬，王使周公閱來聘，饗有昌歜、白黑、形鹽。辭曰：「國君，文足昭也，武可畏也，則有備物之饗，以象其德。薦五味，羞嘉穀，鹽虎形，以獻其功。吾何以堪之？」昌歜，菖蒲

菹。白，熬稻。黑，熬黍。形鹽，鹽形象虎。嘉穀，熬稻黍也，以象文。鹽虎形，以象武。禮，天子三公，主國待之尊于國君，周公謙之過耳。東門襄仲將聘于周，遂初聘于晉。

文公元年　春，王使内史叔服來會葬。葬僖公。夏，四月，王使毛伯衛來賜公命。叔孫得臣如周拜。謝賜命。

三年　夏，四月乙亥，王叔文公卒，來赴，弔如同盟，禮也。王子虎與僖公同盟于翟泉，文公是同盟之子，故赴以名。

四年　冬，成風薨。

五年　春，王使榮叔來含且賵，召昭公來會葬，禮也。珠玉曰含，車服曰賵。加禮于成風也。成風，莊公之妾，天子以夫人禮賵之，明母以子貴，故曰禮。○亂諸侯嫡妾之分，何禮乎！

八年　秋，襄王崩。冬，穆伯如周弔喪。

九年　春，毛伯衛來求金，非禮也，不書王命，未葬也。二月，莊叔如周，葬襄王。天子不私求財，故曰非禮。

十年　秋，七月，及蘇子盟于女栗，頃王立故也。

宣公九年　春，王使來徵聘。夏，孟獻子聘于周，王以爲有禮，厚賄之。徵，召也。賄，賜也。

十年　秋，劉康公來報聘。

成公八年　秋，召桓公來賜公命。

襄公二十八年　冬，十一月癸巳，天王崩，未來赴，亦未書，禮也。十二月，王人來告喪，問崩日，以甲寅告，故書之，以徵過也。徵，驗也。

春秋左傳屬事卷二

伯

齊桓公之伯

桓公二年　秋，七月，蔡侯、鄭伯會于鄧，始懼楚也。蔡，今爲河南汝寧府有上蔡、新蔡縣。鄭，今爲河南鄭州新鄭汜水縣。鄧，今爲河南鄧州。楚都郢，今爲湖廣江陵縣。時楚武王僭號稱王，馮陵上國。蔡、鄧、鄭地與之鄰，故懼而會以謀。自是滅鄧、虜蔡、服鄭，并諸小國，更文王、成王，其勢轉熾。二十六年而桓公立於齊。

莊公八年　初，襄公立無常。鮑叔牙曰：「君使民慢，亂將作矣。」奉公子小白出奔莒。亂作，管夷吾、召忽奉公子糾來奔。無常，政令無常。小白、糾，襄公庶弟，糾爲長。齊都營丘，今山東青州濟南府皆其地。莒，今莒州，近齊。鮑叔牙，小白傅。管夷吾、召忽，糾傅。○鮑先亂去，又能舉管，明哲絶人，桓之伯實由之。

九年　夏，公伐齊，納子糾。桓公自莒先入。秋，師及齊師戰于乾時，我師敗績。○鮑叔帥師來言，曰：「子糾親也，請君討之。管、召讎也，請受而甘心焉。」乃殺子糾于生竇，召忽死之。管仲請囚，鮑叔受之，及堂阜而稅之。歸，而以告曰：「管夷吾治於高傒，使相可也。」公從之。桓公，小白也。乾時，齊地，在今山東臨淄縣西南有時水，其源淺，旱則乾，故名。餘見齊襄公之弒。鮑叔欲生得管仲，故乘勝進兵脅魯，復托辭以誘之。管仲射桓公，故曰讎。甘心，快意也。生竇，魯地。堂阜，齊地，在今山東蒙陰縣境，舊有夷吾亭。稅，解其縛。高傒，齊卿，字敬仲。鮑叔以管仲治理之才多于敬仲，可使相國。

十年　齊侯之出也，過譚，譚不禮焉。及其入也，諸侯皆賀，譚又不至。冬，齊師滅譚，譚無禮也。譚子奔莒，同盟故也。譚，今爲山東章丘縣，有譚城。

十二年　秋，宋萬弒閔公于蒙澤。蒙澤，宋地。餘見宋閔公之弒。

十三年　春，會于北杏，以平宋亂。遂人不至。夏，齊人滅遂而戍之。北杏，齊地。遂，舜後，國今山東定陶縣境。戍，守也。○冬，盟于柯。始及齊平也。柯，齊地今山東東阿縣。魯與齊平也。○宋人背北杏之會。

十四年　春，諸侯伐宋，齊請師于周。夏，單伯會之，取成于宋而還。冬，會于鄄，宋服故也。齊脩伯業，故假王命以示順。單伯，周大夫。成，平也。鄄，衛地，今屬山東濮州。○宋爵既上公而復國，今河南歸德州及直隸徐州皆介南北之衝，故齊桓創伯，即於宋首事其制，而撫之者勤矣。晉文、晉悼其業皆自宋始。至天下分爲南北，而彭城遂

爲南朝重鎮。安史之亂，張、許據睢陽以遮蔽江淮，其地誠古今要害之區也哉！

十五年　春，復會焉，齊始霸也。秋，諸侯爲宋伐郳。鄭人間之而侵宋。郳，附庸，屬宋而叛。齊桓爲之伐郳，鄭未服，因侵宋。

十六年　夏，諸侯伐鄭，宋故也。鄭伯自櫟入，緩告于楚。秋，楚伐鄭，及櫟，爲不禮故也。櫟，鄭邑。入櫟，詳見厲公篡國。冬，同盟于幽，鄭成也。幽，宋地。時盟者凡九國。○鄭在南北之交，與宋同，皆圖伯者所必争也。然宋固事中國，而鄭反覆二伯間，幾終春秋世。

十七年　春，齊人執鄭詹，鄭不朝也。詹，鄭卿。○夏，遂因氏、頜氏、工婁氏、須遂氏饗齊戍，醉而殺之，齊人殲焉。四氏，遂之彊宗。殲，盡也。

二十二年　春，陳人殺其太子御寇，陳公子完與顓孫奔齊。完、顓孫，皆御寇之黨。餘見田氏傾齊。

二十七年　夏，同盟于幽。陳、鄭服也。陳亂而齊納敬仲，鄭伯前納成于楚，皆二心于齊，今始服也。○冬，王使召伯廖賜齊侯命。召伯廖，王卿士。賜命爲侯伯。周禮，九命作伯，王官伯也。餘見子頹之亂。

二十八年　夏，楚令尹子元欲蠱文夫人，爲館於其宫側，而振萬焉。夫人聞之，泣曰：「先君以是舞也，習戎備也。今令尹不尋諸仇讎，而於未亡人之側，不亦異乎？」御人以告子元，子元曰：「婦人不忘襲讎，我反忘之。」秋，子元以車六百乘伐鄭，入于桔柣之門。子元、鬬御彊、鬬梧、耿之不比爲旆，鬬班、王孫游、王孫喜殿。衆車入自純門，及逵市。縣門不發。楚言而出。

子元曰：「鄭有人焉。」諸侯救鄭。楚師夜遁。鄭人將奔桐丘，諜告曰：「楚幕有烏。」乃止。文夫人，文王夫人息嬀也。子元，文王弟，欲蠱惑以淫事。振，作。萬，舞總名。此武舞也。嫠自稱未亡人。御人，夫人之侍人。襲，繼事也。桔柣，鄭遠郊之門。旆，軍前大旗。殿，拒後也。子元分軍爲二，自與三子爲前軍，鬬班等三子爲後軍。純門，鄭外郭門。逵市，國內方九軌道上之市。縣門，施于內城門。鄭示楚以閒暇，既不閉，出兵而復效楚言，故子元畏之，不敢進。而救適至，遂遁。諜，間也。幕空，故有烏。

三十年　楚公子元歸自伐鄭，而處王宮。鬬射師諫，則執而梏之。秋，申公鬬班殺子元。鬬穀於菟爲令尹，自毁其家，以紓楚國之難。處王宮，淫偪甚矣。射師，名廉。足曰桎，手曰梏。申國，楚滅之爲縣，今河南南陽縣。楚僭號，縣尹皆稱公。鬬穀於菟，令尹子文也。毁，減。紓，解也。○子文賢而相楚，故桓卒不能勝。○冬，遇于魯濟，謀山戎也，以其病燕故也。濟水歷齊、魯，界在魯稱魯濟。燕，北燕，召公封國，今京師。山戎與古孤竹俱國今永平府，地逼燕，通齊。

三十一年　夏，六月，齊侯來獻戎捷，非禮也。凡諸侯有四夷之功，則獻於王，王以警於夷，中國則否。諸侯不相遺俘。桓公伐戎而勝，史所謂北伐山戎、離枝、孤竹也。前與魯謀，故以其俘馘遺魯，於禮無之。

三十二年　春，城小穀，爲管仲也。小穀，今山東東阿縣穀城有夷吾井。公感齊桓之德，故爲管仲城私邑。○齊侯爲楚伐鄭之故，請會于諸侯。宋公請先見于齊侯。夏，遇于梁丘。梁丘，今山東金鄉縣境。○八月癸亥，公薨于路寢，子般即位，次于黨氏。冬，十月己未，共仲使圉人犖賊子般于黨氏。立

閔公。子般，莊公子。黨氏，魯大夫家。共仲，公子慶父也。賊，弑也。詳見三桓弱公室。

閔公元年　春，狄人伐邢，管敬仲言於齊侯曰：「戎狄豺狼，不可厭也。諸夏親暱，不可棄也。宴安酖毒，不可懷也。詩云：『豈不懷歸，畏此簡書。』簡書，同惡相恤之謂也。請救邢以從簡書。」齊人救邢。邢，今爲北直隸邢臺縣。敬仲以戎狄爲豺狼，諸夏爲親暱，宴安爲酖毒。詩小雅，文王爲西伯，勞來諸侯之詩。簡書，鄰國有急相戒命者。○冬，齊仲孫湫來省難。書曰「仲孫」，亦嘉之也。仲孫歸曰：「不去慶父，魯難未已。」公曰：「若之何而去之？」對曰：「難不已，將自斃，君其待之。」公曰：「魯可取乎？」對曰：「不可。猶秉周禮，周禮所以本也。臣聞之：國將亡，本必先顛，而後枝葉從之。魯不棄周禮，未可動也。君其務寧魯難而親之。親有禮，因重固，間攜貳，覆昏亂，霸王之器也。」湫，字仲孫。四者霸王所用，故以器爲喻。重固，安也。攜貳，疑也。

二年　秋，八月辛丑，共仲使卜齮賊公于武闈。　哀姜與知之，故孫于邾，齊人取而殺之于夷。卜，魯大夫，名齮。宫中小門謂之闈。内奔曰遜。邾，小國，今山東鄒縣。夷，魯地。詳見三桓弱公室。○冬，十二月，狄人伐衛。遂滅衛。　衛之遺民男女七百有三十人，益之以共、滕之民，爲五千人，立戴公，以廬于曹。　齊侯使公子無虧帥車三百乘、甲士三千人以戍曹。歸公乘馬，祭服五稱，牛、羊、家、雞、狗皆三百與門材。歸夫人魚軒，重錦三十兩。共及滕，衛別邑。廬，舍也。曹，衛下邑。戴公，名申，立其年卒，而文公立。無虧，齊桓子。歸，遺也。四馬曰乘。衣單複具曰稱。與門材，使先立門户。魚軒，夫人車以魚皮爲

飾。重錦，錦之熟細者，以二丈雙行故曰兩。兩，匹也。餘詳見衛文公定狄難。僖之元年，齊桓公遷邢于夷儀。二年，封衛于楚丘，邢遷如歸，衛國忘亡。深言桓公恤難之周。

僖公元年　春，諸侯救邢，邢人潰，出奔師。師遂逐狄人，具邢器用而遷之。師無私焉。夏，邢遷于夷儀，諸侯城之，救患也。凡侯伯救患、分災、討罪，禮也。狄復病邢，桓又以諸侯救之，師次聶北。夷儀，邢地，邢臺縣有夷儀城。無私，軍令嚴整故也。○秋，楚人伐鄭，鄭即齊故也。盟于犖，謀救鄭也。犖即檉，宋地，在今河南陳州境，舊有檉城。

二年　春，諸侯城楚丘而封衛焉。不書所會，後也。楚丘，衛邑，在今北直隸滑縣，有廢衛南縣其地。君死國滅，故言封。諸侯既會，而魯後至。○秋，盟于貫，服江、黃也。貫，宋地。江，今爲河南確山縣。黃，今河南光州境有古黃國。皆楚與國，始來服齊，故爲合諸侯。○冬，楚人伐鄭，鬬章因鄭聃伯。鬬章，楚大夫。聃伯，鄭大夫。

三年　秋，會于陽穀，謀伐楚也。齊侯爲陽穀之會，來尋盟。冬，公子友如齊涖盟。楚人伐鄭，鄭伯欲成，孔叔不可，曰：「齊方勤我，棄德不祥。」陽穀，齊地，今山東陽穀縣南有盟臺，傳桓公會江、黃于此。因楚侵鄭，桓謀伐之，以公不與會，使來尋盟，友往涖之。孔叔，鄭大夫。勤，勤恤其患。齊侯與蔡姬乘舟于囿，蕩公，公懼，變色，禁之，不可，公怒，歸之，未絶之也。蔡人嫁之。蔡姬，齊侯夫人。蕩，搖也。蓋池在苑中。○竊謂因此伐蔡，非也。蔡自被執以後，計已服屬于楚，不與中國會盟，畧無畏桓之心，故桓因而治之，豈專以一婦人故哉！傳蓋失其意耳。

四年　春，齊侯以諸侯之師侵蔡，蔡潰，遂伐楚。楚子使與師言曰：「君處北海，寡人處南海，唯是風馬牛不相及也。不虞君之涉吾地也，何故？」管仲對曰：「昔召康公命我先君太公曰：『五侯九伯，女實征之，以夾輔周室。』賜我先君履，東至于海，西至于河，南至于穆陵，北至于無棣。爾貢包茅不入，王祭不共，無以縮酒，寡人是徵。昭王南征而不復，寡人是問。」對曰：「貢之不入，寡君之罪也，敢不共給！昭王之不復，君其問諸水濱。」師進，次于陘。夏，楚子使屈完如師。師退，次于召陵。齊侯陳諸侯之師，與屈完乘而觀之。齊侯曰：「豈不穀是爲？先君之好是繼，與不穀同好如何？」對曰：「君惠徼福于敝邑之社稷，辱收寡君，寡君之願也。」齊侯曰：「以此衆戰，誰能禦之？以此攻城，何城不克？」對曰：「君若以德綏諸侯，誰敢不服？君若以力，楚國方城以爲城，漢水以爲池，雖衆，無所用之。」屈完及諸侯盟。陳轅濤塗謂鄭申侯曰：「師出於陳、鄭之間，國必甚病。若出於東方，觀兵於東夷，循海而歸，其可也。」申侯曰：「善。」濤塗以告齊侯，許之。申侯見曰：「師老矣。若出於東方而遇敵，懼不可用也。若出於陳、鄭之間，共其資糧屝屨，其可也。」齊侯説，與之虎牢。執轅濤塗。秋，伐陳，討不忠也。許穆公卒于師，葬之以侯，禮也。凡諸侯薨于朝會，加一等。死王事，加二等。於是有以衮斂。冬，叔孫戴伯帥師會諸侯之師侵陳，陳成，歸轅濤塗。　桓公君臣謀楚已久，至此乘鋭伐之。牝牡相誘曰風。楚使言二國去遠，雖馬牛風亦不相及，今以何事至此，蓋醜詆之辭。召康公，周太保奭也。仲言自先世受王命，得征討四

國。五侯，五等諸侯。九伯，九州之伯。河、海，東西之極。穆陵，楚之境。無棣，在遼西。賜履而以此命之者，欲其踐履之廣如此也。包，裹束。茅，菁茅有刺，三脊。束茅而灌之以酒，爲縮酒。昭王，成王之孫，南巡至楚，楚膠其舟，至漢而溺，故以二事爲楚罪而猶婉其詞。楚服小拒大，言水濱，亦嫚詞，故復進師。完來納欵，故退師，以示禮。陘、召陵，皆楚地，今河南郾城縣有召陵城，陘在召陵南，舊有陘亭。乘，共載也。桓言諸侯附從非爲己，乃尋先好，然其先實逖矣，亦柔來之意。孤、寡、不穀，諸侯謙稱。方城山，在今河南裕州東北。漢水源自今陝西漢中，至荆門州東境下流，與沔水入江。完言此，見其山河險固，應對皆中機宜，遣使如此，國有人哉！〇完進退以禮而桓服楚，謀歸道。轅濤塗，陳大夫。申侯，鄭大夫。國病，有供給之費故。東夷，郯、莒、徐夷也。觀兵以示威。屝，草屨。虎牢，鄭邑，今河南汜水縣。不忠，誤軍道也。諸侯命有三等，公爲上等，侯、伯爲中等，子、男爲下等。衮衣，公服加二等也。今許以男用侯，禮加一等，故曰禮。陳服罪，故歸濤塗。戴伯，名兹，叔牙之子。

五年　夏，會于首止，會王太子鄭，謀寧周也。陳轅宣仲怨鄭申侯之反己於召陵，故勸之城其賜邑，曰：「美城之，大名也，子孫不忘。吾助子請。」乃爲之請於諸侯而城之，美。遂譖諸鄭伯，曰：「美城其賜邑，將以叛也。」申侯由是得罪。秋，諸侯盟。王使周公召鄭伯，曰：「吾撫女以從楚，輔之以晋，可以少安。」鄭伯喜于王命，而懼其不朝于齊也，故逃歸不盟。孔叔止之，曰：「國君不可以輕，輕則失親，失親患必至。病而乞盟，所喪多矣。君必悔之。」弗聽，逃其師而歸。首止，衛地，今河南陳留縣境，舊有首鄉。惠王以惠后故，將廢太子，立子帶，故齊桓帥諸侯會王太子以定其位。濤塗、申侯俱從其君于會，故得勸之城而復爲之請。宣仲，濤塗字。〇申侯前既反而傾之，復不虞其陷己也，狡而實愚也已。〇周公，宰孔。王恨齊侯定太子，故使鄭伯叛齊。時唯晋、楚爲齊敵國，故以安鄭，鄭伯因拒諫而逃。親，黨援也。

六年　夏，諸侯伐鄭，以其逃首止之盟故也。圍新密，鄭所以不時城也。秋，楚子圍許以救鄭，諸侯救許，乃還。冬，蔡穆侯將許僖公以見楚子於武城。許男面縛，銜璧，大夫衰絰，士輿櫬。楚子問諸逢伯，對曰：「昔武王克殷，微子啓如是，武王親釋其縛，受其璧而祓之，焚其櫬，禮而命之，使復其所。」楚子從之。新密，即新城，今河南密縣。鄭畏諸侯之討，不俟時而速城以禦敵。諸侯因楚圍許，即解鄭圍以救之。楚子退舍武城，猶有忿志，而諸侯各罷兵，故蔡將許君歸楚。縛手于後，惟見其面，以璧爲質，手縛故銜之。櫬，棺也。將受死，故衰絰。武城，楚地，今河南信陽縣東北有武城。逢伯，楚大夫。微子啓，紂庶兄，宋之祖也。祓，除凶之禮。○按論語「微子去之」，是先紂滅而遠蹈矣。武王既克商，微子何用過自毀辱以迎之乎？果爾，則武王何不即封之，俟武庚既誅而後封之宋耶？皆非事理，故鄱陽鄒氏亦深辨其誣。史記禮記與此傳皆沿而襲之，蔡氏書傳亦不察此，踈矣。

七年　春，齊人伐鄭，孔叔言於鄭伯，曰：「諺有之曰：『心則不競，何憚於病？』既不能彊，又不能弱，所以斃也。國危矣，請下齊以救國。」公曰：「吾知其所由來矣，姑少待我。」對曰：「朝不及夕，何以待君？」夏，鄭殺申侯以說于齊，且用陳轅濤塗之譖也。初，申侯，申出也，有寵於楚文王。文王將死，與之璧使行，曰：「唯我知女。女專利而不厭，予取予求，不女疵瑕也。後之人將求多於女，女必不免。我死，女必速行，無適小國，將不女容焉。」既葬，出奔鄭。又有寵於厲公。子文聞其死也，曰：「古人有言曰：『知臣莫若君。』弗可改也已。」秋，盟于甯母，謀鄭故也。管仲言於齊侯曰：「臣聞之：招攜以禮，懷遠以德。德、禮不易，無人不

懷。」齊侯脩禮於諸侯，諸侯官受方物。鄭伯使太子華聽命於會，言於齊侯曰：「洩氏、孔氏、子人氏三族，實違君命。若君去之以爲成，我以鄭爲内臣，君亦無所不利焉。」齊侯將許之，管仲曰：「君以禮與信屬諸侯，而以姦終之，無乃不可乎！子父不奸之謂禮，守命共時之謂信。違此二者，姦莫大焉！」公曰：「諸侯有討於鄭，未捷，今苟有釁，從之，不亦可乎？」對曰：「君若綏之以德，加之以訓，辭，而帥諸侯以討鄭，鄭將覆亡之不暇，豈敢不懼？若摠其罪人以臨之，鄭有辭矣，何懼？且夫合諸侯以崇德也，會而列姦，何以示後嗣？夫諸侯之會，其德、刑、禮、義，無國不記。記姦之位，君盟替矣。作而不記，非盛德也。君其勿許，鄭必受盟。夫子華既爲太子，而求介於大國，以弱其國，亦必不免。鄭有叔詹、堵叔、師叔三良爲政，未可間也。」齊侯辭焉。子華由是得罪於鄭。冬，鄭伯使請盟于齊。前圍未服而解，故再伐。競，彊。憚，難。病，卑弱之病。説以逃盟之罪，歸申侯姊妹之子爲出，蓋楚甥也。疵，瑕。咎，釁也。求多以禮義，大責望之，小國必政狹法峻，弗可改，嘆其當也。甯母，魯地，在今山東魚臺縣，舊有泥母亭。謀，謀所以服之。仲云服人心者莫如禮，故以招攜。感人心者莫如德，故以懷遠。攜，離也。脩禮，脩朝聘之禮，令諸侯以其方貢所産物于天子，諸官司受之而歸。三氏，鄭大夫。内臣，封内之臣。鄭子華以國叛於齊，桓公欲因釁圖鄭，而管仲備言其必不可。奸，犯也。命，君命。時，時事。姦，邪也，私也。摠，將領也。唯德可以示後，用子華，是列姦而不德。必德、刑、禮、義可記，而後會盟足恃。子華以姦人列位而記之，是自廢其盟。若以不可記而諱之，則德衰。蓋德盛者作，必可記。且不許，鄭必感德而服。介，因也。卒皆如仲言。◯閏月，惠王崩。襄王惡太叔

帶之難，懼不立，不發喪，而告難于齊。

八年　春，盟于洮，謀王室也。鄭伯乞盟，請服也。襄王定位，而後發喪。洮，曹地。

九年　夏，會于葵丘，尋盟，且脩好，禮也。王使宰孔賜齊侯胙，曰：「天子有事于文、武，使孔賜伯舅胙。」齊侯將下拜，孔曰：「且有後命。天子使孔曰：『以伯舅耋老，加勞，賜一級，無下拜。』」對曰：「天威不違顏咫尺，小白余敢貪天子之命無下拜？恐隕越于下，以遺天子羞。敢不下拜！」下拜，登，受。秋，齊侯盟諸侯于葵丘，曰：「凡我同盟之人，既盟之後，言歸于好。」宰孔先歸，遇晉侯，曰：「可無會也。齊侯不務德而勤遠畧，故北伐山戎，南伐楚，西爲此會也。東畧之不知，西則否矣。其在亂乎！君務靖亂，無勤于行。」晉侯乃還。葵丘，在今河南考城縣東。尋，尋洮盟。王深德桓公定其位，故賜胙，尊之比二王後。有事，祭也。天子謂異姓諸侯曰伯舅。八十曰耋。桓年未及稱耋，以優之，使無下拜。桓言君天也，其威無適不臨，近在顏面，不可不懼。八寸曰咫。隕越，顛墜，以越分魂撓也。竟拜堂下，受胙堂上。晉侯欲求會葵丘，故孔止之，料齊將及亂。而復戒獻公以自靖其國，可謂明矣。九月，晉獻公卒。◯冬，十月，里克殺奚齊于次。◯十一月，里克殺公子卓于朝。◯齊侯以諸侯之師伐晉，及高梁而還，討晉亂也。令不及魯，故不書。齊隰朋帥師會秦師，納晉惠公。次，喪寢。高梁，晉地，在今山西臨汾縣境。詳見晉驪姬之亂。

十年　夏，四月，周公忌父、王子黨會齊隰朋立晉侯。詳見驪姬之亂。

十一年　夏，揚、拒、泉、皐、伊、雒之戎同伐京師。　王子帶召之也。　秦、晉伐戎以救周。　召戎，欲因以簒位。　餘詳見子帶之亂。

十二年　春，諸侯城衛楚丘之郛，懼狄難也。○黄人恃諸侯之睦于齊也，不共楚職。夏，楚滅黄。　桓業將衰。○冬，齊侯使管夷吾平戎于王，使隰朋平戎于晉。王以上卿之禮饗管仲，管仲辭曰：「臣，賤有司也，有天子之二守國、高在，若節春秋來承王命，何以禮焉？陪臣敢辭。」王曰：「舅氏，余嘉乃勳，應乃懿德，謂督不忘。往踐乃職，無逆朕命。」管仲受下卿之禮而還。君子曰：「管氏之世祀也宜哉！讓不忘其上。詩曰：『愷悌君子，神所勞矣。』」　王以齊桓翼戴之謀，多出于仲，故因其來厚禮之。　國子、高子，天子所命，爲齊守臣，爲上卿。　節，時也。　諸侯之臣稱于天子曰陪臣。　伯舅之使，故曰舅氏。　督，正也。　謂功勳美德正而不可忘。　言職者，管仲位卑而執齊政，故以職尊之。　管子不以職自高，卒受本位之禮。　詩大雅，愷，樂也。　悌，易也。　言樂易君子，爲神所勞來，故世祀也。○竊以管仲之後不顯于齊，而云世祀者，想以功德世爲齊人所祀，如董安于之祀于趙廟，或如諸葛武侯之祀于蜀人也。

十三年　春，齊侯使仲孫湫聘于周。　詳見王朝子帶之亂。　夏，會于鹹，淮夷病杞故，且謀王室也。秋，爲戎難故，諸侯戍周。　齊仲孫湫致之。　鹹，衛地，今北直隸開州有鹹城。　淮夷，淮南北之夷。　杞，今爲河南杞縣。

十四年　春，諸侯城緣陵而遷杞焉。不書其人，有闕也。　緣陵，杞邑。　杞迫于淮夷，故城之，以定其遷。

闕，謂器用不具，城池未固而去，爲惠不終也。

十五年　春，楚人伐徐，徐即諸夏故也。三月，盟于牡丘，尋葵丘之盟，且救徐也。孟穆伯帥師及諸侯之師救徐。諸侯次于匡，以待之。秋，伐厲，以救徐也。冬，楚敗徐于婁林，徐恃救也。徐國，南直隸泗州有徐城。牡丘，齊地，山東昌府城東北有牡丘。匡，衛邑，北直隸長垣縣有匡城。厲，楚與國，湖廣隨州境舊有厲村。婁林，徐地，南直隸虹縣東北舊有婁亭。

十六年　夏，齊伐厲，不克，救徐而還。○秋，王以戎難告于齊，齊徵諸侯而戍周。十一年戎伐京師以來，遂爲王室難。○冬，十一月乙卯，鄭殺子華。○十二月，會于淮，謀鄫，且東畧也。城鄫，役人病，有夜登丘而呼曰：「齊有亂！」不果城而還。淮水自今泗州龜山北流入淮安府界，東入海。鄫國，今山東嶧縣。鄫爲淮夷所病，故謀之。役人遇厲氣，不堪久駐，故作妖言。然齊亂亦兆矣。

十七年　春，齊人爲徐伐英氏，以報婁林之役也。英氏，楚與國，咎繇之後，都六，今爲直隸六安州。○冬，十月乙亥，齊桓公卒。○古稱齊地沃衍，負海之饒，仲用以伯。讀管子國語，其所以治齊者，皆變古聖法而爲之。至其兵威所至，無不靡從。雖由扶義以動，而畧亦宏矣。特楚國方强，而子文適相，故姑薄伐焉，而徒問其細，使之受盟斯止，其亦審于勢哉！及陳德禮之訓，拒子華之請，試雋乎其言也。爲伯者倡而名繼三王，良以是夫！而齊不爲之置，後與鮑氏俱顯，何耶？

宋襄公圖伯

僖公八年　冬，宋公疾，太子兹父固請曰：「目夷長且仁，君其立之。」公命子魚，子魚辭，曰：「能以國讓，仁孰大焉？臣不及也。且又不順。」遂走而退。兹父，襄公名。目夷，其庶兄，字子魚。不順，亂嫡庶之分也。

九年　春，宋桓公卒，未葬，而襄公會諸侯，故曰「子」。凡在喪，王曰小童，公侯曰子。小童，蒙幼之稱。子者，繼父之辭。公侯位尊，上連王者，下絶伯子男。冬，宋襄公即位。以公子目夷爲仁，使爲左師，以聽政。於是宋治，故魚氏世爲左師。

十五年　冬，宋人伐曹，討舊怨也。莊十四年齊桓公伐宋，曹與焉，故也。○桓尚在而伐曹，不忌桓也。時已有代桓之心矣。然苟有伯者之畧，棄怨以明德于天下，夫豈不可？而必怨焉，是討是離其心而去之矣。

十六年　春，隕石于宋五。隕星也。六鷁退飛，過宋都，風也。周内史叔興聘于宋，宋襄公問焉，曰：「是何祥也？吉凶焉在？」對曰：「今兹魯多大喪，明年齊有亂，君將得諸侯而不終。」退而告人曰：「君失問。是陰陽之事，非吉凶所生也。吉凶由人。吾不敢逆君故也。」石本星也，至地而爲石。六鷁遇迅風而退飛。祥，吉凶之先見者。内史，中大夫，叔興其字。言陰陽、順逆爲吉凶之兆，而非吉凶之

所由生。吉凶由於人之善惡所感，必先有以感之，而後見於兆。譏襄公不脩人事而徒問物變，且以已對嫌于宣露，故更正言以諱之焉。鷁，水鳥，或作鶂，雌雄相視則孕。或云雄鳴上風，雌承下風，亦孕。世多繪形舟前爲飾。

十七年　冬，齊桓公卒。易牙入，與寺人貂因内寵以殺羣吏，而立公子無虧。孝公奔宋。孝公，桓公所屬之宋公者。詳見桓公五子争立。

十八年　春，宋襄公以諸侯伐齊。三月，齊人殺無虧。○鄭伯始朝于楚，楚子賜之金，既而悔之，與之盟曰：「無以鑄兵。」故以鑄三鍾。楚以其金利故也，傳言其無遠畧。○夏，五月，宋敗齊師于甗，立孝公而還。甗，齊地。

十九年　春，宋人執滕宣公。夏，宋公使邾文公用鄫子于次睢之社，欲以屬東夷。司馬子魚曰：「古者六畜不相爲用，小事不用大牲，而況敢用人乎！祭祀以爲人也，民，神之主也，用人，其誰饗之？齊桓公存三亡國，以屬諸侯，義士猶曰薄德。今一會而虐二國之君，又用諸淫昏之鬼，將以求霸，不亦難乎！得死爲幸。」睢水在河南陳留縣東北，經睢州達寧陵縣。時此水次有妖神，東夷皆社祠之用，殺之以爲牲。襄公淫虐，子魚憂之。六畜，馬、牛、羊、犬、豕、雞。不相爲用，若祭馬先不用馬之類。三亡國，邢、衛、杞。薄德，謂其德不若古聖王。淫鬼，非周社也。得死，得良死也。秋，宋人圍曹，討不服也。子魚言於宋公曰：「文王聞崇德亂而伐之，軍三旬而不降，退。脩教而復伐之，因壘而降。詩曰：『刑于寡妻，至于兄弟，以御于家邦。』今君德無乃猶有所闕，而以伐人，若之何？盍姑内省德乎無闕而

後動。」崇，崇侯虎。因壘，不益備也。詩大雅，言文王之教，自近及遠，以服崇。子魚欲公省德而自止。陳穆公請脩好于諸侯，以無忘齊桓之德。冬，盟于齊，脩桓公之好也。宋襄暴虐，故思齊桓。

二十年　冬，宋襄公欲合諸侯。臧文仲聞之，曰：「以欲從人則可，以人從欲鮮濟。」

二十一年　春，宋人爲鹿上之盟，以求諸侯于楚，楚人許之。公子目夷曰：「小國爭盟，禍也，宋其亡乎！幸而後敗。」秋，諸侯會宋公于盂。子魚曰：「禍其在此乎？君欲已甚，其何以堪之？」於是楚執宋公，以伐宋。冬，會于薄，以釋之。子魚曰：「禍猶未也，未足以懲君。」鹿上，宋地，在今南直隸汝州境，舊有原鹿縣。盂，宋地。薄，闕。

二十二年　春，三月，鄭伯如楚。夏，宋公伐鄭。子魚曰：「所謂禍，在此矣。」秋，楚人伐宋，以救鄭。宋公將戰，大司馬固諫曰：「天之棄商久矣，君將興之，弗可赦也已。」弗聽。冬，十一月己巳朔，宋公及楚人戰于泓。宋人既成列，楚人未既濟，司馬曰：「彼衆我寡，及其未既濟也，請擊之。」公曰：「不可。」既濟而未成列，又以告，公曰：「未可。」既陳，而後擊之，宋師敗績。公傷股，門官殲焉。國人皆咎公。公曰：「君子不重傷，不禽二毛，古之爲軍也，不以阻隘也。寡人雖亡國之餘，不鼓不成列。」子魚曰：「君未知戰。勍敵之人，隘而不列，天贊我也。阻而鼓之，不亦可乎？猶有懼焉。且今之勍者皆吾敵也，雖及胡耇，獲則取之，何有于二毛？明恥、教戰，求殺敵也，傷未及死，如何勿重？若愛重傷，則如勿傷。愛其二毛，則如服焉。三

軍以利用也，金鼓以聲氣也，利而用之，阻隘可也。聲盛致志，鼓儳可也。」伐鄭，楚必救之，故曰禍。大司馬固，莊公孫，公孫固也。宋，商後，商滅於紂，故云天棄。言違天，天必不宥。泓，水名。司馬，子魚也。門官，守門者，師行則在君左右。殲，盡也。二毛，謂髮有二色。以阻隘乘之以制勝也。子魚言楚本勍敵，乘其隘而不列猶懼不勝。胡耇，元老也。言明設刑罰，以恥不果，本期交殺。設傷而未死，尚能害己，何可勿重？若妄有愛惜，不如服而不戰，則殺傷自無。利，乘其便也。兵以鼓進。金，鉦也，鳴之以節鼓。聲，宣也，宣倡士卒之勇氣。儳，儳巖未整也。

二十三年　春，齊侯伐宋，圍緡，以討其不與盟于齊也。緡，宋地，今山東金鄉縣有緡城。○夏，五月，宋襄公卒，傷于泓故也。創死，如子魚慮。子成公王臣立。

二十四年　秋，宋及楚平。宋成公如楚，還，入于鄭。鄭伯將享之，問禮於皇武子，對曰：「宋，先代之後也，於周爲客。天子有事，膰焉。有喪，拜焉。豐厚可也。」鄭伯從之。享宋公，有加，禮也。武子，鄭卿。有事，祭宗廟也。尊之，故賜以祭胙。宋弔周喪，王特拜謝之。傳善鄭能尊先代。○宋襄矯誣小慧，妄慕大名，無足論者。子魚才非管仲，而伐崇之喻，識則遠矣。然豈襄公之所能及哉！且齊、晉俱大國，而稍遠于楚，故圖回數年，一出而能與楚競。宋既國小而密邇楚境，將畏偪之不暇，而安能以布其謀猷乎？使戰泓而勝，禍亦不旋踵矣。非文王之至德，曷足以勝之！

晉文公之伯 附襄公繼伯

僖公二十三年　秋，楚成得臣帥師伐陳，討其貳于宋也。遂取焦、夷，城頓而還。子文以爲

之功，使爲令尹。叔伯曰：「子若國何？」對曰：「吾以靖國也。夫有大功而無貴仕，其人能靖者與有幾？」成得臣，字子玉。焦、夷，陳二邑，焦一名譙，夷一名城父，俱今南直隸亳縣，有廢譙縣、廢城父縣。頓，近。陳，小國，今河南商水縣。城之以偪陳。叔伯，薳呂臣，字以。子玉不任令尹，子文言將矜功爲亂，不可不賞。〇子玉非文公敵也，故卒以楚敗，且慮其爲亂而舉，豈任人之體哉！〇晉公子重耳之及於難也，晉人伐諸蒲城，蒲城人欲戰，重耳不可，曰：「保君父之命而享其生禄，於是乎得人。有人而校，罪莫大焉。吾其奔也。」遂奔狄。從者狐偃、趙衰、顛頡、魏武子、司空季子。狄人伐廧咎如，獲其二女，叔隗、季隗，納諸公子。公子取季隗。以叔隗妻趙衰。將適齊，謂季隗曰：「待我二十五年。不來而後嫁。」對曰：「我二十五年矣，又如是而嫁，則就木焉，請待子。」處狄十二年而行。過衛，衛文公不禮焉。出於五鹿，乞食於野人，野人與之塊，公子怒，欲鞭之。子犯曰：「天賜也。」稽首受而載之。及齊，齊桓公妻之。有馬二十乘，公子安之，從者以爲不可。將行，謀於桑下。蠶妾在其上，以告姜氏，姜氏殺之，而謂公子曰：「子有四方之志，其聞之者，吾殺之矣。」公子曰：「無之。」姜曰：「行也！懷與安實敗名。」公子不可。姜與子犯謀，醉而遣之。醒，以戈逐子犯。及曹，曹共公聞其駢脅，欲觀其裸。浴，薄而觀之。僖負羈之妻曰：「吾觀晉公子之從者，皆足以相國。若以相，夫子必反其國，反其國，必得志於諸侯。得志於諸侯，而誅無禮，曹其首也。子盍蚤自貳焉。」乃饋盤飧，寘璧焉。公子受飧，反璧。及宋，宋襄公贈之以馬二十乘。及鄭，鄭

文公亦不禮焉。叔詹諫曰：「臣聞天之所啓，人弗及也。晉公子有三焉，天其或者將建諸，君其禮焉。男女同姓，其生不蕃。晉公子，姬出也，而至于今，一也。離外之患，而天不靖晉國，殆將啓之，二也。有三士，足以上人，而從之，三也。晉、鄭同儕，其過子弟固將禮焉，況天之所啓乎？」弗聽。及楚，楚子饗之，曰：「公子若反晉國，則何以報不穀？」對曰：「子女玉帛則君有之，羽毛齒革則君地生焉，其波及晉國者君之餘也。其何以報君？」曰：「雖然，何以報我？」對曰：「若以君之靈，得反晉國，晉、楚治兵，遇於中原，其辟君三舍。若不獲命，其左執鞭、弭，右屬櫜、鞬，以與君周旋。」子玉請殺之，楚子曰：「晉公子廣而儉，文而有禮，其從者肅而寬，忠而能力。晉侯無親，外内惡之。吾聞姬姓唐叔之後，其後衰者也。其將由晉公子乎！天將興之，誰能廢之！違天必有大咎。」乃送諸秦。秦伯納女五人，懷嬴與焉。奉匜沃盥，既而揮之。怒，曰：「秦、晉匹也，何以卑我？」公子懼，降服而囚。他日，公享之，子犯曰：「吾不如衰之文也，請使衰從。」公子賦河水，公賦六月。趙衰曰：「重耳拜賜！」公子降，拜，稽首，公降一級而辭焉。衰曰：「君稱所以佐天子者命重耳，重耳敢不拜！」重耳，文公名。難由驪姬，事見十卷。蒲，其治邑，今山西蒲縣。以恃君命而得禄以聚衆，故順命而奔。時從者猶有狐毛、賈佗，而止言五人者，或有後先，故逸之也。廧咎如，赤狄之别種，隗姓。就木，死而棺也。五鹿，衛地，今北直隸大名府東有五鹿墟。塊爲土，得國之祥。時齊桓既與秦納惠公，不欲復納重耳，猶忌其賢，以計縻之。至桓公卒，孝公立，諸侯皆叛，𡢃又去。恐孝公怒，故從者密謀，欲行，而姜殺聞

者以滅口。復醉遣之。公子殊無去志也。姜氏即公所妻者，其明智過人。駢脅，并肋也。薄，迫也。僖負羈，曹大夫。以相，用以相國也。自貳，自別異也。臣無境外之交，故用盤，藏璧飧中，公子廉，故返璧。時宋襄獨厚遺之。叔詹，鄭卿。啓，開也。公子母狐姬，故曰姬出。離，罹也。三士，據國語，狐偃、趙衰、賈佗，皆相才。楚成知公子賢，故享而問何報，以觀其志。三十里爲一舍，命，止師之命。弭，弓末無緣者。櫜以受箭，鞬以受弓。屬，著也。欲與楚爭衡決勝，成伯業。子玉畏其志大，請殺之，楚子以天意所鍾，弗許。廣，志廣。儉，體儉。晉侯指惠公。秦近晉，送使納之，而秦亦知其將伯矣。懷嬴，子圉妻。匜以注水於盤中，沃手曰盥。既，已。揮，卻也。以黷姓，故嬴不喻，怒。懼，懼訴文儀，度文辭。河水，逸詩，義取河水朝宗于海，海以喻秦。六月，詩小雅，稱尹吉甫佐宣王征伐，喻公子還晉匡王國也。稽首，見天子禮，故伯降而辭。○諸臣從亡，忠勤至矣，而獨於懷嬴事乃陷其君於瀆倫焉。國語載懷嬴之納，文公欲辭之，而胥臣、子餘皆勸之，使娶，豈所謂將順其美者耶？

二十四年　春王正月，秦伯納之，及河，子犯以璧授公子，曰：「臣負羈絏從君巡于天下，臣之罪甚多矣，臣猶知之，而況君乎？請由此亡。」公子曰：「所不與舅氏同心者，有如白水。」投其璧于河。羈，馬絡首。絏，馬韁。子犯，重耳舅。有如水，言此水之神實臨之，因投璧以質信於神。二月丁未，朝于武宮。詳見驪姬之亂。○秋，頹叔、桃子奉太叔以狄師伐周。○王出，適鄭。○王使簡師父告于晉，使左鄢父告于秦。詳見王室子帶之亂。

二十五年　春，秦伯師于河上，將納王。狐偃言于晉侯，曰：「求諸侯莫如勤王，諸侯信之，且大義也。繼文之業，而信宣於諸侯，今爲可矣。」使卜偃卜之，曰：「吉。遇黄帝戰于阪泉之兆。」公曰：「吾不堪也。」對曰：「周禮未改，今之王，古之帝也。」公曰：「筮之。」筮之，遇

大有䷍之睽䷥，曰：「吉。遇『公用享于天子』之卦。戰克而王享，吉孰大焉！且是卦也，天爲澤以當日，天子降心以逆公，不亦可乎？大有去睽而復，亦其所也。」晉侯辭秦師而下。三月甲辰，次于陽樊，右師圍温，左師逆王。夏，四月丁巳，王入于王城，取太叔于温，殺之于隰城。戊午，晉侯朝王，王饗醴，命之宥。請隧，弗許，曰：「王章也。未有代德，而有二王，亦叔父之所惡也。」與之陽樊、温、原、欑茅之田。晉於是始啓南陽。陽樊不服，圍之。倉葛呼曰：「德以柔中國，刑以威四夷，宜吾不敢服也。此誰非王之親姻，其俘之也？」乃出其民。子犯以勤王爲伯業之始。晉文侯仇，爲平王侯伯，匡輔周室，故云繼。文公猶疑，參之以卜、筮。黄帝與神農之後姜氏戰于阪泉之野，勝之。今得其兆，故以爲吉。公自謂己當之，故言不堪。偃以今之周王自當帝兆，非公也。乾下離上大有，兑下離上睽。大有九三變而爲睽。三爲三公而得位，變而爲兑。兑，説。得位而説，故能爲王所宴饗而協吉，更揔言二卦之義。乾爲天，兑爲澤，乾變爲兑而上當離。離爲日，日之在天，垂曜在澤。天子在上，説心在下。是降心逆公之象。去睽卦還論大有，亦有此象。乾尊離卑，降尊下卑，故其象同。辭秦師，使還，獨納王。順流曰下。王德晉，除太叔。既行，享禮，復設醴酒，又加幣帛，以助歡。宥，助也。隧，一云掘地通道王之葬禮。一作遂，王畿有六遂，天子六軍之制。未詳。四邑先與鄭，復歸，今賜晉，在晉山南河北，故爲南陽，今河南脩武縣有南陽城。倉葛，陽樊人。出民，惟取其土，蓋晉都絳，太行山西，黄河東，今山西平陽、太原等府，皆其地。自獻公啓土，多在西北，得周賜邑而轉南矣。

○秋，秦、晉伐鄀。楚鬬克、屈禦寇以申、息之師戍商密。秦人過析，隈入而係輿人，以圍商密，昏而傅焉。宵，坎血加書，僞與子儀、子邊盟者。商密人懼，曰：「秦取析矣！戍人反矣！」乃降秦師。秦師囚申公子儀、息公子邊以歸。楚令尹子玉追秦師，

弗及。遂圍陳，納頓子于頓。鄀，秦、楚界上小國，都商密，漢爲丹水縣，後廢。鬬克，申公子儀名。屈禦寇，息公子邊名。因秦、晉伐鄀，戍以衛之。析，楚邑，近商密，今爲河南内鄉縣。隈，隱蔽之處。二子戍商密，實屯兵于析，以爲之援。秦以計係縛輿人，詐爲克析，得其囚俘者。昏時傅城，使商密不知囚非析人。復掘地爲坎，以埋盟之餘血，加盟書其上，若二子已從之而盟，故商密懼降秦。既降而析戍亦敗，二子被囚。○冬，晉侯圍原，命三日之糧。原不降，命去之。諜出，曰：「原將降矣。」軍吏曰：「請待之。」公曰：「信，國之寶也，民之所庇也。得原失信，何以庇之？所亡滋多。」退一舍而原降。遷原伯貫于冀。趙衰爲原大夫，狐溱爲温大夫。晉侯問原守于寺人勃鞮，對曰：「昔趙衰以壺飧從，徑餒而弗食。」故使處原。伯貫，周守原大夫。冀，晉邑，今山西河津縣有冀亭古國。狐溱，狐毛子。勃鞮，披也。從，從亡。徑餒，途中饑也。言衰廉且仁，不忘君。○衰之賢素矣，乃咨之寺人，柳子故有議焉。

二十六年　夏，東門襄仲、臧文仲如楚乞師。臧孫見子玉而道之伐齊、宋，以其不臣也。時魯兩被齊兵，故使二臣乞師。報之言其不臣于周，可以此罪伐之。○楚豈能臣者，而使之伐之也？宋以其善於晉侯也，叛楚即晉。冬，楚令尹子玉、司馬子西帥師伐宋，圍緡。公以楚師伐齊，取穀。楚申公叔侯戍之。戍之以偪齊。詳見齊桓公五子爭立。

二十七年　秋，楚子將圍宋，使子文治兵于睽，終朝而畢，不戮一人。子玉復治兵于蔿，終日而畢，鞭七人，貫三人耳。國老皆賀子文，子文飲之酒。蔿賈尚幼，後至，不賀。子文問之，對

曰：「不知所賀。子之傳政于子玉，曰：『以靖國也。』靖諸內而敗諸外，所獲幾何？子玉之敗，子之舉也，舉以敗國，將何賀焉？子玉剛而無禮，不可以治民，過三百乘，其不能以入矣。苟入而賀，何後之有？」冬，楚子及諸侯圍宋，宋公孫固如晉告急。先軫曰：「報施救患，取威定伯，於是乎在矣。」狐偃曰：「楚始得曹，而新婚於衛，若伐曹、衛，楚必救之，則齊、宋免矣。」於是乎蒐于被廬，作三軍，謀元帥。趙衰曰：「郤縠可。臣亟聞其言矣，說禮、樂而敦詩書。詩書，義之府也。禮、樂，德之則也。德、義，利之本也。夏書曰：『賦納以言，明試以功，車服以庸。』君其試之。」乃使郤縠將中軍，郤溱佐之。使狐偃將上軍，讓于狐毛，而佐之。命趙衰爲卿，讓於欒枝、先軫。使欒枝將下軍，先軫佐之。荀林父御戎，魏犨爲右。楚前伐宋，猶不服，將復圍之而治兵。子文時不爲令尹，故云使。欲委重子玉，故畧其事。皆賀，賀子玉堪其任。蔿賈，字伯嬴；孫叔敖父。靖國，述前子文荅伯叔之言。三百乘，二萬二千五百人。言其才止能將此，過則以衆敗而不能入國。睽、蔿，皆楚邑。晉因宋告急，先軫決策救之，偃謀攻楚所愛，則宋圍自解。於是蒐兵選將，得郤縠於趙衰。衰之論將誠善，宜爲世法。春蒐，禮敬其始也。被廬，晉地。三軍，備大國之制。夏書，益、稷謨。賦，取。試，用。庸，功也。尚書「賦」作「敷」，「試」作「庶」。狐毛，偃兄。欒枝，謚貞子，欒賓之孫。林父謚桓子。魏犨謚武子。御戎，戎車之御。右，車右。晉侯始入而教其民，二年，欲用之。子犯曰：「民未知義，未安其居。」於是乎出定襄王，入務利民，民懷生矣。將用之，子犯曰：「民未知信，未宣其用。」於是乎伐原，以示之信。民易資者，不求豐焉，明徵其辭。公曰：「可矣乎？」子犯

曰：「民未知禮，未生其共。」於是乎大蒐以示之禮，作執秩以正其官。民聽不惑，而後用之。出穀戍，釋宋圍，一戰而伯，文之教也。文公謀伯，教民以戰。子犯又慎其所以示之者三，謂民無義則苟生，而無以自固，故以義利民，而民懷其生。無信則不知其所以爲用，而交詐以相傾，故信明而民無多求，自重其言。無禮則民慢上，故蒐以順少長，明貴賤，作執秩之官，以正其等。皆以文德教民，而非專競武力，故伯業一舉而成。宣，明也。易，貿易也。明徵，明白可徵也。執，主。秩，爵秩也。

二十八年　春，晉侯將伐曹，假道于衛，衛人弗許。還，自南河濟，侵曹伐衛。正月戊申，取五鹿。二月，晉郤穀卒。原軫將中軍，胥臣佐下軍，上德也。晉侯、齊侯盟于斂盂。衛侯請盟，晉人弗許。衛侯欲與楚，國人不欲，故出其君以說于晉。衛侯出居于襄牛。楚人救衛，不克。晉侯圍曹，門焉，多死。曹人尸諸城上，晉侯患之。聽輿人之謀，曰稱「舍於墓」。師遷焉。曹人兇懼，爲其所得者，棺而出之。因其兇也而攻之。三月丙午，入曹，數之以其不用僖負羈，而乘軒者三百人也，且曰獻狀。令無入僖負羈之宫，而免其族，報施也。魏犨、顛頡怒，曰：「勞之不圖，報於何有？」爇僖負羈氏。魏犨傷於胷。公欲殺之，而愛其材。使問，且視之。病，將殺之。魏犨束胷見使者，曰：「以君之靈，不有寧也。」距躍三百，曲踊三百。乃舍之。殺顛頡以狥于師，立舟之僑以爲戎右。宋人使門尹般如晉師告急。公曰：「宋人告急，舍之則絕。告楚不許。我欲戰矣，齊、秦未可，若之何？」先軫曰：「使宋舍我而賂齊、秦，藉之告楚。我執曹

君，而分曹、衛之田以賜宋人。楚愛曹、衛，必不許也。喜賂、怒頑，能無戰乎？」公說。執曹伯，分曹、衛之田以畀宋人。楚子入居于申，使申叔去穀，使子玉去宋，曰：「無從晉師。晉侯在外十九年矣，而果得晉國，險阻艱難備嘗之矣，民之情僞盡知之矣。天假之年，而除其害，天之所置，其可廢乎？軍志曰：『允當則歸。』又曰：『知難而退。』又曰：『有德不可敵。』此三志者，晉之謂矣。」子玉使伯棼請戰，曰：「非敢必有功也，願以間執讒慝之口。」王怒，少與之師，唯西廣、東宮與若敖之六卒實從之。子玉使宛春告於晉師，曰：「請復衛侯而封曹，臣亦釋宋之圍。」子犯曰：「子玉無禮哉！君取一，臣取二，不可失矣。」先軫曰：「子與之。定人之謂禮，楚一言而定三國，我一言而亡之。我則無禮，何以戰乎？不許楚言，是棄宋也，救而棄之，謂諸侯何？楚有三施，我有三怨。怨讎已多，將何以戰？不如私許，復曹、衛以攜之，執宛春以怒楚，既戰而後圖之。」公說。乃拘宛春于衛，且私許復曹、衛。曹、衛告絶于楚，子玉怒，從晉師。晉師退。軍吏曰：「以君辟臣，辱也。且楚師老矣，何故退？」子犯曰：「師直爲壯，曲爲老，豈在久乎？微楚之惠，不及此。退三舍辟之，所以報也。背惠食言，以亢其讎，我曲楚直。其衆素飽，不可謂老。我退而楚還，我將何求？若其不還，君退臣犯，曲在彼矣。」退三舍。楚衆欲止，子玉不可。夏，四月戊辰，晉侯、宋公、齊國歸父、崔夭、秦小子憖次于城濮。楚師背酅而舍，晉侯患之，聽輿人之誦，曰：「原田每每，舍其舊而新是謀。」公疑焉。子犯曰：「戰也！

戰而捷，必得諸侯。若其不捷，表裏山河，必無害也。」公曰：「若楚惠何？」欒貞子曰：「漢陽諸姬，楚實盡之。思小惠而忘大耻，不如戰也。」晉侯夢與楚子搏，楚子伏己而盬其腦，是以懼。子犯曰：「吉。我得天，楚伏其罪。吾且柔之矣。」子玉使鬬勃請戰，曰：「請與君之士戲，君馮軾而觀之，得臣與寓目焉。」晉侯使欒枝對曰：「寡君聞命矣。楚君之惠未之敢忘，是以在此。爲大夫退，其敢當君乎？既不獲命矣，敢煩大夫謂二三子：『戒爾車乘，敬爾君事，詰朝將見。』」晉車七百乘，韅、靷、鞅、靽。晉侯登有莘之虚以觀師，曰：「少長有禮，其可用也。」遂伐其木以益其兵。己巳，晉師陳于莘北，胥臣以下軍之佐當陳、蔡。子玉以若敖之六卒將中軍，曰：「今日必無晉矣。」子西將左，子上將右。胥臣蒙馬以虎皮，先犯陳、蔡。陳、蔡奔，楚右師潰。狐毛設二旆而退之。欒枝使輿曳柴而僞遁，楚師馳之，原軫、郤溱以中軍公族橫擊之。狐毛、狐偃以上軍夾攻子西，楚左師潰。楚師敗績。子玉收其卒而止，故不敗。晉師三日館、穀，及癸酉而還。甲午，至于衡雍，作王宫于踐土。鄉役之三月，鄭伯如楚致其師。爲楚師既敗而懼，使子人九行成于晉。晉欒枝入盟鄭伯。五月丙午，晉侯及鄭伯盟于衡雍。丁未，獻楚俘于王。駟介百乘，徒兵千。鄭伯傅王，用平禮也。己酉，王享醴，命晉侯宥。王命尹氏及王子虎、内史叔興父策命晉侯爲侯伯，賜之大輅之服、戎輅之服，彤弓一，彤矢百，玈弓矢千，秬鬯一卣，虎賁三百人，曰：「王謂叔父：敬服王命，以綏四國，糾逖王慝。」晉侯三辭從命，曰：「重耳

敢再拜稽首，奉揚天子之丕顯休命。」受策以出。出入三覲。衛侯聞楚師敗，懼，出奔楚，遂適陳，使元咺奉叔武以受盟。癸亥，王子虎盟諸侯於王庭，要言曰：「皆獎王室，無相害也。有渝此盟，明神殛之，俾隊其師，無克祚國，及而玄孫，無有老幼。」君子謂是盟也信，謂晉於是役也，能以德攻。初，楚子玉自爲瓊弁、玉纓，未之服也。先戰，夢河神謂己曰：「畀余！余賜女孟諸之麋。」弗致也。大心與子西使榮黄諫，弗聽。榮季曰：「死而利國，猶或爲之，況瓊玉乎？是糞土也。而可以濟師，將何愛焉！」弗聽。出告二子，曰：「非神敗令尹，令尹其不勤民，實自敗也。」既敗，王使謂之曰：「大夫若入，其若申、息之老何？」子西、孫伯曰：「得臣將死，二臣止之，曰：『君其將以爲戮。』」及連穀而死。晉侯聞之而後喜可知也，曰：「莫余毒也已。蔿吕臣實爲令尹，奉己而已，不在民矣。」〇六月，晉人復衛侯。〇衛侯先期入。〇叔武將沐，聞君至，喜，捉髮走出，前驅射而殺之。〇元咺出奔晉。城濮之戰，晉中軍風于澤，亡大旆之左旃。祁瞞奸命，司馬殺之，以徇于諸侯，使茅茷代之。師還。壬午，濟河。舟之僑先歸，士會攝右。秋，七月丙申，振旅，愷以入于晉，獻俘、授馘，飲至、大賞，徵會討貳。殺舟之僑以徇于國，民於是大服。君子謂文公「其能刑矣，三罪而民服。《詩》云『惠此中國，以綏四方』，不失賞、刑之謂也」。曹、衛前既無禮，復偕即楚，故用狐偃謀伐之，以救齊、宋。時衛國，今河南衛輝府。曹國，今山東曹州。晉自絳由潞澤至衛，曹越在衛南，故假道。既從汲縣南渡，出衛南而東侵，因回軍伐衛，取其邑五鹿。胥臣，司空季子。原軫食邑以賢超升，

故曰上德。斂盂、襄牛，皆衛地。時衛文公已卒，今其子成公。晉追前怨，不使與盟。時晉強，楚不能救。門，攻其門。尸，陳其尸。舍墓，若將發冢者，故曹懼。軒，大夫車。言其濫爵棄賢，故責其功狀。報施，報飧璧之施。犨頡有從亡之勞，故怒其不圖而焚僖氏。爇，焚也。距躍，直跳。曲踊，橫跳。百、陌同，又道也。蓋躍踊之度，約有陌許者三。門尹般，宋大夫。晉既伐曹、衛，而宋圍猶未解，故復告急。公欲與楚戰，以齊、秦未從，則助晉者寡。軫謀使宋賂二國以求救，假藉之爲宋請，又激楚，使不許。齊、秦喜得宋賂而怒楚之頑，不可告，必自戰，公從焉。楚子雅知其必伯，故使其臣避之。公亡時年十七，至此年四十矣。害，謂世難也。三言皆兵書，允當，無過求也。伯棼，越椒，字間。執，塞也。讒慝，若吕臣蔿賈之言。楚子還申，遣兵以就前圍宋之衆。楚有左右廣，又太子有宫兵。若敖，楚武王祖父，子玉祖也。六卒，子玉宗人之兵六百人。蓋不悉師以益之，然不更召之反，而乃少與之師，誠失計矣。子玉知其君意，故使使兩解而歸。以釋宋圍一德與晉侯，以復衛、封曹二功歸己，故子犯以僭上無禮，可急擊。先軫以定國爲禮，不可與爭。然許其請則德自楚出，晉爲無權。不許則棄宋，而三怨皆集，故私復曹、衛，拘執其使，皆奪其德而搆之，使怨且激之怒，以進其兵。彼進而我則退，以報其贈送之惠，實三舍之言。凡皆居敵于曲而自居於直。子玉墮其計中，追晉不止。晉帥宋、齊、秦之師與之遇。攜之，貳之也。亢，蔽也。宋爲楚之仇，救宋謂蔽其仇。素飽，直氣盈飽有素也。國歸父、崔夭，齊大夫。小子慭，秦穆公子。城濮，衛地。酅，丘陵險阻名。公恐衆畏險，故聽其歌誦。高平曰原，喻晉君美盛若原田之草，每每然可以謀立新功，不足念舊惠。公以衆不直己，疑焉，故子犯究勝負之致，以決之公猶懷楚惠。欒枝以滅諸姬爲大恥，小惠爲不足懷。又以夢凶爲懼，子犯權解爲吉。其君臣詳慎如此。漢陽，漢水之北。盡，盡滅也。盬，蠱同，捧持而毀損之也。晉侯仰故得天，楚子俯故伏罪。腦氣和煦，物近之柔。因審見事宜，皆曲以果其志。鬭勃，楚大夫。以戰爲戲，輕民命也。晉使戒敬其事。命，止命。詰朝，平旦也。七百乘，五萬二千五百人。在背曰韅，在胷曰靷，在腹曰鞅，在後曰靽。言駕乘脩備。有莘，故國名。公望其師有禮，戰志益決。○觀子玉請戰之詞，與欒枝之對，晉侯之觀兵，勝負已別。○子西，鬭

宜申。子上，鬭勃。子玉既輕晉，而晉尤多設權譎，務期必勝。以陳、蔡師弱，馬畏虎，故蒙其皮，先犯之，所謂攻瑕也。本屬右，故奔而右潰。旆，大旗。建大旆而退。使若大將稍却，又曳柴起塵，詐爲衆走，以誘楚師逐己。公族之兵屬中軍，以之横擊，則其陣亂。復以上軍張兩翼，夾攻之，故左亦潰。唯子玉猶能全其所將之卒。館，舍也。晉食楚軍三日之穀。襄王聞晉戰勝，乃自往勞之，故爲之作宫。鄉役，戰之前。致，致之來。子人氏，九其名。踐土、衡雍，皆鄭地，今河南榮澤縣有衡雍故城踐土臺。以敵王愾，故獻俘。駟介，四馬被甲。徒兵，步卒。傅，相也。以周平王享晉文侯仇之禮享晉侯。享醴、宥，解見本事内。前以策書命晉侯爲伯，周禮九命作伯。尹氏、王子虎，皆王卿士。叔興父，大夫也。三官命之，以寵晉。大輅，金輅，祭祀所乘，其服自王公以下各有等，而侯伯則鷩冕、七章。周禮王公衮冕、九章，一曰龍，二曰山，三曰華蟲，四曰火，五曰宗彝繢于衣，六曰藻，七曰粉米，八曰黼，九曰黻，繡之於裳。侯伯七章，自華蟲以下。戎輅，戎車，兵事所乘，其服以韎韋爲弁，又以爲衣，而素裳、白舄。彤，赤弓。玈，黑弓。弓一矢百，則矢千弓十矣。諸侯賜弓矢，然後專征伐。秬，黑黍。鬯，香酒。所以降神。卣，中尊也。周禮虎賁氏以虎士三百人先後王而趨，侯伯始受此命。逖，遠也。有惡于王者，糾而遠之。晉侯從來至去，凡三覲王。元咺，衛大夫。叔武，衛侯弟。奉，攝君事也。王庭，踐土宫之庭。傳謂盟合信義，以文德勝楚。弁，冠也。有皮弁、爵弁，疑此爵弁也。纓，冠系。瓊與玉分飾。瓊，赤玉。孟諸，宋藪澤。水草之交曰麋。大心，子玉子。子西，子玉族。子玉剛愎，故因榮黄而諫。季，榮黄字。濟師，謂得神佑，可以勝晉。不勤民，謂其惜所寶而忤神，以殘民也。王言申、息二邑子弟皆從征而死，何以見其父老。孫伯，大心字。二子答言欲令往就君戮，至連穀，王無赦命，故自殺可知。公喜見顔色也，言吕臣唯便其身圖。○吕臣能知子玉之不堪，而不爲文公所忌，豈識優而才弱者乎！○以叔武受盟，故歸衛侯。衛侯有疑叔武心，故先入，叔武喜，倉皇出迎，前驅探君意射殺之。咺奔晉，愬其事。詳見甯武子弭晉難。風，馬牛因風而走。大旆，大將之旗。通帛曰旃。祁瞞掌此二事而失之，爲奸命。攝，權代也。愷，樂也。軍勝奏凱而歸。授，數也。獻楚俘于廟。徵，召也。三罪，顛頡、祁瞞、舟之僑。詩大雅，

言賞刑不失，則中國愛惠，四方安靖。冬，會于温，討不服也。衛侯與元咺訟，甯武子爲輔，鍼莊子爲坐，士榮爲大士。衛侯不勝，殺士榮，刖鍼莊子，謂甯俞忠而免之。執衛侯，歸之于京師，置諸深室。甯子職納橐饘焉。〇是會也，晉侯召王，以諸侯見，且使王狩。仲尼曰：「以臣召君，不可以訓，故書曰『天王狩于河陽』，言非其地也，且明德也。」壬申，公朝于王所。丁丑，諸侯圍許。晉侯有疾，曹伯之豎侯獳貨筮史，使曰以曹爲解：「齊桓公爲會而封異姓，今君爲會而滅同姓。曹叔振鐸，文之昭也。先君唐叔，武之穆也。且合諸侯而滅兄弟，非禮也。與衛偕命而不與偕復，非信也。同罪異罰，非刑也。禮以行義，信以守禮，刑以正邪，舍此三者，君將若之何？」公説。復曹伯，遂會諸侯于許。晉侯乘戰勝之威，復合諸侯，召王出狩，以諸侯見，展臣子之禮。不服，謂衛、許。大士，治獄官也。周禮，命夫命婦不躬坐獄訟。元咺又不宜與其君對坐，故使鍼莊子爲主，又使衛之忠臣及其獄官質正元咺。而三子詞屈，故囚衛侯。甯俞忠慮，專親其飲食，以橐乘饘而納焉。職，專也。夫子以召王意雖美，而不合道，故云不可爲訓。使若天王自狩，并隱其闕，以明晉之德。河陽，晉地，今河南孟縣有河陽城。豎，小臣，名侯獳。筮史，晉掌卜筮之史。解，釋也。使以釋曹爲言。異姓，邢、衛。振鐸，曹始封君。前衛侯歸以殺叔武，更執，故云不偕復。

二十九年　夏，公會王子虎、晉狐偃、宋公孫固、齊國歸父、陳轅濤塗、秦小子慭盟于翟泉，尋踐土之盟，且謀伐鄭也。卿不書，罪之也。在禮，卿不會公侯，會伯子男可也。翟泉，今洛陽城内舊有大倉西南池水也。晉侯始霸，翼戴天子，諸侯輯睦，王室無虞。而王子虎下盟列國，以瀆大典。諸侯大夫，上敵公侯，虧禮傷

教，故貶諸大夫，諱公與盟。大國之卿，當小國之君，故可以會伯子男。

三十年　春，晉人侵鄭，以觀其可攻與否。狄間晉之有鄭虞也，夏，狄侵齊。齊，晉與國。○晉侯使醫衍酖衛侯，甯俞貨醫，使薄其酖，不死。公爲之請，納玉於王與晉侯，皆十瑴，王許之。秋，乃釋衛侯。文公怨衛侯深罪不至死，故使酖之。衍，醫名。甯俞視衛侯食，故得賂醫薄酖。雙玉曰瑴。餘見甯武子弭晉難。○九月甲午，晉侯、秦伯圍鄭，以其無禮於晉，且貳於楚也。無禮於出亡時。餘見秦穆公霸西戎。

三十一年　春，取濟西田，分曹地也。使臧文仲往宿於重館，重館人告曰：「晉新得諸侯，必親其共。不速行，將無及也。」從之。分曹地，自洮以南，東傅于濟，盡曹地也。襄仲如晉，拜曹田也。濟水出陶丘，至汶上縣，同汶水入海，一名大清河。曹，濟之西。魯，濟之東。重館，在山東魚臺縣境，舊有重鄉城。前討曹分其地，而界未定，至是乃實賜。

三十二年　春，楚鬬章請平于晉，晉陽處父報之。晉、楚始通。○冬，晉文公卒。○晉文行師，動崇禮信，媲迹齊桓，而夫子以正、譎分之，其殆專指戰楚一事乎？使其捐曹、衛之怨，一以綏懷爲德，幾於王矣。而惜其病此也。既勝而諸侯麇從，强楚縮焉而不敢競，與桓異焉。以子玉死而代之者，不克以抗衡故爾。噫！當分裂雲擾之際，必皆雄俊乃能分峙，稍劣不敵焉，覆亡隨之矣，而況能遠務外畧哉！若吕臣，其蓋審勢而自守者與？○以下附襄公繼伯。

三十三年　冬，晉、陳、鄭伐許，討其貳於楚也。楚令尹子上侵陳、蔡，陳、蔡成，遂伐鄭。○晉陽處父侵蔡，楚子上救之，與晉師夾泜而軍。陽子患之，使謂子上曰：「吾聞之：文不犯

順，武不違敵。子若欲戰，則吾退舍。子濟而陳，遲速唯命。不然，紓我。老師費財，亦無益也。」乃駕以待。子上欲涉，大孫伯曰：「不可。晉人無信，半涉而薄我，悔敗何及！不如紓之。」乃退舍。陽子宣言曰：「楚師遁矣。」遂歸，楚師亦歸。太子商臣譖子上曰：「受晉賂而辟之，楚之恥也！罪莫大焉！」王殺子上。子上，鬬勃字。陳，今爲河南陳州。許，今爲許州。介于二伯，與蔡、鄭同，故爭之。餘見鄭穆公之立。泜水，一名滍水，源出今河南魯山縣，流至葉縣入沙河。蓋迎水而軍，兵家所忌。此兩軍夾水，莫能先渡，故患相持不決，乃使云：文以綏柔爲德，因其順而犯之，非德也；武以克難爲勇，畏其強而避之，非勇也。若欲戰而不退舍，使之得涉，或半涉，或未成陳而擊之，皆悖此二義。處父料楚必不敢涉，必退舍，楚退而晉涉，亦如大孫伯所慮。故誘使稍却，因誣以遁去而歸。商臣怨子上止王立己，故譖之，事見楚成王之弒。

文公元年　○晉文公之季年，諸侯朝晉，衛成公不朝，使孔達侵鄭，伐緜訾及匡。晉襄公既祥，使告于諸侯而伐衛，及南陽。先且居曰：「效尤，禍也。請君朝王，臣從師。」晉侯朝王于温。先且居、胥臣伐衛。五月辛酉朔，晉師圍戚。六月戊戌，取之，獲孫昭子。衛人使告于陳。陳共公曰：「更伐之，我辭之。」衛孔達帥師伐晉。君子以爲古。古者越國而謀。秋，晉侯疆戚田，故公孫敖會之。孔達，衛大夫。匡本衛邑，爲鄭所取，故伐之。緜訾，地闕。祥，小祥。且居，軫子。效尤，謂效其不朝之尤。昭子，衛大夫，戚其食邑，今北直隸開州有戚城。陳以見伐求和，不競太甚，故使報伐，示彊而已，爲之詞。古謂古者友邦道厚，越國而相與謀。疆，正其疆。○伐晉非謀之善，乃以古美之。然非越國而謀之非，所以爲謀者非也。

二年　春，晉人以公不朝來討。公如晉。夏，四月己巳，晉人使陽處父盟公以耻之。書曰「及晉處父盟」，以厭之也。適晉不書，諱之也。公未至，六月，穆伯會諸侯及晉司空士縠盟于垂隴，晉討衛故也。書「士縠」，堪其事也。陳侯爲衛請成于晉，執孔達以説。厭，猶臨也。晉使大夫盟公爲非禮，而公受其辱，故立文爲以尊臨之者，復爲之諱。垂隴，今河南滎陽縣東舊有隴城。陳始與衛謀，謂可以强得免，今晉不聽，故更執孔達以爲辭。

三年　春，莊叔會諸侯之師伐沈，以其服於楚也。沈潰。凡民逃其上曰潰，在上曰逃。沈，今河南汝陽縣有平輿故城。其國潰如水之潰放，不可止。逃如匹夫脱身。逃，竄也。○衛侯如陳，拜晉成也。○冬，晉人懼其無禮於公也，請改盟。公如晉，及晉侯盟。晉侯饗公，賦菁菁者莪。莊叔以公降，拜曰：「小國受命於大國，敢不慎儀？君貺之以大禮，何樂如之！抑小國之樂，大國之惠也。」晉侯降，辭，登，成拜。公賦嘉樂。菁莪，詩小雅，取其「既見君子，樂且有儀」。降，降階。登、成，俱還上成拜禮。嘉樂，詩大雅，取其「顯顯令德，宜民宜人，受禄于天」。

四年　春，晉人歸孔達于衛，以爲衛之良也，故免之。夏，衛侯如晉拜。曹伯如晉會正。拜，謝歸孔達。會正，會受貢賦之政。

六年　秋，季文子將聘於晉，使求遭喪之禮以行。其人曰：「將焉用之？」文子曰：「備豫不虞，古之善教也。求而無之，實難。過求，何害？」八月乙亥，晉襄公卒。文子，名行父，聞晉侯疾，

故求喪禮。其人，從者。難，難卒得，所謂三思而行者。冬，十月，襄仲如晉葬襄公。

七年　秋，八月，齊侯、宋公、衛侯、陳侯、鄭伯、許男、曹伯會晉趙盾，盟于扈，晉侯立故也。公後至，故不書所會。凡會諸侯，不書所會，後也。後至，不書其國，辟不敏也。扈，鄭邑，在今河南原武縣境，舊有扈亭。晉侯，靈公也。書所會，謂列其公侯卿大夫也。辟，除也。以其怠事而辟除之，若不與也。

冬，晉郤缺言於趙宣子曰：「日衛不睦，故取其地，今已睦矣，可以歸之。叛而不討，何以示威？服而不柔，何以示懷？非威非懷，何以示德？無德何以主盟？子爲正卿，以主諸侯，而不務德，將若之何？夏書曰：『戒之用休，董之用威，勸之以九歌，勿使壞。』九功之德皆可歌也，謂之九歌。六府、三事謂之九功。水、火、金、木、土、穀，謂之六府。正德、利用、厚生，謂之三事。義而行之，謂之德、禮。無禮不樂，所由叛也。若吾子之德，莫可歌也，其誰來之？盍使睦者歌吾子乎？」宣子説之。郤缺，晉卿。宣子，名盾，時將中軍。缺欲盾以德綏諸侯。夏書，禹謨，人有善則戒喻而休美之，有罪則董督而威懼之。德、禮，謂以德行其禮。賞罰有章，禮也。爲善者競勸，斯皆樂而歌之，來遠之道也。

八年　春，晉侯使解揚歸匡、戚之田于衛，且復致公壻池之封，自申至于虎牢之竟。前孔達伐鄭，不能復匡，盾因郤缺言，始令鄭歸之，并歸以元年所取戚田。公壻，楚地名。此人因地爲氏，池其名，疑本楚人奔晉，晉取鄭地以封之。既令鄭歸匡于衛，因思池封乃鄭地，亦宜歸，故盡其竟致之。以故盾能相幼君主盟。◯晉人以扈之盟來討。

冬，襄仲會晉趙孟盟于衡雍，報扈之盟也。討公後至。報，猶復也。〇世稱桓、文一耳，而實異焉。桓公兩定周難，封衛，存邢、杞，平魯、晉之亂，南伐楚，北伐山戎，威德幾遍海宇矣。晉文僅勝楚、扶襄，較未能當其半也。然桓身死國亂，不復振。晉主夏盟者百餘年，固其胤祚有異，亦由托國建嗣之攸致也哉！

春秋左傳屬事卷三

伯

晉靈公楚穆王争伯

文公九年　春，范山言於楚子曰：「晉君少，不在諸侯，北方可圖也。」楚子師于狼淵，以伐鄭，囚公子堅、公子尨及樂耳。鄭及楚平。公子遂會晉趙盾、宋華耦、衛孔達、許大夫救鄭。不及楚師。卿不書，緩也，以懲不恪。夏，楚侵陳，克壺丘，以其服於晉也。秋，楚公子朱自東夷伐陳，陳人敗之，獲公子茷。陳懼，乃及楚平。范山，楚大夫。時晉靈幼而不君，故山云爾。楚在南，故以中原爲北。狼淵，鄭地，在今河南許州境。堅、尨、樂耳，鄭三大夫。列卿救鄭，不及其難，故書「人」以示懲。壺丘，陳邑。朱，楚息公。茷，楚公子。生曰囚，死曰獲。陳以小勝大，故懼而請平。

十年 秋，陳侯、鄭伯會楚子于息。冬，遂及蔡侯次于厥貉，將以伐宋。宋華御事曰：「楚欲弱我也，先爲之弱乎？何必使誘我？我實不能，民何罪！」乃逆楚子，勞且聽命。遂道以田孟諸。宋公爲右盂，鄭伯爲左盂。期思公復遂爲右司馬，子朱及文之無畏爲左司馬，命夙駕載燧。宋公違命，無畏抶其僕以徇。或謂子舟曰：「國君不可戮也。」子舟曰：「當官而行，何彊之有？詩曰：『剛亦不吐，柔亦不茹。』『毋縱詭隨，以謹罔極。』是亦非辟彊也，敢愛死以亂官乎？」息國，楚滅之爲縣，今河南息縣。宋獨未從楚，故將伐之。欲與戰，宋先服焉。御事，宋大夫。孟諸，宋大藪，在今河南歸德州境。盂，田獵陣名。復遂，楚期思邑公。將獵，張二甄，故置左司馬二，以右司馬一人當中。夙，早也。燧，取火者。宋公違此命，撻其僕，狥于軍，以示戮。抶，撻也。子舟，無畏字。二詩皆大雅，上美山甫不避彊禦，下言禁戢詭人隨人以飭不中者，罔，無，極，中也。子舟自言持此義，故戮宋公。

十一年 夏，叔仲、惠伯會晉郤缺于承匡，謀諸侯之從於楚者。承匡，宋地，今河南睢州境。 秋，襄仲聘于宋。○因賀楚師之不害也。

十三年 冬，公如晉，朝且尋盟。衛侯會公于沓，請平于晉。公還，鄭伯會公于棐，亦請平于晉。公皆成之。鄭伯與公宴于棐。子家賦鴻鴈。季文子曰：「寡君未免於此。」文子賦四月，子家賦載馳之四章，文子賦采薇之四章。鄭伯拜，公答拜。沓，地闕。鄭、衛貳於楚，畏晉，故因公請平。棐，鄭地。子家，鄭公子，名歸生。鴻鴈，詩小雅，義取侯伯哀矜鰥寡，有征行之勞，言鄭國寡弱，欲使魯侯還晉恤之。四月，詩小

雅，義取行役踰時，思歸祭祀，不欲爲還晉。載馳，詩鄘風，四章以下，義取小國有憂，欲引大國以救助。采薇，詩小雅，取其「豈敢定居？一月三捷」，許爲鄭還，不敢安居。拜謝公爲行。○是歲穆王卒，子莊王立，幼而逢國多難，不能與中國競，故靈公雖無道，猶主夏盟。而其攜貳人心者已多，至莊王强明，內難既除而務外畧，孫叔敖爲令尹，成公、景公雖無失德，不能當之矣。

十四年　夏，六月，同盟于新城，從於楚者服，且謀邾也。新城，宋地，在今河南夏邑縣境。因宋、陳、鄭皆服，故盟，復謀納捷菑。○秋，七月乙卯夜，齊商人弑舍。商人，桓公子。舍，昭公子，宜立而商人弑之，以篡其國，是爲懿公。九月，齊人定懿公。齊人多不服，至久而後定，詳見桓公五子爭立。

十五年　新城之盟，蔡人不與。晉郤缺以上軍、下軍伐蔡，曰：「君弱，不可以怠。」戊申，入蔡，以城下之盟而還。凡勝國曰滅之，獲大城焉曰入之。勝國，絕其社稷，有其土地。入，得而不有。○秋，齊人伐我西鄙，故季文子告于晉。冬，十一月，晉侯、宋公、衛侯、蔡侯、陳侯、鄭伯、許男、曹伯盟于扈，尋新城之盟，且謀伐齊也。齊人賂晉侯，故不克而還。於是有齊難，是以公不會。書曰「諸侯盟于扈」，無能爲故也。凡諸侯會，公不與不書，諱君惡也。與而不書，後也。商人弑君且數伐魯，故謀討之，乃受賂而還。齊侯侵我西鄙，謂諸侯不能也。

十六年　冬，十一月，宋人弑其君杵臼。杵臼，昭公，名詳，見宋昭公之弑。

十七年　春，晉荀林父、衛孔達、陳公孫寧、鄭石楚伐宋，討曰：「何故弑君？」猶立文公而還。卿不書，失其所也。失所，謂不能討罪，失所職也。夏，四月，晉侯蒐于黃父，遂復合諸侯于扈，平宋

也。公不與會，齊難故也。書曰「諸侯」，無功也。於是晉侯不見鄭伯，以爲貳於楚也。鄭子家使執訊而與之書，以告趙宣子曰：「寡君即位三年，召蔡侯而與之事君。九月，蔡侯入于敝邑以行。敝邑以侯宣多之難，寡君是以不得與蔡侯偕。十一月，克減侯宣多，而隨蔡侯以朝于執事。十二年六月，歸生佐寡君之嫡夷，以請陳侯于楚，而朝諸君。十四年七月，寡君又朝，以蕆陳事。十五年五月，陳侯自敝邑往朝于君。往年正月，燭之武往，朝夷也。八月，寡君又往朝。以陳、蔡之密邇於楚，而不敢貳焉，則敝邑之故也。雖敝邑之事君，何以不免？在位之中，一朝于襄，而再見于君。夷與孤之二三臣相及於絳。雖我小國，則蔑以過之矣。今大國曰『爾未逞吾志』，敝邑有亡，無以加焉。古人有言曰：『畏首畏尾，身其餘幾。』又曰：『鹿死不擇音。』小國之事大國也，德則其人也，不德則其鹿也。鋌而走險，急何能擇？命之罔極，亦知亡矣。將悉敝賦以待於儵。唯執事命之。文公二年六月壬申，朝于齊。四年二月壬戌，爲齊侵蔡，亦獲成於楚，居大國之間，而從於彊令，豈其罪也！大國若弗圖，無所逃命。」晉鞏朔行成於鄭，趙穿、公壻池爲質焉。冬，十月，鄭太子夷、石楚爲質于晉。黄父，晉地，一名黑壤。晉不能治宋亂，故曰無功，復濫焉，以責鄭貳，故歸生有詞。執訊，通訊問之官。宣多既立穆公，恃寵作難，減損而未靖，遂汲汲以隨朝。夷，太子名。蕆，飭也，飭成前好。朝夷，相夷朝晉也。孤，謂鄭伯。絳，晉都。首尾皆畏，則身中不畏者無幾。鹿得美草，呦呦相呼，音之善也，將死，其音必惡。若以鋌鋌，鹿則畏死，走於險，其情急矣，豈復擇其善音而鳴之？喻晉虐鄭，鄭必急而欲一鬭以死也。鋌，銅

鐵朴也。罔極，無常也。絛，晉、鄭之境，言欲以兵拒晉。鞏朔、趙穿、公壻池，皆晉大夫。石楚，鄭大夫。

楚莊王之伯

宣公元年 ○宋人之弒昭公也，晉荀林父以諸侯之師伐宋。宋及晉平。宋文公受盟于晉。又會諸侯于扈，將爲魯討齊，皆取賂而還。鄭穆公曰：「晉不足與也。」遂受盟于楚。陳共公之卒，楚人不禮焉。陳靈公受盟于晉。秋，楚子侵陳，遂侵宋。晉趙盾帥師救陳、宋。會于棐林，以伐鄭也。楚蔿賈救鄭，遇于北林，囚晉解揚，晉人乃還。棐林，鄭地，在今河南滎陽、中牟二縣境，舊有林亭。解揚，晉大夫。冬，晉人伐鄭，以報北林之役。於是晉侯侈，趙宣子爲政，驟諫而不入，故不競於楚。○靈公無道固然，然取賂齊、宋而不能討，庸非盾之罪乎？

二年 春，鄭公子歸生受命於楚，伐宋。宋華元、樂呂御之。二月，壬子，戰于大棘，宋師敗績。囚華元，獲樂呂及甲車四百六十乘，俘二百五十人，馘百人。狂狡輅鄭人，鄭人入于井，倒戟而出之，獲狂狡。君子曰：「失禮違命，宜其爲禽也。戎，昭果毅以聽之之謂禮。殺敵爲果，致果爲毅。易之，戮也。」將戰，華元殺羊食士，其御羊斟不與。及戰，曰：「疇昔之羊，子爲政。今日之事，我爲政。」與入鄭師，故敗。君子謂羊斟：「非人也，以其私憾，敗國殄民，於是刑孰

大焉？詩所謂『人之無良』者，其羊斟之謂乎！殘民以逞。」宋人以兵車百乘、文馬百駟，以贖華元于鄭。半入，華元逃歸。立于門外，告而入見，叔牂曰：「子之馬然也？」對曰：「非馬也，其人也。」既合而來奔。宋城，華元爲植，巡功。城者謳曰：「睅其目，皤其腹，棄甲而復。于思于思，棄甲復來。」使其驂乘謂之曰：「牛則有皮，犀兕尚多，棄甲則那？」役人曰：「從其有皮，丹漆若何？」華元曰：「去之，夫其口衆我寡。」鄭既從楚，遂以其命伐宋，宋師敗將獲。華元、樂呂，皆宋卿。大棘，宋地，今河南寧陵縣有大棘城。狂狡，宋大夫。輅，迎也。戎，兵事。昭，明。果，敢。毅，必行也。聽，敬從也。易，反也。詩小雅，義取不良之人，相怨以亡。文馬，馬之毛色有文采者。四馬爲駟。告城門而後入，見元不苟。叔牂，羊斟字，得先歸，元見而慰之，牂自任其罪。合，猶會也。〇食士不及御，元先有偏焉。然牂之罪大而得免于死，宋失刑矣。〇植，將主也。睅，目出。皤，大腹。棄甲，亡師。于思，多鬚貌。那，猶何也。牛與犀兕皮皆以造甲，丹漆所以飾之者。傳言元不吝其咎，寬而容衆。夏，晉趙盾救焦，遂自陰地及諸侯之師侵鄭，以報大棘之役。楚鬬椒救鄭，曰：「能欲諸侯而惡其難乎？」遂次于鄭，以待晉師。趙盾曰：「彼宗競于楚，殆將斃矣。姑益其疾。」乃去之。陰地，河南山北。鬬椒，楚若敖之族，自子文以來世爲令尹。盾言物盛則衰，彼宗强甚必驕，而吾示弱，當益驕而速亡。〇盾實力不能，姑托辭以解于衆耳。是歲靈公弑，成公立。

三年　春，晉侯伐鄭。及郔，鄭及晉平。士會入盟。郔，鄭地。楚子伐陸渾之戎，遂至于雒，觀兵于周疆。定王使王孫滿勞楚子，楚子問鼎之大小、輕重焉。對曰：「在德不在鼎。昔夏之

方有德也，遠方圖物，貢金九牧，鑄鼎象物，百物而爲之備，使民知神姦。故民入川澤山林，不逢不若。螭魅罔兩，莫能逢之。用能協于上下，以承天休。桀有昏德，鼎遷于商，載祀六百。商紂暴虐，鼎遷于周。德之休明，雖小，重也。其姦回昏亂，雖大，輕也。天祚明德，有所底止。成王定鼎于郟鄏，卜世三十，卜年七百，天所命也。周德雖衰，天命未改，鼎之輕重，未可問也。」陸渾戎，雜居雒水間。楚子因伐戎而至問鼎，示欲偪周取天下。滿，周大夫。對昔禹德方隆，遠方圖畫山川、奇異之物以獻。九州之牧貢金，於是象其所圖，著之於鼎，使民知備。深入幽阻，而螭魅罔兩之類莫之遇，故民無災害，上下和而受天之祐。桀、紂昏暴，而鼎以遷。鼎輕重由德。周以明德爲天所祐，年世未窮，何得妄意？神姦，即所圖者。若，順也。螭，山神。魅，妖怪。罔兩，水神，一云木石之怪。載、祀，皆年也。郟鄏，今河南府，城西有郟鄏陌。○王孫滿善於辭，足以杜奸雄之心，而奪之氣。○

夏，楚人侵鄭，鄭即晉故也。

四年　冬，楚子伐鄭，鄭未服也。

五年　冬，楚子伐鄭。陳及楚平。晉荀林父救鄭，伐陳。

六年　春，晉、衛侵陳，陳即楚故也。冬，楚人伐鄭，取成而還。後所稱厲之役蓋此。

七年　夏，鄭及晉平，公子宋之謀也，故相鄭伯以會。冬，盟于黑壤。王叔桓公臨之，以謀不睦。宋，字子公，四年弒靈公，立襄公，懼晉討，故從晉而相之以會。王叔桓公，周卿士，銜天子之命監臨之。

八年　冬，陳及晉平。楚師伐陳，取成而還。

九年　秋，會于扈，討不睦也。陳侯不會，晉荀林父以諸侯之師伐陳。晉侯卒於扈，乃還。成公卒，子景公立。◯冬，陳靈公與孔寧、儀行父通於夏姬，皆衷其衵服，以戲于朝。洩冶諫曰：「公卿宣淫，民無效焉。且聞不令，君其納之。」公曰：「吾能改矣。」公告二子，二子請殺之，公弗禁，遂殺洩冶。孔子曰：「詩云：『民之多辟，無自立辟。』其洩冶之謂乎！」寧、行父，陳二卿。夏姬，鄭穆公女，陳大夫御叔妻。衷，懷也。衵服，近身衣。宣，揚也。納，藏也。辟，邪也。辟，法也。詩大雅，言邪辟之世，不可立法。◯楚子爲厲之役故，伐鄭。晉郤缺救鄭，鄭伯敗楚師于柳棼。國人皆喜，唯子良憂，曰：「是國之災也，吾死無日矣。」六年楚伐鄭，取成於厲。既成，鄭伯逃歸。柳棼，鄭地。

十年　夏，陳靈公與孔寧、儀行父飲酒於夏氏。公謂行父曰：「徵舒似女。」對曰：「亦似君。」徵舒病之。公出，自其廄射而殺之。二子奔楚。舒，夏姬子。以母淫，謂其多似以爲戲。舒恥之，弒陳侯。◯六月，鄭及楚平。諸侯之師伐鄭，取成而還。冬，楚子伐鄭。晉士會救鄭，逐楚師于潁北。諸侯之師戍鄭。潁北，潁水之北。潁水源自河南登封縣潁谷，東徑鄭州，至襄城、臨潁、沙河，西入淮。

十一年　春，楚子伐鄭，及櫟。子良曰：「晉、楚不務德而兵爭，與其來者可也。晉、楚無信，我焉得有信？」乃從楚。夏，楚盟于辰陵，陳、鄭服也。楚左尹子重侵宋，王待諸郔。辰陵，陳地，在今河南西華縣境，舊有辰亭。子重，莊王弟，名嬰。齊、宋不服，故遣侵之。◯令尹蔿艾獵城沂，使封人慮事，以授司徒。量功命日，分財用，平板榦，稱畚築，程土物，議遠邇，略基趾，具餱糧，度有司。事三

旬而成，不愆于素。艾獵，孫叔敖別名。沂，楚邑。封人，主築城者。慮，計也。司徒，掌役者。日，日數。財用，築作具。榦，楨也。畚，盛土器，稱，量其輕重。程，限也。議，均勞逸也。趾，城足。略，行其廣狹也。餱，乾食。有司，監主者。素，素所慮之期。見叔敖能使民。○冬，楚子爲陳夏氏亂故，伐陳。謂陳人：「無動。將討于少西氏。」遂入陳，殺夏徵舒，轘諸栗門，因縣陳。陳侯在晉。申叔時使於齊，反，復命而退。王使讓之，曰：「夏徵舒爲不道，弒其君。寡人以諸侯討而戮之，諸侯、縣公皆慶寡人。女獨不慶寡人，何故？」對曰：「猶可辭乎？」王曰：「可哉！」曰：「夏徵舒弒其君，其罪大矣。討而戮之，君之義也。抑人亦有言曰：『牽牛以蹊人之田，而奪之牛。』牽牛以蹊者，信有罪矣。而奪之牛，罰已重矣。諸侯之從也，曰討有罪也，今縣陳，貪其富也。以討召諸侯而以貪歸之，無乃不可乎！」王曰：「善哉！吾未之聞也。反之，可乎？」對曰：「可哉！吾儕小人所謂『取諸其懷而與之』也。」乃復封陳。鄉取一人焉以歸，謂之夏州。故書曰：「楚子入陳，納公孫寧、儀行父于陳。」書有禮也。晉不能討陳罪，而楚得執之以爲辭。少西，徵舒祖子夏之名。轘，車裂也。栗門，城門。縣，滅之爲縣。陳侯，靈公子，名午。縣公，楚縣大夫。蹊，徑也。取懷與之，言辟如取人物於其懷而還之，愈於不還。夏州，示討夏氏所獲也。武昌府夏口舊有洲，名夏州。○時能匡君于貪，遠出楚諸臣之上。楚莊聽其言而復陳，善矣。乃復納其致亂之臣，豈禮乎？○厲之役，鄭伯逃歸。自是楚未得志焉。鄭既受盟于辰陵，又徼事于晉。自厲之役，鄭南北兩屬，故楚以爲恨。

十二年　春，楚子圍鄭，旬有七日。鄭人卜行成，不吉。卜臨于大宮，且巷出車，吉。國人大臨，守陴者皆哭。楚子退師。鄭人脩城。進，復圍之，三月，克之。入自皇門，至於逵路。鄭伯肉袒牽羊以逆，曰：「孤不天，不能事君，使君懷怒，以及敝邑。孤之罪也。敢不唯命是聽？其俘諸江南，以實海濱，亦唯命。其翦以賜諸侯，使臣妾之，亦唯命。若惠顧前好，徼福於厲、宣、桓、武，不泯其社稷，使改事君，夷於九縣，君之惠也，孤之願也，非所敢望也。敢布腹心，君實圖之。」左右曰：「不可許也。得國無赦。」王曰：「其君能下人，必能信用其民矣。庸可幾乎？」退三十里而許之平。潘尫入盟，子良出質。夏，六月，晉師救鄭。荀林父將中軍，先縠佐之。士會將上軍，郤克佐之。趙朔將下軍，欒書佐之。趙括、趙嬰齊爲中軍大夫，鞏朔、韓穿爲上軍大夫，荀首、趙同爲下軍大夫，韓厥爲司馬。及河，聞鄭既及楚平。桓子欲還，曰：「無及於鄭而勦民，焉用之？楚歸而動，不後。」隨武子曰：「善。會聞用師，觀釁而動。德、刑、政、事、典、禮不易，不可敵也，不爲是征。楚軍討鄭，怒其貳而哀其卑，叛而伐之，服而舍之，德、刑成矣。伐叛，刑也，柔服，德也，二者立矣。昔歲入陳，今茲入鄭，民不罷勞，君無怨讟，政有經矣。荆尸而舉，商、農、工、賈不敗其業，而卒乘輯睦，事不奸矣。蔿敖爲宰，擇楚國之令典。軍行，右轅，左追蓐，前茅慮無，中權，後勁。百官象物而動，軍政不戒而備，能用典矣。其君之舉也，内姓選於親，外姓選於舊，舉不失德，賞不失勞，老有加惠，旅有施舍，君子小人，物有服章。

貴有常尊，賤有等威，禮不逆矣。德立刑行，政成事時，典從禮順，若之何敵之？見可而進，知難而退，軍之善政也。兼弱攻昧，武之善經也。子姑整軍而經武乎！猶有弱而昧者，何必楚？仲虺有言曰『取亂侮亡』，兼弱也。汋曰『於鑠王師，遵養時晦』，耆昧也。武曰『無競惟烈』，撫弱耆昧，以務烈所，可也。」彘子曰：「不可。晉所以霸，師武、臣力也。今失諸侯，不可謂力。有敵而不從，不可謂武。由我失霸，不如死！且成師以出，聞敵彊而退，非夫也！命爲軍帥，而卒以非夫，唯羣子能，我弗爲也！」以中軍佐濟。知莊子曰：「此師殆哉！周易有之，在師䷆之臨䷒，曰：『師出以律，否臧，凶。』執事順成爲臧，逆爲否。衆散爲弱，川壅爲澤，有律以如己也，故曰律。否臧，且律竭也。盈而以竭，天且不整，所以凶也。不行之謂臨，有帥而不從，臨孰甚焉！此之謂矣。果遇，必敗，彘子尸之。雖免而歸，必有大咎。」韓獻子謂桓子曰：「彘子以偏師陷，子罪大矣。子爲元帥，師不用命，誰之罪也？失屬亡師，爲罪已重，不如進也。事之不捷，惡有所分。與其專罪，六人同之，不猶愈乎？」師遂濟。楚子北師次於郔。沈尹將中軍，子重將左，子反將右。將飲馬於河而歸。聞晉師既濟，王欲還。嬖人伍參欲戰，令尹孫叔敖弗欲，曰：「昔歲入陳，今茲入鄭，不無事矣。戰而不捷，參之肉其足食乎！」參曰：「若事之捷，孫叔爲無謀矣。不捷，參之肉將在晉軍，可得食乎！」令尹南轅、反旆，伍參言於王曰：「晉之從政者新，未能行令。其佐先縠剛愎不仁，未肯用命。其三帥者專行不獲，聽而無上，衆誰適從？

此行也，晉師必敗。且君而逃臣，若社稷何？」王病之，告令尹改乘轅而北之，次于管以待之。晉師在敖、鄗之間。鄭皇戌使如晉師，曰：「鄭之從楚，社稷之故也，未有貳心。楚師驟勝而驕，其師老矣而不設備。子擊之，鄭師爲承，楚師必敗。」彘子曰：「敗楚服鄭，於此在矣。必許之。」欒武子曰：「楚自克庸以來，其君無日不討國人而訓之于民生之不易、禍至之無日、戒懼之不可以怠。在軍，無日不討軍實而申儆之于勝之不可保、紂之百克而卒無後，訓之以若敖、蚡冒篳路藍縷以啓山林。箴之曰：『民生在勤，勤則不匱。』不可謂驕。先大夫子犯有言曰：『師直爲壯，曲爲老。』我則不德，而徼怨于楚。我曲楚直，不可謂老。其君之戎分爲二廣，廣有一卒，卒偏之兩。右廣初駕，數及日中，左則受之，以至於昏。内官序當其夜，以待不虞，不可謂無備。子良，鄭之良也。師叔，楚之崇也。師叔入盟，子良在楚，楚、鄭親矣。來勸我戰，我克則來，不克遂往，以我卜也。鄭不可從。」趙括、趙同曰：「率師以來，唯敵是求。克敵得屬，又何俟？必從彘子。」知季曰：「原、屏，咎之徒也。」趙莊子曰：「欒伯善哉！實其言，必長晉國。」楚少宰如晉師，曰：「寡君少遭閔凶，不能文。聞二先君之出入此行也，將鄭是訓定，豈敢求罪于晉？二三子無淹久！」隨季對曰：「昔平王命我先君文侯曰：『與鄭夾輔周室，毋廢王命。』今鄭不率，寡君使羣臣問諸鄭，豈敢辱候人？敢拜君命之辱。」彘子以爲諂，使趙括從而更之，曰：「行人失辭。寡君使羣臣遷大國之迹於鄭，曰：『無辟敵！』羣臣無所逃命。」楚子

又使求成于晉，晉人許之，盟有日矣。楚許伯御樂伯，攝叔爲右，以致晉師。許伯曰：「吾聞致師者，御靡旌摩壘而還。」樂伯曰：「吾聞致師者，左射以菆，代御執轡，御下，兩馬、掉鞅而還。」攝叔曰：「吾聞致師者，右入壘，折馘、執俘而還。」皆行其所聞而復。晉人逐之，左右角之。樂伯左射馬，而右射人，角不能進。矢一而已。麋興於前，射麋麗龜。晉鮑癸當其後，使攝叔奉麋獻焉，曰：「以歲之非時，獻禽之未至，敢膳諸從者。」鮑癸止之，曰：「其左善射，其右有辭，君子也。」既免。晉魏錡求公族，未得而怒，欲敗晉師。請致師，弗許。請使，許之，遂往，請戰而還。楚潘黨逐之，及熒澤，見六麋，射一麋以顧獻，曰：「子有軍事，獸人無乃不給於鮮？敢獻於從者。」叔黨命去之。趙旃求卿未得，且怒於失楚之致師者，請挑戰，弗許。請召盟，許之。與魏錡皆命而往。郤獻子曰：「二憾往矣。弗備，必敗。」彘子曰：「鄭人勸戰，弗敢從也。楚人求成，弗能好也。師無成命，多備何爲？」士季曰：「備之善。若二子怒楚，楚人乘我，喪師無日矣。不如備之，楚之無惡，除備而盟，何損於好？若以惡來，有備不敗。且雖諸侯相見，軍衛不徹，警也。」彘子不可。士季使鞏朔、韓穿帥七覆于敖前，故上軍不敗。趙嬰齊使其徒先具舟于河，故敗而先濟。潘黨既逐魏錡，趙旃夜至於楚軍，席于軍門之外，使其徒入之。楚子爲乘廣三十乘，分爲左右。右廣雞鳴而駕，日中而說。左則受之，日入而說。許偃御右廣，養由基爲右。彭名御左廣，屈蕩爲右。乙卯，王乘左廣，以逐趙旃。趙旃棄車而走林，屈蕩搏之，得其甲

裳。晉人懼二子之怒楚師也，使軘車逆之。潘黨望其塵，使騁而告曰：「晉師至矣。」楚人亦懼王之入晉軍也，遂出陳。孫叔曰：「進之！寧我薄人，無人薄我。詩云：『元戎十乘，以先啓行。』先人也。軍志曰：『先人有奪人之心。』薄之也。」遂疾進師，車馳、卒奔，乘晉軍。桓子不知所爲，鼓於軍中，曰：「先濟者有賞。」中軍、下軍争舟，舟中之指可掬也。晉師右移，上軍未動。工尹齊將右拒卒以逐下軍。楚子使唐狡與蔡鳩居告唐惠侯曰：「不穀不德而貪，以遇大敵，不穀之罪也。然楚不克，君之羞也。敢藉君靈，以濟楚師。」使潘黨率游闕四十乘，從唐侯以爲左拒，以從上軍。駒伯曰：「待諸乎？」隨季曰：「楚師方壯，若萃於我，吾師必盡。不如收而去之，分謗、生民，不亦可乎？」殿其卒而退，不敗。王見右廣，將從之乘。屈蕩户之，曰：「君以此始，亦必以終。」自是楚之乘廣先左。晉人或以廣隊不能進，楚人惎之脱扃。少進，馬還。又惎之拔旆投衡，乃出。顧曰：「吾不如大國之數奔也。」趙旃以其良馬二濟其兄與叔父，以他馬反，遇敵不能去，棄車而走林。逢大夫與其二子乘，謂其二子無顧。顧曰：「趙傁在後。」怒之，使下，指木曰：「尸女於是。」授趙旃綏，以免。明日以表尸之，皆重獲在木下。楚熊負羈囚知罃，知莊子以其族反之，廚武子御，下軍之士多從之。每射，抽矢，菆，納諸廚子之房。廚子怒，曰：「非子之求，而蒲之愛，董澤之蒲，可勝既乎？」知季曰：「不以人子，吾子其可得乎？吾不可以茍射故也。」射連尹襄老，獲之，遂載其尸。射公子穀臣，囚之。以二者還。

及昏，楚師軍於邲。晉之餘師不能軍，宵濟，亦終夜有聲。丙辰，楚重至於邲，遂次于衡雍。潘黨曰：「君盍築武軍而收晉尸以爲京觀？臣聞克敵，必示子孫，以無忘武功。」楚子曰：「非爾所知也。夫文，止戈爲武。武王克商，作頌曰：『載戢干戈，載櫜弓矢。我求懿德，肆于時夏，允王保之。』又作武，其卒章曰：『耆定爾功。』其三曰：『鋪時繹思，我徂惟求定。』其六曰：『綏萬邦，屢豐年。』夫武，禁暴、戢兵、保大、定功、安民、和衆、豐財者也。故使子孫無忘其章。今我使二國暴骨，暴矣。觀兵以威諸侯，兵不戢矣。暴而不戢，安能保大？猶有晉在，焉得定功？所違民欲猶多，民何安焉？無德而强争諸侯，何以和衆？利人之幾，而安人之亂，以爲己榮，何以豐財？武有七德，我無一焉，何以示子孫？其爲先君宫，告成事而已。武非吾功也。古者明王伐不敬，取其鯨鯢而封之，以爲大戮，於是乎有京觀以懲淫慝。今罪無所，而民皆盡忠以死君命，又可以爲京觀乎？」祀于河，作先君宫，告成事而還。○鄭伯、許男如楚。秋，晉師歸，桓子請死，晉侯欲許之。士貞子諫曰：「不可。城濮之役，晉師三日穀，文公猶有憂色。左右曰：『有喜而憂，如有憂而喜乎？』公曰：『得臣猶在，憂未歇也。困獸猶鬭，况國相乎？』及楚殺子玉，公喜而後可知也。曰：『莫余毒也已。』是晉再克，而楚再敗也。楚是以再世不競。今天或者大警晉也。而又殺林父，以重楚勝，其無乃久不競乎？林父之事君也，進思盡忠，退思補過，社稷之衛也，若之何殺之？夫其敗也，如日月之食焉，何損於明？」晉侯使復

其位。楚於此決計，必鄭專屬己，久圍之。臨，哭也。大宮，鄭祖廟。出車於巷，示將遷國。陴，城上僻倪。皆哭，以窮告。楚哀之而退，師猶不服，故復圍，克之。塗方九軌曰逵。肉袒牽羊，示服爲臣僕。不天，不順天也。俘以實，遷其民。剪以賜，分其地。皆滅也。前好，前世盟好。周厲王、宣王，鄭所自出。桓公、武公，鄭始封賢君。徼福此四君，存其社稷，使比九縣以服事，不滅之也。蓋時楚地爲縣者九。退，退舍以禮鄭。晉方悉師以救。林父，謚桓子。先縠，謚彘子。士會，食采於隨，字季，謚武子。郤克，謚獻子。趙朔，盾之子，謚莊子。書，欒盾之子，謚武子。括、嬰齊，皆盾異母弟。鞏朔，士莊伯也。穿，萬之族。荀首，林父弟，別氏知，字季，謚莊子。同，趙嬰兒。厥，萬曾孫，謚獻子。晉師河北，將渡河，而荀林父以鄭服楚，欲還，俟楚歸，更舉兵伐鄭。勦，勞也。動，舉也。士會稱善，言征伐爲有罪釁，非爲是德、刑、政、事、典、禮之不可敵者。讟，謗也。經，紀法也。荆，楚。尸，陳也。楚武王始更爲此陳法，遂以爲名。步曰卒，車曰乘。奸，犯也。宰，令尹。蔿敖，孫叔敖。左、右、前、後、中者，楚分其三軍爲五部，而使之各專其職。右部挾轅爲戰備，左部追求草蓐爲宿衛，前部以茅慮審有無，中軍出權謀以制勝，後以勁卒爲殿。茅，明也。如軍行前有斥候蹹伏，皆持以絳白二幡，見騎賊舉絳，見步賊舉白之類。或云楚以茅爲旌幟，竊意以茅爲烽燧，或旄音之訛，未詳。象物，各勤其類。不戒，閑習有素。選，親選。舊，既厚於親故，而尤選其賢。故舉賞咸得，老則不計，勞而加惠，賓旅則有恩施而無勞役。又別其尊卑，而貴賤有章。仲虺，湯左相。汋，詩頌篇名。鑠，美也，言美武王能遵天之道，須暗昧者惡積而後取。耆，致也，致討於昧。武，詩頌篇名。烈，勳也，言武王兼弱攻昧，故成無疆之勳。撫，撫而取之。或云兼之，悞。烈所，功烈之處所也。先縠獨持異議，欲戰。非夫，不丈夫。中軍，佐縠所帥。濟，渡河也。荀首嘆其必危。師，坎下坤上，初六變而爲臨，兑下坤上，其爻辭云云。律，法。否，不也。言凡執事者以順逆爲臧否，今彘子逆命，是否也。衆，羣，而聽于一則强，分散則弱。坎變爲兑。兑，少女而弱，衆散之象也。川流則不竭，壅而爲澤，則竭矣。坎爲兑，澤，川壅之象也。蓋將帥之貴于法律者，能使其下如己之志，故謂之律，所謂順成而臧也。否臧則律且竭而敗矣。夭，屈也。言其法律如水之壅而

盈，則必竭屈而不伸散而不整，故爲凶。水變爲澤，乃成臨卦。澤，不行之物，彘子違命，必不能行此，臨之謂也。遇，遇敵。尸，主此禍也。韓厥乃勸桓子同濟。失屬，謂鄭從楚。亡師，謂縠師陷。云三軍皆敗，則六卿同罪，不專罪元帥。〇彘子詩矣，而又成於厥。厥言既失專制之權，尤無謀國之忠。師敗業隳，厥之由也。〇沈或作寢，叔敖後封寢丘，今河南固始縣。子重，公子嬰齊字。子反，公子側字。伍參，奢祖父，以智謀寵於王。策晉必敗，激王還戰。南轅，回軍南向。旆，軍前大旗。專行，各欲行其志。非主將，故不獲聽而無上。謂欲禀聽進止，而無上命，則其令不一，而不知所從。管，鄭地，今河南鄭州有管城。敖、鄗，二山，在今河南滎陽縣境。鄭既從楚，猶飾詞於晉。承，繼也。欒書知楚兵精而素備，與鄭人之僞。克庸，事見楚滅庸舒。軍實，謂車徒器械。若敖、蚡冒，皆楚之賢君。篳路，柴車。藍縷，敝衣。言此二君勤儉以啓土。不德，謂專以力争。徼，要也。廣，楚乘車名。以其親兵分左右二部，故名二廣。司馬法：百人爲卒，二十五人爲兩。每廣用百人而四分之，以其一爲承副，令番休以備不虞。偏，半也。内官，近臣序次也。師叔，潘尫字。得屬，服鄭也。原，趙同邑。屏，趙括邑。朔善書言，謂必執晉政。少宰，楚官。閔，憂也。二先君，成王、穆王。率，遵也。候人，伺候望敵者。遷，徙去也。致師，挑戰也。楚雖將崇和，猶單車挑戰以示武。靡旌，驅疾故也。摩，近也。菆，美矢。兩作摲，飭也。掉，正也，以示閒暇。馘，斷耳。角，張兩角逐之。麗，著也。龜背之隆高，當心者免。止，不逐也。魏錡，魏犨子。公族，公族大夫。滎澤，今河南有滎澤縣。新殺爲鮮。見六得一，言不如楚。叔，潘黨字，尫之子。趙旃，穿之子，與錡偕使。郤克所謂二憾也。七覆，伏兵七所。不敗，先濟，要後言之。錡與旃雖俱受命，而不隨行。錡見逐退，旃後至。席，布席，坐示無所畏。説，舍也。楚王更迭載二廣，故各有御右。司馬法：車十五乘爲偏。今楚用舊法，而易其名。軘車，屯守之車。元戎，戎車在前者。詩小雅，言王者軍行，必有戎車在前開道。先人爲備。可掬，言多也。右移，自西而奔渡河。上軍以有備，獨不移。工尹齊，楚大夫。右拒，陳名。唐狡、蔡鳩居，皆楚大夫。唐，屬楚小國。游闕，游車補闕者。駒伯，郤克字。同奔爲分謗，不戰爲生民。殿卒，自爲其所將卒之後殿。時楚右廣當代，王欲右蕩，恐

軍中易乘人惑，故止之。戶，止也。軍事本尚右，以乘左得勝，故先左。廣隊，廣車墜于埳也。惎，毒害也。扃，車上兵闌。隊埳則扃礙，不能進，晉人脱之乃進。還，便旋不進。旆，大旗也。楚人見晉兵馬旋，又欲害之，晉人拔旆投衡上，使不帆風差輕，乃得出，顧楚兵而曰：「吾唯此偶敗耳，不如大國之數敗而奔，何用毒我乎！」逢大夫知趙旃在後，見之必當與乘，故使二子無顧。乃顧之云云，故怒，使之尸此，授綏以免旃，明日以所表木取尸，果累尸於下。負羈，楚大夫。知罃，莊子之子。族，家兵。反，還戰。廚武子，魏錡也。抽，擢也。菆，美箭。房，箭舍。蒲，楊柳以爲箭者，董澤所出，山西聞喜縣有董池陂。穀臣，楚王子。知莊子獲襄老，囚穀臣，將以相當而易罃也。軍，營屯也。邲，鄭地，今河南鄭州有邲城。有聲，言晉兵猶衆，將不能用。重，輜重。楚既大勝，黨請築軍營以彰武功，而積尸封土其上，謂之京觀。楚子不許。文，字也。戢，藏。櫜，韜。肆，遂。夏，大也。詩美文王誅暴亂而息兵，信哉能保此肆夏之美德。武，頌篇名。耆，致也。言武王誅紂，致定其功。其三，三篇。鋪，布。時，是。繹，陳。思，語辭。頌美武王能布政陳教，使天下歸往求安定。其六，六篇。綏，安也。屢，數也。言武王能安天下，數致豐年。此三、六之數，與今詩頌篇次不同，蓋楚樂歌次第。章，典章。幾，危也。鯨鯢，大魚，以喻不義之人吞食小國。所，罪之在也。古者師行必以遷主，載於齊車，每舍奠焉。今爲此主作宫而祀之，以告戰勝之事。傳言楚莊有禮，故遂興。餘見鄭石制之亂。桓子請死，以當敗軍之罪，晉侯聞文公、子玉事而復任之。士貞子，渥濁也。再世，謂成王、穆王也。○是時楚莊雖强，而晉無大挫，猶足以持之。自邲既敗，於是晉勢失而楚兵獨横，莫能校焉。林父之罪，實博矣。宜於用鉞，而乃使之復位，可謂以刑訓國乎？貞子喻以日月之食，抑何不倫也哉！宜其日弱而不振也。

○冬，楚子伐蕭，宋華椒以蔡人救蕭。蕭人囚熊相宜僚及公子丙。王曰：「勿殺，吾退。」蕭人殺之。王怒，遂圍蕭，蕭潰。申公巫臣曰：「師人多寒。」王巡三軍，拊而勉之，三軍之士皆如挾纊，遂傅於蕭。還無社與司馬卯言，號申叔

展。叔展曰：「有麥麴乎？」曰：「無。」「有山鞠窮乎？」曰：「無。」「河魚腹疾奈何？」曰：「目於眢井而拯之。」「若爲茅絰，哭井則己。」明日，蕭潰。申叔視其井，則茅絰存焉，號而出之。蕭，宋附庸，今徐州蕭縣有蕭城。宜僚、丙，楚二子。纊，綿也。挾纊，説以忘寒也。還無社，蕭大夫。司馬卯、申叔展，皆楚大夫。無社素識叔展，故因卯以呼之。麥麴、鞠窮，食之皆可以禦濕，欲無社逃泥水中。無社不悟，故曰「無」。河魚腹疾，言無禦濕藥，如魚在河，將有腹疾也。眢井，廢井，如目無明也。無社意悟，故使展叔視廢井而求拯己。展叔又教結茅以表井，須己哭乃應。傳言蕭人無守心。◯晉原縠、宋華椒、衛孔達、曹人同盟于清丘，曰：「恤病，討貳。」於是卿不書，不實其言也。宋爲盟，故伐陳，衛人救之。孔達曰：「先君有約言焉。若大國討我，則死之。」清丘，衛地，在北直隸開州。原縠，先縠。不實，謂宋伐陳、衛救之，是不討貳。楚伐宋，晉不救，是不恤患。前衛成公與陳共公有舊好，故孔達欲背盟救陳，而以死謝晉。

十三年　夏，楚子伐宋，以其救蕭也。君子曰：「清丘之盟，唯宋可以免焉。」宋討陳貳，今宋見伐而諸侯莫恤，故云。清丘之盟，晉以衛之救陳也，討焉。使人弗去，曰：「罪無所歸，將加爾師。」孔達曰：「苟利社稷，請以我説。罪我之由，我則爲政。而亢大國之討，將以誰任？我則死之。」説，解也。亢，當也。

十四年　春，孔達縊而死，衛人以説于晉而免。遂告于諸侯曰：「寡君有不令之臣達，搆我敝邑于大國，既伏其罪矣。敢告。」衛人以爲成勞，復室其子，使復其位。成勞，平國之功。◯夏，

晉侯伐鄭，爲郯故也。告于諸侯，蒐焉而還。中行桓子之謀也，曰：「示之以整，使謀而來。」鄭人懼，使子張代子良于楚。鄭伯如楚，謀晉故也。鄭以子良爲有禮，故召之。子張，穆公孫。有禮，必能安定其國家。○楚子使申舟聘于齊，曰：「無假道于宋。」亦使公子馮聘于晉，不假道于鄭。申舟以孟諸之役惡宋，曰：「鄭昭宋聾，晉使不害，我則必死。」王曰：「殺女，我伐之！」見犀而行，及宋，宋人止之。華元曰：「過我而不假道，鄙我也。鄙我，亡也。殺其使者，必伐我，伐我，亦亡也。亡一也。」乃殺之。楚子聞之，投袂而起。屨及於窒皇，劍及於寢門之外，車及於蒲胥之市。秋，九月，楚子圍宋。古者入國，必假道。楚子自以威陵二國，不使行其禮。申舟無畏，字孟諸，事見穆王爭伯。昭，明。聾，暗也。犀，申舟子，以子托王，示必死。華元以我比其鄙邑，等於亡國，而殺之。投袂，振袖也。窒皇，寢門闕。屨及、劍及、車及，怒甚而去速，追及之也。○楚莊於此，復肆其夷風焉。冬，孟獻子言於公曰：「臣聞小國之免於大國也，聘而獻物，於是有庭實旅百。朝而獻功，於是有容貌采章，嘉淑而有加貨，謀其不免也。誅而薦賄，則無及也。今楚在宋，君其圖之。」公說。楚威動中國，孟孫勸公往賄之。旅，陳也。百，言備也。陳百品實于庭，以爲獻物。獻功，獻其治國若征伐之功於牧伯。容貌采章，謂玄纁璣組、羽毛齒革，可充衣服、旌旗之飾者。嘉淑，謂美善之物。加貨，賄賂之多。皆賓所獻，亦庭實也。薦，進也。無及，謂見責而往，則不足解罪。

十五年　春，公孫歸父會楚子于宋。用獻子言。宋人使樂嬰齊告急于晉，晉侯欲救之。伯宗曰：「不可。古人有言曰：『雖鞭之長，不及馬腹。』天方授楚，未可與爭。雖晉之彊，能違天

乎？諺曰：『高下在心。』川澤納汙，山藪藏疾，瑾瑜匿瑕，國君含垢，天之道也。君其待之。」乃止。使解揚如宋，使無降楚，曰：「晉師悉起，將至矣。」鄭人囚而獻諸楚，楚子厚賂之，使反其言，不許，三而許之。登諸樓車，使呼宋人而告之，遂致其君命。楚子將殺之，使與之言，曰：「爾既許不穀，而反之，何故？非我無信，女則棄之。速即爾刑。」對曰：「臣聞之：君能制命爲義，臣能承命爲信，信載義而行之爲利。謀不失利，以衛社稷，民之主也。義無二信，信無二命，君之賂臣，不知命也。受命以出，有死無霣，又可賂乎！臣之許君，以成命也。死而成命，臣之禄也。寡君有信臣，下臣獲考死，又何求？」楚子舍之以歸。夏，五月，楚師將去宋。申犀稽首於王之馬前，曰：「毋畏知死而不敢廢王命，王棄言焉。」王不能答。申叔時僕，曰：「築室反耕者，宋必聽命。」從之。宋人懼，使華元夜入楚師，登子反之牀，起之曰：「寡君使元以病告：『曰敝邑易子而食，析骸以爨。雖然，城下之盟，有以國斃，不能從也。去我三十里，唯命是聽。』」子反懼，與之盟，而告王。退三十里，宋及楚平。華元爲質，盟曰：「我無爾詐，爾無我虞。」宋被圍久，故告晉求救。樂嬰齊，宋大夫。伯宗，晉大夫。在心，言或高或下，權之心耳。山川、良玉及國君，皆天下之美大者，必有以玷之，雖含隱，無害其美大，此天道之於物，不容使之完美也。晉侯恥不能救宋，故以爲喻。藪，林藪。疾，毒害也。於是止，不救，使涖之固守。解揚，前爲楚囚，歸晉任使。樓車，車有望櫓者。無二信，謂信于晉，不復信于楚。無二命，謂受命于晉，不復受命于楚。霣，廢墜也。考，成也。〇伯宗之言，使其君懷安而甘不競，豈畧之弘哉？且楚師久駐宋郊，亦已老矣。

悉師以救，未必無功，乃棄人于危，而復用迋之，何以主夏盟乎？○楚在宋積九月，不服，故去。棄言，謂舍宋也。遂築室於宋，分兵歸田，示無去志。華元夜入楚軍，乘子反不虞，登其牀，以病告，而詞復强，果如曹沬之劫盟齊桓者。故子反懼，卒如其言，與之平。蓋其時以城下之盟爲辱國故也。○楚莊既討徵舒之亂，力足以有陳、鄭而不取。宋既病甚，必退師與之平，皆度時審勢而并酌于義也。故列之伯焉。然而陵偪宗周，與桓、文異矣。其皆緣於晉之失策也哉！

晉景公楚共王争伯

宣公十三年　春，齊師伐莒，莒恃晉而不事齊故也。

十七年　春，晉侯使郤克徵會于齊。齊頃公帷婦人使觀之。郤子登，婦人笑於房。獻子怒，出，而誓曰：「所不此報，無能涉河！」獻子先歸，使欒京廬待命于齊，曰：「不得齊事，無復命矣。」郤子至，請伐齊，晉侯弗許。請以其私屬，又弗許。齊侯使高固、晏弱、蔡朝、南郭偃會。及斂盂，高固逃歸。夏，會于斷道，討貳也。盟于卷楚，辭齊人。晉人執晏弱于野王，執蔡朝于原，執南郭偃于温。苗賁皇使，見晏桓子，歸，言於晉侯曰：「夫晏子何罪？昔者諸侯事吾先君，皆如不逮，舉言羣臣不信，諸侯皆有貳志。齊君恐不得禮，故不出，而使四子來。左右或沮之，曰：『君不出，必執吾使。』故高子及斂盂而逃。夫三子者曰：『若絶君好，寧歸死焉。』爲是犯難而

來。吾若善逆彼以懷來者，吾又執之，以信齊沮，吾不既過矣乎？過而不改，而又久之，以成其悔，何利之有焉？使反者得辭，而害來者，以懼諸侯，將焉用之？」晉人緩之，逸。秋，八月，晉師還。范武子將老，召文子曰：「燮乎！吾聞之，喜怒以類者鮮，易者實多。詩曰：『君子如怒，亂庶遄沮，君子如祉，亂庶遄已。』君子之喜怒，以已亂也。弗已者，必益之。郤子其或者欲已亂於齊乎？不然，余懼其益之也。余將老，使郤子逞其志，庶有豸乎？爾從二三子唯敬。」乃請老，郤獻子爲政。齊有輕晉心，故侮其使。徵，召也。郤子跛而登階，故笑。欒京廬，郤之介。必得齊罪乃復。至請以私伐，恨之深也。固知之，故逃。斷道，晉地。苗賁皇以楚臣仕晉。不逮，言急也。久之以成其悔，言三子被執，齊人必有悔遣使之心，今又久之，或將背晉，是成其悔。反者，謂高固。辭，不當來之詞。君行師從，故盟，還而言師。老，致仕。士會更受邑於范。文子，武子之子，名燮。類，倫也。易，反也。詩，小雅。遄，速也。沮，止也。祉，福也。豸，解也。○晉侯禁其臣不得以私憾逞，是矣。果以賁皇言爲然，當有詞以謝三子，乃緩之使逸，豈禮乎？然上卿見辱於伯，威亦已大損，陳詞以責齊，必引咎自謝矣，而惜乎不及是也。

十八年　春，晉侯、衛太子臧伐齊。至于陽穀。齊侯會晉侯，盟于繒，以公子彊爲質于晉。晉師還。蔡朝、南郭偃逃歸。夏，公使如楚乞師，欲以伐齊。秋，楚莊王卒。楚師不出。既而用晉師，楚於是乎有蜀之役。晉既與齊盟，守者解緩，故二子得逃。公不事齊，以齊、晉盟，故懼，乞師于楚，用晉師盟。蜀事在後，傳因王卒，終言之。

成公元年　春，爲齊難故，作丘甲。聞齊將出楚師，夏，盟于赤棘。前乞師於楚伐齊，楚反與齊好，故懼而作丘甲。又從晉與盟。赤棘，晉地。周制：九夫爲井，四井爲邑，四邑爲丘，四丘爲甸，旁加一里爲成，共出長，轂一乘，步卒七十二人，甲士三人，則丘得十八人，不及一甲。此作丘甲，令丘出二十五人矣。冬，臧宣叔令脩賦、繕完、具守備，曰：「齊楚結好，我新與晉盟，晉、楚爭盟，齊師必至。雖晉人伐齊，楚必救之，是齊、楚同我也。知難而有備，乃可以逞。」賦，車馬也。繕完，治完城郭。備，戰守之備。同，共伐也。逞，解也。

二年　春，齊侯伐我北鄙，圍龍。頃公之嬖人盧蒲就魁門焉，龍人囚之。齊侯曰：「勿殺，吾與而盟，無入而封。」弗聽，殺而膊諸城上。齊侯親鼓，士陵城。三日，取龍。遂南侵，及巢丘。衛侯使孫良夫、石稷、甯相、向禽將侵齊，與齊師遇。石子欲還，孫子曰：「不可。以師伐人，遇其師而還，將謂君何？若知不能，則如無出。今既遇矣，不如戰也。」夏有。石成子曰：「師敗矣。子不少須，衆懼盡。子喪師徒，何以復命？」皆不對，又曰：「子，國卿也。隕子，辱矣。子以衆退，我此乃止。」且告車來甚衆。齊師乃止，次于鞫居。新築人仲叔于奚救孫桓子，桓子是以免。既，衛人賞之以邑，辭，請曲縣、繁纓以朝，許之。仲尼聞之，曰：「惜也。不如多與之邑，唯器與名不可以假人，君之所司也。名以出信，信以守器，器以藏禮，禮以行義，義以生利，利以平民，政之大節也。若以假人，與人政也。政亡則國家從之，弗可止也已。」孫桓子還於新築，不入，遂如晉乞師。臧宣叔亦如晉乞師。皆主郤獻子。晉侯許之七百乘，郤子曰：「此城

濮之賦也。有先君之明，與先大夫之肅，故捷。克於先大夫，無能爲役，請八百乘。」許之。郤克將中軍，士燮佐上軍，欒書將下軍，韓厥爲司馬，以救魯、衛。臧宣叔逆晉師，且道之。季文子帥師會之。及衛地，韓獻子將斬人。郤獻子馳將救之，至，則既斬之矣。郤子使速以徇，告其僕曰：「吾以分謗也。」師從齊師于莘。六月壬申，師至於靡笄之下。齊侯使請戰，曰：「子以君師，辱於敝邑。不腆敝賦，詰朝請見。」對曰：「晉與魯、衛，兄弟也，來告曰：『大國朝夕釋憾於敝邑之地。』寡君不忍，使羣臣請於大國，無令輿師淹於君地。能進不能退，君無所辱命。」齊侯曰：「大夫之許，寡人之願也。若其不許，亦將見也。」齊高固入晉師，桀石以投人，禽之而乘其車，繫桑本焉，以徇齊壘，曰：「欲勇者賈余餘勇。」癸酉，師陳于鞌。邴夏御齊侯，逢丑父爲右。晉解張御郤克，鄭丘緩爲右。齊侯曰：「余姑翦滅此而朝食。」不介馬而馳之。郤克傷於矢，流血及屨，未絕鼓音，曰：「余病矣。」張侯曰：「自始合，而矢貫余手及肘，余折以御。左輪朱殷，豈敢言病？吾子忍之！」緩曰：「自始合，苟有險，余必下推車，子豈識之？然子病矣。」張侯曰：「師之耳目，在吾旗鼓，進退從之。此車一人殿之，可以集事。若之何其以病敗君之大事也？擐甲執兵，固即死也，病未及死，吾子勉之！」左并轡，右援枹而鼓。馬逸不能止，師從之。齊師敗績。逐之，三周華不注。韓厥夢子輿謂己曰：「且辟左右！」故中御而從齊侯。邴夏曰：「射其御者，君子也。」公曰：「謂之君子而射之，非禮也。」射其左，越于車下。

射其右，斃于車中。綦毋張喪車，從韓厥曰：「請寓乘！」從左右，皆肘之，使立於後。韓厥俛，定其右。逢丑父與公易位。將及華泉，驂絓於木而止。丑父寢於轏中，蛇出於其下，以肱擊之，傷而匿之，故不能推車而及。韓厥執縶馬前，再拜稽首，奉觴加璧以進，曰：「寡君使羣臣爲魯、衛請曰：『無令輿師陷入君地。』下臣不幸，屬當戎行，無所逃隱，且懼奔辟，而忝兩君。臣辱戎士，敢告不敏。攝官承乏。」丑父使公下，如華泉取飲。鄭周父御佐車，宛茷爲右，載齊侯以免。韓厥獻丑父，郤獻子將戮之，呼曰：「自今無有代其君任患者。有一於此，將爲戮乎！」郤子曰：「人不難以死免其君，我戮之不祥。赦之，以勸事君者。」乃免之。齊侯免，求丑父，三入三出。每出，齊師以帥退。入于狄卒，狄卒皆抽戈楯冒之。以入于衛師，衛師免之。遂自徐關入。齊侯見保者，曰：「勉之，齊師敗矣！」辟女子。女子曰：「君免乎？」曰：「免矣。」曰：「鋭司徒免乎？」曰：「免矣。」曰：「苟君與吾父免矣，可若何？」乃奔。齊侯以爲有禮。既而問之，辟司徒之妻也，予之石窌。晉師從齊師，入自丘輿。擊馬陘。齊侯使賓媚人賂以紀甗、玉磬與地。「不可，則聽客之所爲。」賓媚人致賂，晉人不可，曰：「必以蕭同叔子爲質，而使齊之封内盡東其畝。」對曰：「蕭同叔子非他，寡君之母也。若以匹敵，則亦晉君之母也。吾子布大命於諸侯，而曰必質其母以爲信，其若王命何？且是以不孝令也。詩曰：『孝子不匱，永錫爾類。』若以不孝令於諸侯，其無乃非德類也乎？先王疆理天下，物土之宜，而布其利。故詩曰：

『我疆我理，南東其畝。』今吾子疆理諸侯，而曰盡東其畝而已，唯吾子戎車是利，無顧土宜，其無乃非先王之命也乎？反先王則不義，何以爲盟主？其晉實有闕。四王之王也，樹德而濟同欲焉。五伯之霸也，勤而撫之，以役王命。今吾子求合諸侯，以逞無疆之欲。詩曰：『布政優優，百祿是遒。』子實不優，而棄百祿，諸侯何害焉？不然，寡君之命使臣，則有辭矣。曰：『子以君師辱於敝邑，不腆敝賦，以犒從者。畏君之震，師徒撓敗。吾子惠徼齊國之福，不泯其社稷，使繼舊好。唯是先君之敝器、土地不敢愛。子又不許，請收合餘燼，背城借一。敝邑之幸，亦云從也。況其不幸，敢不唯命是聽？』」魯、衛諫曰：「齊疾我矣。其死亡者，皆親暱也。子若不許，讎我必甚。唯子則又何求？子得其國寶，我亦得地，而紓於難，其榮多矣。齊、晉亦唯天所授，豈必晉？」晉人許之，對曰：「羣臣帥賦輿，以爲魯、衛請。若苟有以藉口，而復於寡君，君之惠也。敢不唯命是聽？」禽鄭自師逆公。秋，七月，晉師及齊國佐盟于爰婁。使齊人歸我汶陽之田。公會晉師于上鄍。賜三師先路三命之服。司馬、司空、輿帥、候正、亞旅，皆受一命之服。時郤子蓄憾無由發，而齊頃數伐魯、衛，速其國禍。門焉，攻其門。膞，磔也。龍、巢丘，魯二邑，今山東泰安州境。良父等，衛四大夫。齊伐魯還，與之遇。夏有，闕文，失新築戰事。成子，石稷謚。衛師敗，良父戰不止，稷欲使須救，此稷於此戰止良夫止車來新築救兵也。鞫居、新築，衛地。于奚，新築大夫。周禮，天子樂宮縣四面，諸侯軒縣闕南方。曲縣，軒縣也。繁纓，馬飾。皆諸侯之服。器，車服名。爵號、禮義，信相胥以成政，而本於名器，故聖人重之。魯、衛俱請兵伐齊，晉侯始許。七百

乘，五萬二千五百人。無能役，不中其役。使八百乘，六萬人。莘，齊地，今山東莘縣靡笄山名。輿，衆也。大國，謂齊。敝邑，魯、衛自稱。無辱命，言自欲戰，不須命也。高固先以單車入晉軍挑戰。桀、礫同。繫桑本欲以自異賈勇，以己餘勇賈於人。鞌，齊地，去齊五百里。翦，削也。克以中軍將，自執旗鼓，雖傷而鼓不息。張侯，解張也。朱，血色久則殷。血多污輪御，猶不敢懈。有險，馬不能進，故緩推車，克戰急，故不識。殿，鎮也。擐，貫也。華不注山，在今山東濟南府城東北下有華泉。○齊君臣恃勇輕敵，而晉大將、御右皆扶傷致死，後能勝之，所謂兩敵相當，貴於忍也。○凡戰，非元帥則御在中，將在左。厥以父子輿示夢，故代御以追齊侯。齊侯果以御爲君子，不射，而射左右。左隊右斃，故綦毋張寄車，亦不使在左右。張，晉大夫。厥復俯而安隱其右之斃者，丑父乃得與公易位。厥不之見。輾，士車不堅者，一云卧車。丑先寢其中，傷於蛇，欲爲右而匿之，故驂馬絓木不能推，爲厥所及。縶，馬絆。厥執之，盡臣禮，謙言本爲二國請救，不欲過入君地，乃以戎士而承臣僕之空乏，以攝其職。丑父詐以公爲賤者，使下取飲，副車載以免，丑身代之。厥執獻郤子，義其言，不殺。齊侯重其代己，三入晉軍求之。齊師皆有退心，故輕出以帥厲退者，遂迸入狄、衛。狄、衛畏齊之彊，皆護免之。狄從晉者歸，過城邑，皆勉使善守。辟，辟之，使避也。鋭司徒，主鋭兵者。有禮，謂其先君後父也。辟司徒，主壘壁者。石窌，在山東長清縣境，舊有地名石窌。與丘輿、馬陘皆齊邑。賓媚人，國佐別名。甗，無底甑，山形，滅紀所得。磬，樂器，玉爲貴。皆齊之寶。同叔，蕭君字，齊侯外祖子女也。難斥言其母，故遠言之。東畝，使壟畝盡東行。佐以王命尊卑有等，質其母是廢其等。詩大雅，言孝子心無窮，恒推其類以錫之於人。德類，孝德之類也。物，別也，別其土之所宜，以制疆理，而播種殖之利。詩小雅，言或南或東，各從土宜。晉伐齊，循壟東行易，故欲東，違其宜矣。四王，禹、湯、文、武。五伯，夏昆吾、商大彭、豕韋、周齊桓、晉文。役，供也。詩商頌。遒，聚也。何害，非其病也。不然，不如此也。戰而曰犒，孫詞。震，威也。餘燼，譬言敗亡餘衆。借一，求一戰也。若幸而勝，亦從晉命。不幸而敗，敢有不從。國佐詞毅而辨，晉已心屈，因諫許之。伐敵而得其寶，足爲國重。齊服則侵田，歸而難亦紓。天授，言難必

也。賦輿，猶兵車。藉，借也，借以爲詞。爰婁，去齊五十里。汶陽，在今山東泰安州境。本魯田，爲齊所侵，故使歸我。上鄍，地闕。前禽鄭歸，逆公以會晉師。三師，郤克、士燮、欒書。禮公之卿三命，先路革路，已嘗受王所賜，今改而易新，并此車所建所服之物。司馬主甲兵，司空主壁壘，輿帥主兵車，候正主斥候，皆大夫。亞，次也。旅，衆也。次於卿而爲衆大夫者，皆受魯賜一命禮。大夫再命，今一命，未詳。九月，衛穆公卒。晉三子自役弔焉，哭于大門之外，衛人逆之。婦人哭于門内，送亦如之。遂常以葬。師還過衛，故因弔之。未復命，故不敢成禮，惟哭門外。衛人亦於門外設喪位。凡喪位，婦人哭于堂。今賓在門外，故移於門内。至葬遂行。此禮不復移之於内，蓋以喪禮，有進無退也。晉師歸，范文子後入。武子曰：「無爲吾望爾也乎？」對曰：「師有功，國人喜以逆之，先入，必屬耳目焉，是代帥受名也，故不敢。」武子曰：「吾知免矣。」郤伯見，公曰：「子之力也夫！」對曰：「君之訓也，二三子之力也，臣何力之有焉？」范叔見，勞之如郤伯。對曰：「庚所命也，克之制也，燮何力之有焉？」欒伯見，公亦如之。對曰：「燮之詔也，士用命也，書何力之有焉？」文子避功，故武子度其免於禍。郤伯，郤克字。荀庚將上軍，時不出。文子佐上軍，代行，故稱帥以讓。詔，告也。欒書下軍帥，故推功上軍。傳言晉將帥克讓，故以能勝齊。宣公使求好於楚，莊王卒，宣公薨，不克作好。公即位，受盟于晉，會晉伐齊。衛人不行使于楚，而亦受盟于晉，從于伐齊。故楚令尹子重爲陽橋之役，以救齊。將起師，子重曰：「君弱，羣臣不如先大夫，師衆而後可。詩曰：『濟濟多士，文王以寧。』夫文王猶用衆，況吾儕乎？且先君莊王屬之曰：『無德以及遠方，莫如惠恤其民，而善用之。』乃大户，

已責，逮鰥，救乏，赦罪。悉師，王卒盡行。彭名御戎，蔡景公爲左，許靈公爲右，二君弱，皆強冠之。冬，楚師侵衛，遂侵我師于蜀。使臧孫往。辭曰：「楚遠而久，固將退矣。無功而受名，臣不敢。」楚侵及陽橋，孟孫請往賂之以執斲、執鍼、織紝，皆百人，公衡爲質，以請盟。楚人許平。十一月，公及楚公子嬰齊、蔡侯、許男、秦右大夫説、宋華元、陳公孫寧、衛孫良夫、鄭公子去疾及齊國之大夫盟于蜀。卿不書，匱盟也。於是乎畏晉而竊與楚盟，故曰「匱盟」。蔡侯、許男不書，乘楚車也，謂之失位。君子曰：「位其不可不慎也乎！蔡、許之君，一失其位，不得列於諸侯，況其下乎！詩曰：『不解於位，民之攸塈。』其是之謂矣！」楚師及宋，公衡逃歸。臧宣叔曰：「衡父不忍數年之不宴，以棄魯國，國將若之何？誰居？後之人必有任是夫。國棄矣！」是行也，晉辟楚，畏其衆也。君子曰：「衆之不可以已也。大夫爲政，猶以衆克，況明君而善用其衆乎？大誓所謂商兆民離，周十人同者，衆也。」楚忿魯、衛，興師伐之，以救齊爲名。時共王年十二三，故曰弱。詩大雅，言文王以衆士安。大户，閱户口。已責，免逋責。逮鰥，及鰥寡也。王卒盡行，故王戎車亦行。雖王不在，令蔡、許二君當左右之位。蜀、陽橋，皆魯地。名，退師之名。執斲，匠人。執鍼，女工。織紝，織繒布者。公衡，成公子。匱，乏也。二君乘楚王車爲左右，謂失位。詩大雅，言在上者勤正其位，則國安民息。居，助語，猶「歟」。言衡父逃歸，不終楚好，後人必有當此者。後昭公如楚，蓋緣此。太誓，周書。萬億曰兆。民離則弱，合則成。衆，言殷以散亡，周以衆興。○嬰齊不務德而徒以衆逞，内勞民而苟以懼敵，逢晉少懦，幸而有功，豈先王耀德之意？而傳乃多言以誇之，陋矣。晉侯使鞏朔獻齊捷于周，

王弗見。使單襄公辭焉，曰：「蠻夷戎狄，不式王命，淫湎毀常，王命伐之，則有獻捷。王親受而勞之，所以懲不敬、勸有功也。兄弟、甥舅侵敗王略，王命伐之，告事而已。不獻其功，所以敬親暱、禁淫慝也。今叔父克遂，有功于齊，而不使命卿鎮撫王室，所使來撫余一人，而鞏伯實來，未有職司於王室，又奸先王之禮。余雖欲於鞏伯，其敢廢舊典以忝叔父？夫齊，甥舅之國也，而太師之後也，寧不亦淫從其欲以怒叔父，抑豈不可諫誨？」士莊伯不能對。王使委於三吏，禮之如侯伯克敵使大夫告慶之禮，降於卿禮一等。王以鞏伯宴，而私賄之，使相告之曰：「非禮也，勿籍！」鞏朔，士莊伯名。單襄公，王卿士。獻齊捷非禮，故王使辭之。式，用也。兄弟，同姓國。甥舅，異姓國。略，經略法度。淫慝，謂虢掠百姓取囚俘也。鞏朔，上軍大夫，非命卿，名位不達於王室。委，屬也。三吏，三公也。相，相禮者。籍，書也。王畏晉故，私宴賄以慰朔。

三年　春，諸侯伐鄭，次于伯牛，討邲之役也。遂東侵鄭。鄭公子偃帥師禦之，使東鄙覆諸鄤，敗諸丘輿。皇戌如楚獻捷。覆，伏兵也。伯牛、鄤、丘輿，皆鄭地。○夏，公如晉，拜汶陽之田。○許恃楚而不事鄭，鄭子良伐許。○秋，叔孫僑如圍棘，取汶陽之田。棘不服，故圍之。○十二月，齊侯朝于晉，將授玉，郤克趨進，曰：「此行也，君爲婦人之笑辱也，寡君未之敢任。」晉侯享齊侯，齊侯視韓厥。韓厥曰：「君知厥也乎？」齊侯曰：「服改矣。」韓厥登，舉爵，曰：「臣之不敢愛死，爲兩君之在此堂也。」授玉，執圭，行朝禮也。克忿猶未釋，復宣前事以恥之。服改，戎朝異服也，明識其人。

○克懼甚矣！厥之言何婉而恭也。

四年　夏，公如晉，晉侯見公，不敬。季文子曰：「晉侯必不免。詩曰：『敬之敬之，天惟顯思。命不易哉！』夫晉侯之命在諸侯矣，可不敬乎！」秋，公至自晉，欲求成于楚而叛晉。季文子曰：「不可。晉雖無道，未可叛也。國大臣睦，而邇於我，諸侯聽焉，未可以貳。史佚之志有之，曰：『非我族類，其心必異。』楚雖大，非吾族也，其肯字我乎？」公乃止。不免，不令終也。詩頌，言天道顯明，受其命甚難，不可不敬。以奉之命在諸侯，謂敬諸侯則得天命也。史佚，周文王太史。非族，言楚夷也，不與華同。○冬，十一月，鄭公孫申帥師疆許田，許人敗諸展陂。鄭伯伐許，取鉏任、泠敦之田。晉欒書將中軍，荀首佐之，士燮佐上軍，以救許伐鄭。取氾、祭。楚子反救鄭，鄭伯與許男訟焉。皇戌攝鄭伯之辭，子反不能決也。曰：「君若辱在寡君，寡君與其二三臣共聽兩君之所欲，成其可知也。不然，側不足以知二國之成。」鄭前伐許，取其田，今正其界。展陂，許地。氾、祭，鄭地，河南鄭州有祭城。攝，代對也。子反欲許、鄭決直曲於其王。

五年　夏，許靈公愬鄭伯于楚。六月，鄭悼公如楚訟，不勝。楚人執皇戌及子國。故鄭伯歸，使公子偃請成于晉。秋，八月，鄭伯及晉趙同盟于垂棘。鄭自邲戰服楚，今以楚曲鄭而執其二臣，始受盟于晉。宋公子圍龜爲質于楚而歸，華元享之。請鼓譟以出，鼓譟以復入。曰：「習攻華氏。」宋公殺之。冬，同盟于蟲牢，鄭服也。諸侯謀復會，宋公使向爲人辭以子靈之難。圍龜，文公子，字子

靈。前宋、楚平，後華元使圍龜代己爲質，故怨而鼓譟以習攻之。蟲牢，鄭地，在河南封丘縣境，舊有桐牢。宋公不欲會，故托其難以辭。

六年　春，鄭伯如晉拜成，子游相。授玉於東楹之東，士貞伯曰：「鄭伯其死乎？自棄也已。視流而行速，不安其位，宜不能久。」子游，公子偃。禮，授玉兩楹之間。鄭伯行疾，故東過。視流，不端諦。○二月，季文子以鞌之功，立武宮，非禮也。聽於人以救其難，不可以立武。立武由己，非由人也。○三月，晉伯宗、夏陽說、衛孫良夫、甯相、鄭人、伊雒之戎、陸渾、蠻氏侵宋，以其辭會也。師于鍼，衛人不保，說欲襲衛，曰：「雖不可入，多俘而歸，有罪不及死。」伯宗曰：「不可。衛唯信晉，故師在其郊而不設備。若襲之，是棄信也。雖多衛俘，而晉無信，何以求諸侯？」乃止。師還，衛人登陴。夏陽說，晉大夫。蠻氏，戎別種，河南汝州有蠻中聚。不保，不守備。登陴，聞說謀也。○六月，鄭悼公卒。如貞伯言。○子叔聲伯如晉，命伐宋。秋，孟獻子、叔孫宣伯侵宋，晉命也。○楚子重伐鄭，鄭從晉故也。晉欒書救鄭，與楚師遇於繞角。楚師還，晉師遂侵蔡。楚公子申、公子成以申、息之師救蔡，禦諸桑隧。趙同、趙括欲戰，請於武子，武子將許之。知莊子、范文子、韓獻子諫曰：「不可。吾來救鄭，楚師去我，吾遂至於此，是遷戮也。戮而不已，又怒楚師，戰必不克。雖克，不令。成師以出，而敗楚之二縣，何榮之有焉？若不能敗，爲辱已甚，不如還也。」乃遂還。於是軍帥之欲戰者衆，或謂欒武子曰：「聖人與衆同欲，是以濟事，子盍從衆？子爲大

政，將酌於民者也。子之佐十一人，其不欲戰者三人而已。欲戰者可謂衆矣。商書曰：『三人占，從二人。』衆故也。」武子曰：「善鈞從衆。夫善，衆之主也。三卿爲主，可謂衆矣。從之，不亦可乎？」繞角，鄭地，河南魯山縣有繞角城。申、息二邑，皆近蔡。桑隧，在河南確山縣境，舊有桑里。遷戮不義，怒敵難任，故不克。六軍悉出，故曰成師。酌於民，取民心而酌之也。商書，洪範。鈞，等也。武子以善爲衆，不以人爲衆。傳言欒書得從衆之義。

七年　春，鄭子良相成公以如晉，見且拜師。秋，楚子重伐鄭，師于氾，諸侯救鄭。拜師，謝其救。氾，鄭地，今河南氾水縣南。八月，同盟于馬陵，尋蟲牢之盟，且莒服故也。馬陵，衛地，在北直隸大名府境。莒本屬齊，齊服，故莒從之。餘見下卷。

八年　春，晉侯使韓穿來言汶陽之田，歸之于齊。季文子餞之，私焉，曰：「大國制義，以爲盟主。是以諸侯懷德畏討，無有貳心。謂汶陽之田，敝邑之舊也，而用師於齊，使歸諸敝邑。今有二命，曰歸諸齊。信以行義，義以成命，小國所望而懷也。信不可知，義無所立，四方諸侯，其誰不解體？詩曰：『女也不爽，士貳其行。士也罔極，二三其德。』七年之中，一與一奪，二三孰甚焉？士之二三，猶喪妃耦，而況霸主？霸主將德是以，而二三之，其何以長有諸侯乎？詩曰：『猶之未遠，是用大簡。』行父懼晉之不遠猶而失諸侯也，是以敢私言之。」齊以大國服事晉，晉故感焉，使魯還其所取田，祖而舍軷。飲酒於其側曰餞。私，私與言。解體，不親附也。詩衛風，婦人怨丈夫不一其行，喻魯

事晉，猶女事夫，不敢過差，而晉有罔極之心，反二三其德。猶，圖也。簡，諫也。詩大雅，言王者圖事不遠，是以大道諫之。○晉欒書侵蔡，遂侵楚，獲申驪。楚師之還也，晉侵沈，獲沈子揖初，從知、范、韓也。君子曰：「從善如流，宜哉！詩曰：『愷悌君子，遐不作人。』求善也夫！作人，斯有功績矣。」是行也，鄭伯將會晉師，門于許東門，大獲焉。申驪，楚大夫。還，遇繞角還也。欒書自此從三子，不與楚戰。嗣後每從其言，師出有功。如流，順也。宜，宜有功也。遐，與「何」通。作，用也。詩大雅，言文王愷悌，必作人也。會伐蔡過許，見其無備，因攻之。○秋，晉侯使申公巫臣如吳，假道于莒。與渠丘公立於池上，曰：「城已惡。」莒子曰：「辟陋在夷，其孰以我爲虞？」對曰：「夫狡焉思啓封疆以利社稷者，何國蔑有？唯然，故多大國矣。唯或思或縱也。勇夫重閉，況國乎？」巫臣，以楚人奔晉。渠丘，莒邑，莒子朱以爲號，今山東安丘縣。有狡猾思開封疆者，有縱弛無備者，故多得兼并以成大國。勇夫恐人謀害，必重閉其門，國尤當備矣。

九年　春，爲歸汶陽之田故，諸侯貳于晉。晉人懼，會于蒲，以尋馬陵之盟。季文子謂范文子曰：「德則不競，尋盟何爲？」范文子曰：「勤以撫之，寬以待之，堅彊以御之，明神以要之，柔服而伐貳，德之次也。」諸侯貳，如季孫言。蒲，衛地，北直隸長垣縣治名蒲城。○楚人以重賂求鄭，鄭伯會楚公子成于鄧。秋，鄭伯如晉。晉人討其貳於楚也，執諸銅鞮。欒書伐鄭，鄭人使伯蠲行成，晉人殺之，非禮也。兵交，使在其間，可也。楚子重侵陳，以救鄭。銅鞮，晉地，在今山西沁州。鄭自垂棘之盟事晉，今以重賂貳於楚而被執。伯蠲，鄭行人。陳與晉，故楚伐之。冬，十一月，楚子重自陳伐莒，圍渠丘。渠

丘城惡，衆潰，奔莒。戊申，楚入渠丘。莒人囚楚公子平，楚人曰：「勿殺，吾歸而俘。」莒人殺之，楚師圍莒，莒城亦惡。庚申，莒潰，楚遂入鄆，莒無備故也。君子曰：「恃陋而不備，罪之大者也。備豫不虞，善之大者也。莒恃其陋而不修城郭，浹辰之間而楚克其三都，無備也夫！詩曰：『雖有絲、麻，無棄菅、蒯。雖有姬、姜，無棄蕉萃。凡百君子，莫不代匱。』言備之不可以已也。」浹辰，十二日。詩，逸詩。絲、麻，精細之物。菅、蒯，皆草屬。姬、姜，大國之女。蕉萃，賤陋之人。○鄭人圍許，示晉不急君也。是則公孫申謀之，曰：「我出師以圍許，爲將改立君者，而紓晉使，晉必歸君。」公孫申，字叔申。紓，緩也。伐國而緩使，示將更立君者，晉抱空質，必自歸君。

十年　春，晉侯使糴茷如楚。詳見下卷。○衛子叔黑背侵鄭，晉命也。鄭公子班聞叔申之謀。三月，子如立公子繻。夏，四月，鄭人殺繻，立髡頑。子如奔許。欒武子曰：「鄭人立君，我執一人焉，何益？不如伐鄭而歸其君，以求成焉。」晉侯有疾。五月，晉立太子州蒲以爲君，而會諸侯伐鄭。鄭子罕賂以襄鐘，子然盟于脩澤，子駟爲質。辛巳，鄭伯歸。黑背，衛侯弟。公子班，字子如。髡頑，成公太子。州蒲，厲公名。襄鐘，鄭襄公之廟鐘。子然、子駟，皆穆公子。脩澤，鄭地，河南脩武縣境。六月丙午，晉侯欲麥，使甸人獻麥。將食，張，如廁，陷而卒。張，腹滿也。詳見卿族興廢。鄭伯討立君者。戊申，殺叔申、叔禽。君子曰：「忠爲令德，非其人猶不可，況不令乎？」禽，叔申弟。傳言叔申本非賢者，雖欲效忠而不見信於君，適以害身。○聖人忠孝之道，豈擇人而爲之？此非所以爲訓。叔申亦不幸焉耳。秋，公如晉，

晉人止公，使送葬。於是糴茷未反。謂公貳于楚。須茷反，審其虛實。冬，葬晉景公，公送葬，諸侯莫在，魯人辱之，故不書，諱之也。親弔，故晉得止之，辱自取也，故不書葬以諱之。

十一年　春王三月，公至自晉。晉人以公爲貳於楚，故止公。公請受盟而後使歸。郤犨來聘，且涖盟。夏，季文子如晉，報聘且涖盟也。

十三年　六月丁卯，夜，鄭公子班自訾求入于大宮，不能，殺子印、子羽，反軍于市。己巳，子駟帥國人盟于大宮，遂從而盡焚之，殺子如、子駹、孫叔、孫知。訾，鄭地。大宮，鄭祖廟。十年，班出奔許，今欲還爲亂。子印、子羽，穆公子。駹，班弟。孫叔，子如子。孫知，子駹子。

春秋左傳屬事卷四

伯

晉楚鄢陵之戰

成公七年　秋，楚子重伐鄭，師于汜。諸侯救鄭。鄭共仲、侯羽軍楚師，囚鄖公鍾儀，獻諸晉。晉人以鍾儀歸，囚諸軍府。汜，鄭地。共仲、侯羽，鄭大夫。鄖，楚縣，今德安府境。鍾儀，縣公。軍府，軍藏府。餘見上卷。

九年　秋，晉侯觀于軍府，見鍾儀，問之曰：「南冠而縶者誰也？」有司對曰：「鄭人所獻楚囚也。」使税之，召而弔之，再拜稽首，問其族，對曰：「泠人也。」公曰：「能樂乎？」對曰：「先父之職官也，敢有二事？」使與之琴，操南音。公曰：「君王何如？」對曰：「非小人之所

得知也。」固問之，對曰：「其爲太子也，師、保奉之，以朝于嬰齊而夕于側也，不知其他。」公語范文子。文子曰：「楚囚，君子也。言稱先職，不背本也。樂操土風，不忘舊也。稱太子，抑無私也。名其二卿，尊君也。不背本，仁也。不忘舊，信也。無私，忠也。尊君，敏也。仁以接事，信以守之，忠以成之，敏以行之，事雖大，必濟。君盍歸之？使合晉、楚之成。」公從之。重爲之禮，使歸求成。南冠，楚冠。縶，拘執也。稅，解也。泠人，樂官。南音，楚音。嬰齊，令尹子重。側，司馬子反。朝夕焉者，明有所規法以成德。舍近事，遠稱少小，以示性所自然，明至誠。文子，名燮。因析其言而名之爲衆善，使歸合成，此其本謀也，後終不欲以武競。　十二月，楚子使公子辰如晉，報鍾儀之使，請脩好結成。辰，字子商，官太宰。

十年　春，晉侯使糴茷如楚，報太宰子商之使也。糴茷，晉大夫。是年六月，景公卒，厲公立。

十一年　〇宋華元善於令尹子重，又善於欒武子，聞楚人既許晉糴茷成，而使歸復命矣。冬，華元如楚，遂如晉，合晉、楚之成。

十二年　春，宋華元克合晉、楚之成。夏，五月，晉士燮會楚公子罷、許偃。癸亥，盟于宋西門之外，曰：「凡晉、楚無相加戎，好惡同之，同恤菑危，備救凶患。若有害楚，則晉伐之。在晉，楚亦如之。交贄往來，道路無壅，謀其不協，而討不庭。有渝此盟，明神殛之，俾隊其師，無克胙國。」鄭伯如晉聽成，會于瑣澤，成故也。華元兼善晉、楚之相，因事克成之。罷、偃，楚二大夫。晉既與楚成，合諸侯以申其好。瑣澤，地闕。　晉郤至如楚，聘且涖盟。楚子享之。子反相，爲地室而縣焉。郤至將

登，金奏作于下，驚而走出。子反曰：「日云莫矣，寡君須矣，吾子其入也。」賓曰：「君不忘先君之好，施及下臣，貺之以大禮，重之以備樂。如天之福。兩君相見，何以代此？下臣不敢。」子反曰：「如天之福，兩君相見，無亦唯是一矢以相加遺，焉用樂？寡君須矣，吾子其入也。」賓曰：「若讓之以一矢，禍之大者，其何福之爲？世之治也，諸侯閒于天子之事，則相朝也，於是乎有享、宴之禮。享以訓共儉，宴以示慈惠。共儉以行禮，而慈惠以布政。政以禮成，民是以息。百官承事，朝而不夕，此公侯之所以扞城其民也。故詩曰：『赳赳武夫，公侯干城。』及其亂也，諸侯貪冒，侵欲不忌，争尋常以盡其民，略其武夫，以爲己腹心、股肱、爪牙。故詩曰：『赳赳武夫，公侯腹心。』天下有道，則公侯能爲民干城，而制其腹心。亂則反之。今吾子之言，亂之道也，不可以爲法。然吾子，主也，至敢不從？」遂入，卒事。歸以語范文子，文子曰：「無禮，必食言，吾死無日矣夫！」冬，楚公子罷如晉，聘且涖盟。十二月，晉侯及楚公子罷盟于赤棘。郤至聘楚且盟，以固其好。縣，鐘鼓也。擊鐘而奏樂，兩君相見之禮。至以使臣，不敢當。側言兩君戰乃相見，無用此樂。至引古者王事閒暇，乃脩私好，享有體薦，几設而不倚，爵盈而不飲，肴乾而不食，所以訓共儉。宴則折俎，相與共食，所以示慈惠。不夕，無事。扞，蔽也。宴享結好鄰國則民安，故爲扞城。詩，周南之詩。赳赳，武貌。世治尚文德，武夫唯使之在外扞難，故曰「干城」。八尺曰尋，倍尋曰常。畧，取也。世亂尚武力，公侯用武夫侵暴鄰國，以爲搏噬之用無已，故委任之，無所不至。詩云「心腹」，舉其至者。制其腹心，言制禦武夫之腹心者，使不爲害也。范文子知楚必敗盟争戰，預以爲憂。罷聘，報郤至。赤

棘，晉地。

十五年　春，會于戚，討曹成公也。戚，衛邑，直隸開州境。成公，名負芻。討其殺太子自立。詳見子臧讓國。

○夏，楚將北師，子囊曰：「新與晉盟而背之，無乃不可乎？」子反曰：「敵利則進，何盟之有？」申叔時老矣，在申，聞之曰：「子反必不免。信以守禮，禮以庇身，信、禮之亡，欲免，得乎？」楚子侵鄭，及暴隧。遂侵衛，及首止。鄭子罕侵楚，取新石。欒武子欲報楚，韓獻子曰：「無庸！使重其罪，民將叛之。無民，孰戰？」楚背盟而北。子囊，公子貞字。申叔時，楚大夫，老於申。暴隧，鄭地。子罕，公子喜字。新石，楚邑。無庸，不用報也。罪，謂背盟數戰。

十六年　春，楚子自武城，使公子成以汝陰之田求成于鄭。鄭叛晉。子駟從楚子盟于武城。夏，四月，鄭子罕伐宋。宋將鉏、樂懼敗諸汋陂。退，舍於夫渠。不儆，鄭人覆之，敗諸汋陵，獲將鉏、樂懼。宋恃勝也。衛侯伐鄭，至于鳴鴈，爲晉故也。晉侯將伐鄭，范文子曰：「若逞吾願，諸侯皆叛，晉可以逞。若唯鄭叛，晉國之憂，可立俟也。」欒武子曰：「不可以當吾世而失諸侯。必伐鄭。」乃興師。欒書將中軍，士燮佐之。郤錡將上軍，荀偃佐之。韓厥將下軍，郤至佐新軍，荀罃居守。郤犨如衛，遂如齊，皆乞師焉。欒黶來乞師，孟獻子曰：「有勝矣。」戊寅，晉師起。鄭人聞有晉師，使告于楚，姚句耳與往。楚子救鄭，司馬將中軍，令尹將左，右尹子辛將右。過申，子反入見申叔時，曰：「師其何如？」對曰：「德、刑、詳、義、禮、信，戰之器也。

德以施惠，刑以正邪，詳以事神，義以建利，禮以順時，信以守物。民生厚而德正，用利而事節，時順而物成。上下和睦，周旋不逆，求無不具，各知其極。故詩曰：『立我烝民，莫匪爾極。』是以神降之福，時無災害，民生敦厖，和同以聽，莫不盡力以從上命，致死以補其闕。此戰之所由克也。今楚內棄其民，而外絶其好，瀆齊盟而食話言，奸時以動，而疲民以逞，民不知信，進退罪也。人恤所底，其誰致死？子其勉之，吾不復見子矣！」姚句耳先歸，子駟問焉，對曰：「其行速，過險而不整。速則失志，不整，喪列。志失列喪，將何以戰？楚懼不可用也。」五月，晉師濟河，聞楚師將至，范文子欲反，曰：「我僞逃楚，可以紓憂。夫合諸侯，非吾所能也，以遺能者。我若羣臣輯睦以事君，多矣。」武子曰：「不可。」六月，晉、楚遇於鄢陵。范文子不欲戰，郤至曰：「韓之戰，惠公不振旅。箕之役，先軫不反命。邲之師，荀伯不復從。皆晉之恥也。子亦見先君之事矣。今我辟楚，又益恥也！」文子曰：「吾先君之亟戰也，有故。秦、狄、齊、楚皆彊，不盡力，子孫將弱。今三彊服矣，敵楚而已。唯聖人能內外無患。自非聖人，外寧必有內憂。盍釋楚以爲外懼乎？」甲午，晦，楚晨壓晉軍而陳，軍吏患之。范匄趨進，曰：「塞井夷竈，陳於軍中，而疏行首。晉、楚惟天所授，何患焉？」文子執戈逐之，曰：「國之存亡，天也，童子何知焉！」欒書曰：「楚師輕窕，固壘而待之，三日必退。退而擊之，必獲勝焉。」郤至曰：「楚有六間，不可失也。其二卿相惡，王卒以舊，鄭陳而不整，蠻軍而不陳，陳不違晦，在陳而囂，合

而加囂。各顧其後，莫有鬭心，舊不必良，以犯天忌，我必克之。」楚子登巢車以望晉軍，子重使太宰伯州犂侍于王後，王曰：「騁而左右，何也？」曰：「召軍吏也。」「皆聚於中軍矣。」曰：「合謀也。」「張幕矣。」曰：「虔卜於先君也。」「徹幕矣。」曰：「將發命也。」「甚囂，且塵上矣。」曰：「將塞井夷竈而爲行也。」「皆乘矣，左右執兵而下矣。」曰：「聽誓也。」「戰乎？」曰：「未可知也。」「乘而左右皆下矣。」曰：「戰禱也。」伯州犂以公卒告王。苗賁皇在晉侯之側，亦以王卒告。皆曰：「國士在，且厚，不可當也。」苗賁皇言於晉侯曰：「楚之良，在其中軍王族而已，請分良以擊其左右，而三軍萃於王卒，必大敗之。」公筮之，史曰：「吉。其卦遇復䷗，曰：『南國蹙，射其元王，中厥目。』國蹙、王傷，不敗何待？」公從之。有淖於前，乃皆左右相違於淖。步毅御晉厲公，欒鍼爲右。彭名御楚共王，潘黨爲右。石首御鄭成公，唐苟爲右。欒、范以其族夾公行。陷於淖。欒書將載晉侯，鍼曰：「書退！國有大任，焉得專之？且侵官，冒也。失官，慢也。離局，姦也。有三罪焉，不可犯也。」乃掀公以出於淖。癸巳，潘尫之黨與養由基蹲甲而射之，徹七札焉，以示王，曰：「君有二臣如此，何憂於戰？」王怒曰：「大辱國！詰朝爾射，死藝。」吕錡夢射月，中之，退入於泥。占之，曰：「姬姓，日也。異姓，月也。必楚王也。射而中之，退入於泥，亦必死矣。」及戰，射共王，中目。王召養由基，與之兩矢，使射吕錡，中項，伏弢，以一矢復命。郤至三遇楚子之卒，見楚子，必下，免冑而趨風。楚子使工尹襄問之以弓，

曰：「方事之殷也，有韎韋之跗注，君子也。識見不穀而趨，無乃傷乎？」郤至見客，免胄承命，曰：「君之外臣至從寡君之戎事，以君之靈，間蒙甲胄，不敢拜命。敢告不寧，君命之辱。爲事之故，敢肅使者。」三肅使者而退。晉韓厥從鄭伯，其御杜溷羅曰：「速從之？其御屢顧，不在馬，可及也。」韓厥曰：「不可以再辱國君。」乃止。郤至從鄭伯，其右茀翰胡曰：「諜輅之，余從之乘，而俘以下。」郤至曰：「傷國君有刑。」亦止。石首曰：「衛懿公唯不去其旗，是以敗於熒。」乃内旌於弢中。唐苟謂石首曰：「子在君側，敗者壹大，我不如子，子以君免，我請止。」乃死。楚師薄於險，叔山冉謂養由基曰：「雖君有命，爲國故，子必射。」乃射，再發，盡殪。叔山冉搏人以投，中車，折軾，晉師乃止。囚楚公子茷。欒鍼見子重之旌，請曰：「楚人謂夫旌，子重之麾也，彼其子重也。日臣之使於楚也，子重問晉國之勇，臣對曰：『好以衆整。』曰：『又何如？』臣對曰：『好以暇。』今兩國治戎，行人不使，不可謂整。臨事而食言，不可謂暇。請攝飲焉。」公許之。使行人執榼承飲，造于子重，曰：「寡君乏使，使鍼御持矛，是以不得犒從者，使某攝飲。」子重曰：「夫子嘗與吾言於楚，必是故也，不亦識乎？」受而飲之，免使者，而復鼓。旦而戰，見星未已。子反命軍吏察夷傷，補卒乘，繕甲兵，展車馬，雞鳴而食，唯命是聽。晉人患之。苗賁皇徇曰：「蒐乘、補卒，秣馬、利兵，脩陳、固列，蓐食、申禱，明日復戰！」乃逸楚囚。王聞之，召子反謀。穀陽豎獻飲於子反，子反醉而不能見。王曰：「天敗楚也夫！余不可以

待。」乃宵遁。晉入楚軍，三日穀。范文子立於戎馬之前，曰：「君幼，諸臣不佞，何以得此？君其戒之！周書曰：『惟命不于常。』有德之謂。」楚師還，及瑕，王使謂子反曰：「先大夫之覆師徒者，君不在。子無以爲過，不穀之罪也。」子反再拜稽首，曰：「君賜臣死，死且不朽。臣之卒實奔，臣之罪也。」子重使謂子反曰：「初隕師徒者，而亦聞之矣。盍圖之？」對曰：「雖微先大夫有之，大夫命側，側敢不義？側亡君師，敢忘其死？」王使止之，弗及而卒。戰之日，齊國佐、高無咎至于師，衛侯出于衛，公出于壞隤。

楚侵鄭，不服，乃賂以田。成，楚大夫。汝水之南，近鄭。子駟，鄭大夫。鄭自其君執獲歸而從晉，此復叛，故伐宋。樂懼，戴公後。將鉏，戴族。宋先勝而繼敗。汋陂、夫渠、汋陵，皆宋地。鳴鴈，鄭地，在河南睢州境。厲公以鄭叛，謀伐之，慮楚必救，故大興師，并乞師諸侯。文子以君侈臣驕，皆叛，或懼而脩德，一鄭叛不足爲警。武子以己當國而失伯爲恥，不從其言。有勝，以黶卑讓有禮也。晉師未至，鄭先告楚。句耳，鄭大夫。與往，非使也。司馬，子反。令尹，子重。子辛，公子壬夫也。過申叔時，審其必敗。器，猶用。詳，慎也。建利，得其宜也。順時，有其序也。民生厚以下，皆六器備而諸美集也。詩頌，言先王立其民，無不中正。闕，謂軍國之事有闕乏者。棄民以下，皆與六器反。奸時，謂晉無釁而楚自起兵，端非其時也。恤所厎，各憂身之所厎如何也。句耳亦見楚有敗徵。鄢陵，鄭地，今河南鄢陵縣。既遇，文子猶執前意，郤至以其先三敗爲恥，故又言聖人德盛，内外皆寧，非聖則亢逸易生，故外寧而内難旋作。壓，窄之使不得出。匄，文子子。軍屯必鑿井結竈。匄欲夷塞之，以列陳於中，而復疏其前行之首。蓋當陳前，決開營壘爲戰道也。文子不欲戰，故惡其獻謀。武子欲持，重以須其退。郤至又以六間決必克。晦，月終陰之盡，兵家所忌。〇文子之言深可味，而書與至皆不察，惜也。〇巢車，車上爲櫓。州犁，伯宗子，以三郤殺伯宗奔楚。虔，敬也。左將帥右軍右。誓，發令。禱，禱於神。公，晉

侯。賁皇，楚鬬椒子，以椒亂奔晉，食邑于苗。晉、楚各以彼國亡臣爲謀主。晉侯左右皆以州犂在楚，知晉之情，且楚兵多憚於戰，與賁皇意異，故賁皇策楚必敗。公猶決之筮。復，震下坤上，陽長之卦，陽氣起子，南行推陰，故曰南國。蹙，南國勢蹙則離受其咎。離爲諸侯，又爲目，陽氣激南，飛矢之象，故曰射其元王、中目。淖，泥也。違，避也。步毅，即郤毅。欒、范二族彊，故夾公左右，鍼在君前，故名其父。大任，謂元帥。載公爲侵官，去將而御爲失官，遠其部曲爲離局。掀，舉也。黨，尩之子。養由基，楚士。皆善射。蹲，聚也。甲一葉爲一札。一發達七札，言其能陷堅。二臣自以射誇王。辱國，賤其不尚知謀也，又言女以藝自多，當以藝死。吕錡，魏錡也。中王、身死，皆符其夢。弢，弓衣。基竟以一矢斃錡。至當戰陳見楚子，敦盡臣禮。趨風，疾也。問，遺也。殷，盛也。韎，赤色。跗注，戎服，若袴而屬於跗與袴連。間，與也。至以楚王命宜拜，介者不拜，故告不敢寧。君辱賜命，因軍事惟敢致。肅使者，肅若今撎鞍戰。韓厥已辱齊侯，故云再。諜，間也。輅，迎也。使諜爲疑兵於前，以誤鄭，而自後登其車執之。有刑陵上，不祥也。○兹見古人行師有禮，而至之戮也，尤非其辜。○熒戰，見衛文公定狄難。壹大，大崩也。苟謂首爲君御，已又能不及首，當御君以免，已止死。楚迫險，爲晉所困。命，謂死藝之命。基、冉二子俱有過人之能，故止。欒鍼請實言於子重，衆難於整，整則信使可通。臨敵閒暇，則前言自憶。今行人不使而食前言，是不整不暇。攝飲，代鍼往飲。子重榼飲器。識，記也，能記往言也。轉戰盡日，勝負未判，子反命揀兵，明日更戰。晉以爲患，出令亦如之。金創爲夷。補，補死亡。繕，治。展，閱也。蒐，索擇也。秣，穀食也。固，堅也。申，重也。逸囚，欲使之聞也。穀陽，子反内竪。三日穀，食楚粟三日也。文子以勝爲懼。瑕，楚地。王言子玉敗城濮，王不在軍，因引爲己過，實以責子反。子重又以子玉事爲正。子反言雖無故事，亦必當從命，而引義以自裁。原二卿相惡也。齊、衛、魯皆後戰期，晉獨勝楚。○子反已先晉而令爲復戰計矣，王不知，誤以醉不能謀，而遁之亟也，誠不幸焉矣。豈敗盟啓釁，固神所惡耶！ 秋，會于沙隨，謀伐鄭也。七月，公會尹武公及諸侯伐鄭。諸侯之師次于鄭西，我師次于督揚，不敢過鄭。諸侯遷于制田，知武子

佐下軍，以諸侯之師侵陳，至於鳴鹿。遂侵蔡。未反，諸侯遷于潁上。戊午，鄭子罕宵軍之，宋、齊、衛皆失軍。沙隨，宋地，今河南寧陵縣有沙隨城。督揚，鄭東地。制，今汜水縣舊有制澤。鳴鹿，陳地，今鹿邑縣。失軍，將主與軍相失。以上節，餘見列卿世嗣之變。冬，晉侯使郤至獻楚捷于周。餘見卿族廢興。

十七年　春王正月，鄭子駟侵晉虛、滑。衛北宮括救晉，侵鄭，至于高氏。夏，五月，鄭太子髡頑、侯獳爲質於楚，楚公子成、公子寅戍鄭。公會尹武公、單襄公及諸侯伐鄭，自戲童至于曲洧。六月乙酉，同盟于柯陵，尋戚之盟也。楚子重救鄭，師于首止。諸侯還。冬，諸侯伐鄭。十月庚午，圍鄭，楚公子申救鄭，師于汝上。十一月，諸侯還。虛、滑，晉二邑。侯獳，鄭大夫。高氏，河南鈞州有高氏亭。曲洧，河南洧川縣。皆鄭地。餘見卿族廢興。柯陵，鄭地。前既失軍，此復兩避楚，還。晉厲公侈，多外嬖。反自鄢陵，欲盡去羣大夫，而立其左右。胥童曰：「必先三郤。」長魚矯請無用衆，公使清沸魋助之。三郤將謀於榭，矯以戈殺駒伯、苦成叔於其位。温季曰：「逃威也。」遂趨。矯及諸其車，以戈殺之。皆尸諸朝。胥童以甲劫欒書、中行偃於朝。矯曰：「不殺二子，憂必及君。」公曰：「一朝而尸三卿，余不忍益也。」對曰：「人將忍君。」遂出奔狄。公使辭於二子。乃皆歸。公使胥童爲卿。公遊于匠麗氏，欒書、中行偃遂執公焉。左右，即胥童、長魚矯、清沸魋等，皆公外嬖。榭，講武堂。駒伯，郤錡字。苦成叔，郤犨字。温，郤至食邑，字季。至本欲禀君命而死，矯等忽以兵威暴至，故欲逃其凶威。矯度書、偃必弑君，以言不用，奔匠麗，亦嬖大夫。以上節，詳見晉卿族興廢。

十八年　春王正月，庚申，晉欒書、中行偃使程滑弒厲公，葬之于翼東門之外，以車一乘。程滑，晉大夫。書、偃不以君禮葬厲公。諸侯葬車七乘。餘見下。

襄公十三年　夏，楚子疾，告大夫曰：「不穀不德，少主社稷，生十年而喪先君。未及習師、保之教訓而應受多福，是以不德。而亡師于鄢，以辱社稷，爲大夫憂，其弘多矣。若以大夫之靈，獲保首領以没於地，唯是春秋窀穸之事，所以從先君於禰廟者，請爲『靈』若『厲』。大夫擇焉。」莫對，及五命，乃許。秋，楚共王卒，子囊謀謚，大夫曰：「君有命矣。」子囊曰：「君命以『共』，若之何毁之？赫赫楚國，而君臨之，撫有蠻夷，奄征南海，以屬諸夏，而知其過，可不謂共乎！請謚之『共』。」大夫從之。多福，謂爲君。春秋，祭祀。窀穸，墓穴也。禮，葬乃議謚，故云云。亂而不損曰靈，殺戮無辜曰厲。王欲受此惡謚，以從先君於廟。稱禰者，將代爲禰也。既過能改曰恭，故子囊以此謚王。○晉厲雖勝，竟死於弒。楚共乃得令終。見一戰之勝負，不足爲國輕重，而人君當修德於其素也。

晉悼公復伯

成公三年　夏，晉人歸楚公子穀臣與連尹襄老之尸于楚，以求知罃。於是荀首佐中軍矣，故楚人許之。王送知罃，曰：「子其怨我乎？」對曰：「二國治戎，臣不才，不勝其任，以爲俘馘。

執事不以釁鼓，使歸即戮，君之惠也。臣實不才，又誰敢怨？」王曰：「然則德我乎？」對曰：「二國圖其社稷，而求紓其民，各懲其忿，以相宥也。兩釋纍囚，以成其好。二國有好，臣不與及，其誰敢德？」王曰：「子歸，何以報我？」對曰：「臣不任受怨，君亦不任受德，無怨無德，不知所報。」王曰：「雖然，必告不穀。」對曰：「以君之靈，纍臣得歸骨於晉，寡君之以爲戮，死且不朽。若從君之惠而免之，以賜君之外臣首。首其請於寡君，而以戮於宗，亦死且不朽。若不獲命，而使嗣宗職，次及於事，而帥偏師，以修封疆。雖遇執事，其弗敢違，其竭力致死，無有二心，以盡臣禮，所以報也。」王曰：「晉未可與争。」重爲之禮而歸之。邲之戰，楚獲知罃，事見楚莊之霸。釁鼓，殺之以血塗鼓也。纍，繫也。稱於異國君曰外臣。不獲命，不許戮也。嗣祖宗之職曰宗職。違，避也。荀罃之在楚也，鄭賈人有將寘諸褚中以出，既謀之，未行，而楚人歸之。賈人如晉，荀罃善視之，如實出己。賈人曰：「吾無其功，敢有其實乎？吾小人，不可以厚誣君子。」遂適齊。褚，綿絮也。○悼公復伯，謀多由於知罃。其對楚子，與先文公之對猶一，可見英雄志略相當也。而楚皆禮焉以歸，度亦偉矣，斯能業廣而祚永乎？罃又善視賈人，自古成大功名者，必不自居於薄矣。其賈人亦賢者歟！

十八年　春王正月，晉欒書、中行偃使程滑弑厲公，使荀罃、士魴逆周子于京師而立之，生十四年矣。大夫逆于清原，周子曰：「孤始願不及此，雖及此，豈非天乎？抑人之求君，使出命也。立而不從，將安用君？二三子用我今日，否亦今日。共而從君，神之所福也。」對曰：

「羣臣之願也，敢不唯命是聽。」庚午，盟而入，館于伯子同氏。辛巳，朝于武宮。逐不臣者七人。周子有兄而無慧，不能辨菽麥，故不可立。清原，在稷山縣。傳言悼公少而有才，所以能伯。盟，與諸大夫盟也。子同氏，晉大夫家。武宮，曲沃武公之廟。七人，夷羊五之屬。二月乙酉朔，晉悼公即位于朝。始命百官，施舍、已責，逮鰥寡，振廢滯，匡乏困，救災患，禁淫慝，薄賦斂，宥罪戾，節器用，時用民，欲無犯時。使魏相、士魴、魏頡、趙武爲卿，荀家、荀會、欒黶、韓無忌爲公族大夫，使訓卿之子弟共儉孝弟。使士渥濁爲太傅，使修范武子之法。右行辛爲司空，使修士蔿之法。弁糾御戎，校正屬焉，使訓諸御知義。荀賓爲右，司士屬焉，使訓勇力之士時使。卿無共御，立軍尉以攝之。祁奚爲中軍尉，羊舌職佐之。魏絳爲司馬，張老爲候奄。鐸遏寇爲上軍尉，籍偃爲之司馬，使訓卒乘，親以聽命。程鄭爲乘馬御，六騶屬焉，使訓羣騶知禮。凡六官之長，皆民譽也。舉不失職，官不易方，爵不踰德，師不陵正，旅不偪師，民無謗言，所以復霸也。此悼公之始政，復伯之畧具見於此。施恩惠，舍勞役。已止逋責，惠及煢獨。舊德而淪廢者振起之。乏困災患者匡之、救之。禁其淫慝，薄其賦斂，宥其罪戾，節其器用，時以使民，不以私欲犯其時。相，錡之子。魴，會之子。頡，顆之子。武，朔之子。其祖父皆有勞于晉。家、會，疑林父子。黶，書之子。無忌，厥之子。渥濁，士貞子也。武子，爲景公太傅。辛將右行，因以爲氏。士蔿，獻公司空。蔿與武子皆賢，故修其法。弁糾，欒糾也。校正，主馬官。戎士尚節義，故訓以義。司士，軍右之官。勇力，皆軍右也。勇多不順命，故訓時使省。卿戎御，令軍尉攝之。奚、職，皆晉賢臣。絳，犨之子。候奄，軍中主斥候之官。訓使相親，以聽上命。程鄭，荀氏別族。乘馬御，乘車之

僕。六騶，六閑之騶。周禮，諸侯有六閑馬，乘車尚禮容，故訓六騶使知禮。六官，六卿，言長以見其餘，皆得其職守。其方稱其德，而無陵偪怨謗之嫌，所以復伯。正軍，正命卿也。師，二千五百人之帥。旅，五百人之帥。公如晉，朝嗣君也。○夏，六月，鄭伯侵宋，及曹門外，遂會楚子伐宋，取朝郟。楚子辛、鄭皇辰侵城郜，取幽丘，同伐彭城，納宋魚石、向爲人、鱗朱、向帶、魚府焉，以三百乘戍之而還。曹門，宋城名。朝郟、城郜、幽丘、彭城，皆宋邑。彭城，今爲徐州，有彭城山。子辛，公子壬夫字。魚石等五子，皆宋叛臣，前奔楚，今楚納之以偪宋。詳見宋桓族之亂。○公至自晉。晉范宣子來聘，且拜朝也。君子謂晉於是乎有禮。秋，杞桓公來朝，勞公，且問晉故。公以晉君語之，杞伯於是驟朝于晉，而請爲昏。○七月，宋老佐、華喜圍彭城。冬，十一月，楚子重救彭城，伐宋。宋華元如晉告急。韓獻子爲政，曰：「欲求得人，必先勤之，成霸安彊，自宋始矣。」晉侯師于台谷，以救宋，遇楚師於靡角之谷。楚師還。晉士魴來乞師，季文子問師數於臧武仲，對曰：「伐鄭之役，知伯實來，下軍之佐也。今彘季亦佐下軍，如伐鄭可也。事大國無失班爵，而加敬焉，禮也。」從之。十二月，孟獻子會于虛朾，謀救宋也。獻子代欒武子。勤，卹其患。靡角，宋地。楚還，畏晉彊也。彘季，士魴也。伐鄭在十七年，無乞師傳。虛朾，地闕。餘詳見桓族之亂。

襄公元年　春己亥，圍宋彭城。彭城降晉。晉人以宋五大夫在彭城者歸，寘諸瓠丘。齊人不會彭城，晉人以爲討。二月，齊太子光爲質於晉。夏，五月，晉韓厥、荀偃帥諸侯之師伐鄭，入其郛，敗其徒兵於洧上。於是東諸侯之師次于鄫，以待晉師。晉師自鄭以鄫之師侵楚焦、夷及

陳。晉侯、衛侯次于戚，以爲之援。秋，楚子辛救鄭，侵宋呂、留。鄭子然侵宋，取犬丘。（瓠丘，晉地，在今山西垣曲縣境，舊有壺丘。洧水，源出河南密縣，至新鄭縣會溱水。東諸侯，齊、魯、曹、邾、杞也。鄫，小國，今山東嶧縣。援，爲厥援也。呂、留、犬丘，皆宋地。犬丘今河南永城縣。）

二年　春，鄭師侵宋，楚令也。夏，鄭成公疾，子駟請息肩於晉，公曰：「楚君以鄭故，親集矢於其目，非異人任，寡人也。若背之，是棄力與言，其誰暱我？免寡人，唯二三子。」秋，七月庚辰，鄭伯睔卒。於是子罕當國，子駟爲政，子國爲司馬。晉師侵鄭，諸大夫欲從晉。子駟曰：「官命未改。」會于戚，謀鄭故也。孟獻子曰：「請城虎牢，以偪鄭。」知武子曰：「善。鄫之會，吾子聞崔子之言，今不來矣。滕、薛、小邾之不至，皆齊故也。寡君之憂不唯鄭。罃將復於寡君，而請於齊。得請而告，吾子之功也。若不得請，事將在齊。吾子之請，諸侯之福也。豈唯寡君賴之。」冬，復會于戚。齊崔武子及滕、薛、小邾之大夫皆會，知武子之言故也。遂城虎牢，鄭人乃成。（鄭自鄢陵以來，苦楚令煩，欲從晉避之。息肩，以負擔喻。成公言共王以吾鄭而致傷目，此宜自寡人任之，以報其德。言，盟誓之言。當國，攝君事。爲政，卿也。官，君也。言先君有成命，未之易。因復從楚，故晉會諸侯謀討之。戚，衛地。虎牢，鄭北制也，時屬晉。前獻子與齊崔杼次于鄫，杼有二晉之言，獻子以告武子。滕、薛、邾，齊之屬。欲以城事白晉君，而請齊會之，以觀齊志。若齊人應命，告諸侯會城虎牢。不得，將伐齊。虎牢巖險爲要害之區，城之足以服鄭。息戰伐，故云福。齊聞武子言，帥小國以會鄭成，如獻子謀。）○楚公子申爲右司馬，多受小國之賂，以偪子重、子辛，楚人殺

之，故書曰「楚殺其大夫公子申」。偪，奪其權勢。

三年　春，公如晉，始朝也。夏，盟于長樗。孟獻子相。公稽首，知武子曰：「天子在，而君辱稽首，寡君懼矣。」孟獻子曰：「以敝邑介在東表，密邇仇讎，寡君將君是望，敢不稽首？」公即位始朝。長樗，晉邑。相，相儀也。稽首，首至地，事天子之禮。仇讎，齊、楚也。◯晉爲鄭服故，且欲修吴好，將合諸侯，使士匄告于齊，曰：「寡君使匄，以歲之不易，不虞之不戒，寡君願與一二兄弟相見，以謀不協。請君臨之，使匄乞盟。」齊侯欲勿許，而難爲不協，乃盟於耏外。晉以楚强難制，吴爲其屬國，已漸强叛楚，故與吴修好，使之數反於其內，以分楚勢。如彭越數反梁地，爲項王害也。然晉竟以謀斃楚，非因吴力故。後事在吴通上國內。不易，多難也。虞，度戒備也。兄弟，列國之君。耏水，即時水也，見二卷。◯祁奚請老，晉侯問嗣焉。稱解狐，其讎也，將立之而卒。又問焉，對曰：「午也可。」於是羊舌職死矣，晉侯曰：「孰可以代之？」對曰：「赤也可。」於是使祁午爲中軍尉，羊舌赤佐之。君子謂祁奚於是能舉善矣。稱其讎，不爲諂。立其子，不爲比。舉其偏，不爲黨。商書曰：「無偏無黨，王道蕩蕩。」其祁奚之謂矣！解狐得舉，祁午得位，伯華得官，建一官而三物成，能舉善也。夫唯善，故能舉其類。詩云：「惟其有之，是以似之。」祁奚有焉。老，致仕也。嗣，繼其職者。午，祁奚子。赤，職子，字伯華。三物，得舉、得位、得官。詩小雅，言唯有德之人能舉似己者。傳言悼公用人之周，故能霸。◯六月，公會單頃公及諸侯。己未，同盟于雞澤。◯楚子辛爲令尹，侵欲於小國，陳成公使袁僑如會求成。晉侯使和組父告於

諸侯。秋，叔孫豹及諸侯之大夫及陳袁僑盟，陳請服也。晉侯之弟揚干亂行於曲梁，魏絳戮其僕。晉侯怒，謂羊舌赤曰：「合諸侯以爲榮也，揚干爲戮，何辱如之！必殺魏絳，無失也。」對曰：「絳無貳志，事君不辟難，有罪不逃刑，其將來辭，何辱命焉？」言終，魏絳至，授僕人書，將伏劍。士魴、張老止之。公讀其書，曰：「日君乏使，使臣斯司馬，臣聞：『師衆以順爲武，軍事有死無犯爲敬。』君合諸侯，臣敢不敬？君師不武，執事不敬，罪莫大焉。臣懼其死，以及揚干，無所逃罪。不能致訓，至於用鉞，臣之罪重，敢有不從以怒君心？請歸死於司寇。」公跣而出，曰：「寡人之言，親愛也。吾子之討，軍禮也。寡人有弟，弗能教訓，使干大命，寡人之過也。子無重寡人之過，敢以爲請。」晉侯以魏絳爲能以刑佐民矣，反役，與之禮食，使佐新軍，張老爲中軍司馬，士富爲候奄。單頃公，王卿士。晉假寵於周。雞澤，晉地，今北直隸雞澤縣有雞城。餘見吴通上國。子辛代子重。侵欲，以所欲侵害之。故陳求成於會，晉使告於諸侯而盟之。既盟，師次曲梁，在雞澤東北，今爲永平縣。行陣次，戮殺之以徇，以公弟不可戮，故戮其僕。僕人，晉侯御僕。斯，此也。絳以書自通於公，將自裁。時晉多賢臣，或紓君怒，或止絳死。絳以揚干亂行爲犯順不武，己不戮干爲避死不敬。致訓，教習有素。不從，不從刑也。司寇行刑，故歸之。跣，忽遽不暇躡履。絳死爲重過。請，請無死。羣臣旅食，欲顯絳，特設禮食。張老代絳，士富代張老。楚司馬公子何忌侵陳，陳叛故也。許靈公事楚，不會于雞澤。冬，晉知武子帥師伐許。

四年　春，楚師爲陳叛故，猶在繁陽。韓獻子患之，言於朝，曰：「文王帥殷之叛國以事

紂，唯知時也。今我易之，難哉！」三月，陳成公卒。楚人將伐陳，聞喪，乃止。陳人不聽命，臧武仲聞之，曰：「陳不服於楚，必亡。大國行禮焉，而不服，在大猶有咎，而況小乎！」夏，楚彭名侵陳，陳無禮故也。繁陽，楚地，在今河南新蔡縣南，又北直隸内黄縣有繁陽城，非是。獻子以力未能服楚，恐失陳，故以爲患。軍禮不伐喪，故以楚爲行禮。冬，楚人使頓閒陳而侵伐之，故陳人圍頓。○無終子嘉父使孟樂如晉，因魏莊子納虎豹之皮，以請和諸戎。晉侯曰：「戎狄無親而貪，不如伐之。」魏絳曰：「諸侯新服，陳新來和，將觀於我。我德則睦，否則攜貳。勞師於戎，而楚伐陳，必弗能救，是棄陳也，諸華必叛。戎，禽獸也，獲戎失華，無乃不可乎？夏訓有之曰：『有窮后羿。』」公曰：「后羿何如？」對曰：「昔有夏之方衰也，后羿自鉏遷于窮石，因夏民以代夏政，恃其射也，不修民事，而淫于原獸，棄武羅、伯因、熊髡、尨圉，而用寒浞。寒浞，伯明氏之讒子弟也，伯明后寒棄之，夷羿收之，信而使之，以爲己相。浞行媚于内，而施賂于外，愚弄其民，而虞羿于田。樹之詐慝，以取其國家，外内咸服。羿猶不悛，將歸自田，家衆殺而亨之，以食其子。其子不忍食諸，死于窮門。靡奔有鬲氏。浞因羿室，生澆及豷。恃其讒慝詐僞，而不德于民，使澆用師，滅斟灌及斟尋氏。處澆于過，處豷于戈。靡自有鬲氏，收二國之燼，以滅浞，而立少康。少康滅澆于過，后杼滅豷于戈。有窮由是遂亡，失人故也。昔周辛甲之爲太史也，命百官，官箴王闕。於虞人之箴曰：『芒芒禹迹，畫爲九州，經啓九道。民有寢、廟，獸有茂草，各有攸處，德用不擾。在帝

夷羿，冒於原獸，忘其國恤，而思其麀牡。武不可重，用不恢于夏家。獸臣司原，敢告僕夫。』虞箴如是，可不懲乎！」於是晉侯好田，故魏絳及之。公曰：「然則莫如和戎乎？」對曰：「和戎有五利焉：戎狄荐居，貴貨易土，土可賈焉，一也。邊鄙不聳，民狎其野，穡人成功，二也。戎狄事晉，四鄰振動，諸侯威懷，三也。以德綏戎，師徒不勤，甲兵不頓，四也。鑒于后羿，而用德度，遠至邇安，五也。君其圖之！」公說。使魏絳盟諸戎。修民事，田以時。無終，山戎，北直隸玉田遵化縣，其國有無終山。子，爵。嘉父，其君。孟樂，其使。夏訓，夏書。有窮，國名。羿，有窮君之號。絳方論和戎，而欲進諫，故特稱之，以發公問。禹孫太康，淫放失國，夏人立其弟仲康。仲康亦微弱，子相立，羿遂逐相而代之。鉏，羿本國，遷窮石，故號有窮。原獸，田獵也。武羅等，羿四賢臣。寒浞，寒國支庶，伯明其君，夷羿之氏。虞，樂也。窮門，窮國之門。靡，夏遺臣，依羿圖興復，羿滅而奔。羿室，其妃妾。澆、豷，浞二子。斟灌、斟尋，夏同姓二諸侯，后相所依。過、戈，二國。燼，遺民也。少康，后相子。后杼，少康子。浞因羿室，故仍稱有窮。辛甲，周武王太史。官箴，各以其官爲箴。虞人，田獵之官。九道，九州之道。思麀牡，念田獵也。重，猶數也。不恢，言雖得而不能昌大，即滅亡也。獸臣，虞人自稱，言僕人不敢斥尊也。公既心納絳言，惟問和戎之利，而絳復數有五。荐居，逐水草而居。易，輕。聳，懼。狎，習也。德度，以德爲度也。傳言晉侯從諫，并絳之功。

五年　秋，楚人討陳叛故，曰：「由令尹子辛實侵欲焉。」乃殺之。書曰：「楚殺其大夫公子壬夫。」貪也。君子謂楚共王於是不刑。詩曰：「周道挺挺，我心扃扃。講事不令，集人來定。」已則無信，而殺人以逞，不亦難乎！夏書曰：「成允成功。」詩，逸詩。挺挺，正直。扃扃，明察。講，謀也。言謀事不善，當聚致賢人以定之。夏書，禹謨。允，信也。言信成然後有成功。○竊謂伐宋、封魚石、背盟、戰鄢陵，固匪

義矣，其三殺大夫，皆以其罪，何不刑之有？傳蓋以成敗論耳。九月丙午，盟于戚，會吳，且命戍陳也。楚子囊爲令尹。范宣子曰：「我喪陳矣。楚人討貳，而立子囊，必改行而疾討陳。陳近於楚，民朝夕急，能無往乎？有陳，非吾事也。無之而後可。」冬，諸侯戍陳。子囊伐陳。十一月甲午，會于城棣，以救之。改行，改子辛所行。疾，急也。宣子知不能保陳而猶戍猶救，至其自叛乃已。城棣，陳地，在今河南封丘縣境。

七年　冬，楚子囊圍陳。會于鄬，以救之。陳人患楚，慶虎、慶寅謂楚人曰：「吾使公子黃往，而執之。」楚人從之。二慶使告陳侯于會，曰：「楚人執公子黃矣。君若不來，羣臣不忍社稷宗廟，懼有二圖。」陳侯逃歸。鄬，鄭地。二慶，陳執政大夫。黃，哀公母弟。二圖，將背君屬楚。逃，脱身潛遁也。晉自是棄陳矣。

八年　春，公如晉，朝且聽朝聘之數。晉悼復修伯業，故朝而禀其多少。夏，四月庚寅，鄭子國、子耳侵蔡，獲蔡司馬公子燮。鄭人皆喜，唯子產不順，曰：「小國無文德而有武功，禍莫大焉！楚人來討，能勿從乎？從之，晉師必至。晉、楚伐鄭，自今鄭國不四五年弗得寧矣！」子國怒之，曰：「爾何知！國有大命，而有正卿，童子言焉，將爲戮矣！」五月甲辰，會于邢丘，以命朝聘之數，使諸侯之大夫聽命。季孫宿、齊高厚、宋向戌、衛甯殖、邾大夫會之。鄭伯獻捷于會，故親聽命。大夫不書，尊晉侯也。侵蔡以媚晉。子產，子國子。不順，不順衆而皆喜也。大命，行師之命。晉重煩諸

侯，故使大夫聽命，鄭伯以獻蔡捷偶往。悼公修其先烈禮制，崇儉可遵，故人諸大夫以尊之。邢丘，在今河南懷慶府城東。冬，楚子囊伐鄭，討其侵蔡也。子駟、子國、子耳欲從楚，子孔、子蟜、子展欲待晉。子駟曰：「周詩有之曰：『俟河之清，人壽幾何？兆云詢多，職競作羅。』謀之多族，民之多違，事滋無成。民急矣，姑從楚以紓吾民。晉師至，吾又從之。敬共幣帛，以待來者，小國之道也。犧牲玉帛，待於二竟，以待彊者而庇民焉。寇不爲害，民不罷病，不亦可乎？」子展曰：「小所以事大，信也。小國無信，兵亂日至，亡無日矣。五會之信，今將背之，雖楚救我，將安用之？親我無成，鄙我是欲，不可從也。不如待晉。晉君方明，四軍無闕，八卿和睦，必不棄鄭。楚師遼遠，糧食將盡，必將速歸。何患焉？舍之聞之：杖莫如信。完守以老楚，杖信以待晉，不亦可乎？」子駟曰：「詩云：『謀夫孔多，是用不集，發言盈庭，誰敢執其咎？如匪行邁謀，是用不得于道。』請從楚，騑也受其咎。」乃及楚平，使王子伯駢告于晉，曰：「君命敝邑：『修而車賦，儆而師徒，以討亂略。』蔡人不從，敝邑之人不敢寧處，悉索敝賦，以討于蔡，獲司馬燮，獻于邢丘。今楚來討，曰：『女何故稱兵于蔡？』焚我郊保，馮陵我城郭，敝邑之衆，夫婦男女，不皇啓處，以相救也。翦焉傾覆，無所控告。民死亡者，非其父兄，即其子弟。夫人愁痛，不知所庇。民知窮困，而受盟于楚。孤也與其二三臣不能禁止，不敢不告。」知武子使行人子員對之，曰：「君有楚命，亦不使一介行李告于寡君，而即安于楚。君之所欲也，誰敢違君？寡君將帥諸侯以見于

城下，唯君圖之。」楚討鄭，如子產慮。諸大夫共議其從違，子駟言人壽促而河清遲，喻晉救難待。詩，逸詩。兆，卜。詢，謀。職，主也。言既卜且謀多，則競作羅網而無成功。族，家也。二竟，晉、楚界。上五會，謂雞澤、戚、城棣、鄬、邢丘。親我，謂晉。鄙我，謂楚。舍之，子展名。詩，小雅。子駟又言謀之者多，則是非相亂而不成。盈庭，多也。如不行而坐圖遠近，則道路無得。騑，子駟名。伯駢，鄭大夫。索，搜也。保，守。馮，駕也。翦，絶。控，引也。夫人，人人也。楚命，楚師之命。行李，行人也。晉范宣子來聘，且拜公之辱，告將用師于鄭。公享之。宣子賦摽有梅。季武子曰：「誰敢哉！今譬於草木，寡君在君，君之臭味也。歡以承命，何時之有？」武子賦角弓。賓將出，武子賦彤弓。宣子曰：「城濮之役，我先君文公獻功于衡雍，受彤弓于襄王，以爲子孫藏。匄也，先君守官之嗣也，敢不承命？」君子以爲知禮。宣子，名匄。公朝晉，故拜謝。摽有梅，詩召南。摽，落也。梅盛極則落，詩人以興女色盛則衰，衆士求之，宜及其時。宣子欲魯及時共討鄭，取其汲汲相赴。誰敢，不敢後也。臭味，言同類也。角弓，詩小雅，取其兄弟婚姻，無相遠矣。彤弓，詩小雅，天子賜有功諸侯之詩，欲晉君繼文之業，復受彤弓於王。彤弓義在晉君，匄受之爲知禮。

九年　夏，季武子如晉，報宣子之聘也。○秦景公使士雃乞師于楚，將以伐晉。楚子許之。子囊曰：「不可。當今吾不能與晉爭，晉君類能而使之，舉不失選，官不易方。其卿讓於善，其大夫不失守，其士競於教，其庶人力於農穡，商、工、皁、隸不知遷業。韓厥老矣，知罃禀焉以爲政。范匄少於中行偃而上之，使佐中軍。韓起少於欒黶，而欒黶、士魴上之，使佐上軍。魏絳多

功，以趙武爲賢，而爲之佐。君明臣忠，上讓下競，當是時也，晉不可敵，事之而後可。君其圖之。」王曰：「吾既許之矣。雖不及晉，必將出師。」秋，楚子師于武城，以爲秦援。士雃，秦大夫。類能，别其能也。方，所職也。競於教，相力以奉令也。種曰農，收曰穡。不遷，專其業也。列卿事見本事内。○悼公君臣使敵國稱服如是，預得乎攻心、心戰之義矣。子囊知不可敵，而復累師伐鄭，使鄭告絶後已，豈兩敵相持，勢不得不爾耶？然亦非爲謀之至者矣。冬，十月，諸侯伐鄭。庚午，季武子、齊崔杼、宋皇鄖從荀罃、士匄門于鄟門。衛北宫括、曹人、邾人從荀偃、韓起門于師之梁。滕人、薛人從欒黶、士魴門于北門。杞人、郳人從趙武、魏絳斬行栗。甲戌，師于氾，令於諸侯曰：「修器備，盛餱糧，歸老幼，居疾於虎牢，肆眚，圍鄭。」鄭人恐，乃行成。中行獻子曰：「遂圍之，以待楚人之救也，而與之戰。不然，無成。」知武子曰：「許之盟，而還師，以敝楚人。吾三分四軍，與諸侯之鋭，以逆來者，於我未病，楚不能矣。猶愈於戰，暴骨以逞，不可以争。大勞未艾。君子勞心，小人勞力，先王之制也。」諸侯皆不欲戰，乃許鄭成。十一月己亥，同盟于戲，鄭服也。將盟，鄭六卿，公子騑、公子發、公子嘉、公孫輒、公孫蠆、公孫舍之及其大夫、門子，皆從鄭伯。晉士莊子爲載書，曰：「自今日既盟之後，鄭國而不唯晉命是聽，而或有異志者，有如此盟。」公子騑趨進曰：「天禍鄭國，使介居二大國之間。大國不加德音，而亂以要之，使其鬼神不獲歆其禋祀，其民人不獲享其土利，夫婦辛苦墊隘，無所厎告。自今日既盟之後，鄭國而不唯有禮與彊可以庇民者是從，而敢有異志者，亦如

之！」荀偃曰：「改載書。」公孫舍之曰：「昭大神要言焉。若可改也，大國亦可叛也。」知武子謂獻子曰：「我實不德，而要人以盟，豈禮也哉！非禮，何以主盟？姑盟而退，修德息師而來，終必獲鄭，何必今日？我之不德，民將棄我，豈唯鄭？若能休和，遠人將至，何恃于鄭？」乃盟而還。晉人不得志于鄭，以諸侯復伐之。十二月癸亥，門其三門。閏月戊寅，濟于陰阪，侵鄭。次于陰口而還。子孔曰：「晉師可擊也，師老而勞，且有歸志，必大克之。」子展曰：「不可。」

晉以諸侯伐鄭，討其從楚，實見城下之言。攻鄟門，中軍也，攻梁之師，上軍也，攻北門，下軍也，斬行栗，新軍也。行栗，表道樹。既以四軍還，聚於汜。居疾，以疾病者息其中。肆眚，赦過也。獻子、荀偃恐楚救鄭，鄭復屬之，故欲與戰。武子謀分四軍爲三部，與列國精鋭以逆楚，則晉各一動而楚三來，故將不能。若聚衆與戰，則必暴骨。艾，息也。明此時君子小人當皆有所勞，若徒以戰爭爲務，則君子無所運謀，而非勞心之義矣。〇此先儒所謂善陳者惟分兵，國内未臨敵，分布而以陳名者，蓋以兵家屯行營陳，皆始於分數。分數既明，部伍有制，而後可守可戰。均其勞逸，相其勇怯，番休進退，循環無窮，三軍之衆可使，必受敵而無敗。此陳法也，屯、行一耳。故俱謂之陳焉。〇門子，卿之嫡子。如此盟，如違盟之罰。亂要，以兵亂之力彊要使服。墊隘，湫苦也。偃以子駟所言亦載於策，故欲改之。罃服鄭之謀已定，不賴于盟，故遂用兩載書。三門，鄟門、師之梁、北門也。陰口，鄭地。子孔欲擊晉，子展以晉彊，不可重怒。

楚子伐鄭，子駟將及楚平，子孔、子蟜曰：「與大國盟，口血未乾而背之，可乎？」子駟、子展曰：「吾盟固云：『唯彊是從。』今楚師至，晉不我救，則楚彊矣。盟誓之言，豈敢背之？且要盟無質，神弗臨也，所臨唯信。信者，言之瑞也，善之主也，

是故臨之。明神不蠲要盟，背之可也。」乃及楚平。公子罷戎入盟，同盟于中分。楚莊夫人卒，王未能定鄭而歸。楚復爭鄭，鄭速從之。質，實也。瑞，猶祥也。蠲，潔也。不以要盟爲潔。罷戎，楚大夫。中分，鄭城中里名。夫人，共王母。晉侯歸，謀所以息民。魏絳請施舍，輸積聚以貸。自公以下苟有積者，盡出之。國無滯積，亦無困人，公無禁利，亦無貪民。祈以幣更，賓以特牲，器用不作，車服從給。行之期年，國乃有節。三駕而楚不能與爭。悼公以用民太勞，思休息之。施舍，解見前。輸，以車運於所貸之地。惟無積故無困，惟無禁故無貪。以幣更，不用牲也。特牲，一牲也。不作，仍舊也。從給，纔足也。有節，上下有度。三駕，三出師。○悼公於紛爭時而以息民爲謀，其慮遠矣，而績隨用成效則邇焉。後之剥民以供軍者，敗亦不旋踵，可不鑒哉？

十年 夏，四月戊午，會于柤。晉荀偃、士匄請伐偪陽，而封宋向戌焉。荀罃曰：「城小而固，勝之不武，弗勝爲笑。」固請。丙寅，圍之，弗克。孟氏之臣秦堇父輦重如役。偪陽人啓門，諸侯之士門焉。縣門發，郰人紇抉之，以出門者。狄虒彌建大車之輪，而蒙之以甲，以爲櫓。左執之，右拔戟，以成一隊。孟獻子曰：「詩所謂『有力如虎』者也。」主人縣布，堇父登之，及堞而絶之。隊，則又縣之。蘇而復上者三，主人辭焉，乃退。帶其斷以徇於軍三日。諸侯之師久於偪陽，荀偃、士匄請於荀罃曰：「水潦將降，懼不能歸，請班師。」知伯怒，投之以机，出於其間，曰：「女成二事，而後告余。余恐亂命，以不女違。女既勤君而興諸侯，牽帥老夫，以至於此。既無武守，而又欲易余罪，曰：『是實班師，不然，克矣。』余羸老也，可重任乎？七日不克，必

爾乎取之！」五月庚寅，荀偃、士匄帥卒攻偪陽，親受矢、石。甲午，滅之。書曰「遂滅偪陽」，言自會也。以與向戌。向戌辭曰：「君若猶辱鎮撫宋國，而以偪陽光啓寡君，羣臣安矣，其何貺如之！若專賜臣，是臣興諸侯以自封也，其何罪大焉！敢以死請。」乃予宋公。宋公享晉侯於楚丘，請以桑林。荀罃辭。荀偃、士匄曰：「諸侯宋、魯，於是觀禮。魯有禘樂，賓祭用之。宋以桑林享君，不亦可乎？」舞，師題以旌夏。晉侯懼，而退入于房。去旌，卒享而還。及著雍，疾。卜，桑林見。荀偃、士匄欲奔請禱焉，荀罃不可，曰：「我辭禮矣，彼則以之。猶有鬼神，於彼加之。」晉侯有間，以偪陽子歸，獻于武宮，謂之夷俘。偪陽，妘姓也。使周內史選其族嗣，納諸霍人，禮也。師歸，孟獻子以秦堇父爲右。生秦丕茲，事仲尼。

相，楚地。偪陽，近宋小國，今山東嶧縣有偪陽城。匄、偃以宋事晉恭，而向戌有賢行，故欲取而封之爲附庸。罃預知其難克，固請方許。堇父，獻子家臣，步挽重車以從師。啓，開也。門焉，攻其門。發，下也，下縣門，以閉門者於內。紇多力，抉舉以出之。紇，郰邑大夫，仲尼父叔梁紇也。狄虒彌，魯人。蒙，覆也。櫓，大楯。百人爲隊，彌以一人當之。詩，邶風。偪陽人縣布以試外之勇者，堇父以登，將至堞，絕之，使墜，如此者三。主人嘉其勇，乃辭謝。帶斷布徇以示勇。偃、匄以役久，入夏有水潦。水潦，久雨也。班，還也。知伯，荀罃也。間，偃、匄之間。二事，滅偪陽、封戌。既成，復改之爲亂命。武守，武勇能執守。易余罪，謂偃、匄將駕言如下所云，己不任受此責，當取爾以謝不克之罪。桑林，殷天子樂，湯時大旱，以身禱於桑林而雨，故以名。宋，殷後。魯以周公故，皆用天子禮樂。觀禮，其禮可觀也。禘，王祭。其樂如之，享賓亦用，故以桑林享爲可。師，樂師。旌夏，大旌題識也，以大旌表識其行列。晉侯忽見非常，偶懼而疾。見，祟見。於卜兆間疾差。諱俘中國，故謂之夷。霍，晉邑，今山西趙城縣。內史，掌爵禄廢置。使選偪陽

宗族賢者，令居霍，奉妘姓之祀，善不滅姓，故曰禮。使周史者，示有王命。堇父、紇以力相尚，其二子以德相高。〇六月，楚子囊、鄭子耳伐宋，師于訾毋。庚午，圍宋，門于桐門。訾毋，宋地。桐門，宋城門。衛侯救宋，師于襄牛。鄭子展曰：「必伐衛。不然，是不與楚也。得罪于晉，又得罪於楚，國將若之何？」子駟曰：「國病矣。」子展曰：「得罪於二大國，必亡。病，不猶愈於亡乎？」諸大夫皆以爲然，故鄭皇耳帥師侵衛，楚令也。孫文子卜追之，獻兆於定姜，姜氏問繇，曰：「兆如山陵，有夫出征，而喪其雄。」姜氏曰：「征者喪雄，禦寇之利也。大夫圖之！」衛人追之，孫蒯獲鄭皇耳於犬丘。秋，七月，楚子囊、鄭子耳侵我西鄙。還，圍蕭。八月丙寅，克之。九月，子耳侵宋北鄙。襄牛，宋地。楚伐宋，報晉伐鄭也。衛救宋以與晉，而鄭又伐衛以與楚。皇耳，鄭大夫。繇，兆辭。蒯，衛臣。蕭，宋邑。餘見鄭西宮之亂。諸侯伐鄭。齊崔杼使太子光先至于師，故長於滕。己酉，師于牛首。冬，諸侯之師城虎牢而戍之，晉師城梧及制，士魴、魏絳戍之。書曰「戍鄭虎牢」，非鄭地也，言將歸焉。鄭及晉平。楚子囊救鄭。十一月，諸侯之師還鄭而南，至於陽陵。楚師不退。知武子欲退，曰：「今我逃楚，楚必驕。驕則可與戰矣。」欒黶曰：「逃楚，晉之恥也。合諸侯以益恥，不如死。我將獨進。」師遂進。己亥，與楚師夾潁而軍。子蟜曰：「諸侯既有成行，必不戰矣。從之將退，不從亦退。退，楚必圍我，猶將退也。不如從楚，亦以退之。」宵涉潁，與楚人盟。欒黶欲伐鄭師，荀罃不可，曰：「我實不能禦楚，又不能庇鄭，鄭何罪？不如致怨焉而還。今伐其師，楚必救之，戰而不

克，爲諸侯笑。克不可命，不如還也。」丁未，諸侯之師還，侵鄭北鄙而歸。楚人亦還。此三駕之一。太子宜賓以上卿。晉悼以一時之宜，令上滕侯，故傳釋之。牛首，鄭地。梧、制，鄭舊邑。城之以逼鄭。二年，晉城虎牢而居之，今鄭復叛，故修其城而置戍。鄭服則欲以還鄭，故夫子追書，繫之于鄭，以見晉志。還，遶也。陽陵，鄭地，潁水流其南。子蟜權其利害，以從楚，亦以退諸侯而免楚之圍。胥涉，欲速也。致怨，爲後伐之資。命，猶必也。

十一年　春，鄭人患晉、楚之故，諸大夫曰：「不從晉，國幾亡。楚弱於晉，晉不吾疾也。晉疾，楚將辟之。何爲而使晉師致死於我，楚弗敢敵，而後可固與也。」子展曰：「與宋爲惡，諸侯必至，吾從之盟。楚師至，吾又從之，則晉怒甚矣。晉能驟來，楚將不能，吾乃固與晉。」大夫説之，使疆埸之司惡於宋。宋向戌侵鄭，大獲。子展曰：「師而伐宋可矣。若我伐宋，諸侯之伐我必疾，吾乃聽命焉。且告于楚，楚師至，吾又與之盟，而重賂晉師，乃免矣。」夏，鄭子展侵宋。四月，諸侯伐鄭。己亥，齊太子光、宋向戌先至于鄭，門于東門。其莫，晉荀罃至于西郊，東侵舊許。衛孫林父侵其北鄙。六月，諸侯會于北林，師于向。右還，次于瑣。圍鄭，觀兵于南門。西濟于濟隧。鄭人懼，乃行成。秋，七月，同盟于亳。范宣子曰：「不慎，必失諸侯。諸侯道敝而無成，能無貳乎？」乃盟。載書曰：「凡我同盟，毋蘊年，毋壅利，毋保姦，毋留慝，救災患，恤禍亂，同好惡，獎王室。或間兹命，司慎、司盟，名山、名川，羣神、羣祀，先王、先公，七姓十二國之祖，明神殛之，俾失其民，隊命亡氏，踣其國家。」楚子囊乞旅于秦，秦右大夫詹帥師從楚

子，將以伐鄭。鄭伯逆之。丙子，伐宋。九月，諸侯悉師以復伐鄭。鄭人使良霄、太宰石㚖如楚，告將服于晉，曰：「孤以社稷之故，不能懷君。君若能以玉帛綏晉，不然，則武震以攝威之，孤之願也。」楚人執之。書曰「行人」，言使人也。諸侯之師觀兵于鄭東門。鄭人使王子伯駢行成。甲戌，晉趙武入盟鄭伯。冬，十月丁亥，鄭子展出盟晉侯。十二月戊寅，會于蕭魚。庚辰，赦鄭囚，皆禮而歸之。納斥候，禁侵掠。晉侯使叔肸告于諸侯。公使臧孫紇對曰：「凡我同盟，小國有罪，大國致討。苟有以藉手，鮮不赦宥。寡君聞命矣。」鄭人賂晉侯以師悝、師觸、師蠲，廣車、軘車淳十五乘，甲兵備，凡兵車百乘，歌鐘二肆，及其鎛、磬，女樂二八。晉侯以樂之半賜魏絳，曰：「子教寡人和諸戎狄以正諸華，八年之中，九合諸侯。如樂之和，無所不諧。請與子樂之。」辭曰：「夫和戎狄，國之福也。八年之中，九合諸侯，諸侯無慝，君之靈也。二三子之勞也，臣何力之有焉？抑臣願君安其樂，而思其終也。詩曰：『樂旨①君子，殿天子之邦。樂旨君子，福禄攸同。便蕃左右，亦是帥從。』夫樂以安德，義以處之，禮以行之，信以守之，仁以厲之，而後可以殿邦國、同福禄、來遠人，所謂樂也。書曰：『居安思危。』思則有備，有備無患。敢以此規。」公曰：「子之教，敢不承命。抑微子，寡人無以待戎，不能濟河。夫賞，國之典也，

① 樂旨，詩、左傳皆作「樂只」。

藏在盟府，不可廢也。子其受之！」魏絳於是乎始有金石之樂，禮也。鄭自侵蔡以來，晉、楚兵無寧期，故國人以爲患。知晉强楚弱，思從晉以息之。子展欲激晉怒，使楚避晉。以晉素厚宋，乃謀伐宋以挑之，而復從楚以重其怒。故侵宋，而晉以諸侯伐鄭，是爲三駕之再。分兵攻圍侵掠，鄭懼而行成。以盟舊許，許之舊國，鄭新邑。向，今河南尉氏縣向城。瑣，河南中牟縣舊有瑣候亭。濟隧，水名。亳，鄭地。有三亳，此偃師縣西亳也。慎，敬威儀，謹辭令。藴年，藴積年穀而不分災。壅，壅山川之利。保姦，藏罪人。慝，爲民惡者。二司、山川，皆其神也。羣祀，在祀典者。先王，諸侯太祖。先公，諸侯始封君。七姓，晉、魯、衛、鄭、曹、滕姬姓，邾、小邾曹姓，宋子姓，齊姜姓，莒己姓，杞姒姓，薛任姓。十三國，誤言十二國。踣，斃也。諸侯歸，楚子復并將秦師争鄭。鄭方受盟，遂逆楚伐宋，復用子展之謀也。諸侯果復悉師以伐，於是使告絶于楚，行成于晉，是爲三駕之三。晉一歲再出，楚果不能。古者交兵，使在其間，所以通命示整，或執或殺，皆以爲譏。蕭魚，鄭地。晉知鄭服以誠，故即示以休兵，永孚於好，告諸侯使皆知之。肸叔，向名。悝、觸、蠲，皆樂師名。廣、軘，皆兵車名。淳，耦也，相耦凡十五乘，其中甲兵皆備。總計他車及廣、軘共百乘。肆，列也。懸鐘十六爲一肆。鎛、磬，皆樂器。二八，十六人。晉侯思絳功，賜鄭樂之半。絳讓功，而尤致規諫之忠。詩小雅，言諸侯有樂美之德，可以鎮撫天下之邦畿。便蕃，數也，言遠人來服之衆也。安，和其心。處，制其事。行，施其教。守，守其行。厲，厚其俗。言五德皆備，乃爲樂，非但金石也。濟河，渡河而南伐鄭。蓋戎不和，則有反顧之憂。盟府，司盟之府，有賞功之制。傳謂禮：大夫有功，則賜樂。〇君子欲人之我附而徼之也亟，則人重而我輕，其附之也必不堅。晉惟徘徊舒徐，而不汲汲於鄭之服至，其以計速之，使驟而附焉，故既服而不復貳也歟！魏莊子諸臣釐謀數年，功成受賞，君臣同樂，誠千載一時矣。而尤以保終爲規，慮何遠乎！知武子以元帥運畫分兵敝楚圖，以德懷功，豈出絳下哉？而樂不及焉，何也？

十二年夏，晉士魴來聘，且拜師。謝伐鄭之師。冬，楚子囊、秦庶長無地伐宋，師于楊梁，以

報晉之取鄭也。楊梁，宋地，在今河南睢州境。公如晉，朝且拜士魴之辱禮也。

十三年　春，公至自晉，孟獻子書勞于廟，禮也。○夏，荀罃、士魴卒。晉侯蒐于緜上以治兵，使士匄將中軍，辭曰：「伯游長。昔臣習於知伯，是以佐之，非能賢也。請從伯游。」荀偃將中軍，士匄佐之。使韓起將上軍，辭以趙武。又使欒黶，辭曰：「臣不如韓起，韓起願上趙武，君其聽之。」使趙武將上軍，韓起佐之。欒黶將下軍，魏絳佐之。新軍無帥，晉侯難其人，使其什吏率其卒乘官屬，以從於下軍，禮也。晉國之民，是以大和，諸侯遂睦。君子曰：「讓，禮之主也。范宣子讓，其下皆讓。欒黶爲汰，弗敢違也。晉國以平，數世賴之。刑善也夫！一人刑善，百姓休和，可不務乎！書曰：『一人有慶，兆民賴之，其寧惟永。』其是之謂乎！周之興也，其詩曰：『儀刑文王，萬邦作孚。』言刑善也。及其衰也，其詩曰：『大夫不均，我從事獨賢。』言不讓也。世之治也，君子尚能而讓其下，小人農力以事其上，是以上下有禮，而讒慝黜遠，由不争也，謂之懿德。及其亂也，君子稱其功以加小人，小人伐其技以馮君子，是以上下無禮，亂虐並生，由争善也，謂之昏德。國家之敝，恒必由之。」緜上，在今山西介休縣。將命軍帥，必蒐而命之，以與衆共。士匄讓荀偃，超一等將中軍。韓起、欒黶讓趙武，超四等將上軍。絳超一等佐下軍。匄、起、黶位如故。伯游，荀偃字。禮，得慎舉之禮。刑，法也。周書呂刑，義取上有好善之慶，則下賴其福。詩大雅，言文王善用其法，故爲萬邦所信。又詩小雅，刺幽王役使不均，故從事者怨恨。稱己之勞，以爲獨賢，無讓心。傳因晉事而極言讓與不讓之大致以示鑒，其原蓋自悼

公矣。○冬，鄭良霄、太宰石㚟猶在楚。石㚟言於子囊曰：「先王卜征五年，而歲習其祥，祥習則行。不習，則增修德而改卜。今楚實不競，行人何罪？止鄭一卿，以除其偪，使睦而疾楚，以固於晉，焉用之？使歸而廢其使，怨其君以疾其大夫，而相牽引也，不猶愈乎？」楚人歸之。前楚執鄭二使，猶未歸，以㚟言而遣。卜征，謂先征。五年而卜其吉凶。征，謂征伐巡守。祥習，謂五卜皆同。一卿，謂良霄也。位不偪則大臣睦，而共怨楚，以事晉。使楚執良霄而固事晉，是鄭使良霄之意。今歸之，使相疾，是廢其使也。

十四年　春，會于向。○執莒公子務婁，以其通楚使也。將執戎子駒支，范宣子親數諸朝，曰：「來！姜戎氏！昔秦人迫逐乃祖吾離于瓜州，乃祖吾離被苫蓋、蒙荊棘以來歸我先君，我先君惠公有不腆之田，與女剖分而食之。今諸侯之事我寡君不如昔者，蓋言語漏洩，則職女之由。詰朝之事，爾無與焉。與，將執女。」對曰：「昔秦人負恃其衆，貪于土地，逐我諸戎。惠公蠲其大德，謂我諸戎，是四嶽之裔胄也，毋是翦棄。賜我南鄙之田，狐狸所居，豺狼所嗥。我諸戎除翦其荊棘，驅其狐狸、豺狼，以爲先君不侵不叛之臣，至于今不貳。昔文公與秦伐鄭，秦人竊與鄭盟，而舍戍焉。於是乎有殽之師。晉禦其上，戎亢其下，秦師不復，我諸戎實然。譬如捕鹿，晉人角之，諸戎掎①之，與晉踣之，戎何以不免？自是以來，晉之百役，與我諸戎相繼于

① 掎，原作犄，據下文小注及左傳原文改。

時，以從執政，猶殽志也，豈敢離逷？今官之師旅無乃實有所闕，以攜諸侯，而罪我諸戎！我諸戎飲食衣服不與華同，贄幣不通，言語不達，何惡之能爲？不與於會，亦無瞢焉。」賦青蠅而退。宣子辭焉，使即事於會，成愷悌也。於是子叔齊子爲季武子介以會，自是晉人輕魯幣而益敬其使。駒支，戎子名。朝，行在所設也。吾離，戎先祖名。瓜州，今甘肅地。苫蓋、荆棘，言所歷之艱阻，見其以窮歸也。被、披同，蓋苫之别名。蠲，明也。四嶽，堯時方伯，姜姓。裔，遠。胄，后也。侵，内侵。叛，外叛。亢，當也。角，罥其首。掎，牽其足。踣，僵也。猶殽志，如殽時，無二志也。逷，遠。瞢，悶也。青蠅，詩小雅，取其愷悌君子，無信讒言。齊，叔老謚。魯敬事伯國，使二卿與會，故晉亦報之以禮。

十五年　冬，晉悼公卒。鄭公孫夏如晉奔喪。子蟜送葬。夏，子西。子蟜，公孫蠆。言諸侯畏晉，故卿共葬。○悼公之賢，于時邈焉無匹矣。惜不永年，遂謚悼焉。考之謚法，中年夭折曰悼，謂年不稱志也。公知人類，使内讓外寧，績既偉矣，謚之睿、武，夫豈過乎！

春秋左傳屬事卷五

伯

晉平公楚康王争伯

襄公十四年　冬，會于戚。范宣子假羽毛於齊，而弗歸。齊人始貳。析羽爲旌，王者遊車之所建。齊私有之，因謂之羽毛。宣子借觀而匿之，遂貳。

十五年　夏，齊侯圍成，貳於晉故也。於是乎城成郛。成，魯孟氏邑，今山東寧陽縣有成城。當齊衝，故城其郛以備之。

十六年　春，葬晉悼公。平公即位，羊舌肸爲傅，張君臣爲中軍司馬，祁奚、韓襄、欒盈、士鞅爲公族大夫，虞丘書爲乘馬御。改服，脩官，烝于曲沃。警守而下，會于溴梁。命歸侵田。〇

晉侯與諸侯宴于温，使諸大夫舞，曰：「歌詩必類。」齊高厚之詩不類。荀偃怒，且曰：「諸侯有異志矣。」使諸大夫盟高厚，高厚逃歸。於是叔孫豹、晉荀偃、宋向戌、衛甯殖、鄭公孫蠆、小邾之大夫盟，曰：「同討不庭。」許男請遷于晉。諸侯遂遷許，許大夫不可，晉人歸諸侯。鄭子蟜聞將伐許，遂相鄭伯以從諸侯之師。穆叔從公。齊子帥師會晉荀偃，書曰「會鄭伯」，爲夷故也。夏，六月，次于棫林。庚寅，伐許，次于函氏。晉荀偃、欒黶帥師伐楚，以報宋楊梁之役。楚公子格帥師及晉師戰于湛阪，楚師敗績，晉師遂侵方城之外，復伐許而還。平公，悼公子，名彪。肸，叔向名。君臣，張老子，代其父。祁奚，前中軍尉。韓襄，無忌子。盈，黶之子。鞅，匄之子。虞丘書代程鄭。既葬，改喪服，脩官職。曲沃，武公始封邑，祖廟在焉。烝，冬祭。順流曰下。溴，水名。梁，隄也。爾雅：「梁莫大於溴梁。」在今河南濟源縣境。諸侯相侵之田，皆命各歸之。餘詳見魯與邾莒之怨。○時葬悼公已太速，又即吉烝，皆非禮。○必類，必使從其義類。高厚，齊大夫。齊有二心，故不類。齊大國，小國必有從者，故盟之，果逃。許叛楚，故請遷，既不可，故以師討之。鄭與許有夙怨，故獨君行，則君臣分別於鄭伯，宜有以尊異之。而其時唯以伯國爲重，鄭伯乃夷諸大夫，故齊子本會荀偃，而經特以會鄭伯爲文，序於伯臣之上，不使夷之於大夫。諸侯師次於許，晉師獨進伐楚，敗其師，侵其境。湛，水。阪，陂也。水源出河南汝州馬泡泉，經葉縣入汝水。穆叔，名豹。齊子，名叔老。棫林、函氏，皆許地。楊梁役，見上卷。

秋，齊侯圍成，孟孺子速徼之。齊侯曰：「是好勇，去之以爲之名。」速遂塞海陘而還。冬，穆叔如晉聘，且言齊故。晉人曰：「以寡君之未禘祀，與民之未息，不然，不敢忘。」穆叔曰：「以齊人之朝夕釋憾於敝邑之地，是以大請。敝

邑之急，朝不及夕，引領西望曰：『庶幾乎！』比執事之閒，恐無及也。」見中行獻子，賦圻父。獻子曰：「偃知罪矣！敢不從執事，以同恤社稷，而使魯及此！」見范宣子，賦鴻鴈之卒章。宣子曰：「匄在此，敢使魯無鳩乎！」齊既逃盟，復圍成。孟孺子，獻子之子，名速。海陘，魯隘道。言齊故，欲晉救也。禘，王祭，晉僭之。民未息，以新伐許、楚也。庶幾，望之也。獻子，偃謚。圻父，詩小雅，周司馬掌封畿之兵甲，故謂之圻父。詩人責圻父爲王爪牙，不脩其職，使百姓困苦，無所止居。宣子，匄謚。鴻鴈，詩小雅，卒章曰：「鴻鴈于飛，哀鳴嗸嗸。唯此哲人，謂我劬勞。」言魯憂困嗸嗸然，如鴻鴈之失所。鳩，集也。

十七年　春，宋莊朝伐陳，獲司徒卬，卑宋也。莊朝，宋微者。卬，陳大夫。卑宋故不設備。○齊人以其未得志於我故。秋，齊侯伐我北鄙，圍桃，高厚圍臧紇于防。師自陽關逆臧孫，至于旅松。郰叔紇、臧疇、臧賈帥甲三百，宵犯齊師，送之而復。齊師去之。齊人獲臧堅，齊侯使夙沙衛唁之，且曰：「無死。」堅稽首曰：「拜命之辱。抑君賜不終，姑又使其刑臣禮於士。」以杙抉其傷而死。冬，邾人伐我南鄙，爲齊故也。桃，魯邑，今山東泗水縣有桃城。齊既圍之，復使圍紇。防，紇食邑。魯遣師逆紇，畏齊不敢至。叔梁紇與臧孫之昆弟疇賈先在防，故夜送紇於師，復還守防。齊失紇，去，唯獲紇之族名堅者，愛其勇，故使衛唁，欲生之。堅以衛奄人，使唁爲辱己，而自殺。陽關、旅松，皆近防地。杙，橛也。齊三伐魯不勝，故邾助之。○晉、楚爭衡而秦、齊時倔彊其間，爲晉伯梗。秦在西陲，晉蔽之，害不及諸國。齊居山東，一與晉異，即及魯、衛而邾、莒助之，爲魯害也尤。士匄乃以微物啓貳，罪可勝道哉！

十八年　秋，齊侯伐我北鄙。中行獻子將伐齊，夢與厲公訟，弗勝，公以戈擊之，首隊於前，

跪而戴之，奉之以走，見梗陽之巫皋。他日見諸道，與之言，同。巫曰：「今兹主必死。若有事於東方，則可以逞。」獻子許諾。晉侯伐齊，將濟河，獻子以朱絲係玉二穀，而禱曰：「齊環怙恃其險，負其衆庶，棄好背盟，陵虐神主。曾臣彪將率諸侯以討焉，其官臣偃實先後之。苟捷有功，無作神羞，官臣偃無敢復濟，唯爾有神裁之。」沉玉而濟。冬，十月，會于魯濟，尋溴梁之言，同伐齊。齊侯禦諸平陰，塹防門而守之，廣里。夙沙衛曰：「不能戰，莫如守險。」弗聽。諸侯之士門焉，齊人多死。范宣子告析文子曰：「吾知子，敢匿情乎？魯人、莒人皆請以車千乘，自其鄉入，既許之矣。若入，君必失國，子盍圖之？」子家以告公，公恐。晏嬰聞之，曰：「君固無勇，而又聞是，弗能久矣。」齊侯登巫山，以望晉師，晉人使司馬斥山澤之險，雖所不至，必旆而疏陳之。使乘車者左實右僞，以旆先，輿曳柴而從之。齊侯見之，畏其衆也，乃脱歸。丙寅晦，齊師夜遁。師曠告晉侯曰：「鳥烏之聲樂，齊師其遁。」邢伯告中行伯，曰：「有班馬之聲，齊師其遁。」叔向告晉侯曰：「城上有烏，齊師其遁。」十一月丁卯朔，入平陰，遂從齊師。夙沙衛連大車以塞隧而殿。殖綽、郭最曰：「子殿國師，齊之辱也。子姑先乎！」乃代之殿。衛殺馬於隘以塞道，晉州綽及之，射殖綽，中肩，兩矢夾脰，曰：「止，將爲三軍獲。不止，將取其衷。」顧曰：「爲私誓。」州綽曰：「有如日！」乃弛弓而自後縛之。其右具丙亦舍兵而縛郭最，皆衿甲面縛，坐于中軍之鼓下。晉人欲逐歸者，魯、衛請攻險。己卯，荀偃、士匄以中軍克京兹。乙

西，魏絳、欒盈以下軍克邿。趙武、韓起以上軍圍盧，弗克。十二月戊戌，及秦周，伐雍門之萩。范鞅門于雍門，其御追喜以戈殺犬于門中。孟莊子斬其楢以爲公琴。己亥，焚雍門及西郭、南郭。劉難、士弱率諸侯之師焚申池之竹木。壬寅，焚東郭、北郭。范鞅門于揚門，州綽門于東閭，左驂迫，還於門中，以枚數闔。齊侯駕，將走郵棠。太子與郭榮扣馬，曰：「師速而疾，略也。將退矣，君何懼焉？且社稷之主，不可以輕，輕則失衆，君必待之！」將犯之。太子抽劍斷鞅，乃止。甲辰，東侵及濰，南及沂。

獻子將爲魯伐齊，前弒厲公，故夢與訟。梗陽，晉邑。皐，巫名。今山西清源縣南有梗陽城。穆子見巫之所夢中見巫，巫又與同夢，知其必死，故迎其意，勸之致死伐齊，因濟河而南。雙玉曰瑴。環，齊侯名。民，神之主，謂數伐魯殘民。禮：諸侯視四岳，不得稱臣，此更稱曾臣，蓋非禮以曲媚神耳。曾，重也。前盟湨梁云「同討不庭」，故此伐齊爲尋其言。平陰，齊邑，今山東平陰縣。其城有防門，齊作塹於此拒晉。横廣，一里。衛謂非險，不足守。析文子，齊大夫，字子家。宣子既諭言於析以恐齊，而又多爲疑兵以示衆。斥，開也。開其險以疏建旌旗，又僞以衣服爲人形，建旆以先驅，曳柴揚塵。齊侯遽歸師，繼遁，其營空，鳥得之而樂，馬以班別而鳴，鳥亦止城上。諸師既入其城，復乘勝追之。隧，路之深隘者。二子以衛奄人殿師爲辱國，代之，衛恨二子，故以馬塞其道，使晉得之。今山東長清縣有隔馬山，因此以名。脰，頸也。取衷，復射兩矢之中。有如日，言必不殺，明如日。具丙，右之名。衿甲面縛，蓋縛手於後，唯見甲之衿與其面也。晉欲長驅深入，魯、衛恐腹背受敵，請攻險，克而復進。京茲，在平陰東南。邿，今山東濟陰縣有邿城。盧，山東長清縣有盧城。皆齊邑。秦周，魯大夫。趙武及之共伐。萩，萩、楸同木也。雍門，齊城門。殺犬，示閒暇。楢，亦木也。劉難、士弱，晉大夫。揚門、東閭，皆齊城門。枚，馬檛。闔，門扇。數其枚，示無恐。郵棠，齊邑。太子名光，勇略已見於此。郭榮，齊大夫。濰水，源出山

東莒州箕屋山，達密州。沂水有二，一出尼山，西流入泗。一出沂水縣雕厓山，經縣入沂。鄭子孔欲去諸大夫，將叛晉而起楚師以去之。使告子庚，子庚弗許。楚子聞之，使揚豚尹宜告子庚曰：「國人謂不穀主社稷而不出師，死不從禮。不穀即位，於今五年，師徒不出，人其以不穀爲自逸，而忘先君之業矣。大夫圖之，其若之何？」子庚歎曰：「君王其謂午懷安乎！吾以利社稷也。」見使者，稽首而對曰：「諸侯方睦於晉，臣請嘗之。若可，君而繼之。不可，收師而退。可以無害，君亦無辱。」子庚帥師治兵于汾。於是子蟜、伯有、子張從鄭伯伐齊，子孔、子展、子西守。二子知子孔之謀，完守入保。子孔不敢會楚師。楚師伐鄭，次於魚陵。右師城上棘，遂涉潁。次于旃然。蔿子馮、公子格率鋭師侵費滑、胥靡、獻于、雍梁，右回梅山，侵鄭東北，至于蟲牢而反。子庚門于純門，信于城下而還。涉于魚齒之下，甚雨及之。楚師多凍，役徒幾盡。晉人聞有楚師，師曠曰：「不害。吾驟歌北風，又歌南風。南風不競，多死聲，楚必無功。」董叔曰：「天道多在西北。南師不時，必無功。」叔向曰：「在其君之德也。」子孔乘其君不在國，召楚兵爲亂。子庚，楚令尹，名午。揚豚邑尹名宜。死不從禮，謂生廢先業，則死當降禮。利社稷，謂審敵而保境安民，不幸一時之功也。汾，今河南襄城縣境有汾丘城。二子，展、西，完城郭，内保守。魚陵，魚齒山也，在今河南汝州東南。城上棘者，將涉潁，故於水邊權築小城，以備進退。旃然，水舊出滎入汴。胥靡、獻于、雍梁，皆鄭地。梅山，在今河南鄭州西南。再宿曰信。魚齒山下有滍水，故云涉。師曠欲審晉、楚之强弱，故歌南北風。南風微，故云不競。歌者吹音律，以味八風。歲在豕韋，月又建亥，故曰多在西北。叔向意在正君，故歸

之德。

十九年 春，諸侯還自沂上，盟于督揚，曰：「大毋侵小。」〇 晉侯先歸。公享晉六卿于蒲圃，賜之三命之服，軍尉、司馬、司空、輿尉、候奄皆受一命之服。賄荀偃束錦、加璧、乘馬，先吴壽夢之鼎。荀偃癉疽，生瘍於頭。濟河，及著雍，病，目出。大夫先歸者皆反。士匄請見，弗内。請後，曰：「鄭甥可。」二月甲寅，卒。而視，不可含。宣子盥而撫之，曰：「事吴敢不如事主。」猶視。欒懷子曰：「其爲未卒事於齊故也乎？」乃復撫之，曰：「主苟終，所不嗣事於齊者，有如河！」乃瞑，受含。宣子出，曰：「吾淺之爲丈夫也。」晉欒魴帥師從衛孫文子伐齊。季武子如晉拜師，晉侯享之。范宣子爲政，賦黍苗。季武子興，再拜稽首，曰：「小國之仰大國也，如百穀之仰膏雨焉。若常膏之，其天下輯睦，豈唯敝邑？」賦六月。季武子以所得於齊之兵作林鐘而銘魯功焉。臧武仲謂季孫曰：「非禮也。夫銘，天子令德，諸侯言時計功，大夫稱伐。今稱伐，則下等也。計功，則借人也。言時，則妨民多矣。何以爲銘？且夫大伐小，取其所得以作彝器，銘其功烈，以示子孫，昭明德而懲無禮也。今將借人之力以救其死，若之何銘之？小國幸於大國，而昭所獲焉以怒之，亡之道也。」督揚，即祝柯，舊屬山東濟南府，今闕。餘詳見魯與邾莒之怨。六卿伐齊還，魯公享而賜之，如鞌戰還之賜，唯無先路。偃爲中軍元帥，故特賄之。五匹爲束，四馬爲乘。壽夢，吴子乘也，獻鼎於魯，遂因以爲名。古之獻物必有以先，今以璧馬先鼎。癉，火邪毒，發爲疽，在頭曰瘍。著雍，晉地。匄次當代偃，故問後。鄭

甥，荀吳，其母鄭女。視，目開，不可含口噤。大夫稱主。懷子，名盈。淺，以私度之。伐齊，以嗣事也。拜謝討齊。黍苗，詩小雅，美召伯勞來諸侯，如陰雨之長禾苗，喻晉君憂勞魯，如召伯。六月，詩小雅，吉甫佐天子征伐之詩，以晉侯比吉甫，出征以匡王國。林鐘，律名，鑄鐘聲應之，因以名。令，命也，命以德，志於銘。言，言其得時。計，計其有功。伐，勞也。德功伐皆以位爲差。彝器，謂鐘鼎，宗廟之常器。夏，五月壬辰晦，齊靈公卒，莊公即位。晉士匄侵齊，及穀，聞喪而還，禮也。莊公，太子光。餘見齊崔慶之亂。穀，今山東東阿縣。禮不伐喪。冬，十一月，城西郛，懼齊也。齊及晉平，盟于大隧，故穆叔會范宣子于柯。穆叔見叔向，賦載馳之四章。叔向曰：「肸敢不承命。」穆叔歸，曰：「齊猶未也，不可以不懼。」乃城武城。魯小勝，大懼而城郛。大隧，地闕。晉與齊平，故與晉會，以觀其勢。柯，北直隸內黃縣有柯城。載馳，詩小雅，四章曰：「控于大邦，誰因誰極。」取其欲引大國，以自救助。向度齊未靖，故許救魯，因之脩備。今山東費縣有武城城。

二十年　夏，盟于澶淵，齊成故也。今北直隸開州有澶淵城。○秋，蔡公子燮欲以蔡之晉，蔡人殺之。公子履，其母弟也，故出奔楚。陳慶虎、慶寅畏公子黃之偪，愬諸楚，曰：「與蔡司馬同謀。」楚人以爲討，公子黃出奔楚。初，蔡文侯欲事晉，曰：「先君與於踐土之盟，晉不可棄，且兄弟也。」畏楚，不能行而卒。楚人使蔡無常，公子燮求從先君以利蔡，不能而死。書曰「蔡殺其大夫公子燮」，言不與民同欲也。「陳侯之弟黃出奔楚」，言非其罪也。公子黃將出奔，呼於國曰：「慶氏無道，求專陳國，暴蔑其君，而去其親，五年不滅，是無天也！」蔡久事楚，燮欲背之而事晉，

國人不欲，殺之。二慶，陳卿，畏黃侵奪其政。先君，文侯父莊侯。無常，徵發無准。〇變欲棄夷從夏，正也，遭國亂而被殺，乃以違衆罪之，非矣。〇齊子初聘于齊，禮也。齊、魯以怨絶好，今始通，繼好息民，故曰禮。

二十一年　春，公如晉拜師。

二十二年　夏，晉人徵朝于鄭，鄭人使少正公孫僑對曰：「在晉先君悼公九年，我寡君於是即位。即位八月，而我先大夫子駟從寡君以朝于執事。執事不禮於寡君，寡君懼。因是行也，我二年六月朝于楚，晉是以有戲之役。楚人猶競，而申禮於敝邑。敝邑欲從執事，而懼爲大尤，曰：『晉其謂我不共有禮。』是以不敢攜貳於楚。我四年三月，先大夫子蟜又從寡君以觀釁于楚，晉於是乎有蕭魚之役，謂我敝邑，邇在晉國，譬諸草木，吾臭味也，而何敢差池？楚亦不競，寡君盡其土實，重之以宗器，以受齊盟。遂帥羣臣隨于執事，以會歲終。貳于楚者，子侯、石盂，歸而討之。湨梁之明年，子蟜老矣，公孫夏從寡君以朝于君，見於嘗酎，與執燔焉。間二年，聞君將靖東夏，四月，又朝以聽事期。不朝之間，無歲不聘，無役不從。以大國政令之無常，國家罷病，不虞荐至，無日不惕，豈敢忘職？大國若安定之，其朝夕在庭，何辱命焉？若不恤其患，而以爲口實，其無乃不堪任命，而翦爲仇讎？敝邑是懼，其敢忘君命？委諸執事，執事實重圖之。」時鄭事晉已恭，復召之朝。徵，召也。少正，鄭卿官。僑，子產名。子蟜，名蠆。觀釁，實朝楚而飾詞也。臭味，同姓故。差池，不齊也。土實，土地所有。宗器，宗廟之器。齊盟，同盟。會歲終，朝正也。石盂，即石臭。夏，子西名。嘗，秋祭。

酎，三重醇酒。嘗而以酎薦祖考曰嘗酎。當嘗酎時，鄭伯適往，因助祭而執膰。靖東夏，爲齊平而盟澶淵，鄭先往以聽會期。荐，仍也。口實，據其不及以爲所責之詞。翦，削也。仇讎，背晉爲仇敵也。傳言子產有詞，能免大國之討。

二十三年　春，陳侯如楚，公子黄愬二慶于楚，楚人召之，使慶樂往殺之，慶氏以陳叛。夏，屈建從陳侯圍陳。陳人城，板隊而殺人。役人相命，各殺其長，遂殺慶虎、慶寅。楚人納公子黄。君子謂慶氏不義，不可肆也。故書曰：「惟命不于常。」黄前奔楚，今因陳侯往朝，愬其誣，楚爲之召二慶。二慶畏誅，使其族名樂者往。楚殺之，慶乃以國叛，治城以距君。殺其役人之以板墜地者，故衆役怨，相與殺二慶，黄歸陳。書康誥，言有義則存，無義則亡。○秋，齊侯伐衛。自衛將。遂伐晉，取朝歌，以報平陰之役。朝歌，晉邑，今北直隸濬縣有朝歌城。晉有欒氏之變，故齊乘之以報前憾。詳見齊崔慶之亂。八月，叔孫豹帥師救晉，次于雍榆，禮也。雍榆，晉邑，北直隸濬縣有雍榆城。救盟主，故曰禮。

二十四年　范宣子爲政，諸侯之幣重，鄭人病之。二月，鄭伯如晉，子產寓書於子西，以告宣子，曰：「子爲晉國，四隣諸侯不聞令德，而聞重幣。僑也惑之。僑聞君子長國家者，非無賄之患，而無令名之難。夫諸侯之賄聚於公室，則諸侯貳。若吾子賴之，則晉國貳。諸侯貳，則晉國壞。晉國貳，則子之家壞。何没没也！將焉用賄？夫令名，德之輿也。德，國家之基也。有基無壞，無亦是務乎！有德則樂，樂則能久。詩云：『樂只君子，邦家之基。』有令德也夫。『上帝臨女，無貳爾心。』有令名也夫。恕思以明德，則令名載而行之，是以遠至邇安。毋寧使人

謂子『子實生我』，而謂子『浚我以生』乎？象有齒，以焚其身，賄也。」宣子説，乃輕幣。是行也，鄭伯朝晉，爲重幣故，且請伐陳也。鄭伯稽首，宣子辭。子西相，曰：「以陳國之介恃大國，而陵虐於敝邑，寡君是以請罪焉，敢不稽首？」晉令諸侯朝聘之幣重於昔，子産以宣子能受言，故以書責之。没没，沉溺之意。輿，所以行也。詩小雅，言君子以令德而爲邦家之基。又詩大雅，言武王爲天所臨，無貳心以有令名也。恕思，以恕爲思也。恕施則人咸懷而名令德，由之行是名以載德而原於恕。浚，取之深也，與恕戾矣。焚，猶滅也。介，因也。大國，楚也。請罪，請問陳我何罪。將伐國，故稽首。○夏，齊侯既伐晉而懼，將欲見楚子。楚子使薳啓彊如齊聘，且請期。秋，齊侯聞將有晉師，使陳無宇從薳啓彊如楚，辭，且乞師。會于夷儀，將以伐齊。水，不克。冬，楚子伐鄭以救齊，門于東門，次于棘澤。諸侯還救鄭。晉侯使張骼、輔躒致楚師，求御于鄭。鄭人卜宛射犬，吉。子太叔戒之曰：「大國之人不可與也。」對曰：「無有衆寡，其上一也。」太叔曰：「不然。部婁無松柏。」二子在幄，坐射犬于外，既食，而後食之，使御廣車而行，已皆乘乘車。將及楚師，而後從之乘，皆踞轉而鼓琴。近，不告而馳之。皆取胄于橐而胄，入壘，皆下，搏人以投，收禽挾囚。弗待而出。皆超乘，抽弓而射。既免，復踞轉而鼓琴，曰：「公孫！同乘，兄弟也，胡再不謀？」對曰：「曩者志入而已，今則怯也。」皆笑曰：「公孫之亟也。」楚子自棘澤還，使薳啓彊帥師送陳無宇。期，會期。辭，辭有晉師未及會。詳見齊崔慶之亂。夷儀，時屬衛。晉會諸侯伐齊，阻水，故迴師救鄭。棘澤，鄭地。張骼、輔躒，晉大夫。致師，挑戰，欲得鄭人自御，知其地利。射犬，鄭公

孫。不可與，欲使卑下之。對言上下有常分，豈以國大小而有異。部婁，小阜。松柏，大樹。喻小難以容大。坐外、後食，皆輕之也。廣車，兵車。乘車，安車。及而從乘，踞轉鼓琴，皆示暇也。轉，舊説衣裝，恐非，愚謂軫字之訛。軫，車前後兩端横木，所以收斂所載，詩云俴收是也。犬恨輕己，故近敵逕馳，弗待先出。二子言同乘義親，何兩不相謀，犬爲之釋詞。亟，性急，不受屈也。楚既爲齊伐鄭，復使送其使臣，其交固也。○陳人復討慶氏之黨，鍼宜咎出奔楚。○齊人城郟。郟，王城也。是時穀、雒鬬，毀王城。齊叛晉，欲求媚天子，故爲城之。

二十五年　夏，崔杼弑其君。崔杼，齊臣。君，莊公光。詳見齊崔慶之亂。晉侯會于夷儀，伐齊，以報朝歌之役。齊人以莊公説，使隰鉏請成，慶封如師。男女以班。賂晉侯以宗器、樂器。自六正、五吏、三十帥、三軍之大夫、百官之正長師旅及處守者皆有賂。晉侯許之，使叔向告於諸侯。公使子服惠伯對曰：「君舍有罪，以靖小國，君之惠也。寡君聞命矣。」前取晉朝歌，故伐以報之。齊人歸曲莊公以解於晉，以班示降服。宗器，祭祀之器。樂器，鐘磬之屬。六正，六卿。五吏，文職。三十帥，武職。百官正長，羣有司也。師旅，小將，師以内外大小而差等之，皆致賂。○平公受賂不討齊罪，失德甚矣。楚欲争長，獨不能顯義，以正其失，而操主盟之柄乎？○初，陳侯會楚子伐鄭，當陳隧者，井堙木刊，鄭人怨之。六月，鄭子展、子産帥車七百乘伐陳，宵突陳城，遂入之。陳侯扶其太子偃師奔墓，遇司馬桓子，曰：「載余！」曰：「將巡城。」遇賈獲，載其母妻，下之，而授公車。公曰：「舍而母。」辭曰：「不祥。」與其妻扶其母以奔墓，亦免。子展命師無入公宫，與子産親御諸門。陳侯使司馬桓子賂以宗器。陳侯免，擁

社，使其衆男女別而纍，以待於朝。子展執縶而見，再拜稽首，承飲而進獻。子美入，數俘而出。祝祓社，司徒致民，司馬致節，司空致地，乃還。前年楚子伐鄭東門，陳、蔡、許皆從，而陳獨肆暴。鄭報之，襲入其國。隧，陘。堙，塞。刊，除也。巡城，不欲載公，托之以辭。賈獲，陳大夫。不祥，以男女無别。御，止也。免，喪服。擁社，抱社主。纍，自係待命。執縶、稽首、獻飲，皆以俘臣禮。子美，子產别字。數俘，數其所獲之俘，明無他虣掠。祓，除也。節，兵符。陳亂，故正其衆官，脩其所職，以安定之。○秋，七月己巳，同盟于重丘，齊成故也。今山東東昌府有重丘城。○八月，鄭子產獻捷于晉，戎服將事，晉人問陳之罪。對曰：「昔虞閼父爲周陶正，以服事我先王。我先王賴其利器用也，與其神明之後也，庸以元女太姬配胡公，而封諸陳，以備三恪。則我周之自出，至于今是賴。桓公之亂，蔡人欲立其出，我先君莊公奉五父而立之，蔡人殺之，我又與蔡人奉戴厲公。至於莊、宣，皆我之自立。夏氏之亂，成公播蕩，又我之自入，君所知也。今陳忘周之大德，蔑我大惠，棄我姻親，介恃楚衆，以馮陵我敝邑，不可億逞，我是以有往年之告。未獲成命，則有我東門之役。當陳隧者，井堙木刊。敝邑大懼不競而恥太姬，天誘其衷，啓敝邑心。陳知其罪，授手于我。用敢獻功。」晉人曰：「何故侵小？」對曰：「先王之命，唯罪所在，各致其辟。且昔天子之地一圻，列國一同，自是以衰。今大國多數圻矣。若無侵小，何以至焉？」晉人曰：「何故戎服？」對曰：「我先君武、莊爲平、桓卿士。城濮之役，文公布命曰：『各復舊職。』命我文公戎服輔王，以授楚捷，不敢廢王命故也。」士莊伯不能詰，復於趙文子。文

子曰：「其辭順，犯順不祥。」乃受之。冬，十月，子展相鄭伯如晉，拜陳之功。子西復伐陳，陳及鄭平。仲尼曰：「志有之：『言以足志，文以足言。』不言，誰知其志？言之無文，行而不遠。晉爲伯，鄭入陳，非文辭不爲功。慎辭哉！」捷，入陳俘獲也。子產故以發晉詰，而舉典以對，使不能屈。閼父，舜後，爲武王陶正。舜大聖，故稱神明，聖必神靈也。庸，用也。元女，武王之長女。胡公，閼父之子滿。周得天下，封夏、殷二王後，又封舜後，謂之恪，并二王後謂之三恪。其禮轉降，示敬而已，故曰恪。出，蔡之甥，桓公之子，厲公也。五父名佗，桓公弟，殺太子免，鄭莊因立之，爲蔡所殺。復與蔡同奉事厲公，與厲公子莊公、宣公。夏氏之亂，靈公之子成公奔晉，自晉因鄭而入。不可億逞，言周、鄭素施德於陳而今逞肆如此，不可億度。恥太姬，謂上辱太姬之靈。衷，中也。辟，法也。方千里曰圻，方百里曰同，衰，差降，謂七十里、五十里。武，莊，鄭二公。平、桓，周二王。士莊伯，名弱。拜功，謝晉受其功。前雖入陳，惟服之故，更伐以結成。志，古書。足，猶成也。

二十六年　夏，楚子、秦人侵吳。遂侵鄭。五月，至于城麇。印堇父與皇頡戍城麇，楚人囚之，以獻于秦。鄭人取貨于印氏以請之，子太叔爲令正，以爲請。子產曰：「不獲。受楚之功，而取貨于鄭，不可謂國。秦不其然，若曰：『拜君之勤鄭國。微君之惠，楚師其猶在敝邑之城下。』其可。」弗從，遂行。秦人不予。更幣，從子產，而後獲之。城麇，鄭邑。餘見楚平王得國。印堇、皇頡，皆鄭大夫。請，贖之歸也。令正，詞令之正。子產以太叔之辭，使秦嫌有貪名，傷國體故，不獲必爲歸功於秦之辭，使秦可以施德於鄭耳。○秋，鄭伯歸自晉，使子西如晉聘，辭曰：「寡君來煩執事，懼不免於戾，使夏謝不敏。」君子曰：「善事大國。」言自懼失敬而得罪。子西，名夏。○鄭之事晉也，過於恭，國將不勝矣，而又何善

之有？〇齊人城郟之歲，其夏，齊烏餘以廩丘奔晉，襲衛羊角，取之。遂襲我高魚。有大雨，自其竇入，介于其庫，以登其城，克而取之。又取邑于宋。於是范宣子卒，諸侯弗能治也。及趙文子爲政，乃卒治之。文子言於晉侯曰：「晉爲盟主，諸侯或相侵也，則討而使歸其地。今烏餘之邑皆討類也，而貪之，是無以爲盟主也。請歸之。」公曰：「諾。孰可使也？」對曰：「胥梁帶能無用師。」晉侯使往。城郟，前見。烏餘，齊大夫。廩丘，齊邑，今山東范縣有廩丘城，又有羊角城，舊有高魚城，衛、魯邑。竇，水竇。乘雨不閉而入，入庫而介其甲。討類，見討之類。胥梁帶，晉大夫，有權謀，故能不用師。

二十七年　春，胥梁帶使諸喪邑者具車徒以受地，必周。使烏餘具車徒以受封。烏餘以其衆出，使諸侯僞效烏餘之封者，而遂執之，盡獲之。皆取其邑，而歸諸侯。諸侯是以睦於晉。諸喪邑，齊、魯、衛、宋。周，密也。恐烏餘知而有備，乃詐使之受封而出四國，若致邑以封之者，遂執之，獲其徒衆，而各歸其邑。〈傳言趙文子賢，故平公雖失政，而諸侯猶睦。

晉楚爲成

襄公二十五年　秋，趙文子爲政，令薄諸侯之幣，而重其禮。穆叔見之。謂穆叔曰：「自今以往，兵其少弭矣。齊崔、慶新得政，將求善於諸侯。武也知楚令尹。若敬行其禮，道之以文辭，

以靖諸侯，兵可以弭。」趙武繼范宣子。幣，奉晉者。禮，晉禮之。令尹，屈建。

二十六年　秋，許靈公如楚，請伐鄭，曰：「師不興，孤不歸矣。」八月，卒于楚。楚子曰：「不伐鄭，何以求諸侯？」冬，十月，楚子伐鄭。鄭人將禦之，子産曰：「晉、楚將平，諸侯將和，楚王是故昧於一來。不如使逞而歸，乃易成也。夫小人之性，釁於勇，嗇於禍，以足其性，而求名焉者，非國家之利也。若何從之？」子展説，不禦寇。十二月乙酉，入南里，墮其城。涉於樂氏，門於師之梁。縣門發，獲九人焉。涉于氾而歸。而後葬許靈公。前晉以諸侯伐許，鄭獨以君行，故許必報之。因卒于楚，故楚必爲之伐鄭。子産知其情，故使之得氣去。昧，猶貪冒。釁，動也。嗇，貪也。言欲與楚戰者，皆釁勇貪名之人，非能爲國家忠慮。南里，鄭邑。樂氏，津名。師之梁，鄭城門。楚於氾城下涉汝水南歸，如許志而葬。

二十七年　夏，宋向戌善於趙文子，又善於令尹子木，欲弭諸侯之兵以爲名。如晉告趙孟，趙孟謀於諸大夫。韓宣子曰：「兵，民之殘也，財用之蠹，小國之大菑也。將或弭之，雖曰不可，必將許之。弗許，楚將許之，以召諸侯，則我失爲盟主矣。」晉人許之。如楚，楚亦許之。如齊，齊人難之。陳文子曰：「晉、楚許之，我焉得已？且人曰『弭兵』，而我弗許，則固攜吾民矣。將焉用之？」齊人許之。告於秦，秦亦許之。皆告於小國，爲會于宋。五月甲辰，晉趙武至於宋。丙午，鄭良霄至。六月丁未朔，宋人享趙文子，叔向爲介。司馬置折俎，禮也。仲尼使舉是禮也，以爲多文辭。戊申，叔孫豹、齊慶封、陳須無、衛石惡至。甲寅，晉荀盈從趙武至。丙

辰，邾悼公至。壬戌，楚公子黑肱先至，成言於晉。丁卯，宋向戌如陳，從子木成言於楚。戊辰，滕成公至。子木謂向戌，請晉、楚之從交相見也。庚午，向戌復於趙孟。趙孟曰：「晉、楚、齊、秦，匹也。晉之不能於齊，猶楚之不能於秦也。楚君若能使秦君辱於敝邑，寡君敢不固請於齊？」壬申，左師復言於子木，子木使馹謁諸王。王曰：「釋齊、秦，他國請相見也。」秋，七月戊寅，左師至。是夜也，趙孟及子晳盟，以齊言。庚辰，子木至自陳。陳孔奐、蔡公孫歸生至。曹、許之大夫皆至。以藩爲軍。晉、楚各處其偏。伯夙謂趙孟曰：「楚氛甚惡，懼難。」趙孟曰：「吾左還，入於宋，若我何？」辛巳，將盟於宋西門之外。楚人衷甲。伯州犁曰：「合諸侯之師，以爲不信，無乃不可乎？夫諸侯望信於楚，是以來服，若不信，是棄其所以服諸侯也。」固請釋甲。子木曰：「晉、楚無信久矣，事利而已。苟得志焉，焉用有信？」太宰退，告人曰：「令尹將死矣，不及三年。求逞志而棄信，志將逞乎？志以發言，言以出信，信以立志，參以定之。信亡，何以及三？」趙孟患楚衷甲，以告叔向。叔向曰：「何害也？匹夫一爲不信，猶不可，單斃其死。若合諸侯之卿以爲不信，必不捷矣。食言者不病，非子之患也。夫以信召人，而以僭濟之，必莫之與也，安能害我？且吾因宋以守病，則夫能致死。雖倍楚可也，子何懼焉？又不及是。曰弭兵以召諸侯，而稱兵以害我，吾庸多矣，非所患也。」季武子使謂叔孫以公命曰：「視邾、滕。」既而齊人請邾，宋人請滕，皆不與盟。叔孫曰：「邾、滕，人之私也。我，列國也。何故

視之？宋、衛，吾匹也。」乃盟。故不書其族，言違命也。晉、楚争先。晉人曰：「晉固爲諸侯盟主，未有先晉者也。」楚人曰：「子言晉、楚匹也，若晉常先，是楚弱也。且晉、楚狎主諸侯之盟也久矣，豈專在晉？」叔向謂趙孟曰：「諸侯歸晉之德只，非歸其尸盟也。子務德，無争先。且諸侯盟，小國固必有尸盟者，楚爲晉細，不亦可乎？」乃先楚人。書先晉，晉有信也。壬午，宋公兼享晉、楚之大夫。趙孟爲客，子木與之言，弗能對。使叔向侍言焉，子木亦不能對也。乙酉，宋公及諸侯之大夫盟于蒙門之外。子木問於趙孟曰：「范武子之德何如？」對曰：「夫子之家事治，言於晉國無隱情，其祝史陳信於鬼神無愧辭。」子木歸以語王，王曰：「尚矣哉！能歆神、人，宜其光輔五君以爲盟主也。」子木又語王曰：「宜晉之伯也，有叔向以佐其卿，楚無以當之，不可與争。」晉荀盈遂如楚涖盟。宋左師請賞，曰：「請免死之邑。」公與之邑六十，以示子罕。子罕曰：「凡諸侯小國，晉、楚所以兵威之，畏而後上下慈和，慈和而後能安靖其國家，以事大國，所以存也。無威則驕，驕則亂生，亂生必滅，所以亡也。天生五材，民並用之，廢一不可，誰能去兵？兵之設久矣，所以威不軌而昭文德也。聖人以興，亂人以廢。廢興、存亡、昏明之術，皆兵之由也。而子求去之，不亦誣乎？以誣道蔽諸侯，罪莫大焉。縱無大討，而又求賞，無厭之甚也。」削而投之。左師辭邑。向氏欲攻司城。左師曰：「我將亡，夫子存我，德莫大焉，又可攻乎？」君子曰：「『彼己之子，邦之司直。』樂喜之謂乎！『何以恤我，我其收

之。』向戌之謂乎！」楚薳罷如晉涖盟，晉侯享之。將出，賦既醉。叔向曰：「薳氏之有後於楚國也宜哉！承君命，不忘敏，子蕩將知政矣。敏以事君，必能養民，政其焉往？」

晉、楚争伯，諸侯苦兵。向戌素有賢稱，兼善二國之相，故欲使交驩，弭天下之兵，爲名高。時雖知其不可，而以其事美，咸從之。折俎，體解節折，升之於俎。合卿宴，享之禮。周禮：司馬掌會同之事。時趙武、叔向、向戌皆賢大夫，又以弭兵爲事，故會時文辭多美。舉，謂記録之。既而諸國大夫以次皆至。盈後武至，而言從者，武命盈追己，故後。遣如楚成，言成盟，載之言，兩相然，可交相見，使諸侯從晉從楚者，更相朝見。不能，不能服而使之馹傳也。齊言，預要齊其詞，至盟時不得復争訟也。以藩，示不相忌。伯夙，晉大夫。氛，氣也。楚有襲晉之氣，故懼有難。晉營在宋之北偏，以東爲左，有難可左迴入宋東門。衷甲，甲在衣中，欲因會襲晉。太宰，州犂也。志言信三者具而身可安，信亡則三者俱廢，故不及三年。單，獨也，言獨自取死。不病，不能爲人病也。因宋守病，因宋爲弭兵而恃之，以坐致此病，則宋宜爲之致死。宋地主力可倍楚，且楚之不義聞於諸侯，皆背楚而固事晉，故爲我用。庸，用也。季孫以兩事晉、楚則貢賦重，故欲比小國，恐叔孫不從，假公命以喻。私，屬於人也。争先，争先歃也。狎，更也。只，語辭。尸，主也。小國主辦具此，姑假以先楚，苟焉成盟也。○叔孫權君命以存國體，誠得出疆之義，而乃以違命爲罪，必不然矣。其不書族，或以惡。與楚盟而槩與諸國之大夫不序，以示貶歟？趙孟偷而懼楚，甘爲之下，夫子豈以信與之？特以正其序耳。○宋公以在其國，兼享二國之相。客一座所尊，前盟諸大夫不敢敵宋公，故公謙而重盟。蒙門，宋城門。士會賢聞諸侯，故子木問之。無愧辭，謂祝陳馨香，德足副之。歆神人，神享其祭，人懷其德。五君，文、襄、靈、成、景也。涖盟，重結晉、楚之好。餘見子産相國。戌欲宋公稱功加厚賞，謙言免死。六十，六十井。示，示以賞書。五材，金、木、水、火、土。兵，金也，居其一。削，削其所示也。前詩，鄭風。喜，子罕名。善其不阿。後詩，周頌。恤，憂。收，取也。善戌改過。詩文「假以溢我」，何爲「假」聲之轉，溢爲「恤」字之訛。薳罷，字子蕩。涖盟，報荀盈。詩大雅，曰：「既醉以酒，既飽以德。君子萬年，介爾景福。」

以美晉侯，比之太平君子。敏則周於事而能養民，政必歸之。

二十八年　夏，齊侯、陳侯、蔡侯、北燕伯、杞伯、胡子、沈子、白狄朝于晉，宋之盟故也。齊侯將行，慶封曰：「我不與盟，何爲于晉？」陳文子曰：「先事後賄，禮也。小事大，未獲事焉，從之如志，禮也。雖不與盟，敢叛晉乎？重丘之盟，未可忘也。子其勸行。」宋盟云交相見，故陳、蔡、胡、沈屬楚者皆朝晉。齊不與盟，以前釋秦、齊也，故慶封爲疑。北燕未通中國，不屬晉、楚而亦同朝，或有慕也。先從事，後薦賄，以事大。於賄也，未獲其事，先從其志。蓋欲齊朝者，晉之志也。秋，蔡侯歸自晉，入于鄭，鄭伯享之，不敬。子産曰：「蔡侯其不免乎？日其過此也，君使子展迋勞於東門之外，而傲。吾曰猶將更之。今還，受享而惰，乃其心也。君小國，事大國，而惰傲以爲己心，將得死乎？若不免，必由其子。其爲君也，淫而不父。僑聞之，如是者，恒有子禍。」不免，不免於禍。迋，往也。淫不父，通於太子班之妻也。孟孝伯如晉，告將爲宋之盟故如楚也。蔡侯之如晉也，鄭伯使游吉如楚。及漢，楚人還之，曰：「宋之盟，君實親辱。今吾子來，寡君謂吾子姑還，吾將使馹奔問諸晉而以告。」子太叔曰：「宋之盟，君命將利小國，而亦使安定其社稷，鎮撫其民人，以禮承天之休，此君之憲令，而小國之望也。寡君是故使吉奉其皮幣，以歲之不易，聘于下執事。今執事有命，曰：女何與政令之有？必使而君棄而封守，跋涉山川，蒙犯霜露，以逞君心。小國將君是望，敢不唯命是聽？無乃非盟載之言，以闕君德，而執事有不利焉，小國是懼。不然，其何勞之敢憚？」子太叔歸，復命。告

子展曰：「楚子將死矣。不脩其政德，而貪昧於諸侯，以逞其願，欲久，得乎？周易有之，在復䷗之頤䷚，曰：『迷復，凶。』其楚子之謂乎？欲復其願，而棄其本，復歸無所，是謂『迷復』，能無凶乎？君其往也，送葬而歸，以快楚心。楚不幾十年，未能恤諸侯也，吾乃休吾民矣。」裨竈曰：「今兹周王及楚子皆將死。歲棄其次，而旅於明年之次，以害鳥帑，周、楚惡之。」九月，鄭游吉如晉，告將朝于楚，以從宋之盟。子産相鄭伯以如楚，舍不爲壇。外僕言曰：「昔先大夫相先君，適四國，未嘗不爲壇。自是至今，亦皆循之。今子草舍，無乃不可乎？」子産曰：「大適小則爲壇，小適大苟舍而已，焉用壇？僑聞之：大適小有五美：宥其罪戾，赦其過失，救其菑患，賞其德刑，教其不及。小國不困，懷服如歸，是故作壇，以昭其功，宣告後人，無怠於德。小適大有五惡：說其罪戾，請其不足，行其政事，共其職貢，從其時命。不然，則重其幣帛，以賀其福而弔其凶，皆小國之禍也。焉用作壇以昭其禍？所以告子孫，無昭禍焉可也。」鄭伯獨不朝，而游吉往。吉，字太叔。楚以違宋盟拒之。馹，乘車也。問晉，問鄭伯應朝否。不易，凶荒也，故不能備朝禮。復，震下坤上，上六變而爲頤。「迷復，凶」，復上六爻辭。上處極位，迷而復反，失道已遠，遠而無應，故凶。復其願，欲得鄭朝，以復其願也。棄其本，不脩德也。是失道已遠，又無所歸，故知必死。往當送其葬，失道遠者，復之亦難，故將十年。楚不能爲難，故休吾民。旅，客處也。歲星棄星紀之次，客在玄枵，歲星所在，其國有福。失次于北，禍。衡在南，南爲朱鳥。鳥尾曰帑。鶉火、鶉尾，周、楚之分，故周王、楚子受其咎。○宋盟使晉、楚之從交相見，故陳、蔡、胡、沈先朝晉，鄭朝楚，亦盟誓之言。而太叔云爾

者，以楚王死，傳故爲之兆耳，亦所謂「誣」也。〇至敵國郊，必除地封土爲壇。子産不爲，故外僕之掌次舍者以爲疑。說，解說也。時命，朝會之命。無昭禍，言告子孫當自强立國，無如先世微弱聽命於人，以禍自昭。〇子産之言有激而云爾，古今以才傑而困於弱小者，豈獨一子産耶？〇十一月癸巳，天王崩。終裨竈言。〇十二月，爲宋之盟故，公及宋公、陳侯、鄭伯、許男如楚。及漢，楚康王卒。公欲反，叔仲昭伯曰：「我楚國之爲，豈爲一人行也？」子服惠伯曰：「君子有遠慮，小人從邇。饑寒之不恤，誰遑其後？不如姑歸也。」叔孫穆子曰：「叔仲子專之矣。子服子始學者也。」榮成伯曰：「遠圖者忠也。」公遂行。宋向戌曰：「我一人之爲，非爲楚也。饑寒之不恤，誰能恤楚？姑歸而息民，待其立君而爲之備。」宋公遂反。楚屈建卒，趙文子喪之如同盟，禮也。楚都漢水西南，至漢，聞王卒。昭伯，名帶。專，足專任。始學，未識遠也。成伯，駕駴字。〇魯臣以遠慮辱君，趙孟以同盟過禮，皆卑之乎爲識矣！

二十九年　春王正月，公在楚，釋不朝正于廟也。楚人使公親襚，公患之。穆叔曰：「祓殯而襚，則布幣也。」乃使巫以桃、茢先祓殯。楚人弗禁，既而悔之。歲首，公當朝正于廟，今守臣于朔日告廟，云「公在楚」，故云釋。諸侯薨，鄰國有遣使賵襚之禮。今楚使公親襚，蓋比之于使臣，故先使巫祓除殯之凶邪，而行襚禮，與朝而布幣無異。茢，苕也。桃、茢二物，皆能除凶。禮：君臨臣喪乃祓殯，故楚悔。夏，四月，葬楚康王。公及陳侯、鄭伯、許男送葬，至于西門之外。諸侯之大夫皆至于墓。〇五月，葬靈王。鄭上卿有事，子展使印段往。伯有曰：「弱。不可。」子展曰：「與其莫往，弱不猶愈乎？《詩》云：『王事靡

盬，不遑啓處。』東西南北，誰敢寧處？堅事晉、楚，以蕃王室也。王事無曠，何常之有？」遂使印段如周。靈王，周王也。弱，年少官卑。《詩·小雅》，言王事不可不堅固，故不暇跪處。《傳》言周衰，卑於晉、楚。

三十年　夏，四月，蔡景侯爲太子般娶于楚，通焉。太子弑景侯。如子産言。

三十一年　公薨之月，子産相鄭伯以如晉。晉侯以我喪故，未之見也。子産使盡壞其館之垣，而納車馬焉。士文伯讓之曰：「敝邑以政刑之不脩，寇盜充斥，無若諸侯之屬辱在寡君者何，是以令吏人完客所館，高其閈閎，厚其墻垣，以無憂客使。今吾子壞之，雖從者能戒，其若異客何？以敝邑之爲盟主，繕完葺墻，以待賓客。若皆毁之，其何以共命？寡君使匄請命。」對曰：「以敝邑褊小，介於大國，誅求無時，是以不敢寧居，悉索敝賦，以來會時事。逢執事之不閒，而未得見，又不獲聞命，未知見時。不敢輸幣，亦不敢暴露。其輸之，則君之府實也。非薦陳之，不敢輸也。其暴露之，則恐燥濕之不時而朽蠹，以重敝邑之罪。僑聞文公之爲盟主也，宫室卑庳，無觀臺榭，以崇大諸侯之館，館如公寢。庫廄繕脩，司空以時平易道路，圬人以時塓館宫室。諸侯賓至，甸設庭燎，僕人巡宫。車馬有所，賓從有代，巾車脂轄，隸人、牧、圉各瞻其事。百官之屬，各展其物。公不留賓，而亦無廢事。憂樂同之，事則巡之，教其不知，而恤其不足。賓至如歸，無寧菑患，不畏寇盜，而亦不患燥濕。今銅鞮之宫數里，而諸侯舍於隸人，門不容車，而不可踰越，盜賊公行，而天厲不戒。賓見無時，命不可知，若又勿壞，是無所藏幣以重罪也。

敢請執事，將何所命之？雖君之有魯喪，亦敝邑之憂也。若獲薦幣，脩垣而行，君之惠也。敢憚勤勞。」文伯復命。趙文子曰：「信。我實不德，而以隸人之垣以贏諸侯，是吾罪也。」使士文伯謝不敏焉。晉侯見鄭伯，有加禮，厚其宴、好而歸之。乃築諸侯之館。叔向曰：「辭之不可以已也如是夫！子産有辭，諸侯賴之，若之何其釋辭也？詩曰：『辭之輯矣，民之協矣，辭之繹矣，民之莫矣。』其知之矣。」鄭子皮使印段如楚，以適晉告，禮也。時晉政已偷，待諸侯之賓多不以禮，而自崇侈，恣於遊觀，故子産毁垣以致詰，而發其辭，且以趙孟賢而近弱，可以理屈也。公，襄公，薨於六月。充斥，多也。無若何，無以待之也。閈，閭也，閎其門也。繕，治。完，備。葺，覆也。匄，文伯名。時事，朝會。薦，進。陳，列也。易，治也。圬人，塗者。塓，塗也。庭燎，設火于庭。巡宫，行夜也。所，處也。代，代其役也。巾車，主車之官，以脂塗其轄。瞻，敬也。事，職也。展，閲也。各閲其物之可用與否，以備賓需。賓得速去，故不留而事集。巡，巡其當否。無寧，寧也。言見遇如此，寧復有菑害耶？銅鞮，今山西沁州有銅鞮城，晉築離宫於其地。天厲，天之厲氣爲患者。不戒，不爲戒備。信，信如其言。贏，受也。詩大雅，言辭輯睦則民協同，辭説繹則民安定。莫，猶定也。謂子産知辭之益，故善其辭，亦以如晉告楚，事兩伯之禮。十二月，北宫文子相衛襄公以如楚，宋之盟故也。文子，北宫佗。

昭公元年　春，楚公子圍聘于鄭。遂會于虢，尋宋之盟也。祁午謂趙文子曰：「宋之盟，楚人得志于晉。今令尹之不信，諸侯之所聞也。子弗戒，懼又如宋。子木之信，稱於諸侯，猶詐晉而駕焉，況不信之尤者乎？楚重得志于晉，晉之耻也。子相晉國以爲盟主，於今七年

矣。再合諸侯，三合大夫，服齊、狄，寧東夏，平秦亂，城淳于，師徒不頓，國家不罷，民無謗讟，諸侯無怨，天無大災，子之力也。有令名矣，而終之以恥。午也是懼。吾子其不可以不戒！」文子曰：「武受賜矣。然宋之盟，子木有禍人之心，武有仁人之心，是楚所以駕于晉也。今武猶是心也，楚又行僭，非所害也。武將信以爲本，循而行之，譬如農夫，是穮是蔉，雖有饑饉，必有豐年。且吾聞之，能信不爲人下，吾未能也。詩曰：『不僭不賊，鮮不爲則。』信也。能爲人則者，不爲人下矣。吾不能是難，楚不爲患。」楚令尹圍請用牲讀舊書加于牲上而已，晉人許之。三月甲辰，盟。聘鄭，詳見子産相國。虢，鄭邑，故東虢公地。得志，謂先歃。詐，謂衷甲。駕，陵也。武相晉，會夷儀，會宋，兩會澶淵，會虢、齊侯、白狄朝晉，與秦成，城杞之淳于，以遷杞。讟，誹僭侵越也。耘草爲穮，壅苗爲蔉。言力農如此，終逢歲，喻君子爲善終獲福也。詩大雅。賊，害也。楚恐晉先歃，故以舊書加于牲上，不復歃也。餘見楚平王得國。季武子伐莒，取鄆。莒人告于會，楚告于晉曰：「尋盟未退，而魯伐莒，瀆齊盟，請戮其使。」樂桓子相趙文子，欲求貨於叔孫，而爲之請。使請帶焉，弗與。趙孟聞之。乃請諸楚曰：「魯雖有罪，其執事不避難，畏威而敬命矣。子若免之，以勸左右，可也。若子之羣吏，處不辟污，出不逃難，其何患之有？患之所生，污而不治，難而不守，所由來也。能是二者，又何患焉？不靖其能，其誰從之？魯叔孫豹可謂能矣，請免之，以靖能者。子會而赦有罪，又賞其賢，諸侯其誰不欣焉望楚而歸之，視遠如邇？疆埸之邑，一彼一此，何常之有？王伯之令也，引其封疆，而樹之官，舉

之表旗，而著之制令，過則有刑，猶不可壹。於是乎虞有三苗，夏有觀、扈，商有姺、邳，周有徐、奄。自無令王，諸侯逐進，狎主齊盟，其又可壹乎？恤大舍小，足以爲盟主，又焉用之？封疆之削，何國蔑有？主齊盟者，誰能辯焉？吴、濮有釁，楚之執事豈其顧盟？莒之疆事，楚勿與知，諸侯無煩，不亦可乎？莒、魯争鄆，爲日久矣，苟無大害，於其社稷，可無亢也。去煩宥善，莫不競勸。子其圖之！」固請諸楚，楚人許之，乃免叔孫。時尋弭兵之盟，而魯伐莒取邑。豹在會，故欲戮之。請帶，欲求貨而假爲辭也。詳見魯與邾莒之怨。執事，謂豹也。污，穢辱也。靖，安靖也。安靖其能，則衆附從。表旗，表識以別其封界，制令不得相侵。三苗，饕餮放三危者。觀、扈，夏二叛國，山東觀城縣有觀國，陝西鄠縣有扈國。姺、邳，商二叛國。邳，南直隸邳州。徐，詩稱徐方，宣王征之。奄，書序云「成王踐奄」。二國皆屬魯。大，篡弒、滅亡。小，封疆之事。焉用，魯不用治也。吴在東，濮在南，皆楚仇。亢，禦也。餘見楚靈王之亂。夏，四月，趙孟、叔孫豹、曹大夫入于鄭，鄭伯兼享之。子皮戒趙孟。禮終，趙孟賦瓠葉。子皮遂戒穆叔，且告之。穆叔曰：「趙孟欲一獻，子其從之。」子皮曰：「敢乎？」穆叔曰：「夫人之所欲也，又何不敢？」及享，具五獻之籩豆於幕下。趙孟辭，私於子産曰：「武請於冢宰矣。」乃用一獻。趙孟爲客。禮終乃宴。穆叔賦鵲巢，趙孟曰：「武不堪也。」又賦采蘩，曰：「小國爲蘩，大國省穡而用之，其何實非命？」子皮賦野有死麕之卒章，趙孟賦常棣，且曰：「吾兄弟比以安，尨也可使無吠。」穆叔、子皮及曹大夫興，拜，舉兕爵曰：「小國賴子，知免於戾矣。」飲酒樂，趙孟出，曰：「吾不復此矣。」趙孟與

豹自宋盟還，過鄭。戒，戒享期也。瓠葉，詩小雅，受所戒禮而賦此，義取古人不以微薄廢禮，雖瓠葉、兔首必與賓客共之。穆叔悟其旨，而知其欲一獻。聘禮，饔餼五牢，故卿當五獻。趙孟以非聘鄭故，辭，而又私言已賦瓠葉於子皮，既以一獻成享禮，乃折俎以宴。鵲巢，詩召南，言鵲有巢而鳩居之。穆叔以喻晉侯有國，趙孟治之，武不敢當。采蘩詩，亦召南，取蘩菜薄物可以薦公侯，又欲趙孟秉前儉德以臨諸侯。故既賦之，而復云小國如蘩，大國惜而省用之，何所不從命。死麕，亦召南，卒章曰：「舒而脫脫兮，無感我帨兮，無使尨也吠。」子皮惡楚圍，以尨比之，欲趙孟安徐馴擾之，勿使其陵暴諸侯。常棣，詩小雅，取其「凡今之人，莫如兄弟」，言兄弟之國内自親協，則圍不能爲害。三國皆兄弟，故拜。兕爵，以罰不敬，言小國蒙趙孟德，比以禦圍，自知必免此罰。時諸國皆賢大夫，又皆欣戴趙孟，故樂甚而曰「不復」，此已有亡徵焉。天王使劉定公勞趙孟于潁，館於雒汭。劉子曰：「美哉禹功！明德遠矣。微禹，吾其魚乎！吾與子弁冕端委，以治民、臨諸侯，禹之力也。子盍亦遠績禹功而大庇民乎！」對曰：「老夫罪戾是懼，焉能恤遠？吾儕偷食，朝不謀夕，何其長也。」劉子歸，以語王曰：「諺所謂老將知而耄及之者，其趙孟之謂乎！爲晉正卿，以主諸侯，而儕於隸人，朝不謀夕，棄神、人矣。神怒民叛，何以能久？趙孟不復年矣。神怒，不歆其祀。民叛，不即其事。祀事不從，又何以年？」十二月，晉既烝，趙孟適南陽，將會孟子餘。甲辰朔，烝于温。庚戌，卒。鄭伯如晉弔，及雍乃復。道由周，故景王使勞之。定公，名夏。潁、雒，皆水。汭，水曲，在今河南鞏縣。劉子覩河雒而思禹功。弁冕，冠也。端委，禮衣。勸趙孟使纂禹績，趙自言苟免目前，不復能念遠。劉言其自比賤人，而無卹民之心。民爲神主，不卹民，神、人皆棄，當此年而卒。孟子餘，趙衰字。武曾祖廟在南陽温縣，將會祭之。晉既烝，乃烝其家廟。先公後私也。既卒，鄭伯將弔之，不果而反。傳言大夫强，諸侯畏而弔之。〇荆楚僭稱王

號于周，窮經者皆以大義黜而夷之。諒聖人之意，當亦爾矣。然是時之稱爲伯者，則唯以其勢强横甚。能制而屈之者爲雄，以懾諸侯而威之，使已服耳。於大義初無計也，故少不競而懷安，斯有弭兵合成之説焉。然晉、齊、鄭國多謀臣，相争者幾二百年，卒無一言及此。豈其見有不逮耶？抑以爲虚名，不足較，徒重其怒耶？使有慮弘志正之士，倡而陳之，不知荆楚當何辭焉？而惜其寥寥乎未之聞也。噫！

春秋左傳屬事卷六

伯

楚靈王之亂

昭公元年　春，楚公子圍聘于鄭。　遂會于虢。　令尹享趙孟，賦大明之首章，趙孟賦小宛之二章。　事畢。　趙孟謂叔向曰：「令尹自以爲王矣，何如？」對曰：「王弱，令尹彊，其可哉？雖可，不終。」趙孟曰：「何故？」對曰：「彊以克弱而安之，彊不義也。不義而彊，其斃必速。詩曰：『赫赫宗周，褒姒滅之。』彊不義也。　令尹爲王，必求諸侯，晉少懦矣，諸侯將往。　若獲諸侯，其虐滋甚，民弗堪也，將何以終？　夫以彊取，不義而克，必以爲道。　道以淫虐，弗可久已矣。」

聘鄭，餘見子産相國。　會虢，事見上卷。　令尹，圍也。　大明，詩大雅，首章言文王明明照於下，故能赫赫盛於上，令尹特稱以自光

大。小宛，詩小雅，二章取其各敬爾儀，天命不又，言天命一去不可復還，以戒令尹。安之，習而安焉也。詩小雅。褎姒，幽王后，幽王惑之而行不義，遂至滅亡，言雖赫赫彊盛，不義足以滅之。以爲道，習不義，以爲道當爾也。冬，楚公子圍將聘于鄭。未出竟，聞王有疾而還。十一月己酉，公子圍至，入問王疾，縊而弑之。餘見靈王之篡。楚靈王即位，薳罷爲令尹，薳啓彊爲太宰。鄭游吉如楚，葬郟敖，且聘立君。歸，謂子産曰：「具行器矣。楚王汏侈，而自説其事，必合諸侯，吾往無日矣。」子産曰：「不數年未能也。」圍即位，易名熊虔，後謚靈王。郟敖，圍所弑王也，名麇，楚人謂未成君爲敖，葬于郟，故謂郟敖。行器，會備也。子産策其先定内而後能事外，故必數年。

三年　秋，七月，鄭罕虎如晉。且告曰：「楚人日徵敝邑以不朝立王之故，敝邑之往，則畏執事其謂寡君而固有外心。其不往，則宋之盟云。進退罪也。寡君使虎布之。」宣子使叔向對曰：「君若辱有寡君，在楚何害？脩宋盟也。君苟思盟，寡君乃知免於戾矣。君若不有寡君，雖朝夕辱於敝邑，寡君猜焉。君實有心，何辱命焉。君其往也！苟有寡君，在楚猶在晉也。」猜，疑也。有心，有事晉心。何辱命，不須告也。餘見晉失諸侯。十月，鄭伯如楚，子産相。楚子享之，賦吉日。既享，子産乃具田備，王以田江南之夢。吉日，詩小雅，宣王田獵之詩。楚王欲與鄭伯共田，故賦之。楚之雲夢跨江南北，書傳云華容、枝江、江夏、安陸皆其地，今湖廣德安府有雲夢縣，蓋江北之夢。或曰，巴丘湖江南之夢。岳州青草湖一名巴丘洞，與洞庭等湖疑皆其地。

四年　春王正月，許男如楚，楚子止之，遂止鄭伯，復田江南，許男與焉。使椒舉如晉求諸侯，二君待之。椒舉致命曰：「寡君使舉曰：日君有惠，賜盟于宋，曰：『晉、楚之從交相見也。』以歲之不易，寡人願結驩於二三君，使舉請閒。君若苟無四方之虞，則願假寵以請於諸侯。」晉侯欲勿許，司馬侯曰：「不可。楚王方侈，天或者欲逞其心，以厚其毒，而降之罰，未可知也。其始能終，亦未可知也。晉、楚唯天所相，不可與爭。君其許之，而脩德以待其歸。若歸於德，吾猶將事之，況諸侯乎？若適淫虐，楚將棄之，吾又誰與爭？」曰：「晉有三不殆，其何敵之有？國險而多馬，齊、楚多難。有是三者，何鄉而不濟？」對曰：「恃險與馬，而虞鄰國之難，是三殆也。四嶽、三塗、陽城、太室、荊山、中南，九州之險也，是不一姓。冀之北土，馬之所生，無興國焉。恃險與馬，不可以爲固也，從古以然。是以先王務脩德音，以亨神人，不聞其務險與馬也。鄰國之難，不可虞也。或多難以固其國，啓其疆土。或無難以喪其國，失其守宇，若何虞難？齊有仲孫之難，而獲桓公，至今賴之。晉有里、丕之難，而獲文公，是以爲盟主。衛、邢無難，敵亦喪之。故人之難不可虞也。恃此三者，而不脩政德，亡於不暇，又何能濟？君其許之。紂作淫虐，文王惠和，殷是以隕，周是以興，夫豈争諸侯？」乃許楚使。使叔向對曰：「寡君有社稷之事，是以不獲春秋時見。諸侯，君實有之，何辱命焉？」椒舉遂請昏，晉侯許之。楚子問於子產曰：「晉其許我諸侯乎？」對曰：「許君。晉君少安，不在諸侯。其大夫多求，

莫匡其君。在宋之盟又曰如一。若不許，君將焉用之？」王曰：「諸侯其來乎？」對曰：「必來。從宋之盟，承君之歡，不畏大國，何故不來？不來者，其魯、衛、曹、邾乎！曹畏宋，邾畏魯，魯、衛偪於齊而親於晉，唯是不來。其餘，君之所及也，誰敢不至？」王曰：「然則吾所求者無不可乎？」對曰：「求逞於人，不可。與人同欲，盡濟。」靈王侈心欲合諸侯，而求之晉，止許、鄭之君以待。不易，言難也。以難故欲得諸侯。謀事補闕，晉無虞，借威寵以致之。司馬侯，字女叔齊。殆，危也。東岳，岱山，在今山東泰安州。西岳，華山，在今陝西華陰縣。南岳，衡山，在今湖廣衡山縣。北岳，恒山，在今北直隸曲陽縣。三塗，亦山，在今河南嵩縣。一云三險道：一太行，連亘陝西、山西、河南。一轘轅，在河南鞏縣。一崤澠，在河南府，連陝西。太室，中岳嵩高山，與陽城俱在河南登封縣。荆山，在湖廣南漳縣。中南，在陝西西安府。冀北，今宣府大同等處。亨，通也，通於幽明。宇，國四垂。舉請昏，蓋遣時并命者。少安，稍自懷安。多求，貪也。如一，晉、楚司也。所及，楚威力所及也。子産又因問，而以逞欲違衆爲王戒。夏，諸侯如楚，魯、衛、曹、邾不會。曹、邾辭以難，公辭以時祭，衛侯辭以疾。鄭伯先待於申。

六月丙午，楚子合諸侯于申。椒舉言於楚子曰：「臣聞諸侯無歸，禮以爲歸。今君始得諸侯，其慎禮矣！霸之濟否，在此會也。夏啓有鈞臺之享，商湯有景亳之命，周武有孟津之誓，成有岐陽之蒐，康有酆宮之朝，穆有塗山之會，齊桓有召陵之師，晉文有踐土之盟，君其何用？」宋向戌、鄭公孫僑在，諸侯之良也，君其選焉。」王曰：「吾用齊桓。」王使問禮於左師與子産。左師曰：「小國習之，大國用之，敢不薦聞？」獻公合諸侯之禮六。子産曰：「小國共職，敢不薦

守？」獻伯子男會公之禮六。君子謂合左師善守先代，子產善相小國。王使椒舉侍於後以規過，卒事不規。王問其故，對曰：「禮，吾未見者有六焉，又何以規？」宋太子佐後至，王田於武城，久而弗見。椒舉請辭焉。王使往，曰：「屬有宗祧之事於武城，寡君將墮幣焉，敢謝後見。」徐子，吳出也，以爲貳焉，故執諸申。楚子示諸侯侈。椒舉曰：「夫六王、二公之事，皆所以示諸侯禮也，諸侯所由用命也。夏桀爲仍之會，有緡叛之。商紂爲黎之蒐，東夷叛之。周幽爲太室之盟，戎狄叛之。皆所以示諸侯汏也，諸侯所由棄命也。今君以汏，無乃不濟乎？」王弗聽。子產見左師曰：「吾不患楚矣！汏而愎諫，不過十年。」左師曰：「然。不十年侈，其惡不遠。遠惡而後棄，善亦如之，德遠而後興。」諸侯皆至，四國不至，如子產言。椒舉欲王慎禮，稱古王公之盛者以爲王法。鈞臺，在今河南鈞州。景亳，在河南歸德州。武王伐紂，誓師孟津，在河南孟津縣。成王歸自奄，大蒐於岐山之陽，在今陝西岐山縣。酆宮，在陝西鄠縣東有靈臺，康王於是朝諸侯。穆王會諸侯於塗山，在今鳳陽府懷遠縣。薦聞，以所聞者薦之。謙言未行其禮。六儀，宋公爵，故獻公禮。薦守，以所守薦。鄭伯爵，故獻伯子男。會禮，其禮同所從言之異。規過，規正會禮之失。二子所獻六禮，舉所未見，無以知其失而規之。諸侯既會，宋太子佐方至，適王獵。楚武城必有先君之廟，故田獵以祭。祭用幣畢，瘞之，故云墮幣。俟祭畢而見也。恨其後至，托此以辭。六王、二公，即舉所稱者。仍、緡，皆國。黎，夷國也。愎，很也。汏、忲同。遠則被其善惡者衆，故興棄由之。秋，七月，楚子以諸侯伐吳。宋太子、鄭伯先歸，宋華費遂、鄭大夫從。使屈申圍朱方。八月甲申，克之，執齊慶封而盡滅其族。將戮慶封，椒舉曰：「臣聞

無瑕者可以戮人。慶封唯逆命，是以在此，其肯從於戮乎？播於諸侯，焉用之？」王弗聽，負之斧鉞，以徇於諸侯，使言曰：「無或如齊慶封弒其君，弱其孤，以盟其大夫！」慶封曰：「無或如楚共王之庶子圍弒其君——兄之子麇——而代之，以盟諸侯！」王使速殺之。遂以諸侯滅賴。賴子面縛銜璧，士袒，輿櫬從之，造於中軍。王問諸椒舉，對曰：「成王克許，許僖公如是，王親釋其縛，受其璧，焚其櫬。」王從之。遷賴於鄢。楚子欲遷許於賴，使鬭韋龜與公子棄疾城之而還。申無宇曰：「楚禍之首將在此矣。召諸侯而來，伐國而克，城竟莫校，王心不違，民其居乎？民之不處，其誰堪之？不堪王命，乃禍亂也。」冬，吳伐楚，入棘、櫟、麻，以報朱方之役。楚沈尹射奔命於夏汭，箴尹宜咎城鍾離，薳啓彊城巢，然丹城州來。東國水，不可以城。彭生罷賴之師。

既會諸侯，復以之伐吳。鄭伯久於楚，宋太子不得見，故先遣之，而以其臣從師。慶封弒君奔吳，見齊崔慶之亂。朱方，吳邑，今南直隸丹徒縣，慶所封。中軍，王所將。賴，小國，在今河南息縣。鄢，楚邑。無宇言王動如其志，至築城外境，諸侯無與爭，王將縱其心，而民不得安居，不堪其勞役，而禍亂作矣。棘，在今河南永城縣境，舊有棘城。櫟、麻，在河南新蔡縣境，舊有櫟亭。皆楚東鄙邑。夏汭，漢水曲入江，即夏口也。吳兵在東北，楚盛兵東南以絶其後。宜咎，陳大夫，以二慶之亂奔楚。然丹，鄭子革，以純門之亂奔楚。鍾離，今南直隸鳳陽府有鍾離城。巢，今南直隸巢縣有巢城。州來，今爲南直隸壽州。三城皆以備吳。東國，即賴所國也。彭生，楚大夫。罷韋龜之師，不爲城也。

五年春，楚子以屈申爲貳於吳，乃殺之。以屈生爲莫敖，使與令尹子蕩如晉逆女。過鄭，

鄭伯勞子蕩于氾，勞屈生于菟氏。晉侯送女于邢丘。子產相鄭伯，會晉侯于邢丘。生，屈建子。氾、菟氏，皆鄭地，今河南尉氏縣有菟氏城。晉韓宣子如楚送女，叔向爲介。鄭子皮、子太叔勞諸索氏。太叔謂叔向曰：「楚王汏侈已甚，子其戒之。」叔向曰：「汏侈已甚，身之災也，焉能及人？若奉吾幣帛，慎吾威儀，守之以信，行之以禮，敬始而思終，終無不復。從而不失儀，敬而不失威，道之以訓辭，奉之以舊法，考之以先王，度之以二國。雖汏侈，若我何？」及楚。楚子朝其大夫，曰：「晉，吾仇敵也。苟得志焉，無恤其他。今其來者，上卿、上大夫也。若吾以韓起爲閽，以羊舌肸爲司宫，足以辱晉，吾亦得志矣。可乎？」大夫莫對。薳啓彊曰：「可。苟有其備，何故不可？恥匹夫不可以無備，况恥國乎？是以聖王務行禮，不求恥人。朝聘有珪，享覜有璋，小有述職，大有巡功。設机而不倚，爵盈而不飲。宴有好貨，飧有陪鼎，入有郊勞，出有贈賄，禮之至也。國家之敗，失之道也，則禍亂興。城濮之役，晉無楚備，以敗於邲。邲之役，楚無晉備，以敗於鄢。自鄢以來，晉不失備，而加之以禮，重之以睦，是以楚弗能報，而求親焉。既獲姻親，又欲恥之，以召寇讎，備之若何？誰其重此？若有其人，恥之可也。若其未有，君亦圖之。晉之事君，臣曰可矣：求諸侯而麇至。求昏而薦女，君親送之，上卿及上大夫致之，猶欲恥之，君其亦有備矣。不然，奈何？韓起之下，趙成、中行吴、魏舒、范鞅、知盈。羊舌肸之下，祁午、張趯、籍談、女齊、梁丙、張骼、輔躒、苗賁皇，皆諸侯之選也。韓襄爲公族大夫，韓須受命而使矣。箕襄、

邢帶、叔禽、叔椒、子羽，皆大家也。韓賦七邑，皆成縣也。羊舌四族，皆彊家也。晉人若喪韓起、楊肸，五卿、八大夫輔韓須、楊石，因其十家九縣，長轂九百，其餘四十縣，遺守四千，奮其武怒，以報其大恥。伯華謀之，中行伯、魏舒帥之，其蔑不濟矣。君將以親易怨，實無禮以速寇，而未有其備，使羣臣往遺之禽，以逞君心，何不可之有？」王曰：「不穀之過也，大夫無辱。」厚爲韓子禮。王欲敖叔向以其所不知，而不能，亦厚其禮。韓起反，鄭伯勞諸圉。辭不敢見，禮也。

索氏，鄭地，今河南滎陽縣境有大小索城。太叔恐靈王無道，辱晉使，故以戒叔向。向言有以禦之。信，無詐。二禮有節文。無不復，事皆可復行。不失儀，無曲從。不失威，不妄敬。道，通其意。奉，無所失。考，博考之。古以知其變。度，度今之勢，以審其宜。閽，刖足使守門。司宮，加宮刑也。靈王果欲以此辱晉，賴啓彊切諫而止。朝聘皆以珪爲信。周禮：公執桓圭，侯執信圭，伯執躬圭，子執穀璧，男執蒲璧，朝覲於王。諸侯相見，同之。聘用圭璧，其飾與君同。其長各降君一等。是圭璧兼用，而獨言珪者，據公侯伯言之也。享頫，朝聘之禮。使執玉以授主國之君，乃行享禮，獻國之所有。享，獻也。頫，見也。案行人合六幣，圭以馬，璋以皮，璧以帛，琮以錦，琥以繡，璜以黼。鄭玄云：上公享王，圭以馬。享后，璋以皮。餘以次降。此言璋者，據上公享后言之。述職，諸侯朝天子。巡功，天子適諸侯。朝聘之禮，有設机進爵之時，朝禮雖亡，而聘禮有其畧也。聘義曰：質明而始行，日幾中而後成。禮非彊有力者弗能行也。酒清人渴而不敢飲也，肉乾人饑而不敢食也。是務在行禮，不倚几，不飲爵也。宴飲以貨爲好，衣服車馬在客所無。熟肉爲殽。陪，加也。加鼎所以厚殷勤。賓至逆，勞之於郊，去則贈之以貨賄，此皆至禮也。國家之興以得此道，敗以失此道也。又言晉、楚相爭，每以恃勝無備故敗，今果何以爲備？且天下之怨，誰復有重於此者，須有人以爲之備。麇，羣也。薦，進也。晉之事楚固已恭，而國更多材，又皆富彊。趙成等五卿爲起之下，祁午等八大

夫爲肸之下，皆極一時之選。襄既爲公族而起之，子須雖幼已任出使。箕襄等五人皆韓族，見其族之盛。七邑皆成縣，賦百乘，見其邑之大。羊舌四族，銅鞮伯華、叔向、叔魚、叔虎，亦非弱小。石，叔向子食我。與須同報父仇。用其十家九縣之衆，應有長轂九百乘，其餘居守者尚有四千乘。伯華善謀，荀、魏善兵，發其武勇怨毒以報楚，必無以當之。是失姻好以易仇怨，徒使羣臣往與之禽獲耳。前韓氏七、羊舌氏四，言十家，舉大數也。羊舌四家共二縣，故但言彊家。長轂，戎車。王既自知過，又以叔向多智，與韓子皆厚禮焉。圉，河南杞縣有圉城。未復命，故辭勞。

六年　夏，六月，楚公子棄疾如晉，報韓子也。　韓宣子之適楚也，楚人弗逆。公子棄疾及晉竟，晉侯將亦弗逆。叔向曰：「楚辟我衷，若何效辟？詩曰：『爾之教矣，民胥效矣。』從我而已，焉用效人之辟？書曰：『聖作則。』無寧以善人爲則，而則人之辟乎？匹夫爲善，民猶則之，況國君乎？」晉侯説，乃逆之。棄疾如晉過鄭，事見平王得國。辟，邪也。衷，正也。詩小雅，言上教下效。書逸書。無寧，寧也。◯秋，九月，楚令尹子蕩帥師伐吴，師于豫章，而次于乾谿。吴人敗其師於房鍾。此豫章在江北，非今江南豫章。乾谿，楚東境，在今南直隸亳縣境。房鍾，詳見吴通上國。冬，叔弓如楚聘，且弔敗也。

七年　春，楚子成章華之臺，願與諸侯落之。太宰薳啓彊曰：「臣能得魯侯。」薳啓彊來召公，辭曰：「昔先君成公命我先大夫嬰齊曰：『吾不忘先君之好，將使衡父照臨楚國，鎮撫其社稷，以輯寧爾民。』嬰齊受命于蜀。奉承以來，弗敢失隕，而致諸宗祧。日我先君共王引領北望，日月以冀，傳序相授，於今四王矣。嘉惠未至，唯襄公之辱臨我喪。孤與其二三臣悼心失

圖，社稷之不皇，况能懷思君德？今君若步玉趾，辱見寡君，寵靈楚國，以信蜀之役，致君之嘉惠，是寡君既受貺矣，何蜀之敢望？其先君鬼神實嘉賴之，豈唯寡君？君若不來，使臣請問行期，寡君將承質幣而見于蜀，以請先君之貺。」公將往，夢襄公祖。梓慎曰：「君不果行。襄公之適楚也，夢周公祖而行。今襄公實祖，君其不行。」子服惠伯曰：「行。先君未嘗適楚，故周公祖以道之。襄公適楚矣，而祖以道君。不行何之？」三月，公如楚。章華臺，本在荆州華容縣，華容已改監利。岳州華容亦有章華臺，蓋後擬爲之。宫室始成而祭之曰落。欲與諸侯偕，以侈誇也。啓彊以前盟蜀事召魯公。衡父質楚，故曰照臨。質而二國和好，故曰鎮撫、曰輯寧。致宗祧，重其事也。日，往日。或無「日」字，疑衍。四王，共、康、郟敖、靈也。衡父逃歸，楚好遂絶，故曰嘉惠未至。欲使魯君親臨，不敢望如蜀以質子。「問行期」以下蓋以楚子將親將伐魯，問魯君會師之期而婉言之。魯懼，聽命。祖，祭。道，神。餘見孔子相魯。夏，楚子享公于新臺。使長鬣者相。好以大屈，既而悔之。薳啓彊聞之，見公，公語之，拜賀，公曰：「何賀？」對曰：「齊與晉、越，欲此久矣，寡君無適與也。而傳諸君，君其備禦三鄰，慎守寶矣，敢不賀乎？」公懼，乃反之。新臺，章華臺。鬣，鬚也。長鬚相，以誇魯侯。大屈，弓名，爲宴好之賜。備三鄰，言齊、晉、越將伐魯取之。傳言靈王無信。

八年　陳哀公有癈疾。三月，公子招、公子過殺悼太子偃師，而立公子留。夏，四月，哀公縊。九月，楚公子棄疾帥師奉孫吴圍陳。冬，十一月，滅陳。時哀公愛少子留，欲廢太子偃師而立之，以屬招與過。故二人殺偃師而立留。哀公復憂悼而自殺。孫吴，偃師之子。俱詳見楚滅陳。

九年　春，叔弓、宋華亥、鄭游吉、衛趙黶會楚子于陳。二月庚申，楚公子棄疾遷許于夷，實城父。取州來淮北之田以益之，伍舉授許男田。然丹遷城父人於陳，以夷濮西田益之。遷方城外人於許。許本國于今河南許州，成十五年遷于葉。葉，今河南葉縣。此又遷之於城父而益之以田。城父，今南直隸亳縣。又遷城父，民於陳而益以濮田，仍以方城外民實許。許，葉也。傳言靈王使民不安。

十一年　春，景王問於萇弘曰：「今茲諸侯何實吉？何實凶？」對曰：「蔡凶。此蔡侯般弒其君之歲也，歲在豕韋，弗過此矣。楚將有之，然壅也。歲及大梁，蔡復，楚凶，天之道也。」楚子在申，召蔡靈侯。靈侯將往，蔡大夫曰：「王貪而無信，唯蔡於感。今幣重而言甘，誘我也，不如無往。」蔡侯不可。三月丙申，楚子伏甲而享①蔡侯於申，醉而執之。夏，四月丁巳，殺之，刑其士七十人。公子棄疾帥師圍蔡。韓宣子問於叔向曰：「楚其克乎？」對曰：「克哉！蔡侯獲罪於其君，而不能其民，天將假手於楚以斃之，何故不克！然肸聞之：不信以幸，不可再也。楚王奉孫吳以討於陳，曰『將定而國』，陳人聽命而遂縣之。今又誘蔡而殺其君，以圍其國。雖幸而克，必受其咎，弗能久矣。桀克有緡，以喪其國。紂克東夷，而隕其身。楚小位下，而亟暴於二王，能無咎乎？天之假助不善，非祚之也。厚其凶惡，而降之罰也。且譬之如天其

① 享，左傳作「鄉食」。

有五材，而將用之，力盡而敝之，是以無拯，不可没振。」景王，周王。萇弘，周大夫。襄三十年，蔡靈侯般弑其君，歲在豕韋，至今十三年，復在豕韋，故知蔡凶。蔡近楚，故知楚將有之。然無德而享大利，所以壅積其惡。靈王弑立之年，歲在大梁，至昭十三年，復在大梁，故知楚凶。蓋美惡周必復，二國皆以此推之。蔡近楚大國，故常憾其不順從。感、憾同。獲罪，謂弑父。不能，不德於民也。金、木、水、火、土五者，天將用之，必使之長茂以盡其力。至於敝而後爲用，則其物力已竭，故無拯而不可没振。没振，没而復振也。時晉衰，不能救亡國，徒委之天，俟其自斃。楚師在蔡。晉荀吴謂韓宣子曰：「不能救陳，又不能救蔡，物以無親，晉之不能，亦可知也已。爲盟主而不恤亡國，將焉用之？」秋，會于厥慭，謀救蔡也。鄭子皮將行，子産曰：「行不遠，不能救蔡也。蔡小而不順，楚大而不德，天將棄蔡以壅楚，盈而罰之。蔡必亡矣，且喪君，而能守者鮮矣。三年，王其有咎乎？美惡周必復，王惡周矣。」晉人使狐父請蔡于楚，弗許。荀吴能以不救蔡爲恥，韓起素無遠畧，徒使請之楚而已。物無親，猶言物情不附。厥慭，地舊闕。盈，盈楚惡也。狐父，晉大夫。冬，十一月，楚子滅蔡，用隱太子于岡山。申無宇曰：「不祥。五牲不相爲用，況用諸侯乎！王必悔之。」隱太子，靈公子，名有，蔡侯廬之父。殺之爲牲，以祭岡山之神。岡山，舊闕，今上蔡縣有蔡岡，疑即此。楚子城陳、蔡、不羹。使棄疾爲蔡公。不羹，河南襄城縣東南舊有不羹城，又定陵西北有不羹亭。定陵未有考。餘詳見平王得國。

十二年　冬，楚子狩于州來，次于潁尾。使蕩侯、潘子、司馬督、囂尹午、陵尹喜帥師圍徐以懼吴。楚子次于乾谿，以爲之援。雨雪，王皮冠，秦復陶，翠被，豹舄，執鞭以出。僕析父從。右

尹子革夕，王見之，去冠、被，舍鞭，與之語曰：「昔我先王熊繹與呂伋、王孫牟、燮父、禽父並事康王，四國皆有分，我獨無有。今吾使人於周，求鼎以爲分，王其與我乎？」對曰：「與君王哉！昔我先王熊繹辟在荆山，篳路藍縷，以處草莽，跋涉山林，以事天子。唯是桃弧棘矢以共禦王事。齊，王舅也。晉及魯、衛，王母弟也。楚是以無分，而彼皆有。今周與四國服事君王，將唯命是從，豈其愛鼎？」王曰：「昔我皇祖伯父昆吾，舊許是宅。今鄭人貪賴其田，而不我與。我若求之，其與我乎？」對曰：「與君王哉！周不愛鼎，鄭敢愛田？」王曰：「昔諸侯遠我而畏晉，今我大城陳、蔡、不羹，賦皆千乘，子與有勞焉，諸侯其畏我乎？」對曰：「畏君王哉！是四國者，專足畏也。又加之以楚，敢不畏君王哉？」工尹路請曰：「君王命剥圭以爲鏚柲，敢請命。」王入視之。析父謂子革：「吾子，楚國之望也。今與王言如響，國其若之何？」子革曰：「摩厲以須，王出，吾刃將斬矣。」王出，復語。左史倚相趨過，王曰：「是良史也，子善視之！是能讀三墳、五典、八索、九丘。」對曰：「臣嘗問焉，昔穆王欲肆其心，周行天下，將皆必有車轍馬跡焉。祭公謀父作祈招之詩以止王心，王是以獲没於祇宮。臣問其詩而不知也。若問遠焉，其焉能知之？」王曰：「子能乎？」對曰：「能。其詩曰：『祈招之愔愔，式昭德音。思我王度，式如玉，式如金。形民之力，而無醉飽之心。』」王揖而入，饋不食，寢不寐，數日，不能自克，以及於難。仲尼曰：「古也有志：『克己復禮，仁也。』信善哉！楚靈王若能如是，

豈其辱於乾谿。」靈王務勝不已，復身帥大衆以出，而内無重臣居守，遂亂。潁尾，河南潁上縣。蕩侯等，楚五大夫。徐，吴與國，故圍之以偪吴。復陶，秦所遺羽衣。被、帔同。以翠羽爲飾。豹舄，以豹皮爲履。執鞭以出，號令也。析父，楚大夫。子革，鄭丹字。夕，暮見。去冠、舍鞭，以敬大臣。熊繹，楚始封君。吕伋，齊丁公。牟，衛康叔子康伯。燮父，晉唐叔子。禽父，即伯禽。分，珍寶器。桃弧棘矢，以禦不祥。言楚在山林，少所出，故供於周者微，不與四國同。陸終氏生六子，長曰昆吾，少曰季連。季連楚之祖，故以昆吾爲伯父。昆吾常居許地，故曰舊許是宅。四國，陳、蔡、二不羹也。劉炫據楚語，陳、蔡與不羹爲三國，止有一不羹，古「四」字積畫以成此。云「四」，蓋「三」之誤。疑是子革雖俱順焉以答，中亦微含諷意。鏚，斧也。柲，柄也。破圭玉以飾斧柄，而請制度之命。如響，譏其順王如響應聲，無匡弼之忠。子革以己喻鋒刃，將摩厲以斬王之淫慝。倚相，楚史官名。三墳、五典、八索、九丘，皆古書名。或云伏羲、神農、黄帝之書爲三墳，少昊、顓頊、高辛、唐堯、虞舜之書爲五典，八卦之説爲八索，九州之志爲九丘。穆，周穆王。謀父，周卿士。祈父，周司馬，世掌甲兵之賦，招其名。祭公方諫遊行，故指司馬而言。此詩逸。一云祈招，詩名，猶徵招角招也。愔愔，安和貌。式用，昭明也。仰以王之德度，珍重如金玉，念民力一出於其形，非約以節之，恐傷若飲食，僅適於用，無期其醉飽也。王深感子革之言，不能勝其欲以底難。傳引仲尼言以傷之。〇竊謂虔事至此，禍機已將齊發矣。雖自克，亦奚捄乎？且克己復禮豈虔所能，而夫子乃以望之哉？

十三年　春，楚公子比、公子黑肱、公子棄疾、蔓成然、蔡朝吴帥陳、蔡、不羹、許、葉之師以入楚。使觀從從師于乾谿，而遂告之，且曰：「先歸復所，後者劓。」師及訾梁而潰。夏，五月癸亥，王縊于芋尹申亥氏。丙辰，棄疾即位。初，靈王卜，曰：「余尚得天下！」不吉。投龜，詬天而呼，曰：「是區區者而不余畀，余必自取之。」民患王之無厭也，故從亂如歸。告之，使叛王。

劓，截鼻也。訾梁，楚地。尚，庶幾。區區，小天下也。以上俱節，詳見楚平王得國。楚之滅蔡也，靈王遷許、胡、沈、道、房、申於荆焉。平王即位，既封陳、蔡，而皆復之，禮也。隱太子之子廬歸于蔡，禮也。悼太子之子吳歸于陳，禮也。冬，十月，葬蔡靈公，禮也。許、胡、沈，小國。道、房、申，故國，楚滅之爲邑。胡，南直隸潁州有胡城。房，河南遂平縣有吳房城。荆，荆山，在湖廣南漳縣西北八十里。廬，蔡平侯。吳，陳惠侯。禮，安民定國之禮。

十九年　春，楚工尹赤遷陰于下陰，令尹子瑕城郟。叔孫昭子曰：「楚不在諸侯矣，其僅自完也，以持其世而已。」陰城，在湖廣穀城縣北。郟，河南郟縣。遷陰城郟，皆僅自完。自後晉、楚俱衰，俱不復爭衡矣。

晉失諸侯

襄公二十三年　春，杞孝公卒，晉悼夫人喪之。平公不徹樂，非禮也。禮，爲鄰國闕。悼夫人，晉平公母，杞孝公姊妹。禮，諸侯絶期，故以鄰國責之。母子一體焉，有母喪之，而子不徹樂者，不以母子言，而舉鄰國，非情矣。

二十九年　晉平公，杞出也，故治杞。六月，知悼子合諸侯之大夫以城杞。孟孝伯會之，鄭子太叔與伯石往。子太叔見太叔文子，與之語，文子曰：「甚乎其城杞也！」子太叔曰：「若之何哉？晉國不恤周宗之闕，而夏肄是屏，其棄諸姬亦可知也已。諸姬是棄，其誰歸之？吉

也聞之：棄同即異，是謂離德。詩曰：『協比其鄰，昏姻孔云。』晉不鄰矣，其誰云之？」平公不能尊周，綏諸侯，徒私厚母家，爲時所譏。治，理其地，脩其城。知悼子，名盈。孟孝伯，名羯。子太叔，名吉。伯石，名印。文子，名儀。周宗，諸姬也。夏肄，杞也。斬而復生曰肄。屏，城也。詩小雅，言王者協和近親，則昏姻甚歸附。云，猶旋，旋歸之。

范獻子來聘，拜城杞也。晉侯使司馬女叔侯來治杞田，弗盡歸也。晉悼夫人慍曰：「齊也取貨，先君若有知也，不尚取之。」公告叔侯，叔侯曰：「虞、虢、焦、滑、霍、揚、韓、魏，皆姬姓也，晉是以大。若非侵小，將何所取？武、獻以下，兼國多矣，誰得治之？杞，夏餘也，而即東夷。魯，周公之後也，而睦於晉。以杞封魯猶可，而何有焉？魯之於晉也，職貢不乏，玩好時至，公卿大夫相繼於朝，史不絶書，府無虛月，如是可矣，何必瘠魯以肥杞？且先君而有知也，毋寧夫人，而焉用老臣？」治杞田，使魯歸其所侵也。女叔侯，名齊。夫人謂齊取貨於魯，歸杞田不盡，先君不尚取，齊於地下治之乎？叔侯以晉滅諸國以致大，魯侵杞不必治，且杞用夷禮，魯以懿親而事晉盡恭，何使魯歸杞侵田之有？先君當取治夫人，何用取我？

三十年二月癸未，晉悼夫人食輿人之城杞者。絳縣人或年長矣，無子而往，與於食。有與疑年，使之年。曰：「臣，小人也，不知紀年。臣生之歲，正月甲子朔，四百有四十五甲子矣，其季於今三之一也。」吏走問諸朝，師曠曰：「魯叔仲惠伯會郤成子于承匡之歲也。是歲也，狄伐魯，叔孫莊叔於是乎敗狄于鹹，獲長狄僑如及虺也、豹也，而皆以名其子。七十三年矣。」史趙

曰：「亥有二首六身，下二如身，是其日數也。」士文伯曰：「然則二萬六千六百有六旬也。」趙孟問其縣大夫，則其屬也。召之而謝過焉，曰：「武不才，任君之大事，以晉國之多虞，不能由吾子，使吾子辱在泥塗久矣。武之罪也。敢謝不才。」遂仕之，使助爲政，辭以老。與之田，使爲君復陶，以爲絳縣師，而廢其輿尉。於是魯使者在晉，歸以語諸大夫。季武子曰：「晉未可媮也。有趙孟以爲大夫，有伯瑕以爲佐，有史趙、師曠而咨度焉，有叔向、女齊以師保其君。其朝多君子，其庸可媮乎？勉事之，而後可。」悼夫人以城其自出，故畢而食其城者。輿，衆也。疑年，疑其年而使之言。正月，夏正月。老人自始生至今，凡得甲子如此。季，末也。末至今日也，凡六甲六十日。自甲子、甲戌至癸未，凡二十日，故云三之一。吏皆不知，故問於朝。師曠記是年古事而知其年之數。史趙以亥字當其日之數，士文伯以長曆推之而定其日之數。趙孟問知其爲己屬而謝不能用，使爲復陶，主君衣服，又兼縣師掌地域，辨其夫家人民。以輿尉役孤老而廢之。此季武所稱多君子，未可以薄晉者。古「亥」字二畫在上，三人在下，故以二爲首，以六爲身。下其二得二萬，如身謂以三人爲三六，如其三六得六千六百六旬。下，猶置也。如，猶依也。因亥畫似筭位，故假之以爲言。而下如二字，亦用筭法之文，使積之局以成其數。屬，所分掌也。

三十一年　春王正月，穆叔至自會，見孟孝伯，語之曰：「趙孟將死矣。其語偷，不似民主。且年未盈五十而諄諄焉，如八九十者，弗能久矣。若趙孟死，爲政者其韓子乎？吾子盍與季孫言之，可以樹善，君子也。晉君將失政矣。若不樹焉，使早備魯，既而政在大夫。韓子懦

弱，大夫多貪，求欲無厭，齊、楚未足與也，魯其懼哉！」孝伯曰：「人生幾何，誰能無偷？朝不及夕，將安用樹？」穆叔出而告人曰：「孟孫將死矣。吾語諸趙孟之偷也，而又甚焉。」又與季孫語晉故，季孫不從。及趙文子卒，晉公室卑，政在侈家。韓宣子爲政，不能圖諸侯，魯不堪晉求，讒慝弘多，是以有平丘之會。會，會澶淵也。偷，苟且也。韓子，名起。樹，善預植善根，雖讒不害。秋，九月己亥，孟孝伯卒。

昭公元年　秋，晉侯有疾。鄭伯使公孫僑如晉聘，且問疾。叔向問焉，曰：「寡君之疾病，卜人曰：『實沈、臺駘爲祟。』史莫之知。敢問此何神也？」子産曰：「昔高辛氏有二子，伯曰閼伯，季曰實沈。居于曠林，不相能也，日尋干戈，以相征討。后帝不臧，遷閼伯于商丘，主辰。商人是因，故辰爲商星。遷實沈于大夏，主參。唐人是因，以服事夏、商。其季世曰唐叔虞。當武王邑姜方震太叔，夢帝謂己：『余命而子曰虞，將與之唐，屬諸參，而蕃育其子孫。』及生，有文在其手，曰『虞』，遂以命之。及成王滅唐而封太叔焉，故參爲晉星。由是觀之，則實沈，參神也。昔金天氏有裔子曰昧，爲玄冥師，生允格、臺駘。臺駘能業其官，宣汾、洮，障大澤，以處太原。帝用嘉之，封諸汾川，沈、姒、蓐、黄實守其祀。今晉主汾而滅之矣，由是觀之，則臺駘，汾神也。抑此二者，不及君身。山川之神，則水旱癘疫之災於是乎禜之。日月星辰之神，則雪霜風雨之不時，於是乎禜之。若君身，則亦出入、飲食、哀樂之事也，山川星辰之神又何爲焉？僑聞

之：「君子有四時，朝以聽政，晝以訪問，夕以脩令，夜以安身。於是乎節宣其氣，勿使有所壅閉湫底以露其體，玆心不爽，而昏亂百度。今無乃壹之，則生疾矣。僑又聞之：內官不及同姓，其生不殖。美先盡矣，則相生疾，君子是以惡之。故志曰：『買妾不知其姓，則卜之。』違此二者，古之所慎也。男女辨姓，禮之大司也。今君內實有四姬焉，其無乃是也乎？若由是二者，弗可爲也已。四姬有省猶可，無則必生疾矣。」叔向曰：「善哉！肸未之聞也。此皆然矣。」晉侯聞子産之言，曰：「博物君子也。」重賄之。

平公久疾，故卜。實沈、臺駘見于卜兆。祟，神禍。子産以博識聞，故因問之。高辛，帝嚳也。曠林，地闕。商丘，宋地。大夏，晉陽遷徙封之。辰，東方蒼龍宿。參，西方白虎宿。主，主其祀，從其分野也。商人湯先相土，唐人堯後劉累等累遷魯縣，此在大夏，因其國而脩其祀。叔虞，唐季世之君。邑姜，武王妃。懷娠曰震。太叔，成王弟。帝天以唐君之名名之。既封于唐爲晉侯，故參爲晉祀，實沈其神也。金天氏，帝少皞。裔，遠也。玄冥，水官。昧爲之長。昧二子惟臺駘能纂昧之職。宣，通也。汾、洮，二水，立障陂之使順也。太原，即晉陽，臺駘居之。帝，顓頊。沈、姒、蓐、黄四國，臺駘之後，爲晉所滅。晉宜脩其祀。周禮：四曰禜，祭爲營。攢用幣以祈福祥。山川屬地，故地氣有乖則禜之，若臺駘者。日星天象，故天澤不時，則禜之，若實沈者。然二神雖爲晉祀，而不能爲君疾。君身自以失養致病。蓋形神不可太勞，尤不可太逸，故君子以三時勞其身，而以一時自養，所以節適宣暢其氣，不使之壅閉而不通，湫底而集滯，以致於羸瘠，而筋骸是露也。形神相依，形弱則神亦衰，故心不精爽，百度昏亂。今一於淫樂，視日猶夜，則氣不宣節而疾也。又同姓相與先美矣，美極則惡生，故內官不及，買妾必卜，以遠同姓也。與別四時爲二，皆古所慎。今君既壹之，又有四姬，犯是二戒矣。若於四姬接御稀省猶可，否則淫寵過度，必疾也。內官，嬪御。殖，長也。○叔向讓善，似矣。晉侯稱博物而不知爲其身之藥石也，

惜哉！晉侯求醫於秦，秦伯使醫和視之，曰：「疾不可爲也。是謂近女，室疾如蠱。非鬼非食，惑以喪志。良臣將死，天命不祐。」公曰：「女不可近乎？」對曰：「節之。先王之樂，所以節百事也，故有五節。遲速本末以相及，中聲以降。五降之後，不容彈矣。於是有煩手淫聲，慆堙心耳，乃忘平和，君子弗聽也。物亦如之。至於煩，乃舍也已，無以生疾。君子之近琴瑟，以儀節也，非以慆心也。天有六氣，降生五味，發爲五色，徵爲五聲。淫生六疾。六氣曰陰、陽、風、雨、晦、明也。分爲四時，序爲五節，過則爲菑。陰淫寒疾，陽淫熱疾，風淫末疾，雨淫腹疾，晦淫惑疾，明淫心疾。女，陽物而晦時，淫則生内熱惑蠱之疾。今君不節、不時，能無及此乎？」出，告趙孟。趙孟曰：「誰當良臣？」對曰：「主是謂矣。主相晉國，於今八年，晉國無亂，諸侯無闕，可謂良矣。和聞之，國之大臣，榮其寵祿，任其大節。有菑禍興，而無改焉，必受其咎。今君至於淫，以生疾，將不能圖恤社稷，禍孰大焉？主不能禦，吾是以云也。」趙孟曰：「何謂蠱？」對曰：「淫溺惑亂之所生也。於文，皿蟲爲蠱。穀之飛亦爲蠱。在周易，女惑男、風落山謂之蠱䷑。皆同物也。」趙孟曰：「良醫也。」厚其禮而歸之。秦多產良醫，故晉求之。和，醫名。蠱，惑疾。公非蠱而惑於女，喪其志，如蠱也。良臣不能匡救，將死，而不爲天所祐。和以樂喻色之宜節。樂有五聲：宮、商、角、徵、羽。其相生大小之次皆有節焉，先王所以成樂而用之以節百事。其遲速本末皆有倫序，以及於中。五聲固本，以黄鍾爲宮。然還相爲宮，則其餘十一律皆可爲宮。宮必爲君而不可下於臣，商必爲臣而不可上於君。角民，徵事，羽物，皆以次降殺。其有臣過君、

民過臣、事過民、物過事者，則不用正聲而以半聲應之，是爲五降。五降得其節，則八音克諧。無相奪倫而可彈。若自五降而後，則非復正音，如鄭、衛之樂，君子弗聽，故不容彈。周禮，凡建國禁其淫聲、過聲、凶聲、慢聲。光武使桓譚鼓琴，而好其煩聲。宋弘所惡者亦是也。凡事皆如樂，不可失節而至於煩。煩而不舍，必至疾矣。君子琴瑟不去身者，使爲心之儀節，動不過度，豈以慆慢其心志哉？天有陰、陽、風、雨、晦、明六氣，而五行實運於其中，故降之而爲味五，金辛、木酸、水鹹、火苦、土甘。發之而爲色五，辛白、酸青、鹹黑、苦赤、甘黄。徵之而爲聲五，白商、青角、黑羽、赤徵、黄宫。五味、五色、五聲，皆所以養生而不可過淫，淫則六疾生焉。蓋天以六氣分而序之，則成四時，各得其節。五行有所過，則各以其類而爲菑。人稟其氣以生，亦如之。氣恒和平則無疾。如陰淫其疾寒，爲中寒等症。陽淫其疾熱，爲喘渴等症。風淫其疾在末，末，四肢也，爲緩急等症。雨淫其疾在腹，爲洩注等症。晦，夜也。宴寢過節則心惑亂。明，晝也。思慮煩多則心勞生疾。女，陰也，陰中有陽，其物屬火，故爲陽道。在夜，故時爲晦，淫於女則火熾於内，心喪其神，而爲内熱惑蠱之疾，所謂陽淫晦淫也。淫，不節不時也。其云良臣，趙孟也。不能改於君德，實當其咎。溺，沉没也。文，字也。皿，器也。器受蟲害者爲蠱，穀積久變爲飛蟲亦名曰蠱。易，巽下艮上，蠱。巽爲長女，爲風。艮爲少男，爲山。少男而説長女，非匹，故惑，是山木得風而落，三者皆同。類，物類也。○和之論，通於天人之秘，性命之微，其關於君德治道非細也。而晉之君臣視之平平焉，其魄亡矣。

十二月，趙孟卒。餘見上卷。

二年　春，晉侯使韓宣子來聘，且告爲政，而來見，禮也。宣子，名起，公即位，故來聘。代趙武爲政，雖盟主而脩好同盟，故曰禮。餘見卿族廢興。夏，四月，韓須如齊逆女。齊陳無宇送女，致少姜。少姜有寵於晉侯，晉侯謂之少齊。謂陳無宇非卿，執諸中都，少姜爲之請，曰：「送從逆班，畏大國也，猶有所易，是以亂作。」須，宣子之子。逆女，逆少姜。別立號以寵異之，曰少齊。須，公族大夫。無宇，上大夫。言齊畏晉，

故如此。逆其班列以爲敬，猶以爲罪，執之使有所易，則人將忿憾而爲亂。中都，晉邑，今山西介休縣有中都城。叔弓聘于晉，報宣子也。晉侯使郊勞，辭曰：「寡君使弓來繼舊好，固曰『女無敢爲賓』，徹命於執事，敝邑弘矣，敢辱郊使？請辭。」致館，辭曰：「寡君命下臣來繼舊好，好合使成，臣之祿也。敢辱大館？」叔向曰：「子叔子知禮哉！吾聞之曰：忠信，禮之器也，卑讓，禮之宗也。辭不忘國，忠信也。先國後己，卑讓也。詩曰：『敬慎威儀，以近有德。』夫子近德矣。」聘禮，賓至近郊，君使卿勞問之。祿，榮祿也。詩，大雅。秋，晉少姜卒。公如晉，及河，晉侯使士文伯來辭，曰：「非伉儷也，請君無辱。」公還。季孫宿遂致服焉。叔向言陳無宇於晉侯曰：「彼何罪？君使公族逆之，齊使上大夫送之，猶曰不共，君求以貪。國則不共，而執其使。君刑已頗，何以爲盟主？且少姜有辭。」冬，十月，陳無宇歸。十一月，鄭印段如晉弔。晉侯過寵少姜，其卒也，聲動諸侯，故魯公往弔。將渡河而北，又以私煩爲嫌而辭之。致服，致襚服。前執無宇猶未釋，故叔向言之。貪，過多也。言使不共果在齊，亦非使人之罪，頗不平。辭，謂請陳無宇之辭。

三年　春王正月，鄭游吉如晉送少姜之葬。梁丙與張趯見之。梁丙曰：「甚矣哉！子之爲此來也。」子太叔曰：「將得已乎？昔文、襄之霸也，其務不煩諸侯。令諸侯三歲而聘，五歲而朝，有事而會，不協而盟。君薨，大夫弔，卿共葬事。夫人，士弔，大夫送葬。足以昭禮、命事、謀闕而已，無加命矣。今嬖寵之喪，不敢擇位，而數於守適，唯懼獲戾，豈敢憚煩？少姜有寵而

死，齊必繼室。今茲吾又將來賀，不唯此行也。」張趯曰：「善哉，吾得聞此數也！然自今子其無事矣。譬如火焉，火中，寒暑乃退。此其極也，能無退乎？晉將失諸侯，諸侯求煩不獲。」二大夫退，子太叔告人曰：「張趯有知，其猶在君子之後乎！」少姜卒，鄭使卿弔，且送葬。丙、趯，晉大夫。甚，過禮也。王制，歲聘閒朝，文、襄朝聘之令較之爲簡。王制，諸侯之喪，士弔，大夫送葬，晉喪制較之爲過。數，列也。禮之列於適。繼室，復薦女。數，等殺也。火，心星，心以季夏昏中而暑退，季冬旦中而寒退。君子後譏其不爲國隱也。齊侯使晏嬰請繼室於晉，曰：「寡君願事君，朝夕不倦，將奉質幣以無失時，則國家多難，是以不獲。不腆先君之適以備內官，焜燿寡人之望，則又無祿，早世隕命，寡人失望。君若不忘先君之好，惠顧齊國，辱收寡人，徼福於太公、丁公，照臨敝邑，鎮撫其社稷，則猶有先君之適及遺姑姊妹若而人。君若不棄敝邑，而辱使董振擇之，以備嬪嬙，寡人之望也。」韓宣子使叔向對曰：「寡君之願也。寡君不能獨任其社稷之事，未有伉儷，在縗絰之中，是以未敢請。君有辱命，惠莫大焉。若惠顧敝邑，撫有晉國，賜之內主，豈唯寡君，舉羣臣實受其貺。其自唐叔以下實寵嘉之。」時晉雖失德猶強，齊以寵其女爲國幸，而復請之繼。適，嫡生也。言姑姊非嫡也，若而人不敢譽也。董，督。振，整也。嬪嬙，內官。時晉以適夫人之禮喪少姜，復以夫人之禮繼之。餘見卿族廢興、田氏傾齊。夏，晉韓起如齊逆女。公孫蠆爲少姜之有寵也，以其子更公女，而嫁公子。人謂宣子：「子尾欺晉，晉胡受之？」宣子曰：「我欲得齊，而遠其寵，寵將來乎？」秋，七月，鄭罕虎如晉賀夫人。張趯使謂太叔曰：「自子之歸也，

小人糞除先人之敝廬，曰：『子其將來。』今子皮實來，小人失望。」太叔曰：「吉賤，不獲來，畏大國，尊夫人也。且孟曰『而將無事』，吉庶幾焉。」薑，字子尾。擅寵於齊。公子，公女。寵謂子尾，言遠子尾，則齊不歸。糞，治也。虎，字子皮。餘見靈王之亂。賤，非上卿也。孟，張趯字。庶幾，或如趯言。

七年　三月，公如楚。夏，晉人來治杞田，季孫將以成與之。謝息爲孟孫守，不可，曰：「人有言曰：『雖有挈缾之知，守不假器，禮也。』夫子從君，而守臣喪邑，雖吾子亦有猜焉。」季孫曰：「君之在楚，於晉罪也。又不聽晉，魯罪重矣，晉師必至，吾無以待之，不如與之。間晉而取諸杞。吾與子桃，成反，誰敢有之？是得二成也。魯無憂，而孟孫益邑。子何病焉？」辭以無山，與之萊、柞。乃遷于桃，晉人爲杞取成。前女叔侯不盡歸杞田，今晉恨公如楚，故復治。成，孟氏邑，本杞田。謝息，孟氏家臣。挈缾汲者，喻小智爲人守器，猶知不以借人。夫子，謂孟僖子，從公于楚。吾子，謂季孫。亦將疑我不忠。間晉，俟晉間隙也。桃，邑。萊、柞，二山。

八年　春，石言于晉魏榆。晉侯問於師曠，曰：「石何故言？」對曰：「石不能言，或馮焉。不然，民聽濫也。抑臣又聞之曰：『作事不時，怨讟動于民，則有非言之物而言。』今宮室崇侈，民力彫盡，怨讟並作，莫保其性，石言，不亦宜乎？」於是晉侯方築虒祁之宮，叔向曰：「子野之言，君子哉！君子之言，信而有徵，故怨遠於其身。小人之言，僭而無徵，故怨咎及之。詩曰：『哀哉不能言，匪舌是出，唯躬是瘁。哿矣能言，巧言如流，俾躬處休。』其是之謂乎！

是宫也成，諸侯必叛，君必有咎，夫子知之矣。」晉將衰，有妖石而能人言。魏榆，晉地。馮焉，或有鬼神馮附于石。性，命也。虒祁，去絳西四十里臨汾水，今山西曲沃縣境有虒祁宫。子野，師曠字。詩小雅，謂哀不能言者，其言非不從舌以出，但僭而不信，自病其躬。哿，嘉也。嘉能言者雖非正言，而順敘以聽，自處安逸。叔向以師曠緣問如流以轉，終歸于諫，故比以巧言，與今説詩者大異。蓋深病晉侯崇侈而莫能諫，故美曠如此。四月，叔弓如晉，賀虒祁也。游吉相鄭伯以如晉，亦賀虒祁也。史趙見子太叔曰：「甚哉其相蒙也，可弔也，而又賀之。」子太叔曰：「若何弔也？其非唯我賀，將天下實賀。」蒙，欺也。可弔，以崇侈，晉將衰也。

十年　秋，七月，平子伐莒，取郠。詳見魯與邾莒之怨。〇戊子，晉平公卒。鄭伯如晉。及河，晉人辭之。游吉遂如晉。九月，叔孫婼、齊國弱、宋華定、衛北宫喜、鄭罕虎、許人、曹人、莒人、邾人、滕人、薛人、杞人、小邾人如晉，葬平公也。餘見子産相國。

十二年　夏，齊侯、衛侯、鄭伯如晉，朝嗣君也。公如晉，至河乃復。取郠之役，莒人愬于晉，晉有平公之喪，未之治也，故辭公。公子慭遂如晉。晉侯享諸侯，子産相鄭伯，辭於享，請免喪而後聽命。晉人許之，禮也。晉侯以齊侯宴，中行穆子相。投壺，晉侯先，穆子曰：「有酒如淮，有肉如坻，寡君中此，爲諸侯師。」中之，齊侯舉矢曰：「有酒如澠，有肉如陵，寡人中此，與君代興。」亦中之。伯瑕謂穆子曰：「子失辭，吾固師諸侯矣，壺何爲焉，其以中儁也？齊君弱吾君，歸弗來矣。」穆子曰：「吾軍帥彊禦，卒乘競勸，今猶古也，齊將何事？」公孫傁趨進曰：

「日旰君勤，可以出矣。」以齊侯出。晉昭公立，故諸侯偕朝。憖，魯大夫。時鄭簡公薨，未終喪，故辭享，晉許之，以順孝子之情。如淮、如坻、如澠、如陵，皆狀其富。伯瑕，士文伯也。言中壺不足爲儁異，何用言之？以自取其弱我之言。穆子言晉武勇不異於昔，齊將何所爲乎？公孫傁，齊大夫，見主賓忮懻，故以君出。

十三年　夏，晉成虒祁，諸侯朝而歸者，皆有貳心。爲取郠故，晉將以諸侯來討。叔向曰：「諸侯不可以不示威。」乃並徵會。七月丙寅，治兵于邾南。甲車四千乘，羊舌鮒攝司馬，遂合諸侯于平丘。子產、子太叔相鄭伯以會。子產以幄、幕九張行，子太叔以四十，既而悔之，每舍損焉。及會，亦如之。次于衛地。叔鮒求貨於衛，淫芻蕘者。衛人使屠伯饋叔向羹與一篋錦，曰：「諸侯事晉，未敢攜貳，況衛在君之宇下，而敢有異志？芻蕘者異於他日，敢請之。」叔向受羹反錦，曰：「晉有羊舌鮒者，瀆貨無厭，亦將及矣。爲此役也，子若以君命賜之，其已。」客從之，未退而禁之。晉人將尋盟，齊人不可。晉侯使叔向告劉獻公曰：「抑齊人不盟，若之何？」對曰：「盟以底信，君苟有信，諸侯不貳，何患焉？告之以文辭，董之以武師，雖齊不許，君庸多矣。天子之老請帥王賦，『元戎十乘，以先啓行』，遲速唯君。」叔向告于齊，曰：「諸侯求盟，已在此矣。今君弗利，寡君以爲請。」對曰：「諸侯討貳，則有尋盟。若皆用命，何盟之尋？」叔向曰：「國家之敗，有事而無業，事則不經，有業而無禮，經則不序，有禮而無威，序則不共，有威而不昭，共則不明，不明棄共，百事不終，所由傾覆也。是故明王之制，使諸侯歲聘以

志業，間朝以講禮，再朝而會以示威，再會而盟以顯昭明。志業於好，講禮於等，示威於衆，昭明於神，自古以來，未之或失也。存亡之道，恒由是興。晉禮主盟，懼有不治，奉承齊犧，而布諸君，求終事也。君曰『余必廢之』，何齊之有？唯君圖之。寡君聞命矣。」齊人懼，對曰：「小國言之，大國制之，敢不聽從？既聞命矣，敬共以往，遲速唯君。」叔向曰：「諸侯有間矣。不可以不示衆。」八月辛未，治兵建而不旆。壬申，復旆之，諸侯畏之。邾人、莒人愬于晉曰：「魯朝夕伐我，幾亡矣。我之不共，魯故之以。」晉侯不見公，使叔向來辭，曰：「諸侯將以甲戌盟，寡君知不得事君矣，請君無勤。」子服惠伯對曰：「君信蠻夷之訴，以絶兄弟之國，棄周公之後，亦唯君。寡君聞命矣。」叔向曰：「寡君有甲車四千乘在，雖以無道行之，必可畏也。況其率道，其何敵之有？牛雖瘠，僨於豚上，其畏不死？南蒯、子仲之憂，其庸可棄乎？若奉晉之衆，用諸侯之師，因邾、莒、杞、鄫之怒以討魯罪，間其二憂，何求而弗克？」魯人懼，聽命。甲戌，同盟于平丘，齊服也。令諸侯日中造于除。癸酉，退朝。子産命外僕速張於除，子太叔止之，使待明日。及夕，子産聞其未張也，使速往，乃無所張矣。及盟，子産争承曰：「昔天子班貢，輕重以列。列尊貢重，周之制也。卑而貢重者，甸服也。鄭伯，男也，而使從公侯之貢，懼弗給也，敢以爲請。諸侯靖兵，好以爲事。行理之命，無月不至，貢之無藝，小國有闕，所以得罪也。諸侯脩盟，存小國也。貢獻無極，亡可待也。存亡之制，將在今矣。」自日中以争，至于昏，晉人許之。

既盟，子太叔咎之曰：「諸侯若討，其可瀆乎？」子産曰：「晉政多門，貳偷之不暇，何暇討？國不競亦陵，何國之爲？」公不與盟。晉人執季孫意如以歸，子服湫從。

晉平藉累世之盛，築離宮過侈，朝而見焉者，皆心賤之而貳。昭公嗣世，又不務德綏之，叔向徒欲以威服焉。四千乘，三十萬人。鮒，叔向弟。攝，兼官。平丘，衛地，今河南陳留縣有平丘城。幄、幕，軍旅之帳。如之，亦九張也。言子産適宜，太叔從善。淫，縱也。鮒欲使衛患芻蕘而致賂。屠伯，衛大夫。宇下，猶言庇下。請，請止之。受羹，示不逆。反錦，廉也。將及，及於禍。未退而禁，速也。晉慮齊不受盟，劉獻公以王卿士之重，欲佐晉討齊。齊復托用命以拒，向舉王制歸於盟之不可已以要之。國家百事，舉而後興。事須業而經常可守，業須禮而次序可行，禮須威而恭敬有度，威須昭告神明而後信義著。信義不著則棄威，不威棄禮，無禮、無經、無經、無業，則百事不成，而國家敗矣。故。王制，歲聘以識其職業，三年而一朝，以正班爵之義，率長幼之序，爲講禮。六年而一會，以訓上下之則，制財用之節爲示威。十二年而一盟，以昭信義。凡八聘四朝再會，王一巡守，盟于方嶽之下。於好，聘也。於等，朝也。於衆，會也。於神，盟也。晉禮，晉守先王之禮。齊犧，齊盟之犧牲。求終，恐如前云不終也。叔向雖不以德命，亦頗據禮，其詞彊，故齊懼而聽命。間，隙也。旆，大將之旗。先日惟建干旌，不曳其旆，次日復旆，示將欲戰以恐之。魯昭即位，與邾通好，雖取莒、鄆、郠，取鄆已從免於會，惟取郠一事。二國云朝夕伐，又云不共晉貢，皆魯故，所謂讒慝弘多也。蠻夷，邾、莒也。僨，仆也。晉以牛自喻，以豚喻魯。南蒯、子仲，皆魯臣。方内叛，爲魯憂故，晉因以爲魯間事，見陪臣交叛。邾、莒、杞、鄫近魯，素有怨。鄫雖滅，其民猶存，併以懼魯，不使與盟。除，除地爲壇以會盟。甲戌盟，癸酉朝，先朝後盟也。外僕，掌次舍大夫。張，張幄幕。諸侯會盟者衆，稍後則地盡而無所張，見子産每事敏於太叔。承，貢賦之次。貢制，以列之尊卑爲輕重，列尊則地廣，故貢多，唯天子畿内職卑而貢重。鄭在甸服之外，爵列伯子男，不應出公侯之貢，故以爲無藝，争之必直而後已。行理，使人通聘問者。藝，極，皆准也。瀆，易也。貳，懷私。偷，苟且。競，争競。陵，陵侮也。何國，不成國也。餘詳見魯與邾莒之怨。

〇時晉內衰矣，外以兵衆脅齊擯魯，自謂威能加人，而子產獨窺見其微，知其偷貳不足畏也。使齊、魯亦有臣如之，晉威不早折哉？吁！叔向亦蓋倒施而逆行之耳。冬，公如晉。荀吳謂韓宣子曰：「諸侯相朝，講舊好也。執其卿而朝其君，有不好焉。不如辭之。」乃使士景伯辭公于河。如晉請季孫。有不好，於和好有不順也。景伯，文伯子，名彌牟。季孫猶在晉，子服惠伯私於中行穆子曰：「魯事晉，何以不如夷之小國？魯兄弟也，土地猶大，所命能具。若爲夷棄之，使事齊、楚，其何瘳於晉？親親、與大，賞共、罰否，所以爲盟主也。子其圖之。諺曰：『臣一主二。』吾豈無大國？」穆子告韓宣子，且曰：「楚滅陳、蔡，不能救，而爲夷執親，將焉用之？」乃歸季孫。惠伯，名椒。穆子，荀吳謚。私，私與語。瘳，差也。臣一主二，喻魯尚有齊、楚也。楚滅陳、蔡，見靈王之亂。餘見魯與邾莒之怨。

十四年　春，意如至自晉。

十五年　冬，公如晉，平丘之會故也。平丘公不與盟，季孫得免，故往謝之。

十六年　春王正月，公在晉，晉人止公。不書，諱之也。猶以取鄆故，公爲晉所執，諱不書。〇齊侯伐徐。二月丙申，齊師至于蒲隧，徐人行成。徐子及郯人、莒人會齊侯，盟于蒲隧，賂以甲父之鼎。叔孫昭子曰：「諸侯之無伯，害哉！齊君之無道也，興師而伐遠方，會之，有成而還，莫之亢也。無伯也夫！詩曰：『宗周既滅，靡所止戾。正大夫離居，莫知我肄。』其是之謂乎！」齊侮晉，有代興之志，故伐。齊以始其事。蒲隧，徐地，在今南直隸邳州西，舊有蒲奴陂。甲父，古國，山東金鄉縣舊有甲父亭。徐

人得其鼎，茲以賂齊。亢，禦也。詩小雅。戾，定也。肄，勞也。言周舊爲天下宗，今乃衰滅，亂無止息，執政大夫離居異心，無有念民勞者，悼晉衰微，其諸臣異心，不能憂民之勞苦也。○夏，公至自晉。詳見卿族廢興。秋，八月，晉昭公卒。頃公立。冬，十月，季平子如晉，葬昭公。詳見卿族廢興。

三十年　夏，六月，晉頃公卒。秋，八月，葬。鄭游吉弔，且送葬。魏獻子使士景伯詰之，曰：「悼公之喪，子西弔，子蟜送葬。今吾子無貳，何故？」對曰：「諸侯所以歸晉君，禮也。禮也者，小事大、大字小之謂。事大在共其時命，字小在恤其所無。以敝邑居大國之間，共其職貢，與其備御不虞之患，豈忘共命？先王之制，諸侯之喪，士弔，大夫送葬。唯嘉好、聘享、三軍之事於是乎使卿。晉之喪事，敝邑之閒，先君有所助執紼矣。若其不閒，雖士大夫有所不獲數矣。大國之惠，亦慶其加，而不討其乏，明底其情，取備而已，以爲禮也。靈王之喪，我先君簡公在楚，我先大夫印段實往，敝邑之少卿也。王吏不討，恤所無也。今大夫曰：『女盍從舊？』舊有豐有省，不知所從。從其豐，則寡君幼弱，是以不共。從其省，則吉在此矣。唯大夫圖之。」晉人不能詰。獻子，名舒。晉既衰微，復不能以禮責諸侯，故太叔有辭。職貢，常貢。不虞，意外之變。若兵喪之類，豈忘共命，言不敢忘共以所備御者，多不及辦之耳。紼，輓索也。禮：送葬必執紼。不獲數，不得備使以充數。厎，致也。明致小國不能具備之情。靈王喪事，見晉楚爲成。

定公三年　冬，蔡侯如晉，以其子元與其大夫之子爲質焉，而請伐楚。蔡侯以裘佩之故，拘於楚三

年，故背楚，請師于晉以伐楚。詳見闔廬入郢。

四年　春，三月，劉文公合諸侯于召陵，謀伐楚也。晉荀寅求貨于蔡侯，弗得，言於范獻子曰：「國家方危，諸侯方貳，將以襲敵，不亦難乎？水潦方降，疾瘧方起，中山不服，棄盟取怨，無損於楚，而失中山，不如辭蔡侯。吾自方城以來，楚未可以得志，祇取勤焉。」乃辭蔡侯。晉人假羽旄於鄭，鄭人與之。明日，或旆以會，晉於是乎失諸侯。將會，衛子行敬子言於靈公曰：「會同難，嘖有煩言，莫之治也。其使祝佗從！」公曰：「善。」乃使子魚。子魚辭曰：「臣展四體，以率舊職，猶懼不給而煩刑書。若又共二，徼大罪也。且夫祝，社稷之常隸也。社稷不動，祝不出境，官之制也。君以軍行，祓社、釁鼓，祝奉以從，於是乎出境。若嘉好之事，君行師從，卿行旅從，臣無事焉。」公曰：「行也！」及臯鼬，將長蔡於衛。衛侯使祝佗私於萇弘曰：「聞諸道路，不知信否。若聞蔡將先衛，信乎？」萇弘曰：「信。蔡叔，康叔之兄也，先衛，不亦可乎？」子魚曰：「以先王觀之，則尚德也。昔武王克商，成王定之，選建明德，以藩屏周。故周公相王室，以尹天下，於周爲睦。分魯公以大路、大旂，夏后氏之璜，封父之繁弱，殷民六族，條氏、徐氏、蕭氏、索氏、長勺氏、尾勺氏，使帥其宗氏，輯其分族，將其類醜，以法則周公。用即命于周。是使之職事於魯，以昭周公之明德。分之土田陪敦，祝、宗、卜、史，備物、典策，官司、彝器。因商奄之民，命以伯禽，而封於少皞之虛。分康叔以大路、少帛、綪茷、旃旌、大呂，殷民七

族，陶氏、施氏、繁氏、錡氏、樊氏、饑氏、終葵氏，封畛土略，自武父以南及圃田之北境，取於有閻之土以共王職。取於相土之東都以會王之東蒐。聃季授土，陶叔授民，命以康誥而封於殷虚。皆啓以商政，疆以周索。分唐叔以大路、密須之鼓、闕鞏、姑洗，懷姓九宗，職官五正。命以唐誥而封於夏虚，啓以夏政，疆以戎索。三者皆叔也，而有令德，故昭之以分物。不然，文、武、成、康之伯猶多，而不獲是分也，唯不尚年也。管、蔡啓商，惎間王室，王於是乎殺管叔而蔡蔡叔，以車七乘、徒七十人。其子蔡仲改行帥德，周公舉之以爲己卿士，見諸王，而命之以蔡。其命書云：『王曰：胡！無若爾考之違王命也！』若之何其使蔡先衛也？武王之母弟八人，周公爲太宰，康叔爲司寇，聃季爲司空，五叔無官，豈尚年哉！曹，文之昭也。晉，武之穆也。曹爲伯甸，非尚年也。今將尚之，是反先王也。晉文公爲踐土之盟，衛成公不在，夷叔，其母弟也，猶先蔡。其載書云：『王若曰，晉重、魯申、衛武、蔡甲午、鄭捷、齊潘、宋王臣、莒期。』藏在周府，可覆視也。吾子欲復文、武之略，而不正其德，將如之何？」萇弘説，告劉子，與范獻子謀之，乃長衛侯於盟。文公，王官，伯也。晉人假王命以討楚。中山，鮮虞也。晉敗楚侵。方城，見平康争伯。○是舉名義既正，聲勢尤大，竟以一賄捐之，自是以後晉事不可爲矣。○析羽爲旌，王者游車之所建，鄭私有之，晉借觀焉，令賤人施之於旆以從會，示卑鄭，諸侯皆怒其蔑禮。子行敬子，衛大夫。知晉政不衷，非佗從行，將取陵也。難，難得宜。嘖，争讙。煩，亂也。子魚，佗字，本太祝，又從行，是供二職也。隸，賤臣也。祝守社稷，國遷乃出。師行，先祓禱於社，謂宜社。於是殺牲，以血塗鼓鼙爲釁鼓，則

祝奉社主以從。若朝會，唯師從君，旅從卿耳。晉已辭蔡不伐楚，故佗云爾。衛侯用二臣言，故必以行。至盟，果有蔡先衛之議。皋鼬，在河南襄城縣境，舊有城皋亭。佗極陳先王封建同姓之義以折之。云周初有天下，周公以明德見親，故封魯至重。魯公，伯禽也。大路，金路，錫同姓諸侯車，交龍爲旂。周禮，同姓以封。璜，美玉。封父，古諸侯。繁弱，其大弓。六族皆商之大姓，難服，故使就周，受周公之法制，以供魯公之職事。陪，重也。敦，槃類受黍稷。器，亦歃血器，珠玉爲飾。祝，太祝。宗，宗人。卜，太卜。史，太史。凡四官。備，官備其所用儀物也。典策，史官書册之典。官司，百官。彝器，常寶之器。商奄，國名。與四國流言，或迸散在魯，皆令即屬魯，懷柔之時，唯遣伯禽之國，故皆付伯禽。曲阜本少皞之虚，既康叔封衛。少帛，雜色帛也。周尚赤，故雜色爲少。綪，大赤，取染草名。茷、旆同。通帛爲旃，析羽爲旌，皆大赤。大吕，鐘名。七族亦商之頑民。畛，塗所徑也。畧，界也。武父，衛北界。圃田，鄭藪名。有閻，衛受朝宿邑，蓋近京畿。相土，所受湯沐邑，王東巡守以助祭太山。聃季，周公弟，司空，授土。陶叔，司徒，授民。康誥，封康叔之誥。殷虚，朝歌也。皆合魯、衛也。啓，開也。居殷故地，因其風俗開用其政，疆理土地，則以周法。索，法也。既唐叔封晉。密、須，二國名。闕鞏，甲名。姑洗，鐘名。懷姓，唐之餘民，一姓爲九宗者。職官五正，五官之長。殷時五官居唐地爲貴姓，因賜之。唐誥，封唐叔之誥，逸。夏虚，大夏，即太原也。因夏風俗，開用其政。太原近戎而寒，不與中國同，故自以戎法。文與成、康無兄，武王有兄伯邑考，亦無分國，此云伯唯以叔稱，伯長猶多，亦甚詞。惎，毒也。周公攝政，管叔、蔡叔開導紂子武庚毒亂王室，周公以王命殺管放蔡。蔡，放也。後復以蔡之子胡爲蔡侯。言不與三國同。五叔，管叔鮮、蔡叔度、成叔武、霍叔處、毛叔聃。聃，史記作「鄭」，淵明作「圉」。又言昭大於穆，而曹伯甸更小，是歷觀先制，皆不以年貴，豈應獨反之？踐土、召陵二會，經書蔡在衛上，與子魚所徵載書不同。未詳。齊、宋在鄭下，豈周公宗盟，異姓爲後耶？畧，規畫也。○竊謂先王用人，以天下爲慮，固唯賢唯德矣。然彝倫長幼之序，天所命也，豈得一不論哉？周制於此必有以盡義其間者，萇弘特奪於子魚之善詞，而不之考歟？

沈人不會于召陵，晉人使蔡伐之。

夏，蔡滅沈。

五年　夏，歸粟于蔡，以周亟矜無資。歸，魯歸之。亟，急也。

六年　二月，公侵鄭，取匡，爲晉討鄭之伐胥靡也。夏，季桓子如晉，獻鄭俘也。胥靡，周地。周儋翩因鄭人以作亂，鄭爲之伐胥靡，故晉使魯討之。勝而獻其俘。匡，鄭地，河南睢州城西有匡城。餘見陽貨之亂。○秋，八月，宋樂祁言於景公曰：「諸侯唯我事晉，今使不往，晉其憾矣。」樂祁告其宰陳寅，陳寅曰：「必使子往。」他日，公謂樂祁曰：「唯寡人説子之言，子必往。」陳寅曰：「子立後而行，吾室亦不亡，唯君亦以我爲知難而行也。」見溷而行。趙簡子逆，而飲之酒於緜上，獻楊楯六十於簡子。陳寅曰：「昔吾主范氏，今子主趙氏，又有納焉，以楊楯賈禍，弗可爲也已。然子死晉國，子孫必得志於宋。」范獻子言於晉侯曰：「以君命越疆而使，未致使而私飲酒，不敬二君，不可不討也。」乃執樂祁。宋自文公初伯，首服事焉，至此諸侯多二，宋猶獨事之，故祁以此言於君，不得辭使。寅知晉政多門，往必有難，使祁立後而行。溷，祁子。見於君，立以爲後也。楯，干櫓，以楊木爲之。寅知范氏必怨，將得禍，故云賈禍。而爲國死，後必得志。獻子果以祁比趙氏，譖而執之。

七年　秋，齊侯、鄭伯盟于鹹。徵會于衛，衛侯欲叛晉，諸大夫不可。使北宮結如齊，而私於齊侯曰：「執結以侵我。」齊侯從之，乃盟于瑣。晉伯兩世始能服衛，數世始能服鄭，今鄭叛而衛侯亦欲叛，恐違衆，故陰使齊執結以懼之。瑣，即沙鹹，衛地，北直隸開州有鹹城，沙大名，縣境舊有沙亭。齊國夏伐我。齊叛晉，而魯

猶事晉故也。餘見陽虎之亂。

八年　春王正月，公侵齊，門于陽州。士皆坐列，曰：「顏高之弓六鈞。」皆取而傳觀之。陽州人出，顏高奪人弱弓，籍丘子鉏擊之，與一人俱斃。偃，且射子鉏，中頰，殪。顏息射人中眉，退曰：「我無勇，吾志其目也。」師退，冉猛僞傷足而先。其兄會乃呼曰：「猛也殿！」侵齊，報其伐攻門。坐列，見魯士無鬬志。顏高，魯人。六鈞，百八十斤，古稱重，故以爲異彊。子鉏，齊人。斃，仆也。高雖偃仆，尚射鉏，令死，言其多力善射。殪，死也。顏息，魯人。中眉而言目，謙以自矜。冉猛，亦魯人。既先歸，其兄會詐以殿誑衆，皆見魯無軍政。◯二月，趙鞅言於晉侯曰：「諸侯唯宋事晉，好逆其使，猶懼不至。今又執之，是絶諸侯也。」將歸樂祁。士鞅曰：「三年止之，無故而歸之，宋必叛晉。」獻子私謂子梁曰：「寡君懼不得事宋君，是以止子。子姑使溷代子。」子梁以告陳寅。陳寅曰：「宋將叛晉，是棄溷也，不如待之。」樂祁歸，卒于太行。士鞅曰：「宋必叛，不如止其尸，以求成焉。」乃止諸州。獻子，士鞅。子梁，樂祁。太行山，在今山西絳縣東北。州，晉地。◯趙鞅心雖私而言實公也，士鞅之言諄而很矣。晉侯一不別焉，其爲君也虛矣。◯公侵齊，攻廩丘之郛。主人焚衝，或濡馬褐以救之，遂毁之。主人出，師奔。陽虎僞不見冉猛者，曰：「猛在此，必敗。」猛逐之，顧而無繼，僞顛。虎曰：「盡客氣也。」苫越生子，將待事而名之。陽州之役獲焉，名之曰陽州。夏，齊國夏、高張伐我西鄙。晉士鞅、趙鞅、荀寅救我。公會晉師于瓦，范獻子執羔，趙簡子、中行文子皆執鴈。魯於是始尚羔。晉師將盟衛侯于

鄟澤，趙簡子曰：「羣臣誰敢盟衛君者？」涉佗、成何曰：「我能盟之。」衛人請執牛耳，成何曰：「衛，吾温、原也，焉得視諸侯？」將歃，涉佗捘衛侯之手，及捥。衛侯怒，王孫賈趨進曰：「盟以信禮也，有如衛君，其敢不唯禮是事而受此盟也？」衛侯欲叛晉，而患諸大夫。王孫賈使次于郊。大夫問故，公以晉詬語之，且曰：「寡人辱社稷，其改卜嗣，寡人從焉。」大夫曰：「是衛之禍，豈君之過也？」公曰：「又有患焉，謂寡人必以而子與大夫之子爲質。」大夫曰：「苟有益也，公子則往，羣臣之子敢不皆負羈絏以從？」將行，王孫賈曰：「苟衛國有難，工商未嘗不爲患。使皆行而後可。」公以告大夫，乃皆將行之。行有日，公朝國人，使賈問焉，曰：「若衛叛晉，晉五伐我，病何如矣？」皆曰：「五伐我，猶可以能戰。」賈曰：「然則如叛之，病而後質焉，何遲之有？」乃叛晉，晉人請改盟，弗許。

魯爲晉再侵齊。廩丘，山東范縣有廩丘城。郛，郭也。衝，攻車。馬褐，馬衣。毀，毀其郭。師奔，暫避主也。陽州之役，猛先歸，故虎佯不見，以必敗激之，猛因逐廩丘人，尋復自顛，故虎又譏其非真勇。苫越，季氏臣。獲焉，獲其俘也。名子陽州，以自志其功。齊伐我，以報二侵故。晉救我。瓦，衛地，河南胙城縣舊有瓦亭。獻子，士鞅。簡子，趙鞅。中行文子，荀寅。禮：卿執羔，大夫執鴈。魯同之。此見士鞅爲政，獨執羔，始知執羔之尊。晉師自瓦還，就衛地盟。前年衛叛晉屬齊，簡子意欲因盟摧辱之。佗、何，晉二大夫。盟禮：卑者執牛耳，尊者涖之。衛侯與晉大夫盟，自以當尊，故請晉執之。何以衛同晉屬邑，不得從諸侯禮。佗又捘衛侯之手，上及捥，故公怒。其大夫賈進言無禮已甚，不可受盟。歸而共設詭謀，以重激國人，使怒必叛晉始已。温、原，晉邑。捘，捉持之也。捥、腕同，掌臂交曲處。信，猶明

也。詬，辱也。卜嗣，卜可嗣其位者。秋，晉士鞅會成桓公侵鄭，圍蟲牢，報伊闕也。遂侵衛。九月，師侵衛，晉故也。桓公，周卿士。六年鄭伐周闕外，晉爲周報之。魯猶事晉，故爲侵衛。

九年　春，宋公使樂大心盟于晉，且逆樂祁之尸，辭。乃使向巢如晉盟，且逆子梁之尸。大心辭不往，乃使巢。子梁，樂祁也。餘見宋向魋之亂。○秋，齊侯伐晉夷儀。敝無存之父將室之，辭，以與其弟，曰：「此役也，不死，反，必娶於高、國。」先登，求自門出，死於霤下。東郭書讓登，犂彌從之，曰：「子讓而左，我讓而右，使登者絶而後下。」書左，彌先下。書與王猛息。猛曰：「我先登。」書斂甲，曰：「曩者之難，今又難焉。」猛笑曰：「吾從子，如驂之靳。」晉車千乘在中牟，衛侯將如五氏，卜過之，龜焦。衛侯曰：「可也！衛車當其半，寡人當其半，敵矣。」乃過中牟。中牟人欲伐之。衛褚師圃亡在中牟，曰：「衛雖小，其君在焉，未可勝也。齊師克城而驕，其帥又賤，遇，必敗之。不如從齊。」乃伐齊師，敗之。齊侯致禚、媚、杏于衛。齊侯賞犂彌，犂彌辭，曰：「有先登者，臣從之。皙幘而衣貍製。」公使視東郭書，曰：「乃夫子也。吾貺子。」公賞東郭書，辭曰：「彼賓旅也。」乃賞犂彌。齊師之在夷儀也，齊侯謂夷儀人曰：「得敝無存者，以五家免。」乃得其尸。公三襚之，與之犀軒與直蓋，而先歸之。坐引者，以師哭之，親推之三。衛從齊故，齊爲之伐晉夷儀。無存，齊士，父爲娶婦，乃以讓弟而欲立功於晉，歸娶高、國二貴族以自高。及先登入城，以後兵不繼，鬭死。霤，門屋霤。無存死，書彌繼之登城，非衆所樂，故書讓衆使後，而已先登，犂彌從之登，恐書先下入城，詐謂書讓衆而

立於城左，己讓衆而立於城右，必衆盡登而同下。書誤從彌言左行，彌遂自先。下，亦讓也。王猛亦齊人。戰訖共止息。猛以先登爲己功，書斂甲起，將擊猛，言曩與晉爲難，今又與猛爲難。猛不敢與争，言己從書如驂馬之隨靳。古人車四馬，夾轅二馬謂服，兩首齊； 其外二馬謂驂，首差退。靳，服馬之當胸皮也。中牟，即河南中牟縣。五氏，晉地，在中牟北。晉以千乘救夷儀，屯兵中牟，而齊侯在五氏，衛侯往助之。道經中牟，畏晉故卜，龜焦，兆不成爲凶。衛侯以前辱忿甚，不復顧卜，欲以身當五百乘。褚師圃本衛臣，先奔中牟，有故主心，以衛君在難勝。齊師恃勝而驕，將非卿，書、彌等皆賤，晉從之，果敗齊，獲車五百乘。齊猶以禚、媚、杏三邑謝衛。意師雖後敗，猶賞夷儀之功，先及彌。彌以讓書而詳書之狀，與冠服以爲信，故賞書。書又言彼若賓旅之讓我，而先登，彼之功也，故仍賞彌。晳，面白。幘，以巾髮，不冠而幘。貍製，狐皮之衣。又嘉無存戰死，以賞搆其尸。五家免，免五家供役也。既得而盡其寵禮哀恤之意。三襚，三加襚衣。犀軒，卿車。直蓋，高蓋。坐，膝坐。引者，挽喪人。以停喪車，而君方盡哀，復親推其輪三轉，故皆不敢立。傳見齊師和而景公鋭於圖伯。○時晉固微矣，而齊祚亦將移於田氏，景國嗣不定，而復亟焉以圖伯，何其耄哉！

十年　春，及齊平。夏，公會齊侯于祝其，實夾谷。至此魯亦叛晉。夾谷，山東淄水縣有夾谷山。餘見孔子仕魯。○晉趙鞅圍衛，報夷儀也。初，衛侯伐邯鄲午於寒氏，城其西北而守之，宵熸。及晉圍衛，午以徒七十人門於衛西門，殺人於門中，曰：「請報寒氏之役。」涉佗曰：「夫子則勇矣，然我往，必不敢啓門。」亦以徒七十人旦門焉，步左右，皆至而立，如植。日中不啓門，乃退。反役，晉人討衛之叛故，曰：「由涉佗、成何。」於是執涉佗，以求成於衛。衛人不許，晉人遂殺涉佗。成何奔燕。君子曰：「此之謂棄禮，必不鈞。詩曰：『人而無禮，胡不遄死？』涉佗亦遄矣

哉！」邯鄲，晉邑。午，邑大夫。寒氏，即五氏。前衛人助齊伐五氏。宵熸，午衆宵時靡散也。步左右，步行於門之左右，示無恐。如植，立如木之植，以示整。午以殺人雪恥爲勇，佗以使衛不敢出敵爲尤勇。叛故，見前。不鈞，言必見殺，不得與人均。詩鄘風。遄，速也。○佗、何辱衛侯，奉趙鞅意，今罪二人而不及鞅。時晉權已在私門，不可以政刑論矣。

十一年　冬，及鄭平，始叛晉也。

十二年　夏，衛公孟彄伐曹，克郊。還，滑羅殿。未出，不退於列。其御曰：「殿而在列，其爲無勇乎！」羅曰：「與其素厲，寧爲無勇。」彄，孟縶子。郊，曹邑。滑羅，衛大夫。殿宜在軍後，師未出曹境，不退在行列，故其御以爲無勇。羅言每振勇以虐鄰，不如無勇者安靖之。素，平素也。蓋知曹之必不能追，而惡衛之黷兵，爲國害耳。

十三年　春，齊侯、衛侯次于垂葭，實郹氏。使師伐晉。將濟河，諸大夫皆曰不可，邴意茲曰：「可。銳師伐河内，傳必數日而後及絳。絳不三月不能出河，則我既濟水矣。」乃伐河内。齊侯皆斂諸大夫之軒，唯邴意茲乘軒。齊侯欲與衛侯乘，與之宴而駕乘廣，載甲焉。使告曰：「晉師至矣！」齊侯曰：「比君之駕也，寡人請攝。」乃介而與之乘，驅之。或告曰：「無晉師。」乃止。郹氏，山東鉅野縣西南，舊有郹亭。二君以師伐晉，已次郹氏以爲之援。景公意盛，唯其臣邴意茲見與之合，故獨寵異之，而斂諸大夫車以示罰。又與衛侯共乘宴飲，先駕乘廣，載甲於其上，謬使人告曰晉師至。而謂衛侯曰比及君駕之至，恐緩，請以己車攝焉，乃被甲共衛侯乘驅之，使赴敵。以無敵而止。見齊侯銳而輕。

十五年　夏，鄭罕達敗宋師于老丘。齊侯、衛侯次于蘧拏，謀救宋也。老丘，宋地，今河南陳留縣有老丘城。宋公子地奔鄭，鄭爲之伐宋，欲取地以處之。事見宋桓魋之亂。蘧拏，宋地。二國謀救而不果。

哀公七年　春，宋師侵鄭，鄭叛晉故也。鄭自定七年叛晉，與衛、齊盟于曲濮。無傳。晉師侵衛，衛不服也。五年晉伐衛，至今未服。

九年　春，鄭武子賸之嬖許瑕求邑，無以與之，請外取，許之。故圍宋雍丘。宋皇瑗圍鄭師，每日遷舍，壘合。鄭師哭。子姚救之，大敗。二月甲戌，宋取鄭師于雍丘，使有能者無死，以郟張與鄭羅歸。賸，即罕達，謚武子，字子姚。其嬖名許瑕。雍丘，宋邑，今爲河南杞縣。賸欲取之以與瑕，其師反被宋圍。宋作壘塹成，輒徙舍合其圍，鄭師知不得出，故哭。賸往救，又敗，故宋遂取其師，命生其能者將用之。郟張、鄭羅，其能者。夏，宋公伐鄭。秋，晉趙鞅卜救鄭，遇水適火，占諸史趙、史墨、史龜。史龜曰：「是謂沈陽，可以興兵，利以伐姜，不利子商。伐齊則可，敵宋不吉。」史墨曰：「盈，水名也。子，水位也。名位敵，不可干也。炎帝爲火師，姜姓其後也。水勝火，代姜則可。」史趙曰：「是謂如川之滿，不可游也。鄭方有罪，不可救也。救鄭則不吉，不知其他。」陽虎以周易筮之，遇泰䷊之需䷄，曰：「宋方吉，不可與也。微子啓，帝乙之元子也。宋、鄭，甥舅也。祉，祿也。若帝乙之元子歸妹而有吉祿，我安得吉焉？」乃止。宋伐鄭，報雍丘也。鞅將救之，而畏宋，故卜。遇水適火，水火之兆以占之三。史龜言火陽得水則沈，是陽沈於陰，兵陰類也，故可以興師。姜，火師之後，火弱，故伐姜則利。子，商姓，屬水，故伐商不利。姜，齊姓。

宋，商後。墨言鞅姓盈，水盈則行，故盈爲水名。宋姓子，又得北方水位，二水俱盛，故不可干。炎帝即神農，有火瑞，故爲火師。而火名姜，神農之後。水適火，故勝之，可伐姜。趙言既盈而得水位，故如川之流，其流波盛，故不可游。鄭以嬖寵伐人爲有罪，救鄭則伐宋，故不吉。《易乾下坤上泰，乾下坎上需》。泰六五曰：「帝乙歸妹以祉，元吉。」帝乙，紂父。五爲天子，故曰帝乙。陰而得中，有似王者。嫁妹得如其願，受福禄而大吉。微子爲帝乙之長子。今卜得帝乙卦，故以爲宋吉。宋、鄭爲昏姻甥舅之國，亦不須爲鄭伐宋。吉在宋，則伐之爲不吉。四占皆不可，故止。

十年　夏，趙鞅帥師伐齊。大夫請卜之，趙孟曰：「吾卜於此起兵，事不再令，卜不襲吉。行也！」於是乎取犂及轅，毁高唐之郭，侵及賴而還。鞅謂往歲卜伐宋不吉利，以伐姜，故今興兵，再令瀆也。襲，重也。犂、轅、高唐、賴，皆齊地。

二十年　春，齊人來徵會。夏，會于廩丘，爲鄭故，謀伐晋。鄭人辭諸侯。秋，師還。十五年晋伐鄭，無傳。◯晋自文公始伯，雄長諸侯者十餘世，歷百二十餘年，大爲王室、中國所賴。其衰也，猶能奔子朝、定敬王、城成周，以延文、武之祚，誠無負乎成王封建母弟之意矣。及其君偷淫，其臣專横，而競冒於貨賄，不卹國勢之日微，以至内攜外叛，不復振焉。而天下兵争如蝟毛，戰國之形兆矣。荀寅、范鞅諸臣侵欲之罪可勝誅哉！後之有天下國家者，不務崇奬廉節之臣，而痛嚴貪墨之誅，其殆惡治安而自趣之於亂亡也歟！若宋、衛、魯、鄭皆固事晋無貳，而必迫之使叛。自古貪人之敗人國事也類如此。詳讀臧哀伯郜鼎之諫，有味乎！有味乎！

春秋左傳屬事卷七

魯

隱公攝國

惠公元妃孟子。孟子卒，繼室以聲子，生隱公。宋武公生仲子，仲子生而有文在其手，曰：「爲魯夫人。」故仲子歸于我，生桓公。而惠公薨，是以隱公立而奉之。元妃，始嫡夫人。子，宋姓。不稱薨，不成長也。無謚，先夫死，不得從謚。諸侯始娶，同姓之國，以娣姪媵。元妃死，次妃攝治内事，不得稱夫人，謂之繼室。聲，謚也，蓋孟子之姪娣也。婦人謂嫁曰歸。宋以仲子手理自然成字，有若天命，故嫁之於魯。隱公，繼室之子，當嗣世，以禎祥之故，追成父志。爲桓尚少，故立爲太子，帥國人奉之。

隱公元年　春王周正月，不書即位，攝也。周正月，夏之十一月也。公假攝君政，不修即位之禮，故史不書。

三月，公及邾儀父盟于蔑，邾子克也。未王命，故不書爵。曰「儀父」，貴之也。公攝位而欲求好于邾，故爲蔑之盟。邾，曹姓，附庸國。儀父，其君之字。克，名也，後服事齊桓以獎王室，王命爲邾子，至魯繆公改爲鄒。時王未賜命，故不爵。能自通於大國，故貴以字。魯都曲阜，今山東兗州府。其地邾，今爲鄒，鄒平縣比壤。故求好。蔑，魯地，今泗水縣境，一名姑蔑，舊有姑城。○秋，七月，天王使宰咺來歸惠公、仲子之賵。餘見王朝交魯。○惠公之季年，敗宋師于黄。公立而求成焉。九月，及宋人盟于宿，始通也。黄，今在河南杞縣有外黄城。宿，小國，山東東平州境。○冬，十月庚申，改葬惠公。公弗臨，故不書。惠公之薨也，有宋師太子少葬，故有闕，是以改葬。衛侯來會葬，不見公，亦不書。公以桓爲太子，故讓不爲喪主。衛侯會葬，非禮。○鄭人以王師、虢師伐衛南鄙。請師于邾，邾子使私於公子豫。豫請往，公弗許。遂行，及邾人、鄭人盟于翼。不書，非公命也。新作南門。不書，亦非公命也。豫，魯大夫。私，私請師。翼，邾地。南門，南城門。○十二月，衆父卒。公不與小斂，故不書日。衆父，公子益師字。禮：卿佐之喪，小斂、大斂君皆親臨之，崇恩厚也。公於禮有闕，故不書日以示慢。○國累有大事而非公命，或不與，皆公之不立也。

三年　夏，君氏卒，聲子也。不赴于諸侯，不反哭于寢，不祔于姑，故不曰薨。不稱夫人，故不言葬。不書姓，爲公，故曰君氏。夫人喪禮有三：薨則赴于同盟之國，一也。既葬，日中自墓反，虞於正寢，所謂反哭于寢，二也。卒哭而祔于祖姑，三也。若此則書曰「夫人某氏薨」、「葬我小君某氏」，此備禮之文也。其或不赴、不祔，則爲不成喪，故死不稱夫人，薨、葬不言「葬我小君某氏」。反哭則書葬，不反哭則不書葬。今聲子三禮皆闕，不書姓，辟正夫人也。

隱見爲君，故特書于經，稱曰「君氏」，以別凡妾媵。

四年　春，衛州吁弑桓公而立。公與宋公爲會，將尋宿之盟。未及期，衛人來告亂。夏，公及宋公遇于清。聞衛亂，簡禮。清，今爲山東東阿縣，舊有清亭。○宋公、陳侯、蔡人、衛人伐鄭，圍其東門。秋，諸侯復伐鄭。宋公使來乞師，公辭之。羽父請以師會之，公弗許。固請而行。故書曰「翬帥師」，疾之也。羽父，翬字，其無君已兆於此。餘詳見衛州吁之亂與齊襄公之弑。

五年　春，公將如棠觀魚者。臧僖伯諫曰：「凡物不足以講大事，其材不足以備器用，則君不舉焉。君將納民於軌物者也，故講事以度軌量謂之軌，取材以章物采謂之物。不軌不物，謂之亂政。亂政亟行，所以敗也。故春蒐、夏苗、秋獮、冬狩，皆於農隙以講事也。三年而治兵，入而振旅，歸而飲至，以數軍實，昭文章，明貴賤，辨等列，順少長，習威儀也。鳥獸之肉，不登於俎。皮革、齒牙、骨角、毛羽，不登於器。則公不射，古之制也。若夫山林川澤之實，器用之資，皁隸之事，官司之守，非君所及也。」公曰：「吾將略地焉。」遂往，陳魚而觀之。僖伯稱疾不從。書曰：「公矢魚于棠。」非禮也，且言遠地也。魚，漁通。魚、獵，事相近。僖伯，公子彄謚。言人君宜親獵，不宜親魚。蓋君以匡民而軌物，匡之之具尤必以身爲之率。故舉動不可以輕，其舉也以旌旗矛戟之物，於祀戎大事而講之以准度軌法度量，因取鳥獸皮革、齒牙等材以章明。物色采飾則軌物以彰，而國家斯治。不然是謂亂政，而敗亡由之，故既於四時之隙以蒐、苗、獮、狩，而復有治兵、振旅、飲至之禮。取其材以爲祭祀，軍國之需，皆先王所制以防亂也，故必是慎。蒐，索也，擇取禽獸

之不孕者。苗，爲苗除害也。獮，殺也，以順秋氣。狩，圍守也，冬物畢成，獲則取之，無所擇也。三年大習出曰治兵。始治其事畢則整衆而還。振，整也。旅，衆也。飲於廟以數車徒器械及其獲也。君、大夫、士車服、旌旗各有文章，故曰昭。田獵之制，貴者先殺，賤者以次居後，故曰明。列，上下之等。明坐作進退故曰辨。出則少者在前，趨敵之義。還則少者在後，殿師之義。故曰順。威可畏，儀可象，故曰習。登俎以供祭祀，登器以爲采飾。不射，不親射。實，菱芡、魚鱉之類。資，資以爲用。阜隸，言微賤。官司，言職守。公重違正議，遜詞以略地爲名，如棠設捕魚之備觀之。棠，今山東魚臺縣有觀魚臺。○竊謂隱固不君矣，然周頌云：「有鱣有鮪，鰷鱨鰋鯉，以享以祀。」禮經月令云：「天子乘舟，薦鮪于寢廟。」則魚亦登於俎，而君亦親之者，豈僖伯志在匡諫，姑舉其大而舍其細耶？○九月，考仲子之宫，將萬焉。公問羽數於衆仲，對曰：「天子用八，諸侯用六，大夫四，士二。夫舞，所以節八音而行八風，故自八以下。」公從之。於是初獻六羽，始用六佾也。禮，諸侯無二適。孟子入惠公之廟，仲子祭享無所，隱以桓故，別立廟而祀之。既成，安其主而祭之，曰考。萬，舞也。羽數，執羽人數。舞有二：武則左執朱干，右秉玉戚。文則左執籥，右執翟。翟即羽也。以仲子婦人無武事，故獨奏文樂而用羽。衆仲，魯大夫。用八，八八六十四人。六，六八四十八人。四，四八三十二人。二，二八十六人。八音，金、石、絲、竹、匏、土、革、木。八風，八方之風也。以八音之氣播八方之風，手舞足蹈，節其制而敘其情。唯樂原於八，故自天子至士雖有等殺而皆以八。魯止文王、周公廟，得用八。後他公遂因而僭用之。今隱公特立婦人廟，因問仲而用六佾。佾，舞列也。○八音，金鐘，石磬，絲琴瑟，竹簫管，土塤，木柷敔，匏笙，革鼓也。八方之風，謂東方谷風，東南清明風，南方凱風，西南涼風，西方閶闔風，西北不周風，北方廣莫風，東北融風。○宋人取邾田。邾人告于鄭曰：「請君釋憾於宋，敝邑爲道。」鄭人以王師會之，伐宋，入其郛，以報東門之役。宋人使來告命。公聞其入郛也，將救之。

問於使者曰：「師何及？」對曰：「未及國。」公怒，乃止。辭使者曰：「君命寡人同恤社稷之難，今問諸使者，曰：『師未及國。』非寡人之所敢知也。」古者鄰國有急，以策書告命。公知邾、鄭兵深入宋郭，以爲憂，而使者尚有鄰敵疑忌之心，隱實以對。故公怒，以其所對與求捄之旨殊别而止。○冬，十二月辛巳，臧僖伯卒。公曰：「叔父有憾於寡人，寡人弗敢忘。」葬之，加一等。諸侯稱同姓大夫長曰伯父，少曰叔父。有憾，恨諫觀魚不從。一等，加常禮一等。

六年　春，鄭人來渝平，更成也。渝，變也。公之爲公子，與鄭戰于狐壤，爲所執，逃歸，怨鄭，故厚宋。今鄭窺知公怒宋故，因來求成，以變宋之成。○夏，盟于艾，始平于齊也。春秋前魯與齊不平，故云始。艾，在今山東沂州西有艾山。

七年　夏，齊侯使夷仲年來聘，結艾之盟也。○秋，宋及鄭平。七月庚申，盟于宿。公伐邾，爲宋討也。公距宋，更與鄭平，欲以鄭爲援。今鄭復與宋盟，故懼而伐邾，欲以悦宋。

八年　春，鄭伯請釋泰山之祀而祀周公，以泰山之祊易許田。三月，鄭伯使宛來歸祊，不祀泰山也。成王營王城，有志遷都，故賜周公近許之田以爲朝宿地，後世因立周公别廟焉。又王時巡狩至泰山，鄭桓公以宣王母弟故，賜其旁祊邑，令助祭泰山，爲湯沐邑。時鄭以天子不能復巡狩，魯亦不復朝周，故欲以祊易許田，各從本國所近，恐魯以周公别廟爲疑，故云已廢泰山之祀而爲魯祀周公，遜辭以有求也。宛，鄭大夫。祊，屬山東費縣境。○夏，四月，齊人卒平宋、衛于鄭。冬，齊侯使來告成三國公使。衆仲對曰：「君釋三國之圖，以鳩其民，君之惠

也。寡君聞命矣，敢不承受君之明德？」圖，相圖也。鳩，安集也。○無駭卒。羽父請謚與族，公問族于衆仲。衆仲對曰：「天子建德，因生以賜姓，胙之土而命之氏。諸侯以字爲謚，因以爲族。官有世功，則有官族。邑亦如之。」公命以字爲展氏。無駭卒應賜謚，又先未有族，故翬爲請之。公以謚不必問，惟問所以爲族者，衆云天子位尊，立有德以爲諸侯，因其所生之地以賜之姓，禄之土田而因命之以爲氏。諸侯位卑，不得賜姓，唯以其臣之字爲之氏，遂以爲族。如有能世其官者，即以其官爲族。或食於其邑者，以邑爲族。故公取無駭之字展以爲其子孫之氏。氏、族，一也。謚、氏，音之訛。賜姓，賜氏。若舜由嬀汭故嬀姓，封陳而氏曰陳者，是其類也。官族，若司馬、司空之類。邑若韓、趙、范、魏之類。魯後有展禽、展喜，無駭之後也。若魯三桓、鄭七穆等，皆以公子爲宗，其孫以王父字爲氏，亦皆以字而與無駭不同。

九年　夏，宋公不王。鄭伯爲王左卿士，以王命討之，伐宋。宋以入郛之役怨公，不告命，公怒，絶宋使。秋，鄭人以王命來告伐宋。冬，公會齊侯于防，謀伐宋也。不王，不供王職也。公前雖不救宋，猶未忘宋好。前爲伐邾以説宋，宋尚怨公，不告鄭伐，故公絶其使。鄭乘是隙以王命來告，公遂與齊謀伐之。防，魯地，曲阜縣境有防山。○公先與邾盟，繼與宋盟，既以宋故伐邾，又以鄭故伐宋，誠二三其德矣。

十年　春王正月，公會齊侯、鄭伯于中丘。癸丑，盟于鄧，爲師期。夏，五月，羽父先會齊侯、鄭伯伐宋。中丘，在今沂州境。鄧，亦魯地。師期，出師之期。先會，非公本期也。餘見桓王伐鄭。○翬於伐鄭、伐宋，無君之心炳如矣。而公略不忌焉，何其憒哉！

十一年　冬，羽父請殺桓公，將以求太宰。公曰：「爲其少故也，吾將授之矣。使營菟裘，

吾將老焉。」羽父懼，反譖公于桓公，而請弒之。公之爲公子也，與鄭人戰於狐壤，止焉。鄭人囚諸尹氏。賂尹氏，而禱於其主鍾巫。遂與尹氏歸，而立其主。十一月，公祭鍾巫，齊于社圃，館于寪氏。壬辰，羽父使賊弒公于寪氏，立桓公，而討寪氏，有死者。不書葬，不成喪也。公本意立桓，翬乃欲殺桓爲己功。既知公意，復譖公欲害桓而弒之。菟裘，魯邑，在今山東泗水縣境，舊有菟裘聚。不欲復居魯朝，故別營外邑。内諱獲，故言止。狐壤，鄭地。尹氏，鄭大夫。鍾巫，尹氏所祭之主，禱之求歸。既歸，立其主祭之。此將祭而齊遇弒。寪氏，魯大夫。翬以弒君之罪加寪氏而免己。討桓、弒隱、篡立，故喪禮不成。

桓公元年　春，公即位。脩好于鄭，鄭人請復祀周公，卒易祊田，公許之。三月，鄭伯以璧假許田，爲周公祊故也。夏，四月丁未，公及鄭伯盟于越，結祊成也。盟曰：「渝盟，無享國。」冬，鄭伯拜盟。魯不宜聽鄭祀周公，又不宜易取祊田。犯二不宜以動，故言。若進璧以假田，非久易也垂。越，衛地。結祊，成結成易二田之事也。

十七年　春，及邾儀父盟于趡，尋蔑之盟也。秋，伐邾，宋志也。趡，魯地。桓既篡隱位，事皆踵其跡而終之，以取媚于鄰國。○隱公追成父志，以國讓弟，而自居於攝，雖未協之至正，猶藹乎古之遺厚焉。特以威信不立，而馭臣、交鄰俱失其道，至羽父邪謀，又不能亟斷而立誅，乃遭凶殞，其禍豈在讓乎？而後之議者，乃謂讓國以生亂，何不達也？且七代之君，其蓄猜、窮忍，戕害本支極矣，而覆亡更速焉，何哉？

文姜之亂 附莊公忘讐

桓公三年　春，會于嬴，成昏于齊也。嬴，齊邑，今山東泰安州境。公自與齊侯會而成昏，非禮。秋，公子翬如齊逆女，脩先君之好，故曰「公子」。齊侯送姜氏，非禮也。凡公女嫁于敵國，姊妹，則上卿送之，以禮於先君。公子，則下卿送之。於大國，雖公子亦上卿送之。於天子，則諸卿皆行，公不自送。於小國，則上大夫送之。冬，齊仲年來聘，致夫人也。古者婚禮雖奉時君之命，其言必稱先君以爲禮辭。女出嫁，又使大夫隨加聘問，存謙敬、序殷勤也。在魯而出則曰致女，在他國而來則總曰聘，故以致夫人釋之。○翬固弒逆之賊，豈以逆昏而遂以公子貴之乎？

六年　秋，九月丁卯，子同生。以太子生之禮舉之，接以太牢，卜士負之，士妻食之，公與文姜、宗婦命之。公問名於申繻，對曰：「名有五，有信，有義，有象，有假，有類。以名生爲信，以德命爲義，以類命爲象，取於物爲假，取於父爲類。不以國，不以官，不以山川，不以隱疾，不以畜牲，不以器幣。周人以諱事神，名，終將諱之。故以國則廢名，以官則廢職，以山川則廢主，以畜牲則廢祀，以器幣則廢禮。晉以僖侯廢司徒，宋以武公廢司空，先君獻、武廢二山，是以大物不可以命。」公曰：「是其生也，與吾同物，命之曰同。」禮，世子生，以太牢之禮。接，見之。三日卜，其士之吉

者負之。射人以桑弧蓬矢射天地四方。卜士之妻爲乳母。三月，君夫人沐浴于外寢，立于阼階，西向。世婦抱子，升自西階，君命之名，乃降。皆以重適也。太牢，牛、羊、豕。禮言世婦、兩媵也。此宗婦，同宗之婦。申繻，魯大夫。以生，若唐叔虞、魯公子友。以德，若文王名昌，武王名發。以類，若孔子象尼丘名丘。取物，若伯魚生，人有饋鯉，因名鯉。取父，若子同生，與父同者。其諸國國號及夫官職，至於山川與隱痛疾病、六畜、犧牲、器用、玉帛皆不以名。蓋諱禮始於周人。死曰終，名終曰諱。自父至高祖皆不敢斥名，故當預有所避。廢名，以國不可廢故也。廢職，若晉僖公名司徒，故廢之，改爲中軍。宋武公名司空，廢之，而爲司城。廢主，謂易其名。具、敖二山也，魯獻公名具，武公名敖，更以其鄉名山。廢祀，謂名豬則廢豬，名羊則廢羊。廢禮以諱其名，而不用其器帛，不得成禮也。隱疾避，不祥也。物，類也。同，同日也。

十七年　春，盟于黄。夏，及齊師戰于奚，疆事也。於是齊人侵魯疆，疆吏來告，公曰：「疆場之事，慎守其一，而備其不虞。姑盡所備焉。事至而戰，又何謁焉？」黄，齊地。盟，與齊盟。奚，魯地。一，畫一之，故界。不虞，忽至之敵兵。事，兵事也。方盟而即侵，齊襄之無良也。

十八年　春，公將有行，遂與姜氏如齊。申繻曰：「女有家，男有室，無相瀆也，謂之有禮。易此，必敗。」公會齊侯于濼，遂及文姜如齊。齊侯通焉。公謫之。以告。夏，四月丙子，享公，使公子彭生乘公。公薨于車。魯人告于齊曰：「寡君畏君之威，不敢寧居，來脩舊好，禮成而不反，無所歸咎，惡於諸侯。請以彭生除之。」齊人殺彭生。時姜氏父母已卒，義無歸寧。乃欲如齊，公不能制，與之偕行，故申繻諫云：男女各安其室家，無相瀆亂，禮也。無禮必敗。公果有淫弑之慘。濼水，在山東歷城縣西，源自温泉，而北達於河。除，除恥辱之惡也。○於此而猶受其享，與其臣同乘，桓之魄奪矣，豈以弑兄惡大，故假手

於淫兇乎？

莊公元年　春，不稱即位，文姜出故也。三月，夫人孫于齊。不稱姜氏，絶不爲親，禮也。秋，築王姬之館于外。爲外，禮也。文姜與桓俱行，而桓爲齊所殺，故不敢還。莊公父弑母出，故不忍行即位之禮。魯臣子於姜女爲不共天之仇，然以母故，則宜絶之禮。天子嫁女，諸侯使同姓國主之。此魯主昏與齊，因喪，故于外。○忘仇而爲之主昏，喪心甚矣。而傳謂之禮，不大謬乎！

二年　冬，夫人姜氏會齊侯于禚。書，姦也。禚，齊地，一云濟南府，未詳。

三年　春，溺會齊師伐衛，疾之也。溺，魯大夫。疾其會仇讐，伐同姓也。

六年　冬，齊人來歸衛寶，文姜請之也。公親與齊共伐衛，事畢而還。文姜淫于齊侯，故求其所獲珍寶，使以歸魯，欲説魯，以謝慙。

七年　春，文姜會齊侯于防，齊志也。

八年　春，治兵于廟，禮也。夏，師及齊師圍郕，郕降于齊師。仲慶父請伐齊師，公曰：「不可。我實不德，齊師何罪？罪我之由。夏書曰：『臯陶邁種德，德，乃降。』姑務修德，以待時乎！」秋，師還。君子是以善魯莊公。慶父以齊不與共功，故欲伐之，公引德以自止。書稱臯陶能勉種其德，爲人所降。○莊公既從母亂，又忘父深仇，與之會盟伐國，而復受其侮，無人心矣，而乃假虛言以自文，君子何善之有！

魯與邾、莒之怨

閔公二年　秋，八月辛丑，共仲使卜齮賊公于武闈。　奔莒。　以賂求共仲於莒，莒人歸之。共仲，公子慶父也。齮卜，大夫名。賊，弑也。武闈，宮中小門。詳見三桓弱公室。

僖公元年　秋，九月，公敗邾師于偃，虛丘之戍將歸者也。虛丘，邾地，戍之欲以侵魯。既不克歸，公邀而敗之。○其事始末不見經傳，蓋有闕文，杜註臆説，孔疏亦言其無據，故不取。○冬，莒人來求賂，公子友敗諸酈，獲莒子之弟挐。莒以歸慶父爲己功，故求賂，友敗而獲之。酈，魯地。詳見三桓弱公室。

二十一年　任、宿、須句、顓臾，風姓也。實司太皞與有濟之祀，以服事諸夏。邾人滅須句。須句子來奔，因成風也。成風爲之言于公曰：「崇明祀，保小寡，周禮也。蠻夷猾夏，周禍也。若封須句，是崇皞、濟而修祀，紓禍也。」任，今爲山東鉅野縣。宿，已前見。顓臾，今山東費縣有顓臾城。須句，今爲山東東平州。太皞，伏羲也，四國皆其後故。主其祀，司主也，近濟水，因并祀之，以與諸夏同服王事。成風，須句女也。保，安也。蠻夷，謂邾，迫近諸戎，雜用夷禮，故極言之。猾，亂也。紓，解也。

二十二年　春，伐邾，取須句。反其君焉，禮也。得恤小寡之禮。秋，邾人以須句故出師。公卑邾，不設備而禦之。臧文仲曰：「國無小，不可易也。無備，雖衆不可恃也。詩曰：『戰戰兢

兢，如臨深淵，如履薄冰。』又曰：『敬之敬之，天維顯思，命不易哉！』先王之明德，猶無不難也，無不懼也，況我小國乎？君其無謂邾小，蠭蠆有毒，而況國乎？」弗聽。八月丁未，公及邾師戰于升陘，我師敗績。邾人獲公胄，懸諸魚門。詩小雅，言常懷戒懼。又詩周頌。顯，明也。思，助辭。言有國宜敬戒，天明臨下，奉承其命甚難。升陘，魯地。胄，兜鍪。魚門，邾城門。縣之以辱公。

三十三年　夏，公伐邾，取訾婁，以報升陘之役。邾人不設備。秋，襄仲復伐邾。

文公七年　春，公伐邾，間晉難也。三月甲戌，取須句，寘文公子焉，非禮也。時晉襄公卒，故爲難。間，猶乘也。邾文公子叛在魯，公使守須句，絶太皥之祀。以與鄰國叛臣，非禮。

十三年　夏，邾文公卜遷于繹。史曰：「利于民，而不利于君。」邾子曰：「苟利于民，孤之利也。天生民而樹之君，以利之也。民既利矣，孤必與焉。」左右曰：「命可長也，君何弗爲？」邾子曰：「命在養民。死之短長，時也。民苟利矣，遷也，吉莫如之。」遂遷于繹。五月，邾文公卒。君子曰：「知命。」繹，邾邑，今山東鄒縣繹山其地。命已定于天，不遷繹亦卒。邾子以利民爲急，而不以死生二其心，所謂知命也。

十四年　邾文公之卒也，公使弔焉，不敬，邾人來討伐我南鄙，故惠伯伐邾。○邾文公元妃齊姜生定公，二妃晉姬生捷菑。文公卒，邾人立定公，捷菑奔晉。秋，晉趙盾以諸侯之師八百乘納捷菑于邾。邾人辭曰：「齊出貜且長。」宣子曰：「辭順而弗從，不祥。」乃還。定公，名貜且。

成公十八年　八月，邾宣公來朝，即位而來見也。

襄公元年　九月，邾子來朝，禮也。冬，衛子叔、晉知武子來聘，禮也。凡諸侯即位，小國朝之，大國聘焉，以繼好、結信、謀事、補闕，禮之大者也。禮以安國家、利社稷爲本。

四年　夏，穆叔如晉，報知武子之聘也。晉侯享之，金奏肆夏之三，不拜。工歌文王之三，又不拜。歌鹿鳴之三，三拜。韓獻子使行人子員問之曰：「子以君命辱于敝邑，先君之禮，藉之以樂，以辱吾子。吾子舍其大，而重拜其細，敢問何禮也？」對曰：「三夏，天子所以享元侯也，使臣弗敢與聞。文王，兩君相見之樂也，臣不敢及。鹿鳴，君所以嘉寡君也，敢不拜嘉？四牡，君所以勞使臣也，敢不重拜？皇皇者華，君教使臣曰：『必諮于周。』臣聞之：『訪問於善爲咨，咨親爲詢，咨禮爲度，咨事爲諏，咨難爲謀。』臣獲五善，敢不重拜？」穆叔，叔孫豹謚。金奏，擊鍾而奏也。肆夏之三，肆夏、樊遏、渠。呂叔玉云：「肆夏時邁也，樊遏執競也，渠思文也，皆周頌。」工，樂人。文王之三，大雅之首，文王、大明、緜。小雅之首鹿鳴、四牡、皇華。獻子，名起。行人，通使之官。肆夏、文王爲樂之大，而鹿鳴爲小，故以疑穆子之拜。元侯，牧伯。肆夏之三皆昭周之令德，受景福於天，故以享元侯。文王之三皆稱文王之德，受命作周，故諸侯會同以相樂。鹿鳴取其我有嘉賓，以儗叔孫奉命而來，叔孫歸德于君，故云「嘉寡君」。四牡騑騑勤行不止，晉以叔孫來聘，故以此勞之。皇華，君遣使臣之詩，言能光輝君命，如華之皇皇然。又當諮於忠信以補己之不及，忠信爲周，其言曰：「周爰諮諏，周爰諮謀，周爰諮度，周爰諮詢。」言必忠信之人諮此四事。咨，咨于善也。親戚故云詢，禮儀故云度，政事故云諏，患難故云謀。此見叔孫

善于使。而魯與晉通好，蓋難起於鄫也。冬，公如晉聽政，晉侯享公。公請屬鄫，晉侯不許。孟獻子曰：「以寡君之密邇于仇讎，而願固事君，無失官命。鄫無賦于司馬，爲執事朝夕之命敝邑。敝邑褊小，闕而爲罪，寡君是以願借助焉。」晉侯許之。鄫，今爲山東嶧縣。聽政，受貢賦多少之數。以魯不能供其政，而鄫小國也，故請欲以鄫屬，如須句、顓臾之比，以自助。仇讎，齊、楚也。官命，徵發之命。司馬，掌諸侯之賦。冬，十月，邾人、莒人伐鄫。臧紇救鄫，侵邾，敗于狐駘。國人逆喪者，皆髽。魯於是乎始髽。國人誦之曰：「臧之狐裘，敗我于狐駘。我君小子，朱儒是使。朱儒朱儒，使我敗于邾。」臧紇，字武仲。狐駘，邾地。髽，麻髮合結也。時戰亡遭喪者多，不能備凶服，髽而已。狐裘，紇時所服。襄公幼弱，故曰小子。臧孫短，故曰朱儒。

五年　夏，穆叔覿鄫太子于晉，以成屬鄫。書曰：「叔孫豹、鄫太子巫如晉。」言比諸魯大夫也。九月丙午，盟于戚。穆叔以屬鄫爲不利，使鄫大夫聽命于會。屬鄫本以假助，而邾、莒方共虐鄫，魯數救之，反爲國病，且恐致罪，故豹辭歸于晉。

六年　秋，莒人滅鄫，鄫恃賂也。冬，穆叔如邾聘，且修平。晉人以鄫故來討，曰：「何故亡鄫？」季武子如晉見，且聽命。鄫有貢賦之賂于魯，恃之慢莒，故爲莒所滅。武子代父爲卿，見伯國，且謝亡鄫，聽命受罪。

八年　五月，莒人伐我東鄙，以疆鄫田。莒滅鄫，魯侵其西界，故于此正其封疆。

十年　秋，莒人間諸侯之有事也，故伐我東鄙。事，討鄭之事。

十二年　春，莒人伐我東鄙，圍台。季武子救台，遂入鄆，取其鐘以爲公盤。台，魯邑，今山東費縣舊有台亭。乘勝故云遂。鄆，莒邑，今鄆城縣。

十五年　秋，邾人伐我南鄙，使告于晉。晉將爲會以討邾、莒，晉侯有疾，乃止。冬，晉悼公卒，遂不克會。

十六年　春，葬晉悼公，平公即位。會于溴梁。以我故，執邾宣公、莒犂比，公且曰：「通齊、楚之使。」溴梁事詳見晉平楚康争伯。犂比，莒子號。邾、莒在齊、楚往來道中，故并以此爲責。

十七年　冬，邾人伐我南鄙，爲齊故也。是秋齊伐魯，未得志，故邾助之。

十九年　春，諸侯還自沂上，盟于督揚。執邾悼公，以其伐我故。遂次于泗上，疆我田，取邾田，自漷水歸之于我。還自伐齊。沂水，源出今山東尼山之麓，西流入泗水。泗，源自陪尾山，四泉並發，循泗水縣北合爲一。晉正邾、魯之界，以邾田在漷水之北者與魯。漷水，在南直隸沛縣東北，出山東滕縣界，入潮陽泗水。

二十年　春，及莒平。孟莊子會莒人，盟于向，督揚之盟故也。因盟以和解之故，二國復自共盟以結好。○邾人驟至，以諸侯之事弗能報也。秋，孟莊子伐邾，以報之。

二十一年　春，公如晉，拜師及取邾田也。邾庶其以漆、閭丘來奔。季武子以公姑姊妻之，皆有賜于其從者。於是魯多盜。季孫謂臧武仲曰：「子盍詰盜？」武仲曰：「不可詰也。紇又不能。」季孫曰：「我有四封，而詰其盜，何故不可？子爲司寇，將盜是務去，若之何不能？」

武仲曰：「子召外盜而大禮焉，何以止吾盜？子爲正卿，而來外盜，使紇去之，將何以能？庶其竊邑于邾以來，子以姬氏妻之，而與之邑，其從者皆有賜焉。若大盜禮焉以君之姑姊與其大邑，其次皁牧輿馬，其小者衣裳劍帶，是賞盜也。賞而去之，其或難焉。紇也聞之：在上位者洒濯其心，壹以待人，軌度其信，可明徵也，而後可以治人。夫上之所爲，民之歸也。上所不爲，而民或爲之，是以加刑罰焉，而莫敢不懲。若上之所爲，而民亦爲之，乃其所也，又可禁乎？夏書曰：『念茲在茲，釋茲在茲，名言茲在茲，允出茲在茲，惟帝念功。』將謂由己壹也。信由己壹，而後功可念也。」庶其非卿也，以地來，雖賤，必書，重地也。庶其，邾大夫。漆、閭丘，邾二邑，皆在今山東嶧陽縣境，舊有漆鄉、顯閭鄉。詰，治也。武仲深病季孫之過厚庶其及其僕從爲賞盜，故極云盜不可治。洒濯，精白無私欲也。壹，誠也。明徵其軌法以信，而明白可徵也。夏書禹謨，謂行此事，當念使可施于此。釋，除也。謂欲有所除治于人，亦當顧己得無有之名此事，言此事亦皆當令可施于此。允，信也。信出于此則善亦在此。此帝舜所以念其功者，謂皆由己誠壹而後功可念，非徒責之人也。武仲之論詰盜，聖人之徒不是過矣。

二十八年　夏，邾悼公來朝，時事也。

三十一年　冬，莒犂比公生去疾及展輿。既立展輿，又廢之。犂比公虐，國人患之。十一月，展輿因國人以攻莒子，弒之，乃立。去疾奔齊，齊出也。展輿，吴出也。書曰：「莒人弒其君買朱鉏。」言罪之在也。犂比，名密州，字買朱鉏。展輿以既立而廢，乘國人之怨弒之而自立。去疾其兄，齊之甥也。

罪在，罪在鉏也。據傳則展輿實弒其父，而言罪在于鉏，則弒父乃謂無罪乎？誖義甚矣。

昭公元年　春，會于虢。晉、楚成而爲會，詳見晉楚爲成。三月，季武子伐莒，取鄆。莒人告于會，楚告于晉曰：「尋盟未退，而魯伐莒，瀆齊盟，請戮其使。」樂桓子相趙文子，欲求貨于叔孫，而爲之請。使請帶焉，弗與。梁其踁曰：「貨以藩身，子何愛焉？」叔孫曰：「諸侯之會，衛社稷也。我以貨免，魯必受師，是禍之也，何衛之爲？人之有牆，以蔽惡也。牆之隙壞，誰之咎也？衛而惡之，吾又甚焉。雖怨季孫，魯國何罪？叔出季處，有自來矣，吾又誰怨？然鮒也賄，弗與，不已。」召使者，裂裳帛而與之，曰：「帶其褊矣。」趙孟聞之，曰：「臨患不忘國，忠也。思難不越官，信也。圖國忘死，貞也。謀主三者，義也。有是四者，又可戮乎？」乃請諸楚曰：「魯雖有罪，其執事不辟難，畏威而敬命矣。子若免之，以勸左右，可也。莒、魯爭鄆，爲日久矣，苟無大害于其社稷，可無亢也。」固請諸楚，乃免叔孫。季孫前入鄆，此復取。尋盟，尋弭兵之盟。瀆，慢也。其使叔孫豹時在會，故請戮之。桓子，樂王鮒謚。難，指求貨，故以帶爲辭。其踁，叔孫家臣。藩，猶護也。豹喻己爲國衛，如牆爲人蔽，隙壞猶咎在牆，又惡之，罪蓋甚矣。出，出使。處，處守。褊，小也。言帶狹小，故裂裳，僞若不解且杜其意也。趙孟，謚文子。忠謂魯受師，信謂叔出季處，貞謂不以貨免，敬命不敢辟戮。亢，禦也。詳見晉楚爲成。夏，叔孫歸，曾夭御季孫以勞之。旦及日中，不出。曾夭謂曾阜曰：「旦及日中，吾知罪矣。魯以相忍爲國也，忍其外不忍其內，焉用之？」阜曰：「數月於外，一旦於是，庸何傷？賈而欲贏，而惡囂乎？」阜

謂叔孫曰：「可以出矣。」叔孫指楹曰：「雖惡是，其可去乎！」乃出見之。豹恨季孫，故久不出。夭、阜，二氏家臣。夭言忍外是欲受楚戮，不忍內謂日中不出。阜言譬如商賈求贏利者，不得惡諠囂之聲，意以季孫貪於取邑，宜受慢也。楹，柱也。叔孫喻魯有季孫，猶屋有柱，雖惡之而不能去也。莒展輿立，而奪羣公子秩。公子召去疾于齊。秋，齊公子鉏納去疾，展輿奔吴。叔弓帥師疆鄆田，因莒亂也。於是莒務婁、瞀胡及公子滅明以大厖與常儀靡奔齊。君子曰：「莒展之不立，棄人也夫！人可棄乎？詩曰：『無競惟人。』善矣！」疆鄆田，以前所取者正其界。務婁、瞀胡、滅明，皆展輿黨。大厖、常儀靡，莒二邑。棄人，謂奪羣公子秩。詩大雅，言無與競者，惟得人也。○舍其弑父之罪，而咎棄人，何失類也？

四年　秋，九月，取鄫，言易也。莒亂，著丘公立而不撫鄫，鄫叛而來，故曰取。凡克邑不用師徒，曰取。著丘，去疾也。

五年　春，公如晉。夏，莒牟夷以牟婁及防兹來奔。牟夷非卿而書，尊地也。莒人愬于晉，晉侯欲止公，范獻子曰：「不可。人朝而執之，誘也。討不以師，而誘以成之，惰也。爲盟主而犯此二者，無乃不可乎？請歸之，閒而以師討焉。」乃歸公。秋，七月，公至自晉。莒人來討，不設備。戊辰，叔弓敗諸蚡泉，莒未陳也。如晉，即位往見。餘見三桓弱公室。牟夷，莒大夫。牟婁，今爲山東安丘縣有牟山。防兹，今山東德平縣境，舊有防亭。皆莒邑。尊，重也。重地，故書以名，其人終爲不義。閒，暇也。來討，討受牟婁也。蚡泉，魯地。

六年　夏，季孫宿如晉，拜莒田也。晉侯享之，有加籩。武子退，使行人告曰：「小國之事大國也，苟免于討，不敢求貺。得貺，不過三獻。今豆有加，下臣弗堪，無乃戾也。」韓宣子曰：「寡君以爲驩也。」對曰：「寡君猶未敢，況下臣？君之隸也，敢聞加貺？」固請徹加，而後卒事。晉人以爲知禮，重其好貨。受莒叛晉不討，故拜謝。加籩，籩豆多于常數。周禮，大夫三獻。獻，視饗餼之數。若加籩則三獻不稱，故以此辭。驩，加禮致驩心。好貨，宴好之貨。補：聘禮，卿五獻，此自卑從大夫禮。

十年　秋，七月，平子伐莒，取郠。獻俘，始用人于亳社。臧武仲在齊，聞之，曰：「周公其不饗魯祭乎！周公饗義，魯無義。詩曰：『德音孔昭，視民不佻。』佻之謂甚矣，而壹用之，將誰福哉！」平子，季孫意如謚，武子之子。郠，莒邑。用人，以人祭。亳社，殷社。在齊，因前奔也。詩小雅。佻，偷也。言明德君子必愛民。壹，同也，同人於畜牲也。

十一年　夏，孟僖子會邾莊公，盟于祲祥，修好禮也。祲祥，地闕。餘見列卿世嗣之變。

十二年　夏，公如晉，至河乃復。取郠之役，莒人愬于晉，晉有平公之喪，未之治也，故辭公。公子慭遂如晉。

十三年　夏，爲取郠故，晉將以諸侯來討。　七月，遂合諸侯于平丘。　邾人、莒人愬于晉曰：「魯朝夕伐我，幾亡矣。我之不共，魯故之以。」晉侯不見公。　甲戌，同盟于平丘。公不與盟，晉人執季孫意如，以幕蒙之，使狄人守之。司鐸射懷錦，奉壺飲冰，以蒲伏焉。守者御

之，乃與之錦而入。晉人以平子歸，子服湫從。平丘，衛地。不共，不供職，故侵陵之故。餘詳見晉失諸侯。蒙，覆冒也。司鐸射，魯大夫。飲冰，以壺藏于冰，猶飲羽之飲。因値暑，季孫蒙幕，欲壺漿之寒解鬱熱也。蒲伏，作「匍匐」。冬，公如晉。士景伯辭公于河。季孫猶在晉，子服惠伯私于中行穆子。乃歸季孫。惠伯曰：「寡君未知其罪，合諸侯而執其老，若猶有罪，死命可也。若曰無罪，而惠免之，諸侯不聞，是逃命也。何免之爲？請從君惠于會。」宣子患之，謂叔向曰：「子能歸季孫乎？」對曰：「不能，鮒也能。」乃使叔魚。叔魚見季孫曰：「昔鮒也得罪于晉君，自歸于魯君。微武子之賜，不至于今。雖獲歸骨于晉，猶子則肉之，敢不盡情？歸子而不歸，鮒也聞諸吏，將爲子除館于西河，其若之何？」且泣。平子懼，先歸。惠伯待禮。私，私與言也。詳見晉失諸侯。晉歸季孫，惠伯欲諸侯會盟，時以禮見。遣暴魯無罪，而晉信讒執之，故宣子以爲患，乃使叔魚，以詐恐季孫。季孫本無志節，遂逃歸。老，尊卿稱。死命，死晉命也。鮒，叔魚名。鮒以叔虎黨欒氏奔魯，見卿族廢興。西使，近河。遠無歸期，故懼泣，以信其言。待禮，待見遣之禮。

十四年　春，意如至自晉，尊晉罪已也。尊晉罪已，禮也。謂舍族也。

二十一年　夏，晉士鞅來聘，叔孫爲政。季孫欲惡諸晉，使有司以齊鮑國歸費之禮爲士鞅。士鞅怒，曰：「鮑國之位下，其國小，而使鞅從其牢禮，是卑敝邑也。將復諸寡君。」魯人恐，加四牢焉，爲十一牢。叔孫名婼，謚昭子，以三命爲國政，平子憎其在己上，欲使惡于晉，故以七牢禮士鞅，稱此禮鮑國之禮，

以激鞅，怒，遂十一牢。按聘禮，使卿主國，待之饔餼五牢，前加二而爲七。于七加四爲十一，益，非禮也。鞅于此已憾昭子。歸費，見陪臣交叛。

二十三年　春，邾人城翼，還，將自離姑。公孫鉏曰：「魯將御我。」欲自武城還，循山而南。徐鉏、丘弱、茅地曰：「道下，遇雨，將不出，是不歸也。」遂自離姑。武城人塞其前，斷其後之木而弗殊，邾師過之，乃推而蹷之，遂取邾師，獲鉏、弱、地。邾人愬于晉，晉人來討。叔孫婼如晉，晉人執之。書曰「晉人執我行人叔孫婼」，言使人也。晉人使與邾大夫坐，叔孫曰：「列國之卿，當小國之君，固周制也。邾又夷也。寡君之命介子服回在，請使當之，不敢廢周制故也。」乃不果坐。韓宣子使邾人聚其衆，將以叔孫與之。叔孫聞之，去衆與兵而朝。士彌牟謂韓宣子曰：「子弗良圖，而以叔孫與其讎，叔孫必死之。魯亡叔孫，必亡邾。邾君亡國，將焉歸？子雖悔之，何及？所謂盟主，討違命也。若皆相執，焉用盟主？」乃弗與。使各居一館。士伯聽其辭，而愬諸宣子，乃皆執之。士伯御叔孫，從者四人，過邾館以如吏。先歸邾子。士伯曰：「以芻蕘之難，從者之病，將館子于都。」叔孫旦而立，期焉。乃館諸箕，舍子服昭伯于他邑。范獻子求貨于叔孫，使請冠焉。取其冠法，而與之兩冠，曰：「盡矣。」爲叔孫故，申豐以貨如晉。叔孫曰：「見我，吾告女所行貨。」見，而不出。吏人之與叔孫居于箕者，請其吠狗，弗與。及將歸，殺而與之食之。叔孫所館者，雖一日，必葺其牆屋，去之如始至。翼、離姑，邾二邑。公孫鉏、徐鉏、丘

弱、茅地，邾四大夫。師從離姑則道過魯之武城，故鉏欲勿過武城，依山南而去。三子恐雨，山道下濕，不從鉏言，遂爲武城人邀取。婼因此使晉被執，與坐訟曲直，欲以屈叔孫叔。孫據王制以拒，又欲與邾以辱之。去兵衆，示欲以身死，義不爲辱。彌牟，字伯。時邾子在晉，若亡國，無所歸，故云悔之何及，因更分館二國，以兩聽其辭。皆執之者，蓋以邾不假道，亦曲也，復審魯曲尤甚，屬叔孫於吏，減其侍從，過邾使見之。歸邾子，都別邑，即箕也。旦立以待其期，見敬命且不懾也。晉復別其介困之，獻子欲貨，故以請冠爲辭。叔孫以二冠俱進，則無冠，故先取其法，以製別冠而盡與之。曰盡者，絶其後請也。使申豐欲以貨免，乃留使不出，不肯免于貨也。狗初弗與，示不相假歸。殺與之，示不愛所居。雖蹔必治，臨行如始，皆見嚴整無所苟也。昭子風節高勁如此，春秋中僅一見而已。

冬，公爲叔孫故如晉。及河，有疾而復。

二十四年　春王正月，晉士彌牟逆叔孫于箕。叔孫使梁其踁待于門内，曰：「余左顧而欬，乃殺之。右顧而笑，乃止。」叔孫見士伯，士伯曰：「寡君以爲盟主之故，是以久子。不腆敝邑之禮，將致諸從者，使彌牟逆吾子。」叔孫受禮而歸。二月，婼至自晉，尊晉也。逆于箕，將禮而歸之。叔孫疑士伯復加屈辱，將以死抗謀殺之。既而以久執謝禮遣之，故叔孫竟受其禮以歸。叔孫雖賢，而魯取邾師，不爲無罪，故尊晉。〇邾、莒之難一也，叔孫父子守正不屈，不惟國免于兵，而且足以爲國之重。意如逃遁苟免，大致辱國。人材之係于國也諒哉！然豹遇趙孟則以賢聞而免戮，婼遇韓、范則危困而幾殆，又可以見晉政之污隆矣。

三十一年　冬，邾黑肱以濫來奔。賤而書名，重地故也。君子曰：「名之不可不慎也如是。夫有所名而不如其已。以地叛，雖賤必書，地以名其人，終爲不義，弗可滅已。是故君子動則思禮，行則思義，不爲利回，不爲義疚。或求名而不得，或欲蓋而名章，懲不義也。齊豹爲

衛司寇，守嗣大夫，作而不義，其書爲『盜』。邾庶其、莒牟夷、邾黑肱以土地出，求食而已，不求其名，賤而必書。此二物者，所以懲肆而去貪也。若艱難其身，以險危大人，而有名章徹，攻難之士將奔走之。若竊邑叛君，以徼大利而無名，貪冒之民將寘力焉。是以春秋書齊豹曰『盜』，三叛人名，以懲不義，數惡無禮，其善志也。故曰：春秋之稱微而顯，婉而辨。上之人能使昭明，善人勸焉，淫人懼焉，是以君子貴之。」黑肱，邾大夫，非卿，故曰賤。濫，邾邑，在今山東滕縣有濫城。傳言人咸以有名爲貴，又有所謂有名不如無名者。已，猶無也。回，邪也。見利不苟不回，其心疚病也，見義則爲無疚于心。守嗣，守先人嗣，言其尊。豹殺衛侯兄，將求勇名，而書「盜」，求名而不得也。三叛，人以邑竊食鄰國，欲隱其名而賤，必名之，是蓋而彌章也。二物，二事也。齊豹書「盜」，懲肆也。三叛人名，去貪也。大人，在位者。章徹，謂勇名顯著。攻難，專作禍難。奔走，趨赴也。無名，不書其名。數，列也。無禮，惡逆，皆列之不遺，記事之善者也。微，文微。顯，義顯。婉，辭婉。辨，旨別。在上者能使此義昭明，則可以爲世勸懼，故爲貴。

季康子搆怨邾齊 邾事附

定公二年　冬，邾莊公與夷射姑飲酒，私出，閽乞肉焉，奪之杖以敲之。夷射姑，邾大夫，與公飲而出以避酒。閽，守門者。從之乞肉，射姑既不與，復奪其杖以敲其頭。

三年　春，二月辛卯，邾子在門臺，臨廷。閽以缾水沃廷，邾子望見之，怒。閽曰：「夷射姑旋焉。」命執之，弗得，滋怒，自投于牀，廢于鑪炭，爛，遂卒。先葬以車五乘，殉五人。莊公卞急而好潔，故及是。門臺，門上有臺。公在上，下視庭。閽以去年杖敲之恨，故以缾水灌庭，令邾子見怒而問，答以爲射姑旋溺所污，故以水浄。遂命執射姑，不得愈怒甚，至墮鑪中以死。及葬，先以車殉，别爲便房，恐污藏中也。卞，躁急也。

十五年　春，邾隱公來朝。子貢觀焉。邾子執玉高，其容仰。公受玉卑，其容俯。子貢曰：「以禮觀之，二君者皆有死亡焉。夫禮，死生存亡之體也，將左右、周旋、進退、俯仰，於是乎取之。朝、祀、喪、戎，於是乎觀之。今正月相朝，而皆不度，心已亡矣。嘉事不體，何以能久？高仰，驕也。卑俯，替也。驕近亂，替近疾。君爲主，其先亡乎！」隱公，益也。玉，朝者之贄。不度，不合禮度。嘉事，謂朝禮。不體，不得其體之正。夏，五月壬申，公薨。仲尼曰：「賜不幸言而中，是使賜多言者也。」以微知著，知之難者。子貢言語之士，此言而中，仲尼懼其易言，故抑之。

哀公二年　春，伐邾。將伐絞，邾人愛其土，故賂以漷、沂之田，而受盟。絞，邾邑。漷、沂，漷水以東、沂水以西。

七年　夏，公會吴于鄫。季康子欲伐邾，乃饗大夫以謀之。子服景伯曰：「小所以事大，信也；大所以保小，仁也。背大國不信，伐小國不仁。民保于城，城保于德。失二德者危，將焉保？」孟孫曰：「二三子以爲何如？惡賢而逆之？」對曰：「禹合諸侯于塗山，執玉帛者

萬國，今其存者無數十焉。惟大不字小，小不事大也。知必危，何故不言？魯德如邾，而以衆加之，可乎？」不樂而出。秋，伐邾。及范門，猶聞鐘聲。大夫諫，不聽。茅成子請告于吳，不許，曰：「魯擊柝聞于邾，吳二千里，不三月不至，何及于我？且國内豈不足？」成子以茅叛，師遂入邾，處其公宫。衆師晝掠，邾衆保于繹。師宵掠，以邾子益來，獻于亳社，囚諸負瑕，負瑕故有繹。邾茅夷鴻以束帛乘韋自請救于吳，曰：「魯弱晉而遠吳，馮恃其衆，而背君之盟，辟君之執事，以陵我小國。邾非敢自愛也，懼君威之不立。君威之不立，小國之憂也。若夏盟于鄫衍，秋而背之，成求而不違，四方諸侯其何以事君？且魯賦八百乘，君之貳也。邾賦六百乘，君之私也。以私奉貳，唯君圖之！」吳子從之。吳伯中國，故會鄫，餘見句踐滅吳。季子將伐邾，而謀于衆，以示同，實不用其議。景伯以不信于吳，不仁于邾，必危國。孟孫以其言爲賢，欲使諸大夫從之，皆對以夏時諸侯以萬計，惟大小相攻伐，故胥以亡。今背盟伐邾，既不恤小，又不事大，不相趨於亡乎？何不言，但言而不聽耳。凡以兵加人，德足以勝之而后可。今德不過邾，伐之豈可耶？蓋諸大夫皆以伐邾有吳患，不能回季孫之意，故不樂。塗山，在今鳳陽府懷遠縣。執玉大國，執帛小國。范門，邾郭門。擊鐘，不禦寇也。茅成子，名夷鴻，邾大夫，茅其食邑，今爲山東嶧陽縣，舊有茅鄉亭。請告，求救也。邾子以魯近吳遠，雖救不及，且國内自足以拒魯。成子以茅叛，知亡國欲以自守也。魯師遂入，處其公宫，晝夜掠，以其君歸，獻亳社，見其亡國與殷同。負瑕，魯邑，嵫陽縣舊有瑕丘城。繹，邾所都。昔魯得邾之繹，民在負瑕，故因此辱之。康子殘暴已甚。十端爲束。韋，熟皮也。四數曰乘。僻，陋也。鄫衍，即鄫也。求成不違，言魯成其所求，無違逆也。貳，副也。私，屬也。

八年　春，吳爲邾故，將伐魯。問于叔孫輒，叔孫輒對曰：「魯有名而無情，伐之必得志

焉。」退而告公山不狃，公山不狃曰：「非禮也。君子違，不適讎國。未臣而有伐之，奔命焉，死之可也。所託也則隱。且夫人之行也，不以所惡廢鄉。今子以小惡而欲覆宗國，不亦難乎？若使子率，子必辭。王將使我。」子張病之。王問于子洩，對曰：「魯雖無與立，必有與斃，諸侯將救之，未可以得志焉。晉與齊、楚輔之，是四讎也。夫魯，齊、晉之脣，脣亡齒寒，君所知也，不救何爲？」三月，吴伐我，子洩率。故道險，從武城。初，武城人或有因于吴竟田焉，拘鄫人之漚菅者，曰：「何故使吾水滋？」及吴師至，拘者道之，以伐武城，克之。王犯嘗爲之宰，澹臺子羽之父好焉，國人懼。懿子謂景伯：「若之何？」對曰：「吴師來，斯與之戰，何患焉？且召之而至，又何求焉？」吴師克東陽而進，舍于五梧。明日，舍于蠶室。公賓庚、公甲叔子與戰于夷，獲叔子與析朱鉏，獻于王。王曰：「此同車，必使能，國未可望也。」明日，舍于庚宗，遂次于泗上。微虎欲宵攻王舍，私屬徒七百人三踊于幕庭，卒三百人，有若與焉。及稷門之內，或謂季孫曰：「不足以害吴，而多殺國士，不如已也。」乃止之。吴子聞之，一夕三遷。吴人行成，將盟，景伯曰：「楚人圍宋，易子而食，析骸而爨，猶無城下之盟。我未及虧，而有城下之盟，是棄國也。吴輕而遠，不能久，將歸矣。請少待之。」弗從。景伯負載，造于萊門。乃請釋子服何于吴，吴人許之，以王子姑曹當之，而後止。吴人盟而還。

輒，字子張。不狃，字子洩。皆故魯人奔吴。名，大國名。情，實也。違，奔亡也。未臣，所適國若有伐本國者，則還奔命，死其難所曾因托者，則爲之隱諱，又不可以私怨惡廢棄鄉黨之

好。輒，魯公族，故謂宗國。不狃言魯緩時雖無黨，急則必有共其患救之者。晉、齊、楚合魯而爲四，不可輕也。又故由險道，欲使魯成備。田，僑田，吴界。鄫人亦僑田于吴。漚菅，漬菅草于水。滋，濁也。道，鄉道也。武城，魯邑，今山東費縣有武城亭。王犯，吴大夫，先奔魯爲之宰。子羽，武城人，其父與犯善。吴既克武城，則其人以二子之故，將固與吴。吴得據之，以爲魯患，非若客兵遠涉敵境者比，故懼。景伯言康子召兵。何求，何須訪求也。東陽、五梧、蠶室，皆魯地，山東青州府北有東陽城。公賓庚、公甲叔子、析朱鉏爲三人。同車戰言二人，獲言二人者，傳互言之，同車能俱死，是能使人致死，必能守國。庚宗，魯地。泗，泗水。微虎，魯大夫，于帳前設格，令士試躍之，于七百人中終得三百人。卒，終也。有若與其内。三遷，畏微虎也。景伯欲吴退師以禮魯而與平，引華元事爲言。季孫弗從，遂負載書，將欲出盟。釋，舍也。魯人恐盟猶未已，欲因留景伯爲質于吴。既得吴許，復求吴王子交質，吴不肯，遂已。

齊悼公之來也，季康子以其妹妻之。即位而逆之，季魴侯通焉。女言其情，弗敢與也。齊侯怒。夏，五月，齊鮑牧帥師伐我，取讙及闡。六月，齊侯使如吴請師，將以伐我。乃歸邾子。邾子又無道，吴子使太宰子餘討之，囚諸樓臺，栫之以棘。使諸大夫奉太子革以爲政。秋，及齊平。九月，臧賓如如齊，涖盟。齊閭丘明來涖盟，且逆季姬以歸嬖。冬，十二月，齊人歸讙及闡。悼公，名陽生，前以不得立奔魯，陳僖子召而立之。詳見田氏傾齊。魴侯，康子叔父。鮑牧，齊大夫。以不歸季姬故伐我，取二邑，復請師于吴。吴前爲邾討魯，既盟而去，邾子猶未歸。今魯懼二國同心，故歸邾子。子餘，宰嚭字。栫，擁也。革，邾太子。賓，臧會子。明，嬰之子。季姬歸而嬖，故歸邑讙、闡。定陶縣境舊有讙亭，有闡鄉。

九年 春，齊侯使公孟綽辭師于吴。吴子曰：「將進受命于君。」詳見句踐滅吴。冬，吴子使來儆師伐齊。前年吴與齊謀伐魯，齊既與魯成而止，故吴恨之，反與魯謀伐齊。

十年　春，邾隱公來奔，齊甥也，故遂奔齊。公會吳子、邾子、郯子伐齊南鄙，師于鄎。齊人弒悼公，赴于師。　吳師乃還。鄎，齊邑。齊弒悼公以説於吳，詳見田氏傾齊、句踐滅吳。

十一年　春，齊爲鄎故，國書、高無丕帥師伐我，及清，季孫謂其宰冉求曰：「齊師在清，必魯故也，若之何？」求曰：「一子守，二子從公禦諸竟。」季孫曰：「不能。」求曰：「居封疆之間。」季孫告二子，二子不可，求曰：「若不可，則君無出。一子帥師，背城而戰，不屬者非魯人也。魯之羣室衆於齊之兵車，一室敵車優矣，子何患焉？二子之不欲戰也宜，政在季氏。當子之身，齊人伐魯而不能戰，子之恥也，大不列於諸侯矣。」季孫使從於朝，俟於黨氏之溝。武叔呼而問戰焉，對曰：「君子有遠慮，小人何知？」懿子强問之，對曰：「小人慮材而言，量力而共者也。」武叔曰：「是謂我不成丈夫也。」退而蒐乘。孟孺子洩帥右師，顔羽御，邴洩爲右。冉求帥左師，管周父御，樊遲爲右。季孫曰：「須也弱。」有子曰：「就用命焉。」季氏之甲七千，冉有以武城人三百爲己徒卒，老幼守宮，次于雩門之外。五日，右師從之。公叔務人見保者而泣，曰：「事充，政重，上不能謀，士不能死，何以治民？吾既言之矣，敢不勉乎！」師及齊師戰於郊。齊師自稷曲，師不踰溝。樊遲曰：「非不能也，不信子也，請三刻而踰之。」如之，衆從之。師入齊軍。右師奔，齊人從之。陳瓘、陳莊涉泗。孟之側後入，以爲殿，抽矢策其馬曰：「馬不進也。」林不狃之伍曰：「走乎？」不狃曰：「誰不如？」曰：「然則止乎？」不狃曰：「惡

賢？」徐步而死。師獲甲首八十，齊人不能師。宵諜曰：「齊人遁。」冉有請從之三，季孫弗許。孟孺子語人曰：「我不如顏羽，而賢于邴洩。子羽鋭敏，我不欲戰而能默，洩曰：『驅之。』」公爲與其嬖僮汪錡乘，皆死，皆殯。孔子曰：「能執干戈，以衛社稷，可無殤也。」冉有用矛於齊師，故能入其軍。孔子曰：「義也。」齊與魯平，故辭吴師，而魯反與吴伐齊，故齊報焉。清，齊地，今山東肥城縣境舊有清亭。一子，季孫。二子，孟孫、叔孫。境，齊魯之界。封疆，境内近郊之地。求始欲公親將，而二子以師從，則兵勢壯，可禦齊于境。二子不可。齊師深入則國危，故必季氏專將，凡國人皆從，有決死之心，而後齊可敵。又言齊車雖衆，不及魯都邑之家，敵之猶有餘，不須患寡。二子以政不在身，不能戰，非其所恥。季子身任魯政，不戰而喪列，是宜恥耳。季感其言，朝而使從，與二子言。黨氏，朝中地。叔孫始問之辭，孟强問之，言小人以諷其不能，故叔孫以爲鄙我。蒐，閲車。乘，爲戰備。孺子洩，懿子之子。武伯，彘也。顏羽、邴洩，孟氏臣。弱，少也。用命，致死也。徒卒，精兵以自衛也。雩門，南城門。右師五日乃從，不欲戰也。務人，昭公子。公爲保守。事充，繇役煩。政重，賦多。勉，死戰。蓋傷國勢之微，而以身矯之也。稷曲，郊地名。不信子，言求號令未信也。三刻，與衆三刻約信。如，如遲言，從之踰溝也。冉有之師遂入齊師，孟孺子之師已奔，齊逐之。二陳，齊大夫。之側，孟氏族。言馬不進，不伐善也。不狃，魯士。五人爲伍。敗而欲走。不狃言我不如誰，而乃走。伍謂止而戰乎？不狃言止戰惡足爲賢？皆無戰志。師獲，冉求師所獲。不能師，不能整師也。見魯亦有勇士，而齊師亦弱。季孫不能使其衆以勝之，求雖屢鼓其志，不少競。孟孺子既以右師奔，復以己與御羽右洩，自爲優劣。觀洩曰驅之，師之奔皆洩罪矣，言之尤非軍帥體。汪錡，童名。乘，同車，時人疑童子當殤，故夫子以社稷爲重，勿殤。冉有用矛，師皆奮而入敵，故稱以義。是時魯勢微甚，幾不國矣，故皆勵而振之。夏，爲郊戰故，公會吴子伐齊。戰于艾陵。大敗齊師，獲國書。

艾陵，齊地，今山東沂州齊、魯之境。詳見句踐滅吳。秋，季孫命修守備，曰：「小勝大，禍，齊至無日矣。」

十五年　秋，齊陳瓘如楚。過衛，仲由見之，曰：「天或者以陳氏爲斧斤，既斲喪公室，而他人有之，不可知也。其使終饗之，亦不可知也。若善魯以待時，不亦可乎！何必惡焉？」子玉曰：「然。吾受命矣，子使告我弟。」冬，及齊平。瓘，陳恒之兄，字子玉。時陳氏簒齊之勢已成，故公言之，仲由得其情，遂與平。餘見陪臣交叛。

十七年　十二月，公會齊侯，盟于蒙，孟武伯相。齊侯稽首，公拜。齊人怒。武伯曰：「非天子，寡君無所稽首。」武伯問於高柴曰：「諸侯盟，誰執牛耳？」季羔曰：「鄫衍之役，吳公子姑曹。發陽之役，衛石魋。」武伯曰：「然則彘也。」齊侯，簡公弟平公敖也。蒙，魯地，今山東蒙陰縣。齊稽首而公不答，故怒。執牛耳，謂尸盟者。季羔，高柴也。鄫衍，在七年。發陽，即鄖也，在十二年。見句踐滅吳。彘，武伯名。以吳夷也，圖伯要盟而妄執，非可據。衛與魯、宋盟，差次宜執魯，茲與類，故同之。羔惟兩舉所見，武伯自得之衛也。

二十一年　秋，八月，公及齊侯、邾子盟于顧。齊人責稽首，因歌之曰：「魯人之皋，數年不覺，使我高蹈。唯其儒書，以爲二國憂。」是行也，公先至於陽穀。齊閭丘息曰：「君辱舉玉趾，以在寡君之軍，羣臣將傳遽以告寡君。比其復也，君無乃勤。爲僕人之未次，請除館於舟道。」辭曰：「敢勤僕人？」顧，齊地。皋，緩也。高蹈，猶遠行。二國，齊、魯也。言魯人皋緩，久不覺悔謝愆，使我遠行，來爲此會，惟據周禮，不肯屈致，主客俱有兵革之憂。息，閭丘明後。遽，驛騎也。僕人，魯君之從者。次，舍也。舟道，齊

地。息以魯侯在齊，齊侯不能即至，欲爲魯除館，而魯辭之。敢，不敢也。

二十二年　夏，四月，邾隱公自齊奔越，曰：「吴爲無道，執父立子。」越人歸之，太子革奔越。時句踐已滅吴，伯中國故也。

二十四年　夏，四月，邾子又無道，越人執之以歸，而立何，何亦無道。

二十七年　春，越子使后庸來聘，且言邾田，封于駘上。二月，盟于平陽，三子皆從。康子病之，言及子贛，曰：「若在此，吾不及此夫！」武伯曰：「然。何不召？」曰：「固將召之。」文子曰：「他日請念。」越欲使魯還邾田，以駘上爲封界。三子，季康子、叔孫文子、孟武伯，皆從公，與后庸盟。病，恥從蠻夷盟也。因思子贛，而言及之，言若在必無此辱。文子恨季孫不能用于平日，臨難方思，故言他日請念，以過此復不念矣。

春秋左傳屬事卷八

魯

魯與宋衛之好

僖公元年　冬，莒人來求賂，公子友敗諸酈。求還慶父之賂。詳見季友立僖公。

二十五年　衛人平莒于我。十二月，盟于洮，修衛文公之好，且及莒平也。洮，曹地。莒以酈故怨魯，衛文公將平之，未及而卒，成公追成父志。

二十六年　春王正月，公會莒茲丕公、甯莊子盟于向，尋洮之盟也。齊師侵我西鄙，討是二盟也。夏，衛人伐齊，洮之盟故也。向，國，莒滅而邑之。甯莊子，名速。

二十八年　春，晉侯伐衛。公子買戍衛。公懼于晉，殺子叢以説焉。時晉文伯業已成。

冬，衛侯與元咺訟。不勝。執衛侯，歸之于京師。詳見晉文公之伯與甯武子弭晉難。

三十年　夏，公爲之請，納玉于王，與晉侯皆十瑴，王許之。秋，乃釋衛侯。詳見晉文公之伯。

文公四年　秋，衛甯武子來聘，公與之宴，爲賦湛露及彤弓。不辭，又不答賦。使行人私焉，對曰：「臣以爲肄業及之也。昔諸侯朝正于王，王宴樂之，於是乎賦湛露，則天子當陽，諸侯用命也。諸侯敵王所愾，而獻其功，王於是乎賜之彤弓一，彤矢百，玈弓矢千，以覺報宴。今陪臣來繼舊好，君辱貺之，其敢干大禮以自取戾？」武子，名俞，衛大夫。湛露、彤弓二詩，皆小雅。私，私問之。肄，習也。言自習此樂歌，非爲己，以魯人失所賦，故佯爲此詞。朝正，朝而受政教也。「湛湛露斯，匪陽不晞」，言露見日而乾，猶諸侯見天子而敬長，自用其命也。敵，猶當也。愾，恨怒也。覺，明也。謂諸侯有四夷之功，王賜之弓矢，又爲歌彤弓以明報功宴樂，方稱天子之樂。故自稱陪臣，以歌者大，不敢僭當也。

六年　臧文仲以陳、衛之睦也，欲求好于陳。夏，季文子聘于陳，且娶焉。以親衛故而并及陳。臣非君命不越境，故因聘而自爲娶。

宣公七年　春，衛孫桓子來盟，始通且謀會晉也。公即位，衛始修好，且以未事晉，而謀會之。

成公三年　冬，十一月，晉侯使荀庚來聘，且尋盟。衛侯使孫良夫來聘，且尋盟。公問諸臧宣叔曰：「中行伯之于晉也，其位在三。孫子之于衛也，位爲上卿。將誰先？」對曰：「次國之上卿，當大國之中，中當其下，下當其上大夫。小國之上卿，當大國之下卿，中當其上大夫，下

當其下大夫。上下如是，古之制也。衛在晉不得爲次國，晉爲盟主，其將先之。」丙午，盟晉。丁未，盟衛。禮也。古制，公爲大國，侯伯爲次國，子男爲小國。次降上一等，下降上二等。衛本侯國，春秋時以强弱爲大小，故爲中國。計等則二人位敵，以盟主故先晉。

四年　春，宋華元來聘，通嗣君也。

五年　春，孟獻子如宋，報華元也。

八年　春，宋華元來聘，聘共姬也。夏，宋公使公孫壽來納幣，禮也。納幣，應使卿。冬，衛人來媵共姬，禮也。凡諸侯嫁女，同姓媵之，異姓則否。

九年　二月，伯姬歸于宋。夏，季文子如宋致女，復命，公享之，賦韓奕之五章。穆姜出于房，再拜，曰：「大夫勤辱，不忘先君，以及嗣君，施及未亡人，先君猶有望也。敢拜大夫之重勤。」又賦緑衣之卒章而入。晉人來媵，禮也。韓奕，詩大雅，其五章言蹶父嫁女于韓侯，爲女相所居，莫如韓樂，文子喻魯侯有蹶父之德。宋公如韓侯，宋土如韓樂。穆姜，伯姬母。聞文子言宋樂，喜而出，謝其行勞。婦人夫死稱未亡人，言先君亦望子之若此。緑衣，詩邶風，取其「我思古人，實獲我心」。同姓媵，故云禮。

襄公元年　冬，衛子叔來聘，禮也。

二年　秋，穆叔聘于宋，通嗣君也。

七年　秋，季武子如衛，報子叔之聘，且辭緩報，非貳也。言國家多難，故不時報。冬，衛孫文子

來聘，且拜武子之言，而尋孫桓子之盟。餘見孫甯廢立。

十五年　春，宋向戌來聘，且尋盟。見孟獻子，尤其室，曰：「子有令聞，而美其室，非所望也。」對曰：「我在晉，吾兄爲之，毀之重勞，且不敢閒。」傳言獻子友于兄，且不隱其實。

二十年　冬，季武子如宋，報向戌之聘也。褚師段逆之以受享，賦常棣之七章以卒。宋人重賄之。歸，復命，公享之，賦魚麗之卒章，公賦南山有臺。武子去所，曰：「臣不堪也。」褚師段，宋共公子，字子石。逆，迎也。受享禮始賦，武子賦也。七章以卒盡八章，取其「妻子好合，如鼓瑟琴。宜爾室家，樂爾妻帑」，言二國好合，宜其室家，相親如兄弟。魚麗，詩小雅，亦武子賦，卒章曰「物其有矣，唯其時矣」，喻聘宋得其時。南山有臺，詩小雅，取其「樂只君子，邦家之光」，公喻武子奉使爲國光輝。

昭公十一年　春王二月，叔弓如宋，葬平公也。

十二年　夏，宋華定來聘，通嗣君也。

二十五年　九月，公孫于齊。十一月，宋元公將爲公故如晉。己亥，卒于曲棘。詳見季氏逐昭公。

二十七年　秋，會于扈。且謀納公也。宋、衛皆利納公，固請之。范獻子取貨于季孫。乃辭小國，而以難復。詳見季氏逐昭公。

定公六年　二月，公侵鄭。往，不假道于衛。及還，陽虎使季、孟自南門入，出自東門，舍

于豚澤。衛侯怒，使彌子瑕追之。公叔文子老矣，輦而如公，曰：「尤人而效之，非禮也。昭公之難，君將以文之舒鼎，成之昭兆，定之鞶鑑，苟可以納之，擇用一焉。公子與二三臣之子，諸侯苟憂之，將以爲之質，此羣臣之所聞也。今將以小忿蒙舊德，無乃不可乎？太姒之子，唯周公、康叔爲相睦也，而效小人以棄之，不亦誣乎？天將多陽虎之罪以斃之，君姑待之，若何？」乃止。虎將逐三桓，欲使得罪鄰國，故往不假道而徑自出入其國門。豚澤，衛地。子瑕，衛嬖大夫。文子，公叔發舒。鼎，文公之鼎。昭兆，成公寶龜。鞶鑑，定公之鞶帶，以鏡爲飾者。于三物擇其一，與公子及大夫子爲質，以求納昭公。蒙，覆也。太姒，文王妃。○國有老臣，知國故事，能息兵以全舊好，賢矣。即以其臣同升諸公，而夫子稱其文者。

小國交魯 戎狄附

向向，今爲南直隸含山縣，舊有向城。

隱公二年　莒子娶于向，向姜不安莒而歸。夏，莒人入向，以姜氏還。

滕薛滕，今爲山東滕縣。薛，滕縣南有薛城。

隱公七年　春，滕侯卒。不書名，未同盟也。凡諸侯同盟，於是稱名。故薨則赴以名，告終、稱嗣也，以繼好息民，謂之禮經。盟以名告神，故薨亦以名告同盟，告亡者之終，稱嗣位之主。嗣位之主當奉而

不忘，故曰繼好。好同則和親，故曰息民。經，常也。

十一年　春，滕侯、薛侯來朝，争長。薛侯曰：「我先封。」滕侯曰：「我周之卜正也，薛庶姓也，我不可以後之。」公使羽父請于薛侯曰：「君與滕君辱在寡人，周諺有之曰：『山有木，工則度之。賓有禮，主則擇之。』周之宗盟，異姓爲後。寡人若朝于薛，不敢與諸任齒。君若辱貺寡人，則願以滕君爲請。」薛侯許之，乃長滕侯。薛祖奚仲，夏時所封，故稱先。卜正，卜官之長。非周同姓，故稱庶。擇，擇所宜而行之。薛，任姓。齒，列也。

文公十二年　秋，滕昭公來朝，亦始朝公也。

宣公九年　秋，滕昭公卒。冬，宋人圍滕，因其喪也。

十年　滕人恃晉而不事宋。六月，宋師伐滕。

成公十六年　夏四月，滕文公卒。

襄公六年　秋，滕成公來朝，始朝公也。

三十一年　六月辛巳，公薨于楚宫。冬，十月，滕成公來會葬，惰而多涕。子服惠伯曰：「滕君將死矣。怠于其位，而哀已甚，兆于死所矣，能無從乎？」兆，死兆。在葬處，故曰死所。

昭公三年　春王正月丁未，滕子原卒。同盟，故書名。五月，叔弓如滕，葬滕成公，子服椒爲介。及郊，遇懿伯之忌。敬子不入，惠伯曰：「公事有公利，無私忌。椒請先入。」乃先受館，

敬子從之。忌，忌日也。懿伯，舊云敬子之從祖，惠伯之叔父，疑即惠伯之父。敬子，叔弓謚。惠伯，子服椒也。禮，忌日不用。不用，不爲他事也。故叔弓爲椒避不入，椒言公不以私廢而先入，故叔弓亦入。

三十一年　夏，薛伯穀卒。同盟，故書。◯滕、薛皆侯爵也，而滕降子、薛降伯，先儒蓋臆説耳。竊謂或自以國小不能從侯禮，乃自貶以從殺耶？

杞杞，今爲河南杞縣。

桓公二年　秋七月，杞侯來朝，不敬。杞侯歸，乃謀伐之。九月，入杞，討不敬也。

三年　夏，公會杞侯于郕，杞求成也。

十二年　夏，盟于曲池，平杞、莒也。曲池，今山東汶上縣境舊有曲池亭。

莊公二十七年　春，公會杞伯姬于洮，非事也。天子非展義不巡守，諸侯非民事不舉，卿非君命不越竟。洮，魯地。非事，非諸侯之事。言上下舉動皆有制。展義，宣布德義也。冬，杞伯姬來，歸寧也。凡諸侯之女歸寧曰來，出曰來歸。夫人歸寧曰如某，出曰歸于某。歸寧，歸問父母寧否。歸，不來之辭。

僖公二十三年　十一月，杞成公卒。書曰「子」，杞，夷也。不書名，未同盟也。凡諸侯同盟，死則赴以名，禮也。赴以名則亦書之，不然則否，辟不敏也。禮，同盟者皆以名赴，則亦書其名。有既同盟而不赴以名，則不達于禮，故辟之，若非同盟者。辟，除也。敏，達也。

二十七年　春，杞桓公來朝，用夷禮，故曰「子」。公卑杞，杞不共也。杞先代之後，而迫于東夷風俗

雜壞，言語、衣冠有時而夷。此來朝而復用夷禮，公以此卑之，故經貶其爵。秋，入杞，責無禮也。

文公十二年　春，杞桓公來朝，始朝公也，且請絶叔姬而無絶昏，公許之。二月，叔姬卒。不言杞，絶也。書「叔姬」，言非女也。公即位始來朝。不絶昏，立其娣以爲夫人也。不書大歸，未歸而卒也。既許其絶，故不言杞。已成婦，故不稱女。

成公四年　春，杞伯來朝，歸叔姬故也。將出叔姬，先來言其故。

八年　冬，杞叔姬卒。來歸自杞，故書。愍其見出來歸，故書之。

九年　春，杞桓公來逆叔姬之喪，請之也。杞叔姬卒，爲杞故也。逆叔姬，爲我也。叔姬已絶于杞，魯復請杞使還其喪以葬，還爲杞婦，故卒稱杞。既棄而復逆其喪，明爲魯故。魯女歸杞者，凡二出。

襄公六年　春，杞桓公卒。始赴以名，同盟故也。

二十九年　六月，杞文公來盟。書曰「子」，賤之也。時晉治杞田，魯歸之，故來盟。賤，賤其用夷禮。

州、穀、鄧州，今爲山東冠縣。穀，今湖廣穀城縣有穀城。鄧，今湖廣襄陽府有鄧城。

桓公五年　冬，淳于公如曹。度其國危，遂不復。淳于，州所都。國有危難，不能自安，出朝而遂不還。

六年　春，自曹來朝。書曰「寔來」，不復其國也。

七年　春，穀伯、鄧侯來朝。名，賤之也。

鄫鄫，今山東嶧縣。

僖公十四年　春，季姬來寧，公怒，止之，以鄫子之不朝也。夏，遇于防，而使來朝。季姬，魯女，鄫夫人也。鄫子本無朝志，因公怒季姬，召之朝。

宣公十八年　秋，邾人戕鄫子于鄫。凡自虐其君曰弑，自外曰戕。邾大夫就鄫殺鄫子。弑、戕，皆殺也，别内外之名。

曹子臧讓國附。曹，今山東曹州。

桓公九年　冬，曹太子來朝，賓之以上卿，禮也。享曹太子。初獻，樂奏而嘆。施父曰：「曹太子其有憂乎？非嘆所也。」諸侯之適子未誓于天子而攝其君，則皮帛。繼子男，故賓之，各當其國之上卿。施父，魯大夫。時曹伯有疾，而世子出聘。憂其父之將及也。

十年　春，曹桓公卒。

文公十一年　秋，曹文公來朝，即位而來見也。

十五年　夏，曹伯來朝，禮也。諸侯五年再相朝，以修王命，古之制也。

成公十三年　五月丁亥，晉師以諸侯之師及秦師戰于麻隧，秦師敗績。曹宣公卒于師。

曹人使公子負芻守，使公子欣時逆曹伯之喪。秋，負芻殺其太子而自立也。諸侯乃請討之，晉人以其役之勞，請俟他年。冬，葬曹宣公。既葬，子臧將亡，國人皆將從之。成公乃懼，告罪且請焉。乃反，而致其邑。伐秦，見秦晉交伐。負芻，成公名。欣時，子臧名。皆曹宣公庶子。太子嫡子，國人素附子

臧，且不義負芻，故從之。請，請留子臧。反，子臧反。致邑，不食其禄。〇曹，小國也。篡弒，大惡也。速討焉，亂即弭矣，而乃請俟他年，使君國踰年而人心已戴之爲君，故得以爲辭，是晉成其惡也。

十五年　春，會于戚，討曹成公也。執而歸諸京師。書曰「晉侯執曹伯」，不及其民也。凡君不道于其民，諸侯討而執之，則曰「某人執某侯」。不然，則否。諸侯將見子臧于王而立之，子臧辭曰：「前志有之曰：『聖達節，次守節，下失節。』爲君，非吾節也，雖不能聖，敢失守乎？」遂逃，奔宋。不及，惡不及民也。稱「人」，示衆所欲。執惡止其身，則不稱人。聖人權不失正，故能達。次，賢者。下，愚者。

十六年　六月，曹人請于晉曰：「自我先君宣公即世，國人曰：『若之何？憂猶未弭。』而又討我寡君，以亡曹國社稷之鎮公子，是大泯曹也，先君無乃有罪乎？若有罪，則君列諸會矣。君唯不遺德刑，以伯諸侯，豈獨遺諸敝邑？敢私布之。」七月，曹人復請于晉，晉侯謂子臧：「反，吾歸而君。」子臧反，曹伯歸。子臧盡致其邑與卿而不出。憂未弭，言君薨，太子弒相繼。鎮公子，子臧也。泯，滅也。言今君無罪而見討，得無以先君故？若以今君有罪，則已列于戚之會矣。蓋是時凡篡弒者既與諸侯同會，則不復致討，故云然。不出，不仕也。〇負芻篡位，國之賊也。子臧既爲國人所嚮，曷不正其罪而更立賢君乎？至諸侯見于王而立之，即從人望以主國而討負芻，何病義之有？乃避之以濟其篡，吾不知其所守何節也。然于争奪者，則不可同年而語矣。

襄公二十一年　冬，曹武公來朝，始見也。

郕郕，在今山東汶上縣北。

文公十一年　冬，郕太子朱儒自安于夫鍾，國人弗徇。安，處也。夫鍾，郕邑。徇，順也。

十二年　春，郕伯卒。郕人立君，太子以夫鍾與郕邽來奔，公以諸侯逆之，非禮也。故書曰「郕伯來奔」，不書地，尊諸侯也。太子自安于外邑，故國人別立君，而太子以二邑奔。郕邽亦其邑。未爲君，故曰非禮。以既書爵，故不書地，以泯其竊地之罪。

郯郯，今山東郯城縣有郯子廟。

宣公四年　春，公及齊侯平莒及郯。莒人不肯，公伐莒，取向，非禮也。平國以禮，不以亂。伐而不治，亂也。以亂平亂，何治之有？無治，何以行禮？

十六年　秋，郯伯姬來歸，出也。

襄公七年　春，郯子來朝，始朝公也。

昭公十七年　秋，郯子來朝，公與之宴。昭子問焉，曰：「少皞氏鳥名官，何故也？」郯子曰：「吾祖也，我知之。昔者黄帝氏以雲紀，故爲雲師而雲名。炎帝氏以火紀，故爲火師而火名。共工氏以水紀，故爲水師而水名。太皞氏以龍紀，故爲龍師而龍名。我高祖少皞摯之立也，鳳鳥適至，故紀于鳥，爲鳥師而鳥名：鳳鳥氏，曆正也。玄鳥氏，司分者也。伯趙氏，司至者也。青鳥氏，司啓者也。丹鳥氏，司閉者也。祝鳩氏，司徒也。鴡鳩氏，司馬也。鳲鳩氏，司

空也。爽鳩氏，司寇也。鶻鳩氏，司事也。五鳩，鳩民者也。五雉爲五工正，利器用、正度量，夷民者也。九扈爲九農正，扈民無淫者也。自顓頊以來，不能紀遠，乃紀于近。爲民師而命以民事，則不能故也。」仲尼聞之，見于郯子而學之，既而告人曰：「吾聞之，天子失官，學在四夷。猶信。」少皞金天氏，黄帝子，己姓之祖，郯子其後。黄帝軒轅氏，姬姓祖也。黄帝受命有雲瑞，故以雲紀事，百官師長皆以雲爲名。縉雲氏蓋其一官也。炎帝神農氏，姜姓祖，有火瑞，以火紀事名百官。共工以諸侯伯有九州者，在神農前、太皞後，亦受水瑞，故以水名官。太皞伏羲氏，風姓祖，有龍瑞，故以龍命官。摯，少皞氏之名。鳳鳥知天時，故以名曆正之官。玄鳥，燕也，以春分來，秋分去。伯趙，伯勞也，以夏至鳴，冬至止。青鳥，鶬鴳也，以立春鳴，立夏止。丹鳥，鷩雉也，以立秋來，立冬去，入大水爲蜃。上四鳥爲四司，皆曆正之屬官。祝鳩，鵻鳩也。祝鳩孝，故爲司徒主教民。鴡鳩，王鴡也，鷙而有别，故爲司馬主法制。鳲鳩，鴶鵴也，鴶鵴平均，故爲司空平水土。爽鳩，鷹也，鷙故爲司寇主盜賊。鶻鳩，鶻鵰，春來冬去，故爲司事。是爲五鳩。鳩，聚也，治民上聚，故以鳩爲名。雉有五種，西方曰鷷雉，攻木之工。東方曰鶅雉，摶埴之工。南方曰翟雉，攻金之工。北方曰鵗雉，攻皮之工。伊洛之南曰翬雉，設五色之工。夷，平也，使度量器用平也。扈有九種，春扈鳻鶞，相五土之宜趣民耕種者。夏扈竊玄，趣民耘苗者。秋扈竊藍，趣民收斂者。冬扈竊黄，趣民蓋藏者。棘扈竊丹爲巢，驅鳥者。行扈唶唶，晝爲民驅鳥者。宵扈嘖嘖，夜爲農驅獸者。桑扈竊脂，爲蠶驅雀者。老扈鷃鷃，趣民收麥令不得晏起者。皆以教民事。扈，止也，止使民不淫放也。顓頊氏，代少皞者，德不能致遠瑞而以民事命官。夫子學而嘆之，時年二十八。失官，官不修其職。傳言聖人無常師。

小邾

郳，今在山東滕縣境。

莊公五年　秋，郳犂來，來朝。名，未王命也。附庸未受爵命爲諸侯，例稱名。後從齊桓尊周室，王命爲小

郳子。

襄公七年　夏，小邾穆公來朝，亦始朝公也。僖七年朝魯，無傳。

昭公三年　秋，小邾穆公來朝。季武子欲卑之，穆叔曰：「不可。曹、滕、二邾實不忘我好，敬以逆之，猶懼其貳。又卑一睦，焉逆羣好也？其如舊而加敬焉。志曰：『能敬無災。』又曰：『敬逆來者，天所福也。』」季孫從之。卑之，不欲以諸侯禮待之。一睦，小邾也。

十七年　春，小邾穆公來朝，公與之燕。季平子賦采叔，穆公賦菁菁者莪。昭子曰：「不有以國，其能久乎？」采叔，詩小雅，取其「君子來朝，何錫與之」，以穆公喻君子。菁莪，亦小雅，取其「既見君子，樂且有儀」，昭子嘉其能答，賦言其賢，故能久有國。

哀公十四年　春，小邾射以句繹來奔，曰：「使季路要我，吾無盟矣。」使子路，子路辭。季康子使冉有謂之曰：「千乘之國，不信其盟，而信子之言，子何辱焉？」對曰：「魯有事于小邾，不敢問故，死其城下可也。彼不臣，而濟其言，是義之也，由弗能。」濟，成也。

介介，今爲山東膠州。

僖公二十九年　春，介葛盧來朝，舍于昌衍之上。公在會，饋之芻米，禮也。葛盧，介國君名。昌衍，在今山東曲沃縣境，舊有昌平城。嫌公行，不當致饋，故曰禮。冬，介葛盧來。以未見公故，復來朝。禮之，加燕好。介葛盧聞牛鳴，曰：「是生三犧，皆用之矣。其音云。」問之而信。燕，宴禮。好，貨好也。一

歲再來，故加之。周禮，夷隸掌與鳥言，貉隸掌與獸言。註云：夷隸，征東夷所獲。貉隸，征東北夷所獲。介葛盧是東夷之國，其土俗有知獸言者，故聞牛聲而知其情。

戎狄

隱公二年　春，公會戎于潛，修惠公之好也。戎請盟，公辭。夏，戎請盟。秋，盟于唐，復修戎好也。

桓公二年　秋，公及戎盟于唐，修舊好也。冬，公至自唐，告於廟也。凡公行，告于宗廟。反行，飲至、舍爵、策勳焉，禮也。特相會，往來稱地，讓事也。自參以上，則往稱地，來稱會，成事也。舊好，惠、隱之好。凡公出入皆告廟，告至飲酒廟中，既飲畢置爵，則書勳勞于策，速紀有功也。特相會，公與一國會也。凡會必有事，二君會則或以其地之近，或以其事之重，而爲主，賓主相讓而事成，故往書「會于某」，歸書「至自某」，明有讓以爲禮也。參以上則必以國强爵尊或伯國主其事，故來歸則書「至自會」，以見其會事之成。凡諸矦會必有讓與事，此分稱者，各舉其重耳。

莊公十八年　夏，公追戎于濟西。不言其來，諱之也。戎來侵魯，魯人不知去，乃追之，故諱，不言其來。

襄公十八年　春，白狄始來。

魯取小國

僖公十七年　夏，師滅項。淮之會，公有諸侯之事未歸。而取項，齊人以爲討而止公。秋，

聲姜以公故，會齊侯于卞。九月，公至。書曰「至自會」，猶有諸侯之事焉，且諱之也。項，今山東項城縣。汴，今山東泗水縣。

宣公九年　秋，取根牟，言易也。牟，今山東福山縣有牟城。

襄公十三年　夏，邿亂，分爲三。師救邿，遂取之。凡書取，言易也。用大師焉曰滅，弗地曰入。邿，今山東濟陰縣有邿城。弗地，不有其地。

昭公四年　九月，取鄫，言易也。詳見邾莒之難。鄫，見上卷。

孔夫子仕魯

昭公七年　三月，公如楚。鄭伯勞于師之梁。孟僖子爲介，不能相儀。及楚，不能答郊勞。九月，公至自楚。孟僖子病不能相禮，乃講學之，苟能禮者從之。及其將死也，召其大夫曰：「禮，人之幹也。無禮，無以立。吾聞將有達者曰孔丘，聖人之後也，而滅于宋，其祖弗父何以有宋而授厲公。及正考父，佐戴、武、宣，三命茲益共，故其鼎銘云：『一命而僂，再命而傴，三命而俯，循墻而走，亦莫予敢侮。饘於是，鬻於是，以餬余口。』其共也如是。臧孫紇有言曰：『聖人有明德者，若不當世，其後必有達人。』今其將在孔丘乎！我若獲沒，必屬説與何忌于夫子，使事

之而學禮焉，以定其位。」故孟懿子與南宮敬叔師事仲尼。仲尼曰：「能補過者，君子也。詩曰：『君子是則是效。』孟僖子可則效已矣。」

師之梁，鄭城門。僖子，名貜。大夫，其屬也。聖人，謂正考父。滅于宋，謂其子孔父嘉爲華督所殺，其子奔魯，孔子之六代祖也。弗父何，正考父之曾祖，宋閔公之子，厲公之兄。適嗣當立，以讓厲公，三傳而至考父。考父相宋三君，曰戴、武、宣。三命上卿，言高位。鼎銘，考父廟鼎之銘。而僂、而傴、而俯，言愈共。循墻，不敢安行。莫敢侮，言恭甚，而人不之慢，於是鼎中爲饘、爲鬻，以餬口而已，言至儉也。紇，武仲也。正考父以明德而不得志于宋，其後應大于孔子。獲没，得以壽終也。説，南宮敬叔。何忌，孟懿子。皆僖子之子。知禮則位可安，故曰定位。詩，小雅。

定公十年　夏，公會齊侯于祝其，實夾谷。孔丘相，犂彌言于齊侯曰：「孔丘知禮而無勇，若使萊人以兵劫魯侯，必得志焉。」齊侯從之。孔丘以公退，曰：「士兵之！兩君合好，而裔夷之俘以兵亂之，非齊君所以命諸侯也。裔不謀夏，夷不亂華，俘不干盟，兵不偪好，于神爲不祥，于德爲愆義，于人爲失禮，君必不然。」齊侯聞之，遽辟之。將盟，齊人加于載書曰：「齊師出竟而不以甲車三百乘從我者，有如此盟！」孔丘使茲無還揖對，曰：「而不反我汶陽之田，吾以共命者，亦如之！」齊侯將享公。孔丘謂梁丘據曰：「齊、魯之故，吾子何不聞焉？事既成矣，而又享之，是勤執事也。且犧、象不出門，嘉樂不野合。饗而既具，是棄禮也。若其不具，用秕稗也。用秕稗，君辱。棄禮，名惡。子盍圖之！夫享，所以昭德也。不昭，不如其已也。」乃不果享。齊人來歸鄆、讙、龜陰之田。

夾谷，今山東淄川縣西南夾谷山，一名祝其山，其陽即齊、魯會盟之地。犂彌，齊勇

士。不知孔子大聖，徒以知禮稱之。萊人，齊所滅萊夷。兵之，以兵擊萊人。辟，辟去萊兵也。如此盟，謂如此盟詛之禍。茲無還，魯大夫。言須齊歸汶陽田，乃共齊命。梁丘據，齊嬖臣。故，舊典。成，會成事也。犧、象，犧尊、象尊。嘉樂，鐘磬。秕，穀不成者。稗，草之似穀者。喻享不具禮，穢薄若秕稗。孔子知齊懷詐，故拒之。鄆、讙、龜陰三田，即汶陽田也。龜陰，龜山之陰，在山東泰安州境，後人因名謝過城。

十二年夏，仲由爲季氏宰，將墮三都。於是叔孫氏墮郈，季氏將墮費。公山不狃、叔孫輒帥費人以襲魯。仲尼命申句須、樂頎下，伐之。二子奔齊，遂墮費。將墮成，公斂處父謂孟孫：「我將不墮。」冬，十二月，公圍成，弗克。三都，費、郈、成也。强盛爲國害，故欲墮之。不狃，費宰。輒不得志于叔孫氏。申句須、樂頎，魯大夫。仲尼時司寇。二子，不狃、輒也。處父，孟氏，成宰。俱詳見陪臣交叛。○是時費、郈數叛，爲二家患，故仲由宰季氏而墮之，未暇專爲公室謀也。若成忠于孟氏，則不能墮矣。夫子因而斃之，蓋亦撫其機而不失耳。蘇子瞻乃謂孔子之所以爲聖。或謂非孔子事，是過待聖人，而考之未詳也。

哀公十一年，孔文子之將攻太叔也，訪于仲尼。仲尼曰：「胡簋之事則嘗學之矣，甲兵之事未之聞也。」退，命駕而行，曰：「鳥則擇木，木豈能擇鳥？」文子遽止之，曰：「圉豈敢度其私，訪衛國之難也。」將止，魯人以幣召之，乃歸。文子，名圉。攻太叔事，見衛父子爭國。胡，瑚通。鳥，自喻，言當擇地而處。度，謀。將止，善其意也。召而歸，所謂自衛反魯，樂正，雅、頌各得其所。季孫欲以田賦，使冉有訪于仲尼。仲尼曰：「丘不識也。」三發，卒曰：「子爲國老，待子而行，若之何子之不言也？」仲尼不對，而私于冉有曰：「君子之行也，度于禮：施取其厚，事舉其中，斂從其薄。如是，則以丘

亦足矣。若不度于禮，而貪冒無厭，則雖以田賦，將又不足。且子季孫若欲行而法，則周公之典在。若欲苟而行，又何訪焉？」弗聽。兵賦之法，因其田財通出馬一疋、牛三頭。今欲別其田及家財各爲一賦，故云田賦。發，問也。卒，終也。行，行政事。丘，十六井。以丘賦，周公之舊典也。

十二年　春王正月，用田賦。

十四年　夏，六月甲午，齊陳恒弑其君壬于舒州。孔丘三日齊，而請伐齊三。公曰：「魯爲齊弱久矣，子之伐之，將若之何？」對曰：「陳恒弑其君，民之不與者半，以魯之衆，加齊之半，可克也。」公曰：「子告季孫。」孔子辭，退而告人曰：「吾以從大夫之後也，故不敢不言。」

十六年　夏，四月己丑，孔丘卒。公誄之曰：「旻天不弔，不憖遺一老，俾屏余一人以在位，煢煢余在疚。嗚呼哀哉尼父！無自律。」弔，恤。憖，强。俾，使。屏，蔽也。無自律，言我無以爲法也。餘見哀公孫越。

列卿世嗣之變

孟獻子之立　叔孫穆子之立　季悼子孟孝伯臧爲之立　叔孫昭子之立　孟懿子之生　臧會之立　季康子奪嫡

文公元年　春，王使內史叔服來會葬。公孫敖聞其能相人也，見其二子焉。叔服曰：「穀

也食子，難也收子。穀也豐下，必有後於魯國。」内史，中大夫，叔服其字。葬僖公，故來會。公孫敖，慶父子，謚穆伯。穀，字文伯。難，字惠叔。敖二子也。食，謂祭祀供養。收，葬其身。豐下，頤頷豐大也。

七年　穆伯娶于莒，曰戴己，生文伯。其娣聲己，生惠叔。戴己卒，又聘于莒。莒人以聲己辭，則爲襄仲聘焉。冬，徐伐莒，莒人來請盟。穆伯如莒涖盟，且爲仲逆。及鄢陵，登城見之美，自爲娶之。仲請攻之，公將許之。叔仲惠伯諫曰：「臣聞之，兵作于内爲亂，于外爲寇。寇猶及人，亂自及也。今臣作亂，而君不禁，以啓寇讎，若之何？」公止之。惠伯成之，使仲舍之，公孫敖反之，復爲兄弟如初。從之。己，莒姓。戴、聲，皆謚。聲己辭，言聲己在，可無復聘也。襄仲，公子遂謚，敖之從弟。莒被徐伐，求援于魯而盟。鄢陵，莒邑。惠伯，叔牙孫，名彭生。既諫公復和于下。成，和也。舍，不娶也。反，還莒女也。

八年　秋，襄王崩。穆伯如周弔喪。不至，以幣奔莒，從己氏焉。

十四年　穆伯之從己氏也，魯人立文伯。穆伯生二子于莒，而求復。文伯以爲請。襄仲使無朝聽命。復而不出。三年而盡室以復適莒。文伯疾，而請曰：「穀之子弱，請立難也。」許之。文伯卒，立惠叔。穆伯請重賂以求復，惠叔以爲請，許之。將來，九月卒于齊。告喪，請葬，弗許。敖雖以淫奔，而魯復立其子，故求復歸，遂不許朝，錮之於家。穀子名蔑，是爲孟獻子，以其幼弱，故讓於弟。請葬，請歸葬于魯。

十五年　夏，齊人或爲孟氏謀，曰：「魯，爾親也。飾棺寘諸堂阜，魯必取之。」從之。卞人

以告。惠叔猶毀以爲請，立於朝以待命，許之。取而殯之。齊人送之，書曰「齊人歸公孫敖之喪」，爲孟氏，且國故也。葬視共仲。聲己不視，帷堂而哭。襄仲欲勿哭，惠伯曰：「喪，親之終也。雖不能始，善終可也。史佚有言曰：『兄弟致美，救乏、賀善、弔災、祭敬、喪哀，情雖不同，毋絶其愛，親之道也。』子無失道，何怨於人？」襄仲說。帥兄弟以哭之。他年，其二子來，孟獻子愛之，聞於國。或譖之，曰：「將殺子。」獻子以告季文子。二子曰：「夫子以愛我聞，我以將殺子聞，不亦遠於禮乎？遠禮，不如死。」一人門于句鼆，一人門于戾丘，皆死。敖喪久不得歸，齊人或爲之謀。飾棺，不殯，示無所歸。堂阜，齊、魯境上地。卞人，魯卞邑大夫。惠叔前請，至今期年，猶未已。毁，過喪禮。魯哀其志，得殯於孟氏之寢，如叔服言。大夫喪還不書，因魯感子以赦父，敦公族之義，故書之。葬制如慶父，以罪降也。聲己怨敖棄己，故帷堂以自隔。襄仲忿其奪己婦，故弗哭。感惠伯言，親親宜厚，乃率以哭。致美，各盡其美好。善，吉事也。二子，敖在莒所生者。惠叔卒，獻子立，傳闕記。聞於國，愛之篤也。不如死，以死自明也。句鼆、戾丘，魯二邑。有寇攻門，二子禦之而死。○以上爲孟獻子之立。以下叔孫穆子之立。

文公十一年　秋，鄋瞞侵齊，遂伐我。公卜使叔孫得臣追之，吉。冬，十月甲午，敗狄于鹹，獲長狄僑如。以命宣伯。鄋瞞，狄國名，防風之後，漆姓，身長三丈，故名長狄。僑如，其君名，因命其子名之，以旌其功。宣伯，僑如謚。詳附見晉并諸戎。

成公十四年　秋，宣伯如齊逆女，稱族，尊君命也。九月，僑如以夫人婦姜氏至自齊，舍

族，尊夫人也。故君子曰：「春秋之稱，微而顯，志而晦，婉而成章，盡而不汙，懲惡而勸善。非聖人，誰能修之！」爲君逆，故稱叔孫。舍族，爲不稱叔孫。因謂春秋之稱善也。或其詞微以隱矣，而其義則明以顯。惟因事以誌其事，而以義則深以晦。或婉曲以示順，而尤秩乎其成章。或盡其事而詳，書之而實，粹乎其無污。凡善者以褒，惡者以貶，而勸懲之訓著，故唯聖能之。

十六年　六月，晉、楚遇于鄢陵。　戰之日，齊國佐、高無咎至于師，衛侯出于衛，公出于壞隤。宣伯通於穆姜，欲去季、孟而取其室。將行，穆姜送公，而使逐二子。公以晉難告，曰：「請反而聽命。」姜怒，公子偃、公子鉏趨過，指之曰：「女不可，是皆君也。」公待於壞隤，申宮、儆備、設守，而後行，是以後。使孟獻子守于公宮。秋，會于沙隨，謀伐鄭也。宣伯使告郤犨曰：「魯侯待于壞隤，以待勝者。」郤犨將新軍，且爲公族大夫，以主東諸侯。取貨于宣伯，而訴公於晉侯。晉侯不見公。鄢陵事，見鄢陵之戰。壞隤，魯邑。穆姜，成公母，淫於僑如，欲取季、孟二家以益之。公不得已，托晉難以緩其事。偃、鉏，公二庶弟。皆君，欲廢公更立之。公恐有變，故申勑宮備，設置留守，致後晉、楚戰期，因得譖云：待其勝者而從之。訴，譖也。七月，公會尹武公及諸侯伐鄭。將行，姜又命公如初。公又申守而行。諸侯之師次于鄭西，我師次于督揚，不敢過鄭。子叔聲伯使叔孫豹請逆于晉師，爲食於鄭郊。師逆以至。聲伯四日不食以待之，食使者而後食。如初，復欲逐二子。督揚，鄭地。畏鄭，不敢過之。聲伯名嬰齊，豹，僑如弟。先慮僑如之禍，奔齊。聲伯知其賢，不忘宗國，故就使之請逆，復戒其使者必須逆師，至已乃食。故爲食以待

使，未至四日不食，既至又先食之而後食，見其忠至。宣伯使告郤犨曰：「魯之有季、孟，猶晉之有欒、范也。政令於是乎成。今其謀曰：『晉政多門，不可從也。寧事齊、楚，有亡而已，蔑從晉矣。』若欲得志於魯，請止行父而殺之，我斃蔑也，而事晉，蔑有貳矣。魯不貳，小國必睦。不然，歸必叛矣。」九月，晉人執季文子于苕丘。公還，待于鄆，使子叔聲伯請季孫于晉。郤犨曰：「苟去仲孫蔑，而止季孫行父，吾與子國，親于公室。」對曰：「僑如之情，子必聞之矣。若去蔑與行父，是大棄魯國，而罪寡君也。若猶不棄，而惠徼周公之福，使寡君得事晉君，則夫二人者，魯國社稷之臣也。若朝亡之，魯必夕亡。以魯之密邇仇讎，亡而爲讎，治之何及？」郤犨曰：「吾爲子請邑。」對曰：「嬰齊，魯之常隸也。敢介大國以求厚焉？承寡君之命以請，若得所請，吾子之賜多矣，又何求？」范文子謂欒武子曰：「季孫于魯，相二君矣。妾不衣帛，馬不食粟，可不謂忠乎？信讒慝而棄忠良，若諸侯何？子叔嬰齊奉君命無私，謀國家不貳，圖其身不忘其君。若虛其請，是棄善人也。子其圖之！」乃許魯平，赦季孫。冬十月，出叔孫僑如，而盟之。僑如奔齊。十二月，季孫及郤犨盟于扈。歸，刺公子偃。召叔孫豹于齊而立之。齊聲孟子通僑如，使立於高、國之間。僑如曰：「不可以再罪。」奔衛，亦間於卿。宣伯知犨惡欒、范，故以季、孟比。蔑，無也。苕丘，晉地。鄆，魯地。親於公室，言親魯甚于晉公室。情，淫慝之情。仇讎，齊、楚也。屬齊、楚，則還爲晉仇。隸，賤官。介，因也。承，奉也。無私，不二。不忘君，謂力辭邑請季、孟，見其忠也。盟，僑如、諸大夫共盟之，以爲戒。刺偃，偃獨與謀，故召。

豹不絶其後，且立賢也。聲孟子，齊靈公母。高、國，齊二卿。傳終言僑如之佞。

十七年　初，聲伯夢涉洹，或與己瓊瑰食之，泣而爲瓊瑰盈其懷，從而歌之曰：「濟洹之水，贈我以瓊瑰。歸乎歸乎，瓊瑰盈吾懷乎！」懼不敢占也。還自鄭，壬申，至于貍脤而占之，曰：「余恐死，故不敢占也。今衆繁而從余三年矣，無傷也。」言之，之莫而卒。洹水，在今河南林縣境，至安陽縣經永和鎮入衛河，一名安陽河。瓊，玉。瑰，珠也。食珠玉，含象淚下化爲珠玉滿懷，夢中復歌之。不占，知其凶也。貍脤，地名。繁，多也。莫、暮同。傳戒數占夢。○嬰齊忠賢而不永世，魯故不競。

襄公九年　夏，穆姜薨於東宮。始往而筮之，遇艮之八。史曰：「是謂艮之隨䷐。隨，其出也，君必速出。」姜曰：「亡。是於周易曰：『隨，元亨利貞，無咎。』元，體之長也。亨，嘉之會也。利，義之和也。貞，事之幹也。體仁足以長人，嘉德足以合禮，利物足以和義，貞固足以幹事。然故不可誣也，是以雖隨無咎。今我婦人，而與於亂，固在下位而有不仁，不可謂元。不靖國家，不可謂亨。作而害身，不可謂利。棄位而姣，不可謂貞。有四德者，隨而無咎。我皆無之，豈隨也哉！我則取惡，能無咎乎？必死於此，弗得出矣。」因穆姜薨，追記其始往之筮前，魯以其淫亂，故徙之太子宮。艮下艮上，艮。震下兑上，隨。五爻皆變，惟二爻不變，故爲隨。周禮，太卜掌三易，雜用連山、歸藏、周易。周易用變爻兼之卦，爲占九六也，此獨言八、七。八，定爻也。舊説謂二易用定爻爲占理，或然。史疑遇八爲不利，故更以周易變爻得隨卦，而論隨爲出之象，以苟悦于姜。姜自知不吉，而曰無也。周易五爻皆變則占之，卦之定爻六，爻變則占之。卦，彖

詞。史言隨而不言用爻，故姜因而即以彖爲言。據周易故，姜亦不及他易。因引周易言隨以四德備而後無咎。詳引四德之善，不可以誣妄得之。己行皆與四德相戾，故必凶。婦人卑于丈夫，故曰下位。姣，淫也。傳言穆姜辨而不德。○以上爲叔孫穆子之立。以下爲季悼子、孟孝伯臧爲之立。

二十二年　春，臧武仲如晉。雨，過御叔。御叔在其邑，將飲酒，曰：「焉用聖人？我將飲酒，而已雨行，何以聖爲？」穆叔聞之，曰：「不可使也。而傲使人，國之蠹也。」令倍其賦。御叔，魯御邑大夫。武仲多知，時稱爲聖人，故譏其不預知將雨而出，遇之爲不知。穆叔言其既不任使，而又傲君之使，徒靡祿而無益，故爲國蠹。古者大夫以國邑爲家，重貢於公，是減己而貢之，故以倍賦爲罰。

二十三年　季武子無適子，公彌長，而愛悼子，欲立之。訪於申豐曰：「彌與紇，吾皆愛之，欲擇才焉而立之。」申豐趨退，歸，盡室將行。他日，又訪焉。對曰：「其然，將具敝車而行。」乃止。訪於臧紇，臧紇曰：「飲我酒，吾爲子立之。」季氏飲大夫酒，臧紇爲客。既獻，臧孫命北面重席，新樽絜之。召悼子，降，逆之。大夫皆起。及旅，而召公鉏，使與之齒。季氏失色。季氏以公鉏爲馬正，慍而不出。閔子馬見之，曰：「子無然。禍福無門，唯人所召。爲人子者患不孝，不患無所。敬共父命，何常之有？若能孝敬，富倍季氏可也。姦回不軌，禍倍下民可也。」公鉏然之，敬共朝夕，恪居官次。季孫喜，使飲己酒，而以具往，盡舍旃。故公鉏氏富，又出爲公左宰。孟孫惡臧孫，季孫愛之。孟氏之御騶豐點好羯也，曰：「從余言，必爲孟孫。」再三

云，羯從之。孟莊子疾，豐點謂公鉏：「苟立羯，請讎臧氏。」公鉏謂季孫曰：「孺子秩固其所也。若羯立，則季氏信有力於臧氏矣。」弗應。己卯，孟孫卒。公鉏奉羯立于户側。季孫至，入哭，而出曰：「秩焉在？」公鉏曰：「羯在此矣。」季孫曰：「孺子長。」公鉏曰：「何長之有？唯其才也。且夫子之命也。」遂立羯。秩奔邾。臧孫入哭甚哀，多涕，出，其御曰：「孟孫之惡子也，而哀如是。季孫若死，其若之何？」臧孫曰：「季孫之愛我，疾疢也。孟孫之惡我，藥石也。美疢不如惡石。夫石，猶生我。疢之美，其毒滋多。孟孫死，吾亡無日矣。」孟氏閉門，告於季孫曰：「臧氏將爲亂，不使我葬。」季孫不信。臧孫聞之，戒。冬十月，孟氏將辟，藉除於臧氏。臧孫使正夫助之，除於東門，甲從己而視之。孟氏又告季孫，季孫怒，命攻臧氏。乙亥，臧紇斬鹿門之關以出奔邾。初，臧宣叔娶于鑄，生賈及爲而死。繼室以其姪，穆姜之姨子也，生紇，長於公宫。姜氏愛之，故立之。臧賈、臧爲出在鑄。臧武仲自邾使告臧賈，且致大蔡焉，曰：「紇不佞，失守宗祧，敢告不弔。紇之罪不及不祀，子以大蔡納請，其可。」賈曰：「是家之禍也，非子之過也。賈聞命矣。」再拜受龜，使爲以納請，遂自爲也。臧孫如防，使來告曰：「紇非能害也，知不足也，非敢私請。苟守先祀，無廢二勳，敢不辟邑！」乃立臧爲。臧紇致防而奔齊。其人曰：「其盟我乎？」臧孫曰：「無辭。」將盟臧氏，季孫召外史掌惡臣而問盟首焉，對曰：「盟東門氏也，曰：『毋或如東門遂不聽公命，殺適立庶。』盟叔孫氏也，曰：『毋或如叔

孫僑如欲廢國常，蕩覆公室。』」季孫曰：「臧孫之罪，皆不及此。」孟椒曰：「盍以其犯門斬關？」季孫用之，乃盟臧氏，曰：「無或如臧孫紇干國之紀，犯門斬關！」臧孫聞之，曰：「國有人焉，誰居？其孟椒乎？」

公彌字公鉏，悼子名紇，皆武子庶子。申豐，其屬大夫。兩問而治行，示以失常，不敢預也。紇，武仲名。客，上賓也。重席、新樽、絜、降、逆，皆尊寵之，以示立。旅而召，使與齒皆卑下之，以示廢。季氏雖素愛悼子，見頓易常分，又恐公鉏不從，故失色。旅，旅酬也。馬正，家司馬。閔子馬，字馬父。所，位也。言廢置在父，惟當敬共其命，禍福唯人自召，不可以常論。公鉏從之而富，且出仕於公，爲左宰。御騶，孟氏之屬官。豐，點名。羯，孟莊子庶子。孝伯其長，名秩。爲孟孫，爲之後也。請讐臧，知公鉏怨之深也。鉏爲言秩固當立，若能立羯，則比臧之立紇尤爲有力。蓋臧順季氏意而季氏能專立之故也。户側，喪主。季氏因已廢長立幼，故前弗能應，於此亦狥，唯才之對而不得，復以長幼爲序。又云孟孫之命，蓋誣之也。紇多智，自知作不順於季氏，季孟將踵其逆以搆己，故多涕，蓋自傷也，更正詞以答其御。愛則縱欲長惡，故曰疢疾，惡則拂情止欲，故曰藥石。告臧氏爲亂，爲公鉏仇之也。戒，爲備。辟，穿藏。藉除，借人除葬道也。正夫，遂正也。甲，從以甲士，從己視作者，畏孟氏也。季孫時已悔前廢立，追怨紇，故怒其甲，逐之。鑄，國名。其姪，穆姜姨母之子，與穆姜爲姨。兄弟立之，立爲嗣。大蔡，大龜。不弔，不爲天所弔。又自言罪輕，應有後。納蔡以請，可得立也。賈使爲代己請而爲，乃背賈自請焉。防，臧孫邑，今曲阜縣東有防山。智不足，謂使甲從己，慮事不周。二勳，謂文仲、宣叔，此夫子所謂要君者。其人從者，謂將陳其罪惡，盟大夫以爲戒。臧以廢立季孫所忌，故云無詞。惡臣，謂奔亡者，外史掌之。盟首，載書之章首。仲遂、僑如事俱見前。孟椒，獻子之孫子服惠伯也。居，語詞。臧孫心服盟己之詞，嘆國之有人，又揣知其爲椒，皆智也。

齊侯將爲臧紇田，臧孫聞之，見齊侯。與之言伐晉，對曰：「多則多矣，抑君似鼠。夫鼠，晝伏夜動，不穴於寢廟，畏

人故也。今君聞晉之亂，而後作焉，寧將事之，非鼠如何？」乃弗與田。仲尼曰：「知之難也。有臧武仲之知，而不容於魯國，抑有由也。作不順而施不恕也。夏書曰『念茲在茲』，順事、恕施也。」爲田，與之邑。言伐晉，自誇其功。臧孫知其將敗，不欲受邑，故以鼠比之，使怒而止，以避其禍。夫子故稱之爲知，而原其奔亡者，由其廢長立庶、逆天理而拂人情也。又引書云行事常常念如在己身，則無此患。○以上爲季悼子、孟孝伯臧爲之立。以下爲叔孫昭子之立。

二十四年　冬，齊人城郟。穆叔如周，聘且賀城。王嘉其有禮也，賜之大路。郟，王城也。於是穀、雒毀王宮，齊因叛晉，欲求媚於天子，故城之。大路，天子所賜車之總名。

昭公四年　初，穆子去叔孫氏，及庚宗，遇婦人，使私爲食而宿焉。問其行，告之故，哭而送之。適齊，娶於國氏，生孟丙、仲壬。夢天壓己，弗勝，顧而見人，黑而上僂，深目而豭喙，號之曰：「牛，助余！」乃勝之。旦而皆召其徒，無之。且曰：「志之。」及宣伯奔齊，饋之。宣伯曰：「魯以先子之故，將存吾宗，必召女。召女，何如？」對曰：「願之久矣。」魯人召之，不告而歸。既立，所宿庚宗之婦人獻以雉，問其姓，對曰：「余子長矣，能奉雉而從我矣。」召而見之，則所夢也。未問其名，號之曰「牛」，曰：「唯。」皆召其徒，使視之，遂使爲豎，有寵。長，使爲政。公孫明知叔孫於齊，歸，未逆國姜，子明取之，故怒。其子長而後使逆之。田於丘蕕，遂遇疾焉。豎牛欲亂其室而有之，强與孟盟，不可。叔孫爲孟鐘，曰：「爾未際，饗大夫以落之。」

既具，使豎牛請日。入，弗謁。出，命之日。及賓至，聞鐘聲，牛曰：「孟有北婦人之客。」怒，將往，牛止之。賓出，使拘而殺諸外。牛又强與仲盟，不可。仲與公御萊書觀於公，公與之環，使牛入示之。入不示，出命佩之。牛謂叔孫：「見仲而何？」叔孫曰：「何爲？」曰：「不見，既自見矣，公與之環而佩之矣。」遂逐之，奔齊。疾急，命召仲，牛許而不召。杜洩見，告之饑渴，授之戈，對曰：「求之而至，又何去焉？」豎牛曰：「夫子疾病，不欲見人。」使寘饋于个而退。牛弗進，則置虛命徹。十二月癸丑，叔孫不食。乙卯，卒。牛立昭子，而相之。公使杜洩葬叔孫。豎牛賂叔仲昭子與南遺，使惡杜洩於季孫而去之。杜洩將以路葬，且盡卿禮。南遺謂季孫曰：「叔孫未乘，路葬焉用之？且冢卿無路，介卿以葬，不亦左乎？」季孫曰：「然。」使杜洩舍路，不可，曰：「夫子受命于朝，而聘于王。王思舊勳，而賜之路。復命而致之君，君不敢逆王命，而復賜之，使三官書之。吾子爲司徒，實書名。夫子爲司馬，與工正書服。孟孫爲司空，以書勳。今死而弗以，是棄君命也。書在公府而弗以，是廢三官也。若命服，生弗敢服，死又不以，將焉用之？」乃使以葬。季孫謀去中軍，豎牛曰：「夫子固欲去之。」穆子，叔孫豹謚。畏宣伯之難，先奔齊。庚宗，魯地。有婦人聞其故，哭送之。上僂，肩上僂傴。豭喙，口如豬。穆子以夢異，故志之，以待驗。饋，饋宣伯也。顧之久，言始爲亂，已有此願，蓋忿詞。既立，立爲卿。姓，子也。問有子否。豹以牛狀名與夢協，故寵之，其亂蓋天啓也。豎，小臣。爲政，掌家政。明，齊大夫，穆子在齊與相知。及歸而明娶其妻，故怒，并惡其二子而遲逆之。丘蕕，魯地。孟，長子孟丙。牛强

盟，欲使從己，孟不可。爲孟鐘，爲孟丙鑄鐘也。際，接也。古者大夫立子爲嫡，必須接見同僚。孟未接諸大夫，故饗之以豭血。釁鐘曰落，具，享具。日，享日。謁，白也。命曰，詐命之曰。北婦人，國姜也。客，謂公孫明。以怒豹而又止其往，此牛以計殺其長子。萊書，公御士名。觀於公，私遊觀於公宫。環，玉環。示，示叔孫。命佩，詐命使之佩。而何，如何，起穆子之問。自見，仲已自往見公而自佩其環。古者大夫立子爲嫡，必以見之於君，今不由父命，故怒。牛又以計逐其次子。杜洩，叔孫氏宰。牛不食叔孫，故告之饑渴，而使以戈逐之。牛寵任日久，洩卒不虞其惡之至。此未喻其意，而云求食可得，無須去之。牛又詐稱叔孫病，惡見人，使饋者置於个而去，不以食叔孫。復寫器令空，示已食徹之。絶食三日而卒。个，東西廂。昭子，豹之庶子，名婼。昭子，叔仲帶也。與南遺皆季氏家臣。使毁杜洩，憎其異己故。惡，毁也。路，王前所賜。家卿，謂季氏。介，次也。左，不順也。吾子，謂季孫。夫子，謂叔孫。書名，定位號。服，車服之次，工正所書。勳，王功也。杜洩據禮守正，卒不能奪。去中軍非叔孫意，誣之以媚季孫。

五年　春王正月，舍中軍。以書使杜洩告於殯。杜洩受其書而投之，帥士而哭之。叔仲子謂季孫曰：「帶受命於子叔孫曰：『葬鮮者自西門。』」季孫命杜洩。杜洩曰：「卿喪自朝，魯禮也。吾子爲國政，未改禮而又遷之，羣臣懼死，不敢自也。」既葬而行。仲至自齊，季孫欲立之。南遺曰：「叔孫氏厚，則季氏薄。彼實家亂，子勿與知，不亦可乎？」南遺使國人助豎牛以攻諸大庫之庭，司宫射之，中目而死。豎牛取東鄙三十邑以與南遺。昭子即位，朝其家衆，曰：「豎牛禍叔孫氏，使亂大從，殺嫡立庶，又披其邑。將以赦罪，罪莫大焉。必速殺之！」豎牛懼，奔齊。孟、仲之子殺諸塞關之外，投其首於寧風之棘上。仲尼曰：「叔孫昭子之不勞，不

可能也。周任有言曰：『爲政者不賞私勞，不罰私怨。』詩云：『有覺德行，四國順之。』」初，穆子之生也，莊叔以周易筮之，遇明夷䷣之謙䷎。以示卜楚丘，曰：「是將行，而歸爲子祀。以讒人入，其名曰牛，卒以餒死。明夷，日也。日之數十，故有十時，亦當十位。自王已下，其二爲公，其三爲卿。日上其中，食日爲二，旦日爲三。明夷之謙，明而未融，其當旦乎？故曰『爲子祀』。日之謙，當鳥，故曰『明夷于飛』。明而未融，故曰『垂其翼』。象日之動，故曰『君子于行』。當三在旦，故曰『三日不食』。離，火也。艮，山也。離爲火，火焚山，山敗，於人爲言。敗言爲讒，故曰『有攸往。主人有言』。言必讒也。純離爲牛，世亂讒勝，勝將適離，故曰『其名曰牛』。讒不足，飛不翔。垂不峻，翼不廣。故曰『其爲子後乎』。吾子亞卿也，抑少不終。」

舍中軍，詳見三桓弱公室。殯，叔孫之殯。哭，痛其見誣。帶，叔仲子名。不壽而終爲鮮。鮮，年少也。西門，非魯朝正門。自朝從生時朝覲之，正路遷易也。自，自從也。葬而行，盡其終事，方自遠也。仲，仲壬。聞喪而歸。大庫，魯庫名，今山東曲阜縣東有大庭氏庫。東鄙，叔孫氏邑。亂大從，猶亂大作，隱言殺其父耳。披，折也。塞關，齊、魯境上關。寧風，齊地。不勞，不以立己爲功勞。詩大雅。覺，直也。言德行直則四方順從之。莊叔，叔孫得臣謚，穆子父也。離下坤上，明夷。艮下坤上，謙。明夷初九變爲謙。楚丘，卜人姓名。行，出奔。祀，奉祀。此下皆詳解卦占之義。離爲日。夷，傷也。日入地，故曰明夷。日之數，自甲至癸，故曰十。日中當王，食時當公，平旦爲卿。雞鳴爲士，夜半爲皁，人定爲輿。黄昏爲隸，日入爲僚，晡時爲僕。日昳爲臺，隅中日出，闕不在第，曠其位以尊王公也。日中盛明，故以爲上，當王。次之爲公，又次之爲卿。此以十時當十位而止於卿者，以占者卿也。此離在坤下，日在地中之象。又變爲謙。謙道卑退，故曰明。而未融，日明未融，故曰當旦。莊叔，卿也。以卦論之當爲

卿，故曰爲子祀。離爲日爲鳥，離變爲謙，日光不足，故當鳥。鳥飛行，故曰于飛。于日爲未融，于鳥爲垂翼。明夷初九得位有應，君子象也。在明傷之世，居謙下之位，故將辟難而行。旦位在三，又非食時，故曰三日不食。離、艮合體，故曰火焚山。艮爲言，爲離所敗，故曰言敗。離變爲艮，故言有所往。往而見燒，故主人有言。言而見敗，故必讒言易。離下離上，畜牝牛，吉，故曰純離爲牛。離焚山則離勝，譬世亂則讒勝。山焚則離獨存，故知名牛也。豎牛非牝牛，故不吉。謙道沖退，故飛不遠翔，翼垂下而不高峻，故不能廣遠。不翔不廣，故必爲子祀。旦日，正卿之位。莊叔父子世爲亞卿，不足以終卦體，故將不獲其終也。○以據傳，穆子之禍預兆於著，繼符於夢，有若前定，不可避者。然君子以守道爲正，知人爲哲，禨祥夢卜等有不必道者矣。

上爲叔孫昭子之立。以下爲孟懿子之立。

十一年　夏，孟僖子會邾莊公，盟于祲祥。泉丘人有女，夢以其帷幕孟氏之廟，遂奔僖子，其僚從之。盟于清丘之社，曰：「有子，無相棄也！」僖子使助薳氏之簉。反自祲祥，宿于薳氏，生懿子及南宮敬叔于泉丘人。其僚無子，使字敬叔。祲祥，地闕。泉丘，魯地。其女以夢當爲孟氏婦，故從僖子。鄰女爲僚友者因隨之，而共相爲盟。簉，副倅也。薳氏之女爲僖子副妾，別居在外，故納泉丘女，令助之。懿子、敬叔，似雙生。字，養也。○以上爲孟懿子之生。以下爲臧會之立。

二十五年　初，臧昭伯如晉，臧會竊其寶龜僂句，以卜爲信與僭，僭吉。臧氏老將如晉問，會請往。昭伯問家故，盡對。及內子與母弟叔孫，則不對。再三問，不對。歸，及郊，會逆。問，又如初。至，次於外而察之，皆無之。執而戮之。逸，奔郈。郈魴假使爲賈正焉。計於季氏，臧氏使五人以戈楯伏諸桐汝之閭，會出，逐之，反奔，執諸季氏中門之外。平子怒，曰：「何故以

兵入吾門？」拘臧氏老。季、臧有惡。及昭伯從公，平子立臧會。會曰：「僂句不余欺也。」臧會，昭伯從弟。僂句，龜所出地，因以爲名。僭，不信也。問，問昭伯起居。會家事盡對，而內事不對，若有他故，以疑昭伯，欲亂其家也。執戮，惡其詐也。魴假，郈邑大夫。賈正，掌貨物使有常價，若市吏。計，送計簿也。臧氏伏兵逐會執之，致平子怒。昭伯因從昭公伐季氏，不克從公出奔。季孫恨之，乃立會爲臧孫。會以僂句爲信。桐汝，里名。○國亂君亡，以僭獲利，世道之衰極矣。○以上爲臧會之立。以下爲季康子奪適。

哀公三年　秋，季孫有疾，命正常曰：「無死！南孺子之子，男也，則以告而立之。女也，則肥也可。」季孫卒，康子即位。既葬，康子在朝。南氏生男，正常載以如朝，告曰：「夫子有遺言，命其圉臣曰：『南氏生男，則以告于君與大夫而立之。』今生矣，男也，敢告。」遂奔衛。康子請退。公使共劉視之，則或殺之矣。乃討之。召正常，正常不反。正常，桓子寵臣，欲付以後事，故勑令弗從己死。南孺子，季桓子妻。言若生男，告公而立之。肥，季康子名，桓子庶長子。退，辟位也。共劉，魯大夫。殺之，康子使殺之也。討，討殺者。不反，義不可反也。

春秋左傳屬事卷九

魯

三桓弱公室 季友立僖公　仲遂立宣公　季孫宿專政　意如逐昭公　哀公遜越

莊公二十三年　夏，公如齊觀社，非禮也。曹劌諫曰：「不可。夫禮，所以整民也。故會以訓上下之則，制財用之節。朝以正班爵之義，帥長幼之序。征伐以討其不然。諸侯有王，王有巡守，以大習之。非是，君不舉矣。君舉必書。書而不法，後嗣何觀？」齊因祭社蒐軍實，公往觀之，故劌諫。謂國君以禮齊民。朝會，禮之大者，會之所謀必皆尊王室、脩臣禮，是訓其則也。必號令諸國，出貢賦多少，是制其節也。諸侯朝天子，或小國朝大國，其先後之次皆以王朝班爵之制爲定，是正其義也。爵同則以年之長幼爲次，是帥其序也。有不朝不會，或朝會而不率其常，則征伐以討之。諸侯脩王事，天子省四方，皆大習朝會之禮。人君必以是爲舉動，當書之於策爲後

法。知公此舉非貽謀燕翼之道矣。○秋，丹桓宫之楹。

二十四年　春，刻其桷，皆非禮也。御孫諫曰：「臣聞之，儉，德之共也。侈，惡之大也。先君有共德，而君納諸大惡，無乃不可乎！」禮：楹，天子、諸侯黝堊，大夫蒼，士黈。丹楹，非禮也。又禮：天子之桷，斲之礱之，加密石焉，諸侯之桷，斲之礱之，大夫斲之，士斲本。刻桷，非禮也。御孫，魯大夫。儉則心斂而敬日躋，故曰德之恭。侈則心驕而惡日肆，故曰惡之大。○秋，哀姜至，公使宗婦覿，用幣，非禮也。御孫曰：「男贄，大者玉帛，小者禽鳥，以章物也。女贄，不過榛、栗、棗、脩，以告虔也。今男女同贄，是無別也。男女之別，國之大節也。而由夫人亂之，無乃不可乎？」公娶于齊，夏已親迎，時齊女方至，後謚哀姜。贄之爲言至也，執之見人以表至誠。公、侯、伯、子、男執玉，諸侯世子、附庸、孤卿執帛，卿執羔，大夫執鴈，士執雉。章所執之物以表貴賤。榛，小栗。脩，脯。虔，敬也。皆取其名以示敬。男女異物以厚別也。今莊公在位日久，多越禮以行。於夫人始至，復自亂其別，宜其起禍亂而弱後嗣也。

二十五年　春，陳女叔來聘，始結陳好也。嘉之，故不名。季友相魯，原仲相陳，二人有舊，故女叔來聘。季友冬亦報聘。卿以名書，字之爲嘉。

二十七年　秋，公子友如陳葬原仲，非禮也。原仲，季友之舊也。因季友與陳厚交，故後遇亂奔陳。友於此已見愛於莊，故得越國行其私。

三十二年　初，公築臺，臨黨氏，見孟任，從之。閟。而以夫人言，許之，割臂盟公。生子般

焉。雩，講于梁氏，女公子觀之。圉人犖自墻外與之戲，子般怒，使鞭之。公曰：「不如殺之，是不可鞭。犖有力焉，能投蓋于稷門。」公疾，問後於叔牙，對曰：「慶父材。」問於季友，對曰：「臣以死奉般。」公曰：「鄉者牙曰『慶父材』。」成季使以君命命僖叔，待于鍼巫氏，使鍼季酖之。曰：「飲此則有後於魯國，不然，死且無後。」飲之，歸，及逵泉而卒。立叔孫氏。八月癸亥，公薨于路寢，子般即位，次于黨氏。冬，十月己未，共仲使圉人犖賊子般于黨氏。成季奔陳。立閔公。黨氏，魯大夫。臺臨其家。今山東曲阜縣有莊公臺。孟任，黨氏女。閟，不從也。公許以爲夫人，復割臂以爲信，既而生般。雩，祭天。講，肄也。女公子，般妹也。圉人，掌養馬者，名犖，以慢言戲之，般鞭犖。公以其力能自投接其屋之桷，反覆門上，鞭之恐銜忿作亂，殺之亂弭。時慶父威權已盛，故公疾謀後，而叔牙以爲材。季友知將有亂，誓奉般以死，忠節著矣。復以君命酖叔牙，而仍爲立後。至公薨，慶父果使犖弒般。季避患奔陳，國人立公之庶子，是爲閔公，時年八歲。梁氏、鍼巫氏，皆魯大夫。僖，叔牙謚。酖，鳥名，其羽有毒，以畫酒，飲之則死。逵泉，在今山東曲阜縣魯城南。即位，即喪位。共仲，慶父也。

閔公元年　春，不書即位，亂故也。國亂不得成禮。夏，六月，葬莊公。亂故，是以緩。秋，八月，公及齊侯盟于落姑，請復季友也。齊侯許之，使召諸陳。公次于郎以待之，季子來歸，嘉之也。冬，齊仲孫湫來省難。歸曰：「不去慶父，魯難未已。」十一月乃葬，故緩。閔公初立，國家多難，以季友忠賢，故請伯主而復之。落姑，齊地。湫，齊大夫。詳見齊桓公之伯。

二年　初，公傅奪卜齮田，公不禁。秋，八月辛丑，共仲使卜齮賊公于武闈。成季以僖公適

邾。共仲奔莒。乃入，立之。以賂求共仲于莒，莒人歸之。及密，使公子魚請。不許，哭而往，共仲曰：「奚斯之聲也。」乃縊。閔公，哀姜之娣叔姜之子也，故齊人立之。共仲通於哀姜，哀姜欲立之。閔公之死也，哀姜與知之，故孫于邾，齊人取而殺之于夷，以其尸歸。僖公請而葬之。成季之將生也，桓公使卜楚丘之父卜之曰：「男也，其名曰友。在公之右，間于兩社，爲公室輔。季氏亡，則魯不昌。」又筮之，遇大有䷍之乾䷀，曰：「同復于父，敬如君所。」及生，有文在其手，曰「友」，遂以命之。成風聞成季之繇，乃事之，而屬僖公焉。故成季立之。齮，魯卜大夫。公幼知愛其傅，遂成其意以奪齮田。齮忿傅，并及公，故慶父使之弑公。闈，宫中門。僖公，閔公庶兄，成季以之適邾。至慶父奔，乃以入而立之。密，魯地，今山東昌邑縣有密城。公子魚，字奚斯，請免其死，不許，而自裁，其後爲孟氏。〇慶父罪浮于叔牙，既不正其罪而皆爲之立後，季子之私也。〇哀姜與弑閔公，齊爲魯殺之。夷，魯地。僖公請還其喪，外欲以厚固齊，内存母子之義。卜楚丘，魯掌卜大夫。在右，言用事也。兩社，周社、亳社。兩社之間，朝廷執政之所。乾下離上大有，六五變而爲乾，乾下乾上。其筮詞曰：「同復于父，敬如君所。」乾爲君父，離變爲乾，故云云。以手文理自成爲友，故遂以名之。成風，莊公妾，僖公母。繇，卦兆之占辭。

僖公元年　春，不稱即位，公出故也。公出，復入，不書，諱之也。諱國惡，禮也。國亂身出而入，故即位之禮闕。掩惡揚善，臣子之禮。冬，莒人來求賂，公子友敗諸酈。獲莒子之弟挐，非卿也，嘉獲之也。公賜季友汶陽之田及費。酈，魯地。求賂，求還慶父之賂。莒既不能爲魯討賊，前已受賂而復求，其貪已甚，

故經以季友獲之爲嘉。公固感其援立之恩，因事而賜之二邑。 夫人氏之喪至自齊。君子以齊人之殺哀姜也爲已甚矣。女子從人者也。言女子有三從之義，在夫家有罪，非父母家所宜討。○于時魯國亂君危，小君又難於致戮，桓方以義正天下，況其所自出，非桓討之而誰也？

八年 秋，禘，而致哀姜焉，非禮也。凡夫人，不薨于寢，不殯于廟，不赴于同，不祔于姑，則弗致也。寢，小寢。同，同盟。將葬，又不以殯過廟，故致之爲非禮。○哀姜以淫亂國，在廟猶宜出之，而況致之乎！

三十三年 春，齊國莊子來聘。自郊勞至于贈賄，禮成而加之以敏。臧文仲言於公曰：「國子爲政，齊猶有禮，君其朝焉。臣聞之，服於有禮，社稷之衛也。」迎來曰郊勞，送去曰贈賄。敏，速於事。以禮相親則社稷永固，故曰衛。 冬，公如齊朝，且弔有狄師也。反，薨于小寢，即安也。小寢，夫人寢也。譏公就所安，不終於路寢。 葬僖公，緩作主，非禮也。凡君薨，卒哭而祔，祔而作主，特祀於主，烝、嘗、禘於廟。僖公以十二月薨，明年四月葬。甫及其期，但作主在二年則爲緩。又謂凡既葬、卒哭，則以新死者之神祔之於祖。尸柩已遠，孝子思慕，故造木主立几筵焉。用喪禮特祭於寢。其四時常祭，與禘祭則合祀之於廟。此錯簡，當在明年葬僖公下。○按禮，父母之喪哭無時，既葬而虞，乃卒無時之哭，唯朝夕哭而已，謂之卒哭。卒哭而祔，祔者告新主以當入祖廟，而告祖父以當遷他廟也。既告則新主復於寢，三年喪畢，遞遷其應遷主，而復奉以入廟。此云君薨卒哭而不云反虞，虞祭已有主，如傳云祔而作主，則作主後矣。又云特祀于主，謂如小祥、大祥、禫則就寢特祀此主，此於禮爲近。若夫喪服不以入宗廟，又三年喪不爲禮不爲樂。曾子問「緦不祭」，而又云「烝、嘗、禘於廟」，與禮大異矣。

文公元年　夏，四月丁巳，葬僖公。見前冬，穆伯如齊，始聘焉，禮也。凡君即位，卿出並聘，踐脩舊好，要結外援，好事鄰國，以衞社稷，忠信卑讓之道也。忠，德之正也。信，德之固也。卑讓，德之基也。穆伯，公孫敖謚，慶父子也。忠則無邪，故曰正；信則能守，故曰固；卑讓則善日益，故曰基。

二年　春，丁丑，作僖公主。書，不時也。見前秋，八月丁卯，大事於太廟。躋僖公，逆祀也。於是夏父弗忌爲宗伯，尊僖公，且明見曰：「吾見新鬼大，故鬼小。先大後小，順也。躋聖賢，明也。明、順，禮也。」君子以爲失禮：「禮無不順。祀，國之大事也，而逆之，可謂禮乎？子雖齊聖，不先父食久矣。故禹不先鯀，湯不先契，文、武不先不窋。宋祖帝乙，鄭祖厲王，猶上祖也。是以魯頌曰：『春秋匪解，享祀不忒，皇皇后帝，皇祖后稷。』君子曰『禮』，謂其后稷親而先帝也。詩曰：『問我諸姑，遂及伯姊。』君子曰『禮』，謂其姊親而先姑也。」仲尼曰：「臧文仲其不仁者三，不知者三，下展禽、廢六關、妾織蒲，三不仁也。作虛器、縱逆祀、祀爰居，三不知也。」禮，父子異昭穆，兄弟昭穆同。僖是閔兄，同爲穆耳。然僖嘗臣閔，僖應下。今上閔，故爲逆祀。宗伯，掌宗廟昭穆之禮。新鬼，僖公也。既兄，死時又長，故大。閔公弟，死時少。弗忌明見其如此，又以僖賢聖故，自以爲禮，君子譏之。臣繼君，猶子繼父，不得以齊聖爲論。齊，中也。禹、湯、文王不以齊聖而先其祖父。帝乙，微子父。厲王，鄭桓公父。亦不以不肖而不祖之。忒，差也。皇皇，美也。后帝，天也。詩頌僖公郊祭上帝，配以后稷。詩邶風，衞女思歸不得，故願致問於姑姊。二詩皆以尊先其親，譏弗忌阿比文公而先其親父也。臧文仲以賢稱，夫子譏以六事，而逆祀在其中。展禽，柳下惠。知其賢，使在下位。六關，

塞關、陽關之屬。禁絶末遊而廢之。家人販席，與民專利，爲不仁三。虚器，謂居蔡有器而無其位，聽夏父躋僖公。海鳥曰爰居，止於東門外，文仲以爲神，命國人祀之，爲不知三。

九年　冬，秦人來歸僖公、成風之襚，禮也。諸侯相弔賀也，雖不當事，苟有禮焉，書也，以無忘舊好。追贈僖公，并及成風。送死不及尸，故曰不當事。亦書於典策，垂示子孫，使無忘過厚之禮。○以上爲季友立僖公，以下爲仲遂立宣公。

文公二年　冬，襄仲如齊納幣，禮也。凡君即位，好舅甥，脩昏姻，娶元妃以奉粢盛，孝也。孝，禮之始也。諒闇既終，嘉好之事通于内外，内外之禮始備。此除凶之即位也。僖公薨在十二月乙巳，至是未備二十五月，其納幣諸昏禮皆在三年内。傳謂之孝，不亦悖乎！

四年　夏，逆婦姜于齊。卿不行，非禮也。君子是以知出姜之不允於魯也。曰：「貴聘而賤逆之，君而卑之，立而廢之，棄信而壞其主，在國必亂，在家必亡，不允宜哉！詩曰：「畏天之威，于時保之。」敬主之謂也。禮，娶必親迎。卿亦不行，失甚矣。允，信也。始不見尊貴，終必不爲所敬信，公薨而出，故曰出姜。遂納幣爲貴聘，非卿爲賤逆。君，小君。不以夫人禮逆，是卑廢之。主，内主也。詩頌，言畏天威則保福禄。文公反之，宜其後之微也。

十八年　二月丁丑，公薨。六月，葬文公。秋，襄仲、莊叔如齊，惠公立故，且拜葬也。文公二妃敬嬴生宣公。敬嬴嬖，而私事襄仲，宣公長而屬諸襄仲。襄仲欲立之，叔仲不可。仲見于

齊侯而請之，齊侯新立而欲親魯，許之。冬，十月，仲殺惡及視，而立宣公。書曰「子卒」，諱之也。仲以君命召惠伯，其宰公冉務人止之，曰：「入必死。」叔仲曰：「死君命可也。」公冉務人曰：「若君命可死，非君命何聽？」弗聽，乃入，殺而埋之馬矢之中。公冉務人奉其帑以奔蔡，既而復叔仲氏。夫人姜氏歸于齊，大歸也。將行，哭而過市，曰：「天乎！仲爲不道，殺適立庶。」市人皆哭，魯人謂之哀姜。襄仲，公子遂謚。莊叔，叔孫得臣謚。二妃，次妃。叔仲，惠伯也。惡，太子。視，其母弟。君命，詐以子惡命。姜氏，惡、視之母出姜也。大歸，歸而不反，所謂不允於魯也。○莒紀公生太子僕，又生季佗。愛季佗而黜僕，且多行無禮於國。僕因國人以弑紀公，以其寶玉來奔，納諸宣公，公命與之邑，曰：「今日必授。」季文子使司寇出諸竟，曰：「今日必達。」公問其故，季文子使太史克對曰：「先大夫臧文仲教行父事君之禮，行父奉以周旋，弗敢失隊，曰：『見有禮於其君者事之，如孝子之養父母也。見無禮於其君者誅之，如鷹鸇之逐鳥雀也。』先君周公制周禮曰：『則以觀德，德以處事，事以度功，功以食民。』作誓命曰：『毀則爲賊，掩賊爲藏，竊賄爲盜，盜器爲姦。主藏之名，賴姦之用，爲大凶德，有常無赦。在九刑不忘。』行父還觀莒僕，莫可則也。孝敬忠信爲吉德，盜賊藏姦爲凶德。夫莒僕，則其孝敬則弑君父矣，則其忠信則竊寶玉矣。其人則盜賊也，其器則姦兆也。保而利之，則主藏也。以訓則昏，民無則焉。不度於善，而皆在於凶德，是以去之。昔高陽氏有才子八人，蒼舒、隤敳、檮戭、大臨、尨降、庭堅、仲容、叔達，齊聖廣

淵，明允篤誠，天下之民謂之八愷。高辛氏有才子八人，伯奮、仲堪、叔獻、季仲、伯虎、仲熊、叔豹、季貍，忠肅共懿，宣慈惠和，天下之民謂之八元。此十六族也，世濟其美，不隕其名。以至於堯，堯不能舉。舜臣堯，舉八愷，使主后土，以揆百事，莫不時序，地平天成。舉八元，使布五教于四方，父義、母慈、兄友、弟共、子孝，内平外成。昔帝鴻氏有不才子，掩義隱賊，好行凶德，醜類惡物。頑嚚不友，是與比周，天下之民謂之渾敦。少皞氏有不才子，毁信廢忠，崇飾惡言，靖譖庸回，服讒蒐慝，以誣盛德，天下之民謂之窮奇。顓頊氏有不才子，不可教訓，不知話言，告之則頑，舍之則嚚，傲很明德，以亂天常，天下之民謂之檮杌。此三族也，世濟其凶，增其惡名。以至于堯，堯不能去。縉雲氏有不才子，貪于飲食，冒于貨賄，侵欲崇侈，不可盈厭，聚斂積實，不知紀極，不分孤寡，不恤窮匱，天下之民以比三凶，謂之饕餮。舜臣堯，賓于四門，流四凶族，渾敦、窮奇、檮杌、饕餮投諸四裔，以禦螭魅。是以堯崩而天下如一，同心戴舜，以爲天子，以其舉十六相，去四凶也。故虞書數舜之功，曰：『慎徽五典，五典克從。』無違教也。曰：『納于百揆，百揆時序。』無廢事也。曰：『賓于四門，四門穆穆。』無凶人也。舜有大功二十而爲天子，今行父雖未獲一吉人，去一凶矣，於舜之功二十之一也，庶幾免於戾乎！」紀公，莒子號也，莒夷無謚。季文子，名行父，友之子。克，太史名。則，法也。合法斯爲吉。處，猶制也。度，量也。食，養也。誓命，要信也。毁則，壞法也。掩，匿也。賄，財也。器，國用也。藏名，掩賊爲名也。姦用，用姦器也。「誓命」至「無赦」，皆九刑之書，其書今亡。還、環

同。兆，猶徵也。八愷，即垂、益、皋陶之倫。舊云庭堅，皋陶字，未詳。愷，和也。八元，即稷、契、朱虎、熊羆之倫。元，善也。后土，地官。禹作司空，平水土，故以禹在八愷。契作司徒，敬敷五教，故以契在八元。帝鴻，黃帝。少皞，金天氏，次黃帝。顓頊，即高陽氏。縉雲，黃帝時官名。渾敦、窮奇、檮杌、饕餮，俱惡獸名，故取以爲凶人之號。縉雲氏非帝王後，故曰比。裔，衣裾，喻邊遠也。魑魅，山川異氣所出，爲人害者。五典克從，八元之功。百揆時序，八愷之功。四門穆穆，流四凶之效。舉十六相，去四凶，爲二十功也。○是時宣公以篡得國，行父以賢秉政，而莒僕行與宣類，宣喜納之，故行父必黜之以儆懾其心。且盛稱古聖賢之事，以自誇比，此宣公所以歆歉於心，授之柄而不敢收也。又按高辛子八人，堯兄弟也，堯豈不知而待舜？且八愷主后土以揆百事，地平天成，伯禹之任八元，使布五教。契之任元愷八人，既同德且同職，何別無任乎？若爲長佐，同主一事，則不宜曰十六相也。且與書文亦異，此非文子見聞之謬，則左氏之誇，恐不足爲據也。

宣公元年　春王正月，公子遂如齊逆女，尊君命也。三月，遂以夫人婦姜至自齊，尊夫人也。前稱公子，後止書名，故云然。夏，季文子如齊納賂，以請會。會于平州，以定公位。東門襄仲如齊拜成。六月，齊人取濟西之田。爲立公故，以賂齊也。春秋時篡立者既列於會，則不得復討，臣子殺之，與弒君同。故宣公求會於齊侯，以濟西賂之。拜成，謝得會也。平州，齊地，在今山東新泰縣境。襄仲居東門，故以稱，今山東曲阜縣有襄仲臺。

五年　春，公如齊。高固使齊侯止公，請叔姬焉。夏，公至自齊，書過也。秋，九月，齊高固來逆女，自爲也。故書曰「逆叔姬」。卿自逆也。冬，來，反馬也。公篡得國，恃齊爲安，故齊留公，强成昏。公既見止，連昏于鄰國之臣，厭尊毀列，辱其先君，而於廟行飲至之禮，故書以示過。禮，送女留其送馬，謙不敢自安。三月廟

見，遣使反馬。高固遂與叔姬俱寧，故經、傳具見以示譏。

七年　春，衛孫桓子來盟，始通，且謀會晉也。夏，公會齊侯伐萊，不與謀也。凡師出與謀曰及，不與謀曰會。晉侯之立也，公不朝焉，又不使大夫聘。晉人止公于會，盟于黄父。公不與盟，以賂免，故黑壤之盟不書，諱之也。萊，今爲山東萊州黄縣，又有萊城。國近齊，故伐之。公感齊定位之恩，不事晉而專事齊，於此又以兵會伐。既而致晉辱。黄父即黑壤。

八年　夏，有事于太廟。襄仲卒而繹，非禮也。繹，又祭，陳昨日之禮，所以賓尸。於時襄仲既卒，有卿佐之喪，宜廢此禮，而猶繹，故曰非禮。○冬，葬敬嬴。旱，無麻，始用葛茀。雨，不克葬，禮也。禮，卜葬先遠日，辟不懷也。記禮變之所由。茀，所以引柩，殯則有之以備火，葬則以下柩。古者葬必卜日，必先卜其日之遠者，懷親之意。

十年　春，公如齊。齊侯以我服故，歸濟西之田。夏，齊惠公卒。公如齊奔喪。公親奔喪，非禮。秋，師伐邾，取繹。季文子初聘于齊。冬，子家如齊，伐邾故也。國武子來報聘。文子以齊侯初立而聘。子家名歸父，仲遂子也。以伐邾取邑，懼討而往報，報文子也。

十四年　冬，公孫歸父會齊侯于穀，見晏桓子，與之言魯，樂。桓子告高宣子曰：「子家其亡乎！懷於魯矣。懷必貪，貪必謀人，謀人，人亦謀己。一國謀之，何以不亡？」穀，今山東東阿縣有穀城。樂，樂其土也。桓子，晏嬰父。宣子，高固也。

十五年　秋，初税畝，非禮也。穀出不過藉，以豐財也。周法，民耕百畝，公田十畝。借民力而治之，税不過此，使民富厚而國之財自豐。

十七年　冬，公弟叔肸卒，公母弟也。凡太子之母弟，公在曰公子，不在曰弟。凡稱弟，皆母弟也。

十八年　公孫歸父以襄仲之立公也有寵，欲去三桓，以張公室。與公謀而聘于晉，欲以晉人去之。冬，公薨。季文子言于朝曰：「使我殺適立庶，以失大援者，仲也夫！」臧宣叔怒曰：「當其時，不能治也，後之人何罪？子欲去之，許請去之。」遂逐東門氏。子家還，及笙，壇帷，復命于介。既復命，袒、括髮，即位哭，三踊而出。遂奔齊。書曰「歸父還自晉」，善之也。宣公德遂立己而寵其子以心膂，不堪三桓之專，與謀去之，故季文子乘公薨逐之。適謂子惡，齊之甥，襄仲殺之而立宣公。南通于楚，既不能固，又不能堅事齊、晉，故云失大援。宣叔，文仲子，武仲父，許其名也，時爲司寇，主行刑。言子自以歸父害己，欲去者，許請爲子去之。子家以君薨，家遣，故除地爲壇而張帷。介，副也。將奔，使介反命于君，已袒衣，以麻約髮，依在國即喪位，三踊致哀，而後奔。善，善其見逐，盡禮以行。◯以上爲仲遂立宣公。以下爲季孫宿專政。

成公十八年　八月己丑，公薨于路寢，言道也。十二月，孟獻子會于虛朾，請于諸侯而先歸會葬。丁未，葬我君成公，書順也。在路寢，得君薨之道。五月而葬，故曰順。◯時成公薨，襄公以沖年即位，故政權益下移，而季氏益强。

襄公二年　夏，齊姜薨。初，穆姜使擇美檟，以自爲櫬與頌琴，季文子取以葬。君子曰：「非禮也。禮無所逆。婦，養姑者也。虧姑以成婦，逆莫大焉。詩曰：『其惟哲人，告之話言，順德之行。』季孫於是爲不哲矣。且姜氏，君之妣也。詩曰：『爲酒爲醴，烝畀祖妣，以洽百禮，降福孔偕。』」齊姜，成公婦，襄公嫡母。穆姜，成公母，襄公祖母也。是爲姑婦。檟，梓屬。櫬，棺也。頌琴，琴名，猶言雅琴。皆穆姜自備終事，文子取之以葬齊姜，故爲逆。詩大雅，言哲人行事無不順。不哲，言其逆也。言妣，見卑於祖妣。又詩周頌。烝，進也。畀，與也。偕，徧也。言敬事祖妣，則鬼神降福。季孫逆取以葬，是不以禮，爲不敬祖妣。

四年　秋，定姒薨。不殯于廟，無櫬，不虞。匠慶謂季文子曰：「子爲正卿，而小君之喪不成，不終君也。君長，誰受其咎？」初，季孫爲己樹六檟于蒲圃東門之外，匠慶請木，季孫曰：「略。」匠慶用蒲圃之檟，季孫不御。君子曰：「志所謂多行無禮必自及也，其是之謂乎！」定姒，襄公生母。無櫬者，素不備櫬，至死方作。季氏以定姒本賤，既無器備，議其喪制，欲殯不過廟，又不反哭，匠慶，魯大匠。謂如季孫所議，則爲夫人禮不成，慢其母，是不終事君之道。君長知之，必季任其咎。蒲圃，場圃名，文子樹檟欲自爲櫬。請木，將爲定姒櫬也。畧，不以道取也。既許故，僅不御。御，止也。季孫於穆姜、定姒之薨，皆不以禮，而季氏旋卒，故傳引古志以驗之。

○定姒雖故賤，身産襄公，其禮雖不並嫡，而亦當有加。行父簡忽如是，其心悖矣。傳明言其罪，而前註皆與傳異。西山真氏乃謂季孫意抑妾母，又以畧取檟不禁爲賢，何大謬哉！

五年　冬，季文子卒。大夫入斂，公在位。宰庀家器爲葬備，無衣帛之妾，無食粟之馬，無藏金玉，無重器備。君子是以知季文子之忠於公室也。相三君矣，而無私積，可不謂忠乎！喪

大記署云：大夫喪，將大斂，君至，主人迎入門右，巫止於門外，君釋菜，祝先入，登堂，君即位於序端。又士喪禮：君若有賜焉，則視斂，既布衣，君至，升自阼階，西向。庀，具也。○大率下而盜上者，必立賢行美名以外收人譽，故能陰操其柄。自古篡竊奸雄皆階此以濟，而忠賢大臣爲衆望所歸，其跡亦與之類。人君於此能辨其邪正而進退之，斯可以稱明矣。

七年　夏，南遺爲費宰。叔仲昭伯爲隧正，欲善季氏，而求媚於南遺，謂遺：「請城費，吾多與而役。」故季氏城費。南遺，季氏家臣。費，季氏邑，今山東費縣有費城。隧正，主役徒。昭伯，叔仲惠伯之孫。

九年　冬，公送晉侯。晉侯以公宴于河上，問公年，季武子對曰：「會于沙隨之歲，寡君以生。」晉侯曰：「十二年矣！是謂一終，一星終也。國君十五而生子，冠而生子，禮也。君可以冠矣。大夫盍爲冠具？」武子對曰：「君冠，必以祼享之禮行之，以金石之樂節之，以先君之祧處之。今寡君在行，未可具也。請及兄弟之國而假備焉。」晉侯曰：「諾。」公還，及衛，冠于成公之廟，假鍾磬焉，禮也。季武子，文子之子，名宿。會沙隨在成十六年。歲星十二歲而一周天。冠，成人之服，必冠而後生子，故爲嘉禮之大，必備禮以行。祼，謂灌鬯酒，享祭先君。金石，鐘磬也。以鐘磬爲舉動之節。祧，即廟也。以廟之兆域爲言。成公，獻公，曾祖。○天子、諸侯無冠禮，近世儒者論之詳矣。使果宜冠，則返國而行乎祖廟，何後事之有？乃寄他國以行此。季氏弱其君，非禮。速冠以阿伯主意，傳謂之禮，則何適而非禮也！

十一年　春，季武子將作三軍，告叔孫穆子曰：「請爲三軍，各征其軍。」穆子曰：「政將及子，子必不能。」武子固請之，穆子曰：「然則盟諸？」乃盟諸僖閎，詛諸五父之衢。正月，作

三軍，三分公室而各有其一。三子各毀其乘。季氏使其乘之人，以其役邑入者無征，不入者倍征。孟氏使半爲臣，若子若弟。叔孫氏使盡爲臣，不然不舍。魯固有三軍，時已廢壞，季氏欲專其民人，故假以作爲名，請分爲三而各征之。穆子知季氏將執魯政，必厚自封殖，不能終均爲三也。武子方志在分國而固請，穆子料其必復變，故盟之。僖閎，僖宮之門。五父衢，道名，在今曲阜縣西南。詛，以禍福之言相要。於是三家各毀其家乘，以足成其數。季氏使其軍乘之人，率邑役入其家者無公征。不入者則使公家倍征之。設利病以驅民入己。孟氏唯取其子弟之半爲己臣，蓋四分其乘之人，以三歸公而取其一。叔氏盡取其子弟，以父兄歸公。其本謀如此，不然不舍其故而改作也。此三家皆專公室，而季氏尤横，皆乘襄公幼弱而爲之。

二十九年　夏，四月，葬楚康王。公及陳侯、鄭伯、許男送葬。　公還，及方城。季武子取卞，使公冶問，璽書追而與之，曰：「聞守卞者將叛，臣帥徒以討之。既得之矣，敢告。」公冶致使而退，及舍而後聞取卞。公曰：「欲之而言叛，祇見疏也。」公問公冶曰：「吾可以入乎？」對曰：「君實有國，誰敢違君？」公與公冶冕服。固辭，强之而後受。公欲無入，榮成伯賦式微，乃歸。五月，公至自楚。公冶致其邑於季氏，而終不入焉，曰：「欺其君，何必使余？」季孫見之，則言季氏如他日，不見，則終不言季氏。及疾，聚其臣曰：「我死，必無以冕服斂。非德賞也，且無使季氏葬我。」送葬事，餘見晉楚爲成、平王得國。方城，楚山。卞，今山東泗水縣。季武子乘公不在國，取之以自益，使其屬大夫公冶問公起居。既封璽書以去，復追而言取卞事，故冶初不知。既致其使命，及發書方聞。公言季氏欲得

卞而欺我言叛，益疏我。不敢歸，冶以君國莫違爲對，公以冕服賞之。榮成伯，魯大夫。詩邶風，曰：「式微式微，胡不歸？」義取寄寓之微，勸公歸也。冶以此不義季氏，致其所與邑而終不入其家，猶深以欺君爲恨。冕服生不能辭，死必不以斂，并拒其葬於季氏。冕服，卿服玄冕。非德賞，以爲季氏使而賞也。○賢人不幸而仕於强家，其志可悲矣。六月，范獻子來聘，拜城杞也。公享之，展莊叔執幣。射者三耦。公臣不足，取於家臣。家臣展瑕、展王父爲一耦，公臣公巫召伯、仲顔莊叔爲一耦，鄫鼓父、黨叔爲一耦。晉平公杞出，前合諸侯城杞，故爲禮謝魯。執幣，將以酬賓也。公臣不能備三耦，見公室卑微。○以上爲季武子專政。以下爲季孫意如逐昭公。

三十一年　夏，五月，公作楚宫。穆叔曰：「太誓云：『民之所欲，天必從之。』君欲楚也夫，故作其宫，若不復適楚，必死是宫也。」六月辛巳，公薨于楚宫。叔仲帶竊其拱璧，以與御人，納諸其懷，而從取之，由是得罪。立胡女敬歸之子子野，次於季氏。秋，九月癸巳，卒，毁也。立敬歸之娣齊歸之子公子裯。穆叔不欲，曰：「太子死，有母弟，則立之。無則立長。年鈞擇賢，義鈞則卜。古之道也。非適嗣，何必娣之子？且是人也，居喪而不哀，在慼而有嘉容，是謂不度。不度之人，鮮不爲患。若果立之，必爲季氏憂。」武子不聽，卒立之。比及葬，三易衰，衰衽如故衰。於是昭公十九年矣，猶有童心，君子是以知其不能終也。公適楚，喜其宫，倣而作之以爲名。太誓，武王伐紂誓師之詞。拱璧，公大璧也。帶竊之，魯人以此薄帶，子孫不得志於魯。胡，歸姓國。敬歸，襄公妾。毁，過哀毁瘠，以致滅性。敬、齊皆謚。裯，昭公名。義鈞，均有可立之義。衰已三易，而衰衽復如舊衽，甚言其嬉戲無度也。

昭公四年　十二月癸丑，叔孫不食。乙卯，卒。叔孫，穆子也，爲豎牛絶糧，三日而卒。詳見列卿世嗣之變。

五年　春王正月，舍中軍，卑公室也。毁中軍於施氏，成諸臧氏。初作中軍，三分公室，而各有其一。季氏盡征之，叔孫氏臣其子弟，孟氏取其半焉。及其舍之也，四分公室。季氏擇二，二子各一，皆盡征之，而貢於公。以書使杜洩告於殯，曰：「子固欲毁中軍，既毁之矣，故告。」杜洩曰：「夫子唯不欲毁也，故盟諸僖閎，詛諸五父之衢。」受其書而投之，帥士而哭之。季氏果欲厚自予，而四分其軍，則無中軍，故曰舍。又不欲親其議，勑二家會諸大夫。發毁置之計，而避其惡名，故於施氏、臧氏。前三分時，季、孟、叔雖專而猶有差。至舍而四分，則以二之良歸季，以其二歸叔、孟。國人盡屬三家，惟隨時獻於公而已。其專益甚。復以書告於穆子之殯而誣之云云。其臣杜洩痛其見誣，而投之哭之。餘見列卿世嗣之變。公如晉，自郊勞至于贈賄，無失禮。晉侯謂女叔齊曰：「魯侯不亦善於禮乎？」對曰：「魯侯焉知禮？」公曰：「何爲？自郊勞至于贈賄，禮無違者，何故不知？」對曰：「是儀也，不可謂禮。禮所以守其國，行其政令，無失其民者也。今政令在家不能取也，有子家羈弗能用也。奸大國之盟，陵虐小國，利人之難，不知其私。公室四分，民食於他，思莫在公，不圖其終。爲國君，難將及身，不恤其所。禮之本末將於此乎在，而屑屑焉習儀以亟。言善於禮，不亦遠乎？」君子謂叔侯於是乎知禮。昭公不能收其國柄，而徒習於儀文之細，爲知禮者所譏。女叔，齊司馬侯也。羈，莊公玄孫，字懿伯。陵小，謂伐莒取鄆。利難，謂

乘莒亂取鄫。不知私，不自知有私。難民食言，威權盡去，如民之寄食。他，三家也。一云君以養民，不能養民，使其民仰食於他。思莫圖終，無有爲公謀其終者。卹民憂國，禮之本也，威儀文詞，其末也。時平公亦失政，故女齊并以諷諫。

十一年　五月，齊歸薨，大蒐于比蒲，非禮也。九月，葬齊歸公。不慼。晉士之送葬者歸，以語史趙。史趙曰：「必爲魯郊。」侍者曰：「何故？」曰：「歸，姓也。不思親祖，不歸也。」叔向曰：「魯公室其卑乎？君有大喪，國不廢蒐。有三年之喪，而無一日之慼。國不恤喪，不忌君也。君無慼容，不顧親也。國不忌君，君不顧親，能無卑乎？殆，其失國。」齊歸，昭公母。蒐，數軍實也。晉史趙言昭公必出在郊野，不能有國。蓋公生於歸，不思親則不爲祖考所歸祐。姓，生也。叔向亦以臣無君，君無親，度必失國。

十七年　夏，六月甲戌朔，日有食之。祝史請所用幣。昭子曰：「日有食之，天子不舉，伐鼓於社，諸侯用幣於社，伐鼓於朝，禮也。」平子禦之，曰：「止也。唯正月朔，慝未作，日有食之，於是乎有伐鼓用幣，禮也。其餘則否。」太史曰：「在此月也。日過分而未至，三辰有災，於是乎百官降物，君不舉，辟移時，樂奏鼓，祝用幣，史用辭。故夏書曰：『辰不集于房，瞽奏鼓，嗇夫馳，庶人走。』此月朔之謂也。當夏四月謂之孟夏。」平子弗從。昭子退曰：「夫子將有異志，不君君矣。」周六月，夏四月也，爲正陽之月，純陽用事，陰氣未動。而侵陽爲災重，故天子不舉鼎，伐鼓于社，責羣陰。社爵爲上公，諸侯爵卑，於社用幣以請，而伐鼓於朝以自責。故祝史請用幣，昭子謂禮也。平子止之，以爲唯建子之月歲首日食

爲災宜救。故太史曰在此月，非歲首，因詳述其禮分春分至夏至。三辰，日、月、星。日月相侵，又犯是宿，故三辰皆爲災。降物，減物采也。辟，避正寢。移時，過日食時。奏，伐也。用幣，用於社。用辭，以自責。夏書胤征。集，安。房，舍也。日月不安其舍則食。瞽，樂師。嗇夫，司空屬主帛者。車馬曰馳，步曰走。爲救日食備也。孟夏，正夏之四月。平子竟不從，故昭子知其有無君之心。蓋日君象，救之所以抑臣助君也。

二十五年　春，叔孫婼聘于宋。宋公享昭子，賦新宮。昭子賦車轄。明日宴，飲酒，樂，宋公使昭子右坐，語相泣也。樂祁佐，退而告人曰：「今茲君與叔孫其皆死乎！吾聞之：哀樂而樂哀，皆喪心也。心之精爽，是謂魂魄。魂魄去之，何以能久？」季公若之姊爲小邾夫人，生宋元夫人，生子，以妻季平子。昭子如宋聘，且逆之。公若從，謂曹氏勿與，魯將逐之。曹氏告公，公告樂祁。樂祁曰：「與之。如是，魯君必出。政在季氏三世矣，魯君喪政四公矣。無民而能逞其志者，未之有也，國君是以鎮撫其民。詩曰：『人之云亡，心之憂矣。』魯君失民矣，焉得逞其志？靖以待命猶可，動必憂。」昭子聘於宋，且爲平子逆女。餘見宋桓魋之亂。新宮，逸詩。車轄，詩小雅，周人思得賢女以配君子。喻平子求配宋女也。右坐，坐宋公右以相近，改禮坐也。樂祁，宋司城，佐助宴。禮，可樂而哀，可哀而樂，皆喪其心。時宋公、昭子飲酒而泣，故云死徵。公若，平子庶叔，其姊與公若同母者。宋元夫人，曹氏，邾女也，爲平子外姊，公若從昭子逆其女。三世，文、武、平。四公，宣、成、襄、昭。詩大雅，言無人則憂患至。

也。師己曰：「異哉！吾聞文、武之世，童謡有之，曰：『鸜之鵒之，公出辱之。鸜鵒之羽，公

在外野，往饋之馬。鸜鵒跦跦，公在乾侯，徵褰與襦。鸜鵒之巢，遠哉遥遥，裯父喪勞，宋父以驕。鸜鵒鸜鵒，往歌來哭。』童謡有是。今鸜鵒來巢，其將及乎！」鸜鵒不踰濟，故爲魯所無。師己，魯大夫。跦跦，跳行貌。褰，袴也。裯父，昭公。死外，故喪勞。宋父，定公，代立，故以驕。昭公生出，故歌。死還，故哭。將及，將及此事也。初，季公鳥娶妻於齊鮑文子，生申。公鳥死，季公亥與公思展與公鳥之臣申夜姑相其室。及季姒與饔人檀通，而懼，乃使其妾抶己，以示秦遄之妻，曰：「公若欲使余，余不可而抶余。」又訴於公甫曰：「展與夜姑將要余。」秦姬以告公之。公之與公甫告平子，平子拘展於卞而執夜姑，將殺之。公若泣，而哀之曰：「殺是，是殺余也。」將爲之請，平子使豎勿内，日中不得請。有司逆命，公之使速殺之，故公若怨平子。季、郈之雞鬭，季氏介其雞，郈氏爲之金距。平子怒，益宫於郈氏，且讓之。故郈昭伯亦怨平子。臧昭伯之從弟會爲讒於臧氏，而逃於季氏。臧氏執旃，平子怒，拘臧氏老。將禘於襄公，萬者二人，其衆萬於季氏。臧孫曰：「此之謂不能庸先君之廟。」大夫遂怨平子。公若獻弓於公爲，且與之出射於外，而謀去季氏。公爲告公果、公賁。公果、公賁使侍人僚柤告公。公寢，將以戈擊之。乃走，公曰：「執之！」亦無命也。懼而不出，數月不見。公不怒，又使言，公執戈以懼之，乃走。又使言，公曰：「非小人之所及也。」公果自言，公以告臧孫。臧孫以難告郈孫，郈孫以可，勸，告子家懿伯。懿伯曰：「讒人以君徼幸，事若不克，君受其名，不可爲也。舍民數世，以求克事，不可必也。且政在焉，其難圖

也。」公退之，辭，曰：「臣與聞命矣，言若洩，臣不獲死。」乃館於公。叔孫昭子如闞，公居於長府。九月戊戌，伐季氏，殺公之于門，遂入之。平子登臺而請曰：「君不察臣之罪，使有司討臣以干戈。臣請待於沂上以察罪。」弗許。請囚于費，弗許。請以五乘亡，弗許。子家子曰：「君其許之。政自之出久矣，隱民多取食焉。爲之徒者衆矣，日入慝作，弗可知也。衆怒不可蓄也，蓄而弗治，將薀。薀蓄，民將生心。生心，同求將合，君必悔之。」弗聽。郈孫曰：「必殺之。」公使郈孫逆孟懿子。叔孫氏之司馬鬷戾言於其衆曰：「若之何？」莫對。又曰：「我家臣也，不敢知國。凡有季氏與無，於我孰利？」皆曰：「無季氏，是無叔孫氏也。」鬷戾曰：「然則救諸！」帥徒以往，陷西北隅以入。公徒釋甲執冰而踞，遂逐之。孟氏使登西北隅以望季氏，見叔孫氏之旌，以告。孟氏執郈昭伯，殺之于南門之西。遂伐公徒，子家子曰：「諸臣僞劫君者，而負罪以出，君止。意如之事君也，不敢不改。」公曰：「余不忍也。」與臧孫如墓謀，遂行。己亥，公孫于齊，次于陽州。齊侯將唁公于平陰，公先至于野井。齊侯曰：「寡人之罪也。使有司待于平陰，爲近故也。」書曰「公孫于齊，次于陽州，齊侯唁公于野井」，禮也。將求於人，則先下之，禮之善物也。齊侯曰：「自莒疆以西，請致千社以待君命。寡人將帥敝賦以從執事，唯命是聽。君之憂，寡人之憂也。」公喜。子家子曰：「天祿不再。天若胙君，不過周公，以魯足矣。失魯，而以千社爲臣，誰與之立？且齊君無信，不如早之晉。」弗從。臧昭伯率從者將盟，載書

曰：「戮力壹心，好惡同之，信罪之有無，繾綣從公，無通外内。」以公命示子家子，子家子曰：「如此，吾不可以盟。羈也不佞，不能與二三子同心，而以爲皆有罪。或欲通外内，且欲去君，二三子好亡而惡定，焉可同也？陷君於難，罪孰大焉，通外内而去君，君將速入，弗通何爲？而何守焉？」乃不與盟。昭子自闞歸，見平子。平子稽顙曰：「子若我何？」昭子曰：「人誰不死？子以逐君成名，子孫不忘，不亦傷乎？將若子何？」平子曰：「苟使意如得改事君，所謂生死而肉骨也。」昭子從公于齊，與公言。子家子命適公館者執之。公與昭子言於幄内，曰：「將安衆而納公。」公徒將殺昭子，伏諸道左。師展告公，公使昭子自鑄歸。平子有異志。冬十月辛酉，昭子齊於其寢，使祝宗祈死。戊辰，卒。左師展將以公乘馬而歸，公徒執之。

季氏專橫日久，公私之怨俱集，共欲以公去之，而公才非撥亂，反致失國。公鳥、公亥俱平子庶叔父，鳥爲兄。亥一名若。思展，季氏族。相，佐也。季姒，即公鳥妻，鮑文子女也。饔人，食官，檀其名。抶，扑也。秦遄，魯大夫。妻公鳥妹，秦姬也。使，使以非禮。公甫，平子弟。要劫以非禮。公之，亦平子弟。逆，迎也。執夜姑之有司，欲迎受生殺之命。季、郈二家相近。雞鬬，今曲阜縣西南有鬬雞臺。介，雞擣芥子，播其羽，令辛。一云爲雞著甲。金距，以金爲雞距。怒，怒其不下己。益宫，侵郈氏以自益。讓，責也。昭伯臧爲子譏事，見列卿世嗣之變。旃，之也。禘，大祭。萬，舞也。於禮，公當四十八人，今俱萬於季氏，僅得二人，不能庸，謂其棄禮太甚，將廢之不用也。公爲，昭公子務人。果、賁皆其弟。無命，獨言執而無勑命。小人，嫌其微不足謀大。懿伯，子家羈。受名，徒以虚名受禍。館於公，明無所洩也。〇子家之言誠知時矣，然公室其容以不張乎？季氏雖强，亦非莽、操、懿、温之比，使昭公稍有英畧，則雖不受誅，亦守臣分之不遑矣。子家以公庸暗，不能辨是耳。〇公從諸臣謀，以兵伐季氏，而

昭子適往闞。闞，今屬山東東平州。季氏迫於難，三請命弗得。子家知公必危。沂水在魯城南。隱民，潛亡逃匿者。日入時將起而作慝。慝，惡也。薀，積也。同求，謂生悖心而求同惡者，合而攻君也。冰、掤通。櫝，丸，蓋可以取飲。執之而踞，無戰心，故叔孫氏之兵得陷而入之。孟氏因即殺公使，連兵以逐公。子家言若非公本意者，公自止。季氏有所懲，必稍改，公不忍。如墓，謀辭先君，且謀所奔也。陽州，齊、魯境上邑。平陰，今山東平陰縣。野井，今屬禹城縣，舊有野井亭。弔失國曰唁。齊侯將唁公於平陰而公先至野井待之，故齊侯自咎以謝公，言不勑有司遠詣陽州，而欲近會平陰。故魯侯過恭，先至野井遠迎。善物，善事也。二十五家爲社，千社，二萬五千家。以給公，待役使之命。唯命，伐季氏之命。爲臣，以給公也。信，明也。罪有無，言處者有罪，從者無罪。繾綣，無離散也。皆有罪，言從者陷君，留者逐君也。何守，何必守君而弗去也。昭子歸，以義責意如，意如欲歸公以自贖，故謂，猶既死復生，枯骨復肉也。昭子以意如意往言於公，子家恐從者知其謀，命執適館者。昭子恐反側者撓公歸，將安之以納公，而公徒乃伏兵欲殺之，故自鑄避焉。既平子變前志，昭子恥爲所欺，因祈自殺。展，魯大夫。謀與公乘馬輕歸。〇昭公之奔，實由叔孫氏，司馬昭子徒責季氏而不罪其臣，何也？豈亦以伐季氏爲非，而叔季固一體耶？至季氏中變，唯自祈死，使身免於不義而已，豈以權在季氏而不可孰何耶？誠有不可解者。十一月，宋元公將爲公故如晉。己亥，卒于曲棘。如樂祁言。曲棘，今河南杞縣，舊有曲棘里。十二月庚辰，齊侯圍鄆。鄆，今山東鄆城縣。欲取以居公。

二十六年　春王正月庚申，齊侯取鄆。三月，公至自齊，處于鄆，言魯地也。夏，齊侯將納公，命無受魯貨。申豐從女賈，以幣錦二兩，縛一如瑱，適齊師，謂子猶之人高齮：「能貨子猶，爲高氏後，粟五千庾。」高齮以錦示子猶，子猶欲之，齮曰：「魯人買之，百兩一布。以道之不

通，先入幣財。」子猶受之，言於齊侯曰：「羣臣不盡力於魯君者，非不能事君也。然據有異焉。宋元公爲魯君如晉，卒于曲棘，叔孫昭子求納其君，無疾而死。不知天之棄魯耶，抑魯君有罪于鬼神故及此也？君若待于曲棘，使羣臣從魯君以卜焉。若可，師有濟也，君而繼之，茲無敵矣。若其無成，君無辱焉。」齊侯從之，使公子鉏帥師從公。成大夫公孫朝謂平子曰：「有都，以衛國也，請我受師。」許之。請納質，弗許。曰：「信女，足矣。」告於齊師曰：「孟氏，魯之敝室也。用成已甚，弗能忍也，請息肩于齊。」齊師圍成。成人伐齊師之飲馬于淄者，曰：「將以厭衆。」魯成備而後告曰：「不勝衆。」師及齊師戰于炊鼻。齊子淵捷後洩聲子，射之，中楯瓦，繇朐汰輈，匕入者三寸。聲子射其馬，斬鞅，殪。改駕，人以爲鬷戾也，而助之。子車曰：「齊人也。」將擊子車，子車射之，殪。其御曰：「又之。」子車曰：「衆可懼也，而不可怒也。」子囊帶從野洩，叱之。洩曰：「軍無私怒，報乃私也，將亢子。」又叱之，亦叱之。冉豎射陳武子，中手，失弓而罵。以告平子，曰：「有君子白皙鬒鬚眉，甚口。」平子曰：「必子彊也，無乃亢諸？」對曰：「謂之君子，何敢亢之？」林雍羞爲顏鳴右，下。苑何忌取其耳，顏鳴去之。苑子之御曰：「視下！」顧。苑子刜林雍，斷其足，鑋而乘於他車以歸。顏鳴三入齊師，呼曰：「林雍乘！」齊

既取鄆居公，復欲約公入國，而其臣賄君暗，卒於無成。豐、賈，皆季氏家臣。二丈爲端，二端爲兩。瑱，充耳。縳，卷也。急卷使如充耳易藏，且見錦之熟細。子猶，梁丘據，齮其家臣。豐言若能爲我行貨于據，當請使爲高氏後。又致粟五千庾。庾，十六

斗。齮爲言於據，魯人買此甚多，布陳之以百兩爲數。先以二兩，見幣材之美如此。財、材同。異，所怪也。卜，卜可否。鉏，齊大夫。成，孟氏邑，今山東寧陽縣有成城。朝欲以成禦齊師于境，不使及國，恐見疑，故請質，因詐齊師欲降，使之懈而成備。淄水，源出泰安州萊蕪縣原山，達臨淄，至壽光縣入濟。齊師飲馬於淄而成敗之，托言衆心不服，姑伐以厭衆。既備，乃告齊云衆不欲降己不能勝，於是季氏師與齊戰。炊鼻，魯地。淵捷，齊大夫，字子車。洩聲子，魯大夫，一名野洩。從，逐也。瓦，櫓脊。繇，過也。朐，車軛。汰，矢激。輈，車轅。匕，矢鏃也。射馬，射淵捷之馬。在腹曰鞅。殪，馬死，故改駕。人，魯人。醜戾，叔孫。司馬誤以淵捷爲戾而助之，戰捷，因疑爲齊人，而試呼之，魯人方知非戾，遂擊捷，爲捷所射，殪其御。又欲射餘人，捷以不可怒衆止之。囊帶，齊大夫，亦逐野洩。叱之，不加害。洩欲以公戰禦之，不欲私報其叱，而子囊又叱，故洩亦叱。齊二人逐野，洩俱縱之歸，見齊人無戰心。冉豎，季氏臣。罵，武子罵也。子彊，武子字。亢，拒也。冉僞言不敢亢，以順季氏。林雍、顔鳴，皆魯人。雍羞爲鳴右，故下車戰。何忌，齊大夫，不欲殺雍，但取其耳以辱之。鳴見雍被獲，懼而去。御復欲何忌擊其足，故使下顧，遂擊斷雍足。雍一足寄車以歸，鳴不以私怨，三入齊師，呼雍共乘。刜，擊也。躄，一足行也。見魯人皆致力於季氏。

秋，盟于鄟陵，謀納公也。齊侯與莒、邾、杞盟也。鄟陵，地舊闕。

二十七年　春，公如齊。公至自齊，處于鄆，言在外也。秋，會于扈，令戍周，且謀納公也。宋、衛皆利納公，固請之。范獻子取貨于季孫，謂司城子梁與北宫貞子曰：「季孫未知其罪，而君伐之，請囚、請亡，於是乎不獲，君又弗克，而自出也。夫豈無備而能出君乎？季氏之復，天救之也。休公徒之怒，而啓叔孫氏之心。不然，豈其伐人而説甲執冰以游？叔孫氏懼禍之濫，而自同於季氏，天之道也。魯君守齊三年而無成，季氏甚得其民，淮夷與之。有十年之備，有

齊、楚之援，有天之贊，有民之助，有堅守之心，有列國之權，而弗敢宣也。事君如在國，故鞅以爲難。二子皆圖國者也，而欲納魯君，鞅之願也。請從二子以圍魯，無成，死之。」二子懼，皆辭。乃辭小國，而以難復。成周，見子朝之亂。子梁，宋樂祁字。貞子，衛北宫喜謚。復，復存也。淮夷，魯東夷。宣，布也。如在國，即後歸馬具衣履之類。難復，以難納復晉君也。孟懿子、陽虎伐鄆，鄆人將戰，子家子曰：「天命不慆久矣，使君亡者必此衆也。天既禍之，而自福也，不亦難乎！猶有鬼神，此必敗也。嗚呼！爲無望也。夫其死於此乎！」公使子家子如晉。公徒敗于且知。虎，季氏臣。伐鄆，欲奪公鄆也。慆，悦也。言天久不佑君，衆違天而戰，必敗，而使君終於亡。蓋子家意欲公静以竢命，且戰敗則威愈褻，而無復歸道也。且知，近鄆地。冬，公如齊。齊侯請饗之，子家子曰：「朝夕立於其朝，又何饗焉？其飲酒也。」乃飲酒，使宰獻，而請安。子仲之子曰重，爲齊侯夫人，曰：「請使重見。」子家子乃以君出。子家忿齊無納公之意，度其必不加禮於公，故云將飲酒耳。齊果如其言。宰，膳宰。獻，獻爵。請安，請公安也。君不敵臣，故使宰獻。既命以安。皆公享卿大夫之禮，蓋卑公也。子仲，魯公子憖字。前謀逐季氏不能，奔齊，其女重爲齊夫人。此飲酒欲使重見從宴，媟也，故子家使公避之。

二十八年　春，公如晉。將如乾侯，子家子曰：「有求於人，而即其安，人孰矜之？其造于竟。」弗聽。使請逆于晉，晉人曰：「天禍魯國，君淹恤在外，君亦不使一个辱在寡人，而即安於甥舅，其亦使逆君？」使公復于竟，而後逆之。乾侯，晉邑，今北直隸成安縣。齊卑公，故適晉。子家欲使公次

于晉境以待命，而公不用其言，果見辱。一个，單使也。亦使逆，言自使齊逆君也。復于境，使公復還於晉之境，而後逆之，居乾侯。

二十九年　春，公至自乾侯，處于鄆。齊侯使高張來唁公，稱主君。子家子曰：「齊卑君矣，君祇辱焉。」公如乾侯。主君，比君于大夫也。爲齊所卑，故復還晉，冀見恤。夏，平子每歲賈馬，具從者之衣屨，而歸之于乾侯。公執歸馬者，賣之，乃不歸馬。衛侯來獻其乘馬，曰啓服，塹而死。公將爲之櫝，子家子曰：「從者病矣，請以食之。」乃以帷裹之。公賜公衍羔裘，使獻龍輔於齊侯。遂入羔裘。齊侯喜，與之陽穀。公衍、公爲之生也，其母偕出，公衍先生，公爲之母曰：「相與偕出，請相與偕告。」三日，公爲生，其母先以告，公爲爲兄。公私喜於陽穀，而思於魯，曰：「務人爲此禍也。且後生，而爲兄，其誣也久矣。」乃黜之，而以公衍爲太子。意如雖逐公，猶稍爲君禮，而公自杜其善意。賈，買也。賣之，賣其馬也。啓服，馬名。塹，墮塹也。爲櫝，作棺也。禮曰，敝帷不棄爲埋馬。子家請以馬食從者，以公爲櫝，故深抑之。公感其言，始依禮以裹。龍輔，禱旱玉，爲龍文。又云鑄金爲龍，以玉爲函輔盛之，故曰龍輔。陽穀，齊地。出，出產室。內則云：「妻將生子，及月辰，居側室產。」室，側室也。公爲母誘留公衍母，待己生子，共告。至後生而乃先告。務人，公爲也。是年冬鄆潰，無傳。

三十年　春王正月，公在乾侯，不先書鄆與乾侯，非公，且徵過也。徵，明也。公在鄆、在乾侯，過謬，猶可掩，故不顯書其所在，使若在國。然自是鄆人潰叛，齊、晉卑公，子家忠謀，終不能用。外、内棄之，非復過誤所當掩諱。是以每歲必書公所在。

三十一年　春王正月，公在乾侯，言不能外内也。晉侯將以師納公，范獻子曰：「若召季孫而不來，則信不臣矣，然後伐之，若何？」晉人召季孫，獻子使私焉，曰：「子必來，我受其無咎。」季孫意如會晉荀躒于適歷，荀躒曰：「寡君使躒謂吾子：『何故出君？有君不事，周有常刑，子其圖之！』」季孫練冠，麻衣，跣行，伏而對曰：「事君，臣之所不得也，敢逃刑命？君若以臣爲有罪，請囚于費，以待君之察也，亦唯君。若以先臣之故，不絶季氏，而賜之死，若弗殺、弗亡，君之惠也，死且不朽。若得從君而歸，則固臣之願也，敢有異心？」夏，四月，季孫從知伯如乾侯。子家子曰：「君與之歸，一慙之不忍，而終身慙乎？」公曰：「諾。」衆曰：「在一言矣，君必逐之。」荀躒以晉侯之命唁公，且曰：「寡君使躒以君命討於意如，意如不敢逃死。君其入也。」公曰：「君惠顧先君之好，施及亡人，將使歸糞除宗祧以事君，則不能見夫人。已所能見夫人者，有如河！」荀躒掩耳而走，曰：「寡君其罪之恐，敢與知魯國之難！臣請復于寡君。」退而謂季孫：「君怒未怠，子姑歸祭。」子家子曰：「君以一乘入于魯師，季孫必與君歸。」公欲從之，衆從者脅公，不得歸。荀、范俱黨季孫，外姑正言責之以示義。季孫冠服如喪，示有罪。君，謂魯侯。言但以事君爲願，請囚賜死，皆飾辭，以見忠順心，亦欲公歸以掩前罪。知伯，荀躒也。糞，掃也。糞除，革舊從新之意。夫人，季孫也。如河，如河水，以自誓。荀躒以公言切，故示不忍聞，而言寡君唯恐得罪，不敢復知魯難，蓋拒之也。子家勸公單車歸，公被脅而止，不能自主。〇荀躒以晉侯命責意如，勸公歸，此一機也。失此，其客死必矣。

三十二年　春王正月，公在乾侯，言不能外内，又不能用其人也。人，謂子家羈。言公不能用其人，故於今猶在乾侯。十二月，公疾，徧賜大夫，大夫不受。賜子家子雙琥，一環，一璧，輕服，受之，大夫皆受其賜。己未，公薨。子家子反賜于府人，曰：「吾不敢逆君命也。」大夫皆反其賜。書曰「公薨于乾侯」，言失其所也。趙簡子問於史墨曰：「季氏出其君而民服焉，諸侯與之。君死於外，而莫之或罪也。」對曰：「物生有兩、有三、有五、有陪貳，故天有三辰，地有五行，體有左右，各有妃耦。王有公，諸侯有卿，皆有貳也。天生季氏以貳魯侯，爲日久矣，民之服焉，不亦宜乎？魯君世從其失，季氏世脩其勤，民忘君矣。雖死於外，其誰矜之？社稷無常奉，君臣無常位，自古以然。故詩曰：『高岸爲谷，深谷爲陵。』三后之姓，於今爲庶，主所知也。在易卦，雷乘乾曰大壯䷡，天之道也。昔成季友，桓之季也，文姜之愛子也。始震而卜，卜人謁之，曰：『生有嘉聞，其名曰友，爲公室輔。』及生，如卜人之言，有文在其手曰友，遂以名之。既而有大功於魯，受費以爲上卿。至於文子、武子，世增其業，不廢舊績。魯文公薨，而東門遂殺適立庶，魯君於是乎失國，政在季氏。於此君也，四公矣。民不知君，何以得國？是以爲君，慎器與名，不可以假人。」公亡外八年，終死於亡。臨歿，賜從亡諸臣。琥祀，西方玉，作虎形。輕服，細好之服。失所，不於國正寢也。無常，唯以德也。詩小雅，言高下有變易。三后，虞、夏、商也。大壯，乾下震上，故曰「雷乘乾」。乾爲天子，震爲諸侯，而在乾上，君臣易位爲雷在天上。失國，失其權也。器，車服。名，爵號。名器假而威權隨之，魯君所以失國，爲永鑑也。○史墨論君臣、

天人之際辨矣。時晉事與魯畧同，簡子聞之，不益興代晉之心乎？

定公元年　夏，叔孫成子逆公之喪于乾侯。季孫曰：「子家子亟言於我，未嘗不中吾志也。吾欲與之從政，子必止之，且聽命焉。」子家子不見叔孫，易幾而哭。叔孫請見子家子。子家子辭曰：「羈未得見，而從君以出。君不命而薨，羈不敢見。」叔孫使告之曰：「公衍、公爲實使羣臣不得事君。若公子宋主社稷，則羣臣之願也。凡從君出而可以入者，將唯子是聽。子家氏未有後，季孫願與子從政，此皆季孫之願也，使不敢以告。」對曰：「若立君，則有卿士大夫與守龜在，羈弗敢知。若從君者，則貌而出者入可也，寇而出者行可也。若羈也，則君知其出也，而未知其入也。羈將逃也。」喪及壞隤，公子宋先入，從公者皆自壞隤反。六月癸亥，公之喪至自乾侯。戊辰，公即位。季孫使役如闞公氏，將溝焉。榮駕鵞曰：「生不能事，死又離之，以自旌也？縱子忍之，後必或恥之。」乃止。季孫問於榮駕鵞曰：「吾欲爲君謚，使子孫知之。」對曰：「生弗能事，死又惡之，以自信也？將焉用之？」乃止。秋，七月癸巳，葬昭公於墓道南。孔子之爲司寇也，溝而合諸墓。昭公出故，季平子禱于煬公。九月，立煬宫。公薨外，意如使逆其喪，而易其嗣。以子家子數勸公歸，喜之。成子，婼之子，名不敢。言於我，以我之事言於公。聽命，以衆事訪之。幾，哭位。羈不欲見叔孫，故朝夕不同會。未得見，出時成子未爲卿也。不命，未受公使見之命，蓋以義拒之也。宋，昭公弟。未有後，蓋欲之與從政，而以有後歆之也。貌出，謂以義從公與季氏無怨者。寇出，與季氏爲寇讐者。已以貌出而將逃者，其志操不與衆同，義

不可入也。〇子家忠節明哲尚矣，傳不究其所終，惜哉！〇諸侯薨五日而殯，殯則嗣子即位。癸亥昭公喪至，五日殯于宮，定公乃即位。闞公氏，魯羣公墓所在。公氏猶言公家。溝，欲溝絶昭公兆域，别於先君。又謚以惡謚，雖有駕鵞之言，猶别葬于墓道之外。至孔子相，方於昭公墓外而溝之，與先君合。駕鵞，魯大夫，榮成伯也。旌，章也。自信，自實也。煬公，伯禽之次子。禱之，求公不入以爲獲福，故立其宮。

十五年　夏，五月壬申，公薨。秋，七月壬申，姒氏卒。不稱夫人，不赴，且不祔也。葬定公，雨，不克襄事，禮也。葬定姒，不稱小君，不成喪也。赴於同盟，祔於姑，夫人之禮。二者皆闕，故不曰夫人。襄，成也。雨而成事，若汲汲於欲葬者，故以不克襄爲禮。公未葬而夫人薨，煩於喪禮，故不以夫人禮喪之，臣子之慢也。又哭於寢，故書葬。

哀公十二年　夏，五月，昭夫人孟子卒。昭公娶于吴，故不書姓。死不赴，故不稱夫人。不反哭，故不言葬小君。孔子與弔，適季氏。季氏不絻，放絰而拜。諱娶同姓，故謂之孟子，若宋女，而小君之禮俱闕。孔子告老，與諸臣之列，以小君禮弔焉。而適季氏，見其不絻，亦去絰以爲稱。絻，喪冠。絰，喪帶。是時公室寖微矣。

二十三年　春，宋景曹卒。季康子使冉有弔，且送葬，曰：「敝邑有社稷之事，使肥與有職競焉，是以不得助執紼。使求從輿人，曰：『以肥之得備彌甥也，有不腆先人之産馬，使求薦諸夫人之宰，其可以稱旌繁乎！』」景曹，宋元公夫人，小邾女，季桓子之外祖母，康子之外曾祖母也。康子名肥。社稷事，重事。競，盛也，以見不能遠違。紼，引棺索，送葬者執之。求，冉有名。輿，衆也。彌，增也。彌甥，猶云曾孫。薦，進也。

稱，副稱也。馬以駕車，車有旌旄，仍以繁纓飾馬，皆國君之服。謙言可以稱此否。傳終樂祁之言。〇以上爲季孫意如逐昭公。以下爲哀公孫越。

哀公十六年　夏，四月己丑，孔丘卒。公誄之曰：「旻天不弔，不憖遺一老，俾屏余一人以在位，煢煢余在疚。嗚呼哀哉尼父！無自律。」子贛曰：「君其不没於魯乎！夫子之言曰：『禮失則昏，名失則愆。』失志爲昏，失所爲愆。生不能用，死而誄之，非禮也。稱一人，非名也。君兩失之。」仁覆閔下，故稱旻天。弔，恤。憖，强。俾，使。屏，蔽。疚，病也。律，法。言喪尼父，無以自爲法。天子稱一人，非諸侯名也。

二十一年　夏，五月，越人始來。越既勝吳，欲伯中國，始遣使適魯。

二十三年　秋，八月，叔青如越，始使越也。越諸鞅來聘，報叔青也。

二十四年　夏，公子荆之母嬖，將以爲夫人，使宗人釁夏獻其禮。對曰：「無之。」公怒，曰：「女爲宗司，立夫人，國之大禮也，何故無之？」對曰：「周公及武公娶於薛，孝惠娶於商，自桓以下娶於齊，此禮也則有。若以妾爲夫人，則固無其禮也。」公卒立之，而以荆爲太子。國人始惡之。閏月，公如越，得太子適郢，將妻公而多與之地。公孫有山使告于季孫。季孫懼，使因太宰嚭而納賂焉，乃止。荆，哀公庶子。宗人，禮官，名釁夏。武公名敖，孝公名稱，惠公名弗皇。商，宋也。桓公始娶文姜於齊，得相親悦。適郢，越太子名。有山，魯臣從公者。嚭，故吳臣。

二十五年　夏，六月，公至自越。季康子、孟武伯逆於五梧。郭重僕，見二子，曰：「惡言多矣，君請盡之。」公宴於五梧，武伯爲祝，惡郭重，曰：「何肥也？」季孫曰：「請飲彘也。以魯國之密邇仇讎，臣是以不獲從君，克免於大行。又謂重也肥？」公曰：「是食言多矣，能無肥乎？」飲酒不樂，公與大夫始有惡。孟武伯，名彘。五梧，魯南鄙。郭重，魯臣，爲公御。謂公季孟不臣之言甚多，請公盡極以觀之。祝，上壽酒。何肥，憎其貌也。季孫云以魯近於仇，羣臣處守，不從君行，重隨君遠行劬勞，乃詬之，宜罰也。公以三桓數食言，故反謂重食言而肥，以激之。君臣相猜如此。

二十七年　夏，四月己亥，季康子卒，公弔焉，降禮。過自貶屈。公患三桓之侈也，欲以諸侯去之。三桓亦患公之妄也，故君臣多間。公游於陵阪，遇孟武伯於孟氏之衢，曰：「請有問於子，余及死乎？」對曰：「臣無由知之。」三問，卒辭不對。公欲以越伐魯而去三桓。秋，八月甲戌，公如公孫有陘氏，因孫于邾，乃遂如越。國人施公孫有山氏。及死，可得壽終否。三辭，以其言無緒也。有陘，即有山。公從其家出，故施以罪。

春秋左傳屬事卷十

魯

陪臣交叛 南蒯之叛　陽虎之亂　侯犯之叛　公孫宿之叛

昭公十二年　季平子立，而不禮於南蒯。南蒯謂子仲：「吾出季氏，而歸其室於公。子更其位，我以費爲公臣。」子仲許之。南蒯語叔仲穆子，且告之故。季悼子之卒也，叔孫昭子以再命爲卿。及平子伐莒，克之，更受三命。叔仲子欲構二家，謂平子曰：「三命踰父兄，非禮也。」平子曰：「然。」故使昭子。昭子曰：「叔孫氏有家禍，殺適立庶，故婼也及此。若因禍以斃之，則聞命矣。若不廢君命，則固有著矣。」昭子朝而命吏曰：「婼將與季氏訟，書辭無頗。」季孫懼，而歸罪於叔仲子。故叔仲小、南蒯、公子慭謀季氏。慭告公，而遂從公如晉。南蒯懼不克，以費叛

如齊。子仲還，及衛，聞亂，逃介而先。及郊，聞費叛，遂奔齊。南蒯之將叛也，其鄉人或知之，過之而歎，且言曰：「恤恤乎，湫乎攸乎！深思而淺謀，邇身而遠志，家臣而君圖，有人矣哉！」南蒯枚筮之，遇坤䷁之比䷇，曰：「黄裳元吉。」以爲大吉也，示子服惠伯，曰：「即欲有事，何如？」惠伯曰：「吾嘗學此矣。忠信之事則可，不然必敗。外彊内温，忠也。和以率貞，信也。故曰：『黄裳元吉。』黄，中之色也。裳，下之飾也。元，善之長也。中不忠不得其色，下不共不得其飾，事不善不得其極。外内倡和爲忠，率事以信爲共，供養三德爲善。非此三者，弗當。且夫易不可以占險，將何事也？且可飾乎？中美能黄，上美爲元，下美則裳。參成可筮，猶有闕也。筮雖吉，未也。」將適費，飲鄉人酒，鄉人或歌之，曰：「我有圃，生之杞乎？從我者子乎？去我者鄙乎？倍其鄰者恥乎？已乎已乎！非吾黨之士乎！」平子欲使昭子逐叔仲小。小聞之，不敢朝。昭子命吏謂小待政于朝，曰：「吾不爲怨府。」蒯，南遺之子。季氏，費邑宰。子仲，公子慭字。室，季氏家財。更，代也。穆子，叔仲帶之子，名小。語，語以季氏不禮欲出之故。悼子，名紇，武子之子，平子之父。昭子前受再命，因平子伐莒，以功加三命。昭子亦以例加三命，其先未有受三命者，故小以爲踰父兄，使自貶黜。家禍，謂豎牛之亂。季氏實獎助之，故言此以愧其心。著，位次。頗，偏也。逃介，脱歸也。先蒯之鄉人憂其叛，既歎之，且微言以感之。恤恤，憂患貌。湫，愁隘貌。攸，懸危貌。「深思」二句，因家臣而君圖也。有人，言今有此人。枚筮，暗指其事以卜吉凶。坤下坤上，坤下坎上比。坤六五變而之比。惠伯解其義，蒯無以當之。人臣剛强以禦外，温順以事主，斯謂之忠。秉堅貞之節而用和以率

之，斯謂之信。故爲黄、爲裳、爲元而吉。「黄裳元吉」，坤六五爻詞。不忠非黄矣，不共非裳矣，不善不得其極非元矣。倡和，不相違也。率，循也。三德，謂忠、信、共。供，奉也。非三者不爲善，不足以當也。易道正大，不可以危險之事占之，問其所占何事。且可以從下之飾乎，蓋欲其共也，能黄忠也，爲元善也，裳共也，是三美俱備爲參成。上獨言飾者，以蒯在下位，故重言之。上本言忠信，率信爲共，而俱謂之善，故又互言之也。有闕，不參成也。適費，蒯自家還適費。歌言南蒯在費欲爲亂，如枸杞生園圃，非宜也。子，男子美稱。言從己可不失今之尊。鄰，猶親也。已乎已乎，言其自遂不改。怨府，怨之聚也。

十三年　春，叔弓圍費，弗克，敗焉。平子怒，令見費人執之，以爲囚俘。冶區夫曰：「非也。若見費人，寒者衣之，饑者食之，爲之令主，而共其乏困，費來如歸，南氏亡矣。民將叛之，誰與居邑？若憚之以威，懼之以怒，民疾而叛，爲之聚也。若諸侯皆然，費人無歸，不親南氏，將焉入矣？」平子從之，費人叛南氏。冶區夫，魯大夫。平子亦能用善謀，南氏以亡。

十四年　南蒯之將叛也，盟費人。司徒老祁、慮癸僞癈疾，使請於南蒯，曰：「臣願受盟，而疾興。若以君靈不死，請待間而盟。」許之。二子因民之欲叛也，請朝衆而盟，遂劫南蒯，曰：「羣臣不忘其君，畏子以及今，三年聽命矣。子若弗圖，費人不忍其君，將不能畏子矣。子何所不逞欲？請送子。」請期五日，遂奔齊。侍飲酒於景公，公曰：「叛夫！」對曰：「臣欲張公室也。」子韓晳曰：「家臣而欲張公室，罪莫大焉。」司徒老祁、慮癸來歸費，齊侯使鮑文子致之。司徒老祁、慮癸，蒯家臣。君靈，謂蒯之威靈。間，差也。朝衆，欲合衆以劫之。其君，謂季氏。送，送使出奔。五日，冀有變也。

張，大也。韓皙，齊大夫。致之，齊以虛名假好也。〇皙之言何悖義也，是使家臣皆私其所事，以弱其君乎？〇以上爲南蒯之叛。以下爲陽虎之亂。

定公五年　六月，季平子行東野，還，未至。丙申，卒于房。陽虎將以璵璠斂，仲梁懷弗與，曰：「改步改玉。」陽虎欲逐之，告公山不狃，不狃曰：「彼爲君也，子何怨焉？」既葬，桓子行東野，及費。子洩爲費宰，逆勞於郊。桓子敬之，勞仲梁懷。仲梁懷弗敬，子洩怒，謂陽虎：「子行之乎？」東野，季氏邑。璵璠，美玉，君所佩。以斂，欲使以僭得罪。懷，亦季氏家臣。改步改玉，謂君臣行步，遲速有度，故佩玉亦異。昔昭公之出，季氏攝行君事，佩璵璠祭宗廟，今定公立，復臣位，改君步，則亦當去璵璠。不狃，子洩也。爲君，不欲使僭也。桓子，意如子，名斯。懷時從行，慢，子洩故使逐之。　秋，九月乙亥，陽虎囚季桓子及公父文伯，而逐仲梁懷。冬，十月乙亥，殺公何藐。己丑，盟桓子于稷門之內。庚寅，大詛。逐公父歜及秦遄，皆奔齊。文伯，名歜，桓子從父昆弟。藐，季氏族。稷門，魯南城門。大詛，謂違盟者重受罰。秦遄，平子姑壻。

六年　二月，公侵鄭，取匡。往不假道于衛，及還，陽虎使季孟自南門入，出自東門。衛侯怒，使彌子瑕追之。公叔文子老矣，輦而如公，曰：「尤人而效之，非禮也。……天將多陽虎之罪以斃之，君姑待之，若何？」乃止。夏，季桓子如晉，獻鄭俘也。陽虎强使孟懿子往報夫人之幣，晉人兼享之。孟孫立于房外，謂范獻子曰：「陽虎若不能居魯，而息肩于晉，所不以爲中軍司馬者，有如先君。」獻子曰：「寡君有官，將使其人，鞅何知焉？」獻子謂簡子曰：「魯人

患陽虎矣。孟孫知其釁，以爲必適晉，故强爲之請，以取入焉。」侵鄭，詳見晉失諸侯。陽虎謀去三桓，故往還不假道，以搆禍於衛，欲因釁圖之。幸文子知其情，故其謀不行。詳見魯與宋衛之好。聘禮，諸侯使卿執圭以致君命，執璧以致帛於夫人，無別遣者。此虎困辱三桓并媚晉，乃駕言報幣，强季孟同使，則晉宜設兩享，因輕魯遂兼享之。孟孫以虎爲魯患，忿趙氏陰厚之，故設爲請托之詞，稱先君以徵其言，實以媿趙孟也。使人，使得其人也。秋，陽虎又盟公及三桓于周社，盟國人于亳社，詛于五父之衢。

七年　春，二月，齊人歸鄆陽關，陽虎居之以爲政。鄆陽關，今山東曲阜縣有陽關。魯邑中二於齊，齊歸之。秋，齊國夏伐我，陽虎御季桓子，公斂處父御孟懿子，將宵軍齊師。齊師聞之，墮，伏而待之。處父曰：「虎不圖禍，而必死。」苫夷曰：「虎陷二子於難，不待有司，余必殺女。」虎懼，乃還，不敗。公斂處父，孟氏成宰名。陽墮伏，佯毀其軍以誘敵而設伏兵。而、爾通。苫夷，季氏臣。二子，季、孟也。見陪臣能自相制，季、孟不敢異。

八年　季寤、公鉏極、公山不狃皆不得志於季氏，叔孫輒無寵於叔孫氏，叔仲志不得志於魯，故五人因陽虎。陽虎欲去三桓，以季寤更季氏，以叔孫輒更叔孫氏，己更孟氏。冬，十月，順祀先公，而祈焉。辛卯，禘于僖公。壬辰，將享季氏于蒲圃而殺之，戒都車曰：「癸巳至。」成宰公斂處父告孟孫曰：「季氏戒都車，何故？」孟孫曰：「吾弗聞。」處父曰：「然則亂也，必及於子，先備諸。」與孟孫以壬辰爲期。陽虎前驅。林楚御桓子，虞人以鈹、盾夾之，陽越殿。將如

蒲圃，桓子咋謂林楚曰：「而先皆季氏之良也，爾以是繼之。」對曰：「臣聞命後。陽虎爲政，魯國服焉，違之徵死，死無益於主。」桓子曰：「何後之有？而能以我適孟氏乎？」對曰：「不敢愛死，懼不免主。」桓子曰：「往也！」孟氏選圉人之壯者三百人以爲公期築室于門外。林楚怒馬，及衢而騁。陽越射之，不中。築者闔門。有自門間射陽越，殺之。陽虎劫公與武叔，以伐孟氏。公斂處父帥成人自上東門入，與陽氏戰于南門之内，弗勝，又戰于棘下，陽氏敗。陽虎説甲如公宫，取寶玉、大弓以出，舍于五父之衢，寢而爲食。其徒曰：「追其將至。」虎曰：「魯人聞余出，喜於徵死，何暇追余？」從者曰：「嘻！速駕，公斂陽在。」公斂陽請追之，孟孫弗許。陽欲殺桓子，孟孫懼而歸之。子言辨舍爵於季氏之廟而出。陽虎入于讙、陽關以叛。寤，桓子弟。極，公彌曾孫。不狃，費宰。輒，叔孫氏庶子。志，竊拱璧。叔仲，帶之孫。事見意如逐昭公。順祀，順羣廟之昭穆以合祀也。辛卯，十月二日。於僖廟者，以僖公季氏所立，恐僖神猶祐之也。虎欲以壬辰夜殺季氏，明日癸巳以都邑之兵車攻二家，處父以兵救孟氏。期壬辰，先一日也。鈹，劍屬。盾，干櫓也。越，虎從弟。防制季孫甚嚴。咋，嚙也，恨意。言楚先皆良，爾乃以是殺我之事繼之。徵，召也。往，必往也。孟氏欲備難，畏人知，故僞築室于門外，因得聚衆。公期，孟氏支子。怒馬，策之使奔。闔門，以季孫既入故。武叔，州仇也。處父如期以邑兵救，再戰，敗虎。棘下，城内地名。虎知國人素畏己，出奔方喜於免死，何敢復追。徵字，應悮。從者以陽智勇必能追，果請追，以弗許而止。陽又欲因亂除季氏以強孟氏，孟孫不敢。子言，季寤字。辨，猶周徧也。徧告廟飲酒示無懼。陽關，虎前所居。

九年　夏，陽虎歸寶玉、大弓。書曰：「得。」器用也。凡獲器用曰得，得用焉曰獲。六月，

伐陽關，陽虎使焚萊門，師驚，犯之而出奔齊。請師以伐魯，曰：「三加，必取之。」齊侯將許之，鮑文子諫曰：「臣嘗爲隸於施氏矣，魯未可取也。上下猶和，衆庶猶睦，能事大國而無天菑，若之何取之？陽虎欲勤齊師也，齊師罷，大臣必多死亡，己於是乎奮其詐謀。夫陽虎有寵於季氏，而將殺季孫，以不利魯國，而求容焉。親富不親仁，君焉用之？君富於季氏，而大於魯國，茲陽虎所欲傾覆也。魯免其疾，而君又收之，無乃害乎？」齊侯執陽虎，將東之。陽虎願東，乃囚諸西鄙。盡借邑人之車，鍥其軸，麻約而歸之。載葱靈，寢於其中而逃。追而得之，囚於齊。又以葱靈逃，奔宋，遂奔晉，適趙氏。仲尼曰：「趙氏其世有亂乎！」寶玉，夏后氏之璜。大弓，封父之繁弱。虎以無益近用而祇爲名，故歸之。凡得成器可用曰得，用器物以有獲若麟爲田，獲俘爲戰獲。伐陽關以討虎。萊門，陽關邑門。三加，三加兵也。鮑文子，名國。施氏，魯大夫。虎本欲西奔晉，知齊必反己欲，故詐以東爲願。鍥，刻也。刻之使易折，又以麻縛刻處歸之，使不知，將絶追者。葱靈，輜車名，車之有屏蔽者。以趙氏受亂人，故知世亂。◯以上爲陽虎之亂。以下爲侯犯之叛。

十年　初，叔孫成子欲立武叔，公若藐固諫，曰：「不可。」成子立之而卒，公南使賊射之，不能殺。公南爲馬正，使公若爲郈宰。武叔既定，使郈馬正侯犯殺公若，弗能。其圉人曰：「吾以劍過朝，公若必曰：『誰之劍也？』吾稱子以告，必觀之，吾僞固而授之末，則可殺也。」使如之。公若曰：「爾欲吳王我乎？」遂殺公若。侯犯以郈叛，武叔懿子圍郈，弗克。秋，二子及

齊師復圍郈，弗克。叔孫謂郈工師駟赤曰：「郈非唯叔孫氏之憂，社稷之患也。將若之何？」對曰：「臣之業在揚水卒章之四言矣。」叔孫稽首。駟赤謂侯犯曰：「居齊、魯之際而無事，必不可矣。子盍求事於齊以臨民？不然，將叛。」侯犯從之。齊使至。駟赤與郈人爲之宣言於郈中曰：「侯犯將以郈易於齊，齊人將遷郈民。」衆兇懼。駟赤謂侯犯曰：「衆言異矣。子不如易於齊，與其死也，猶是郈也，而得紓焉，何必此？齊人欲以此偪魯，必倍與子地。且盍多舍甲於子之門，以備不虞？」侯犯曰：「諾。」乃多舍甲焉。侯犯請易于齊，齊有司觀郈。將至，駟赤使周走呼曰：「齊師至矣！」郈人大駭，介侯犯之門甲，以圍侯犯。駟赤將射之，侯犯止之，曰：「謀免我。」侯犯請行，許之。駟赤先如宿，侯犯殿。每出一門，郈人閉之。及郭門，止之，曰：「子以叔孫氏之甲出，有司若誅之，羣臣懼死。」駟赤曰：「叔孫氏之甲有物，吾未敢以出。」犯謂駟赤曰：「子止而與之數。」駟赤止而納魯人。侯犯奔齊，齊人乃致郈。

叔孫，成子名。不敢，武叔名。州仇，其子也，謚懿子。公若藐，其族也。公南，其家臣，武叔黨。恨藐諫立，既使賊射之，又使侯犯殺之，皆不克。圉人，武叔之圉人。僞固，僞爲固陋不知禮者。以劍鋒末授之，藐見劍向己逆，呵之云如鱄諸以刺吴王者刺我乎？犯以其忮很必殺，據郈叛。郈，叔孫氏邑，今山東沂水有郈城。工師，掌工匠官，名駟赤。揚水，詩唐風，卒章三言曰「我聞有命」四言，不敢以告人，蓋欲秘其命。詭計以圖犯，喻其意。稽首，謝遂詐説。犯以郈降齊，復假宣齊使言將遷郈以懼衆，謂犯衆將叛，言違異矣。以郈民易齊人，與郈無異，勝於守郈爲人所叛而死。既誘使舍甲於門，又呼齊師至以駭郈人，因其甲以圍之。介，因也。射

之，僞爲犯射郈人，犯不知，乃曰當圖免我，毋徒射。許之，郈人許其行也。宿，故國名。誅，責也。言犯勿以叔孫甲出。物，識也。赤還救犯，而言於衆甲有識，不以之出奔。犯因使數甲以相付，赤乃止，而納魯圍郈之師，齊以空名致之。冬，武叔聘于齊，齊侯享之，曰：「子叔孫！若使郈在君之他竟，寡人何知焉？屬與敝邑際，故敢助君憂之。」對曰：「非寡君之望也。所以事君，封疆社稷是以，敢以家隸勤君之執事？夫不令之臣，天下之所惡也，君豈以爲寡君賜？」聘齊，謝致郈也。齊以致郈爲德于魯，故對言義在討惡，非以私賜。際，接也。是以，猶是爲也。◯以上爲侯犯之叛。以下爲公孫宿之叛。

十二年　夏，仲由爲季氏宰，將墮三都。於是叔孫氏墮郈，季氏將墮費，公山不狃、叔孫輒帥費人以襲魯。公與三子入于季氏之宮，登武子之臺。費人攻之，弗克。入及公側，仲尼命申句須、樂頎下，伐之，費人北，國人追之，敗諸姑蔑。二子奔齊。遂墮費。將墮成，公斂處父謂孟孫：「墮成，齊人必至于北門。且成，孟氏之保障也，無成，是無孟氏也。子僞不知，我將不墮。」冬，十二月，公圍成，弗克。三都，費、郈、成。强盛累爲國害，故仲由欲毁之。不狃與輒，前比陽虎爲亂，今又以費襲魯。公入季氏家而登其臺，今曲阜縣境内有季武子臺，即公所登。申句須、樂頎，魯大夫。齊在魯北境，成當其衝，故云墮之無以扞齊。

哀公十四年　初，孟孺子洩將圉馬於成，成宰公孫宿不受，曰：「孟孫爲成之病，不圉馬焉。」孺子怒，襲成，從者不得入，乃反成。有司使孺子鞭之。秋，八月辛丑，孟懿子卒。成人奔

喪，弗内。袒、免哭于衢，聽共，弗許。懼，不歸。洩，孟武伯懿子之子也。圉，養也。宿，一名成。病，謂民貧困。有司，使有司以事使人於孟氏。袒免哭，以喪懿子。聽共，聽請供命也。○三家陪臣唯孟氏之臣能盡忠，而必迫之使叛，何其冤也！

十五年　春，成叛于齊。武伯伐成，不克，遂城輸。城輸，以偪成也。冬，及齊平。子服景伯如齊，子贛爲介，見公孫成，曰：「人皆臣人，而有背人之心。況齊人雖爲子役，其有不貳乎？子周公之孫也，多饗大利，猶思不義。利不可得，而喪宗國，將焉用之？」成曰：「善哉！吾不早聞命。」陳成子館客，曰：「寡君使恒告曰：『寡君願事君，如事衛君。』」景伯揖子贛而進之，對曰：「寡君之願也。昔晉人伐衛，齊爲衛故，伐晉冠氏，喪車五百。因與衛地，自濟以西，禚、媚、杏以南，書社五百。吴人加敝邑以亂，齊因其病取讙與闡，寡君是以寒心。若得視衛君之事君也，則固所願也。」成子病之，乃歸成。公孫宿以其兵甲入于嬴。齊自艾陵之戰怨魯已久，此又納魯叛臣。感子路與陳瓘之言，始與魯平。詳見季康子搆怨郲齊。子貢謂成子叛魯，齊人亦將叛子。喪，失也。成，魯宗室，背魯出奔，是失宗國。館客，禮客於館。禚、媚、杏，三邑。二十五家爲社。書，籍書而致之。事見晉失諸侯。取讙、闡，事見康子搆怨郲齊。嬴，齊邑。入嬴避魯也。見仲尼之徒皆忠於魯。

内外災異

隱公元年　八月，有蜚，不爲災，亦不書。蜚，負蠜也。

三年　冬，齊、鄭盟于石門，尋盧之盟也。庚戌，鄭伯之車僨于濟。盧，今山東長清縣有盧城。盧盟，在春秋前。既盟而遇大風，故僨。僨，仆也。傳記異。

九年　春，王三月癸酉，大雨霖以震，書始也。庚辰，大雨雪，亦如之。書，時失也。凡雨自三日以往爲霖，平地尺爲大雪。言自癸酉日始，以後皆雨霖以震。周之三月，建寅之月，微陽始生，未可震電。既震電，又不當大雨雪，皆爲失時。

桓公元年　秋，大水。凡平原出水爲大水。

十四年　秋，八月壬申，御廩災。乙亥，嘗。書，不害也。不害於穀。

十七年　冬，十月朔，日有食之。不書日，官失之也。天子有日官，諸侯有日御。日官居卿以底日，禮也。日御不失日，以授百官于朝。日官、日御，俱典曆數者。日官不在六卿之數，而位從卿，故言居卿。底，平也。平曆數以頒諸侯，諸侯奉之不失天時，以授百官。

莊公七年　夏，恒星不見，夜明也。星隕如雨，與雨偕也。如，而也。偕，俱也。秋，無麥苗，不害嘉穀也。黍稷尚可更種，故曰不害嘉穀。

十一年　秋，宋大水。詳見宋閔公之弑。

十八年　秋，有蜮，爲災也。洪範五行傳曰：「蜮如鼈，三足，生南越。南越婦人多淫，其地多感淫女惑亂之氣所生。」陸璣毛詩疏云：「蜮，短狐也，一名射影，如鼈，三足，在江漢水中。人在岸上影見水，投人影則殺之。或謂含沙射人，入

皮肌，其創如疥。又名射工。」

二十五年　夏，六月辛未朔，日有食之，鼓用牲于社，非常也。唯正月之朔，慝未作，日有食之，於是乎用幣于社，伐鼓于朝。秋，大水，鼓用牲于社、于門，亦非常也。凡天災，有幣無牲。非日月之眚，不鼓。正月，周六月。夏四月，正陽之月也。陰慝未生，故謂正陽。日食固爲災，而于正陽之月尤爲大變故。諸侯用幣于社，請救于上。公伐鼓于朝，退而自責，以明陰不宜侵陽，臣不宜掩君之義。此常禮也。今當是月，乃不鼓于朝而鼓于社，不用幣而用牲，故曰非常。天災，日、月食，大水也，祈請而已，不用牲。眚，猶災也。惟月侵日爲眚。陰陽順逆之事，聖賢所重，故特鼓之。今大水乃用牲而鼓，亦非禮。○先儒以日食正陽之月，止爲四月，非也。正謂四月，陽謂十月、二月者，皆先王所忌。四月純陽，不欲爲陰所侵。十月純陰，不欲過而干陽。故詩云：「十月之交，朔日辛卯。日有食之，亦孔之醜。」則二月日食皆爲大變。然歲首正月之朔，古人所謂三朝，日食其日，其應至重，觀漢孔光疏可見。又不獨此二月而已。

二十八年　冬，饑。臧孫辰告糴于齊，禮也。

二十九年　秋，有蜚，爲災也。凡物不爲災，不書。

僖公三年　春，不雨。夏，六月，雨。自十月不雨，至于五月，不曰旱，不爲災也。周六月，夏四月，于播種五穀無損。

十四年　秋，八月辛卯，沙鹿崩。詳見驪姬之亂。

十五年　夏，五月，日有食之。不書朔與日，官失之也。日官失日，志慢也。秋，震夷伯之廟，罪之也。於是展氏有隱慝焉。震，雷電擊之。夷伯，魯大夫，展氏也。慝，惡也。言隱惡非法所得加，故獲天愆焉。

十六年　春，隕石于宋五。隕，星也。六鷁退飛過宋都，風也。石本星也，至地而爲石。鷁遇迅風而退飛。詳見宋襄公圖伯。

二十一年　夏，大旱，公欲焚巫尪，臧文仲曰：「非旱備也。脩城郭，貶食省用，務穡勸分，此其務也。巫尪何爲？天欲殺之，則如勿生。若能爲旱，焚之滋甚。」公從之。是歲也，饑而不害。巫尪，女巫，主祈禱請雨者。或以尪非巫也，瘠病之人，其面上向，俗謂天哀其病，恐雨入其鼻而爲之旱，故公欲焚之。脩城郭則饑民聚而得食。務穡，以稼穡爲務。勸分，謂有無相濟。

二十九年　秋，大雨雹，爲災也。

文公三年　秋，雨螽于宋，隊而死也。螽飛至宋，隊地而死若雨。

十四年　秋，有星孛入于北斗。周内史叔服曰：「不出七年，宋、齊、晉之君皆將死亂。」後三年宋弑昭公，五年齊弑懿公，七年晉弑靈公。史服但言事徵，而不論其占，固非末學所得詳。

十五年　六月辛丑朔，日有食之。鼓，用牲于社，非禮也。日有食之，天子不舉，伐鼓于社。諸侯用幣于社，伐鼓于朝，以昭事神，訓民事君，示有等威，古之道也。不舉，不舉鼎。鼓社，責羣陰也。此天子之禮。社尊於諸侯，故諸侯請救而不敢責，鼓朝以自責也。不舉用幣，以事神也。鼓社、鼓朝，尊卑異制，以訓民事君而等威别。

十六年　夏，五月，有蛇自泉宫出，入于國，如先君之數。秋，八月辛未，聲姜薨。毁泉臺。

伯禽至僖公十七君，妖蛇出而聲姜薨，故壞之。

宣公十五年　冬，蝝生饑，幸之也。幸冬生不爲物害。○此記異也，何幸之有！

十六年　夏，成周宣榭火，人火之也。凡火，人火曰火，天火曰災。

成公五年　夏，梁山崩。晉侯以傳召伯宗，伯宗辟重，曰：「辟傳！」重人曰：「待我，不如捷之速也。」問其所，曰：「絳人也。」問絳事焉，曰：「梁山崩，將召伯宗謀之。」問將若之何，曰：「山有朽壞而崩，可若何？國主山川，故山崩川竭，君爲之不舉、降服、乘縵、徹樂、出次、祝幣、史辭以禮焉，其如此而已。雖伯宗若之何？」伯宗請見之，不可，遂以告而從之。梁山，在今山西石州東。傳，驛車。伯宗，晉賢大夫，故召問之。辟重，道逢重車而辟之，使避己也。捷，邪出故速。善其對，故問其所。主，主其神。不舉，去盛饌。降服，損盛服。乘縵，車無文。徹樂，息八音。出次，舍于郊。祝幣，陳玉帛。史辭，自罪責。禮，禮其神。請見，見之於晉侯。不可，不肯見。從，從重人言。補諱所感稱朽壞，言遜也。

襄公五年　秋，大雩，旱也。雩，夏祭，所以祈甘雨。若旱則又脩其禮，故雖秋雩非過也。

八年　秋，九月，大雩，旱也。

九年　春，宋災。樂喜爲司城以爲政，使伯氏司里。火所未至，徹小屋，塗大屋，陳畚挶。具綆缶，備水器。量輕重，蓄水潦，積土塗。巡丈城，繕守備，表火道。使華臣具正徒，令隧正納郊保，奔火所。使華閱討右官，官庀其司。向戌討左，亦如之。使樂遄庀刑器，亦如之。使皇鄖

命校正出馬，工正出車，備甲兵，庀武守。使西鉏吾庀府守，令司宫、巷伯儆宫。二師令四鄉正敬享，祝宗用馬于四墉，祀盤庚于西門之外。晉侯問於士弱曰：「吾聞之，宋災於是乎知有天道，何故？」對曰：「古之火正，或食於心，或食於咮，以出内火。是故咮爲鶉火，心爲大火。陶唐氏之火正閼伯居商丘，祀大火，而火紀時焉。相土因之，故商主大火。商人閲其禍敗之釁，必始於火，是以日知其有天道也。」公曰：「可必乎？」對曰：「在道。國亂無象，不可知也。」樂喜，字子罕，爲正卿，知將有火災，素戒爲備火之政。伯氏，宋大夫。司里，里宰。徹屋以開火道，大屋難徹就塗之。畚，簣籠。挶，土轝。綆，汲索。缶，汲器。水器，盆罋之屬。輕重，人力所任。蓄，聚也。聚水以救火。塗，泥也。積之以殺火勢。巡，行也。丈，度也。繕，給也。行度守備之處，恐因災有亂也，火起則從其所趨摽表之。華臣，華元子，爲司徒。正徒，應役使者，具之以儆先備。隧正，掌郊外，納聚郊野保守之民，使隨火所起往救之，皆司徒所主。閲，亦華元子。討，治也。庀，具也。使具其官屬。戌爲左，亦如右。樂遄，司寇。刑器，刑書。亦具官屬如左右師。皇鄖，皇父充石之後。校正主馬，工正主車。使各備其官。鉏吾，太宰也。府守，六官之典。司宫、巷伯，皆寺人，各儆備宫内之事。二師，左右師。鄉正，鄉大夫。敬，用。享，祀。祝，大祝。宗，宗人。墉，城也。用馬祭于四城以禳火。盤庚，殷王，宋之遠祖。城積陰之氣，故祀之。凡天災有幣無牲，用馬祀皆非禮也。士弱，渥濁之子莊子。火正，火官也。封之使即食邑於火之分野以行火政。季春昏，心星出東方。咮，七星鳥首正在南方則用火。季秋二星入則止火，所謂出内火也，以順天時救民疾。咮，柳星爲朱鳥鶉火。心，心星。蒼龍，大火。閼伯，高辛氏之子，爲陶唐氏之火正。商丘，大火之分野，故使之居于商丘，主大火之祀。紀火出内之時以行火政。相土，契孫，商之祖，繼代閼伯之後，居商丘祀大火。時宋爲商之後，大火爲宋星，而商丘在宋地，世守其祀，而司其占，每知禍釁皆始於火，故其日知

天道之有火災也。又國有道，則天行有常而災變可推。國亂，則常度乖而災變亦殊，安可知乎？商丘，今河南歸德州。

二十七年　十一月乙亥朔，日有食之。辰在申，司曆過也，再失閏矣。謂斗建指申，周十一月，今之九月。斗當建戌而在申，故知再失閏。文十一年三月甲子，至今年七十一歲，應有二十六閏。今長曆推得二十四閏，通計少再閏。魯之司曆始覺其謬，頓置兩閏以應天正。

二十八年　春，無冰。梓慎曰：「今兹宋、鄭其饑乎？歲在星紀而淫于玄枵，以有時菑。陰不堪陽，蛇乘龍。龍，宋、鄭之星也。宋、鄭必饑。玄枵，虚中也。枵，耗名也。土虚而民耗，不饑何爲？」梓慎，魯大夫。歲，歲星也。星紀，在丑斗牛之次。玄枵，在子虚危之次。此歲歲星應在星紀，明年應在玄枵，今已在玄枵，淫行失次，故致時有無冰之災，是陰不勝陽，地氣發洩也。又虚危，玄武之宿，爲蛇。歲星，木也。木爲青龍，失次於虚危下，是爲蛇所乘。龍在東方，東方房心爲宋，角亢爲鄭，故龍爲宋、鄭之星。玄枵三宿虚星在其中，其名爲耗。此歲星淫入虚耗之次時，復無冰。地氣盡洩而宋、鄭當歲星之分野，故度二國必饑也。秋，八月，大雩，旱也。

三十年　夏，五月，或叫于宋太廟，曰：「譆譆，出出。」鳥鳴于亳社，如曰「譆譆」。甲午，宋大災。宋伯姬卒，待姆也。君子謂宋共姬女而不婦，女待人，婦義事也。秋，七月，叔子如宋，葬共姬也。譆譆，嗟痛聲。出出，戒伯姬也。鳥，火妖也。姆，女師。謂女待人而行，婦宜以義自主。伯姬時年六十左右，而待姆，故曰女而不婦。魯傷伯姬遇災，故使卿供葬。○伯姬以貞德守死不違，而傳譏之，過矣。爲宋災故，諸侯之大夫會以謀歸宋財。冬，十月，叔孫豹會晉趙武、齊公孫蠆、宋向戌、衛北宫佗、鄭罕虎及小邾之大夫，

會于澶淵。既而無歸于宋，故不書其人。君子曰：「信其不可不慎乎！澶淵之會，卿不書，不信也。夫諸侯之上卿會而不信，寵名皆棄，不信之不可也如是。詩曰：『文王陟降，在帝左右。』信之謂也。又曰：『淑慎爾止，無載爾僞。』不信之謂也。」書曰：「某人某人會于澶淵，宋災故。」尤之也。不書魯大夫，諱之也。寵，謂族也。詩大雅，言文王以信而昭格于上帝。又詩逸詩。淑，善也。僞，不信也。

昭公三年　八月，大雩，旱也。

四年　春，大雨雹。季武子問于申豐，曰：「雹可禦乎？」對曰：「聖人在上無雹，雖有不爲災。古者日在北陸而藏冰，西陸朝覿而出之。其藏冰也，深山窮谷，固陰沍寒，於是乎取之。其出之也，朝之祿位，賓、食、喪、祭，於是乎用之。其藏之也，黑牡、秬黍，以享司寒。其出之也，桃弧棘矢，以除其災。其出入也時。食肉之祿，冰皆與焉。大夫命婦喪浴用冰，祭寒而藏之，獻羔而啓之，公始用之，火出而畢賦。自命夫命婦至于老疾，無不受冰，山人取之，縣人傳之，輿人納之，隸人藏之。夫冰以風壯，而以風出。其藏之也周，其用之也徧，則冬無愆陽，夏無伏陰，春無淒風，秋無苦雨。雷出不震，無菑霜雹，癘疾不降，民不夭札。今藏川池之冰，棄而不用，風不越而殺，雷不發而震，雹之爲菑，誰能禦之？七月之卒章，藏冰之道也。」申豐，魯大夫。陸，道也。虛危，北方之宿。夏十二月，日在虛危，冰堅而藏之。奎婁，昴畢，西方之宿。夏三月，日在昴畢，蟄蟲出而用冰。又春分之中，奎

星朝見東方，二時皆出冰期。固陰，重陰。沍，閉也。必取積陰之冰以達其氣，使不爲災。出而用之者衆，不獨公也。黑牡，黑牲。秬，黑黍。司寒，玄冥北方之神。故物皆用黑，有事于冰，故祭其神。桃弓，棘箭，所以禳凶邪，將禦至尊故。食肉，謂在朝廷治職事就官食者。命婦，大夫妻。祭寒，即上文享司寒也。獻羔，謂二月春分獻羔祭韭始開冰室，即上文朝覿也。公先用，優尊也。火星昏見東方，謂三月、四月中，即上文西陸也。畢賦，班冰也。老，致仕者。山人，虞官。縣人，遂屬。輿、隸，皆賤官。風壯，風寒則冰堅也。風出，順春風而散用也。藏之周，即上文山谷寒陰也。用之徧，即所謂賓、食、喪、祭至老疾等也。愆陽，冬温也。伏陰，夏寒也。淒風，寒慘之風。苦雨，白露過雨時，物得之而傷。震，霆也。癘，惡氣也。短折爲夭，疫死爲札。今藏川池之冰，不周也。棄其餘而不畢賦，不徧也。越，散也。殺，肅殺。發，舒也。震，震擊。陰陽失序，雷風爲害也。七月，詩豳風，其卒章曰：「二之日鑿冰沖沖」，謂十二月鑿而取之；「三之日納于凌陰」，凌陰，冰室也。「四之日其蚤獻羔祭韭」，謂二月春分蚤開冰室以薦宗廟。藏冰之道，備于此詩矣。

六年　三月，鄭人鑄刑書。士文伯曰：「火見，鄭其火乎！火未出，而作火以鑄刑器，藏爭辟焉。火如象之，不火何爲？」鑄刑書，詳見子産相鄭。士文伯，晉大夫。火見，謂心星周五月昏見也。刑器，鼎也。辟，法也。爭辟，叔向所云民知爭端也。象，類也。同氣相求，火未出而用火，相感而致災也。　六月丙戌，鄭災。

秋，九月，大雩，旱也。

七年　夏，四月甲辰朔，日有食之。晉侯問于士文伯，曰：「誰將當日食？」對曰：「魯衛惡之。衛大，魯小。」公曰：「何故？」對曰：「去衛地，如魯地，於是有災，魯實受之。其大咎其衛君乎！魯將上卿。」公曰：「詩所謂『彼日而食，于何不臧』者，何也？」對曰：「不善政之

謂也。國無政，不用善，則自取謫于日月之災，故政不可不慎也。務三而已：一曰擇人，二曰因民，三曰從時。」士文伯，字伯瑕。惡之，因受其凶也。衛地豕韋，魯地降婁也。日食于豕韋之末、降婁之始，乃息是災。發于衛而魯受其餘禍，故衛君當之爲大，魯則上卿爲小。周四月，今二月，故日在降婁。公又感日食而問小雅十月之交詩義，答云不臧者不善政之所感也。擇人，用賢。因民，因民所利。從時，順四時之務。　秋，八月，衛襄公卒。十一月，季武子卒。晉侯謂伯瑕曰：「吾所問日食從矣，可常乎？」對曰：「不可。六物不同，民心不壹，事序不類，官職不則，同始異終，胡可常也？詩曰：『或燕燕居息，或憔悴事國。』其異終也如是。」公曰：「何謂六物？」對曰：「歲、時、日、月、星、辰，是謂也。」公曰：「多語寡人辰而莫同，何謂辰？」對曰：「日月之會，是謂辰，故以配日。」晉侯以衛侯、武子皆卒，符其言，故問可常乎否，對云不可常，各異時也。不一，政教殊也。不類，有變易也。不則，非一法也。詩小雅，言不同，一歲日月十二會，從子至亥，所會謂之辰，以子丑配甲乙之十幹，明非一所也。

九年　夏，四月，陳災。詳見楚滅陳。

十年　春王正月，有星出于婺女。鄭裨竈言于子産曰：「七月戊子，晉君將死。今茲歲在顓頊之虚，姜氏、任氏實守其地，居其維首，而有妖星焉，告邑姜也。邑姜，晉之妣也。天以七紀，戊子逢公以登，星斯於是乎出，吾是以譏之。」星，客星爲妖。裨竈，鄭大夫。言此應在晉侯，以七月戊子日死。今歲星在顓頊，玄枵之虚，爲姜齊、任薛二國之分野。歲星所在，其國有福。婺女居其方維之首，而有此客星，其禍不在本

國，必以告邑姜，言其子孫將死也。蓋星占以既嫁女爲婺女，處女爲織女。邑姜爲齊之嫁女，實晉虞叔之妣，故其禍應在晉。天二十八宿，面七，七政始終于斗牛，故爲星紀，安有星客于其舍？自殷諸侯逢公居齊地者，其神以戊子日登天而死，嘗有此星出于此時，歲星不在其分，故自當禍。今得歲故以爲告其所自出，然邑姜亦成王之母，而于周無災者，其分尊，非所敵也。任姜共守其地而不及薛者，其國微不足以應占也。○晉非一君，其卒也亦非一君矣，何於此獨見妖乎？其說多誣妄不經，此姑順文以解耳。秋，七月戊子，晉平公卒。

十六年　九月，大雩，旱也。鄭大旱，使屠擊、祝款、豎柎有事于桑山。斬其木，不雨。子產曰：「有事于山，蓺山林也。而斬其木，其罪大矣。」奪之官邑。屠擊，鄭大夫。祝，太祝。豎，小臣。款、柎皆其名。有事，祭也。蓺，養護令繁殖也。

十七年　夏，六月甲戌朔，日有食之。詳見季氏逐昭公。冬，有星孛于大辰，西及漢。申須曰：「彗所以除舊布新也。天事恒象，今除于火，火出必布焉。諸侯其有火災乎？」梓慎曰：「往年吾見之，是其徵也。火出而見，今兹火出而章，必火入而伏，其居火也久矣，其與不然乎？火出，于夏爲三月，于商爲四月，于周爲五月。夏數得天，若火作，其四國當之，在宋、衛、陳、鄭乎！宋，大辰之虚也。陳，太皞之虚也。鄭，祝融之虚也。皆火房也。星孛及漢，漢，水祥也。衛，顓頊之虚也。故爲帝丘，其星爲大水。水，火之牡也。其以丙子若壬午作乎！水火所以合也。若火入而伏，必以壬午，不過其見之月。」鄭裨竈言于子產曰：「宋、衛、陳、鄭將同日火。

若我用瓘斝、玉瓚，鄭必不火。」子產弗與。夏八月辰星見天漢西，此孛星出辰西，其光芒東及天漢，形如彗，妖星也。申須，魯大夫。言天道恒以象示人，彗爲除舊布新之象，今已見大火之舍，至明年大火出，必以火除其舊而新布矣。梓慎，魯大夫。徵，猶兆也。往見其徵兆，見章伏彗必與火俱，已歷二歲，將必如須所言也。斗柄所指，一歲十二月，分爲四時，夏以建寅爲正，則斗東指爲春，南指爲夏，是爲得天四時之正。若殷、周之正，則不得正。夏三月大火昏見東方。大辰，大火，宋分野。大皞居陳，木火所自出。祝融，高辛氏之火正，居鄭。房，舍也。天漢，水也。衛國，濮陽，帝顓頊居之。衛星營室，屬水。火牝，水牡。壬子，水。丙午，火。火得水而作，猶牝得牡而合，故隃度。孛若隨火俱没，亦必以壬午水火合之日也。火見之月，四國必爲災矣。瓘，玉別名。斝，酒器，殷曰斝。瓚，勺也，祼器以玉飾之。竈欲用此二物禳火，子產以天災流行非禳所能息。

十八年　夏，五月，火始昏見。丙子，風。梓慎曰：「是謂融風，火之始也。七日，其火作乎！」戊寅，風甚。壬午，大甚。宋、衛、陳、鄭皆火。梓慎登大庭氏之庫以望之，曰：「宋、衛、陳、鄭也。」數日皆來告火。裨竈曰：「不用吾言，鄭又將火。」鄭人請用之，子產不可。子太叔曰：「寶，以保民也。若有火，國幾亡。可以救亡，子何愛焉？」子產曰：「天道遠，人道邇，非所及也。何以知之？竈焉知天道？是亦多言矣。豈不或信？」遂不與，亦不復火。鄭之未災也，里析告子產曰：「將有大祥，民震動，國幾亡。吾身泯焉，弗良及也。國遷，其可乎？」子產曰：「雖可，吾不足以定遷矣。」及火，里析死矣，未葬，子產使輿三十人遷其柩。火作，子產辭晉公子、公孫于東門，使司寇出新客，禁舊客勿出于宮。使子寬、子上巡羣屏攝，至于太宮。使

公孫登徙大龜，使祝史徙主祏于周廟，告于先君，使府人、庫人各儆其事。商成公儆司宮，出舊宮人，寘諸火所不及。司馬、司寇列居火道，行火所焮。城下之人伍列登城。明日，使野司寇各保其徵，郊人助祝史，除于國北，禳火于玄冥、回禄，祈于四鄘。書焚室，而寬其征，與之材。三日哭，國不市。使行人告于諸侯。宋、衛皆如是。陳不救火，許不弔災，君子是以知陳、許之先亡也。火心星，東北曰融風。融風，木也，木，火之母，故曰火之始。從丙子至壬午七日。壬午，水火合日，故知當火作。大庭氏，古國名，在魯城内，今曲阜縣治東有大庭氏庫，魯于其處作庫高顯，登以望氣。參近占以審前言，皆驗。前子產不用竈言，竈復請之，子產言天道難明，竈多言，或時有中，不足信也。里析，鄭大夫。祥，變異也。弗良及，言身先災死，不能以善及之也。析謂遷國可免災，子產知天災不可避，且遷國大事，故云吾力不足，以其嘗與己言，遷其柩。晉詛無畜羣公子，故公子、公孫多在鄭，火時恐其爲變，故辭之使處東門。新來聘者不使入，舊客知國情禁之，使不出。子寬、子上，鄭大夫。屏攝，祭祀之位。太宮，鄭祖廟。巡行宗廟，不使火及。登，開。卜，大夫。祏，廟主石函。周廟，厲王廟。合羣主于祖廟，易救護也。儆，備也。商成公，鄭大夫。司宮，寺人之官。舊宮人，先公宮女。列居，備非常也。焮，炙也。部伍列登，備姦也。野司寇，縣士也。火之明日，四方乃聞，故戒備所徵役之人。居郊外者助太祝、太史。除治祭處于國北方，就大陰禳火。玄冥，水神。回禄，火神。鄘，城也。城積土，陰氣所聚，祈祭之以禳火之餘殃，記籍被焚之家，寬其賦稅，與之材才，助營建。君大夫三日哀，國不會市，告災四方，使之同恤。宋、衛火政與鄭同，不救、不弔者，無政不義，所以先亡。七月，鄭子產爲火故，大爲社，祓禳于四方，振除火災，禮也。乃簡兵大蒐，將爲蒐除。子太叔之廟在道南，其寢在道北，其庭小，過期三日，使除徒陳于道南廟北，曰：「子產過女，而命速除，乃毁于而鄉。」子產朝，過而怒之，除者南

毀。子産及衝，使從者止之，曰：「毀于北方。」火之作也，子産授兵登陴。子太叔曰：「晉無乃討乎？」子産曰：「吾聞之，小國忘守則危，況有災乎？國之不可小，有備故也。」既，晉之邊吏讓鄭曰：「鄭國有災，晉君、大夫不敢寧居，卜筮走望，不愛牲玉。鄭之有災，寡君之憂也。今執事撊然授兵登陴，將以誰罪？邊人恐懼，不敢不告。」子産對曰：「若吾子之言，敝邑之災，君之憂也。敝邑失政，天降之災，又懼讒慝之間謀之，以啓貪人，薦爲敝邑不利，以重君之憂。幸而不亡，猶可説也。不幸而亡，君雖憂之，亦無及也。鄭有他竟，望走在晉。既事晉矣，其敢有二心？」爲，治也。大爲者，爲火特祭，禮物備具也。祓、禳，皆除凶之祭。徧四方之神，所以振迅除去火災，故曰禮。簡兵大蒐，逐不祥于城内，地迫故除廣之。太叔廟寢之間其庭小，不便于蒐，宜除，因不忍毀廟，故過期，須子産見之有後命。曰二句，教除徒言。而，汝也。鄉，南鄉也。朝，朝君。怒，怒不毀。衝，通道。毀北方，仁不使毀也。時晉親鄭，而授兵，似有疑晉心，故懼討。卜筮走望，爲鄭徧禱于山川也。撊然，勁忿貌。薦，重也。望走在晉，言其所瞻望奔走者唯在晉耳。

十九年　冬，鄭大水。龍鬭于時門之外洧淵，國人請爲禜焉，子産弗許。曰：「我鬭，龍不我覿也。龍鬭，我獨何覿焉？禳之，則彼其室也。吾無求于龍，龍亦無求于我。」乃止也。時門，鄭城門。洧淵，洧水深處。洧水源出河南密縣，東至新鄭會溱入河。禜，祈福祭。其室，似龍所宜居而求之使去者，言子産之智。

二十一年　秋，七月壬午朔，日有食之。公問于梓慎曰：「是何物也？禍福何爲？」對

曰：「二至二分，日有食之，不爲災。日月之行也，分同道也，至相過也。其他月則爲災，陽不克也，故常爲水。」於是叔輒哭日食，昭子曰：「子叔將死，非所哭也。」八月，叔輒卒。物，事也。二至，夏至、冬至；二分，春分、秋分。二分日夜等，故同道。二至長短極，故相過。克，勝也。陰侵陽，是陽不勝陰。哭，憂其災也。非所當哭，精爽逝矣。

二十四年　夏，五月乙未朔，日有食之。梓慎曰：「將水。」昭子曰：「旱也。日過分而陽猶不克，克必甚，能無旱乎？陽不克莫，將積聚也。」慎以陰勝陽將水，昭子以過春分陽氣盛時而不勝陰，陽將猥出，故爲旱。陽氣莫然不動，必將積聚爲災。秋，八月，大雩，旱也。

二十五年　夏，有鸜鵒來巢。詳意如逐昭公。秋，書再雩，旱甚也。

二十九年　秋，龍見于絳郊。魏獻子問于蔡墨曰：「吾聞之：蟲莫知于龍，以其不生得也。謂之知信乎？」對曰：「人實不知，非龍實知。古者畜龍，故國有豢龍氏，有御龍氏。」獻子曰：「是二氏者，吾亦聞之，而不知其故，是何謂也？」對曰：「昔有飂叔安，有裔子曰董父，實甚好龍，能求其耆欲以飲食之，龍多歸之，乃擾畜龍，以服事帝舜。帝賜之姓曰董，氏曰豢龍，封諸鬷川，鬷夷氏其後也。故帝舜氏世有畜龍。及有夏孔甲，擾于有帝，帝賜之乘龍，河漢各二，各有雌雄。孔甲不能食，而未獲豢龍氏。有陶唐氏既衰，其後有劉累，學擾龍于豢龍氏，以事孔甲，能飲食之，夏后嘉之，賜氏曰御龍，以更豕韋之後。龍一雌死，潛醢以食夏后。夏后饗之，既

而使求之，懼而遷于魯縣，范氏其後也。」獻子曰：「今何故無之？」對曰：「夫物，物有其官，官脩其方，朝夕思之，一日失職，則死及之。失官不食，官宿其業，其物乃至。若泯棄之，物乃坻伏，鬱湮不育。故有五行之官，是謂五官，實列受氏姓，封爲上公，祀爲貴神。社稷五祀，是尊是奉。木正曰句芒，火正曰祝融，金正曰蓐收，水正曰玄冥，土正曰后土。龍，水物也，水官棄矣，故龍不生得。不然，周易有之，在乾䷀之姤䷫，曰『潛龍勿用』。其同人䷌曰『見龍在田』。其大有䷍曰『飛龍在天』。其夬䷪曰『亢龍有悔』。其坤䷁曰『見羣龍無首，吉』。坤之剝䷖曰『龍戰于野』。若不朝夕見，誰能物之？」獻子曰：「社稷五祀，誰氏之五官也？」對曰：「少皞氏有四叔，曰重，曰該，曰脩，曰熙，實能金、木及水。使重爲句芒，該爲蓐收，脩及熙爲玄冥，世不失職，遂濟窮桑，此其三祀也。顓頊氏有子曰犂，爲祝融，共工氏有子曰句龍，爲后土，此其二祀也。后土爲社，稷，田正也。有烈山氏之子曰柱爲稷，自夏以上祀之。周棄亦爲稷，自商以來祀之。」

絳，晉都。獻子，晉卿。蔡墨，晉大夫。豢、御，養也。飂，古國，叔安其君。玄孫之後爲裔。豢龍，官名。官有世功，則以官氏其姓董。時飂水上夷皆董姓。孔甲，少康後九世君。擾，順也。帝，天也，其德能順乎天，故賜之龍。乘，四也，合二爲四。更，代也。以累代彭姓之家韋而有其國。既龍死，潛以爲醢，如不死也。及求龍不得，自貶而遷於魯，今河南有魯山其地，後爲晉。范氏，今爲山東范縣。方，法也。不食，無禄食也。宿，猶安也。物乃至，如水官脩龍至也。泯，滅。坻，止也。鬱，滯。湮，塞也。育，生也。五官之君長能脩其業者，死皆配食于五行之神，爲王者所尊奉。正，官長也。句芒，取木生句曲而芒角也。祝融，光

明貌。蓐收，秋氣摧蓐而可收也。玄冥，水陰而幽冥也。土爲羣物主，故稱后。在家則祀中霤，在野則爲社。棄，廢也，以官廢龍不至也，使龍不可至。周易無緣有龍，乾初九變之姤，爻詞云「潛龍勿用」。九二變之同人，云「見龍在田」。九五變之大有，云「飛龍在天」。上九變之夬，云「亢龍有悔」。乾六爻皆變之坤，用九云：「見羣龍無首，吉。」坤上六變之剥，云「龍戰于野」。物謂六卦所稱龍各不同也。然説易者皆以龍喻陽氣，如墨言則皆真龍，非也。獻子又問五官之長誰氏，墨又對少皞金天氏，窮桑其所居，遂以爲號。重、該、脩、熙，其四子。重治木爲句芒，該治金爲蓐收，脩與熙治水爲玄冥。各能其官得其職，濟成少皞之功。死皆爲民所祀，爲三祀。顓頊，高陽氏，其子犂爲火正，號祝融。共工在太皞後、神農前，其子句龍能治水土爲后土，死而見祀，爲二祀。此謂五祀也。方荅社稷，故云后土，即爲社。是社已在五祀内矣。掌播殖爲田正者，爲稷烈山氏。炎帝，神農也。自夏以前其子柱爲稷，世祀之。棄，周之始祖，能播百穀。湯既勝夏，以棄代柱，祀之至今。傳言蔡墨之博物。

三十一年　十二月辛亥朔，日有食之。詳見吴入郢。

哀公三年　夏，五月辛卯，司鐸火。火踰公宫，桓、僖災。救火者皆曰顧府。南宫敬叔至，命周人出御書，俟于宫，曰：「庀女，而不在，死。」子服景伯至，命宰人出禮書，以待命。命不共，有常刑。校人乘馬，巾車脂轄，百官官備，府庫慎守，官人肅給。濟濡帷幕，鬱攸從之，蒙葺公屋，自太廟始，外内以悛。助所不給，有不用命，則有常刑，無赦。公父文伯至，命校人駕乘車。季桓子至，御公立于象魏之外，命救火者傷人則止，財可爲也。命藏象魏，曰：「舊章不可亡也。」富父槐至，曰：「無備而官辦者，猶拾瀋也。」於是乎去表之槀，道還公宫。孔子在陳，聞火，曰：「其桓、僖乎！」司鐸，宫名。桓、僖二廟災，常人愛財，故皆顧府。敬叔，孔子弟子，名南宫閲。周人，司周書典

籍之官。御書，進于君者，使待命于宮。庀，具也。具汝所職，而有不在者罪死。景伯，子服何字。宰人，冢宰之屬。待命，待討求之命。校人，掌馬使四四相從爲駕之易。巾車，掌車以脂膏轄爲行之易。百官各備其官以待用，慎守恐有變也。肅給，敬以承事。濡物于水，出用爲濟。鬱攸，火氣也。從其所至而以濡物蒙葺于公屋。蒙葺，冒覆也。悛，次也。先尊後卑，以次救之，力不給則助之，而刑其不用命者。文伯，魯大夫。乘車，公車駕之備緩急。桓子，名斯，爲公御車。象魏，門闕。周禮，正月縣教令之法于象魏，使萬民觀之，故以爲名。槐富父，終生之後。瀋，汁，言不備而責辦，如拾汁終不可得也。表，表火。道，風所向者。去其蘽積，復開除道環帀公宫，使火無相連。桓、僖親盡而廟不毁，故夫子料其然。〇時魯衰矣，觀諸臣救火猶有先王遺法，與宋、鄭事合觀之，可見古人禦災有道，不似今時之草草也。

十二年　冬，十二月，螽。季孫問諸仲尼，仲尼曰：「丘聞之，火伏而後蟄者畢。今火猶西流，司曆過也。」周十二月爲夏十月，不應螽，故季孫以問孔子。答火星伏在十月而後蟄蟲盡閉，今火猶西流未盡没，知是九月，曆官失一閏矣。火，心星也，九月昏始入，十月昏則伏，故云。

十四年　春，西狩于大野。叔孫氏之車子鉏商獲麟，以爲不祥，以賜虞人。仲尼觀之，曰：「麟也。」然後取之。大野，魯大澤，山東鉅野縣東南五十里有獲麟臺，今爲嘉祥縣。車子微者，鉏商其名。麟，仁獸，聖王之嘉瑞，時未見，故怪而賜虞人。虞人，掌山澤之官。自夫子識之而取。

郊祀蒐狩

桓公四年　春，正月，公狩于郎。書時，禮也。郎，在今山東魚臺縣東南境，舊有郁郎亭。郎非狩地，故唯

時，合禮。

五年　秋，大雩。書，不時也。凡祀，啓蟄而郊，龍見而雩，始殺而嘗，閉蟄而烝，過則書。言凡祀，通天地宗廟之事也。啓蟄，夏正建寅之月，祀天南郊。龍見，建巳之月，蒼龍宿之體昏見東方，萬物始盛，待雨而大，故祭天遠爲百穀祈膏雨。建酉之月陰氣始殺，嘉穀始熟，故薦嘗于宗廟。建亥之月昆蟲閉户，萬物皆成，可薦者衆，故烝祭宗廟。卜日有吉否，過次節則書，以譏慢也。

六年　秋，大閲，簡車馬也。

閔公二年　夏，吉禘于莊公，速也。莊公薨，未服闋而吉禘，故云速。

僖公五年　春王正月辛亥朔，日南至。公既視朔，遂登觀臺以望，而書，禮也。凡分、至、啓、閉必書，雲物爲備故也。周正月今十一月，冬至之日日南極。極者，晝夜長短之極。至，極也。視朔，親告朔也。觀臺，臺上構屋可以遠觀者也。朔，旦、冬至，曆數之所始，治曆者因此則可以明其術數，審别陰陽，敘事訓民。魯君不能常脩此禮，故善公之得禮。分，春、秋分也。至，冬、夏至也。啓，立春、立夏。閉，立秋、立冬。雲物，氣色災變也。傳重申周典，不言公者，日官掌其職，素察妖祥，逆爲之備。

三十一年　夏，四月，四卜郊，不從，乃免牲，非禮也。猶三望，亦非禮也。禮，不卜常祀，而卜其牲、日。牛卜日曰牲，牲成而卜郊，上怠慢也。望，郊之細也，不郊，亦無望可也。諸侯不得郊天，魯以周公故得用天子禮樂，故郊遂爲魯之常祀。常祀有時，故不卜牲與日。吉凶未知，故卜之。既得吉日，則牛改名曰牲。蓋卜牛在卜日之前，今書免牲，則是既得吉日，改牛爲牲矣。方復卜郊之可否，是上之人怠于古典、慢瀆龜策也。郊爲禮之天，

望祭山川其細也，不郊猶望，失禮之倫矣。

文公元年　於是閏三月，非禮也。先王之正時也，履端于始，舉正于中，歸餘于終。履端于始，序則不愆。舉正于中，民則不惑。歸餘于終，事則不悖。于曆法，閏當在僖公末年，誤于今年三月置閏。蓋當時達曆者所譏。昔者先王欽若昊天，曆象日月星辰，敬授人時也。以日月轉運于天，猶人之行步，故推曆者謂之步曆。步曆之始，以十一月一日子初一刻冬至爲曆元，是謂曆之端首。朞之日三百六十有六日，日月之行又有遲速，而必分爲十二月，舉中氣以正月。月朔之與月節，每月各剩一日，所有餘日歸之于終，積成一月，則置之爲閏，故言歸餘于終，不愆四時之序，無愆過也。不惑，斗建不失其次，寒暑不失其常，無疑惑也。不悖，四時之事無悖亂也。

六年　冬，閏月，不告朔，非禮也。閏以正時，時以作事，事以厚生，生民之道於是乎在矣。不告閏朔，棄時政也，何以爲民？諸侯每月必告朔聽政，因朝宗廟。公以閏非常月，故不告，不知四時漸差，故置閏以正。順時而民事可命，事不失時而年豐，君人所以生民者。今公棄時與政，非爲民之道。

十六年　夏，五月，公四不視朔，疾也。

宣公三年　春，不郊，而望，皆非禮也。望，郊之屬也。不郊，亦無望可也。

襄公七年　夏，四月，三卜郊，不從，乃免牲。孟獻子曰：「吾乃今而後知有卜筮。夫郊祀后稷以祈農事也，是故啓蟄而郊，郊而後耕。今既耕而卜郊，宜其不從也。」郊祀后稷以配天。稷，始祖，能殖穀。啓蟄，夏正建寅之月。耕謂春分。

昭公八年　秋，大蒐于紅，自根牟至于商、衛，革車千乘。大蒐，數軍實、簡車馬也。紅，魯地，今南直隸

蕭縣有紅亭。根牟，古國，魯東界，今山東福山縣有牟城。商，宋地。魯西境接宋、衛。言千乘，明大蒐，且見魯衆之大數也。

十一年　五月，大蒐于比蒲，非禮也。詳見季氏逐昭公。

十五年　春，將禘于武公，戒百官。梓慎曰：「禘之日，其有咎乎？吾見赤黑之祲，非祭祥也，喪氛也，其在涖事乎！」二月癸酉，禘。叔弓涖事，籥入而卒。去樂，卒事，禮也。武公，武公之廟。戒，齋戒也。祲，妖氛也。涖，臨也。氛，惡氣也。氛氣見于宗廟，故以爲非祭祥。大臣卒，故爲之去樂。

城築

隱公元年　夏，四月，費伯帥師城郎。不書，非公命也。費伯，魯大夫。郎，魯地，今魚臺縣。君舉必書，史之所書皆公命也。以非命不書，史之舊經亦如之。

二年　夏，司空無駭入極，費庈父勝之。魯司徒、司馬、司空皆卿也。極，附庸小國。庈父，費伯。傳言無駭能入極，因庈父城郎之師以勝之。

七年　夏，城中丘。書，不時也。中丘，在今山東沂縣境。

九年　夏，城郎。書，不時也。

桓公十六年　冬，城向。書，時也。

莊公二十八年　冬，築郿，非都也。凡邑有宗廟、先君之主曰都，無曰邑。邑曰築，都曰城。郿，魯下邑。周禮，四縣爲都，四井爲邑。然宗廟所在則雖邑曰都，尊之也。

二十九年　春，新作延廏。書，不時也。凡馬，日中而出，日中而入。日中，春、秋分也。治廏當以秋分，因馬向入而脩之。今以春作，故曰不時。冬，十二月，城諸及防。書，時也。凡土功，龍見而畢務，戒事也；龍，亢龍星，建戌之月日在房，故角亢晨見東方。三時之務始畢，戒民以土功事。火見而致用，火，心星，亥月之初心星次角亢之後，晨見東方，致築作之用。水昏正而栽，水，營室星。謂今十月而昏正，所謂定之方中，於是樹板幹而興作。日至而畢。日南至，微陽始動，故土功息。

僖公二十年　春，新作南門。書，不時也。凡啓塞從時。門户、道橋，謂之啓。墻郭、城壍，謂之塞。皆土功也，須從其時而治之。今以春故不時。若小有破敝，自當隨敝隨葺，固不可以時拘。而此高大其門，作新以易舊，自當從時也。

文公十二年　冬，城諸及鄆。書，時也。諸，今山東諸城縣。鄆，鄆城縣。

十三年　秋，七月，太室之屋壞。書，不共也。簡慢宗廟，使至傾頹。

成公九年　冬，城中城。書，時也。

十八年　秋，築鹿囿。書，不時也。

襄公十三年　冬，城防。書，事時也。於是將早城，臧武仲請俟畢農事，禮也。

昭公九年　冬，築郎囿。書，時也。季平子欲其速成也，叔孫昭子曰：「詩曰：『經始勿亟，庶民子來。』焉用速成？其以勦民也。無囿猶可，無民其可乎？」詩大雅，言文王始經營靈臺，非急疾之，庶民自以子義而來樂爲之。勦，勞也。

定公十五年　冬，城漆。書，不時告也。漆，邾庶其邑。實以秋城，冬乃告廟，魯知其不時，故緩告，從而書之。以示譏。

春秋左傳屬事卷十一

晉

曲沃篡晉

隱公五年　春，曲沃莊伯以鄭人、邢人伐翼，王使尹氏、武氏助之。翼侯奔隨。夏，六月，曲沃叛王。秋，王命虢公伐曲沃，而立哀侯于翼。曲沃，晉别封成師之邑，今山西曲沃縣。莊伯，成師子也。翼，晉舊都，今山西翼縣。尹氏、武氏，皆周世族大夫。隨，晉邑。哀侯，翼侯之子光。

六年　春，翼九宗五正頃父之子嘉父逆晉侯于隨，納諸鄂，晉人謂之鄂侯。唐叔始封，受懷姓九宗，職官五正，遂世爲晉强家。五正，五官之長。九宗，一姓爲九族也。嘉父，晉大夫。鄂，晉别邑。桓王前立此侯之子於翼，故别名鄂。

桓公二年　初，晉穆侯之夫人姜氏以條之役生太子，命之曰仇。其弟以千畝之戰生，命之曰成師。師服曰：「異哉君之名子也！夫名以制義，義以出禮，禮以體政，政以正民。是以政成而民聽，易則生亂。嘉耦曰妃，怨耦曰仇，古之命也。今君命太子曰仇，弟曰成師，始兆亂矣。兄其替乎！」惠之二十四年，晉始亂。故封桓叔于曲沃。靖侯之孫欒賓傅之。師服曰：「吾聞國家之立也，本大而末小，是以能固。故天子建國，諸侯立家，卿置側室，大夫有貳宗，士有隸子弟，庶人、工商各有分親，皆有等衰，是以民服事其上，而下無覬覦。今晉甸侯也，而建國，本既弱矣，其能久乎！」惠之三十年，晉潘父弒昭侯，而納桓叔，不克，晉人立孝侯。惠之四十五年，曲沃莊伯伐翼，弒孝侯，翼人立其弟鄂侯。鄂侯生哀侯，哀侯侵陘庭之田，陘庭南鄙啓曲沃伐翼。傳因曲沃簒晉追記其始。條，晉地。太子，文侯也，名仇，意取攻戰相仇。成師，桓叔，名意，取能成其衆。師服，晉大夫。言命名獲其宜，而義、禮、政出焉，由之以治，易之則亂。穆侯愛少子桓叔，俱取於戰以爲名，所附意異。師服知桓叔之後必盛於晉，以傾宗國，而預言之。惠，魯惠公。晉文侯卒，子昭侯立，見桓叔强偪，封之爲曲沃伯。靖侯，桓叔之高祖父。言得貴寵，公孫爲傅。師服益知晉之將亡國。諸侯家，卿、大夫側室、衆子。貳宗，小宗也。皆於其中立官以自輔。士以子弟爲僕隸，庶人無尊卑，則以親踈爲分別，見貴賤皆有差，不得以並嫡覬覦冀望也。甸侯，諸侯而在甸服者。潘父，晉大夫。孝侯，昭侯子。莊伯，桓叔子。陘庭，翼南鄙邑。

三年　春，曲沃武公伐翼，次于陘庭。韓萬御戎，梁弘爲右，逐翼侯于汾隰，驂絓而止，夜獲

之，及欒共叔。武公，莊伯子。韓萬，莊伯弟。御戎，僕也。右，戎車之右。汾隰，汾水之次，汾水源出岢嵐州，經靈石至臨汾絳州滎河，注于海。驂絓，哀侯之驂絓於木。共叔，欒賓之子。賓傅桓叔，共叔傅哀侯。共殉所奉之主，共叔并見獲而死。

七年　冬，曲沃伯誘晉小子侯，殺之。曲沃伯，武公也。小子侯，哀侯子。

八年　春，滅翼。曲沃滅之。冬，王命虢仲立晉哀侯之弟緡于晉。虢仲，王卿士，虢公林父。

九年　秋，虢仲、芮伯、梁伯、荀侯、賈伯伐曲沃。

莊公十六年　冬，王使虢公命曲沃伯以一軍，爲晉侯。曲沃武公遂并晉國，僖王因就命爲晉侯。小國，故一軍。

十八年　春，虢公、晉侯朝王，王饗醴，命之宥，皆賜玉五瑴、馬三匹，非禮也。王命諸侯，名位不同，禮亦異數，不以禮假人。王之覲羣后，始則行饗禮，先置醴酒，示不忘古。飲宴則命以幣物助歡敬。宥，助也。雙玉爲瑴。侯而與公同賜，是假人以禮。○以下附獻公除公族。

二十三年　夏，晉桓、莊之族偪，獻公患之，士蔿曰：「去富子，則羣公子可謀也已。」公曰：「爾試其事。」士蔿與羣公子謀，譖富子而去之。桓叔、莊伯之子孫强盛，偪迫公室。士蔿，晉大夫。富子，二族之有謀而强盛者。蔿假爲羣公子謀，以富子終爲羣公子害，因誣譖以罪，羣公子不悟而去之。

二十四年　秋，晉士蔿又與羣公子謀，使殺游氏之二子。士蔿告晉侯曰：「可矣！不過二年，君必無患。」游氏二子，亦桓、莊之族。

二十五年　秋，晉士蔿使羣公子盡殺游氏之族，乃城聚而處之。冬，晉侯圍聚，盡殺羣公子。聚，晉邑。

二十六年　春，晉士蔿爲大司空。夏，士蔿城絳，以深其宫。絳，晉所都，在今山西太平縣南，舊有晉城，爲蔿所築。

獻公滅虞虢

桓公十年　春，虢仲譖其大夫詹父於王。詹父有辭，以王師伐虢。夏，虢公出奔虞。虢國，在今陝西寶雞縣。虢仲，虢公也，王卿士。詹父，屬大夫。有辭，其辭直。虞國，在今河南虞城縣。初，虞叔有玉，虞公求旃，弗獻。既而悔之，曰：「周諺有之：『匹夫無罪，懷璧其罪。』吾焉用此？其以賈害也。」乃獻之。又求其寶劍，叔曰：「是無厭也。無厭，將及我。」遂伐虞公，故虞公出奔共池。虞叔，虞公弟。賈，買也。旃，之也。及我，禍將連及我。共池，地闕。

莊公二十六年　秋，虢人侵晉。冬，虢人又侵晉。

二十七年　冬，晉侯將伐虢。士蔿曰：「不可。虢公驕，若驟得勝於我，必棄其民。無衆而後伐之，欲禦我誰與？夫禮樂慈愛，戰所畜也。夫民，讓事、樂和、愛親、哀喪，而後可用也。

虢弗畜也，亟戰將饑。」畜，養也。以禮樂慈愛教民，所以預養戰勝之具。讓事，禮之極。樂和，樂之極。愛親，慈之極。哀喪，愛之極。虢弗畜而力戰，必自斃其力而饑。

三十二年　秋，七月，有神降于莘。惠王問諸內史過曰：「是何故也？」對曰：「國之將興，明神降之，監其德也。將亡，神又降之，觀其惡也。故有得神以興，亦有以亡。虞、夏、商、周皆有之。」王曰：「若之何？」對曰：「以其物享焉，其至之日，亦其物也。」王從之。內史過往，聞虢請命，反曰：「虢必亡矣！虐而聽於神。」神居莘六月，虢公使祝應、宗區、史嚚享焉。神賜之土田。史嚚曰：「虢其亡乎！吾聞之：國將興，聽於民；將亡，聽於神。神，聰明正直而壹者也，依人而行。虢多涼德，其何土之能得？」神降以聲接人。莘，虢地，今河南陝州城有莘原，神降之所。過，周大夫。言四代興亡皆有神異。享，祭也。物，類也。若以甲乙日至，祭先脾玉，用蒼服上青以比類祭之。請命，請命以土田。祝，太祝。宗，宗人。史，太史。應、區、嚚，皆名。聽於民政，順民心也。聽神，求福於神也。依人，唯德是與。涼，薄也。

閔公二年　春，虢公敗犬戎于渭汭。舟之僑曰：「無德而祿，殃也。殃將至矣！」遂奔晉。犬戎，西戎別在中國者。渭汭，渭水之曲。渭水源出臨洮府鳥鼠山，東至咸陽華陰入河。舟之僑，虢大夫。○之僑於此智矣，而後以違命爲戮，何哉？

僖公二年　春，晉荀息請以屈產之乘與垂棘之璧假道於虞以伐虢，公曰：「是吾寶也。」對

曰：「若得道於虞，猶外府也。」公曰：「宮之奇存焉。」對曰：「宮之奇之爲人也，懦而不能强諫，且少長於君，君暱之，雖諫，將不聽。」乃使荀息假道於虞，曰：「冀爲不道，入自顛軨，伐鄍三門。冀之既病，則亦唯君故。今虢爲不道，保於逆旅，以侵敝邑之南鄙。敢請假道以請罪于虢。」虞公許之，且請先伐虢，宮之奇諫，不聽。遂起師。夏，晉里克、荀息帥師會虞師伐虢，滅下陽。先書虞，賄故也。荀息，字叔。屈地生良馬，垂棘出美玉，故以爲名，今山西石樓縣有屈産泉，傳云有馬飲此泉而生龍駒，即此馬也。四馬曰乘。自晉適虢，途出於虞，故假道。今山西蒲州中條山有虞坂，傳荀息由此假道。外府，言代我藏之耳。宮之奇，虞賢臣。息謂虞君親而狎之，必輕其言。冀國，今山西河津縣舊有冀亭。顛軨，虞地，山西平陸縣舊有顛軨坂。鄍，虞邑。攻其三門，虞報伐冀使其國病。將欲假道，先稱其强以悦之。逆旅，客舍也。虢稍遣人，分依客舍以聚衆，抄晉邊邑，故問虢以何罪伐我。虞喜於厚賂，而欲求媚，故請先。晉不信虞，故自主兵。經先書虞，惡其賄也。下陽，虢邑，今山西平陸縣。秋，虢公敗戎于桑田。晉卜偃曰：「虢必亡矣！亡下陽不懼，而又有功，是天奪之鑒，而益其疾也。必易晉而不撫其民矣，不可以五稔。」桑田，虢地，在今河南陝州東北。鑒以自照，驕則生疾。稔，熟也。

五年　秋，晉侯復假道於虞以伐虢。宮之奇諫曰：「虢，虞之表也，虢亡，虞必從之。晉不可啓，寇不可翫。一之謂甚，其可再乎？諺所謂『輔車相依，脣亡齒寒』者，其虞虢之謂也。」公曰：「晉，吾宗也，豈害我哉？」對曰：「太伯、虞仲，太王之昭也。太伯不從，是以不嗣。虢

仲、虢叔，王季之穆也。爲文王卿士，勳在王室，藏於盟府。將虢是滅，何愛於虞？且虞能親於桓、莊乎？其愛之也，桓、莊之族何罪？而以爲戮，不唯偪乎？親以寵偪，猶尚害之，況以國乎？」公曰：「吾享祀豐絜，神必據我。」對曰：「臣聞之：鬼神非人實親，惟德是依。故周書曰：『皇天無親，惟德是輔。』又曰：『黍稷非馨，明德惟馨。』又曰：『民不易物，惟德繄物。』如是，則非德，民不和，神不享矣。神所馮依，將在德矣。若晉取虞，而明德以薦馨香，神其吐之乎？」弗聽，許晉使。宮之奇以其族行，曰：「虞不臘矣，在此行也，晉不更舉矣。」八月甲午，晉侯圍上陽，問於卜偃曰：「吾其濟乎？」對曰：「克之。」公曰：「何時？」對曰：「童謡云：『丙之晨，龍尾伏辰。均服振振，取虢之旂。鶉之賁賁，天策焞焞，火中成軍，虢公其奔。』其九月、十月之交乎！丙子旦，日在尾，月在策，鶉火中，必是時也。」冬，十二月丙子朔，晉滅虢，虢公醜奔京師。師還，館于虞，遂襲虞，滅之，執虞公及其大夫井伯，以媵秦穆姬，而脩虞祀，且歸其職貢於王。故書曰「晉人執虞公」，罪虞，且言易也。

晉定謀滅虞、虢，再假以伐，奇知其謀，故以輔車、脣齒爲喻。 輔，車兩旁夾木也，詩曰：「其車既載，無棄爾輔。」太伯、虞仲，太王二子，皆不從父命讓適吴，母弟王季立後，武王封虞仲庶孫爲西吴，虞公其後。 虢仲、虢叔，王季之子，文王之母弟，以周世次計，太伯、虞仲爲昭，二虢爲穆。 仲虞本仲雍，因子孫封虞而追稱之。 仲叔，二虢始封君之字。 盟府，司盟之府。 桓、莊，事見前。 據，猶固也。 馨香之遠聞，黍稷牲玉，享與不享，原於德之有無。 物一而用異，故云不易。 臘，歲終祭衆神之名。 上陽，虢國都，在今河南陜州東南。 卜偃，晉卜大夫。 述童謡云云，

龍尾，尾星。日月之會曰辰，日在尾，故尾星伏不見。「均」作「袀」。袀服，黑衣。振振，盛貌。旂，軍之旌旂。鶉鶉，火星也。賁賁，鳥星之體。天策，傅説星。時近日星微。焞焞，無光耀也。言丙子平旦鶉火中軍，事有成也。童齔未有感慮，會成戲言，若有馮者，博覽懼思之士聞而兼志之，以備鑒戒。偃以此推之，知九、十月之交虢當滅。蓋以夏時也。交，晦朔交會，是夜日月合朔於尾，月行疾，故至旦而過在策。秦穆姬，晉獻公女。送女曰媵，以屈辱之。虞祀，虞所命祀。

驪姬之亂

莊公二十八年　晉獻公娶于賈，無子，烝於齊姜，生秦穆夫人及太子申生。又娶二女於戎，大戎狐姬生重耳，小戎子生夷吾。晉伐驪戎，驪戎男女以驪姬歸，生奚齊，其娣生卓子。驪姬嬖，欲立其子，賂外嬖梁五與東關嬖五，使言於公曰：「曲沃，君之宗也。蒲與二屈，君之疆也。不可以無主。宗邑無主，則民不威。疆埸無主，則啓戎心。戎之生心，民慢其政，國之患也。若使太子主曲沃，而重耳、夷吾主蒲與屈，則可以威民而懼戎，且旌君伐。使俱曰：「狄之廣莫，於晉爲都。晉之啓土，不亦宜乎？」晉侯説之。夏，使太子居曲沃，重耳居蒲城，夷吾居屈。羣公子皆鄙，唯二姬之子在絳。二五卒與驪姬譖羣公子而立奚齊。晉人謂之二五耦。賈，姬姓國。齊姜，武公妾。大戎，唐叔子孫，別封在戎狄者。小戎，戎之別種，子姓。驪戎，在今陝西臨潼縣有驪山驪戎城，姬姓。男，其君之爵。納女

於人曰女。外嬖，寵臣。梁姓，五名。東關居國東塞，亦名五。曲沃，桓叔所封，宗廟在焉。蒲，今山西蒲縣。二屈，一爲今吉州，一爲今石樓縣有屈產泉。旌，章也。伐，功也。廣莫，曠絶也。言以戎地之曠絶而在晉則爲都，其威遠樹，宜闢土之廣。獻公方好外畧，故以此悦之。鄙，居於邊也。二耜相耦廣一尺，共起一伐，喻二人共墾傷晉室也。

閔公元年　冬，晉侯作二軍，公將上軍，太子申生將下軍，趙夙御戎，畢萬爲右，以滅耿、滅霍、滅魏。還，爲太子城曲沃。士蔿曰：「太子不得立矣。分之都城，而位以卿先，爲之極，又焉得立？不如逃之，無使罪至。爲吴太伯，不亦可乎？猶有令名，與其及也。且諺曰：『心苟無瑕，何恤乎無家？』天若祚太子，其無晉乎？」前王命以一軍爲晉侯，今獻公作二軍，有廢太子心，使將兵。耿，今山西河津縣東南有耿城。霍，今爲霍州。魏，今爲平陸縣北有魏侯城。三國皆姬姓，晉滅之。餘見卿族廢興。卿始有軍行將下軍，故曰位。以卿極無以加。及，禍及也。無瑕，精白也。祚，福也。

二年　冬，晉侯使太子申生伐東山皋落氏，里克諫曰：「太子，奉冢祀社稷之粢盛，以朝夕視君膳者也，故曰冢子。君行則守，有守則從，從曰撫軍，守曰監國，古之制也。夫帥師專行，謀誓軍旅，君與國政之所圖也，非太子之事也。師在制命而已，稟命則不威，專命則不孝，故君之嗣適不可以帥師。君失其官，帥師不威，將焉用之？且臣聞皋落氏將戰，君其舍之。」公曰：「寡人有子，未知其誰立焉。」不對而退，見太子。太子曰：「吾其廢乎？」對曰：「告之以臨民，教之以軍旅，不共是懼，何故廢乎？且子懼不孝，無懼弗得立。修己而不責人，則免於難。」

太子帥師，公衣之偏衣，佩之金玦。狐突御戎，先友爲右。梁餘子養御罕夷，先丹木爲右。羊舌大夫爲尉。先友曰：「衣身之偏，握兵之要，在此行也。子其勉之！偏躬無慝，兵要遠災，親以無災，又何患焉？」狐突嘆曰：「時事之徵也，衣身之章也，佩衷之旗也。故敬其事，則命以始。服其身，則衣之純。用其衷，則佩之度。今命以時卒，閟其事也。衣之尨服，遠其躬也。佩以金玦，棄其衷也。服以遠之，時以閟之。尨，涼。冬，殺。金，寒。玦，離。胡可恃也？雖欲勉之，狄可盡乎？」梁餘子養曰：「帥師者受命於廟，受脤於社，有常服矣。不獲而尨，命可知也。死而不孝，不如逃之。」罕夷曰：「尨奇無常，金玦不復，雖復何爲？君有心矣。」先丹木曰：「是服也，狂夫阻之。曰『盡敵而反』，敵可盡乎？雖盡敵，猶有內讒，不如違之。」狐突欲行。羊舌大夫曰：「不可。違命不孝，棄事不忠，雖知其寒，惡不可取。子其死之！」太子將戰，狐突諫曰：「不可。昔辛伯諗周桓公云：『內寵並后，外寵二政，嬖子配適，大都耦國，亂之本也。』周公弗從，故及於難。今亂本成矣，立可必乎？孝而安民，子其圖之！與其危身，以速罪也。」獻公廢太子之心已決，再使將兵而尤示之意。臯落，赤狄別種，今山西樂平縣有臯落山，其地也。里克，申生傅。冢，大也。兵尚專制宣威，太子以孝爲德，故其事多悖，命非其任，故失官分妨其權，故不威。不對，以言不經也。〇克既以正諫君而又以孝勉太子，於此盡其宜矣，而惜乎後之不終也。〇偏衣，左右異色，其半似公服。玦如環而不連，以金爲之。申生以太子將上軍。狐突，重耳外祖，爲之御，先友爲其右。罕夷以卿將下軍，梁餘子養爲之御。先丹木爲其右。羊舌，大夫，叔向祖。

尉，軍尉。先友以衣佩爲吉。偏，半也。玦主決，故曰要。分身之半爲親，故無慝。威權在己可除害，故遠災。兼之則無患。突嘆先友不知君心。章，顯也。旌，表也。賞以春爲始，一其服爲純。衷，中也。世子珮瑜玉則合度，今以冬十二月幽閉之義。尨非純也，金玦非度也，涼、殺、寒、離皆不祥之稱，豈可恃以爲安？子養意與突同。告於廟受師命，宜於社受脤肉。韋弁服，軍之常。尨，偏衣也。雜色奇怪非常之服。待命者賜之玦則去，故不復。心，害太子之心。丹木亦知不吉。周禮方相氏，狂夫四人。黃金四目，玄衣朱裳，執戈揚盾。阻，古作詛。將服是服，先詛之云必盡敵。違，避之也。突欲太子他適，羊舌勸太子死戰。寒，心薄。惡，不忠孝之惡名。辛伯，周大夫。諗，告也。亂本以驪姬寵，奚齊孽也，奉身爲孝，不戰爲安民。有功益見疑，故云速禍。據國語申生敗狄於稷桑而反，讒言益起。

僖公四年　初，晉獻公欲以驪姬爲夫人，卜之，不吉，筮之，吉。公曰：「從筮。」卜人曰：「筮短龜長，不如從長。且其繇曰：『專之渝，攘公之羭，一薰一蕕，十年尚猶有臭。』必不可！」弗聽，立之，生奚齊，其娣生卓子。及將立奚齊，既與中大夫成謀。姬謂太子曰：「君夢齊姜，必速祭之。」太子祭于曲沃，歸胙于公。公田，姬寘諸宮六日。公至，毒而獻之，公祭之地，地墳，與犬，犬斃，與小臣，小臣亦斃。姬泣曰：「賊由太子。」太子奔新城，公殺其傅杜原款。或謂太子：「子辭君，必辯焉。」太子曰：「君非姬氏，居不安，食不飽。我辭，姬必有罪。君老矣，吾又不樂。」曰：「子其行乎？」太子曰：「君實不察其罪，被此名也以出，人誰納我？」十二月戊申，縊于新城。姬遂譖二公子曰：「皆知之。」重耳奔蒲，夷吾奔屈。公必欲立驪姬，卜不吉而復筮。龜、筮本無長短，卜人意在規諫，故云筮短龜長。繇，卜兆辭。渝，變也。攘，奪也。羭，美也。言專愛之，則能使公心變而攘奪其

美。薰，香草。蕕，臭草。十年有臭，言善易消、惡難除也。中大夫，舊云里克，恐非。齊姜，太子母。公夢其求食，姬欲譖太子而無由，假以公夢使祭，度必歸胙，可致毒也。墳，起也。毒食經宿輒敗，豈能六日？此明非太子毒，公乃惑焉而不察。或云以此自理君必辯，太子以君愛姬甚而老矣，不忍使姬得罪以傷君心。又以蒙惡名，不奔而縊。新城，曲沃也。時二子在朝，各奔其邑。

五年　春，晉侯使以殺太子申生之故來告。初，晉侯使士蔿爲二公子築蒲與屈。不慎，寘薪焉，夷吾訴之，公使讓之，士蔿稽首而對曰：「臣聞之：無喪而慼，憂必讎焉。無戎而城，讎必保焉。寇讎之保，又何慎焉？守官廢命不敬，固讎之保不忠。失忠與敬，何以事君？詩云：『懷德惟寧，宗子惟城。』君其修德而固宗子，何城如之？三年將尋師焉，焉用慎？」退而賦曰：「狐裘尨茸，一國三公，吾誰適從？」及難，公使寺人披伐蒲，重耳曰：「君父之命不校。」乃徇曰：「校者，吾讎也。」踰垣而走，披斬其袪，遂出，奔翟。讓，譴也。蔿知公將廢太子而并及二子，故預以爲固讎所保，而勸公修德以固宗子。必讎，必當之。保，保而守之。詩大雅，懷德以安，則宗子之固若城。尨茸，亂貌。公與二公子爲三，言城不堅則爲所訴，堅之則爲固仇，故不知所從。袪，袂也。

六年　春，晉侯使賈華伐屈，夷吾不能守，盟而行，將奔狄。郤芮曰：「後出同走罪也，不如之梁。梁近秦而幸焉。」乃之梁。賈華，晉大夫。夷吾非不欲校，力不能守，不如重耳賢。芮嫌與重耳同謀相隨，以梁爲秦所親幸，秦既大國，且穆姬在焉，故欲因以求入。

九年　秋，九月，晉獻公卒。里克、丕鄭欲納文公，故以三公子之徒作亂。初，獻公使荀息

傅奚齊，公疾，召之曰：「以是藐諸孤，辱在大夫，其若之何？」稽首而對曰：「臣竭其股肱之力，加之以忠貞，其濟，君之靈也。不濟，則以死繼之。」公曰：「何謂忠貞？」對曰：「公家之利知無不爲，忠也。送往事居耦居無猜，貞也。」及里克將殺奚齊，先告荀息曰：「三怨將作，秦、晉輔之，子將何如？」荀息曰：「將死之。」里克曰：「無益也。」荀叔曰：「吾與先君言矣，不可以貳，能欲復言而愛身乎？雖無益也，將焉辟之？且人之欲善，誰不如我？我欲無貳，而能謂人已乎！」冬，十月，里克殺奚齊于次，書曰「殺其君之子」，未葬也。荀息將死之，人曰：「不如立卓子而輔之。」荀息立公子卓以葬。十一月，里克殺公子卓于朝，荀息死之。君子曰：「詩所謂『白圭之玷，尚可磨也，斯言之玷，不可爲也』，荀息有焉。」丕鄭，亦晉大夫，克黨。三公子，申生、重耳、夷吾。藐，弱小貌，指奚齊、卓子。欲使保護之。往，死者。居，生者。耦，兩也。送死事生，兩無疑恨，所謂貞也。三怨，三公子之徒。能謂人已言，不能止里克，使不忠於申生等。次，喪次。詩大雅，斯言之玷，荀息有焉，惜其前失言也。蓋息既從君於昏而許之以死，則於義有不得不死者矣。晉郤芮使夷吾重賂秦以求入，曰：「人實有國，我何愛焉？入而能民，土於何有？」從之。齊隰朋帥師會秦師，納晉惠公。秦伯謂郤芮曰：「公子誰恃？」對曰：「臣聞亡人無黨，有黨必有讎。夷吾弱不好弄，能鬬不過，長亦不改，不識其他。」公謂公孫枝曰：「夷吾其定乎？」對曰：「臣聞之，唯則定國。詩曰：『不識不知，順帝之則。』文王之謂也。又曰：『不僭不賊，鮮不爲則。』無好無惡，不忌不克之謂也。今其言多忌克，難哉！」

公曰：「忌則多怨，又焉能克？是吾利也。」郤芮，郤缺父，從夷吾，欲乘二子弒謀歸得國。言國非己有，何愛而不以賂秦，能得民不患無土。隰朋，齊大夫。桓以稱伯，故會秦納之。芮又以無黨、無仇微勸秦。弄，戲也。不過，有節也。公孫枝，秦大夫，字子桑。詩大雅。帝，天。則，法也。言文王行由自然，合天之法。僭，過差。賊，傷害也。無此則可爲人法多忌，適以自害。晉弱則秦强，故曰吾利。

十年　夏，四月，周公忌父、王子黨會齊隰朋立晉侯。晉侯殺里克以説。將殺里克，公使謂之曰：「微子則不及此。雖然，子弒二君與一大夫，爲子君者不亦難乎？」對曰：「不有廢也，君何以興？欲加之罪，其無辭乎？臣聞命矣。」伏劍而死。於是丕鄭聘于秦，且謝緩賂，故不及。忌父，周卿士。黨，周大夫。説，自解非簒也。丕鄭，克黨，以在秦，故不及其難。晉侯改葬共太子。秋，狐突適下國，遇太子。太子使登，僕，而告之曰：「夷吾無禮，余得請於帝矣，將以晉畀秦，秦將祀余。」對曰：「臣聞之：神不歆非類，民不祀非族，君祀無乃殄乎？且民何罪？失刑乏祀，君其圖之。」君曰：「諾。吾將復請，七日，新城西偏將有巫者而見我焉。」許之，遂不見。及期而往告之，曰：「帝許我罰有罪矣，敝於韓。」共，太子申生謚。下國，國之東。忽如夢相見。狐突本申生御，故使登爲僕。夷吾烝於賈君，故雖於申生改葬加謚而謂無禮，請帝討之。不見，其象忽没。敝，敗也。韓，晉地。獨敝惠公，故言罰有罪，明不復以晉畀秦。丕鄭之如秦也，言於秦伯曰：「呂甥、郤稱、冀芮實爲不從，若重問以召之，臣出晉君，君納重耳，蔑不濟矣。」冬，秦伯使泠至報、問，且召三子。郤芮曰：「幣重而言甘，誘我也。」

遂殺丕鄭、祁舉及七輿大夫：左行共華、右行賈華、叔堅、騅歂、纍虎、特宮、山祁，皆里、丕之黨也。丕豹奔秦，言於秦伯曰：「晉侯背大主而忌小怨，民弗與也。伐之，必出。」公曰：「失衆，焉能殺？違禍，誰能出君？」呂甥、郤稱、冀芮，皆晉大夫。不從，不與秦賂也。問，聘遺。蔑，無也。泠至，秦大夫。祁舉，亦克黨。周禮，侯伯七命，貳車、七人，每車一大夫主之，共華等七子也。豹，鄭子。大主，謂秦。小怨，里、丕也。秦伯言能殺里、丕，必得衆，能出君，必不奔。

十一年　春，晉侯使以丕鄭之亂來告。天王使召武公、內史過賜晉侯命，受玉惰。過歸，告王曰：「晉侯其無後乎？王賜之命，而惰於受瑞，先自棄也已，其何繼之有？禮，國之幹也。敬，禮之輿也。不敬則禮不行，禮不行則上下昏，何以長世？」天王，周襄王。召武公，周卿士。內史過，周大夫。諸侯即位，天子賜之圭爲瑞。幹，言其立。輿，言其載。於此知惠公之不終。

十三年　冬，晉薦饑，使乞糴于秦。秦伯謂子桑：「與諸乎？」對曰：「重施而報，君將何求？重施而不報，其民必攜。攜而討焉，無衆必敗。」謂百里：「與諸乎？」對曰：「天災流行，國家代有。救災恤鄰，道也。行道有福。」丕鄭之子豹在秦，請伐晉。秦伯曰：「其君是惡，其民何罪？」秦於是乎輸粟于晉。自雍及絳，相繼命之，曰汎舟之役。薦，重也。民攜，無義以離其心也。百里，秦大夫。豹欲爲父報仇，故請伐。雍，秦都，臨渭水。絳，晉都，臨汾水。其粟自渭運入河汾，故名汎舟。

十四年　秋，八月辛卯，沙鹿崩。晉卜偃曰：「期年將有大咎，幾亡國。」沙鹿山，在今北直隸元

城縣。卜偃，晉卜大夫。國主山川，故崩而國幾亡。冬，秦饑，使乞糴于晉，晉人弗與。慶鄭曰：「背施無親，幸災不仁，貪愛不祥，怒鄰不義，四德皆失，何以守國？」虢射曰：「皮之不存，毛將安傅？」慶鄭曰：「棄信背鄰，患孰恤之？無信患作，失援必斃，是則然矣。」虢射曰：「無損於怨，而厚於寇，不如勿與。」慶鄭曰：「背施幸災，民所棄也。近猶讎之，況怨敵乎？」弗聽。退曰：「君其悔是哉！」慶鄭、虢射，皆晉大夫。共議秦乞糴，鄭謂必宜與之，射以皮喻所許秦地，以毛喻糴，言既背秦賂，致怨已深，今與之糴，猶無皮而施毛也。又言與秦粟不足解怨，適足使秦強。鄭以如此民雖近，猶棄而仇我，敵怨更深，必自悔。

十五年　晉侯之入也，秦穆姬屬賈君焉，且曰：「盡納羣公子。」晉侯烝於賈君，又不納羣公子，是以穆姬怨之。晉侯許賂中大夫，既而皆背之。賂秦伯以河外列城五，東盡虢略，南及華山，内及解梁城。既而不與。晉饑，秦輸之粟。秦饑，晉閉之糴。故秦伯伐晉，卜徒父筮之，吉：「涉河，侯車敗。」詰之，對曰：「乃大吉也，三敗，必獲晉君。其卦遇蠱䷑曰：『千乘三去，三去之餘，獲其雄狐。』夫狐蠱，必其君也。蠱之貞風也，其悔山也。歲云秋矣，我落其實，而取其材，所以克也。實落材亡，不敗何待？」三敗及韓。晉侯謂慶鄭曰：「寇深矣，若之何？」對曰：「君實深之，可若何？」公曰：「不孫！」卜右，慶鄭吉。弗使。步揚御戎，家僕徒爲右。乘小駟，鄭入也。慶鄭曰：「古者大事，必乘其產，生其水土，而知其人心，安其教訓，而服習其道。唯所納之，無不如志。今乘異產，以從戎事，及懼而變，將與人易。亂氣狡憤，陰血周作，張

脉僨興，外彊中乾。進退不可，周旋不能，君必悔之。」弗聽。九月，晉侯逆秦師，使韓簡視師，復曰：「師少於我，鬭士倍我。」公曰：「何故？」對曰：「出因其資，入用其寵，饑食其粟，三施而無報，是以來也。今又擊之，我怠秦奮，倍猶未也。」公曰：「一夫不可狃，況國乎！」遂使請戰，曰：「寡人不佞，能合其衆，而不能離也。君若不還，無所逃命。」秦伯使公孫枝對曰：「君之未入，寡人懼之，入而未定列，猶吾憂也。苟列定矣，敢不承命。」韓簡退曰：「吾幸而得囚。」壬戌，戰于韓原。晉戎馬還濘而止。公號慶鄭，慶鄭曰：「愎諫違卜，固敗是求，又何逃焉？」遂去之。梁由靡御韓簡，虢射爲右，輅秦伯，將止之。鄭以救公誤之，遂失秦伯。秦獲晉侯以歸。晉大夫反首拔舍從之。秦伯使辭焉，曰：「二三子何其慼也！寡人之從君而西也，亦晉之妖夢是踐，豈敢以至？」晉大夫三拜稽首曰：「君履后土而戴皇天。皇天后土，實聞君之言。羣臣敢在下風。」穆姬聞晉侯將至，以太子罃、弘與女簡璧登臺而履薪焉。使以免服衰絰逆，且告曰：「上天降災，使我兩君匪以玉帛相見，而以興戎。若晉君朝以入，則婢子夕以死。夕以入，則朝以死。唯君裁之。」乃舍諸靈臺。大夫請以入，公曰：「獲晉侯，以厚歸也。既而喪歸，焉用之？大夫其何有焉？且晉人慼憂以重我，天地以要我。不圖晉憂，重其怒也。我食吾言，背天地也。重怒難任，背天不祥，必歸晉君。」公子縶曰：「不如殺之，無聚慝焉。」子桑曰：「歸之而質其太子，必得大成。晉未可滅，而殺其君，祇以成惡。且史佚有言曰：『無始禍，無

怙亂，無重怒。重怒難任，陵人不祥。』」乃許晉平。晉侯使郤乞告瑕吕、飴甥，且召之。子金教之言，曰：「朝國人而以君命賞，且告之曰：『孤雖歸，辱社稷矣，其卜貳圉也。』」衆皆哭，晉於是乎作爰田。吕甥曰：「君亡之不恤，而羣臣是憂，惠之至也，將若君何？」衆曰：「何爲而可？」對曰：「征繕以輔孺子。諸侯聞之，喪君有君，羣臣輯睦，甲兵益多，好我者勸，惡我者懼，庶有益乎！」衆説，晉於是乎作州兵。初，晉獻公筮嫁伯姬於秦，遇歸妹䷵之睽䷥。史蘇占之曰：「不吉。其繇曰：『士刲羊，亦無衁也。女承筐，亦無貺也。西鄰責言，不可償也。歸妹之睽，猶無相也。』震之離，亦離之震，爲雷爲火，爲嬴敗姬。車説其輹，火焚其旗，不利行師，敗于宗丘。歸妹睽孤，寇張之弧。姪其從姑，六年其逋，逃歸其國，而棄其家，明年其死於高梁之虚。』」及惠公在秦，曰：「先君若從史蘇之占，吾不及此夫！」韓簡侍曰：「龜象也，筮數也，物生而後有象，象而後有滋，滋而後有數。先君之敗德，及可數乎？史蘇是占，勿從何益？詩曰：『下民之孽，匪降自天。僔沓背憎，職競由人。』」穆姬，申生姊，秦穆夫人也。賈君，獻公正妃，賈女。驪姬詛無畜羣公子，故使納之。中大夫，國内執政里、丕等。河外，河南。從河南而東盡虢界也。華山，在今陝西華州。解梁，今山西解州。輸粟，閉糴，見本事。徒父，秦之掌龜卜者，兼掌筮。筮法用雜占，不皆取易詞。詞意云秦伯之車涉河則晉侯之車敗。秦伯不解，詰之。周易巽下艮上蠱，「利涉大川」，往有事也，亦秦勝之卦，即此所云「千乘三去」三言，蓋卜筮書雜詞。雄，君象。狐，狡媚，故以謂晉君。狐蠱，必「雄狐」之誤。内卦爲貞，外卦爲悔。巽爲風，秦象。艮爲山，晉象。周九月，夏七月孟秋

也。艮爲山，山有木，今歲已秋，秋風既肅，山木之實皆落，材亦可取而用。在秦則克，在晉則敗。晉以師禦秦於境，三敗退，秦逐之，及於韓，故云寇深。鄭以公怒秦至此，故云「君實深之」。惡其訐不以爲右。步揚，郤犨父。鄭，國馬名。小駟，公乘之。鄭又諫以爲必須自用其土産。變，變其常度。易，猶逆也。狡，戾也。僨，動也。馬之氣血與脉交鬱而横興，外似强而内實乾竭，必不能進退周旋於戎事。韓簡，晉大夫，萬之孫。狃，狎也。公以秦兵雖奮，尤不可使之狎我而輕來。定列，定位也。簡知師必敗，恐死，故以囚爲幸。韓原，在今陝西韓城縣有古韓城。濘，泥也。還，便旋也。小駟不調，故墮泥中，如慶鄭言。輅，迎也。止，獲也。反首，亂髮反下垂也。拔、茇同草。舍，止。壞形毁服，以示慼。妖夢，謂狐突不寐而遇申生，帝許罰有罪之言。踐，實也。以至，以晉侯至其國也。實聞此言，懼其或變也。罃，康公名，弘，其母弟。簡璧，罃、弘姊妹。古之宫閉者皆居之臺，以抗絶之。穆姬外爲惠公告罪，而内爲刼制之術，故登臺而薦之以薪，令上下者履薪乃通，并率子女於其上，若將以火自焚之狀。免衰絰，遭喪之服。令行人服此服迎秦伯，而且告以朝夕將死之言，故不以晉侯入。靈臺，周之故臺，亦以抗絶，令不得通内外。厚歸，以厚獲而歸。喪歸，或夫人自殺也。何有，猶何得。縶，秦大夫。聚慝，恐晉侯歸而相聚爲仇惡也。祇，適也。史佚，周武王太史，名佚。怙，恃也，恃人之亂爲己利也。郤乞，晉大夫。瑕吕飴甥，即吕甥也，姓瑕吕，名飴甥，字子金。晉侯聞秦將許之平，故告使迎己。以危難欲收衆心，故先賞之於朝。貳，代也。圉，惠公太子懷公。哭，哀君不還也。爰本趄，易也。以公田之肥美者易其臣之磽确者。征，賦也。繕，治也。孺子，圉也。州兵，使州長各繕甲兵。五黨爲州，二千五百家也。周禮，卿大夫以歲時登其夫家之衆寡辨其可任者，州長則否。今以州長督察，少而易精。史蘇，晉卜大夫。兑下震上歸妹，上六變而之睽兑下離上。其繇，爻辭。衁，血也。貺，賜也。刲羊，士之功。承筐，女之職。上六無應，所求不獲，故下刲無血，上承無實，不吉之象。兑爲少女，震爲長男，故稱士、女。將嫁女於西而遇不吉之卦，故知有責讓之言不可報償。歸妹，女嫁之卦。睽，乖離之象。故曰無相。相，助也。震、離二卦，變而氣相通。嬴，秦姓。姬，晉姓。震爲雷，離爲火。火動熾而害其母、女嫁反害其

家之象，故曰爲嬴敗姬。輹，車下縛也。丘，猶邑也。震爲車，離爲火。上六爻在震則無應，故車脱輹，在離則失位，故火焚旗。言皆失車，火之用也。車敗旗焚，故不利行師。火還害母，故敗。不出國，近在宗邑。「歸妹、睽孤，寇張之弧」，此睽上九爻辭。處睽之極，故曰睽孤失位。孤絶故遇寇難，而有弓矢之警，皆不吉之象。震爲木，離爲火，火從木生，震變爲離，是姪從其姑之象。謂子圉質秦也。逋，亡也。棄家，謂子圉棄婦懷嬴而歸。惠公死之明年文公入，殺懷公於高梁。凡筮者用周易，則其象可推。若臨時占者，或取於象，或取於氣，或取於時日。王相以成其占，必盡附會以爻辭，則構虚而不經，故略言其歸趣。簡又因公恨而言龜以象，示筮以數，告象數皆緣物而生，故可以知吉凶，不可以變吉凶。先君之德宜致敗，而後有此凶數，是敗已先定，數其可及乎？占之從不從，無救於敗。詩小雅，言民之有邪惡，非天所降。僔沓面語，背相憎疾，皆人競所作，因以諷諫惠公有以召此禍也。○竊謂簡論獻公之敗德是矣，所論象數非也。夫天地間有理斯有氣，有氣而象數固已畢具乎其中矣，物由以生，豈緣物始有乎？又豈有先後之分乎？簡固淺乎爲言，而杜更繆用以解。龜筮之長短，諸書又多引以爲徵，何皆陋也！

十月，晉陰飴甥會秦伯，盟于王城。秦伯曰：「晉國和乎？」對曰：「不和。小人恥失其君而悼喪其親，不憚征繕以立圉也，曰：『必報讎，寧事戎狄。』君子愛其君而知其罪，不憚征繕以待秦命，曰：『必報德，有死無二。』以此不和。」秦伯曰：「國謂君何？」對曰：「小人慼，謂之不免。君子恕，以爲必歸。小人曰：『我毒秦，秦豈歸君？』君子曰：『我知罪矣，秦必歸君。』貳而執之，服而舍之，德莫厚焉，刑莫威焉。服者懷德，貳者畏刑，此一役也，秦可以霸。納而不定，廢而不立，以德爲怨，秦不其然。」秦伯曰：「是吾心也。」改館晉侯，饋七牢焉。蛾析謂慶鄭曰：「盍行乎？」對曰：「陷君於敗，敗而不死，又使失刑，非人臣也。臣而不臣，行將焉

入？」十一月，晉侯歸。丁丑，殺慶鄭而後入。是歲晉又饑，秦伯又餼之粟，曰：「吾怨其君而矜其民。且吾聞唐叔之封也，箕子曰：『其後必大。』晉其庸可冀乎？姑樹德焉，以待能者。」於是秦始征晉河東，置官司焉。陰飴甥，即呂甥，食采於陰。王城，秦地，在今陝西臨晉縣境，舊有王城。甥欲秦歸晉侯，詭言國人之情，皆忠愛於其君。一役，統戰韓而言。德、刑並用，可伯也。牛、羊、豕各爲一牢。將歸之，故厚其禮。蛾析，晉大夫。陷君，謂君號鄭而鄭去之也。殺而後入，見忮忌終不化也。晉國河東，秦國河西。征，賦也。置官司，越河而有之也。

十七年　夏，晉太子圉爲質於秦，秦歸河東而妻之。惠公之在梁也，梁伯妻之。梁嬴孕過期，卜招父與其子卜之。其子曰：「將生一男一女。」招曰：「然。男爲人臣，女爲人妾。」故名男曰圉，女曰妾。及子圉西質，妾爲宦女焉。懷子曰孕。過期，過十月不産。卜招父，梁太卜。圉，養馬者。不聘曰妾。宦事秦爲妾。

二十二年　秋，晉太子圉爲質於秦。將逃歸，謂嬴氏曰：「與子歸乎？」對曰：「子，晉太子而辱於秦。子之欲歸，不亦宜乎？寡君之使婢子侍，執巾櫛以固子也。從子而歸，棄君命也。不敢從，亦不敢言。」遂逃歸。嬴氏，秦所妻子圉懷嬴也。婢子，婦人之卑稱。巾以帨手，櫛以理髮。

二十三年　九月，晉惠公卒。懷公命無從亡人，期期而不至，無赦。狐突之子毛及偃從重耳在秦，弗召。冬，懷公執狐突曰：「子來則免。」對曰：「子之能仕，父教之忠，古之制也。策名、委質，貳乃辟也。今臣之子名在重耳有年數矣，若又召之，教之貳也。父教子貳，何以事

君？刑之不濫，君之明也，臣之願也。淫刑以逞，誰則無罪，臣聞命矣。」乃殺之。卜偃稱疾不出，曰：「周書有之：『乃大明服。』己則不明，而殺人以逞，不亦難乎？民不見德，而唯戮是聞，其何後之有？」懷公，圉也。亡人，重耳。期期，示之期而至其期也。弗召，乃心重耳故。策名，書名於所臣之策。質，贄通。臣始見君，必有贄。周書康誥，言君能大明則民服。晉公子重耳之及於難也。遂奔狄。過衛。及齊。及曹。及鄭。及楚。乃送諸秦。詳見晉文公之伯。

二十四年　春王正月，秦伯納之。不書，不告入也。濟河，圍令狐，入桑泉，取臼衰。二月甲午，晉師軍于廬柳。秦伯使公子縶如晉師，師退，軍于郇。辛丑，狐偃及秦、晉之大夫盟于郇。壬寅，公子入于晉師。丙午，入于曲沃。丁未，朝于武宮。戊申，使殺懷公于高粱。不書，亦不告也。呂、郤畏偪，將焚公宮而弒晉侯。寺人披請見，公使讓之，且辭焉，曰：「蒲城之役，君命一宿，女即至。其後余從狄君以田渭濱，女爲惠公來求殺余。命女三宿，女中宿至。雖有君命，何其速也！夫袪猶在，女其行乎！」對曰：「臣謂君之入也，其知之矣，若猶未也，又將及難。君命無二，古之制也。除君之惡，唯力是視。蒲人、狄人，余何有焉？今君即位，其無蒲、狄乎？齊桓公置射鉤，而使管仲相，君若易之，何辱命焉？行者甚衆，豈唯刑臣？」公見之，以難告。三月，晉侯潛會秦伯于王城。己丑晦，公宮火。瑕甥、郤芮不獲公，乃如河上，秦伯誘而殺之。晉侯逆夫人嬴氏以歸，秦伯送衛於晉三千人，實紀綱之僕。不告，不告於魯。餘見文公之

伯。濟河，秦納重耳之師。令狐，今山西猗氏縣。桑泉，今臨晉縣有桑泉城。臼衰，在今解州東南舊有臼城。晉師，懷公遣拒重耳之師，受穆公命而退。郇，在解州西北。武宮，武公之廟。懷公奔，重耳使殺之。高粱，在今北直隸寧晉縣境。呂甥、郤芮，惠公舊臣，畏爲文公所偪害。辭，辭不見。田，獵也。袪猶在，言披所斬之袂尚在，不忘也。余何有，言當二君世君爲蒲、狄人耳，於我有何義。射鉤，管仲射桓公中帶鉤。何辱命，言若反齊桓，己將自去，不煩君命。披奄人，故稱刑臣。以難告，告呂、郤將焚公。夫人，秦穆女文嬴也。以新有呂、郤之難，國未輯睦，故以兵衛之。紀綱，言能總攝可任也。○呂甥忠智，所事非人而不獲終，傷哉！

初，晉侯之豎頭須，守藏者也，其出也，竊藏以逃，盡用以求納之。及入，求見，公辭焉以沐。謂僕人曰：「沐則心覆，心覆則圖反，宜吾不得見也。居者爲社稷之守，行者爲羈紲之僕，其亦可也，何必罪居者？國君而讎匹夫，懼者甚衆矣。」僕人以告，公遽見之。豎，左右小吏。頭須，一曰里鳧須。出，公出。納，納公。心主謀畫，既覆則所圖謀者亦反。遽，惶遽也。言文公棄小怨，所以能安衆。

晉侯賞從亡者，介之推不言禄，禄亦弗及。推曰：「獻公之子九人，唯君在矣。惠、懷無親，外内棄之。天未絶晉，必將有主。主晉祀者，非君而誰？天實置之，而二三子以爲己力，不亦誣乎！竊人之財，猶謂之盜，況貪天之功，以爲己力乎？下義其罪，上賞其姦，上下相蒙，難與處矣。」其母曰：「盍亦求之，以死，誰懟？」對曰：「尤而效之，罪又甚焉。且出怨言，不食其食。」其母曰：「亦使知之，若何？」對曰：「言，身之文也。身將隱，焉用文之？是求顯也。」其母曰：「能如是乎？與女偕隱。」遂隱而死。晉侯求之不獲，以緜上爲之田，曰：「以志吾過，且旌善

人。」介之推，文公從臣。蒙，欺也。知之，欲以達於公也。緜上，在今山西介休縣有山名介山，有介廟。◯獻公任用智勇，滅國拓疆，晉之强也，實自公始，誠亦可稱雄傑之主矣。特以嬖愛驪姬，廢長立幼，以至國亂，累世子孫交殺幾盡。自古不能克情制欲，耽昵衽席，功業雖高而不獲令終者多矣，豈特一獻公哉？噫！此誠正修齊之訓亘萬世而莫能易也歟！

并諸戎狄

僖公八年　晉里克帥師，梁由靡御，虢射爲右，以敗狄于采桑。梁由靡曰：「狄無恥，從之必大克。」里克曰：「懼之而已，無速衆狄。」虢射曰：「期年狄必至，示之弱矣。」夏，狄伐晉，報采桑之役也。復期月。采桑，在今山西太寧縣境舊有采桑津。此前事也。靡言狄不恥走，故可逐。克恐怨深而羣黨來報。射料以見弱必來。

十六年　秋，狄侵晉，取狐厨、受鐸。涉汾，及昆都，因晉敗也。狐厨、受鐸、昆都，晉三邑，今山西臨汾縣舊有狐谷亭。汾水出太原，南入河。敗，韓原之敗。

二十二年　秋，秦、晉遷陸渾之戎于伊川。詳見景王讓晉。

二十八年　冬，晉侯作三行以禦狄。

三十一年　秋，晉蒐于清原，作五軍以禦狄。清原，今山西稷山縣境舊有清原，爲文蒐軍之地。

三十三年　夏，狄侵齊，因晉喪也。喪，文公薨故。秋，狄伐晉，及箕。箕，今山西太谷縣東有箕城。八月戊子，晉侯敗狄于箕，郤缺獲白狄子。白狄，狄別種也。詳見卿族廢興。

宣公六年　秋，赤狄伐晉，圍懷。及邢丘，晉侯欲伐之，中行桓子曰：「使疾其民，以盈其貫，將可殪也。周書曰『殪戎殷』，此類之謂也。」懷，今爲河南武陟縣。邢丘，在今懷慶府城東。驕則數戰，爲民所疾。以索穿物曰貫。惡之多如物之盈於貫。殪，殺也。周書康誥，戎，大也。蓋言武王使殷王之罪稔而滅之。

七年　夏，赤狄侵晉，取向陰之禾。晉用桓子謀，故縱狄。

十一年　夏，晉郤成子求成于衆狄。衆狄疾赤狄之役，遂服于晉。秋，會于欑函，衆狄服也。是行也，諸大夫欲召狄。郤成子曰：「吾聞之，非德莫如勤，非勤何以求人？能勤有繼，其從之也。詩曰：『文王既勤止。』文王猶勤，況寡德乎！」欑函，狄地。有繼，其功可繼也。從，從衆狄也。詩周頌，言文王勤以創業。

十三年　秋，赤狄伐晉，及清。

十五年　夏，潞子嬰兒之夫人，晉景公之姊也。酆舒爲政而殺之，又傷潞子之目。晉侯將伐之，諸大夫皆曰：「不可。酆舒有三儁才，不如待後之人。」伯宗曰：「必伐之。狄有五罪，儁才雖多，何補焉？不祀一也，耆酒二也，棄仲章而奪黎氏地三也，虐我伯姬四也，傷其君目五也。怙其儁才，而不以茂德，茲益罪也。後之人或者將敬奉德義以事神人，而申固其命，若之何

待之？不討有罪，曰將待後，後有辭而討焉，毋乃不可乎？夫恃才與衆，亡之道也。商紂由之，故滅。天反時爲災，地反物爲妖，民反德爲亂，亂則妖災生。故文，反正爲乏，盡在狄矣。」晉侯從之。六月癸卯，晉荀林父敗赤狄于曲梁。辛亥，滅潞，酆舒奔衛，衛人歸諸晉，晉人殺之。潞子國，今山西潞州有潞城。酆舒，潞之相。儁，絕異也。仲章，潞賢人。黎氏，黎侯國，今爲山西黎城縣有黎侯城。命，天命也。文，字也。乏，古文作𤴔。正本射侯正以受矢，𤴔以御矢，是相反也。𤴔言矢於此匱乏不去也，此反正是乏絕之道。曲梁，今永年縣。秋，七月壬午，晉侯治兵于稷，以略狄土，立黎侯而還。稷，今山西稷山縣西有稷神山。略，定其疆也。前狄奪黎氏地，故晉復立之。晉侯賞桓子狄臣千室，亦賞士伯以瓜衍之縣。曰：「吾獲狄土，子之功也。微子，吾喪伯氏矣。」羊舌職説是賞也，曰：「周書所謂『庸庸祇祇』者，謂此物也夫。士伯庸中行伯，君信之，亦庸士伯，此之謂明德矣。文王所以造周，不是過也。故詩曰『陳錫載周』，能施也。率是道也，其何不濟！」荀林父，謚桓子，字伯。千室，千家也。桓子與楚戰邲而敗，晉侯將殺之，士伯諫止，故并賞。瓜衍，闕。職，叔向父。周書康誥，庸，用也。祇，敬也。物，事也。言文王能用可用、敬可敬。詩大雅，言文王布陳大利以錫天下，故能行周道，福流子孫。〇林父敗軍之將，幸而不死，避楚之强而苟以闢土於狄，庶可免罪耳。晉侯之賞已過，而以文王事比之，大不侔矣。

十六年　春，晉士會帥師滅赤狄甲氏及留吁、鐸辰。鐸辰，留吁之屬。餘見卿族廢興。

成公三年　秋，晉郤克、衛孫良夫伐廧咎如，討赤狄之餘焉。廧咎如潰，上失民也。晉滅赤狄，

其民散入廧咎如，故討之。

九年　冬，秦人、白狄伐晉，諸侯貳故也。

十二年　夏，狄人間宋之盟以侵晉，而不設備。秋，晉人敗狄于交剛。晉、楚爲成，故盟宋。交剛，地闕。

昭公元年　夏，晉中行穆子敗無終及羣狄于太原，崇卒也。將戰，魏舒曰：「彼徒我車，所遇又阨，以什共車，必克。困諸阨，又克，請皆卒，自我始。」乃毁車以爲行，五乘爲三伍。荀吴之嬖人不肯即卒，斬以徇。爲五陳以相離，兩於前，伍於後，專爲右角，參爲左角，偏爲前拒，以誘之。翟人笑之。未陳而薄之，大敗之。太原即大鹵，今山西太原縣。無終，山戎，今北直隸玉田縣。崇，尚也。魏舒以車利平地，步利險阻，故言彼徒我車，所遇又阨，將何以勝。若更十人以當一車之用，則步兵多。既可克，遇險則步兵利，又可克。前此車步參用，未有皆用卒者，今自我創始皆卒，乃毁車爲步。陣，乘車者三人，五乘十五人。今改去車，更以五人爲伍，分三伍。因斬主將之嬖人違命者以徇。布列五陣，以相遠於前，爲兩於後爲伍。右角爲專，左角爲參，前拒爲偏，其名臨時所定。翟人笑其失常，猶未陣，爲晉人所薄大敗。徒，步也。阨，險也。○傳言荀吴能用善謀。

十二年　六月，晉荀吴僞會齊師者，假道於鮮虞，遂入昔陽。鮮虞，白狄别種，今爲北直隸新樂縣有鮮虞亭。昔陽，今山西清源縣有昔陽城。秋，八月壬午，滅肥，以肥子緜皐歸。肥，白狄也，今爲北直隸盧龍縣有肥兒國。緜，皐名。冬，晉伐鮮虞，因肥之役也。

十三年　八月，鮮虞人聞晉師之悉起也，而不警邊，且不修備。晉荀吳自著雍以上軍侵鮮虞，及中人，驅衝競，大獲而歸。晉平丘之會，甲車四千乘，故爲悉起。不警，不爲備。夷狄無謀也。中人，戎地，今北直隸慶都縣境舊有中人城。衝，衝車。競，争逐也。驅衝車，與敵人争逐。

十五年　秋，晉荀吳帥師伐鮮虞，圍鼓。鼓人或請以城叛，穆子弗許，左右曰：「師徒不勤而可以獲城，何故不爲？」穆子曰：「吾聞諸叔向曰：『好惡不愆，民知所適，事無不濟。』或以吾城叛吾，所甚惡也。人以城來，吾獨何好焉？賞所甚惡，若所好何？若其弗賞，是失信也，何以庇民？力能則進，否則退，量力而行，吾不可以欲城而邇姦，所喪滋多。」使鼓人殺叛人而繕守備。圍鼓三月，鼓人或請降。使其民見，曰：「猶有食色，姑脩而城。」軍吏曰：「獲城而弗取，勤民而頓兵，何以事君？」穆子曰：「吾以事君也，獲一邑而教民怠，將焉用邑？邑以賈怠，不如完舊。賈怠無卒，棄舊不祥。鼓人能事其君，我亦能事吾君。率義不爽，好惡不愆，城可獲而民知義所。有死命而無二心，不亦可乎？」鼓人告食竭力盡，而後取之。克鼓而反，不戮一人，以鼓子鳶鞮歸。荀吳，謚穆子。鼓，白狄之别，今北直隸晉州舊名鼓城。所適，所歸也。賈，買也。完，保守也。卒，終也。爽，差也。義所，義之所在也。鳶鞮，鼓子名。穆子於此風彩差可畏愛。

十七年　秋，晉侯使屠蒯如周，請有事於雒與三塗。萇弘謂劉子曰：「客容猛，非祭也，其伐戎乎！陸渾氏甚睦於楚，必是故也，君其備之。」乃警戎備。九月丁卯，晉荀吳帥師涉自棘

津，使祭史先用牲于雒，陸渾人弗知，師從之。庚午，遂滅陸渾，數之以其貳於楚也。陸渾子奔楚，其衆奔甘鹿。周大獲。宣子夢文公攜荀吳而授之陸渾，故使穆子帥師，獻俘于文宫。屠蒯，晉之膳宰，以忠諫進。雒，雒水，在洛陽。三塗山，在嵩縣。陸渾戎，其地即嵩縣。警備，警戒以備戎，欲因晉勢以獲戎俘也。棘津，在北直隸棗强縣境有棘津城。甘鹿，周地。大獲，因先警備也。以文公示夢，故獻俘以告成。

二十二年　晉之取鼓也，既獻，而反鼓子焉。又叛於鮮虞。六月，荀吳略東陽，使師僞糴者，負甲以息于昔陽之門外，遂襲鼓，滅之，以鼓子䳒鞮歸，使涉佗守之。獻，獻於廟。叛，叛晉而屬鮮虞。東陽，晉之山東邑，今北直隸河間府其地。僞糴，詐爲將販糴於鼓。昔陽，鼓子所都。守，守鼓地也。

定公三年　秋，九月，鮮虞人敗晉師于平中，獲晉觀虎，恃其勇也。平中，晉地。恃勇輕敵，故被獲。

五年　冬，晉士鞅圍鮮虞，報觀虎之役也。

長狄之亡附

文公十一年　秋，鄋瞞侵齊，遂伐我。公卜使叔孫得臣追之，吉。侯叔夏御莊叔，緜房甥爲右，富父終甥駟乘。冬，十月甲午，敗狄于鹹，獲長狄僑如。富父終甥摏其喉以戈，殺之，埋其首於子駒之門。以命宣伯。初，宋武公之世，鄋瞞伐宋，司徒皇父帥師禦之。耏班御皇父充石，公

子穀甥爲右，司寇牛父駟乘，以敗狄于長丘。獲長狄緣斯。皇父之二子死焉，宋公於是以門賞耏班，使食其征，謂之耏門。晉之滅潞也，獲僑如之弟焚如。齊襄公之二年，鄋瞞伐齊，齊王子成父獲其弟榮如，埋其首於周首之北門。衛人獲其季弟簡如。鄋瞞由是遂亡。

鄋瞞，北方長狄國名，人長三丈，防風氏之後，漆姓。得臣，謚莊叔。侯叔夏、緜房甥、富父終甥，皆魯大夫。四人共車，故曰駟乘。僑如，鄋瞞之君。摏，猶衝也。狄長戈短，蓋遥擲戈以衝之。子駒，魯郭門。埋首於此，骨節非常，恐後世怪之，故詳其處。得臣命其子名僑如，以自志其功。宣伯，僑如謚。伐宋事在春秋前。皇父，戴公子，充石其名。耏班、穀甥、牛父，皆宋大夫。亦四人同乘。長丘，宋地。緣斯，亦狄名。皇父二子從軍，偕戰死，應受賞，傳失記，至後皇瑗、皇緩猶其後也。賞耏班，使食關門之租，因以名門。齊襄誤，本惠公也。惠之二年，爲魯宣之二年，在滅潞十三年前。成父，齊大夫。榮如，焚如之弟。周首，齊地。簡如伐齊退走，至衛見獲。長狄之種遂絶。

春秋左傳屬事卷十二

晉

卿族廢興魏、趙、狐、胥、先、欒、郤、韓、知、中行、范，凡十一族。季賈奔狄而狐氏廢，先穀得罪而先氏廢，胥發于郤，欒、郤廢趙而趙復興，厲公用欒氏譖殺三郤而郤氏廢，范宣子逐欒盈而欒氏廢，范、中行氏逐于知、韓、魏、趙，而韓、魏、趙復共滅知伯，遂爲三晉。靈公、厲公之弒與軍制之變俱見內。

閔公元年　冬，晉侯作二軍，公將上軍，太子申生將下軍。趙夙御戎，畢萬爲右，以滅耿，滅霍，滅魏，還。賜趙夙耿，賜畢萬魏，以爲大夫。卜偃曰：「畢萬之後必大。萬，盈數也。魏，大名也。以是始賞，天啓之矣。天子曰兆民，諸侯曰萬民，今名之大以從盈數，其必有衆。」

初，畢萬筮仕于晉，遇屯䷂之比䷇。辛廖占之曰：「吉。屯固比入，吉孰大焉？其必蕃昌。震

爲土，車從馬，足居之，兄長之，母覆之，衆歸之。六體不易，合而能固，安而能殺，公侯之卦也。公侯之子孫，必復其始。」夙，趙衰兄。畢萬，魏犫祖父。御右，爲公御右也。耿、霍、魏，俱見前驪姬之亂。卜偃，晉掌卜大夫。以魏從萬有衆之象。今北直隸大名府本魏地，蓋取此名。辛廖，晉大夫。屯震下坎上，初九變而之比坤下坎上。屯險難所以爲堅固，比親密所以得入。震爲土，震變爲坤也。震爲車，坤爲馬，故曰「車從馬」。震爲足爲長男，故曰足居、兄長。坤爲母爲衆，故曰母覆、衆歸。有此六義，不可易也。比合屯固，坤安震殺，故曰「公侯之卦」。畢萬，公高之後，故云云。

僖公二十三年　晉公子重耳之及於難也。遂奔狄，從者狐偃、趙衰、顛頡、魏武子、司空季子。狄人伐廧咎如，獲其二女叔隗、季隗，納諸公子。公子取季隗，生伯鯈、叔劉。以叔隗妻趙衰，生盾。難，驪姬之難，餘見文公之伯。時重耳出亡，狐、毛、賈佗、介子推亦從，而傳止言五人者，或有先後，傳失之也。廧咎如，赤狄別種，隗姓。盾，趙宣子名。餘見晉文公之伯。

二十四年　春王正月，秦伯納之。狄人歸季隗于晉，而請其二子。文公妻趙衰，生原同、屏括、樓嬰。趙姬請迎盾與其母，子餘辭。姬曰：「得寵而忘舊，何以使人？必逆之！」固請，許之。來，以盾爲才，固請於公，以爲嫡子，而使其三子下之。以叔隗爲内子，而已下之。納，納重耳也。餘見文公之伯、驪姬之亂。二子，伯鯈、叔劉。狄請其進退之命而傳缺其終，蓋以詛無畜羣公子，不召之入也。原、屏、樓，同、括、嬰之邑。趙姬，文公女。子餘，趙衰字。卿之嫡妻曰内子。

二十七年　冬，作三軍，謀元帥。趙衰曰：「郤縠可。」前獻公作二軍，今文公作三軍，詳見文公之伯。

二十八年　冬，晉侯作三行，以禦狄。荀林父將中行，屠擊將右行，先蔑將左行。晉置上、中、下三軍，今復增置三行以辟天子六軍之名。三行無佐，疑大夫帥。

三十一年　秋，晉蒐于清原，作五軍以禦狄，趙衰爲卿。清見上卷。前作三行，今罷之，更爲上、下新軍。二十七年命趙衰爲卿，讓于欒枝，今從原大夫爲新軍帥。

三十三年　八月戊子，晉侯敗狄于箕。郤缺獲白狄子，先軫曰：「匹夫逞志於君而無討，敢不自討乎？」免胄入狄師，死焉。狄人歸其元，面如生。初，臼季使，過冀，見冀缺耨，其妻饁之，敬，相待如賓。與之歸，言諸文公曰：「敬，德之聚也。能敬必有德，德以治民，君請用之。臣聞之：出門如賓，承事如祭，仁之則也。」公曰：「其父有罪，可乎？」對曰：「舜之罪也殛鯀，其舉也興禹。管敬仲，桓之賊也，實相以濟。康誥曰：『父不慈子不祗，兄不友弟不共，不相及也。』詩曰：『采葑采菲，無以下體。』君取節焉可也。」文公以爲下軍大夫。反自箕，襄公以三命命先且居將中軍，以再命命先茅之縣賞胥臣，曰：「舉郤缺，子之功也。」以一命命郤缺爲卿，復與之冀，亦未有軍行。箕，今山西太谷縣境。殽之戰獲秦三帥而歸之，軫怒不顧而唾，故云「逞志」，事見秦穆公伯西戎。元，首也。如生，見其有異於人。臼季，胥臣也。冀，缺父芮故邑，因以爲稱。耨，鋤也。野饋曰饁。芮謀殺文公，故曰有罪。見驪姬之亂。詩國風。葑、菲，菜名，上美下惡，食之者不以其惡而棄其美，言可取其子之善節，不宜以父故廢之。且居，先軫子。其父死敵，故進之。先茅絶後，故取其縣以賞胥臣，還缺父故邑，雖登卿位，未有軍列。

文公五年　冬，晉陽處父聘于衛。反，過甯，甯嬴從之。及温而還。其妻問之，嬴曰：「以剛。商書曰：『沈漸剛克，高明柔克。』夫子壹之，其不没乎！天爲剛德，猶不干時，況在人乎！且華而不實，怨之所聚也。犯而聚怨，不可以定身。余懼不獲其利而離其難，是以去之。」甯，晉邑。嬴，其邑人。壹，謂其純。剛，天秉純陽故爲剛德，猶不干犯四時之序而寒暑相順。華，文彩。不實，少誠也。離，麗也。恐處父遇禍而及己也。晉趙成子、欒貞子、霍伯、臼季皆卒。成子，趙衰謚，新上軍帥、中軍佐也。貞子，欒枝謚，下軍帥。霍伯，先且居字，中軍帥也。臼季，胥臣字，下軍佐也。

六年春，晉蒐于夷，舍二軍。使狐射姑將中軍，趙盾佐之。陽處父至自温，改蒐于董，易中軍。陽子，成季之屬也，故黨於趙氏，且謂趙盾能，曰：「使能，國之利也。」是以上之。宣子於是乎始爲國政，制事典，正法罪，辟獄刑，董逋逃，由質要，治舊洿，本秩禮，續常職，出滯淹。既成，以授太傅陽子與太師賈佗，使行諸晉國，以爲常法。前蒐清原作五軍，今舍二軍，復三軍之制。夷，晉地。四卿卒，故蒐以謀帥。董，今山西萬泉縣舊有董亭。易中軍，以盾易射姑也。屬，屬大夫。典，常也。正，當也。辟，理也。董，督也。由，用也。質要，券契也。洿，汙穢也。秩，貴賤之等。續，修其廢。出，拔其賢。○八月乙亥，晉襄公卒。靈公少，晉人以難故，欲立長君。趙孟曰：「立公子雍，好善而長，先君愛之，且近于秦，秦舊好也。置善則固，事長則順，立愛則孝，結舊則安。爲難故，故欲立長君。有此四德者，難必抒矣。」賈季曰：「不如立公子樂。辰嬴嬖於二君，立其子，民必安之。」趙孟曰：「辰嬴賤，班在

九人，其子何震之有？且爲二嬖，淫也，爲先君子，不能求大，而出在小國，辟也。母淫子辟，無威。陳小而遠，無援。將何安焉？杜祁以君故，讓偪姞而上之。以狄故，讓季隗而己次之，故班在四。先君是以愛其子，而仕諸秦，爲亞卿焉。秦大而近，足以爲援。母義子愛，足以威民。立之，不亦可乎？」使先蔑、士會如秦逆公子雍，賈季亦使召公子樂于陳，趙孟使殺諸郫。以難，内外猶未寧也。趙盾字孟。雍，文公庶子，其母杜祁。抒，引而泄之也。賈季，狐射姑字。樂亦文公庶子，其母辰嬴，即懷嬴也。二君，懷公、文公。震，威也。杜祁，杜伯之後，祁姓。偪姞，姞姓之女，生襄公爲世子。季隗爲文公託狄時妻，故杜祁皆讓之，使居己上。其本班在二而讓二姬，故降爲四。亞卿，見其賢而位尊。先蔑字士伯，士會字季，食邑於隨。郫，晉地。○賈季怨陽子之易其班也，而知其無援於晉也。九月，賈季使續鞫居殺陽處父，書曰「晉殺其大夫」，侵官也。十一月丙寅，晉殺續簡伯。賈季奔狄，宣子使臾駢送其帑。夷之蒐，賈季戮臾駢，臾駢之人欲盡殺賈氏以報焉。臾駢曰：「不可。吾聞前志有之曰：『敵惠敵怨，不在後嗣，忠之道也。』夫子禮於賈季，我以其寵報私怨，無乃不可乎？介人之寵，非勇也。損怨益仇，非知也。以私害公，非忠也。釋此三者，何以事夫子？」盡具其帑與其器用財賄，親帥扞之，送致諸境。以帥爲佐，是易班也。族少多怨，故無援。續鞫居字簡伯，狐氏族。侵官，易君所命也。帑，妻子。宣子以同官，故送之，戮刑以辱之。前志，古書。敵，猶對也。有惠於人，不復望報於其子。有怨於人，不復致仇於其子，爲忠道。介，因也。寵，禄位也。殺季家以除怨，宣子將復仇，已是益仇。損，除也。

七年　夏，秦康公送公子雍于晉，曰：「文公之入也無衛，故有呂、郤之難。」乃多與之徒衛。穆嬴日抱太子以啼于朝，曰：「先君何罪？其嗣亦何罪？舍嫡嗣不立，而外求君，將焉寘此？」出朝，則抱以適趙氏，頓首於宣子，曰：「先君奉此子也，而屬諸子曰：『此子也才，吾受子之賜。不才，吾唯子之怨。』今君雖終，言猶在耳，而棄之，若何？」宣子與諸大夫皆患穆嬴，且畏偪，乃背先蔑而立靈公，以禦秦師。敗秦師于令狐。先蔑奔秦，士會從之。先蔑之使也，荀林父止之，曰：「夫人、太子猶在而外求君，此必不行。子以疾辭，若何？不然，將及。攝卿以往可也，何必子？同官爲寮，吾嘗同寮，敢不盡心乎？」弗聽。爲賦板之三章，又弗聽。及亡，荀伯盡送其帑及其器用財賄于秦，曰：「爲同寮故也。」士會在秦三年，不見士伯，其人曰：「能亡人於國，不能見於此，焉用之？」士季曰：「吾與之同罪，非義之也，將何見焉？」及歸，遂不見。呂、郤之難，見驪姬之亂。穆嬴，襄公夫人，靈公母也。畏偪，畏國人以大義責己，詳見秦晉交伐。荀林父，字荀伯。將及，禍將及也。板，詩大雅，其三章取「芻蕘之言，猶不可忽」。亡人，與人俱亡也。不見者，自恨前與之偕使也。

◎　狄侵我西鄙，公使告于晉。趙宣子使因賈季問酆舒，且讓之。酆舒問于賈季曰：「趙衰、趙盾孰賢？」對曰：「趙衰，冬日之日也；趙盾，夏日之日也。」酆舒，狄相。讓，讓其伐魯。冬日可愛，夏日可畏。

八年　夷之蒐，晉侯將登箕鄭父、先都，而使士縠、梁益耳將中軍。先克曰：「狐、趙之勳不可廢也。」從之。先克奪蒯得田于堇陰。故箕鄭父、先都、士縠、梁益耳蒯得作亂。登，登之于上軍

也。士縠，本司空。先克，中軍佐。謂狐偃、趙衰有從亡之勳。堇陰，晉地。即令狐之戰内以軍事奪蒯得之田。

九年　春，王正月己酉，使賊殺先克。乙丑，晉人殺先都、梁益耳。三月甲戌，晉人殺箕鄭父、士縠、蒯得。

十二年　秦爲令狐之役故，冬，秦伯伐晉，取羈馬。晉人禦之，趙盾將中軍，荀林父佐之，郤缺將上軍，臾駢佐之，欒盾將下軍，胥甲佐之。范無恤御戎，以從秦師于河曲。臾駢曰：「秦不能久，請深壘固軍以待之。」從之。秦人欲戰，秦伯謂士會曰：「若何而戰？」對曰：「趙氏新出其屬曰臾駢，必實爲此謀，將以老我師也。趙有側室曰穿，晉君之壻也，有寵而弱，不在軍事，好勇而狂，且惡臾駢之佐上軍也。若使輕者肆焉，其可。」秦伯以璧祈戰于河。十二月戊午，秦軍掩晉上軍，趙穿追之不及。反，怒曰：「裹糧坐甲，固敵是求，敵至不擊，將何俟焉？」軍吏曰：「將有待也。」穿曰：「我不知謀，將獨出。」乃以其屬出。宣子曰：「秦獲穿也，獲一卿矣。秦以勝歸，我何以報？」乃皆出戰，交綏。秦行人夜戒晉師，曰：「兩君之士皆未憖也，明日請相見也。」臾駢曰：「使者目動而言肆，懼我也，將遁矣。薄諸河，必敗之！」胥甲、趙穿當軍門，呼曰：「死傷未收而棄之，不惠也。不待期而薄人于險，無勇也。」乃止。秦師夜遁。羈馬，晉邑，在今陝西郃陽縣境。林父代先克，郤缺代箕鄭，臾駢代林父。盾，欒枝子，代先蔑，胥甲臣子代先都。河曲，今山西河曲縣。凡兵主利持久，客利速決。臾駢，趙氏謀臣，故獻謀以老秦師。士會知穿之情，且謂其年少不知軍事，可以挑而間之。輕，

輕兵。肆，暫往而退也。時穿獨追之。坐甲，被甲而坐。穿散卿，不在軍帥之列者。交綏，交退也，古名退軍爲綏。秦、晉志未能堅戰，短兵未接而兩退。憖，缺也。目動心不安言肆，中情怯也。薄，迫也。甲穿大呼洩其謀，故止而秦遁。

十三年　晉人患秦之用士會也。夏，六卿相見于諸浮。趙宣子曰：「隨會在秦，賈季在狄，難日至矣，若之何？」中行桓子曰：「請復賈季，能外事，且由舊勳。」郤成子曰：「賈季亂且罪大，不如隨會，能賤而有恥，柔而不犯，其知足使也。且無罪。」乃使魏壽餘僞以魏叛者，以誘士會，執其帑于晉，使夜逸。請自歸于秦，秦伯許之，履士會之足于朝。秦伯師于河西，魏人在東。壽餘曰：「請東人之能與夫二三有司言者，吾與之先。」使士會，士會辭曰：「晉人虎狼也，若背其言，臣死，妻子爲戮，無益於君，不可悔也。」秦伯曰：「若背其言，所不歸爾帑者，有如河！」乃行。繞朝贈之以策，曰：「子無謂秦無人，吾謀適不用也。」既濟，魏人譟而還。秦人歸其帑。其處者爲劉氏。晉知隨會前謀，故患之。諸浮，晉地。宣子，盾謚。桓子，林父謚。成子，郤缺謚。舊勳，謂狐偃從亡佐伯。罪大，謂殺陽處父。柔故能賤，有恥故不可犯，以非義多知故足使，以逆雍則無罪。魏壽餘，畢萬之後。執帑以見其罪，履足以示之意。壽餘欲得會而僞言于秦伯，欲使晉人在秦爲東人所信服者先，喻魏有司度必遣會也。會知其謀，故先以己無去志要言于秦伯，伯乃指河爲誓，必歸其帑。繞朝，秦大夫，知士會將歸，授之以策，策馬而去，見秦亦有智士知其情者。譟而還，喜得會也。秦以前誓歸其帑。士會，堯後，劉累之胤，復其姓。

宣公元年　夏，晉人討不用命者，放胥甲父于衛，而立胥克。先辛奔齊。命，令也。克，甲之子。

辛，甲之屬大夫。○河曲之役，穿罪浮于甲多矣，舍穿而放甲，盾之私也。

二年　夏，晉靈公不君，厚斂以彫牆，從臺上彈人，而觀其辟丸也。宰夫胹熊蹯不孰，殺之，寘諸畚，使婦人載以過朝。趙盾、士季見其手，問其故而患之。將諫，士季曰：「諫而不入，則莫之繼也。會請先，不入，則子繼之。」三進，及溜，而後視之，曰：「吾知所過矣，將改之。」稽首而對曰：「人誰無過？過而能改，善莫大焉。詩曰：『靡不有初，鮮克有終。』夫如是則能補過者鮮矣，君能有終，則社稷之固也。豈唯羣臣賴之。又曰：『袞職有闕，惟仲山甫補之』能補過也。君能補過，袞不廢矣。」猶不改。宣子驟諫，公患之，使鉏麑賊之。晨往，寢門闢矣，盛服將朝，尚早，坐而假寐。麑退，歎而言曰：「不忘恭敬，民之主也。賊民之主，不忠。棄君之命，不信。有一于此，不如死也。」觸槐而死。秋九月，晉侯飲趙盾酒，伏甲將攻之。其右提彌明知之，趨登曰：「臣侍君宴，過三爵，非禮也。」遂扶以下。公嗾夫獒焉，明搏而殺之。盾曰：「棄人用犬，雖猛何爲？」鬭且出，提彌明死之。初，宣子田于首山，舍于翳桑，見靈輒餓，問其病，曰：「不食三日矣。」食之，舍其半，問之曰：「宦三年矣，未知母之存否。今近焉，請以遺之。」使盡之，而爲之簞食與肉，寘諸橐以與之。既而與爲公介，倒戟以禦公徒而免之。問何故，對曰：「翳桑之餓人也。」問其名居，不告而退，遂自亡也。乙丑，趙穿攻靈公于桃園，宣子未出山而復。太史書曰「趙盾弒其君」，以示于朝。宣子曰：「不然。」對曰：「子爲正卿，亡不越竟，

反不討賊，非子而誰？」宣子曰：「烏呼！『我之懷矣，自詒伊慼。』其我之謂矣。」孔子曰：「董狐，古之良史也，書法不隱。趙宣子，古之良大夫也，爲法受惡。惜也，越竟乃免。」宣子使趙穿逆公子黑臀于周而立之。壬申，朝于武宫。不君，失君道。彫，畫也。彈人，今山西絳州西北有靈公臺其處。胹，煮也。蹯，獸足。畚，草索所爲筥屬。士季，隨會字。以盾位尊，諫不聽則卑者難以再諫。溜，屋溜。三進，三伏。公不省而又前，公知欲諫，故佯不視。二詩皆大雅。衮，君之上服。闕，過也。喻己補君之闕，而復勗靈公能自補，則衮可服而不廢。驟，數也。鉏麑，晉力士。假寐，衣冠而睡。槐，庭樹。右，車右。犬四尺爲獒。首山，在蒲州東南境。翳桑，桑之多蔭翳者。在絳州北有餔饑坂。靈輒，晉人。宦三年，淹於陪宦也。爲公介，爲公甲士。穿，盾之從子。山，晉竟之山。盾出奔，聞公弒即還。詩，逸詩，言人多所懷戀則自遺憂，亦自咎也。乃免，謂越竟則君臣之義絶，可免于罪。黑臀，文公子，是爲成公。○傳所引孔子之言誣矣，是使賊臣僞焉遠遁而返，以苟脱其罪也，而可乎？初，麗姬之亂，詛無畜羣公子，自是晉無公族。及成公即位，乃宦卿之適而爲之田，以爲公族。又宦其餘子，亦爲餘子，其庶子爲公行，晉於是有公族、餘子、公行。趙盾請以括爲公族，曰：「君姬氏之愛子也。微君姬氏，則臣狄人也。」公許之。冬，趙盾爲旄車之族，使屏季以其故族爲公族大夫。驪姬欲固其子位，凡公子皆出之，無畜于國。詛，盟誓也。無公子，故廢公族之官，至成公又不納公子爲公族，乃仕卿之嫡子，爲置田邑以爲之。餘子，嫡子之母弟，亦治餘子之政。其妾之子掌公之戎行。凡三官皆卿之子，公族無與。括，盾異母弟。君姬氏，文公女，事俱見前。旄車，公行之官。盾既爲卿，宜以嫡子爲公族，乃自處于庶而以公族讓括，使爲嫡，以故族人屬之。蓋嫡子爲宗，宜統族也。屏括，食邑，季其字也。○嗚呼！此三家分晉之本也。自披其枝葉，而使本根一無所庇，故異姓之臣世藉權寵，獲奮詐謀而瓜分其國。抑盾于此讓其弟，可

謂知所報矣。而與公家謀，何其疏也，豈亦利其本根之弱，而因之以自封殖乎？

八年　夏，晉胥克有蠱疾。郤缺爲政。秋，廢胥克，使趙朔佐下軍。蠱，惑疾。時趙盾卒，郤缺代之。朔，盾子，代胥克。

十三年　秋，赤狄伐晉，及清，先縠召之也。冬，晉人討邲之敗與清之師，歸罪於先縠而殺之，盡滅其族。君子曰：「惡之來也，己則取之，其先縠之謂乎？」戰邲不得志，故復召狄爲亂。邲事見楚莊王之伯。

十五年　秋，七月，晉侯使趙同獻狄俘于周，不敬，劉康公曰：「不及十年，原叔必有大咎，天奪之魄矣。」時晉滅赤狄潞氏，故同獻俘。劉康公，季子也。原叔，同字。心之精靈是謂魂魄。

十六年　三月，獻狄俘，晉侯請于王。戊申，以黻冕命士會將中軍，且爲太傅。于是晉國之盗逃奔于秦。羊舌職曰：「吾聞之，禹稱善人，不善人遠，此之謂也夫。詩曰：『戰戰兢兢，如臨深淵，如履薄冰。』善人在上也。善人在上，則國無幸民。諺曰：『民之多幸，國之不幸也。』是無善人之謂也。」晉滅甲氏留吁，故獻俘。士會代林父將中軍。黻冕，命卿之服，加以太傅。稱，舉也。詩小雅，言善人在位則兇人無不戒懼。

成公三年　十二月甲戌，晉作六軍。韓厥、趙括、鞏朔、韓穿、荀騅、趙旃皆爲卿，賞鞌之功也。伐齊戰于鞌而勝，見景公争伯。韓厥爲新中軍，趙括佐之。鞏朔爲新上軍，韓穿佐之。荀騅爲新下軍，趙旃佐之。晉舊有

三軍，今爲六軍。

四年　冬，晉趙嬰通于趙莊姬。趙嬰，趙盾弟。莊姬，趙朔妻，成公女。朔，盾之子。

五年　春，原、屏放諸齊。嬰曰：「我在，故欒氏不作。我亡，吾二昆其憂哉！且人各有能，有不能，舍我何害？」弗聽。嬰夢天使謂己：「祭余，余福女。」使問諸士貞伯，貞伯曰：「不識也。」既而告其人曰：「神福仁而禍淫，淫而無罰，福也。祭，其得亡乎？」祭之，之明日而亡。原，原同。屏，屏括，嬰之兄也。放，放嬰也。時欒氏有剪趙之謀，忌莊姬故不敢發。嬰言己雖淫而能令姬護趙氏。貞伯謂嬰宜得重罰，以得放爲福。

六年　春，晉人謀去故絳，諸大夫皆曰：「必居郇、瑕氏之地，沃饒而近盬，國利君樂，不可失也。」韓獻子將新中軍，且爲僕大夫。公揖而入，獻子從。公立于寢庭，謂獻子曰：「何如？」對曰：「不可。郇、瑕氏土薄水淺，其惡易覯。易覯則民愁，民愁則墊隘。於是乎有沈溺重膇之疾。不如新田，土厚水深，居之不疾，有汾、澮以流其惡，且民從教，十世之利也。夫山澤林盬，國之寶也。國饒，則民驕佚。近寶，公室乃貧，不可謂樂。」公說，從之。夏，四月丁丑，晉遷于新田。冬，季文子如晉，賀遷也。晉都名絳，故絳今爲山西翼城縣。時謀遷之。郇、瑕，古國名，在今解州境舊有郇城。沃，土肥。饒，民富。盬，鹽池也。僕，兼太僕之職。寢庭，路寢之庭。惡易覯，以水淺則垢穢易積也。墊隘，昏墊狹隘也。此二句悮，應云「易覯則墊隘，墊隘則民愁」。沈溺，濕疾。重膇，足腫也。新田，今爲絳縣，與前二邑俱屬平陽府。高燥故

不疾。汾、澮，二水。前見有水則穢流而不積。從教，易使也。財易致則民驕侈，近寶則民不務本，故公室貧。○韓獻子遷都之議，于晉亦有社稷之功。

八年　夏，晉趙莊姬爲趙嬰之亡故，譖之於晉侯曰：「原、屏將爲亂。」欒、郤爲徵。六月，晉討趙同、趙括。武從姬氏畜于公宫。以其田與祁奚。韓厥言於晉侯曰：「成季之勳，宣孟之忠，而無後，爲善者其懼矣。三代之令王皆數百年保天之禄，夫豈無辟王？賴前哲以免也。周書曰：『不敢侮鰥寡。』所以明德也。」乃立武，而反其田焉。莊姬恨原、屏逐嬰，故譖其爲亂。徵，實之也。武，朔之子，從母養于宫。成季，趙衰也。宣孟，盾也。厥言三代亦有邪僻之主，賴其先人以免禍，今于趙氏亦宜念其先世功勳而存之。周書康誥，言文王不侮鰥寡而德益明，欲晉侯法之也。

十年　夏，晉侯夢大厲，被髮及地，搏膺而踊，曰：「殺余孫，不義，余得請於帝矣。」壞大門及寢門而入，公懼。入于室，又壞戶。公覺，召桑田巫，巫言如夢。公曰：「何如？」曰：「不食新矣。」公疾病，求醫于秦，秦伯使醫緩爲之。未至，公夢疾爲二豎子，曰：「彼良醫也，懼傷我，焉逃之？」其一曰：「居肓之上，膏之下，若我何？」醫至，曰：「疾不可爲也。在肓之上，膏之下，攻之不可，達之不及，藥不至焉，不可爲也。」公曰：「良醫也。」厚爲之禮而歸之。六月丙午，晉侯欲麥，使甸人獻麥，饋人爲之。召桑田巫，示而殺之。將食，張，如厠，陷而卒。小臣有晨夢負公以登天，及日中，負晉侯出諸厠，遂以爲殉。厲，厲鬼，蓋趙之先祖。桑田，晉邑，其邑之巫。言鬼

怒如公所夢，公不得食新麥矣。緩，醫名。爲，治也。鬲上爲肓，心下爲膏，其間至虛，於腑臟無繫，故攻達藥皆不能爲力。攻，熨灸也。達，砭針也。六月今四月，麥始熟。甸人，治公田者。饋人，進公膳者。晉侯自以必食麥，巫言不驗，故殺之，竟卒厠不獲食。張，腹滿也。殉，從葬也。巫既以明術見殺，小臣又以言夢自禍。

十一年 春王三月，郤犨來聘。

聲伯之母不聘，穆姜曰：「吾不以妾爲姒。」生聲伯而出之，嫁于齊管于奚，生二子而寡，以歸聲伯。聲伯以其外弟爲大夫，而嫁其外妹於施孝叔。郤犨來聘，求婦於聲伯。聲伯奪施氏婦以與之。婦人曰：「鳥獸猶不失儷，子將若何？」曰：「吾不能死亡。」婦人遂行。生二子於郤氏。郤氏亡，晉人歸之施氏。施氏逆諸河，沈其二子，婦人怒曰：「己不能庇其伉儷而亡之，又不能字人之孤而殺之，將何以終？」遂誓施氏。聲伯，名嬰齊，叔肸之子。叔肸，宣公同母弟。穆姜，宣公夫人，不聘爲妾。兄弟之妻相謂曰姒。管于奚，齊人。外弟，于奚之子。施孝叔，魯惠公五世孫。儷，耦也。死亡，謂犨忿而致禍也。誓，誓不爲施氏婦。見犨淫縱故亡，因其聘而要後言之。

秋，晉郤至與周争鄇田。王命劉康公、單襄公訟諸晉，郤至曰：「温，吾故也，故不敢失。」劉子、單子曰：「昔周克商，使諸侯撫封。蘇忿生以温爲司寇，與檀伯達封于河。蘇氏即狄，又不能于狄而奔衛。襄王勞文公而賜之温。狐氏、陽氏先處之，而後及子。若治其故，則王官之邑也。子安得之？」晉侯使郤至勿敢争。鄇，温別邑，今河南武陟縣西南有鄇人亭。撫封，撫有其封。蘇忿生，事見一卷。檀伯亦周臣，與蘇俱封河内。其竟盡河。狐氏，狐溱。陽氏，陽處父。先食温，言温本周地，三傳而及郤。傳言郤至貪，故亡。

十三年　春，晉侯使郤錡來乞師，將事不敬。孟獻子曰：「郤氏其亡乎！禮，身之幹也。敬，身之基也。郤子無基，且先君之嗣卿也。受命以求師，將社稷是衛，而惰棄君命也。不亡何爲？」乞師，將伐秦也。郤錡，郤克子，故曰嗣卿。

十四年　夏，衛侯饗苦成叔，甯惠子相。苦成叔傲，甯子曰：「苦成家其亡乎！古之爲饗食也，以觀威儀、省禍福也。故詩曰：『兕觵其觩，旨酒思柔。彼交匪敖，萬福來求。』今夫子傲，取禍之道也。」苦成叔，郤犨字。先衛孫林父奔晉，晉侯使犨送林父于衛，衛享之。相，佐，禮也。惠子，甯殖謚。詩小雅，言君子好禮，飲酒皆思柔德，雖設兕觵觩，然不用彼交于事而不傲如此，乃求萬福。蓋古者以兕角爲觵，所以罰不敬。觩，角曲貌。

十五年　冬，晉三郤害伯宗，譖而殺之，及欒弗忌。伯州犁奔楚。韓獻子曰：「郤氏其不免乎！善人，天地之紀也，而驟絶之，不亡何待？」初，伯宗每朝，其妻必戒之曰：「盜憎主人，民惡其上。子好直言，必及于難。」伯宗、欒弗忌，皆晉賢大夫。州犁，伯宗子。上，才能上人也。

十六年　夏，六月，晉、楚遇于鄢陵，范文子不欲戰。欒書曰：「楚師輕窕，固壘而待之，三日必退。」郤至曰：「楚有六間，不可失也。……我必克之。」郤至三遇楚子之卒，見楚子，必下，免冑而趨風。楚子使工尹襄問之以弓。郤至見客，免冑承命。三肅使者而退。楚師薄于險。晉師　囚楚公子茷。乃宵遁。下，下車。風，疾如風。問，遺也。薄，迫也。遁，楚

遁。以上俱節，詳見晉楚鄢陵之戰。冬，晉侯使郤至獻楚捷于周，與單襄公語，驟稱其伐。單子語諸大夫曰：「温季其亡乎！位于七人之下，而求掩其上。怨之所聚，亂之本也。多怨而階亂，何以在位？夏書曰：『怨豈在明，不見是圖。』將慎其細也。今而明之，其可乎？」温，至邑。季，字。伐，自以爲功也。至佐新軍，位居八而稱己，以掩其上七人。夏書五子之歌，言怨之不見猶以爲圖，何況顯稱己伐，其不任怨乎？

十七年　夏，晉范文子反自鄢陵，使其祝宗祈死，曰：「君驕侈而克敵，是天益其疾也，難將作矣！愛我者唯祝我，使我速死，無及于難，范氏之福也。」六月戊辰，士燮卒。祝宗，主祭祀祈禱者。厲公無道，故賢臣憂懼，因禱自裁。○春秋傳祈死者二，先儒多以爲誣，予以爲非誣也。自古勇夫志士精誠所格，動天地之變者多矣，欲祈身之死而有不能者乎？冬，晉厲公侈，多外嬖，反自鄢陵，欲盡去羣大夫而立其左右。胥童以胥克之廢也，怨郤氏，而嬖於厲公。郤錡奪夷陽五田，五亦嬖於厲公。郤犫與長魚矯争田，執而梏之，與其父母妻子同一轅，既，矯亦嬖於厲公。欒書怨郤至，以其不從己而敗楚師也，欲廢之，使楚公子茷告公曰：「此戰也，郤至實召寡君，以東師之未至也，與軍帥之不具也，曰：『此必敗，吾因奉孫周以事君。』」公告欒書，書曰：「其有焉，不然，豈其死之不恤，而受敵使乎？君盍嘗使諸周而察之？」郤至聘于周，欒書使孫周見之。公使覘之，信，遂怨郤至。厲公田，與婦人先殺而飲酒，後使大夫殺。郤至奉豕，寺人孟張奪之，郤至射而殺之。公曰：「季子欺余！」厲公將作難，胥童曰：「必先三郤，族大多怨。去大族，不偪。敵多怨，有庸。」公

曰：「然。」郤氏聞之，郤錡欲攻公，曰：「雖死，君必危。」郤至曰：「人所以立，信、知、勇也。信不叛君，知不害民，勇不作亂。失茲三者，其誰與我？死而多怨，將安用之？君實有臣而殺之，其謂君何？我之有罪，吾死後矣。若殺不辜，將失其民，欲安，得乎？待命而已。受君之禄，是以聚黨。有黨而爭命，罪孰大焉？」壬午，胥童、夷羊五帥甲八百將攻郤氏。長魚矯請無用衆，公使清沸魋助之。抽戈結衽，而僞訟者。三郤將謀于榭，矯以戈殺駒伯、苦成叔于其位。温季曰：「逃威也。」遂趨。矯及諸其車以戈殺之，皆尸諸朝。胥童以甲劫欒書、中行偃于朝。矯曰：「不殺二子，憂必及君。」公曰：「一朝而尸三卿，余不忍益也。」對曰：「人將忍君。臣聞亂在外爲姦，在内爲軌。御姦以德，御軌以刑。不施而殺，不可謂德。臣偪而不討，不可謂刑。德、刑不立，姦軌並至。臣請行。」遂出奔狄。公使辭於二子曰：「寡人有討於郤氏，郤氏既伏其辜矣，大夫無辱，其復職位。」皆再拜稽首曰：「君討有罪，而免臣於死，君之惠也。二臣雖死，敢忘君德？」乃皆歸。公使胥童爲卿。公遊于匠麗氏，欒書、中行偃遂執公焉。召士匄，士匄辭。召韓厥，韓厥辭曰：「昔吾畜于趙氏，孟姬之讒，吾能違兵。古人有言曰：『殺老牛，莫之敢尸。』而況君乎？二三子不能事君，焉用厥也？」閏月乙卯晦，欒書、中行偃殺胥童。民不與郤氏，胥童道君爲亂，故皆書曰「晉殺其大夫」。外嬖，愛幸大夫。胥童，克之子。與夷陽五、長魚矯皆是也。梏，械也。公子茷晉戰時所囚。東師，齊、魯、衛之師。時荀罃佐下軍居守，郤犨將新軍乞師，故云不具。孫周，襄公曾孫悼

公也。君，楚王。嘗，試也。覘，伺也。○欒書時稱賢大夫而隱害如此，其罪不特弑君而已。○凡田獵，貴者先殺。厲公無道，先婦人而後卿佐。至奉豕進之公，孟張奪其豕，至射殺之，公反以至奪孟張豕。寺人，奄士。不偪，不陵上。有庸，易有功。争命，競君命也。清沸魋，亦嬖人。與矯僞相訟以詣，郤氏欲襲殺之。榭，講武堂。位，所坐也。駒伯，郤錡字。苦成叔，郤犨字。温，至邑，季字。至本意欲禀君命而死，今矯等不以君命而來，故欲逃其凶威。矯度書、偃必弑君。德綏遠，故以御姦。刑治近，故以御軌。以言不用奔。匠麗氏，嬖大夫家。違兵，去其兵也。韓厥言已受恩必報，食君之禄，必不與于弑。書、偃以胥童以甲劫己，故先殺之。經書與郤氏同其文，故傳釋其如此，未必得夫子意也。

十八年　春王正月庚申，晉欒書、中行偃使程滑弑厲公。使荀罃、士魴逆周子于京師而立之。　二月乙酉朔，晉悼公即位于朝。程滑，晉大夫。悼公，周子也。朝廟五日而即位。厲公以弑殞，悼公不以嗣子居喪。以上節，俱詳見悼公復伯。○悼公既承大宗，當自處以正，盡君薨即位之禮，乃苟狥書、偃之私，非矣。

襄公七年　冬，十月，晉韓獻子告老，公族穆子有癈疾，將立之。辭曰：「詩云：『豈不夙夜，謂行多露。』又曰：『弗躬弗親，庶民弗信。』無忌不才，讓其可乎？請立起也。與田蘇游，而曰『好仁』。詩曰：『靖共爾位，好是正直。神之聽之，介爾景福。』恤民爲德，正直爲正，正曲爲直，參和爲仁，如是則神聽之，介福降之。立之，不亦可乎？」庚戌，使宣子朝，遂老。晉侯謂韓無忌仁，使掌公族大夫。穆子，厥長子，名無忌。立，立爲嗣。詩召南，言欲早夜而行，懼多露之濡己。義取非禮不可妄行。又詩小雅，言在位者不躬親政事，則庶民不奉信其命。言己有疾不能親政也。起，無忌弟宣子也。田蘇，晉賢人。蘇言起好仁。詩小雅，言君子静焉以供其位，求正直之人與之並立，則神明順之而致大福。靖，安。介，助。景，大也。恤民，由靖共

也。正直，正己心。正曲，正人心。參和，備也。備此三德謂之仁，如詩所稱，宜爲嗣。朝，爲卿朝于君。老，致仕。掌，爲之師長。

十一年　冬，十二月，晉侯以樂之半賜魏絳。魏絳於是乎始有金石之樂。以其和戎息民而諧諸侯也。詳見悼公復伯。

十四年　夏，諸侯之大夫從晉侯伐秦。晉侯待于竟，使六卿帥諸侯之師以進。至於棫林，不獲成焉。荀偃令曰：「鷄鳴而駕，塞井夷竈，唯余馬首是瞻。」欒黶曰：「晉國之命未是有也，余馬首欲東。」乃歸，下軍從之。伯游曰：「吾令實過，悔之何及？多遺秦禽。」乃命大還，晉人謂之遷延之役。欒鍼曰：「此役也，報櫟之敗也。役又無功，晉之恥也。吾有二位于戎路，敢不恥乎？」與士鞅馳晉師，死焉。士鞅反，欒黶謂士匄曰：「余弟不欲往，而子召之。余弟死而子來，是而子殺余之弟也。弗逐，余亦將殺之。」士鞅奔秦。秦伯問於士鞅曰：「晉大夫其誰先亡？」對曰：「其欒氏乎！」秦伯曰：「以其汰乎？」對曰：「然。欒黶汰虐已甚，猶可以免，其在盈乎？」秦伯曰：「何故？」對曰：「武子之德在民，如周人之思召公焉。愛其甘棠，況其子乎！欒黶死，盈之善未能及人，武子所施没矣。而黶之怨實章，將於是乎在。」秦伯以爲知言，爲之請于晉而復之。棫林，秦地。成，平也。晉國兵事必六卿同議而出令，此偃專之，故黶棄之獨歸。詳見秦晉交伐。偃以軍帥不和，恐多爲秦所禽獲。鍼，黶弟。二位，謂黶將下軍，鍼爲戎右。士鞅，匄之子。黶侈汰誣逐士鞅。

而，汝也。餘見秦晉交伐。盈，黶之子。武子，欒書，黶父也。召公，奭，聽訟于甘棠之下，周人思之，不害其樹而作「勿伐」之詩。在，禍所在也。○愚謂鞅言非也，書親弒而君，又陰害三郤，得免于子幸矣。師歸自伐秦，晉侯舍新軍，禮也。成國不過半天子之軍。周爲六軍，諸侯之大者三軍可也。於是知朔生盈而死，盈生六年而武子卒，彘裘亦幼，皆未可立也。新軍無帥，故舍之。成國，大國。朔，知罃之長子。盈，朔弟也。盈生而朔死。彘裘，士魴子。十三年荀罃、士魴卒，其子皆幼，未任爲卿，故新軍無帥而舍之。

二十一年　欒桓子娶於范宣子，生懷子。范鞅以其亡也，怨欒氏，故與欒盈爲公族大夫而不相能。桓子卒，欒祁與其老州賓通，幾亡室矣。懷子患之。祁懼其討也，愬諸宣子曰：「盈將爲亂，以范氏爲死桓主而專政矣，曰：『吾父逐鞅也，不怒而以寵報之，又與吾同官而專之。吾父死而益富，死吾父而專於國，有死而已，吾蔑從之矣。』其謀如是，懼害於主，吾不敢不言。」范鞅爲之徵。懷子好施，士多歸之，宣子畏其多士也，信之。懷子爲下卿，宣子使城著而遂逐之。秋，欒盈出奔楚。宣子殺箕遺、黃淵、嘉父、司空靖、邴豫、董叔、邴師、申書、羊舌虎、叔羆，因伯華、叔向、籍偃。人謂叔向曰：「子離於罪，其爲不知乎？」叔向曰：「與其死亡若何？詩曰：『優哉游哉，聊以卒歲。』知也。」樂王鮒見叔向曰：「吾爲子請。」叔向弗應，出，不拜。其人皆咎叔向，叔向曰：「必祁大夫。」室老聞之，曰：「樂王鮒言于君無不行，求赦吾子，吾子不許。祁大夫所不能也，而曰必由之，何也？」叔向曰：「樂王鮒從君者也，何能行？祁大夫

外舉不棄讎，内舉不失親，其獨遺我乎？詩曰：『有覺德行，四國順之。』夫子覺者也。」晉侯問叔向之罪于欒王鮒，對曰：「不棄其親，其有焉。」於是祁奚老矣，聞之，乘馹而見宣子，曰：「詩曰：『惠我無疆，子孫保之。』書曰：『聖有謩訓，明徵定保。』夫謀而鮮過，惠訓不倦者，叔向有焉，社稷之固也，猶將十世宥之，以勸能者。今壹不免其身，以棄社稷，不亦惑乎？鯀殛而禹興，伊尹放太甲而相之，卒無怨色。管、蔡爲戮，周公右王。若之何其以虎也棄社稷？子爲善，誰敢不勉，多殺何爲？」宣子説，與之乘，以言諸公而免之。不見叔向而歸，叔向亦不告免焉而朝。初，叔向之母妬叔虎之母美而不使，其子皆諫其母，其母曰：「深山大澤，實生龍蛇。彼美，余懼其生龍蛇以禍女。女敝族也。國多大寵，不仁人閒之，不亦難乎？余何愛焉？」使往視寢，生叔虎，美而有勇力，欒懷子嬖之，故羊舌氏之族及於難。欒盈過于周，周西鄙掠之。辭于行人曰：「天子陪臣盈得罪于王之守臣，將逃罪。罪重于郊甸，無所伏竄，敢布其死。昔陪臣書能輸力于王室，王施惠焉。其子黶不能保任其父之勞。大君若不棄書之力，亡臣猶有所逃。若棄書之力，而思黶之罪，臣戮餘也，將歸死於尉氏，不敢還矣。敢布四體，唯大君命焉。」王曰：「尤而效之，其又甚焉。」使司徒禁掠欒氏者，歸所取焉，使候出諸轘轅。桓子名黶，宣子名匄，懷子名盈。欒祁黶妻，匄女，盈之母也。范氏，堯後祁姓。亡室，言亂甚。桓主，謂黶。同官，同爲公族大夫。下卿，下軍佐。著，晉邑。乘其城著在外易逐也。箕遺等十子，皆晉大夫，盈之黨。羊舌虎，叔向弟。籍偃，上軍司馬。離，麗也。不能遠害而

麗于罪爲不智，叔向言雖囚猶勝于死亡。詩勉詩，言與世優游以全其年，智也。樂王鮒，樂桓子也。祁大夫，名奚。外舉、內舉，見悼公復伯。詩大雅。覺，正直也。言德行正直則四方順。又詩周頌，言文武有惠訓之德無窮，故子孫賴而弗失。書夏胤征，言聖哲有謀功者當明信安定之。謀鮮過，有謩勳也。惠訓不倦，惠我無疆也。壹，壹以弟故。鯀、禹、管、蔡、周公，言父子兄弟罪不相及。伊尹、太甲，言遷善不念舊惡。不見、不告，皆爲國無私也。不使，不使侍向父。山澤、龍蛇，言異地多生怪物。敝，衰也。大寵，謂六卿專權。掠，劫掠其財。行人，王之行人。諸侯之臣稱于天子曰陪臣，守臣謂晉侯。爲王守土，爲郊甸所侵掠，故云重得罪。輸力，謂輔相晉侯翼戴天子。大君，周王也。戮餘，罪戮之餘。尉氏，討姦之官。布四體，言無所隱。尤，晉逐盈而掠之，是效尤也。候，送迎賓客之官。轘轅，今河南登封縣西北有轘轅嶺。　冬，會于商任，錮欒氏也。商任，地舊闕。　知起、中行喜、州綽、邢蒯出奔齊，皆欒氏之黨也。　樂王鮒謂范宣子曰：「盍反州綽、邢蒯？勇士也。」宣子曰：「彼欒氏之勇也，余何獲焉？」王鮒曰：「子爲彼欒氏，乃亦子之勇也。」錮，使諸侯不得受。餘見齊崔慶之亂。知起等，晉四大夫。何獲，言不獲其用。鮒言待之厚則獲用。

二十二年　秋，欒盈自楚適齊。　冬，會于沙隨，復錮欒氏也。沙隨，今河南寧陵縣有沙隨城。　晉知欒盈在齊，故復錮之。餘見齊崔慶之亂。

二十三年　夏，晉將嫁女于吳，齊侯使析歸父媵之，以藩載欒盈及其士，納諸曲沃。　欒盈夜見胥午而告之，對曰：「不可。天之所廢，誰能興之？　子必不免。　吾非愛死也，知不集也。」盈曰：「雖然，因子而死，吾無悔矣。　我實不天，子無咎焉。」許諾。　伏之而觴曲沃人，樂作，午言曰：「今也得欒孺子何如？」對曰：「得主而爲之死，猶不死也。」皆歎，有泣者。　爵行，又言，

皆曰：「得主，何貳之有！」盈出，徧拜之。四月，欒盈帥曲沃之甲，因魏獻子，以晝入絳。初，欒盈佐魏莊子於下軍，獻子私焉，故因之。趙氏以原、屏之難怨欒氏。韓、趙方睦，中行氏以伐秦之役怨欒氏，而固與范氏和親。知悼子少而聽於中行氏，程鄭嬖於公，唯魏氏及七輿大夫與之。樂王鮒侍坐於范宣子，或告曰：「欒氏至矣。」宣子懼。桓子曰：「奉君以走固宮，必無害也。且欒氏多怨，子爲政，欒氏自外，子在位，其利多矣。既有利權，又執民柄，將何懼焉？欒氏所得，其唯魏氏乎？而可强取也。夫克亂在權，子無懈矣。」公有姻喪，王鮒使宣子墨縗冒絰，二婦人輦以如公，奉公以如固宮。范鞅逆魏舒，則成列既乘，將逆欒氏矣。趨進，曰：「欒氏帥賊以入，鞅之父與二三子在君所矣，使鞅逆吾子。鞅請驂乘。」持帶，遂超乘。右撫劍，左援帶，命驅之出。僕請，鞅曰：「之公。」宣子逆諸階，執其手，賂之以曲沃。初，斐豹隸也，著於丹書。欒氏之力臣曰督戎，國人懼之。斐豹謂宣子曰：「苟焚丹書，我殺督戎。」宣子喜曰：「而殺之，所不請於君焚丹書者，有如日！」乃出豹而閉之。督戎從之。踰隱而待之，督戎踰入，豹自後擊而殺之。范氏之徒在臺後，欒氏乘公門。宣子謂鞅曰：「矢及君屋，死之！」鞅用劍以帥卒，欒氏退，攝車從之。遇欒樂，曰：「樂免之。死，將訟女於天。」樂射之，不中，又注，則乘槐本而覆。或以戟鉤之，斷肘而死。欒魴傷，欒盈奔曲沃。晉人圍之。晉與吳同姓而嫁女，齊異姓而媵，皆非禮。析歸父，齊臣。藩，車之有障蔽者，使若媵妾在其中。曲沃，晉祖廟所在。蓋諸卿分掌公邑，而此邑屬欒氏，懷子能

得士，故願爲之死。胥午，守曲沃大夫。集，成也。不天，言己不爲天所佑。無咎，言午能盡忠於己，無咎也。午因匿盈而飲其衆。孺子，謂盈。徧拜，謝衆思己。獻子，魏舒謚。莊子，魏絳謚，舒父也。私，私相愛。原、屏難，見前。趙因韓而復，韓起又讓武，故睦。伐秦役，亦前見。范宣子佐中行偃于中軍。悼子，知罃之子荀盈也。年少，與中行氏同姓，故聽之。鄭亦荀氏宗。七輿，周禮侯伯七命，七大夫主之。固宮，宮之有臺觀守備者。利權，財利之權。民柄，賞罰之柄。姻喪，夫人有杞喪。晉自殽戰還，遂常墨縗，恐欒氏有内應，故爲婦人服而入。逆舒，將强取之。二三子，諸大夫。持帶，備隨墜。因驂乘超登獻子車。撫劍、援帶，劫之也。請，請所至。賂曲沃，恐其爲異，而越制以徼之也。斐豹，晉力士。丹書，以丹書其罪。蓋犯罪爲官奴者。如日，言不負要，明如日也。閉之，使督戎不知有豹。隱，短墻也。臺後，公臺之後。乘，登也。攝，引持也。蓋鞅先用短兵率步卒力戰，既勝而方引車以逐之。樂，盈之族。注，屬矢于弦。其車槩于槐根，故覆。魴，亦欒族。冬，晉人克欒盈于曲沃，盡殺欒氏之族黨，欒魴出奔宋。書曰「晉人殺欒盈」，不言大夫，言自外也。自外犯君而入，非復晉大夫。

二十四年　春，穆叔如晉，范宣子逆之，問焉，曰：「古人有言曰『死而不朽』，何謂也？」穆叔未對，宣子曰：「昔匄之祖，自虞以上爲陶唐氏，在夏爲御龍氏，在商爲豕韋氏，在周爲唐杜氏，晉主夏盟爲范氏，其是之謂乎？」穆叔曰：「以豹所聞，此之謂世禄，非不朽也。魯有先大夫曰臧文仲，既没，其言立，其是之謂乎！豹聞之，太上有立德，其次有立功，其次有立言，雖久不廢，此之謂不朽。若夫保姓受氏，以守宗祊，世不絶祀，無國無之，禄之大者，不可謂不朽。」穆叔，叔孫豹謚。范宣子名匄。不朽，死而名存也。陶唐堯所治，范之先出於堯，終虞之世以爲氏。其後劉累能擾龍，故夏孔甲以其官賜之氏曰御龍。國于豕韋，至商不絶。其官已廢，故以國氏。至武王封堯後爲唐、杜二國，杜伯爲宣王所殺，其子隰奔晉，

四世及士會，食邑于范，佐晉主夏盟。匄自言其先更虞、夏、商、周至晉世爲興家。穆叔以所聞對，與匄言異。立，樹立不磨也。德如黃帝、堯、舜，功如禹、稷，言如史佚、周任、臧文仲。祊，廟門。穆叔謂無功德與言以自建，雖累世貴盛，皆身死名滅矣。

○宣子自誇其世而穆子折之，以此誠知言矣。然此三者，實相須以濟，均之重于世也。而穆叔第言之，蓋以世降耳。誠以德者固足以該二，而以功以言者，又豈皆徒擅其偏者耶？要之，或遭值時勢殊異，或才質不能並楙，故各以其所至爲稱焉。若云臧文仲爾者，亦唯據已所覩記者哉？

二十六年　十二月，晉韓宣子聘于周。王使請事，對曰：「晉士起將歸時事於宰旅，無他事矣。」王聞之，曰：「韓氏其昌阜于晉乎！辭不失舊。」韓宣子名起。王問何事來聘。禮，諸侯大夫入天子國稱士。時事，四時職貢。宰旅，冢宰之下士。言獻職貢于宰旅，不敢斥尊。阜，大也。傳言周衰，諸侯莫能知禮，惟起不失舊。

昭公元年　十二月，趙孟適南陽。烝于溫。卒。詳見晉楚爲成。

二年　春，晉侯使韓宣子來聘，且告爲政，而來見，禮也。觀書於太史氏，見易象與魯春秋，曰：「周禮盡在魯矣！吾乃今知周公之德，與周之所以王也！」公享之。季武子賦緜之卒章，韓子賦角弓。季武子拜曰：「敢拜子之彌縫敝邑，寡君有望矣。」武子賦節之卒章。既享，宴于季氏，有嘉樹焉，宣子譽之，武子曰：「宿敢不封殖此樹，以無忘角弓。」遂賦甘棠，宣子曰：「起不堪也，無以及召公。」宣子遂如齊納幣。自齊聘于衛，衛侯享之。北宮文子賦淇澳，宣子賦木瓜。公即位，起又代趙孟爲政，故聘。雖盟主而修好同盟，故曰禮。易象，上下經之象詞。春秋，魯史。二書載文王、周

公之德與制，故云云。時儒道廢，諸國多闕，故宣子適魯見而悦之。緜，詩大雅，義取文王有四臣，故能以緜緜致興盛。以晉侯比文王，以韓子比四輔。角弓，詩小雅，取其兄弟昏姻無胥遠矣，言兄弟之國宜相親。彌縫，謂恤其所不足。節，詩小雅，卒章取「式訛爾心，以畜萬邦」，言晉德可以畜萬邦，賦甘棠以召公比之。納幣，爲平公聘少姜也。餘見田氏傾齊。淇澳，詩衛風，美武公也，言宣子有武公之德。木瓜，亦衛風，義取厚報以爲好。

三年　春，齊侯使晏嬰請繼室于晉。　既成昏，晏子受禮，叔向從之宴，相與語。叔向曰：「齊其何如？」晏子曰：「此季世也，吾弗知齊其爲陳氏矣。」叔向曰：「然。雖吾公室，今亦季世也。戎馬不駕，卿無軍行，公乘無人，卒列無長。庶民罷敝，而公室滋侈。道殣相望，而女富溢尤。民聞公命，如逃寇讎。欒、郤、胥、原、狐、續、慶、伯降在皁隸，政在家門，民無所依。君日不悛，以樂慆憂。公室之卑，其何日之有？讒鼎之銘曰：『昧旦丕顯，後世猶怠。』況日不悛，其能久乎？」晏子曰：「子將若何？」叔向曰：「晉之公族盡矣。肸聞之，公室將卑，其公族枝葉先落，則公從之。肸之宗十一族，唯羊舌氏在而已。肸又無子，公室無度，幸而得死，豈其獲祀？」繼室，繼少姜也。詳見晉失諸侯。田出于陳，故曰陳氏。餘見田氏傾齊。向言晉衰弱不能征討諸侯，公乘卒皆非其人。非其長餓死爲殣。溢尤，女寵之家富貴過甚也。欒、郤等八姓皆晉舊臣。皁隸，賤官。悛，懼而改。慆，慢也。以樂而慢易，其憂禍也。讒鼎，一云疾讒之鼎，一云禹鑄九鼎于甘讒之地，故曰讒鼎。昧旦，早起也。丕，大也。言夙夜以務大顯後世猶懈怠。同祖爲宗。無子，無賢子也。向明知國亡身死而不祀矣。　夏，四月，鄭伯如晉，公孫段相。甚敬而卑，禮

無違者。晉侯嘉焉，授之以策，曰：「子豐有勞於晉國，余聞而弗忘，賜女州田，以胙乃舊勳。」伯石再拜稽首，受策以出。君子曰：「禮，其人之急也乎？伯石之汰也，一爲禮于晉，猶荷其禄，況以禮終始乎？詩曰：『人而無禮，胡不遄死？』其是之謂乎？」初，州縣，欒豹之邑也，及欒氏亡，范宣子、趙文子、韓宣子皆欲之。文子曰：「温，吾縣也。」二宣子曰：「自郤稱以別三傳矣。晉之別縣不唯州，誰獲治之？」文子病之，乃舍之。二子曰：「吾不可以正議而自與也。」皆舍之。及文子爲政，趙獲曰：「可以取州矣。」文子曰：「退。二子之言義也，違義禍也。余不能治余縣，又焉用州？其以徼禍也。君子曰：『弗知實難。』知而弗從，禍莫大焉。有言州必死！」豐氏故主韓氏，伯石之獲州也，韓宣子爲之請之，爲其復取之之故。段，子豐之子伯石。策，賜命之書。因子有禮而思其父之勳。其勳無考。胙，禄以報之也。詩鄘風，遄，速也。州本屬温，今俱屬懷慶府。郤稱郤氏族始受州與温別，至此已傳三家。縣邑既別者甚多，焉得追治而取之？獲，文子子徼求也。段主于韓，故宣子爲段請州，爲其復歸于晉，可自取也。

七年　夏，子產爲豐施歸州田於韓宣子，曰：「日君以夫公孫段爲能任其事，而賜之州田。今無禄早世，不獲久享君德，其子弗敢有，不敢以聞於君，私致諸子。」宣子辭，子產曰：「古人有言曰：『其父析薪，其子勿克負荷。』施將懼不能任其先人之禄，其況能任大國之賜？縱吾子爲政而可，後之人若屬有疆埸之言。敝邑獲戾，而豐氏受其大討。吾子取州，是免敝邑於戾，

而建置豐氏也。敢以爲請。」宣子受之，以告晉侯。晉侯以與宣子，宣子爲初言，病有之，以易原縣於欒大心。段已卒于此年正月。豐施，段之子。荷，擔也。析薪，以微薄喻貴重。獲戾，恐後代宣子者將以鄭取晉邑爲鄭罪。初言，謂前與趙氏爭言。欒大心，宋大夫。原，晉邑，前以賜大心，今以温與大心易原。

九年　夏，四月，晉荀盈如齊逆女，還，六月，卒于戲陽，殯于絳，未葬。晉侯飲酒，樂。膳宰屠蒯趨入，請佐公使尊，許之。而遂酌以飲工，曰：「女爲君耳，將司聰也。辰在子卯，謂之疾日，君徹宴樂，學入舍業，爲疾故也。君之卿佐，是謂股肱，股肱或虧，何痛如之！女弗聞而樂，是不聰也。」又飲外嬖嬖叔，曰：「女爲君目，將司明也。服以旌禮，禮以行事。事有其物，物有其容。今君之容，非其物也，而女不見，是不明也。」亦自飲也，曰：「味以行氣，氣以實志，志以定言，言以出令。臣實司味，二御失官，而君弗命，臣之罪也。」公說，徹酒。初，公欲廢知氏，而立其外嬖，爲是悛而止。秋，八月，使荀躒佐下軍以說焉。荀盈，知悼子。逆女，自爲逆也。戲陽，晉地，北直隸内黄縣北舊有戲陽城。膳宰，爲公主膳者，名屠蒯。公固有人執尊酌酒，蒯請爲之佐。工，樂師師曠。樂所以聰耳，故曰司聰。疾，惡也，紂以甲子日亡，桀以乙卯日亡，故以爲忌日。股肱亡，痛疾過于忌日。弗聞，不聞此義。外嬖，嬖大夫。職司察外事，故曰司視。旌，表也。事，政令也。物，類也。容，貌也。有卿佐之喪而作樂歡會，故曰非物。蒯主膳，故司味。味調則氣和，氣和則志平，志發爲言而命之爲令。工與嬖叔皆侍御君者，不聰明，是失官也。不以其罪命之，是令之不衷，原于味之不調也。躒，盈之子。知文子佐下軍代父。說，自解也。

十四年　冬，十二月，晉邢侯與雍子争鄐田，久而無成。士景伯如楚，叔魚攝理，韓宣子命斷舊獄，罪在雍子。雍子納其女於叔魚，叔魚蔽罪邢侯。邢侯怒，殺叔魚與雍子於朝。宣子問其罪於叔向，叔向曰：「三人同罪，施生戮死可也。雍子自知其罪，而賂以買直。鮒也鬻獄，邢侯專殺，其罪一也。己惡而掠美爲昏，貪以敗官爲墨，殺人不忌爲賊。夏書曰『昏、墨、賊、殺』，皋陶之刑也，請從之。」乃施邢侯而尸雍子與叔魚于市。仲尼曰：「叔向，古之遺直也。治國制刑，不隱於親。三數叔魚之惡，不爲末減。曰義也夫，可謂直矣！平丘之會，數其賄也，以寬衛國，晉不爲暴。歸魯季孫，稱其詐也，以寬魯國，晉不爲虐。邢侯之獄，言其貪也，以正刑書，晉不爲頗。三言而除三惡，加三利。殺親益榮，猶義也夫！」邢侯，楚申公巫臣之子雍子，亦故楚人。士景伯，晉理官。攝，代也。蔽，周禮作「弊」，斷也。施，行罪也。鬻獄，以獄爲市。昏，亂也。墨，不潔也。賊，害也。三者罪皆死。末，薄。減，輕也。制以公義，不牽于情，故謂遺直。三惡，暴、虐、頗。三惡除則三利加。榮，光也。嘉其合義，故復婉詞以嘆美之。

○叔向三善，雖皆于國事有濟，而使以聖人處之，當猶有盡義于此者，蓋未必爲夫子之言也。

十六年　夏，四月，公至自晉。子服昭伯語季平子曰：「晉之公室其將遂卑矣！君幼弱，六卿彊而奢傲，將因是以習。習實爲常，能無卑乎？」平子曰：「爾幼，惡識國？」秋，八月，晉昭公卒。冬，十月，季平子如晉，葬昭公。平子曰：「子服回之言猶信，子服氏有子哉？」春，晉人止公，時得歸。昭伯，惠伯之子服回也。隨公自晉還，言晉室將卑。始平子以其幼，不信其言，自往見之乃信。有子，有賢子也。

二十五年　夏，會于黄父。　子太叔見趙簡子，簡子問揖讓周旋之禮焉，對曰：「是儀也，非禮也。」簡子曰：「敢問何謂禮？」對曰：「吉也聞諸先大夫子産曰：『夫禮，天之經也，地之義也，民之行也。』天地之經，而民實則之，則天之明，因地之性，生其六氣，用其五行。氣爲五味，發爲五色，章爲五聲。淫則昏亂，民失其性。是故爲禮以奉之，爲六畜、五牲、三犧以奉五味，爲九文、六采、五章以奉五色，爲九歌、八風、七音、六律以奉五聲，爲君臣上下以則地義，爲夫婦外内以經二物，爲父子、兄弟、姑姊、甥舅、昏媾、姻亞以象天明，爲政事、庸力、行務以從四時，爲刑罰、威獄使民畏忌以類其震曜殺戮，爲温慈惠和以效天之生殖長育。民有好惡喜怒哀樂，生于六氣，是故審則宜類，以制六志。哀有哭泣，樂有歌舞，喜有施舍，怒有戰鬬。喜生于好，怒生于惡，是故審行信令，禍福賞罰，以制死生。生，好物也。死，惡物也。好物樂也，惡物哀也。哀樂不失，乃能協于天地之性，是以長久。」簡子曰：「甚哉！禮之大也。」對曰：「禮，上下之紀，天地之經緯也，民之所以生也。是以先王尚之。故人之能自曲直以赴禮者，謂之成人。大，不亦宜乎？」簡子曰：「鞅也請終身守此言也。」黄父事，詳見王室子朝之亂。太叔因鞅問而别儀、禮之異，復極言禮之大。經者道之常，義者利之宜，行者人所履。天之明日月星辰，地之性高下剛柔。六氣，陰、陽、風、雨、晦、明。五行，金、木、水、火、土。五味，鹹、酸、辛、苦、甘。五色，青、黄、赤、白、黑。五聲，宫、商、角、徵、羽。淫，過也。滋味聲色過則傷性。爲禮以奉其性，奉養而成之也。九文，謂山、龍、華蟲、藻、火、宗彝、粉米、黼、黻。六采，雜用天地四方，青、白、赤、黑、

玄、黃。五章，青與赤爲文，赤與白爲章，白與黑爲黼，黑與青爲黻，五色備爲之繡。九歌，九功之德皆可歌也。六府三事謂之九功。八風，八方之風。七音，宮、商、角、徵、羽、變宮、變徵也。蓋宮與商、商與角、徵與羽相去各一律，至角與徵、羽與宮相去乃二律。相去一律則音節和，相去二律則音節遠，故徵角之間近徵，收一聲比徵少下謂之變徵。羽、宮之間近宮，收一聲少高於宮謂之變宮。六律，黃鐘、太簇、姑洗、蕤賓、夷則、無射。陽聲爲律，陰聲爲吕，以應十二月。氣皆聖人制之以全天地之用，使有所制而不過，以成人之性也。又其大者尊爲君，卑爲臣，外焉夫，内焉婦，以法地之高下剛柔，使有常經。二物，剛柔也。又爲父子六親，使親踈倫序如天文之森列。妻父曰昏，重昏曰媾，壻父曰姻，兩壻相稱曰亞。又在君爲政，臣爲事。民功曰庸，治功曰力行。其德教務其時，要以順春夏秋冬之時。雷震電曜，天之威，作刑獄以類之。春生夏長，天之恩，施恩惠以效之。皆所以則乎天。人有好、惡、喜、怒、哀、樂六志，禀天地六氣。以生爲禮以審其則，宜其類，使不過節。六志總于哀樂，六氣不外乎陰陽。哀樂得其正是能則天，因地協于陽舒陰慘之性，與天地參而長久。紀綱以維之，經緯錯綜以文之。民有禮則生，無禮則死，故曰所以生。人性之曲者，以禮弼之，使就于直。人性之直者，以禮弼之，使就于曲。如此而後戎乎人。鞅自言能守此終身。〇竊以鞅專國蔑君，悖禮極矣，豈能守此乎？然聞言而深當乎心，其智亦足稱耳。補：六畜，馬、牛、羊、豕、犬、雞。五牲去馬，三犧去犬雞。

二十八年　春，晉祁勝與鄔臧通室，祁盈將執之，訪於司馬叔游，叔游曰：「鄭書有之：『惡直醜正，實蕃有徒。』無道立矣，子懼不免。詩曰：『民之多辟，無自立辟。』姑已，若何？」盈曰：「祁氏私有討，國何有焉？」遂執之。祁勝賂荀躒，荀躒爲之言於晉侯。晉侯執祁盈，祁盈之臣曰：「鈞將皆死，憖使吾君聞勝與臧之死也以爲快。」乃殺之。夏，六月，晉殺祁盈及楊食

我。食我，祁盈之黨也，而助亂，故殺之，遂滅祁氏、羊舌氏。初，叔向欲娶於申公巫臣氏，其母欲娶其黨。叔向曰：「吾母多而庶鮮，吾懲舅氏矣。」其母曰：「子靈之妻殺三夫、一君、一子，而亡一國、兩卿矣，可無懲乎？吾聞之：甚美必有甚惡。是鄭穆少妃姚子之子，子貉之妹也。子貉早死無後，而天鍾美於是，將必以是大有敗也。昔有仍氏生女，黰黑，而甚美，光可以鑑，名曰玄妻。樂正后夔取之，生伯封，實有豕心，貪惏無饜，忿纇無期，謂之封豕。有窮后羿滅之，夔是以不祀。且三代之亡、共子之廢，皆是物也。女何以爲哉！夫有尤物，足以移人，苟非德義，則必有禍。」叔向懼，不敢取。平公强使取之，生伯石。伯石始生，子容之母走謁諸姑曰：「長叔姒生男。」姑視之，及堂，聞其聲而還，曰：「是豺狼之聲也。狼子野心，非是，莫喪羊舌氏矣！」遂弗視。祁勝、鄔臧，皆盈家臣。盈，午之子。通室，易妻也。叔游，叔侯子。引鄭書言害正直者實多徒衆，以世亂讒勝也。詩大雅。僻，邪也。辟，法也。鈞、均同。憖，且也。盈忿二人甚，聞其殺，雖知己必死且爲快。楊，叔向邑。食我，向子伯石也。巫臣氏，夏姬女。向言父多妾媵而庶子鮮少，嫌母性不曠，故不欲娶母黨。向母極言巫臣氏不可娶。子靈，巫臣字。妻，夏姬也。三夫，陳御叔、楚襄老、巫臣。一君，陳靈公。一子，徵舒。一國，陳也。兩卿，孔寧、儀行父。子貉，鄭靈公夷。於是，指夏姬。有仍，古諸侯。美髮爲黰。可鑑，髮膚光甚也。玄，髮黑也。夔，舜典樂之君長。纇，戾。封，大也。夏以妹喜亡，殷以妲己亡，周以褒姒亡。共子，申生，以驪姬廢。尤，異也。尤異之物，必有德義則可以勝之。子容母，叔向嫂，伯華妻也。姑，叔向母。兄弟之妻相謂姒。莫喪，言必此子喪之也。〇二賢臣之後絶矣。傳言助亂，亦誣之耳。向母以妬聞而兩論女禍，

明哲覆絶于人，不能少延羊舌氏，惜哉！ 秋，晉韓宣子卒。 魏獻子爲政，分祁氏之田以爲七縣，分羊舌氏之田以爲三縣。司馬彌牟爲鄔大夫，賈辛爲祁大夫，司馬烏爲平陵大夫，魏戊爲梗陽大夫，知徐吾爲塗水大夫，韓固爲馬首大夫，孟丙爲盂大夫，樂霄爲銅鞮大夫，趙朝爲平陽大夫，僚安爲楊氏大夫。 謂賈辛、司馬烏爲有力于王室，故舉之，謂知徐吾、趙朝、韓固、魏戊，餘子之不失職，能守業者也。其四人者，皆受縣而後見於魏子，以賢舉也。 魏子謂成鱄：「吾與戊也縣，人其以我爲黨乎？」對曰：「何也？ 戊之爲人也，遠不忘君，近不偪同，居利思義，在約思純，有守心而無淫行。 雖與之縣，不亦可乎？ 昔武王克商，光有天下，其兄弟之國者十有五人，姬姓之國者四十人，皆舉親也。 夫舉無他，唯善所在，親疏一也。《詩》曰：『唯此文王，帝度其心。莫其德音，其德克明。 克明克類，克長克君。 王此大國，克順克比。 比于文王，其德靡悔。 既受帝祉，施于孫子。』心能制義曰度，德正應和曰莫，照臨四方曰明，勤施無私曰類，教誨不倦曰長，賞慶刑威曰君，慈和徧服曰順，擇善而從之曰比，經緯天地曰文。 九德不愆，作事無悔，故襲天禄，子孫賴之。 主之舉也，近文德矣，所及其遠哉？」賈辛將適其縣，見於魏子。魏子曰：「辛來！昔叔向適鄭，鬷蔑惡，欲觀叔向，從使之收器者，而往，立於堂下，一言而善。 叔向將飲酒，聞之，曰：『必鬷明也！』下，執其手以上，曰：『昔賈大夫惡，娶妻而美，三年不言不笑。 御以如皐，射雉，獲之，其妻始笑而言。 賈大夫曰：才之不可以已，我不能射，女遂不言不笑夫！ 今子少

不颺，子若無言，吾幾失子矣。言之不可以已也如是！』遂如故。知今女有力於王室，吾是以舉女。行乎！敬之哉！毋墮乃力！」仲尼聞魏子之舉也，以爲義，曰：「近不失親，遠不失舉，可謂義矣。」又聞其命賈辛也，以爲忠，「詩曰：『永言配命，自求多福。』忠也。魏子之舉也義，其命也忠，其長有後於晉國乎！」魏獻子名舒，繼韓起將中軍，瓜分二氏之邑而用其人。鄔，今山西介西縣有鄔城。祁，今祁縣。平陵，今文水縣。梗陽，今清源縣有梗陽城。塗水，今榆次縣。馬首，今壽陽縣有馬首城。盂，今爲盂縣有大盂城。七縣皆祁氏田。銅鞮，今沁州有銅鞮城。平陽，今臨汾縣。楊氏，今北直隸寧晉縣。三縣皆羊舌氏田。戊，舒庶子。徐吾知，盈孫。固，韓起孫。朝，趙勝曾孫。辛、烏，帥師納敬王者。餘子，卿之庶子。四人，司馬彌牟、孟丙、樂霄、僚安也。受縣而後見，言采衆而舉，不以私也。鱄，晉大夫。舒恐衆議己私於子，鱄極言戊之善以大舒之舉。遠，疏遠。同，同位。思義不苟得，思純無濫心。光，顯也。詩大雅，美文王能王大國受天福，施及子孫。度，合宜也。莫，清靜也。明，無不達也。類，無失所也。勤，教誨長人之道。作威福，君人之職。柔服天下順之，故惟善是從，比之義。經緯兩間，文之備。是謂九德，皆無愆過，則動無悔、吝襲繼也。近文德，言所舉之善近文王之德，其福祚將及於子孫也。舒又因辛見而稱其勳，以辛貌侵而比之鄭鬷明。惡，醜貌。使，使人。從使，人之收宴器者。必鬷明，素聞其賢故。御，爲妻御。如，往也。皋，皋澤。不颺，貌不揚。有功而舉，見人不可無能也。不失親，謂戊。不失舉，謂辛。先賞王室之功，故爲忠。○是時晉之公族已盡，三家簒晉之勢已成。分縣舉善而晉君罔聞，傳要其後嗣享國而誇侈，其詞諛莫甚焉。復假夫子之言以文之，抑誣甚矣！　冬，梗陽人有獄，魏戊不能斷，以獄上。其大宗賂以女樂。魏子將受之，魏戊謂閻没、女寬曰：「主以不賄聞於諸侯，若受梗陽人，賄莫甚焉！吾子必諫。」皆許諾。退朝，待於庭。饋入，召之。比置，三歎。既食，使坐。魏

子曰：「吾聞諸伯叔，諺曰：『唯食忘憂。』吾子置食之間三歎，何也？」同辭而對曰：「或賜二小人酒，不夕食。饋之始至，恐其不足，是以歎。中置，自咎曰：『豈將軍食之而有不足？』是以再歎。及饋之畢，願以小人之腹爲君子之心，屬厭而已。」獻子辭梗陽人。獄上，上魏子決之。大宗，訟者之大宗。閻没、女寬，魏子屬大夫。退朝，魏子朝君退。待庭，二子待召，召二子食也。使坐，更命之坐。魏子將中軍稱將軍。屬，適也。厭，足也。言小人之腹適于足則止，君子之心亦宜然。獻子悟而辭賂。

二十九年　冬，晉趙鞅、荀寅帥師城汝濱，遂賦晉國一鼓鐵，以鑄刑鼎，著范宣子所爲刑書焉。仲尼曰：「晉其亡乎！失其度矣。夫晉國將守唐叔之所受法度，以經緯其民，卿大夫以序守之，民是以能尊其貴，貴是以能守其業。貴賤不愆，所謂度也。文公是以作執秩之官，爲被廬之法，以爲盟主。今棄是度也，而爲刑鼎，民在鼎矣，何以尊貴？貴何業之守？貴賤無序，何以爲國？且夫宣子之刑，夷之蒐也，晉國之亂制也，若之何以爲法？」蔡史墨曰：「范氏、中行氏其亡乎！中行寅爲下卿而干上令，擅作刑器以爲國法，是法姦也。又加范氏焉，易之，亡也。其及趙氏，趙孟與焉，然不得已，若德，可以免。」趙鞅，武之孫。荀寅，吴之子。汝濱，晉所取陸渾地。城，城而守之。三十斤曰鈞，鈞四曰石，石四曰鼓，蓋四百八十斤也。因軍役爲之，故言遂。范匄曾作刑書，今收而著之鼎。序，位次也。文公蒐被廬，脩唐叔之法。事在文公之伯。民在鼎，謂權移于鼎，故民不尊乎貴而貴失其業。夷蒐，事見本事内。宣子之刑乃夷蒐之法。蔡史墨，即蔡墨。加范氏，謂宣子刑書中既廢矣，今復興之，是成其咎，故其亡尤易。趙孟不得已而從之，故

脩德可以免禍。○此段掇後事而附會之，趙孟何德之有？其誣彌甚矣。

定公四年　春，反自召陵，鄭子太叔未至而卒。晉趙簡子爲之臨，甚哀，曰：「黄父之會，夫子語我九言，曰無始亂、無怙富、無恃寵、無違同、無敖禮、無驕能、無復怒、無謀非德、無犯非義。」時會召陵謀伐楚，不克而反。臨，哭臨。始禍，亂首也。怙富，則驕恃寵則陵人。同，衆欲也。禮，有禮者。驕能，以能驕人。復，重也。非德之事非所謀，不義之事非所爲。○奸雄假好善之名以欺人，豈其情哉？

十三年　春，晉趙鞅謂邯鄲午曰：「歸我衛貢五百家，吾舍諸晉陽。」午許諾，歸告其父兄，父兄皆曰：「不可。衛是以爲邯鄲，而寘諸晉陽，絶衛之道也。不如侵齊而謀之。」乃如之，而歸之於晉陽。趙孟怒，召午而囚諸晉陽，使其從者説劍而入，涉賓不可。乃使告邯鄲人曰：「吾私有討於午也，二三子唯所欲立。」遂殺午。趙稷、涉賓以邯鄲叛。夏，六月，上軍司馬籍秦圍邯鄲。邯鄲午，荀寅之甥也。荀寅，范吉射之姻也，而相與睦，故不與圍邯鄲，將作亂，董安于聞之，告趙孟曰：「先備諸？」趙孟曰：「晉國有命，始禍者死，爲後可也。」安于曰：「與其害於民，寧我獨死，請以我説。」趙孟不可。秋，七月，范氏、中行氏伐趙氏之宫，趙鞅奔晉陽。晉人圍之。范皐夷無寵於范吉射，而欲爲亂於范氏。梁嬰父嬖於知文子，文子欲以爲卿。韓簡子與中行文子相惡，魏襄子亦與范昭子相惡，故五子謀將逐荀寅，而以梁嬰父代之，逐范吉射而以范皐夷代之。荀躒言於晉侯曰：「君命大臣，始禍者死，載書在河。今三臣始禍而獨逐鞅，刑已

不鈞矣。請皆逐之。」冬，十一月，荀躒、韓不信、魏曼多奉公以伐范氏、中行氏，弗克。二子將伐公，齊高彊曰：「三折肱知爲良醫，唯伐君爲不可，民弗與也。我以伐君在此矣，三家未睦，可盡克也。克之，君將誰與？若先伐君，是使睦也。」弗聽，遂伐公。國人助公，二子敗，從而伐之。丁未，荀寅、士吉射奔朝歌，韓、魏以趙氏爲請。十二月辛未，趙鞅入于絳，盟于公宫。邯鄲，今北直隸邯鄲縣，趙氏別邑。午，邑大夫，鞅宗。前趙鞅圍衛，衛懼，貢五百家，鞅置之邯鄲，此欲徙著晉陽，鞅本邑，今爲山西太原縣。父兄，言衛以五百家在邯鄲，故與邯鄲親，若置晉陽，是絶衛也。侵齊，則齊當來報，因以懼齊爲名而徙之，則衛與邯鄲好不絶，於是侵齊而歸之。鞅時憾衛，且方備齊，故怒囚之而禁其從者帶劒，防其亂也。涉賓，午家臣。忿主以非罪見囚，故不從，鞅遂使其邑人別立宗親而殺午。稷，午子。與賓據邯鄲叛。荀、范以姻睦故，欲攻鞅以救之。安于，趙氏臣，即性緩佩弦以自急者。請先二家爲備，鞅避國法，欲俟二家先而後應之。安于懼見攻必害民，寧以一人當之，若國討，可歸罪我而殺之以解。皐夷，范氏側室子。知文子，荀躒也。簡子，韓起孫，名不信。中行文子，荀寅也。襄子，魏舒孫，名曼多。昭子，士吉射也。五子，范皐夷、梁嬰父、知文子、韓簡子、魏襄子。在河爲盟書，沉之河。高彊齊，子尾子。奔魯，遂奔晉，事在田氏傾齊。言歷病多者，知療病之法，喻己涉難知成敗。述己事爲戒，爲二家謀之，不聽，果敗亡。鞅復入朝歌，今北直隸濬縣西七十里有朝歌城。

十四年　春，梁嬰父惡董安于，謂知文子曰：「不殺安于，使終爲政於趙氏，趙氏必得晉國。盍以其先發難也，討於趙氏？」文子使告於趙孟，曰：「范、中行氏雖信爲亂，安于則發之，是安于與謀亂也。晉國有命，始禍者死。二子既伏其罪矣，敢以告。」趙孟患之，安于曰：「我死而晉國寧，趙氏定，將焉用生？人誰不死，吾死莫矣。」乃縊而死。趙孟尸諸市，而告于知氏

曰：「主命戮罪人安于，既伏其罪矣，敢以告。」知伯從趙孟盟，而後趙氏定，祀安于於廟。梁嬰父忌安于忠智用于趙，故謀去之。安于甘以身死寧其國家，此趙氏所由興。知伯，知文子。廟，趙氏廟。夏，晉人圍朝歌。公會齊侯、衛侯于脾、上梁之間，謀救范、中行氏。析成鮒、小王桃甲率狄師以襲晉，戰于絳中，不克而還。士鮒奔周，小王桃甲入于朝歌。秋，齊侯、宋公會于洮，范氏故也。脾、上梁間，即牽地，今北直隸内黄縣境。鮒、桃甲，本晉臣，爲二氏黨。宋、齊復會以謀救范氏。冬，十一月，晉人敗范、中行氏之師于潞，獲籍秦、高彊。又敗鄭師及范氏之師于百泉。籍、彊亦范氏黨。鄭助范氏，故并敗。百泉，地闕。

哀公元年　夏，四月，齊侯、衛侯救邯鄲，圍五鹿。秋，八月，齊侯、衛侯會于乾侯，救范氏也。師及齊師、衛孔圉、鮮虞人伐晉，取棘蒲。冬，十月，晉趙鞅伐朝歌。五鹿、棘蒲皆晉邑。

二年　秋，八月，齊人輸范氏粟。鄭子姚、子般送之，士吉射逆之，趙鞅禦之。遇于戚。陽虎曰：「吾車少，以兵車之旆與罕、駟兵車先陳。罕、駟自後隨而從之，彼見吾貌，必有懼心，於是乎會之，必大敗之。」從之。卜戰，龜焦。樂丁曰：「詩曰：『爰始爰謀，爰契我龜。』謀協，以故兆詢可也。」簡子誓曰：「范氏、中行氏反易天明，斬艾百姓，欲擅晉國而滅其君。寡君恃鄭而保焉。今鄭爲不道，棄君助臣，二三子順天明，從君命，經德義，除詬恥，在此行也。克敵者，上大夫受縣，下大夫受郡，士田十萬，庶人工商遂。人臣隸圉免。志父無罪，君實圖之。若其有罪，絞縊以戮，桐棺三寸，不設屬辟，素車樸馬，無入于兆，下卿之罰也。」甲戌，將戰，郵無恤御簡

子，衛太子爲右。登鐵上望，見鄭師衆，太子懼，自投于車下。子良授太子綏，而乘之，曰：「婦人也。」簡子巡列，曰：「畢萬，匹夫也，七戰皆獲，有馬百乘，死于牖下。羣子勉之！死不在寇。」繁羽御趙羅，宋勇爲右。羅無勇，麇之。吏詰之，御對曰：「痁作而伏。」衛太子禱曰：「曾孫蒯聵敢昭告皇祖文王、烈祖康叔、文祖襄公：鄭勝亂從，晉午在難，不能治亂，使鞅討之。蒯聵不敢自佚，備持矛焉。敢告無絶筋，無折骨，無面傷，以集大事，無作三祖羞。大命不敢請，佩玉不敢愛。」鄭人擊簡子，中肩，斃于車中，獲其蠭旗。太子救之以戈。鄭師北，獲温大夫趙羅。太子復伐之，鄭師大敗，獲齊粟千車。趙孟喜曰：「可矣。」傅傁曰：「雖克鄭，猶有知在，憂未艾也。」初，周人與范氏田，公孫尨税焉。趙氏得而獻之。吏請殺之，趙孟曰：「爲其主也，何罪？」止而與之田。及鐵之戰，以徒五百人宵攻鄭師，取蠭旗於子姚之幕下，獻，曰：「請報主德。」追鄭師，姚、般、公孫林殿而射，前列多死。趙孟曰：「國無小。」既戰，簡子曰：「吾伏弢嘔血，鼓音不衰，今日我上也。」太子曰：「吾救主于車，退敵於下，我，右之上也。」郵良曰：「我兩靷將絶，吾能止之，我，御之上也。」駕而乘材，兩靷皆絶。齊、鄭同救二氏，齊輸粟，鄭以師送之。趙鞅恐二氏得粟而强，故禦之戰。戚，衛地，在今北直隸開州城北。子姚，罕達。子般，駟弘。旆，先驅車也。陽虎先奔趙氏，欲設旆於軍前，盛爲軍容，與駟、罕兵車。在前者相對，彼自後望之，不知虛實，故懼。會合，戰也。龜焦，兆不成。樂丁，晉大夫。詩大雅，言先人事後卜筮。詢，咨詢也。故兆，始謀二子，卜得吉兆，言今既謀同，不須更卜。鞅遂誓於師。天明，天倫也。縣，百里

之地。郡，五十里。十萬，畝數也。遂，得遂仕進。免，免厮役也。志父，簡子別名。君圖之，不敢自專也。絞，用以縊者。屬辟，棺之重數屬次大。棺，辟親身棺。王棺四重，上公三重，侯伯以下再重，大夫一重。一重惟屬與大棺無辟。鞅所云據時，僭也。桐棺，欲速朽也。車馬，以載柩者。樸素，亦示罪。兆，葬域也。爲衆設賞，自設罰以鼓衆。無恤，王良也，善御。太子蒯聵前納于戚，故爲右。鐵，今開州北有鐵丘，傳爲望師所。婦人，譏其怯也。畢萬，晉獻公卿。皆獲，有功也。死牖下，得令終也。繁羽，趙羅。宋勇，皆晉大夫。麇，束縛也。痁，瘧疾。羅無勇，故托云瘧而麇之。太子自爲禱。皇，大。烈，顯也。繼業守文故曰文祖。蒯，襄之孫。勝，鄭聲公，名亂。從，從於亂也。午，晉定公名。持矛爲戎右。不敢請，不敢愛。皆以歸福於神也。斃，踣也。蠭旗，旗名。羅無勇，故獲。趙孟，即簡子。喜，喜二氏失援糧絕而垂破也。傅傁，簡子屬。料知氏必復爲難，不特二氏，故曰未艾。尨，范氏臣，爲范氏收周人所與田之稅，鞅得既不殺而又還其稅，故立奇功以報。姚、般與林三子皆善射，趙孟不敢小鄭而稱之。弢，弓衣。上，上功也。靷，馬胄引軸之皮，將絕而能止。御之，和也。材，横木明細小，乘之皆絕，驗其將絕也。

〇簡子將戰而誓，則先衆後己，幸而勝，即與下争功矣。

三年　冬，十月，晉趙鞅圍朝歌，師於其南。荀寅伐其郛，使其徒自北門入，已犯師而出。癸丑，奔邯鄲。十一月，趙鞅殺士臯夷，惡范氏也。時荀寅不能守朝歌，將出奔，乘鞅在其南而伐鞅北郭之圍兵，使在外救己之徒亦入擊之。內外合勢得出而奔邯鄲，與趙稷合。鞅惡范氏，遷怒而殺臯夷。臯夷謀其宗以圖幸，而竟爲身害。

四年　秋，七月，齊陳乞、弦施、衛甯跪救范氏。庚午，圍五鹿。九月，趙鞅圍邯鄲。冬，十一月，邯鄲降。荀寅奔鮮虞，趙稷奔臨。十二月，弦施逆之，遂墮臨。國夏伐晉，取邢、任、欒、

鄗、逆時、陰人、盂、壺口，會鮮虞，納荀寅于柏人。陳乞、弦施，皆齊大夫。甯跪，衛大夫。五鹿，晉邑。圍之以救范氏，不克而邯鄲降，二子奔。臨，亦晉邑。稷不能守，施迎之歸齊而墮臨。邢、任等八邑，皆晉地。欒，今北直隸欒城縣。鄗，今柏鄉縣。壺口，今山西壺關縣。夏既取之，復往會鮮虞，納寅于柏人，今北直隸唐山縣有柏人城。

五年　春，晉圍柏人，荀寅、士吉射奔齊。初，范氏之臣王生惡張柳朔，言諸昭子，使爲柏人。昭子曰：「夫非而讎乎？」對曰：「私讎不及公，好不廢過，惡不去善，義之經也。臣敢違之？」及范氏出，張柳朔謂其子：「爾從主，勉之！我將止死，王生授我矣，吾不可以僭之。」遂死于柏人。荀寅、士吉射同奔朝歌。吉射自逆齊粟，不見傳，至此與寅同奔齊。王生、張柳朔皆范氏屬。惡，相惡。爲柏人，爲之宰也。出，出柏人奔齊。授我，授以死節。○噫！王生之舉、柳朔之死俱不負其心，而兩合于義矣。夏，趙鞅伐衛，范氏之故也，遂圍中牟。衛助范氏故也。

六年　春，晉伐鮮虞，治范氏之亂也。

二十三年　夏，六月，晉荀瑶伐齊，高無丕帥師御之。知伯視齊師，馬駭，遂驅之，曰：「齊人知余旗，其謂余畏而反也。」及壘而還。將戰，長武子請卜，知伯曰：「君告於天子，而卜之，以守龜於宗祧，吉矣。吾又何卜焉？且齊人取我英丘，君命瑶，非敢燿武也，治英丘也。以辭伐罪足矣，何必卜？」壬辰，戰於犁丘，齊師敗績，知伯親禽顔庚。荀瑶，躒之孫，亦稱知伯。高無丕，齊卿。視，視其强弱。驅，乘馬駭而驅也。長武子，晉大夫。治英丘，治取英丘之罪，事不見傳。犁丘，隰也，齊地。顔庚，齊大夫顔涿

聚。○知伯賢於人者五，於此見其畧矣。

二十四年　夏，四月，晉侯將伐齊，使來乞師，曰：「昔臧文仲以楚師伐齊，取穀。宣叔以晉師伐齊，取汶陽。寡君欲徼福於周公，願乞靈於臧氏。」臧石帥師會之，取廩丘。軍吏令繕，將進。萊章曰：「君卑政暴，往歲克敵，今又勝都，天奉多矣，又焉能進？是躗言也。役將班矣。」晉師乃還。餼臧石牛，太史謝之曰：「以寡君之在行，牢禮不度，敢展謝之。」乞靈，以臧氏世勝齊，故乞其威靈。石，臧賓如之子。廩丘，齊地。晉軍吏令繕治戰備，更進取。萊章，齊大夫。克敵，謂禽顏庚。勝都，謂取廩丘。躗，猶過也。言晉內亂，不能立功于外。生曰餼，餼之以牛也。太史，晉太史。在行，在軍行。不度，不如禮度。

二十七年　夏，晉荀瑶帥師伐鄭，次于桐丘。鄭駟弘請救于齊，齊師將興，陳成子屬孤子三日朝。設乘車兩馬，繫五邑焉。召顏涿聚之子晉，曰：「隰之役，而父死焉。以國之多難，未女恤也。今君命女以是邑也，服車而朝，毋廢前勞。」乃救鄭。及留舒，違穀七里，穀人不知。及濮，雨不涉。子思曰：「大國在敝邑之宇下，是以告急。今師不行，恐無及也。」成子衣製杖戈，立於阪上，馬不出者，助之鞭之。知伯聞之，乃還，曰：「我卜伐鄭，不卜敵齊。」使謂成子曰：「大夫陳子，陳之自出，陳之不祀，鄭之罪也。故寡君使瑶察陳衷焉，謂大夫其恤陳乎？若利本之顛，瑶何有焉？」成子怒曰：「多陵人者皆不在，知伯其能久乎？」中行文子告成子曰：「有自晉師告寅者，將爲輕車千乘以厭齊師之門，則可盡也。」成子曰：「寡君命恒曰：『無及寡，

無畏衆。』雖過千乘，敢辟之乎？將以子之命告寡君。」文子曰：「吾乃今知所以亡。君子之謀也，始、衷、終皆舉之，而後入焉。今我三不知而入之，不亦難乎！」弘，騶歂之子。陳成子，田常也。屬孤子，爲將出師而會死事者之子，使朝三日以禮之。乘車兩馬，大夫服又加之以五邑。晉，聚子。隰，黎丘也，見前。以聚戰死，特寵其子，以勵衆。留舒、穀，皆齊地。違，去也。不知，言其整也。濮水，今在開州東南六十里，似與其時不同。子思，鄭大夫，名國參。大國，宇下，疑倒，應云「敝邑在大國之宇下」。製，雨衣。知伯還，畏其得衆也。楚獨滅陳，非鄭之罪。今知伯誣以鄭故而欲以是辱成子，故成子謂其多陵人。衷，中也。察其中，見滅之由。中行文子，荀寅也。前奔在齊，謬以晉衆，恐成子知其誣，故言告寡君將察其誣而罪之。文子自恨已無智，言君子謀事，既慎于始，慮于中，又度于終，皆可舉而後行，今思之不詳，而妄言自亡之由也。

悼之四年，晉荀瑶帥師圍鄭，未至，鄭駟弘曰：「知伯愎而好勝，早下之，則可行也。」乃先保南里以待之。知伯入南里，門於桔柣之門。鄭人俘酅魁壘，賂之以知政，閉其口而死。將門，知伯謂趙孟：「入之！」對曰：「主在此。」知伯曰：「惡而無勇，何以爲子？」對曰：「以能忍恥，庶無害趙宗乎！」知伯不悛，趙襄子由是惎知伯，遂喪之。知伯貪而愎，故韓、魏反而喪之。悼公，哀公之子，名寧。哀公出遜，魯人立之。南里，在鄭城外。駟弘知知伯，故守之不堅，使之得入，所以下之也。桔柣，鄭郭門。俘，獲也。酅魁壘，晉士。賂之欲其降也，魁壘秉節而死。門，攻其門。入之，使趙孟入城。主謂知伯，云主既在，何不自入。惡，貌醜。簡子廢嫡子伯魯而立襄子，故知伯言其醜惡且無勇，何足以爲嗣子。襄子言已以忍恥保宗，蓋諷知伯剛愎將殞其宗也。其憾已蓄，知伯不悟，以至于亡。惎，毒也。悛，懼而改也。史記晉懿公之四年，魯悼公之十四年，知伯帥韓、魏攻趙襄子于晉陽，韓、魏反與趙氏謀殺知伯于晉陽之下，在春秋後二十七年。自是晉益微，至静公二年韓、趙、魏竟三分其地，静公遷爲家人。

春秋左傳屬事卷十三

齊

襄公滅紀

隱公元年　八月，紀人伐夷，夷不告，故不書。紀，漢、晉爲劇縣，舊有紀亭，後廢。夷，漢、晉爲莊武縣，後廢。俱在今青、萊二府境。

二年　九月，紀裂繻來逆女。卿爲君逆也。冬，紀子帛、莒子盟于密，魯故也。裂繻，紀大夫。卿爲君逆，別于卿自逆也。子帛，裂繻字。密，今山東昌邑縣有密城。莒、魯有怨，紀侯既昏，魯故使子帛盟莒，爲魯釋之。

八年　八月，公及莒人盟于浮來，以成紀好也。浮來山，在今莒州西，一名公來，一名浮丘。前盟密爲魯，故今公尋之，故曰成紀好。

桓公五年　夏，齊侯、鄭伯朝于紀，欲以襲之，紀人知之。

六年　夏，會于成，紀來諮謀齊難也。冬，紀侯來朝，請王命以求成于齊，公告不能。齊欲滅紀，紀來謀之，因微弱不能自通于天子，欲因公以請王命，公無寵於王，故告不能。

十三年　春，宋多責賂于鄭，鄭不堪命，故以紀、魯及齊與宋、衛、燕戰。責賂，以立突也，以左右之也。詳見鄭厲公簒國。

十七年　春，盟于黄，平齊、紀也。黄，今外黄縣。

莊公三年　秋，紀季以酅入于齊，紀於是乎始判。冬，公次于滑。將會鄭伯，謀紀故也。鄭伯辭以難。凡師一宿爲舍，再宿爲信，過信爲次。季，紀侯弟。酅，莒邑，今山東臨淄縣東舊有酅亭。以之入齊爲附庸，使先祀不廢。判，分爲二。難，厲公在櫟故。滑，鄭邑，今河南睢州西北舊有滑亭。凡師日行三十里則宿爲一舍，二之稱信，過二稱次。

四年　紀侯不能下齊，以與紀季。夏，紀侯大去其國，違齊難也。紀侯不能屈服事齊，盡以國與紀季而去，不復返，故曰大。違，避也。

襄公之弑

桓公十八年　春，公會齊侯于濼，遂及文姜如齊，齊侯通焉，公謫之。使公子彭生乘公，公

薨于車。魯人告于齊。齊人殺彭生。濼，齊地水。謫，譴也。上車曰乘。彭生多力，拉公幹而殺之。詳見文姜之亂。

莊公八年　齊侯使連稱、管至父戍葵丘，瓜時而往，曰及瓜而代。期戍，公問不至，請代，弗許，故謀作亂。僖公之母弟曰夷仲年，生公孫無知，有寵於僖公，衣服禮秩如適，襄公絀之，二人因之以作亂。連稱有從妹在公宫，無寵，使間公，曰：「捷，吾以女爲夫人。」冬，十二月，齊侯遊於姑棼，遂田于貝丘，見大豕，從者曰：「公子彭生也。」公怒曰：「彭生敢見！」射之，豕人立而啼，公懼，隊于車，傷足，喪屨。反，誅屨於徒人費，弗得，鞭之見血。走，出遇賊于門，劫而束之。費曰：「我奚御哉？」袒而示之背，信之。費請先入，伏公而出，鬬死於門中，石之紛如死于階下。遂入，殺孟陽于牀，曰：「非君也，不類。」見公之足于户下，遂弑之，而立無知。初，襄公立無常，鮑叔牙曰：「君使民慢，亂將作矣。」奉公子小白出奔莒。亂作，管夷吾召忽，奉公子糾來奔。連稱、管至父，皆齊大夫。戍，守也。葵丘，在今河南考城縣東。瓜時，瓜熟時。問，命也。如適，如太子。二人，連、管也。間，伺公間隙。捷爲夫人，宣無知之言。姑棼、貝丘，皆齊地，今山東博興、樂安二縣南舊有貝中聚。田，獵也。彭生死而爲妖，公見大豕，從者皆見彭生。誅，責也。徒人費小臣，示之背，見鞭而怨公。先入，詐欲助賊也。石之紛如、孟陽，亦小臣。紛如與費鬬賊而死，陽代公死。無常，政令無常。叔牙，小白傅。夷吾，召忽糾傅。糾、小白皆僖公庶子，糾爲兄。初，公孫無知虐于雍廩。雍廩，齊大夫。

九年　春，雍廩殺無知。公及齊大夫盟于蔇，齊無君也。夏，公伐齊，納子糾。桓公自莒先入。秋，師及齊師戰于乾時，我師敗績。公喪戎路，傳乘而歸。秦子、梁子以公旗辟于下道，是以皆止。蔇，魯地，今山東沂州境舊有蔇亭。乾時，齊地。戎路，兵車。傳乘，乘他車。秦、梁二子，公御右也，以公旗避誤齊師，使公得逸。止，獲也。餘見桓公之伯。

十年　春，齊師伐我。公將戰，曹劌請見。其鄉人曰：「肉食者謀之，又何間焉？」劌曰：「肉食者鄙，未能遠謀。」乃入見，問：「何以戰？」公曰：「衣食所安，弗敢專也，必以分人。」對曰：「小惠未徧，民弗從也。」公曰：「犧牲、玉帛，弗敢加也，必以信。」對曰：「小信未孚，神弗福也。」公曰：「小大之獄，雖不能察，必以情。」對曰：「忠之屬也，可以一戰，戰則請從。」公與之乘，戰于長勺。公將鼓之，劌曰：「未可。」齊人三鼓，劌曰：「可矣。」齊師敗績。公將馳之，劌曰：「未可。」下視其轍，登軾而望之，曰：「可矣。」遂逐齊師。既克，公問其故，對曰：「夫戰，勇氣也。一鼓作氣，再而衰，三而竭。彼竭我盈，故克之。夫大國難測也，懼有伏焉。吾視其轍亂，望其旗靡，故逐之。」曹劌，魯士。肉食，在位者。間，猶與也。衣食爲小惠，不過左右，故未徧。信，誠也。每事不敢欺神，然德不足以致享，而徒以品物爲敬，故曰小信。以情，必盡己情，此以誠心體民，故曰忠。乘，同車也。長勺，魯地。有伏，恐詐奔。轍亂旗靡怖遽，真敗矣。

桓公五子争立

僖公二年　秋，齊寺人貂始漏師于多魚。寺人，内奄官。齊桓多嬖寵，内則如夫人者六人，外則幸豎貂、易牙之等，終以亂國。貂于此已擅貴寵，洩漏桓公軍事。多魚，地闕。

十七年　齊侯之夫人三，王姬、徐嬴、蔡姬皆無子。齊侯好内，多内寵，内嬖如夫人者六人。長衛姬生武孟，少衛姬生惠公，鄭姬生孝公，葛嬴生昭公，密姬生懿公，宋華子生公子雍。公與管仲屬孝公於宋襄公，以爲太子。雍巫有寵於衛共姬，因寺人貂以薦羞於公，亦有寵。公許之，立武孟。管仲卒，五公子皆求立。冬，十月乙亥，齊桓公卒。易牙入，與寺人貂因内寵以殺羣吏，而立公子無虧。孝公奔宋。十二月乙亥，赴。辛巳，夜殯。武孟，公子無虧字。惠公名元，孝公名昭，昭公名潘，懿公名商人。雍巫，雍人名巫，即易牙。既有寵于公，爲長衛姬，請立武孟。内寵，内官之有權寵者。桓公死至殯，凡六十七日。○桓以己國立己子，不能以義自定，而屬之宋。既以孝公屬之宋，而又許易牙立武孟，是驅之使亂矣。君臣皆英物也，而若是國數世後定，更不復振也，宜哉！

十八年　春，宋襄公以諸侯伐齊。三月，齊人殺無虧。殺之以説宋。齊人將立孝公，不勝四公子之徒，遂與宋人戰。夏，五月，宋敗齊師于甗，立孝公而還。秋，八月，葬齊桓公。

二十五年　冬，衛人平莒于我。十二月，盟于洮。

二十六年　春王正月，公會莒茲丕公、甯莊子盟于向，尋洮之盟也。齊師侵我西鄙，討是二盟也。夏，齊孝公伐我北鄙，衛人伐齊，洮之盟故也。公使展喜犒師，使受命于展禽。齊侯未入竟，展喜從之，曰：「寡君聞君親舉玉趾，將辱于敝邑，使下臣犒執事。」齊侯曰：「魯人恐乎？」對曰：「小人恐矣，君子則否。」齊侯曰：「室如縣罄，野無青草，何恃而不恐？」對曰：「恃先王之命。昔周公、大公股肱周室，夾輔成王，成王勞之而賜之盟，曰：『世世子孫無相害也。』載在盟府，大師職之。桓公是以糾合諸侯，而謀其不協，彌縫其闕，而匡救其災，昭舊職也。及君即位，諸侯之望曰：『其率桓之功！』我敝邑用不敢保聚，曰：『豈其嗣世九年，而棄命廢職？其若先君何？君必不然。』恃此以不恐。」齊侯乃還。向，莒地。茲丕，莒君之號。甯莊子，衛大夫，名速。齊惡魯親衛，故再來討，而衛亦爲魯伐齊。犒師，勞齊師也。命，詞命。禽，柳下惠也，名獲。罄、磬同，如磬之懸無一物。又野無青草，旱甚也。載，載書也。職，主也。太師，兼主司盟之官。用，用此盟。保，守。聚，聚衆也。○公使受詞，知惠之賢矣，而竟不之用，何也？東門襄仲、臧文仲如楚乞師。冬，公以楚師伐齊，取穀。凡師，能左右之曰以。寘桓公子雍於穀，易牙奉之以爲魯援，楚申公叔侯戍之。桓公之子七人，爲七大夫於楚。左右，指揮之也。雍與孝公争立，故使居穀以偪之。孝公不能撫公族，兄弟皆仕於楚。

二十七年　夏，齊孝公卒。有齊怨，不廢喪紀，禮也。孝公弟昭公立。喪紀，弔贈之數。○史記云孝公

弟潘因衛公子開方殺孝公子而立。

文公十四年　子叔姬妃齊昭公，生舍。叔姬無寵，舍無威。公子商人驟施於國，而多聚士，盡其家，貸於公有司以繼之。夏，五月，昭公卒，舍即位。秋，七月乙卯夜，齊商人弒舍而讓元，元曰：「爾求之久矣。我能事爾，爾不可使多蓄憾，將免我乎？爾爲之！」叔姬，魯女。妃，配同。驟，急數也。貸，以繼施之周也。元，商人兄，故讓之。元言商人懷篡志已久，不得國，其怨必蓄，將復殺我，故使爲之。齊人定懿公，使來告難，故書以九月。齊公子元不順懿公之爲政也，終不曰「公」，曰「夫己氏」。襄仲使告于王，請以王寵求昭姬于齊，曰：「殺其子，焉用其母？請受而罪之。」冬，單伯如齊請子叔姬，齊人執之，又執子叔姬。齊人不服懿公，三月而後位定，故以九月書于經。元惡之，惟稱爲某甲而已。昭姬，即子叔姬也。齊人恨魯以王命臨己，故執王使與姬以辱魯。

十五年　春，季文子如晉，爲單伯與子叔姬故也。○夏，曹伯來朝。○六月，齊人許單伯請而赦之，使來致命，書曰「單伯至自齊」，貴之也。齊畏晉，亦以久拒王命，故因魯請許之。單伯雖見執而本王臣，銜王命，故仍貴之。冬，十一月，齊人來歸子叔姬，王故也。齊侯侵我西鄙。遂伐曹，入其郛，討其來朝也。季文子曰：「齊侯其不免乎？已則無禮，而討於有禮者，曰：『女何故行禮？』禮以順天，天之道也。已則反天而又以討人，難以免矣！詩曰：『胡不相畏？不畏于天。』君子之不虐幼賤，畏于天也。在周頌曰：『畏天之威，于時保之。』不畏于天，將何能保？以亂取

國，奉禮以守，猶懼不終，多行無禮，弗能在矣。」齊人禮遣叔姬歸，以謝罪於王。無禮，謂其執王使而數虐魯。詩小雅，言君臣上下何不相畏，是不畏天也。又言人君能畏天威，於是保福禄。今齊反之，其亡速矣！

十六年　春王正月，及齊平。公有疾，使季文子會齊侯于陽穀。請盟，齊侯不肯，曰：「請俟君間。」夏，五月，公使襄仲納賂于齊侯，故盟于郪丘。間，疾瘳也。尚欲伐魯，故托辭以拒。既得賂而盟。郪丘，齊地，今南直隸潁州有郪丘，疑遠。

十七年　夏，四月，齊侯伐我北鄙，襄仲請盟。六月，盟于穀。冬，襄仲如齊，拜穀之盟。復曰：「臣聞齊人將食魯之麥，以臣觀之，將不能。齊君之語偷。臧文仲有言曰：『民主偷，必死。』」穀，在今山東東阿縣境有穀城。齊既以賂盟魯，而復伐之，既再盟，又欲食魯麥。襄仲又以其言必其將死。偷，苟且也。

十八年　春，齊侯戒師期，而有疾，醫曰：「不及秋，將死。」公聞之，卜曰：「尚無及期！」惠伯令龜，卜楚丘占之，曰：「齊侯不及期，非疾也。君亦不聞。令龜有咎。」二月丁丑，公薨。齊懿公之爲公子也，與邴歜之父爭田，弗勝。及即位，乃掘而刖之，而使歜僕。納閻職之妻，而使職驂乘。夏，五月，公遊于申池，二人浴于池。歜以扑抶職，職怒，歜曰：「人奪女妻而不怒，一抶女，庸何傷？」職曰：「與刖其父而弗能病者何如？」乃謀弑懿公，納諸竹中。歸，舍爵而行。齊人立公子元。秋，襄仲、莊叔如齊，惠公立故。戒期，以伐魯。公聞其有疾，故卜之，欲其先師期死。尚，庶幾也。令龜，以卜事告龜。楚丘，魯卜大夫。言兆見齊侯先期，當以惡終，君又先齊侯薨。令龜者亦有凶兆。懿公怨歜

父，時已死，乃斷其尸足。僕，御。驂乘，陪乘也。申池，臨淄城西申門之水。扑，箠也。抶，擊也。歜、閻相感激，兩以所恨相發而弒君。歸齊，飲酒訖，置爵乃去。言齊人惡懿公，二人無所畏。皆如楚丘卜，惠公前辭，今卒得國。

靈公滅萊

襄公二年　春，齊侯伐萊，萊人使正輿子賂夙沙衛以索馬牛，皆百疋，齊師乃還。君子是以知齊靈公之爲「靈」也。萊，小國，今山東黄縣有萊城、萊州，皆其地。夙沙衛，齊寺人。索，簡擇好者。謚法，亂而不損曰靈。言謚應其行。夏，齊姜薨，齊侯使諸姜宗婦來送葬。召萊子，萊子不會，故晏弱城東陽以偪之。宗婦，同姓大夫之婦。婦人越疆送葬，非禮。晏弱，齊大夫。東陽，齊邊邑近萊。

六年　十一月，齊侯滅萊，萊恃謀也。於鄭子國之來聘也，四月，晏弱城東陽，而遂圍萊。甲寅，堙之環城，傅于堞。及杞桓公卒之月，乙未，王湫帥師及正輿子、棠人軍齊師，齊師大敗之。丁未，入萊，萊共公浮桑奔棠，正輿子、王湫奔莒，莒人殺之。四月，陳無宇獻萊宗器于襄宮。晏弱圍棠。十一月丙辰，而滅之，遷萊于郳。高厚、崔杼定其田。謀，謂賂夙沙衛。子國聘在五年。二月，晏弱城東陽。至四月，復托治城，遂圍萊。堙，土山以環其城而附之堞。堞，女牆。杞桓卒在此年三月。王湫，故齊人，奔萊，事見下崔慶之亂。正輿子，萊大夫。棠，萊邑，今即墨縣舊有棠鄉。三人帥別邑兵來解圍而大敗。浮柔，萊共公名。無宇，

桓子陳玄孫。襄宮，齊襄公之廟。遷萊，遷其宗氏。郳，國名。定，定其疆。

崔慶之亂

宣公十年　夏，齊惠公卒。崔杼有寵於惠公，高、國畏其偪也，公卒而逐之，奔衛。書曰「崔氏」，非其罪也，且告以族，不以名。凡諸侯之大夫違，告於諸侯曰：「某氏之守臣某，失守宗廟，敢告。」所有玉帛之使者則告，不然則否。惠公卒，子頃公無野立。高、國，齊二正卿。典策之法，告者皆當書以名，此齊以族告，故因之。違，奔放也。上某氏姓，下某名。玉帛之使，謂聘問也。情好相通則告而書之，聘好不通即不告。○杼此年奔衛，至襄公二十五年弑莊公，相距五十一年，又二年而自縊。然奔衛前已有寵於惠公，計其年亦不甚少矣。五十年後而繼娶東郭姜，生明可立後，則又未耄也。以年歲考之皆可疑，況又記奔而無復。於成十七年以杼爲大夫前，高、國畏其偪而逐之，後以何故而得復也？何復而即用之乎？不應疎畧如此。竊恐奔衛者非杼也。經文書氏不名，此疑宜闕焉。而傳蓋曲爲之解也。

成公十七年　齊慶克通於聲孟子，與婦人蒙衣乘輦而入於閎。鮑牽見之，以告國武子。武子召慶克而謂之。慶克久不出，而告夫人曰：「國子讁我。」夫人怒。國子相靈公以會，高、鮑處守。及還，將至，閉門而索客。孟子訴之曰：「高、鮑將不納君而立公子角，國子知之。」秋，

七月壬寅，刖鮑牽而逐高無咎，無咎奔莒。高弱以盧叛，齊人來召鮑國而立之。初，鮑國去鮑氏而來爲施孝叔臣。施氏卜宰，匡句須吉。施氏之宰有百室之邑，與匡句須邑，使爲宰，以讓鮑國而致邑焉。施孝叔曰：「子實吉。」對曰：「能與忠良，吉孰大焉？」鮑國相施氏忠，故齊人取以爲鮑氏後。仲尼曰：「鮑莊子之知不如葵，葵猶能衛其足。」慶克，慶封父。聲孟子，靈公母夫人。蒙衣，亦婦人服。與婦人相冒。閎，巷門。鮑牽，叔牙曾孫。克以醜跡露，慚不出。譎，譖也。會，會伐鄭。索客，蒐姦人也。角，靈公弟。弱，無咎子。盧，高氏邑，今山東長清縣有盧城。國，牽之弟文子。臣，家臣。卜宰，將立家宰而卜之。匡句須，亦施氏臣。其宰舊有百室以爲之祿，匡句須以宰讓國，不受其邑。葵，傾葉向日以蔽其根。不如葵，譏其不能以智自衛。　冬，齊侯使崔杼爲大夫，使慶克佐之，帥師圍盧。國佐從諸侯圍鄭，以難請而歸。遂如盧師，殺慶克，以穀叛。齊侯與之盟于徐關而復之。十二月，盧降。使國勝告難於晉，待命于清。圍盧，討高弱也。佐惡克淫亂，故以難請歸而殺之，以穀叛。齊侯謀殺佐，恐其據邑，佯與盟而復其位。至盧降，又使其子勝于晉，羈之清邑以孤弱之。清，今屬肥城縣。

十八年　春，齊爲慶氏之難故，甲申晦，齊侯使士華免以戈殺國佐於内宮之朝，師逃於夫人之宮。書曰「齊殺其大夫國佐」，棄命、專殺、以穀叛故也。使清人殺國勝，國弱來奔，王湫奔萊。慶封爲大夫，慶佐爲司寇。既，齊侯反國弱，使嗣國氏，禮也。華免，齊士官。慮佐爲變，故密誘而殺之内朝。時變忽起，侍從之師不知謀者逃入于夫人之宮，又并殺勝。湫，佐黨。封、佐，皆慶克子。既而以勝弟弱嗣國氏。〇慶克淫亂被

殺，非過也，乃立其二子。國子以忠忿殺人，罪宜可議，而并及其子，齊之用刑頗矣，宜召後亂也與？

襄公十年　春，會于柤，會吳子壽夢也。三月癸丑，齊高厚相太子光，以先會諸侯于鍾離。不敬，士莊子曰：「高子相太子以會諸侯，將社稷是衛，而皆不敬，棄社稷也。其將不免乎？」柤、鍾離，皆楚地，今鳳陽府有鍾離城。壽夢，吳子。乘未至，故光先與東諸侯會。士莊子，晉大夫。不免，不免於禍。

十七年　冬，齊晏桓子卒。晏嬰麤縗斬，苴絰、帶、杖，菅屨，食鬻，居倚廬，寢苫、枕草。其老曰：「非大夫之禮也。」曰：「唯卿爲大夫。」桓子名弱，晏嬰父。麤，三升布。縗，在胸前。斬，不緝之也。苴，麻之有子者。取其麤在腰、在首皆曰絰。帶，絞帶。皆苴爲之。杖，竹杖。菅屨，草屨。歠鬻，朝一溢米，夕一溢米。用木爲廬在中門外，倚東牆北户。苫，編藁也。此禮與士喪禮畧同，惟枕草枕凷異耳。一云，夏枕凷，冬枕草。此初喪爲然，既虞每殺。禮，父母之喪，自天子達於公卿大夫與士無異。時禮制廢，士及大夫縗服不同。晏子爲大夫而行士禮，故家臣不解，譏之。晏子惡直己以斥時失，孫詞以自解。

十八年　冬十月，會于魯濟，同伐齊。齊侯禦諸平陰。會，晉會諸侯，詳見晉平公楚康公争伯。

十九年　齊侯娶於魯，曰顔懿姬，無子。其姪鬷聲姬生光，以爲太子。諸子仲子、戎子，戎子嬖。仲子生牙，屬諸戎子。戎子請以爲太子，許之。仲子曰：「不可。廢常不祥，間諸侯難。光之立也，列於諸侯矣。今無故而廢之，是專黜諸侯，而以難犯不祥也。君必悔之。」公曰：「在我而已。」遂東太子光，使高厚傅牙以爲太子，夙沙衛爲少傅。齊侯疾，崔杼微逆光，疾病而

立之。光殺戎子，尸諸朝，非禮也。婦人無刑，雖有刑，不在朝市。夏，五月壬辰晦，齊靈公卒，莊公即位，執公子牙於句瀆之丘。以夙沙衛易己，衛奔高唐以叛。顔、鬷，皆二姬母姓，因以爲號。懿、聲皆謚。諸子，齊内官號。戎子，戎女。仲子，宋女。皆子姓。屬，托也。許，齊侯許。常，嫡庶常分。難，事難成也，謂光列於諸侯之會，尊同諸侯矣。東，廢而徙之東鄙。微，密也。疾病，公疾甚也。無刑，無黥刖之刑，雖犯罪刑不暴其尸。莊公，光也。謂衛教公易己。高唐，齊邑，今山東高唐州。○父未瞑目而殺其愛，爲忍已甚，又何論其尸與否乎？秋，八月，齊崔杼殺高厚於灑藍而兼其室，書曰「齊殺其大夫」，從君於昏也。灑藍，齊地。厚從公廢長立幼，不能諫止，故以國討爲文。齊慶封圍高唐，弗克。冬，十一月，齊侯圍之，見衛在城上，號之乃下。問守備焉，以無備告，揖之乃登。聞師將傅，食高唐人。殖綽、工僂會夜縋納師，醢衛於軍。齊侯以衛下與己語，且以情告，故揖而禮焉，欲生之。衛志於戰死，故不順而登城。聞齊師將附城，故食高唐人使共守。殖綽、工僂，齊二士。會昏夜時登城而高唐人方共食，故不及禦二子，縋納齊師，獲衛而醢之。

二十一年　春，齊侯使慶佐爲大夫，復討公子牙之黨，執公子買於句瀆之丘。公子鉏來奔，叔孫還奔燕。慶佐，崔杼黨。買、鉏、還，皆齊公族。莊公斥逐親戚，成崔、慶之勢以至弒。○秋，欒盈出奔楚。

冬，會于商任，錮欒氏也。齊侯、衛侯不敬，叔向曰：「二君者必不免。會朝，禮之經也。禮，政之輿也。政，身之守也。怠禮，失政。失政不立，是以亂也。」知起、中行喜、州綽、邢蒯出奔齊，皆欒氏之黨也。齊莊公朝，指殖綽、郭最曰：「是寡人之雄也。」州綽曰：「君以爲雄，

誰敢不雄？然臣不敏，平陰之役，先二子鳴。」莊公爲勇爵，殖綽、郭最欲與焉。州綽曰：「東閭之役，臣左驂迫，還於門中，識其枚數，其可以與於此乎？」公曰：「子爲晉君也。」對曰：「臣爲隸新，然二子者，譬於禽獸，臣食其肉而寢處其皮矣。」盈奔晉，逐之也。錮，使諸侯不得受。餘見晉卿族廢興。經，大經也。輿，喻其行。守，言其安知。起等四子，晉大夫。前晉伐齊及平陰，州綽獲殖綽、郭最，故自比于雞鬭勝而先鳴。勇爵，設爵位以命勇士，一云爵飲酒器，設此以觴勇士。隸新，臣齊日淺也。食肉、寢皮，喻己能得而恣用之也。

二十二年　秋，欒盈自楚適齊。晏平伯言於齊侯曰：「商任之會，受命於晉。今納欒氏，將安用之？小所以事大，信也。失信不立，君其圖之。」弗聽。退告陳文子曰：「君人執信，臣人執共。忠信篤敬，上下同之，天之道也。君自棄也，弗能久矣。」冬，會于沙隨，復錮欒氏也。欒盈猶在齊，晏子曰：「禍將作矣！齊將伐晉，不可以不懼。」晉知盈在齊，故復錮之。

二十三年　夏，晉將嫁女于吳，齊侯使析歸父媵之，以藩載欒盈及其士，納諸曲沃。藩，車之有障蔽者。若使媵妾在其中。曲沃，晉邑，欒氏所分掌。餘見晉卿族廢興。秋，齊侯伐衛。先驅，穀榮御王孫揮，召揚爲右。申驅，成秩御莒恒，申鮮虞之傅摯爲右。曹開御戎，晏父戎爲右。貳廣，上之登御邢公，盧蒲癸爲右。啓，牢成御襄罷師，狼蘧疏爲右。胠，商子車御侯朝，桓跳爲右。大殿，商子游御夏之御寇，崔如爲右。燭庸之越駟乘。自衛將遂伐晉。晏平仲曰：「君恃勇力以伐盟主，若不濟，國之福也。不德而有功，憂必及君。」崔杼諫曰：「不可。臣聞之，小國間大國之敗而毀

焉，必受其咎。君其圖之！」弗聽。陳文子見崔武子曰：「將如君何？」武子曰：「吾言於君，君弗聽也。以爲盟主，而利其難。羣臣若急，君於何有？子姑止之。」文子退，告其人曰：「崔子將死乎？謂君甚而又過之，不得其死。過君以義，猶自抑也，況以惡乎？」齊侯遂伐晉，取朝歌。爲二隊，入孟門，登大行。張武軍於熒庭，戍郫邵，封少水，以報平陰之役，乃還。趙勝帥東陽之師以追之，獲晏氂。先驅，前鋒軍。申驅，次前鋒。傅摯，申鮮虞之子。曹開、晏父戎爲公之御右，爲中軍。貳廣，公副車。左翼曰啓，右翼曰胠。大殿，後軍。駟乘，四人共乘，殿軍也。此傳詳其陳名將帥，見莊公任武勇廢舊臣。文子，陳完曾孫須無。武子，崔杼。言有急不能顧君，欲弑之以悦晉。文子言弑君之惡過於背盟主。二隊，分軍爲二部。孟門，晉隘道。大行山，在今山西絳縣東二十里。張武軍，謂築壘壁。熒庭，晉地。郫邵，晉邑。取而守之，封晉尸於少水以爲京觀。趙勝，趙旃之子。東陽，晉之山東，今北直隸河間府地。晏氂，齊大夫。冬，晉人克欒盈于曲沃。

齊侯還自晉，不入，遂襲莒，門于且于，傷股而退。明日將復戰，期於壽舒。杞殖、華還載甲夜入且于之隧，宿於莒郊。明日先遇莒子於蒲侯氏，莒子重賂之，使無死，曰：「請有盟。」華周對曰：「貪貨棄命，亦君所惡也。昏而受命，日未中而棄之，何以事君？」莒子親鼓之，從而伐之，獲杞梁。莒人行成。齊侯歸，遇杞梁之妻於郊，使弔之，辭曰：「殖之有罪，何辱命焉？若免於罪，猶有先人之敝廬在，下妾不得與郊弔。」齊侯弔諸其室。得儁曰克。且于，莒邑。壽舒，莒地。杞殖、華還，齊大夫。殖一名梁，還一名周。隧，狹路。蒲侯氏，近莒邑。有盟，以盟要二子無死戰。莒以小勝大，故懼而行成。梁

戰死，妻迎喪，齊侯遇而弔之。妻以行弔於野非禮，故從而弔於其室。

二十四年　春，孟孝伯侵齊，晉故也。夏，齊侯既伐晉而懼，將欲見楚子。楚子使薳啓彊如齊聘，且請期。齊社，蒐軍實，使客觀之。陳文子曰：「齊將有寇。吾聞之，兵不戢，必取其族。」秋，齊侯聞將有晉師，使陳無宇從薳啓彊如楚，辭且乞師。崔杼帥師送之，遂伐莒，侵介根。會于夷儀，將以伐齊。水，不克。冬，楚子伐鄭，以救齊，門于東門，次于棘澤。諸侯還救鄭。楚子自棘澤還，使薳啓彊帥師送陳無宇。期，會期。客，謂啓彊。戢，藏也。族，類也。取其族還，自害也。晉師，夷儀之師。辭，辭有晉師未能會。介根，莒邑，今爲山東膠州有介根城。齊既與莒平，復侵伐之，見無信也。晉伐齊以報前伐，而阻於水，復以楚伐鄭還救之。餘見晉平楚康爭伯。楚君歸，使臣送其使，其交固也。齊人城郟。郟，王城也。於是穀、雒鬭，毁王宮。齊叛晉，欲求媚於天子，故爲王城之。

二十五年　春，齊崔杼帥師伐我北鄙，以報孝伯之師也。公患之，使告于晉。孟公綽曰：「崔子將有大志，不在病我，必速歸，何患焉？其來也不寇，使民不嚴，異於他日。」齊師徒歸。孟公綽，魯大夫。大志，謂將弑君。不寇，不爲害。不嚴，以收衆心。徒，空也。齊棠公之妻，東郭偃之姊也。東郭偃臣崔武子。棠公死，偃御武子以弔焉。見棠姜而美之，使偃取之。偃曰：「男女辨姓。今君出自丁，臣出自桓，不可。」武子筮之，遇困䷮之大過䷛。史皆曰吉。示陳文子，文子曰：「夫從風，風隕，妻不可娶也。且其繇曰：『困于石，據于蒺藜。入于其宮，不見其妻，凶。』困于石，往

不濟也。據于蒺藜，所恃傷也。入于其宮，不見其妻，凶，無所歸也。」崔子曰：「嫠也何害？先夫當之矣。」遂取之。莊公通焉，驟如崔氏。以崔子之冠賜人，侍者曰：「不可。」公曰：「不爲崔子，其無冠乎？」崔子因是，又以其間伐晉也，曰：「晉必將報。」欲弒公以説于晉，而不獲間。公鞭侍人賈舉，而又近之，乃爲崔子間公。夏，五月，莒爲且于之役故，莒子朝于齊。甲戌，饗諸北郭，崔子稱疾，不視事。乙亥，公問崔子，遂從姜氏。姜入于室，與崔子自側户出。公拊楹而歌。侍人賈舉止衆從者而入，閉門。甲興，公登臺而請，弗許。請盟，弗許。請自刃於廟，弗許。皆曰：「君之臣杼疾病，不能聽命。近於公宮，陪臣干掫有淫者，不知二命。」公踰牆，又射之，中股，反隊，遂弒之。賈舉、州綽、邴師、公孫敖、封具、鐸父、襄伊、僂堙皆死。祝佗父祭於高唐，至，復命，不説弁而死於崔氏。申蒯侍漁者，退謂其宰曰：「爾以帑免，我將死。」其宰曰：「免，是反子之義也。」與之皆死。崔氏殺鬷蔑於平陰。晏子立於崔氏之門外，其人曰：「死乎？」曰：「獨吾君也乎哉，吾死也？」曰：「行乎？」曰：「吾罪也乎哉，吾亡也？」曰：「歸乎？」曰：「君死安歸？君民者，豈以陵民？社稷是主。臣君者，豈爲其口？實社稷是養。故君爲社稷死則死之，爲社稷亡則亡之。若爲己死而爲己亡，非其私暱，誰敢任之？且人有君而弒之，吾焉得死之？而焉得亡之？將庸何歸？」門啓而入，枕尸股而哭。興，三踊而出。人謂崔子必殺之，崔子曰：「民之望也，舍之，得民。」盧蒲癸奔晉，王何奔莒。叔孫宣伯之

在齊也，叔孫還納其女於靈公，嬖，生景公。丁丑，崔杼立而相之，慶封爲左相。盟國人於大宫，曰：「所不與崔、慶者……」晏子仰天嘆曰：「嬰所不唯忠於君、利社稷者是與，有如上帝！」乃歃。辛巳，公與大夫及莒子盟。太史書曰：「崔杼弑其君。」崔子殺之。其弟嗣書而死者二人，其弟又書，乃舍之。南史氏聞太史盡死，執簡以往，聞既書矣，乃還。閭丘嬰以帷縛其妻而載之，與申鮮虞乘而出，鮮虞推而下之，曰：「君昏不能匡，危不能救，死不能死，而知匿其暱，其誰納之？」行及弇中，將舍。嬰曰：「崔、慶其追我。」鮮虞曰：「一與一，誰能懼我？」遂舍，枕轡而寢，食馬而食，駕而行。出弇中，謂嬰曰：「速驅之，崔、慶之衆，不可當也。」遂來奔。崔氏側莊公于北郭。丁亥，葬諸士孫之里。四翣，不蹕，下車七乘，不以兵甲。晉侯濟自泮，會于夷儀，伐齊，以報朝歌之役。齊人以莊公説。

莊公爲杼所立而淫於其妻，竟以見弑。 棠公，齊棠邑大夫。 美，美其色。 取，爲己娶。 丁公，崔杼祖。 桓公，東郭偃祖。 坎下兑上困，六三變爲大過巽下兑上。 坎爲中男，故曰夫。 變而爲巽，故曰從風。 夫則從風，風能隕妻，故不可娶。「困于石」四句，困六三爻辭，下皆解其意。 坎爲險，爲水，水之險者，石不可以動。 坎爲險，兑爲澤。 澤之生物而險者，蒺藜恃之則傷。 易曰非所困而困名必辱，非所據而據身必危。 既辱且危，死其將至，妻不可得見矣。 今卜昏而遇此卦，六三失位無應，則喪其妻，失其所歸也。 寡婦曰嫠。 杼言棠公已當此凶。 公通於其婦，因得杼冠以賜人。 揚其穢，故侍者諫。 公言不獨崔子有冠。 杼因是怒公，又以其間晉難伐之，故伺公可弑之間而弑公以説。 且于，前見。 稱疾，誘公來問。 歌，歌以命姜。 賈舉爲崔子間公，止衆而閉門，重言侍人別下賈舉。 請，請免死。 近公宫，言或淫者得以詐稱公。 干

掫，行夜。言行夜得淫人，受崔子命討之，不知他。賈舉等八子皆齊勇力之臣爲公所嬖者，與公共死。高唐有齊别廟，故祭之。弁，爵弁，祭服。侍魚，監取魚之官。帑，宰之妻子。義，死君之義。鬷蔑，平陰大夫，公外嬖。公所養非國士，故死難皆嬖寵之人。晏子聞難而來，言己非君所嬖，故不宜死，無罪亦不宜亡。君臣皆社稷，是以故死亡皆以其故，所謂社稷之臣也。若爲君所私暱，陷君於弑，則當同其禍患耳。然雖不應死亡，君死亦無歸安之義，故以君尸枕己股而哭，以敦盡臣禮。宣伯，魯僑如。還齊羣公子，納宣伯之女于靈公。太宫，太公廟。崔、慶盟書云：所不與崔、慶者有如上帝。讀書未終，晏子抄答易其辭，因自歃。○其論君臣之義既大而悉矣，又卓立於强暴之中，誠大賢哉。○莒子朝齊，亂作未歸，故景公復與之盟。太史兄弟既死於直筆，而繼者猶未已，古之史官守職如此，崔杼之惡所以聞。嬰、虞二子亦莊公嬖臣。乘，共載。下，下嬰妻也。匿，藏。暱，親也。弇中，道狹。言雖衆亦無所用。枕轡，食馬必藉之以免難，故道廣。衆得用故不可當。鮮虞雖嬖臣，亦知義而有知。側，瘞埋不殯於廟。士孫，人姓，因以名里。死十有三日即葬，不待期。喪車之飾，天子八翣，諸侯六翣，大夫四翣。蹕，止行人。下車，送葬之車。齊舊上公禮九乘，又有兵車，此皆降損。適晉伐齊，因歸罪於公以解。餘見晉平楚康争伯。

秋，七月己巳，同盟于重丘，齊成故也。重丘，今屬東昌府。

二十七年　春，齊慶封來聘。其車美，孟孫謂叔孫曰：「慶季之車不亦美乎？」叔孫曰：「豹聞之，服美不稱，必以惡終。美車何爲？」叔孫與慶封食，不敬，爲賦相鼠，亦不知也。季，慶封字。相鼠，詩鄘風，曰：「相鼠有皮，人而無儀。人而無儀，不死何爲。」慶封不知此詩爲己言，其闇甚。

崔杼生成及彊而寡，娶東郭姜，生明。東郭姜以孤入曰棠無咎，與東郭偃相崔氏，崔成有疾而廢之，而立明。成請老于崔，崔子許之。偃與無咎弗予，曰：「崔，宗邑也，必在宗主。」成與彊怒，將殺之。告慶

封曰：「夫子之身，亦子所知也。唯無咎與偃是從，父兄莫得進矣。大恐害夫子，敢以告。」慶封曰：「子姑退，吾圖之。」告盧蒲嫳，盧蒲嫳曰：「彼，君之讎也，天或者將棄彼矣。彼實家亂，子何病焉？崔之薄，慶之厚也。」他日又告慶封曰：「苟利夫子，必去之。難，吾助女。」九月庚辰，崔成、崔彊殺東郭偃、棠無咎於崔氏之朝。崔子怒而出，其衆皆逃。求人使駕不得，使圉人駕，寺人御而出，且曰：「崔氏有福，止余猶可。」遂見慶封，慶封曰：「崔、慶一也，是何敢然。請爲子討之！」使盧蒲嫳帥甲以攻崔氏，崔氏堞其宫而守之，弗克。使國人助之，遂滅崔氏，殺成與彊而盡俘其家，其妻縊。嫳復命於崔子，且御而歸之，至則無歸矣，乃縊。崔明夜辟諸大墓。辛巳，崔明來奔，慶封當國。

慶固黨崔，於此復乘難斃之以專齊。偏喪曰寡，寡特也。無咎，棠公之子。東郭偃，姜之弟。杼以姜故愛明，故乘成有疾廢而立之。成欲居崔邑以終老。宗邑，宗廟所在。宗主，謂崔明。夫子，謂崔杼。嫳，慶封屬大夫。君，謂莊公。崔敗則慶專權，故云崔薄慶厚。圉人，養馬者。寺人，奄人。杼恐滅家，禍不止其身。堞，短垣。使其衆築之以守。妻，東郭姜。無歸，終如前筮。辟墓，開先人之塚以藏杼尸。

二十八年　齊慶封好田而耆酒，與慶舍政，則以其内實遷于盧蒲嫳氏，易内而飲酒。數日國遷朝焉。使諸亡人得賊者，以告而反之，故反盧蒲癸。癸臣子之有寵，妻之。慶舍之士謂盧蒲癸曰：「男女辨姓，子不辟宗，何也？」曰：「宗不余辟，余獨焉辟之？賦詩斷章，余取所求焉，惡識宗？」癸言王何而反之，二人皆嬖，使執寢戈而先後之。公膳日雙雞，饔人竊更之以鶩。

御者知之，則去其肉，而以其洎饋。子雅、子尾怒。慶封告盧蒲嫳，盧蒲嫳曰：「譬之如禽獸，吾寢處之矣。」使析歸父告晏平仲，平仲曰：「嬰之衆不足用也，知無能謀也，言弗敢出，有盟可也。」子家曰：「子之言云，又焉用盟？」告北郭子車，子車曰：「人各有以事君，非佐之所能也。」陳文子謂桓子曰：「禍將作矣，吾其何得？」對曰：「得慶氏之木百車於莊。」文子曰：「可慎守也已。」盧蒲癸、王何卜攻慶氏，示子之兆，曰：「或卜攻讎，敢獻其兆。」子之曰：「克，見血。」冬，十月，慶封田于萊，陳無宇從。丙辰，文子使召之，請曰：「無宇之母疾病，請歸。」慶季卜之，示之兆，曰：「死。」奉龜而泣，乃使歸。慶嗣聞之，曰：「禍將作矣。」謂子家：「速歸，禍作必於嘗，歸猶可及也。」子家弗聽，亦無悛志。子息曰：「亡矣！幸而獲在吴、越。」陳無宇濟水，而戕舟發梁。盧蒲姜謂癸曰：「有事而不告我，必不捷矣。」癸告之。姜曰：「夫子愎，莫之止，將不出，我請止之。」癸曰：「諾。」十一月乙亥，嘗于太公之廟，慶舍莅事。盧蒲姜告之，且止之，弗聽，曰：「誰敢者？」遂如公。麻嬰爲尸，慶奊爲上獻。盧蒲癸、王何執寢戈，慶氏以其甲環公宫。陳氏、鮑氏之圉人爲優。慶氏之馬善驚，士皆釋甲束馬，而飲酒，且觀優，至於魚里。欒、高、陳、鮑之徒介慶氏之甲。子尾抽桷，擊扉三，盧蒲癸自後刺子之，王何以戈擊之，解其左肩。猶援廟桷，動于甍。以俎、壺投，殺人而後死。遂殺慶繩、麻嬰。公懼，鮑國曰：「羣臣爲君故也。」陳須無以公歸，稅服而如内宫。慶封歸，遇告亂者。丁亥，伐西門，弗克。還

伐北門，克之。入伐内宫，弗克。反，陳于嶽，請戰，弗許，遂來奔。獻車於季武子，美澤可以鑑。展莊叔見之，曰：「車甚澤，人必瘁，宜其亡也。」叔孫穆子食慶封，慶封氾祭。穆子不説，使工爲之誦茅鴟，亦不知。既而齊人來讓，奔吴。吴句餘予之朱方，聚其族焉而居之，富於其舊。子服惠伯謂叔孫曰：「天殆富淫人，慶封又富矣。」穆子曰：「善人富謂之賞，淫人富謂之殃，天其殃之也，其將聚而殲旃。」慶封，字子家。舍，封之子，字之子。封當國，乃以政付舍，自以寶物、妻妾遷居嬖家，故國人就朝焉。亡人，辟崔氏難奔者癸、何等也。得賊，告反，以功贖也。舍以女妻癸，慶與盧蒲皆姜姓，故使辟宗。癸言己有求于慶氏，不能復顧禮，如賦詩者取其一章耳。癸欲與莊公報仇，故既反何，復同求寵於慶氏。寢戈，親近兵杖也。公膳，公家食羣臣日膳。饔人，庖宰御進食者。癸、何謀使諸大夫怨慶氏，故使饔人更雞以鶩，御者復去肉饋洎。洎，肉汁也。子雅、子尾皆惠公孫。封以二子怒告嬖，嬖言能殺而席其皮，因使析歸父告晏子，欲殺二子。晏子辭，又告子車，亦辭。歸父，字子家。子車，名佐。皆齊大夫。慶氏淫横，國人共謀滅之。陳文子，名須無。問其子無宇當得何物。無宇，桓子也。時封有木積于六軌之道，欲得此而已。文子善其不貪，故使慎守。癸、何既定謀反，獻龜兆於舍，舍決其必克。無宇從封於田，欲脱歸，詐以母疾爲辭。見死兆而泣，以見其誠。慶氏之族嗣子息者亦知使封歸猶可救，封殊弗悟，嗣嘆其必亡。無宇既濟而復，杜其歸路，不使能救。嘗，秋祭。姜，癸妻，亦知其父之愎。乃譎以其謀告之，而激之使出，遂至公所臨祭。尸，祭尸。上獻，先獻。廟在宫，甲環之以備變也。陳、鮑使圉爲俳優以誘其衆，遂皆釋其甲、束其馬而遠就魚里觀之，故四族得介其所釋之甲。子尾以桷擊扉者三以爲期，癸、何遂或刺或擊。舍肩既解，猶效其多力而死。桷，椽也。扉，門闔。甍，瓦棟也。俎、壺，即祭器。公懼于亂，國言除慶氏所以尊公。文子以公歸其家，税祭服入于宫，猶懼難也。封以陳、鮑在公所，故伐内宫。嶽，里名。展莊叔，魯大夫。禮，食

有祭，示有所先也。氾祭，遠散所祭，不恭。工，樂師。茅鴟，逸詩，刺不敬。句餘，吴子餘。朱方，吴邑，今丹徒縣。殲，盡也。旃，之也。

崔氏之亂，喪羣公子，故鉏在魯，叔孫還在燕，賈在句瀆之丘。及慶氏亡，皆召之，具其器用，而反其邑焉。與晏子邶殿其鄙六十，弗受。子尾曰：「富，人之所欲也，何獨弗欲？」對曰：「慶氏之邑足欲故亡，吾邑不足欲也。益之以邶殿，乃足欲。足欲，亡無日矣。在外，不得宰吾一邑。不受邶殿，非惡富也，恐失富也。且夫富如布帛之有幅焉，爲之制度，使無遷也。夫民，生厚而用利，於是乎正德以幅之，使無黜嫚，謂之幅利。利過則爲敗，吾不敢貪多，所謂幅也。」與北郭佐邑六十，受之。與子雅邑，辭多受少。與子尾邑，受而稍致之。公以爲忠，故有寵。釋盧蒲嫳于北竟。求崔杼之尸，將戮之，不得。叔孫穆子曰：「必得之。武王有亂臣十人，崔杼其有乎？不十人，不足以葬。」既，崔氏之臣曰：「與我其拱璧，吾獻其柩。」於是得之。十二月乙亥朔，齊人遷莊公殯於大寢，以其棺尸崔杼於市。國人猶知之，皆曰「崔子也」。崔、慶既除，暫收還宗室，賞及賢臣。三子皆二十一年奔。按二十一年齊侯討公子牙之黨，故逐三子，見本事内。前此云崔氏之亂，傳文前後自乖如此。邶殿，齊别都。以邶殿邊鄙六十邑與晏嬰。外，亡在外也。幅，喻有度也。遷，移也。以厚利皆人所欲，唯正德爲之幅，則有度而無黜嫚。黜，猶肆也。釋，放也。崔、慶一也，故滅慶而後治崔罪。前藏杼尸，故不得。穆子言葬用十人，崔子不能令十人同心，故其中必有自陳者，已而果然。拱璧，崔氏大璧。殯，更殯。大寢，路寢。崔氏弒莊公，又葬不如禮，故以莊公棺著崔杼尸邊以章其罪。國人皆識其尸，見陳之者真也。

二十九年　春，二月癸卯，齊人葬莊公於北郭。兵死不入兆域，故葬北郭。

昭公三年　秋，齊侯田於莒。盧蒲嫳見，泣且請曰：「余髮如此種種，余奚能爲？」公曰：「諾。吾告二子。」歸而告之，子尾欲復之，子雅不可，曰：「彼其髮短而心甚長，其或寢處我矣。」九月，子雅放盧蒲嫳于北燕。種種，短也。自言老不能爲害。子雅猶恨之，故述其前言，見其故知尚存，恐其復作亂放之燕。

四年　秋，七月，楚子以諸侯伐吳，使屈申圍朱方。八月甲申，克之，執齊慶封而盡滅其族。

○崔、慶暴而暗，不足論也，皆靈、莊之不君啓之，自爲斧斤，自戕其軀以成田氏之强，惜也。王、癸之徒皆涉阻歷難，必報其君之仇而後已，豈可以嬖幸而槩鄙夷之耶？

景公納燕伯

昭公三年　燕簡公多嬖寵，欲去諸大夫而立其寵人。冬，燕大夫比以殺公之外嬖，公懼，奔齊。書曰「北燕伯欵出奔齊」，罪之也。此，相親比。

六年　十一月，齊侯如晉，請伐北燕也。士匄相士鞅逆諸河，禮也。晉侯許之。十二月，齊侯遂伐北燕，將納簡公。晏子曰：「不入。燕有君矣，民不貳。吾君賄，左右諂諛，作大事不以

信，未嘗可也。」請，請告於盟主。士匄，士文伯。與范宣子同姓名。相，爲鞅之介也。禮，得敬迎來者之禮。不入，言燕簡公不入其國。不以信，心不誠也。

七年　春，王正月，暨齊平，齊求之也。癸巳，齊侯次于虢，燕人行成，曰：「敝邑知罪，敢不聽命。先君之敝器，請以謝罪。」公孫晳曰：「受服而退，俟釁而動可也。」二月戊午，盟于濡上。燕人歸燕姬，賂以瑶罋、玉櫝、斝耳。不克而還。齊伐燕，燕人賂之，反從求成如晏子言。虢，燕竟。晳，齊大夫。濡水，源出北直隸窮獨山，至易州支分入城，近東方四里許，淵而不流。歸燕姬，嫁女與齊侯也。瑶，玉别名。櫝，匱也。斝，爵類，旁有耳。皆玉爲之。

十二年　春，齊高偃納北燕伯欵于唐，因其衆也。言因唐衆欲納之，故得先入唐。

景公納莒郊公

昭公十四年　秋，八月，莒著丘公卒，郊公不慼，國人弗順，欲立著丘公之弟庚與。蒲餘侯惡公子意恢，而善於庚與。郊公惡公子鐸而善於意恢，公子鐸因蒲餘侯而與之謀，曰：「爾殺意恢，我出君而納庚與。」許之。郊公，著丘公之子。弗順，以其不懷父也。與，本「輿」。庚與，莒共公名。蒲餘侯，莒大夫，名兹夫。意恢、鐸，皆莒羣公子。冬，十二月，蒲餘侯兹夫殺莒公子意恢，郊公奔齊。公子鐸逆庚與于

齊，齊隰黨、公子鉏送之，有賂田。郊公奔，以意恢殺也。隰黨、鉏，齊大夫。賂田，莒賂齊以田也。

十九年　秋，齊高發帥師伐莒，莒子奔紀鄣。使孫書伐之。初，莒有婦人，莒子殺其夫，已爲嫠婦。及老，託於紀鄣，紡焉以度而去之。及師至，則投諸外，或獻諸子占，子占使師夜縋而登。登者六十人，縋絶。師鼓譟，城上之人亦譟。莒共公懼，啓西門而出。七月丙子，齊師入紀。齊伐莒，以莒不事齊也。莒子，庚與也。紀鄣，莒邑，今淮安贛榆縣有紀鄣城。孫書，陳無宇之子，字子占。嫠，夫殺而寡。因紡纑，連所紡以度城而藏之待外攻者，欲以報仇。投，投繩於城外，隨之而出。齊師因緣繩登城，鼓譟城下之未登者，城上已登者。

二十二年　春，王二月甲子，齊北郭啓帥師伐莒，莒子將戰，苑羊牧之諫曰：「齊帥賤，其求不多，不如下之。大國不可怒也。」弗聽。敗齊師于壽餘。齊侯伐莒，莒子行成。司馬竈如莒涖盟，莒子如齊涖盟，盟于稷門之外。莒於是乎大惡其君。前莒子庚與自紀鄣出，既復歸國，傳失記。北郭啓，齊大夫。苑羊牧之，莒大夫。壽餘，莒地。齊復伐，怒其敗也。竈，齊大夫。稷門，齊城門。

二十三年　秋，莒子庚輿虐而好劍，苟鑄劍，必試諸人，國人患之。又將叛齊，烏存帥國人以逐之。庚輿將出，聞烏存執殳而立於道左，懼，將止死。苑羊牧之曰：「君過之，烏存以力聞可矣，何必以弒君成名？」遂來奔，齊人納郊公。輿，即庚與。烏存，莒大夫。殳長丈二，無刃。

田氏傾齊 陳佗之亂附

隱公六年　五月庚申，鄭伯侵陳，大獲。往歲，鄭伯請成于陳，陳侯不許。五父諫曰：「親仁善鄰，國之寶也。君其許鄭。」陳侯曰：「宋、衛實難，鄭何能爲？」遂不許。君子曰：「善不可失，惡不可長，其陳桓公之謂乎！長惡不悛，從自及也。雖欲救之，其將能乎？商書曰：『惡之易也，如火之燎于原，不可鄉邇，其猶可撲滅？』周任有言曰：『爲國家者，見惡如農夫之務去草焉，芟夷薀崇之，絶其本根，勿使能殖，則善者信矣。』」五父，陳公子佗字。難，可畏也。悛，改也。商書盤庚，言火燎原野，近之固難，滅之尤難。周任，周大夫。芟，刈。夷，殺。薀，積。崇，聚也。

七年　冬，陳及鄭平。十二月，陳五父如鄭涖盟。壬申，及鄭伯盟，歃，如忘。洩伯曰：「五父必不免，不賴盟矣。」鄭良佐如陳涖盟。辛巳，及陳侯盟，亦知陳之將亂也。涖，臨也。如忘，志不在盟。不賴盟，言不以盟爲重。洩伯、良佐，皆鄭大夫。陳亂，觀其政治而知之也。

桓公五年　春，正月甲戌、己丑，陳侯鮑卒。再赴也。於是陳亂，文公子佗殺太子免而伐之，公疾病而亂作，國人分散，故再赴。佗稱文公子，明非桓公母弟。免，桓公子。六年，蔡人殺佗，厲公躍立，見下。○以上附陳佗之亂。

莊公二十二年　春，陳人殺其太子御寇，陳公子完與顓孫奔齊。顓孫自齊來奔，齊侯使敬仲爲卿。辭曰：「羈旅之臣，幸若獲宥，及於寬政，赦其不閑於教訓，而免於罪戾，弛於負擔，君之惠也。所獲多矣，敢辱高位以速官謗？請以死告。詩云：『翹翹車乘，招我以弓。豈不欲往，畏我友朋。』」使爲工正。飲桓公酒，樂，公曰：「以火繼之。」辭曰：「臣卜其晝，未卜其夜，不敢。」君子曰：「酒以成禮，不繼以淫，義也。以君成禮，弗納於淫，仁也。」初，懿氏卜妻敬仲，其妻占之，曰：「吉。是謂『鳳皇于飛，和鳴鏘鏘。有嬀之後，將育于姜。五世其昌，並于正卿。八世之後，莫之與京』。」陳厲公，蔡出也，故蔡人救五父而立之。生敬仲，其少也，周史有以周易見陳侯者。陳侯使筮之，遇觀䷓之否䷋，曰：「是謂『觀國之光，利用賓于王』，此其代陳有國乎？不在此，其在異國。非此其身，在其子孫。光，遠而自他，有耀者也。坤，土也。巽，風也。乾，天也。風爲天於土上，山也。有山之材而照之以天光，於是乎居土上，故曰『觀國之光，利用賓于王』。庭實旅百，奉之以玉帛，天地之美具焉，故曰『利用賓于王』。猶有觀焉，故曰其在後乎。風行而著於土，故曰其在異國乎。若在異國，必姜姓也。姜，太嶽之後也，山嶽則配天，物莫能兩大。陳衰，此其昌乎？」及陳之初亡也，陳桓子始大於齊。其後亡也，成子得政。公子完，字敬仲。與顓孫皆御寇黨。羈，寄。旅，客也。詩逸詩，翹翹，高貌。古者聘士以弓，言雖貪顯命，懼爲朋友所譏。工正，掌百工之官。桓公賢完，就其家飲而完能閑之以禮。淫，樂而過也。懿氏，陳大夫妻懿氏妻。雄曰鳳，雌曰皇，雌雄俱飛，相和而鳴，鏘鏘

然，猶敬仲夫妻相隨適齊有聲譽。嬀，陳姓。姜，齊姓。與京，並大也。出，甥也。周史，周太史。坤下巽上觀，六四變而爲否。「觀國光，利用賓」，其爻詞。巽變爲乾，故曰風爲天。自二至四有艮象，艮爲山，則材之所生。上有乾下有坤，故言土上，照之以天光。四爲諸侯，變而之乾，有國朝王之象，故曰「觀國光，用賓于王」。艮爲門庭，乾爲金玉，坤爲布帛，諸侯朝王陳贄帛之象。旅，陳也。百，言物備。觀者觀他之詞，非己也，故曰在後。巽爲風，風動物也。巽在坤上，故爲行而著於土，則不在本國，故曰在異國。姜姓之先爲堯四嶽，變而象艮，故知當興於四嶽之後。山嶽則興雲降雨，有配天之功。凡物不兩大，故陳衰乃昌。桓子，陳無宇謚，敬仲五世孫。成子，陳常謚，敬仲八世孫。自完有禮於齊，子孫乘齊失德以竊其國，故備言其始終。○于時桓方圖霸，國方盛强，任賢以共其功，而代其國者已胚胎於此，天意其可測也哉？

襄公二十九年　秋，九月，齊公孫蠆、公孫竈放其大夫高止於北燕。乙未，出。書曰「出奔」，罪高止也。高止好以事自爲功，且專，故難及之，爲高氏之難。故高豎以盧叛。十月庚寅，閭丘嬰帥師圍盧，高豎曰：「苟使高氏有後，請致邑。」齊人立敬仲之曾孫酀，良敬仲也。十一月乙卯，高豎致盧而出奔晉，晉人城緜而寘旃。蠆字子尾，竈字子雅。放者，宥之使遠實放，書「奔」，所以示罪。豎，高止之子。閭丘嬰，齊大夫。致邑，還邑於君。敬仲，高傒。良，賢之也。晉城緜而寘豎，善豎也。

三十一年　齊子尾害閭丘嬰，欲殺之，使帥師以伐陽州。我問師故。夏，五月，子尾殺閭丘嬰，以說於我師。工僂灑、渻竈、孔虺、賈寅出奔莒。出羣公子。陽州，齊、魯境上邑。工僂等四子，皆嬰黨。蠆欲殺嬰，乃使伐魯，魯以師問故，歸罪於嬰，殺之以謝魯。既逐其黨，又出羣公子。○欒、高既滅崔、慶，以德禮綏定其國家，田氏其敢生心哉？而乃任情多殺，自弱其宗室，皆所以啓田氏之强而授之利柄也。

昭公二年　春，晉侯使韓宣子來聘。　宣子遂如齊納幣，見子雅。　子雅召子旗，使見宣子，宣子曰：「非保家之主也，不臣。」見子尾，子尾見彊，宣子謂之如子旗。　大夫多笑之，唯晏子信之曰：「夫子，君子也。君子有信，其有以知之矣。」韓宣子名起，餘見卿族廢興。　納幣，爲平公聘少姜。　子旗，子雅之子。　不臣，志氣亢也。　彊，子尾之子。　如子旗，亦不臣也。　晏子謂起有信，其言不妄。

三年　春，齊侯使晏嬰請繼室於晉。　既成昏，晏子受禮，叔向從之宴，相與語。　叔向曰：「齊其何如？」晏子曰：「此季世也，吾弗知齊其爲陳氏矣。　公棄其民，而歸於陳氏。　齊舊四量，豆、區、釜、鍾。　四升爲豆，各自其四，以登於釜。　釜十則鍾。　陳氏三量皆登一焉，鍾乃大矣。以家量貸，而以公量收之。　山木如市，弗加於山。　魚、鹽、蜃、蛤，弗加於海。　民參其力，二入於公，而衣食其一。　公聚朽蠹，而三老凍餒，國之諸市，屨賤踊貴。　民人痛疾，而或燠休之。　其愛之如父母，而歸之如流水。　欲無獲民，將焉辟之？　箕伯、直柄、虞遂、伯戲，其相胡公、大姬已在齊矣。」叔向曰：「然。　雖吾公室，今亦季世也。」　初，景公欲更晏子之宅，曰：「子之宅近市，湫隘囂塵，不可以居，請更諸爽塏者。」辭曰：「君之先臣容焉，臣不足以嗣之，於臣侈矣。　且小人近市，朝夕得所求，小人之利也。　敢煩里旅？」公笑曰：「子近市，識貴賤乎？」對曰：「既利之，敢不識乎？」公曰：「何貴何賤？」於是景公繁於刑，有鬻踊者，故對曰：「踊貴，屨賤。」既已告於君，故與叔向語而稱之。　景公爲是省於刑。　君子曰：「仁人之言，其利博哉！　晏子

一言，而齊侯省刑。詩曰：『君子如祉，亂庶遄已。』其是之謂乎！」及晏子如晉，公更其宅。反，則成矣。既拜，乃毀之，而爲里室，皆如其舊，則使宅人反之：「且諺曰：『非宅是卜，唯鄰是卜。』二三子先卜鄰矣。違卜不祥，君子不犯非禮，小人不犯不祥，古之制也。吾敢違諸乎？」卒復其舊宅。公弗許，因陳桓子以請，乃許之。田氏謀齊，厚施於民以陰移之。晏子以爲憂，因叔向至齊與語。晉少姜卒，齊復請以女繼之。詳見晉失諸侯。成昏，許昏成。受禮，受賓享之禮。豆、區、釜、鍾，皆量名。四豆得一斗，六升爲區，四區得六斗，四升爲釜，釜十則六斛，四斗而爲鍾，此公量也。陳氏於公量皆自其十分而加之一，每量而積之以至於鍾，則於公鍾加六斗四升，故曰大貸厚而收薄，以利收民心。如，往也。弗加，價依山海不加貴也。二入公，賦斂重也。三老，謂上壽、中壽、下壽，皆八十已上。貨積於上不見養遇。踊刖足者屨，踊貴刖者多也。燠休，温煦安息也。或謂田氏民愛而歸，無所辟也。箕伯等四人，皆舜後陳之先。胡公，陳始封之祖。太姬，其妃。相，隨也，一云助也。言陳氏雖爲人臣，將有齊國，其先世鬼神已在齊求饗。叔向言晉國之衰與齊同，詳見卿族廢興。景公亦知晏子忠，欲美其宅。晏子性本崇儉，又以國衰，不欲大其居。湫，下。隘，小。囂，聲。塵，土也。爽塏，明燥也。先臣，晏子之先。旅，衆也。不敢勞里閭之衆爲己宅，因刑繁刖者多致踊鬻於市，此晏子先以告君而後語叔向，出於忠悃也。詩小雅。如，行也。祉，福也。遄，疾也。言君子行福則亂疾止。拜，謝新宅。里室，鄰里之室。本壞里室以大晏子之宅，故復之宅人故居，人反還其故。卜，卜良鄰。二三子，謂鄰人。傳言齊衰賢臣懷憂，且見陳氏之興。

冬，齊公孫竈卒。司馬竈見晏子曰：「又喪子雅矣。」晏子曰：「惜也！子旗不免，殆哉！姜族弱矣，而嬀將始昌。二惠競爽猶可，又弱一个焉，姜其危哉！」司馬竈，齊大夫子旗，子雅子。不免，以其不臣也。嬀，陳氏。子雅、子尾皆惠公之孫。競，並。爽，强明也。○自晏子而外，憂齊者惟得一竈耳。

八年　七月甲戌，齊子尾卒，子旗欲治其室。丁丑，殺梁嬰。八月庚戌，逐子成、子工、子車，皆來奔，而立子良氏之宰。其臣曰：「孺子長矣，而相吾室，欲兼我也。」授甲，將攻之。陳桓子善於子尾，亦授甲，將助之。或告子旗，子旗不信，則數人告，將往，又數人告於道。遂如陳氏。桓子將出矣，聞之而還，游服而逆之，請命，對曰：「聞彊氏授甲將攻子，子聞諸？」曰：「弗聞。」「子盍亦授甲？無宇請從。」子旗曰：「子胡然？彼孺子也，吾誨之，猶懼其不濟。吾又寵秩之，其若先人何？子盍謂之。周書曰：『惠不惠，茂不茂』，康叔所以服弘大也。」桓子稽顙曰：「頃、靈福子，吾猶有望。」遂和之如初。子旗名欒施，宣子所謂不臣者。以子尾卒，其子幼，兼治其家政。梁嬰，子尾家宰。子成，頃公子，名固。子工，成之弟，名鑄。子車，頃公之孫，名捷。皆齊大夫子尾之屬也。子良，子尾之子，名高彊。子旗爲之立宰。孺子，謂子良。將往，往子良家。桓子，名無宇。游服，游戲之服，去戎服而著之。請命，子旗請桓子所至也。亦授甲，桓子使子旗以甲相攻也。寵秩，爲之立宰。若先人何，言若相攻無以見其子尾也，謂之以此，意達之也。周書康誥，言施惠於不惠者，勸勉於不勉者。茂，勉也。服，行也。頃、靈二公，欒氏所事之君。有望，望惠及己。和，和欒、高二家。〇時陳氏蓄圖二家之謀，聞子旗言而中止，可見誠義足以感人，而智謀雖工必有間而能逞也。使自是而終守於正，二家其可動哉？〇九月，楚公子棄疾帥師　圍陳。冬，十一月壬午，滅陳。詳見楚滅陳。晉侯問於史趙曰：「陳其遂亡乎？」對曰：「未也。」公曰：「何故？」對曰：「陳，顓頊之族也，歲在鶉火，是以卒滅，陳將如之。今在析木之津，猶將復由。且陳氏得政于齊，而後陳卒亡。自幕至於瞽

瞍，無違命，舜重之以明德，寘德於遂，遂世守之。及胡公不淫，故周賜之姓，使祀虞帝。臣聞盛德必百世祀，虞之世數未也。繼守將在齊，其兆既存矣。」陳祖舜，舜出顓頊氏，水德也。歲在鶉火，火盛故水滅。箕、斗之間有天漢，謂之析木之津，近北方水位，故當復由。「由」本作「甹」，木再生條也。言陳復興。得政而陳亡，以物不兩大也。幕，舜之先。瞽瞍，舜父。從幕至瞽瞍無違棄天命者，而舜爲大聖。寘，置之也。殷之興，封舜後於遂，舜德置于遂也。胡公滿遂之後，事周武王，賜姓曰嬀，封諸陳，紹舜後。兆，形之將見者。

十年　齊惠欒、高氏皆耆酒，信内多怨，彊於陳、鮑氏而惡之。夏，有告陳桓子曰：「子旗、子良將攻陳、鮑。」亦告鮑氏。桓子授甲，而如鮑氏。遭子良醉而騁。遂見文子，則亦授甲矣。使視二子，則皆將飲酒。桓子曰：「彼雖不信，聞我授甲，則必逐我。及其飲酒也，先伐諸？」陳、鮑方睦，遂伐欒、高氏。子良曰：「先得公，陳、鮑焉往？」遂伐虎門。晏平仲端委立于虎門之外，四族召之，無所往。其徒曰：「助陳、鮑乎？」曰：「何善焉？」「助欒、高乎？」曰：「庸愈乎？」「然則歸乎？」曰：「君伐，焉歸？」公召之而後入。公卜使王黑以靈姑銔率，吉，請斷三尺焉而用之。五月庚辰，戰于稷，欒、高敗。又敗諸莊，國人追之，又敗諸鹿門。欒施、高彊來奔，陳、鮑分其室。晏子謂桓子：「必致諸公！讓，德之主也。讓之，謂懿德。凡有血氣，皆有争心，故利不可强，思義爲愈。義，利之本也。蘊利生孽。姑使無蘊乎！可以滋長。」桓子盡致諸公，而請老于莒。桓子召子山，私具幄幕、器用、從者之衣屨，而反棘焉。子商亦如之，而反其

邑。子周亦如之，而與之夫于。反子城、子公、公孫捷，而皆益其禄。凡公子公孫之無禄者，私分之邑。國之貧約孤寡者，私與之粟。曰：「詩云：『陳錫載周。』能施也。桓公是以霸。」公與桓子莒之旁邑，辭。穆孟姬爲之請高唐，陳氏始大。欒，子旗。高，子良。同出惠公，皆好酒，信婦人言，取怨于國，國人搆難而妄告陳、鮑。陳如鮑謀，道逢子良醉中騁歸。文子，名國。二子，子旗、子良。彼謂二子不信不實也，恐以授甲爲罪而見逐，遂乘其既醉復飲酒時伐之。得公，挾公以令也。公不聽，入，故伐公之虎門。端委，朝服。晏子以四族行鈞，皆不從而入於公。王黑，齊大夫。靈姑鉟，公旗名。斷三尺，不敢與君同。稷，齊地。莊，六軌道。鹿門，齊城門。欒、高三敗奔魯，陳與鮑獲分其室。既用晏子言，以明讓復施德公族。藴，畜也。孽，妖害也。莒，齊邑。子山、子商、子周，皆子尾所逐。私具，不告公。棘，子山故邑，山東臨淄縣西舊有戟里亭。子周本無邑，更與之夫于，山東長山縣舊有于亭。子城、子公、公孫捷，皆子旗所逐。私分使恩歸己。詩大雅，言文王能布陳大利以賜天下，行之周徧。桓公亦能施以成霸。穆孟姬，景公母。高唐，今高唐州章丘縣。〇子尾、子旗本公族也，乃自逐其族而使陳氏得以施恩焉。凡厥所爲，皆以爲陳氏地也，欲國之不移于陳也，得乎？九月，昭子至自晉，大夫皆見。高彊見而退，昭子詔諸大夫曰：「爲人子不可不慎也哉！昔慶封亡，子尾多受邑，而稍致諸君，君以爲忠而甚寵之。將死，疾于公宮，輦而歸，君親推之，其子不能任，是以在此。忠爲令德，其子弗能任，罪猶及之，難不慎也？喪夫人之力，棄德、曠宗，以及其身，不亦害乎？詩曰：『不自我先，不自我後。』其是之謂乎？」昭子因彊以明戒。推之，推車。難不慎，言不可不慎。夫人，謂子尾。詩小雅，言禍亂不在他，正當己身，喻彊身自取此禍也。

二十年　冬，齊侯疥，遂痁，期而不瘳。諸侯之賓問疾者多在。梁丘據與裔款言於公曰：

「吾事鬼神豐，於先君有加矣，今君疾病，爲諸侯憂，是祝、史之罪也。諸侯不知，其謂我不敬，君盍誅於祝固、史嚚以辭賓？」公説，告晏子。晏子曰：「日宋之盟，屈建問范會之德於趙武。趙武曰：『夫子之家事治，言於晉國，竭情無私。其祝、史祭祀，陳信不愧。其家事無猜，其祝、史不祈。』建以語康王，康王曰：『神人無怨，宜夫子之光輔五君以爲諸侯主也。』」公曰：「據與欵謂寡人能事鬼神，故欲誅於祝、史。子稱是語，何故？」對曰：「若有德之君，外内不廢，上下無怨，動無違事。其祝、史薦信，無愧心矣。是以鬼神用饗，國受其福，祝、史與焉。其所以蕃祉老壽者，爲信君使也，其言忠信於鬼神。其適遇淫君，外内頗邪，上下怨疾，動作辟違，從欲厭私，高臺深池，撞鐘舞女，斬刈民力，輸掠其聚，以成其違，不恤後人。暴虐淫從，肆行非度，無所還忌，不思謗讟，不憚鬼神，神怒民痛，無悛於心。其祝、史薦信，是言罪也。其蓋失數美，是矯誣也。進退無辭，則虚以求媚，是以鬼神不饗其國以禍之，祝、史與焉。所以夭昏孤疾者，爲暴君使也，其言僭嫚於鬼神。」公曰：「然則若之何？」對曰：「不可爲也。山林之木衡鹿守之，澤之萑蒲舟鮫守之，藪之薪蒸虞候守之，海之鹽蜃祈望守之。縣鄙之人入從其政，偪介之關暴征其私，承嗣大夫强易其賄。布常無藝，徵歛無度，宫室日更，淫樂不違，内寵之妾，肆奪於市，外寵之臣，僭令於鄙。私欲養求，不給則應，民人苦病，夫婦皆詛。祝有益也，詛亦有損。聊、攝以東，姑、尤以西，其爲人也多矣。雖其善祝，豈能勝億兆人之詛？君若欲誅於祝、史，脩德而

後可。」公說，使有司寬政、毀關，去禁，薄斂，已責。十二月，齊侯田于沛，招虞人以弓，不進。公使執之，辭曰：「昔我先君之田也，旃以招大夫，弓以招士，皮冠以招虞人。臣不見皮冠，故不敢進。」乃舍之。仲尼曰：「守道不如守官。」君子韙之。齊侯至自田，晏子侍于遄臺，子猶馳而造焉。公曰：「唯據與我和夫！」晏子對曰：「據亦同也，焉得爲和？」公曰：「和與同異乎？」對曰：「異。和如羹焉，水、火、醯、醢、鹽梅，以烹魚肉，燀之以薪，宰夫和之，齊之以味，濟其不及，以洩其過。君子食之，以平其心。君臣亦然。君所謂可而有否焉，臣獻其否以成其可。君所謂否而有可焉，臣獻其可以去其否。是以政平而不干，民無争心。故詩曰：『亦有和羹，既戒既平。鬷嘏無言，時靡有争。』先王之濟五味，和五聲也，以平其心，成其政也。聲亦如味，一氣，二體，三類，四物，五聲，六律，七音，八風，九歌，以相成也。清濁小大，短長疾徐，哀樂剛柔，遲速高下，出入周疏，以相濟也。君子聽之，以平其心，心平德和。故詩曰：『德音不瑕。』今據不然，君所謂可，據亦曰可。君所謂否，據亦曰否。若以水濟水，誰能食之？若琴瑟之專壹，誰能聽之？同之不可也如是。」飲酒樂，公曰：「古而無死，其樂若何？」晏子對曰：「古而無死，則古之樂也，君何得焉？昔爽鳩氏始居此地，季萴因之，有逢伯陵因之，蒲姑氏因之，而後太公因之。古若無死，爽鳩氏之樂，非君所願也。」田氏務施，而景公復肆暴於民以驅之，晏子因事盡言。「疥」誤，應作「痎」，間發瘧也，痁頻作熱，瘧之甚矣。期，期月。梁丘據、裔欵，皆齊嬖大夫。欲殺嚚、固，以辭謝來問疾之

賓。故晏子言范武子之德以啓公問。無猜，無猜疑之事。不祈，無祈求於神。五君，文、襄、靈、成、景。不廢，無廢事也。無愧心，以君功德稱其陳説也。厭私，厭足其私。掠，奪取也。還，猶顧也。言祝、史與君同其禍福。齊侯不德，鬼神所憎，將禍延祝、史，而可誅之乎？衡鹿、舟鮫、虞候、祈望，皆官名。公立官專山澤之利，不與民共。介，隔也。迫近國都之關，言邊鄙既入服公政，又爲近關所征税，枉暴奪其私物。承嗣大夫，世位者。彊易，强以易之。藝，法制也。言布政無法。違，去也。肆，放也。僭令，自爲令也。養，長也。以私欲長養其所求，欲益縱而求爲廣也。應，應之以罪。聊、攝，齊西界，今山東聊城縣。姑、尤，齊東界，今山東萊州有小沽河、大沽河，姑即大沽河，尤即小沽河也。萬萬曰億，萬億曰兆。景公從晏子，暫施德於民。既疾愈行獵。沛，澤名。虞人，掌山澤之官。君招當往道之常也，非物不進官之制也。韙，是也。○官與道豈二乎？柳子以爲非夫子之言，必矣。○遄臺，在今山東臨朐縣西。子猶，梁丘據字。燀，炊也。詩商頌，言中宗能與賢者和齊，可否其政，如羹之備五味既成，戒其事，復和平其心。鬷，總也。嘏，大也。總齊大政，上下無怨，當時之民皆無争心。一氣，陰陽也，雖二名而皆謂之氣。二體，文、武，舞也。三類，風、雅、頌也。四物，律、度、量、衡也。五聲，宫、商、角、徵、羽。六律，黄鐘、大簇、姑洗、蕤賓、夷則、無射。七音，以宫、商、角、徵、羽而加變宫、變徵也。詳見上卷。八風，八方之風。九歌，九功之德。皆可歌也。六府三事謂之九功。詩豳風，義取心平則德無闕。○此和同之辨，其義精美，匪特論治而已，用以廣夫子論語之旨，不亦善乎？○爽鳩氏，少皞氏之司寇也。季萴，虞夏諸侯代爽鳩氏者。逢伯陵，殷諸侯，姜姓。蒲姑氏，殷周之間代逢公者。今山東臨朐縣逢山有伯陵祠，博興縣有薄姑城。齊侯躭樂圖久生，晏子稱此節之。

二十六年　冬，齊有彗星。齊侯使禳之，晏子曰：「無益也，祇取誣焉。天道不謟，不貳其命，若之何禳之？且天之有彗也，以除穢也。君無穢德，又何禳焉？若德之穢，禳之何損？詩曰：『惟此文王，小心翼翼。昭事上帝，聿懷多福。厥德不回，以受方國。』君無違德，方國將

至，何患於彗？詩曰：『我無所監，夏后及商。用亂之故，民卒流亡。』若德回亂，民將流亡，祝、史之爲，無能補也。」公說，乃止。彗星出齊之分野，示田氏將篡齊也，公欲禳祭以除其殃。誣，欺也。謟，濫也。不濫，惟德是與。不貳，誠一也。詩大雅，翼翼，共也。聿，惟也。回，違也。言文王德不違天人，故四國往歸之。又詩，逸詩也，言追監夏殷之亡，皆以亂政故。齊侯與晏子坐于路寢，公嘆曰：「美哉室！其誰有此乎？」晏子曰：「敢問何謂也？」公曰：「吾以爲在德。」對曰：「如君之言，其陳氏乎？陳氏雖無大德，而有施於民。豆、區、釜、鍾之數，其取之公也薄，其施之民也厚。公厚斂焉，陳氏厚施焉，民歸之矣。詩曰：『雖無德與女，式歌且舞。』陳氏之施，民歌舞之矣。後世若少惰，陳氏而不亡，則國其國也已。」公曰：「善哉！是可若何？」對曰：「唯禮可以已之。在禮，家施不及國，民不遷，農不移，工賈不變，士不濫，官不滔，大夫不收公利。」公曰：「善哉！我不能矣。吾今而後知禮之可以爲國也。」對曰：「禮之可以爲國也久矣，與天地並。君令臣共，父慈子孝，兄愛弟敬，夫和妻柔，姑慈婦聽，禮也。君令而不違，臣共而不貳，父慈而教，子孝而箴，兄愛而友，弟敬而順，夫和而義，妻柔而正，姑慈而從，婦聽而婉，禮之善物也。」公曰：「善哉！寡人今而後聞此禮之上也。」對曰：「先王所稟於天地以爲其民也，是以先王上之。」路寢，正寢。公自知德不能久有國，故嘆。晏子言將歸於陳氏，猶欲公以禮防之。取之公，以公量收。施之民，以私量貸。詩小雅，義取雖無大德，要有喜悅之心，欲歌舞之。式，用也。施不及國，惡收民心也。不遷、不移、不變，各有專業也。不濫必得人也，不滔敬其職也。不收公利，常禄有

限也。以令、共、慈、孝、愛、敬、和、柔、慈、聽爲禮，而又以不違、不貳、教、箴、友、順、義、正、從、婉爲禮之善。此天之所以重于世。與天地等而爲上也，蓋其本原於天地。先王稟之，心制斯禮，以範世，非出於私也。

哀公五年　齊燕姬生子，不成而死。諸子鬻姒之子荼嬖，諸大夫恐其爲太子也，言於公曰：「君之齒長矣，未有太子，若之何？」公曰：「二三子間於憂虞，則有疾疢，亦姑謀樂，何憂於無君？」公疾，使國惠子、高昭子立荼，寘羣公子於萊。秋，齊景公卒。冬，十月，公子嘉、公子駒、公子黔奔衛，公子鉏、公子陽生來奔。萊人歌之曰：「景公死乎不與埋，三軍之事乎不與謀，師乎師乎，何黨之乎？」燕姬，景公夫人。不成，未冠也。諸子，齊内官號。荼，安孺子也。諸臣以荼庶孽，立之有亂，故恐。景公意欲立荼而難發，故謾言以塞其請。國惠子，名夏。高昭子，名張。竟屬荼於二子，而逐羣公子。萊國，前滅之爲邑。五子皆景公子在萊者。萊人哀其失所，而爲之歌。師，衆也。黨，所也。之，往也。

六年　齊陳乞僞事高、國者，每朝必驂乘焉。所從，必言諸大夫曰：「彼皆偃蹇，將棄子之命。皆曰：『高、國得君，必偪我，盍去諸？』固將謀子，子早圖之。圖之，莫如盡滅之。需，事之下也。」及朝則曰：「彼虎狼也，見我在子之側，殺我無日矣。請就之位。」又謂諸大夫曰：「二子者禍矣，恃得君而欲謀二三子，曰：『國之多難，貴寵之由，盡去之而後君定。』既成謀矣，盍及其未作也，先諸？作而後悔，亦無及也。」大夫從之。夏，六月戊辰，陳乞、鮑牧及諸大夫以甲入于公宮。昭子聞之，與惠子乘如公。戰于莊，敗。國人追之，國夏奔莒，遂及高張、晏圉、弦

施來奔。八月，齊邴意茲來奔。高張、國夏受命立荼，陳乞欲害之，故先僞事焉。言，言其罪過。需，疑也。就位，就諸大夫位，欲與之共謀高、國也。牧，鮑圉孫。莊，六軌之道。敗，高、國敗也。圉，晏嬰子。與弦施、意茲皆高、國黨。〇前殞崔、慶，今亡高、國，齊之公族盡矣。前逐欒、高，施、彊來奔，高氏與欒俱亡。而高、張復爲景公托孤，則欒滅而高猶存也。然欒、高稱二惠，而高傒世爲齊卿久矣，則二高所出各異也哉。陳僖子使召公子陽生，陽生駕而見南郭且于，曰：「嘗獻馬於季孫，不入於上乘，故又獻此，請與子乘之。」出萊門而告之故。闞止知之，先待諸外。公子曰：「事未可知，反，與壬也處。」戒之，遂行。逮夜，至於齊，國人知之。僖子使子士之母養之，與饋者皆入。冬，十月丁卯，立之。將盟，鮑子醉而往。其臣差車鮑點曰：「此誰之命也？」陳子曰：「受命于鮑子。」遂誣鮑子曰：「子之命也。」鮑子曰：「女忘君之爲孺子牛而折其齒乎？而背之也？」悼公稽首，曰：「吾子奉義而行者也，若我可，不必亡一大夫。若我不可，不必亡一公子。義則進，否則退。敢不唯子是從？廢興無以亂，則所願也。」鮑子曰：「誰非君之子？」乃受盟。使胡姬以安孺子如賴，去鬻姒，殺王甲，拘江説，囚王豹于句竇之丘。公使朱毛告於陳子，曰：「微子則不及此，然君異於器，不可以二。器二不匱，君二多難。敢布諸大夫。」僖子不對而泣，曰：「君舉不信羣臣乎？以齊國之困，困又有憂，少君不可以訪，是以求長君，庶亦能容羣臣乎？不然，夫孺子何罪？」毛復命，公悔之。毛曰：「君大訪於陳子，而圖其小可也。」使毛遷孺子於駘。不至，殺諸野幕之下，葬諸殳冒淳。陽生，悼公名。且于，齊公子鉏，

在魯南郭，故以爲稱。陽生既得陳僖子之召，畏在家，人聞其言，故二人共載，以試馬爲辭。乘，共載也。萊門，魯郭門。闞止，陽生家臣，字子我。待外，欲俱去。壬，陽生子，後爲簡公。戒之，恐洩言也。夜至，恐人知。國人知而不言，見陳氏得衆。子士母，僖子之妾。皆入，陽生與饋食者偕入宮也。盟，盟諸大夫。差車，主車之官，鮑點其名。孺子，荼也。景公嘗銜繩爲牛，使荼牽之以爲戲，荼頓地，公齒折，言此見景公愛荼之深。稽首，過禮於鮑牧。不必亡一大夫，言已可爲君，必不怨鮑子。不必亡一公子，恐鮑殺己，故要之。公子，悼公自謂。胡姬，景公妾。賴，齊邑，安荼之號。鬻姒，荼之母。王甲、江說、王豹，皆孺子黨，景公嬖臣。朱毛，齊大夫。悼公忌荼，恐僖子復立荼而廢己，使欲除之，故僖以爲疑己，言以國故立長君求以濟難，而乃欲妄殺。公以不直自悔，乃私除荼。困，謂饑荒。憂，謂兵革。大，謂國政。小，謂殺荼。將殺荼於駘，恐駘人不從，故毛駐於野，張帳而殺之。駘，齊邑。殳冒淳，齊地。

八年　齊悼公之來也，季康子以其妹妻之，即位而逆之。季魴侯通焉，女言其情，弗敢與也。齊侯怒。夏，五月，齊鮑牧帥師伐我，取讙及闡。或譖胡姬於齊侯曰：「安孺子之黨也。」六月，齊侯殺胡姬。齊侯使如吴請師，將以伐我。秋，及齊平。九月，臧賓如如齊涖盟，齊閭丘明來涖盟，且逆季姬以歸，嬖。鮑牧又謂羣公子曰：「使女有千乘乎？」公子愬之。公謂鮑子：「或譖子，子姑居於潞以察之。若有之，則分室以行。若無之，則反子之所。」出門，使以三分之一行。半道，使以二乘。及潞，麇之以入，遂殺之。冬，十二月，齊人歸讙及闡，季姬嬖故也。魴侯，季康子叔父。讙、闡，俱今山東定陶縣界，又屬寧陽縣。胡姬，以安孺子如賴者。齊侯無道殺之，又以季姬故挑釁强吴。餘見康子搆怨邾齊。賓如，會子。丘明，嬰子。季姬淫而嬖，亦無道也。有馬千乘，使爲君也。鮑牧本不欲立陽生，故諷動

羣公子。潞，齊邑。公滅其侍從至二乘，而殺之。麇，束縛也。鮑去而陳氏無二矣。

九年　春，齊侯使公孟綽辭師于吳。吳子曰：「昔歲寡人聞命，今又革之，不知所從。將進，受命於君。」冬，吳子使來儆師伐齊。齊既與魯平，且姬嬖，故辭吳師。吳子怒，而反與魯謀伐齊。

十年　春，公會吳子、邾子、郯子伐齊南鄙。師于郎，齊人弒悼公，赴于師。郎，齊地。弒悼公以説吳。餘見越滅吳。

十四年　齊簡公之在魯也，闞止有寵焉。及即位，使爲政。陳成子憚之，驟顧諸朝。諸御鞅言於公曰：「陳、闞不可並也，君其擇焉。」弗聽。子我夕，陳逆殺人，逢之，遂執以入。陳氏方睦，使疾，而遺之潘沐，備酒肉焉，饗守囚者，醉而殺之，而逃。子我盟諸陳於陳宗。初，陳豹欲爲子我臣，使公孫言己，已有喪而止，既，而言之，曰：「有陳豹者，長而上僂，望視，事君子必得志，欲爲子臣。吾憚其爲人也，故緩以告。」子我曰：「何害，是其在我也。」使爲臣。他日，與之言政，説，遂有寵，謂之曰：「我盡逐陳氏而立女，若何？」對曰：「我遠於陳氏矣，且其違者不過數人，何盡逐焉？」遂告陳氏。子行曰：「彼得君，弗先，必禍子。」子行舍於公宮。夏，五月壬申，成子兄弟四乘如公。子我在幄，出逆之，遂入，閉門。侍人禦之，子行殺侍人。公與婦人飲酒于檀臺，成子遷諸寢。公執戈，將擊之。太史子餘曰：「非不利也，將除害也。」成子出舍于庫，聞公猶怒，將出，曰：「何所無君？」子行抽劍，曰：「需，事之賊也。誰非陳宗？所

不殺子者，有如陳宗！」乃止。子我歸，屬徒，攻闈與大門，皆不勝，乃出。陳氏追之，失道於弇中，適豐丘。豐丘人執之，以告，殺諸郭闕。成子將殺大陸子方，陳逆請而免之。以公命取車於道，及耏，衆知而東之，出雍門，陳豹與之車，弗受，曰：「逆爲余請，豹與余車，余有私焉。事子我而有私於其讎，何以見魯、衛之士？」東郭賈奔衛。庚辰，陳恒執公于舒州。公曰：「吾早從鞅之言，不及此。」六月甲午，齊陳恒弑其君壬于舒州。

悼公弑，子壬立，是爲簡公。闞止，字子我。時政在陳氏而任止，故田常心不安而顧之數。成子，田常謚。鞅，齊大夫。擇，擇一而任。夕，夕視事。逆，陳宗字。子行殺人于途，止逢而執之。陳氏欲謀齊國，故睦，使逆詐病，因内潘沐，并内酒肉。潘，米汁，可以沐頭。逆得饗醉守者，殺之而逃。失逆，懼其爲變，故盟之。豹亦陳宗。公孫，止友。言已求介達之。有喪，豹有喪。既，終喪也。長，身長。僂，曲脊。望視，目望陽。得志，得止之志。憚，憚其多詐。遠，疏遠。違，不從也。止既寵豹，欲用以代陳氏之執政者。豹既婉言以辭，復以其意告陳氏，遂逆謀先事殺之。禍子，謂田常也。舍，隱也。逆始隱於族，既又隱於宮。成子兄弟凡八人，昭子莊，簡子齒，宣子夷，穆子安廩，丘子意兹，芒子盈，惠子得。二人共一乘。田世家言兄弟四人，一人一乘，今不可考。幄，帳也，聽政之所。止見陳氏出迎之。成子既入，反閉門不納。止逆素在内，故得殺其侍人。檀臺，内宫臺。成子使公居正寢，欲挾以令衆也。公怒其作亂，故擊之。子餘亦陳氏黨，飾言爲公除害。成子舍於庫，以公怒欲出避。逆脅留之，其弑君之謀已決於此。子我不得入，歸家聚徒衆攻公門，亦欲得公也。再不勝，奔而被殺。闈，宫中小門。大門，公門。弇中，狹路。豐丘，陳氏邑。郭闕，齊闕名。大陸子方，一名郭東賈，子我臣。田氏欲殺之獲免，矯以公命取道中行人車。耏，齊地。衆知其矯命，奪而逐之東。雍門，齊城門。逆爲請，豹與車，見陳氏務施，而子方弗受車，亦以義拒也。陳恒，即成子。公臨難而悔不誅之。舒州，地闕。其後三傳至康公，田恒之曾孫和，

竟遷之於海上，簒齊爲諸侯。愚以爲非也。○自田氏簒齊，六卿分晉，三桓專魯，公羊遂謂春秋譏世卿。而孟子云仕者世禄。於是儒者有世禄不世官之説焉。古者天子、諸侯、大夫皆以德爲之殺，各保姓受氏以守宗祧，故曰天子建國，諸侯立家。豈有天子、諸侯世，而大夫獨不世者乎？且封國土地有限，官於朝者既有常禄而仕者之子孫日繁，安得以無限之禄給之？大率權之所在未有不爲患者，人君惟務脩德以固天命，秉正道以任忠良耳。其祚之脩短，聖人有不能自必者，何至因事察形，曲設疑防，猜阻逆爲備患計，以自固乎其位耶？觀其君皆庸暗滔淫，爲臣所制，并自啓亂門，而濟之者弘多跡田氏，至景公時其勢成矣。晏子每事陳誨，既已深切，景不惟不從，而且廢嫡立庶以遂其謀。高、國，國之望也，皆懵焉而從於邪。鮑復二三其間以自殞斃，與前之崔、慶、欒、高皆相率爲之驅除焉。且弒悼而立簡，簡身乎其慽，畧無嫉忌之心，任闞止一愚人與之並事，皆天閉其衷而相趨於亡也。哀夫！豈太公之烈至是而盡也哉？假卿不世國，其能以永存乎？緣公羊學極尊漢武時，適霍氏、王氏世顓漢柄，魏相、劉向因盛述公羊之説以動主聽，而王氏卒以簒漢。其説遂爲至允。蓋援此專論漢事與？爲後衰世慮固當，而聖人之意實不爾也。愚怪世儒好附會前説，更參己意以緣飾之，其説似美而不可行也，故爲之辨。

春秋左傳屬事卷十四

宋

殤公之弑

隱公三年　秋，宋穆公疾，召大司馬孔父而屬殤公焉，曰：「先君舍與夷而立寡人，寡人弗敢忘。若以大夫之靈，得保首領以没，先君若問與夷，其將何辭以對！請子奉之以主社稷，寡人雖死亦無悔焉。」對曰：「羣臣願奉馮也。」公曰：「不可。先君以寡人爲賢，使主社稷。若棄德不讓，是廢先君之舉也。豈曰能賢？光昭先君之令德，可不務乎？吾子其無廢先君之功！」使公子馮出居於鄭。八月庚辰，宋穆公卒，殤公即位。君子曰：「宋宣公可謂知人矣，立穆公，其子饗之，命以義夫！商頌曰：『殷受命咸宜，百禄是荷。』其是之謂乎！」孔父名嘉，孔子之六世祖也。

先君，穆公兄宣公。與夷，宣公子，即所屬殤公也。馮，穆公子，後爲莊公。穆公以先君以舉賢爲功，若不立其子，是不賢而廢其功。使馮出鄭，辟殤公也。詩頌，言殷湯武丁受命皆以義，故任荷天下之百禄。宣公帥義而行，故使殤公荷此禄。殷禮有兄弟相及不必傳子孫，宋其後也，故指稱商頌。

四年　春，衛州吁弑桓公而立。　使告於宋曰：「君若伐鄭以除君害，君爲主，敝邑以賦與陳、蔡從，則衛國之願也。」宋人許之。　故宋公、陳侯、蔡人、衛人伐鄭，圍其東門。五日而還。　秋，諸侯復伐鄭。　諸侯之師敗鄭徒兵，取其禾而還。害，謂子馮。殤公忌馮在鄭，故欲爲除之。賦，兵賦。詳見隱公攝國與衛州吁之亂。

五年　秋，宋人取邾田，邾人告於鄭，曰：「請君釋憾於宋。」　鄭人以王師會之，伐宋，入其郛，以報東門之役。郛，郭也。詳見隱公攝國。冬，宋人伐鄭，圍長葛，以報入郛之役也。長葛，鄭邑今河南長葛縣。

六年　秋，宋人取長葛。

七年　秋，宋及鄭平。七月庚申，盟于宿。宿，小國。

八年　春，齊侯將平宋、衛，有會期。宋公以幣請於衛，請先相見，衛侯許之，故遇於犬丘。夏，齊人卒平宋、衛於鄭。秋，會于溫，盟于瓦屋，以釋東門之役，禮也。犬丘，即垂，衛地。溫，周邑。瓦屋，周地。

九年　夏，宋公不王，鄭伯……以王命討之，伐宋。　秋，鄭人以王命來告伐宋。詳見隱公攝國。

十年　六月，　公敗宋師于菅。　鄭師入郜。　入防。　秋，宋人、衛人入鄭，蔡人從之，伐戴。八月，鄭伯圍戴，克之，取三師焉。九月戊寅，鄭伯入宋。菅，宋地。郜、防，宋二邑。郜詳後，防，今山東金鄉縣西南舊有西防城。戴，小國，今爲考城縣。以上從節，詳見桓王伐鄭。

十一年　冬，十月，鄭伯以虢師伐宋。壬戌，大敗宋師，以報其入鄭也。宋不告命，故不書。凡諸侯有命，告則書，不然則否。師出臧否，亦如之。雖及滅國，滅不告敗，勝不告克，不書於策。

桓公元年　冬，宋華父督見孔父之妻於路，目逆而送之，曰：「美而豔。」華父督，宋戴公孫也。色美曰豔。

二年　春，宋督攻孔氏，殺孔父而取其妻。　公怒，督懼，遂弒殤公。　君子以督爲有無君之心，而後動於惡，故先書弒其君。　會于稷，以成宋亂，爲賂故，立華氏也。　宋殤公立，十年十一戰，民不堪命。　孔父嘉爲司馬，督爲太宰，故因民之不堪命，先宣言曰：「司馬則然。」已殺孔父而弒殤公，召莊公於鄭而立之，以親鄭。　以郜大鼎賂公，齊、陳、鄭皆有賂，故遂相宋公。　夏，四月，取郜大鼎於宋。　戊申，納於太廟，非禮也。　臧哀伯諫曰：「君人者，將昭德塞違，以臨照百

官，猶懼或失之，故昭令德以示子孫：是以清廟茅屋，大路越席，大羹不致，粢食不鑿，昭其儉也。衮、冕、黻、珽，帶、裳、幅、舄，衡、紞、紘、綖，昭其度也。藻、率、鞞、鞛，鞶、厲、游、纓，昭其數也。火、龍、黼、黻，昭其文也。五色比象，昭其物也。錫、鸞、和、鈴，昭其聲也。三辰旂旗，昭其明也。夫德，儉而有度，登降有數，文物以紀之，聲明以發之，以臨照百官。百官於是乎戒懼，而不敢易紀律。今滅德立違，而寘其賂器於太廟，以明示百官。百官象之，其又何誅焉？國家之敗，由官邪也。官之失德，寵賂章也。郜鼎在廟，章孰甚焉？武王克商，遷九鼎於雒邑，義士猶或非之，而況將昭違亂之賂器於太廟，其若之何？」公不聽。周内史聞之，曰：「臧孫達其有後於魯乎！君違，不忘諫之以德。」孔父前受命立殤公，督懷逆已久，見父妻而遂鬩焉以發。稷，宋地。立華氏，立之使世其卿。魯受賂，黨賊貪縱之甚。十一戰，俱前見，本事内言公之數戰，司馬使之然。郜鼎，郜本國，宋滅之，得其鼎，今山東城武縣東北有郜國城。哀伯，僖伯之子，名達。昭德，以德存於心，故用外物昭之以示訓。塞違，閉塞邪違。清廟，肅然清静之稱。山節藻梲，復廟重檐，刮楹達鄉，反坫出尊，崇坫康圭，疏屏備物，盡文矣，而少以茅飾，故謂茅屋。大路，玉路，祀天車也。錫樊纓十有再，就建大常十有二，斿而必結蒲爲席，置于其中，以茵藉，謂之越席。大羹，肉汁，設之所以敬而不忘本。禮之重者，而不致五味之和。周禮，小宗伯辨六粢之名，諸穀俱稱。粢食，餅也。糲米一石舂八斗曰精，不鑿不精也。此四者皆以示儉。衮，畫衣也。繪龍山華，虫火宗彝，天子有升龍，無降龍，上公無升龍。冕，冠也。公自衮冕，以下如王之服。侯伯自鷩冕，以下如公之服。子、男自毳冕，以下如侯伯之服。孤自希冕，以下如子、男之服。卿、大夫自玄冕，以下如孤之服。黻、芾同，冕服稱芾，他服稱韠，以蔽膝也。天子備山、火、龍，諸侯火以下，卿、大夫山，士韎韋。又君朱色，大夫素，士爵韋。又天子直，諸侯前後方，大

夫前方後挫角，士前後正。珽，玉笏，若今吏之持簿。天子球玉，諸侯象，大夫以魚須文竹，士竹。本象又天子方正，諸侯前詘後直，大夫前詘後詘。又大圭長三尺，其餘二尺有六寸。帶，革帶也，即繫韠之帶，博二寸。衣下曰裳，袞鷩裳四章，毳希裳二章，玄冕裳一章。幅，詩云「邪幅在下」，舊註若今行縢者，恐非，亦無考。舄，複履。冕服，赤舄，皮弁，白舄，玄端，黑舄。王后褘衣、玄舄，夫人揄狄、青舄，子男之妻闕。狄赤舄。衡，維冠者。紞，冠之垂者，懸瑱之繩也，君五色，臣三色。紘，纓從下而上者，天子朱紘，諸侯青紘。綖，冠上覆。是皆尊卑各有制度。藻，雜采絲繩之貫玉爲冕旒者，天子十二，諸侯九，上大夫七，下大夫五，士三。率、綷同，綆緝其帶也，天子、諸侯之帶盡綷，大夫腰後不綷，士腰後及兩耳皆不綷。鞞，刀鞘，鞞同鞛，通作琫，上飾，天子玉琫而珧珌，諸侯璗琫而璆珌。鞶，紳帶也，一名大帶。厲，大帶之垂者，士三尺，有司二尺有五寸。又大夫以上廣四寸，士廣二寸。游，旌旗之游，玉路十二游，金路九游。纓，在馬膺前如索帬，玉路纓十有二就，金路纓九就。是皆尊卑各有數。火，畫火。龍，畫龍。白與黑謂之黼，形若斧。黑與青謂之黻，其狀兩己相戾。皆以文章明貴賤。東青、南赤、西白、北黑、天玄、地黃，車服器械之有五色，皆以比象天地四方，以示物不虛設，必有所象。其物皆象五色，故以五色名之。玄在赤黑之間，非別色也，故止言五。鍚在馬額，鸞在鑣，和在衡，鈴在旂，四者皆以金爲之，令動皆有鳴聲。三辰，日、月、星也，是天之光明照臨天下，故畫於旌旗，象天之明也。登降謂上下、尊卑。九鼎，商所受夏九鼎。武王克商，乃營雒邑，遷九鼎焉。義士，蓋伯夷之屬。內史，周大夫。言能匡君于違，爲世規鑒，臧氏當世昌于魯。

文公十五年　三月，宋華耦來盟，其官皆從之。書曰「宋司馬華孫」，貴之也。公與之宴，辭曰：「君之先君督得罪於宋殤公，名在諸侯之策。臣承其祀，其敢辱君？請承命於亞旅。」魯人以爲敏。古之盟會必備威儀，崇質幣，賓主以成禮爲敬，故傳曰卿行旅從。春秋時率多不能備儀，華孫能率其屬以從古

典，所以敬事而自重。使重而事敬，則魯尊而禮篤，故貴而不名。耦，華督曾孫也。自以罪人子孫，故不敢屈辱魯君對共宴會。請以亞旅承命。亞旅，上大夫其副介也。無故揚其先祖之罪，魯人以爲敏，君子所不與也。〇宋殤受國於其父而志殺其子，詩惡極矣，故假督以斃之，而督亦死於亂兵之手。然立馮之善不可泯也，其子孫竟繁昌於宋，天道於此誠不爽哉！

閔公之弒

莊公十年　夏，六月，齊師、宋師次于郎。公子偃曰：「宋師不整，可敗也。宋敗，齊必還，請擊之。」公弗許。自雩門竊出，蒙皐比而先犯之，公從之，大敗宋師于乘丘。齊師乃還。郎，今屬魚臺縣。乘丘，今屬曹縣。皆魯地。偃，魯大夫。雩門，南城門。皐比，虎皮。

十一年　夏，宋爲乘丘之役故侵我，公禦之，宋師未陣而薄之，敗諸鄑。凡師，敵未陣曰敗某師，皆陣曰戰，大崩曰敗績。得儁曰克，覆而敗之曰取某師。京師敗曰王師敗績於某。鄑，魯地，山東昌邑縣境。因釋書師之例：敗謂設權譎以詐敵而取勝，使彼不能成陳，或成陳而不得用，則以獨敗爲文。若堅而有備，兩敵相當，成敗決於智力者曰戰。師徒撓敗若沮岸崩山，喪其功績曰敗績。儁若太叔段之比，才力足以服衆，威權足以自固，進非外寇，退復狡壯，若二君然，君克而勝之，則但書所克之名。覆謂威力兼備，一軍皆被其掩覆，以取爲文王者無敵於天下，非可與戰者。據春秋世有其事則不得不以立義，故以自敗爲文，明天下莫之得校。秋，宋大水，公使弔焉，曰：

「天作淫雨，害於粢盛，若之何不弔？」對曰：「孤實不敬，天降之災，又以爲君憂，拜命之辱。」臧文仲曰：「宋其興乎？禹、湯罪己，其興也悖焉。桀、紂罪人，其亡也忽焉。且列國有凶，稱孤，禮也。言懼而名禮，其庶乎！」既而聞之曰公子御説之辭也。臧孫達曰：「是宜爲君，有恤民之心。」臧文仲名辰，魯大夫。悖，勃同。列國諸侯無凶則稱寡人。言懼，謂罪己。名禮，謂稱孤。御説，宋莊公子。乘丘之役，公以金僕姑射南宮長萬，公右歂孫生搏之。宋人請之。宋公靳之，曰：「始吾敬子，今子魯囚也，吾弗敬子矣。」病之。金僕姑，矢名。南宮長萬，宋大夫。搏，取也。請，請之還。戲而相媿曰靳。萬因爲己病。

十二年　秋，宋萬弑閔公於蒙澤。遇仇牧於門，批而殺之。遇太宰督於東宮之西，又殺之。立子游，羣公子奔蕭，公子御説奔亳。南宮牛、猛獲帥師圍亳。冬，十月，蕭叔大心及戴、武、宣、穆、莊之族以曹師伐之，殺南宮牛於師，殺子游於宋。立桓公。猛獲奔衛，南宮萬奔陳，以乘車輦其母，一日而至。宋人請猛獲於衛，衛人欲勿與。石祁子曰：「不可。天下之惡一也，惡於宋而保於我，保之何補？得一夫而失一國，與惡而棄好，非謀也。」衛人歸之。亦請南宮萬於陳，以賂陳人，使婦人飲之酒，而以犀革裹之。比及宋，手足皆見，宋人皆醢之。蒙澤，宋地，今河南歸德州境有蒙城。批，手批之。子游，宋公子。蕭，宋附庸，今蕭縣。亳，宋邑，歸德州境有亳城。牛，萬之子。猛獲其黨。大心，蕭大夫名。戴、武、宣、穆、莊，宋五公族其子孫。桓公，御説也。乘車，非兵車。駕人曰輦。宋去陳二百六十里，一日至。犀革

至堅，能破之。見，手足皆見。萬多力也，與猛獲并醢。石祁，衛大夫。

昭公之弑

文公七年　夏，四月，宋成公卒。於是公子成爲右師，公孫友爲左師，樂豫爲司馬，鱗矔爲司徒，公子蕩爲司城，華御事爲司寇。昭公將去羣公子，樂豫曰：「不可。公族，公室之枝葉也。若去之，則本根無所庇廕矣。葛藟猶能庇其本根，故君子以爲比，況國君乎！此諺所謂『庇焉而縱尋斧焉』者也。必不可，君其圖之！親之以德，皆股肱也，誰敢攜貳？若之何去之？」不聽。穆、襄之族率國人以攻公，殺公孫固、公孫鄭於公宫。六卿和公室，樂豫舍司馬以讓公子卬。昭公即位而葬。書曰「宋人殺其大夫」，不稱名，衆也，且言非其罪也。成，莊公子。友，目夷子。豫，戴公玄孫。矔，桓公孫。蕩，桓公子。御事，華元父。葛藟，王風葛藟之篇，取以喻兄弟九族之不可攜棄，在國君尤當厚其公族，使公室之有所庇也。若藉其庇，而乃縱尋斧以戕伐焉，如諺所云，必不可。穆、襄二公之子孫，昭公所欲去者，先公未發而作亂。固、鄭二子公黨，在公宫故爲其所殺。卬，昭公弟。讓以官，和之也。

八年　宋襄夫人，襄王之姊也，昭公不禮焉，夫人因戴氏之族以殺襄公之孫孔叔、公孫鍾離及大司馬公子卬，皆昭公之黨也。司馬握節以死，故書以官。司城蕩意諸來奔，效節於府人而

出。公以其官逆之，皆復之，亦書以官，皆貴之也。襄夫人，昭公嫡祖母。華、樂、皇，皆戴族。節，國之符信。握之以死，效之而出，皆示不廢命也。效，猶致也。府人掌官契以治藏。意諸，蕩之孫。卿違從大夫，公賢其效節，故以本官逆之，請宋公復之。司城官屬悉來奔，故言皆復。

十一年　秋，襄仲聘於宋，且言司城蕩意諸而復之。

十四年　九月，宋高哀爲蕭封人，以爲卿，不義宋公而出，遂來奔。書曰「宋子哀來奔」，貴之也。高哀爲蕭封疆之官，還爲卿，以宋公不義，出而待放。從放所來，故曰遂。貴，貴其不食汙君之禄，避患速也。

十六年　宋公子鮑禮於國人，宋饑，竭其粟而貸之。年自七十以上無不饋詒也，時加羞珍異，無日不數於六卿之門。國之材人無不事也，親自桓以下無不恤也。公子鮑美而豔，襄夫人欲通之，而不可，乃助之施。昭公無道，國人奉公子鮑以因夫人。於是華元爲右師，公孫友爲左師，華耦爲司馬，鱗矔爲司徒，蕩意諸爲司城，公子朝爲司寇。初，司城蕩卒，公孫壽辭司城，請使意諸爲之。既而告人曰：「君無道，吾官近，懼及焉。棄官，則族無所庇。子，身之貳也，姑紓死焉。雖亡子，猶不亡族。」既，夫人將使公田孟諸而殺之。公知之，盡以寶行。蕩意諸曰：「盍適諸侯？」公曰：「不能其大夫至於君祖母以及國人，諸侯誰納我？且既爲人君，而又爲人臣，不如死。」盡以其寶賜左右而使行。夫人使謂司城去公，對曰：「臣之而逃其難，若後君何？」冬，十一月甲寅，宋昭公將田孟諸，未至，夫人王姬使帥甸攻而殺之。蕩意諸死之。書曰

「宋人弒其君杵臼」，君無道也。文公即位，使母弟須爲司城。華耦卒，而使蕩虺爲司馬。公子鮑，昭公庶弟，是爲文公。乘昭公無道而厚施於國以傾之。羞，進也。數，頻造也。桓，鮑之曾祖。襄夫人，鮑嫡祖母。不可，以禮自防。元，督曾孫，代公子成。耦代公子卬，朝代御事。壽，蕩之子。意諸，壽之子。及，禍及。紓，緩也。不亡族，已在故也。若後君何，言無以事後君。孟諸，宋藪澤。王姬，即襄夫人。帥甸，郊甸之師。須代意諸。虺，意諸弟。

十七年　春，晉荀林父、衛孔達、陳公孫寧、鄭石楚伐宋，討曰：「何故弒君？」猶立文公而還。詳見楚穆王晉靈公爭伯。

十八年　冬，宋武氏之族道昭公子，將奉司城須以作亂。十二月，宋公殺母弟須及昭公子，使戴、莊、桓之族攻武氏於司馬子伯之館，遂出武、穆之族，使公孫師爲司城。公子朝卒，使樂呂爲司寇，以靖國人。文公弒昭公，故武族導昭公子以作亂。戴族，華、樂也。莊族，公孫師也。桓族，向、魚、鱗、蕩也。司馬子伯，華耦也，穆族，黨武氏，故并出。樂呂，戴公之曾孫。

宣公三年　宋文公即位三年，殺母弟須及昭公子，武氏之謀也。使戴、桓之族攻武氏於司馬子伯之館，盡逐武、穆之族。武、穆之族以曹師伐宋。秋，宋師圍曹，報武氏之亂也。此因圍曹而重叙前事。

成公二年　八月，宋文公卒。始厚葬，用蜃炭，益車馬，始用殉，重器備。椁有四阿，棺有翰、檜。君子謂華元、樂舉「於是乎不臣。臣，治煩去惑者也，是以伏死而争。今二子者，君生則

縱其惑，死又益其侈，是棄君於惡也，何臣之爲？」蜃，蛤類。燒蜃爲炭以瘞壙，多埋車馬。殉，用人從葬。重，猶多也。阿，棟也。四阿，四角設棟注下。翰，旁飾。檜，上飾。皆王禮。煩，亂。惑，蔽也。縱惑，如殺母弟之類。何臣，不成爲臣也。

桓族之亂

成公十五年　秋，八月，葬宋共公。於是華元爲右師，魚石爲左師，蕩澤爲司馬，華喜爲司徒，公孫師爲司城，向爲人爲大司寇，鱗朱爲少司寇，向帶爲太宰，魚府爲少宰。蕩澤弱公室，殺公子肥。華元曰：「我爲右師。君臣之訓，師所司也。今公室卑而不能正，吾罪大矣。不能治官，敢賴寵乎！」乃出，奔晉。二華，戴族也。司城，莊族也。六官者，皆桓族也。魚石將止華元，魚府曰：「右師反，必討，是無桓氏也。」魚石曰：「右師苟獲反，雖許之討，必不敢。且多大功，國人與之。不反，懼桓氏之無祀於宋也。右師討，猶有戌在，桓氏雖亡，必偏。」魚石自止華元於河上，請討，許之，乃反。使華喜、公孫師帥國人攻蕩氏，殺子山。書曰「宋殺其大夫山」，言背其族也。魚石、向爲人、鱗朱、向帶、魚府出舍於睢上。華元使止之，不可。冬，十月，華元自止之，不可，乃反。魚府曰：「今不從，不得入矣。右師視速而言疾，有異志焉。若不我納，今將馳

矣。」登丘而望之，則馳。騁而從之，則決睢澨、閉門登陴矣。左師、二司寇、二宰遂出奔楚。華元使向戌爲左師，老佐爲司馬，樂裔爲司寇，以靖國人。時宋列卿具官，三族並用，而蕩澤恃强陵上以爲族禍。澤，意諸子，字子山。喜，督玄孫。朱，矔孫。澤以公室爲弱，故擅殺文公子肥。賴寵，倚賴其禄位。元愧不能討罪而奔。元與喜出戴公，師出莊公，石、澤、爲人、朱、帶、府皆出桓公。府恐元還討賊，并及其族。石謂元畏桓族强，不敢討。大功，謂合晉、楚之成，劫楚子反以解宋圍。無祀，以罪大俱滅也。向戌，桓公曾孫，賢，度必復立。偏，不盡也。澤以公族害公室，故經於殺去族絶之。石等五子以同族應罪，故出舍，元止之以爲禮。睢，水名。五子不止元反，府料元將拒己等，馳以速歸，望之信，亦騁以從。澨，水邊土壅水者，決之行水以絶其歸。登陴以守。老佐，戴公五世孫。戌果用，如石言。

十八年　夏，六月，楚子辛、鄭皇辰同伐彭城，納宋魚石、向爲人、鱗朱、向帶、魚府焉。以三百乘戍之而還。書曰「復入」。凡去其國，國逆而立之曰入，復其位曰復歸，諸侯納之曰歸，以惡曰復入。宋人患之，西鉏吾曰：「何也？若楚人與吾同惡，以德於我，吾固事之也，不敢貳矣。大國無厭，鄙我猶憾。不然，而收吾憎，使贊其政，以間吾釁，亦吾患也。今將崇諸侯之姦而披其地，以塞夷庚。逞姦而攜服，毒諸侯而懼吴、晉，吾庸多矣，非吾憂也。且事晉何爲？晉必恤之。」子辛，楚令尹。皇辰，鄭大夫。彭城，宋邑，本古大彭氏國，今爲南直隸徐州。時晉與吴通而宋固事晉，故楚納其五叛臣於彭城以逼宋，且以絶吴、晉之道。經惡五臣依阻大國以兵威還，故書「復入」。傳因槩釋其例，其曰入者謂本無位，國人迎立之。曰復歸者，本有位，其國逆之。曰歸者，謂諸侯以言語告請而納之。有位無位同曰復入者，謂身爲戎首，稱兵入伐，害國殄民者也。此四條者所以明内外之援，辨順逆之辭，通君臣取國有家之大例。西鉏吾，宋大夫。同惡，同憎魚石等。鄙，鄙邑。雖事之

如鄙邑，猶將憾我。德我乃非吾利。使贊政，謂用石等使佐理政治。崇，長也，謂封魚石。披，猶分也。夷庚，吳、晉往來之要道。塞之，故懼。攜，離也。言楚所爲不義皆爲吾用，且平日事晉，必將救我。七月，宋老佐、華喜圍彭城，老佐卒焉。冬，十一月，楚子重救彭城，伐宋。宋華元如晉告急。十二月，孟獻子會於虛朾，謀救宋也。宋人辭諸侯而請師以圍彭城。老佐卒，故不克彭城。虛朾，地闕。宋不敢煩諸侯，但請其師。詳見晉悼公復伯。

襄公元年　春己亥，圍宋彭城。非宋地，追書也。於是爲宋討魚石，故稱宋，且不登叛人也，謂之宋志。彭城降晉，晉人以宋五大夫在彭城者歸，寘諸瓠丘。彭城時屬楚，故曰非宋，夫子治春秋，追繫之宋。登，成也，不與石等專邑叛君，亦以成宋志。瓠丘，晉地，垣曲縣舊有壺丘亭。○五臣叛君，復召外寇以危宗國，窮諸侯之力而後克之，即致之辟，夫豈過乎？而寘焉何爲？

子罕之賢

襄公六年　春，宋華弱與樂轡少相狎，長相優，又相謗也。子蕩怒，以弓梏華弱於朝。平公見之，曰：「司武而梏於朝，難以勝矣。」遂逐之。夏，宋華弱來奔。司城子罕曰：「同罪異罰，非刑也。專戮於朝，罪孰大焉？」亦逐子蕩。子蕩射子罕之門，曰：「幾日而不我從。」子罕善之

如初。華弱官司馬。樂轡，字子蕩。優，調戲。梏，張弓以貫其頸，若械之在手。司武，司馬言懦弱不勝其任。樂喜，字子罕，官司城。幾日，言不久我從如我出亡也。如初，如舊好也。子蕩既逐，國法已正，故不記其私忿。

十五年　冬，宋人或得玉，獻諸子罕，子罕弗受，獻玉者曰：「以示玉人，玉人以爲寶也，故敢獻之。」子罕曰：「我以不貪爲寶，爾以玉爲寶。若以與我，皆喪寶也。不若人有其寶。」稽首而告曰：「小人懷璧，不可以越鄉，納此以請死也。」子罕寘諸其里，使玉人爲之攻之，富而後使復其所。越鄉恐爲盜所害。請死，請免死。攻，治也。富，治之美也。

十七年　冬，宋皇國父爲太宰，爲平公築臺，妨於農收。子罕請俟農功之畢，公弗許。築者謳曰：「澤門之皙，實興我役。邑中之黔，實慰我心。」子罕聞之，親執扑，以行築者，而抶其不勉者，曰：「吾儕小人皆有闔廬以避燥濕寒暑。今君爲一臺，而不速成，何以爲役？」謳者乃止。或問其故，子罕曰：「宋國區區，而有詛有祝，禍之本也。」澤門，宋東城南門。皇國父白皙而居近澤門，故曰「澤門之皙」。子罕黑色而居邑中，故曰「邑中之黔」。扑，杖也。闔謂門户閉塞。子罕恐以得衆而爲君相所忌，且惡獨有善名，故分其謗。

二十九年　夏，鄭子展卒。　於是鄭饑而未及麥。　子皮以子展之命，餼國人粟。　宋司城子罕聞之，曰：「鄰於善，民之望也。」宋亦饑，請於平公，出公粟以貸，使大夫皆貸。司城氏貸而不書，爲大夫之無者貸，宋無饑人。叔向聞之，曰：「鄭之罕、宋之樂，其後亡者也。二者

其皆得國乎！民之歸也。施而不德，樂氏加焉，其以宋升降乎！」子皮事詳見子產相鄭。不書於策，泯其德也。得國，掌國政也。以宋升降，隨宋以爲興衰也。

華向之亂 附元公之立

襄公十七年　冬，宋華閱卒。華臣弱皐比之室，使賊殺其宰華吳，賊六人以鈹殺諸盧門合左師之後。左師懼曰：「老夫無罪。」賊曰：「皐比私有討於吳。」遂幽其妻，曰：「畀余而大璧。」宋公聞之，曰：「臣也不惟其宗室是暴，大亂宋國之政，必逐之。」左師曰：「臣也，亦卿也。大臣不順，國之恥也。不如蓋之。」乃舍之。左師爲己短策，苟過華臣之門，必騁。十一月甲午，國人逐瘈狗，瘈狗入於華臣氏，國人從之，華臣懼，遂奔陳。臣，閱之弟。皐比，閱之子。弱，侵易之。鈹，劍屬。盧門，宋城門。合，向戌邑。後，屋後。賊既殺吳而復幽吳妻，以取其璧。宋公欲討之以正國法，左師以國有逆臣爲恥，故姑蓋之。既自悔其失討而惡之深，故欲速過其門。瘈，狂也。臣心内懼，見逐瘈而驚走。

二十六年　初，宋芮司徒生女子，赤而毛，棄諸堤下。共姬之妾取以入，名之曰棄。長而美，平公入夕，共姬與之食，公見棄也，而視之，尤。姬納諸御，嬖，生佐，惡而婉。太子痤，美而很，合左師畏而惡之。寺人惠牆伊戾爲太子内師而無寵。秋，楚客聘於晉，過宋，太子知之，請

野享之。公使往，伊戾請從之。公曰：「夫不惡女乎？」對曰：「小人之事君子也，惡之不敢遠，好之不敢近。敬以待命，敢有貳心乎？縱有共其外，莫共其內。臣請往也。」遣之。至，則欿，用牲，加書，徵之，而騁告公曰：「太子將爲亂，既與楚客盟矣。」公曰：「爲我子，又何求？」對曰：「欲速。」公使視之，則信有焉。問諸夫人與左師，則皆曰：「固聞之。」公囚太子，太子曰：「唯佐也能免我。」召而使請，曰：「日中不來，吾知死矣。」左師聞之，聒而與之語。過期，乃縊而死。佐爲太子。公徐聞其無罪也，乃亨伊戾。左師見夫人之步馬者，問之，對曰：「君夫人氏也。」左師曰：「誰爲君夫人？余胡弗知？」圉人歸以告夫人，夫人使饋之錦與馬，先之以玉，曰：「君之妾棄使某獻。」左師改命曰「君夫人」，而後再拜稽首受之。芮司徒，宋大夫。共姬，宋伯姬謚。平公，共姬子。夕，暮見也。尤，甚也。佐，元公，貌惡而心順。痤，太子名，貌美而心很。合，左師，名向戌。惠牆伊戾，寺人姓名。夫，發語。伊戾失寵而怨，欲乘楚客搆讒以害太子，故假美言以從。爲内師故曰共内。乃掘地爲欿，置牲加盟書，詐作盟處，爲太子反徵。欲速，欲速得公位。夫人即棄。佐能免我，以其婉也。聒，讙亂其耳，欲使失期。步馬，習馬。先玉，以玉爲錦馬之先。改命，令使者改之。戌以棄非適，故始謬爲不知，以俟其有獻於己而後特以君夫人尊之，使自己出曲以致其諛也。○戌稱賢臣，而於太子、夫人之際譎險如此，惡得爲賢？

二十九年　夏，齊高子容與宋司徒見知伯，女齊相禮。賓出，司馬侯言於知伯曰：「二子皆將不免，子容專，司徒侈，皆亡家之主也。」知伯曰：「何如？」對曰：「專則速及，侈將以其

力斃，專則人實斃之，將及矣。」子容，高止字。司徒，華定官。知伯，荀盈。女齊，司馬侯也。速及，速及於禍。力斃，力盡而自斃。

昭公六年　夏，宋寺人柳有寵，太子佐惡之。華合比曰：「我殺之。」柳聞之，乃坎、用牲、埋書，而告公曰：「合比將納亡人之族，既盟於北郭矣。」公使視之，有焉，遂逐華合比，合比奔衛。於是華亥欲代右師，乃與寺人柳比，從爲之徵，曰：「聞之久矣。」公使代之。見於左師，左師曰：「女夫也必亡。女喪而宗室，於人何有？人亦於女何有？詩曰：『宗子維城，毋俾城壞，毋獨斯畏。』女其畏哉！」有寵，有寵於平公。坎、牲、書，詐爲盟處，即伊戾故智。亡人，華臣亥，合比弟。代，代比爲右師。以夫呼，賤之也。言于親且然，則必棄人而人亦棄女。詩大雅，言宗子之固若城，毋使宗室衰落，若城之墮壞。城壞則藩屏皆壞，可畏也。

十年　冬，十二月，宋平公卒。初，元公惡寺人柳，欲殺之。及喪，柳熾炭於位，將至，則去之。比葬，又有寵。熾炭，以温地易之，使公坐其處。始惡今寵，見元公好惡無常。○此云無常，後云多私，前謂之婉，何居？痤亦豈真很者哉！

十二年　夏，宋華定來聘，通嗣君也。公享之，爲賦蓼蕭，弗知，又不答賦。昭子曰：「必亡！宴語之不懷，寵光之不宣，令德之不知，同福之不受，將何以在？」宋元公新立，故來聘。蓼蕭，詩小雅，義取「燕笑語兮，是以有譽處兮」，樂與定燕語也。又曰「既見君子，爲龍爲光」，欲以寵光賓也。又曰「宜兄宜弟，令德壽

凱」，言賓有令德可以壽樂也。又曰「和鸞雍雍，萬福攸同」，言欲其賓同福禄也。定皆懵焉，故昭子云云。

十八年　六月，鄅人藉稻，邾人襲鄅，鄅人將閉門，邾人羊羅攝其首焉，遂入之，盡俘以歸。鄅子曰：「余無歸矣。」從帑於邾，邾莊公反鄅夫人，而舍其女。鄅，妘姓國也。其君自出藉稻，蓋履行之。羊羅，邾人。攝首，斬得閉門者頭。舍，止也。

十九年　鄅夫人，宋向戌之女也，故向寧請師。二月，宋公伐邾，圍蟲。三月，取之，乃盡歸鄅俘。夏，邾人、郳人、徐人會宋公。乙亥，同盟於蟲。寧，戌子。蟲，邾邑。○寧以私戚而君爲之興師伐國，亦已横矣。

二十年　春王二月己丑，日南至。梓慎望氛，曰：「今兹宋有亂，國幾亡，三年而後弭。蔡有大喪。」叔孫昭子曰：「然則戴、桓也，汰侈無禮已甚，亂所在也。」氛，氣也。梓慎，魯日官。戴族，華氏。桓族，向氏。宋元公無信多私，而惡華、向。華定、華亥與向寧謀曰：「亡愈於死，先諸？」華亥僞有疾，以誘羣公子。公子問之，則執之。夏，六月丙申，殺公子寅、公子御戎、公子朱、公子固、公孫援、公孫丁，拘向勝、向行於其廩。公如華氏請焉，弗許，遂劫之。癸卯，取太子欒與母弟辰、公子地以爲質。公亦取華亥之子無慼、向寧之子羅、華定之子啓，與華氏盟，以爲質。先諸，先公殺己而作亂也。寅等八子，皆公黨。欒，景公名。辰、地，皆元公弟。秋，宋華、向之亂，公子城、公子忌、樂舍、司馬彊、向宜、向鄭、楚建、郳甲出奔鄭。其徒與華氏戰於鬼閻，敗子城。子城適晉。華亥與其

妻必盟而食所質公子者而後食，公與夫人每日必適華氏，食公子而後歸。華亥患之，欲歸公子。向寧曰：「唯不信，故質其子。若又歸之，死無日矣。」公請於華費遂，將攻華氏。對曰：「臣不敢愛死，無乃求去憂而滋長乎！臣是以懼，敢不聽命？」公曰：「子死亡有命，余不忍其詢。」冬，十月，公殺華、向之質而攻之。戊辰，華、向奔陳，華登奔吴。向寧欲殺太子，華亥曰：「干君而出，又殺其子，其誰納我？且歸之有庸。」使少司寇牼以歸，曰：「子之齒長矣，不能事人。以三公子爲質，必免。」公子既入，華牼將自門行。公遽見之，執其手曰：「余知而無罪也，入，復而所。」城，平公子。舍，喜孫。宜、鄭，皆戌子。建，楚之亡太子。郳甲，小邾穆公子。與忌、彊等八子皆公黨，避難奔。其徒與華氏戰。鬼閻，宋地，今河南西華縣境。子城爲華氏所敗，別走至晉。費遂，大司馬，雖華氏族，頗忠於公。滋，益也。恐殺太子益憂。詢，恥也。華亥、向寧、華定俱奔陳。登，費遂子，黨華向，獨奔吴。有庸，歸太子可以爲功也。牼，華亥庶兄。質，信也。使以三子歸公，明不叛之信，公果復其官。而，汝也。

二十一年　宋華費遂生華貙、華多僚、華登。貙爲少司馬，多僚爲御士，與貙相惡，乃譖諸公曰：「貙將納亡人。」亟言之。公曰：「司馬以吾故，亡其良子。死亡有命，吾不可以再亡之。」對曰：「君若愛司馬，則如亡。死如可逃，何遠之有？」公懼，使寺人召司馬之侍人宜僚，飲之酒，而使告司馬。司馬嘆曰：「必多僚也。吾有讒子而弗能殺，吾又不死，抑君有命，可若何？」乃與公謀逐華貙，將使田孟諸而遣之。公飲之酒，厚酬之，賜及從者，司馬亦如之。張匄

尤之，曰：「必有故。」使子皮承宜僚以劒而訊之，宜僚盡以告，張匄欲殺多僚，子皮曰：「司馬老矣，登之謂甚，吾又重之，不如亡也。」五月丙申，子皮將見司馬而行，則遇多僚御司馬而朝。張匄不勝其怒，遂與子皮、臼任、鄭翩殺多僚，劫司馬以叛，而召亡人。壬寅，華、向入。樂大心、豐愆、華牼禦諸横。華氏居盧門，以南里叛。六月庚午，宋城舊鄘及桑林之門而守之。華亥等既奔，國暫寧，多僚復爲讒以致大亂。亡人，華亥等。司馬，費遂。良子，謂登。多僚以公不忍故，言使亡可以逃，死勿慮其遠，以危動公。公因告司馬，使逐貙。張匄，華貙臣。尤，怪賜之厚。子皮，貙字。以劒，劫之也。訊，問也。貙謂前登亡已甚傷父心，不肯殺多僚以重之。既而遇於道，匄等忿發殺之，遂劫父以叛，而召亥等入至，與君分國而争。任、翩，亦貙家臣。大心等三子，公臣。横，宋地。盧門，宋東南門。南里，城内里門。舊鄘，故城也。桑林，城門名。冬，十月，華登以吴師救華氏，齊烏枝鳴戍宋。厨人濮曰：「軍志有之：『先人有奪人之心，後人有待其衰。』盍及其勞且未定也伐諸！若入而固，則華氏衆矣，悔無及也。」從之。丙寅，齊師、宋師敗吴師於鴻口，獲其二帥公子苦雂、偃州員。華登帥其餘以敗宋師。公欲出，厨人濮曰：「吾小人，可藉死，而不能送亡，君請待之。」乃徇曰：「揚徽者，公徒也。」衆從之。公自揚門見之，下而巡之，曰：「國亡君死，二三子之恥也，豈專孤之罪也？」齊烏枝鳴曰：「用少莫如齊致師，齊致師①莫如去備。彼

① 致師，左傳作「致死」。

多兵矣，請皆用劍。」從之。華氏北，復即之。厨人濮以裳裹首，而荷以走，曰：「得華登矣！」遂敗華氏于新里。翟僂新居于新里，既戰，説甲于公而歸。華妵居于公里，亦如之。登前奔吴，故以其師至。烏枝鳴，齊大夫，助宋守濮。宋厨，邑大夫。鴻口，宋地，在河南歸德州境舊有鴻口亭。苦雉、偃州員，吴二帥。藉死，借以死難。送亡，送君出亡。請待，待復戰決勝負。徽，幟也。揚門，宋東門。備，長兵也。前吴師既敗而登帥其餘，猶能敗宋師，素有智勇爲諸叛所仗，故濮佯爲得登首以奪其心。新里，華氏所居。翟僂，宋士華妵，華氏族。一居華氏地而助公戰，一居公里而助華氏。傳言古之爲軍，不訾小忿。十一月癸未，公子成以晉師至。曹翰胡會晉荀吴、齊苑何忌、衛公子朝救宋。丙戌，與華氏戰於赭丘。鄭翩願爲鸛，其餘願爲鵝。子禄御公子城，莊堇爲右。干犨御吕封人華豹，張匄爲右。相遇，城還。華豹曰：「城也！」城怒而反之，將注，豹則關矣。曰：「平公之靈尚輔相余！」豹射，出其間，將注，則又關矣。曰：「不狎，鄙。」抽矢，城射之，殪。張匄抽殳而下，射之，折股。扶伏而擊之，折軫。又射之，死。干犨請一矢，城曰：「余言女於君。」對曰：「不死伍乘，軍之大刑也。干刑而從子，君焉用之？子速諸！」乃射之，殪。大敗華氏，圍諸南里。華亥搏膺而呼，見華貙，曰：「吾爲欒氏矣！」貙曰：「子無我迋，不幸而後亡。」使華登如楚乞師，華貙以車十五乘、徒七十人犯師而出。食於睢上，哭而送之，乃復入。楚薳越帥師將逆華氏，大宰犯諫曰：「諸侯惟宋事其君，今又争國，釋君而臣是助，無乃不可乎！」王曰：「而告我也後，既許之矣。」城前奔晉，因請師還救。翰胡，曹大夫。會晉、齊、衛之師於宋赭丘，與

華氏戰。鄭翩本貙臣。鸛、鵝，皆陳名。子禄、城、莊厪，公臣。干犨、豹、匄，華氏黨。遇而還。城怒豹呼己，故反戰。城注矢，豹已關弓。平公，城之父，聞城禄之閒，城將注，而豹又關。城言不與我，更相射，是爲鄙。狎，更也。豹抽矢不射，城一發殪之。殳，長丈二，在車傍。匄見豹死，事急抽之而下，城復射，折其股。匄匍匐折城之車軫而死。犨請矢以死，城欲言於君活之。犨在死於戰陳以苟生者，干刑而宜見棄於君，乃射之死。於是華氏大敗，城之功也。伍行、伍桑、車乘，皆陳也。欒盈復入作亂而死，故亥以自比。迋，誑也。貙言己猶能害宋不幸方奔亡，何至如欒氏而以誑我，遂以車徒犯公師。送登求救於楚，復入南里犯楚。太宰名深，諫楚王助亂，王以先許卒救之。時衛有齊豹之亂，三家益專魯政，故犯云爾。

二十二年　春，楚薳越使告於宋曰：「寡君聞君有不令之臣，爲君憂，無寧以爲宗羞。寡君請受而戮之。」對曰：「孤不佞，不能媚於父兄，以爲君憂，拜命之辱。抑君臣日戰，君曰『余必臣是助』，亦唯命。人有言曰：『唯亂門之無過。』君若惠保敝邑，無亢不衷，以奬亂人，孤之望也。唯君圖之！」楚人患之。諸侯之戍謀曰：「若華氏知困而致死，楚恥無功而疾戰，非吾利也。不如出之，以爲楚功，其亦無能爲也已。救宋而除其害，又何求？」乃固請出之，宋人從之。己巳，宋華亥、向寧、華定、華貙、華登、皇奄傷、省臧、士平出奔楚。宋公使公孫忌爲大司馬，邊卬爲大司徒，樂祁爲司城，仲幾爲左師，樂大心爲右師，樂輓爲大司寇，以靖國人。越本將兵逆華氏，故使於宋以請之。無寧，寧也。華向公族，故稱父兄。亢，庇也。奬，助也。楚言華氏亂爲宗族羞，蓋遜詞，爲之求免，而宋以義拒之，故患。諸侯之戍乃畏而請出之，諸叛得生奔于楚。忌代華費遂。卬，平公曾孫，代華定。祁，子罕孫。幾，仲江孫，代向寧。大心代華亥。輓，子罕孫。

二十五年十一月，宋元公將爲公故如晉，夢太子欒即位於廟，己與平公服而相之。旦召六卿，公曰：「寡人不佞，不能事父兄，以爲二三子憂，寡人之罪也。若以羣子之靈，獲保首領以殁，唯是楄柎所以藉幹者，請無及先君。」仲幾對曰：「君若以社稷之故，私降昵宴，羣臣弗敢知。若夫宋國之法，死生之度，先君有命矣，羣臣以死守之，弗敢失隊。臣之失職，常刑不赦。臣不忍其死，君命祇辱。」宋公遂行。己亥，卒於曲棘。時昭公遜齊，故如晉請納公。平公，元公父。公以夢爲死兆，故命羣臣。楄柎，棺中笭牀也。幹，骸骨也。無及，欲自貶損。昵，近也。降昵宴，謂降損聲樂飲食之常。祇辱，言命必不行，適自辱也。曲棘，今河南杞縣有曲棘里。

二十六年春王正月，葬宋元公，如先君禮也。善違命以合禮也。

桓魋之亂附樂大心之亡

昭公二十五年春，叔孫婼聘于宋，桐門右師見之，語卑宋大夫而賤司城氏。昭子告其人，曰：「右師其亡乎！君子貴其身，而後能及人，是以有禮。今夫子卑其大夫而賤其宗，是賤其身也，能有禮乎？無禮必亡！」叔孫婼，謚昭子。右師，樂大心官，居桐門。司城，樂氏之大宗。卑賤，謂其才德薄。婼云唯禮可以貴身，貴身故尚禮，有禮而後存，今大心反之，自亡之道也。○夏，會于黄父。趙簡子令諸侯之大

夫輸王粟。宋樂大心曰：「我不輸粟，我於周爲客，若之何使客？」晉士伯曰：「自踐土以來，宋何役之不會，而何盟之不同？」曰：「同恤王室，子焉得辟之？子奉君命以會大事，而宋背盟，無乃不可乎？」右師不敢對，受牒而退。士伯告簡子曰：「宋右師必亡。奉君命以使，而欲背盟以干盟主，無不祥大焉。」輸王粟，爲王朝亂故，詳見子朝之亂。爲客，二王後爲周賓客也。牒，簡牒。於時出人粟之數也。無不祥大焉，言不祥無大於此者。

定公九年　春，宋公使樂大心盟于晉，且逆樂祁之尸。辭，僞有疾。乃使向巢如晉盟，且逆子梁之尸。子明謂桐門右師出曰：「吾猶衰絰，而子擊鐘，何也？」右師曰：「喪不在此故也。」既而告人曰：「已衰絰而生子，余何故舍鐘？」子明聞之，怒，言於公曰：「右師將不利戴氏，不肯適晉，將作亂也。不然，無疾。」乃逐桐門右師。前樂祁使晉被執，卒於晉。宋公使大心逆其尸，事見晉失諸侯。巢，向戌曾孫。子梁，祁字。子明，祁之子溷也。大心，亦戴氏，子明族父，本與同居。古者同族居，有南北宮、東西宮。子明忿其不逆父喪，因責擊鐘宴樂，無同族之義，故欲別之使出。大心以子明在喪生子，無憂慼心，而乃責同族以宴樂，故愈怒，譖而逐之。

十年　秋，宋公子地嬖蘧富獵，十一分其室，而以其五與之。公子地有白馬四，公嬖向魋，魋欲之。公取而朱其尾、鬣以與之。地怒，使其徒扶魋而奪之。魋懼，將走，公閉門而泣之，目盡腫。母弟辰曰：「子分室以與獵也，而獨卑魋，亦有頗焉。子爲君禮，不過出境，君必止子。」

公子地出奔陳，公弗止，辰爲之請，弗聽。辰曰：「是我迋吾兄也，吾以國人出，君誰與處？」冬，母弟辰暨仲佗、石彄出奔陳。地，景公弟。蘧富獵，地家臣。向魋，司馬。辰，地之弟。頗，不平也。爲禮，避君以爲禮也。迋，欺也。佗，仲幾子。彄，褚師段子。皆宋卿。衆之所望，故言國人。

十一年　春，宋公母弟辰暨仲佗、石彄、公子地入于蕭以叛。秋，樂大心從之。大爲宋患，寵向魋故也。蕭，宋邑。宋公寵不義以致國患。

十五年　夏，鄭罕達敗宋師于老丘。齊侯、衛侯次于蘧挐，謀救宋也。罕達，子齹之子。老丘，今屬陳留縣。宋公子地奔鄭，鄭人爲之伐宋，欲取地以處之。蘧挐，即渠蒢。次，欲救不果。

哀公十一年　冬，衛太叔疾出奔宋。疾臣向魋，納美珠焉，與之城鉏。宋公求珠，魋不與，由是得罪。臣向魋，疾爲向魋之臣。城鉏，魋私邑。以珠得罪，見公之貪。詳見衛父子爭國。

十二年　宋、鄭之間有隙地焉，曰彌作、頃丘、玉暢、嵒、戈、鍚。子産與宋人爲成，曰：「勿有是。」及宋平、元之族自蕭奔鄭，鄭人爲之城嵒、戈、鍚。九月，宋向巢伐鄭，取鍚，殺元公之孫。遂圍嵒。十二月，鄭罕達救嵒。丙申，圍宋。彌作等六邑，皆隙地。成，約也。勿有是，俱棄之也。平、元族，仲佗、石、彄等。鄭城三邑以處之，向巢以鄭背信而獎其叛人，故伐之。元公孫亦叛黨。嵒，二族所在也。

十三年　春，宋向魋救其師，鄭子賸使徇曰：「得桓魋者有賞。」魋也逃歸，遂取宋師于嵒，獲成讙、郜延，以六邑爲虚。子賸，罕達字。魋救被圍之師，爲鄭所怖而逃，師爲鄭取，二帥見獲。成讙、郜延，二帥名。

虛，不有也。

十四年　夏，宋桓魋之寵害於公，公使夫人驟請享焉，而將討之。未及，魋先謀公，請以鞌易薄。公曰：「不可。薄，宗邑也。」乃益鞌七邑而請享公焉。以日中爲期，家備盡往。公知之，告皇野曰：「余長魋也，今將禍余，請即救。」司馬子仲曰：「有臣不順，神之所惡也，而況人乎！敢不承命。不得左師不可，請以君命召之。」左師每食擊鐘，聞鐘聲，公曰：「夫子將食。」既食，又奏。公曰：「可矣。」以乘車往，曰：「迹人來告曰：『逢澤有介麇焉。』公曰：『雖魋未來，得左師，吾與之田，若何？』君憚告子，野曰：『嘗私焉。』君欲速，故以乘車逆子。」與之乘至，公告之故，拜不能起，司馬曰：「君與之言。」公曰：「所難子者，上有天，下有先君。」對曰：「魋之不共，宋之禍也，敢不唯命是聽？」司馬請瑞焉，以命其徒攻桓氏。其父兄故臣曰「不可」，其新臣曰「從吾君之命」，遂攻之。子頎騁而告桓司馬，司馬欲入，子車止之曰：「不能事君而又伐國，民不與也，祇取死焉。」向魋遂入於曹以叛。六月，使左師巢伐之，欲質大夫以入焉。不能，亦入於曹，取質。魋曰：「不可。既不能事君，又得罪於民，將若之何？」乃舍之。民遂叛之，向魋奔衛。向巢來奔，宋公使止之，曰：「寡人與子有言矣，不可以絶向氏之祀。」辭曰：「臣之罪大，盡滅桓氏可也。若以先臣之故而使有後，君之惠也。若臣，則不可以入矣。」司馬牛致其邑與珪焉而適齊。向魋出於衛地，公文氏攻之，求夏后氏之璜焉。與之他

玉，而奔齊。陳成子使爲次卿，司馬牛又致其邑焉，而適吴。吴人惡之，而反。趙簡子召之，陳成子亦召之，卒於魯郭門之外，阬氏葬諸丘輿。魋恃寵驕盈，故爲公害。夫人，景公母。使之數請享于魋，示親愛使不忌也。將討之而未發，魋謀先公。鞌，魋邑。薄，公邑。欲因易邑享公作亂。宗邑，宗廟所在，故不與，而益以他邑。享公，僞喜於受賜。備，甲兵之備。皇野，官司馬，字子仲。長，長育之。請即救，欲其協謀以討魋也。左師，魋兄向巢也。奏，奏樂。迹人，主迹禽獸者。逢澤，在今開封府城東北，一名蓬池。介，大也。公曰子仲稱公命也，難以遊戲煩大臣，故憚。嘗，試也。使之言，使公與要誓也。公言難不及子，因指天與先君爲誓。瑞，符節以發兵。魋本桓氏司馬，故臣黨魋者，新臣唯君命是從。子頎，魋弟。桓司馬，即魋也。欲入，入攻公。子車，亦魋弟。曹故國，時入宋，故魋據之。巢不能克魋，恐公怒，欲得國大夫爲質以入國，不得亦入曹，劫曹人子弟而質之以自固。魋乃以重得罪於民，舍曹子弟，曹遂叛。巢、魋俱奔。牛，魋弟，孔子弟子。珪，守邑符信。公文氏，衛大夫。璜，寶玉也。牛義不與，魋同國轉徙而卒。阬氏，魯人。丘輿，在今山東泰安州境舊有輿城。詳其愍賢者失所。◯景公念向戌之賢，不絶其祀，召牛而復之，不亦稱乎？而使之死於亡也，噫！

景公滅曹

哀公七年　秋，宋人圍曹。鄭桓子思曰：「宋人有曹，鄭之患也，不可以不救。」冬，鄭師救曹，侵宋。初，曹人或夢衆君子立於社宫，而謀亡曹。曹叔振鐸請待公孫彊，許之。旦而求之曹，無之。戒其子曰：「我死，爾聞公孫彊爲政，必去之。」及曹伯陽即位，即田弋。曹鄙人公孫彊好

弋，獲白鴈，獻之，且言田弋之説，説之。因訪政事，大説之。有寵，使爲司城以聽政。夢者之子乃行。彊言霸説於曹伯，曹伯從之，乃背晉而奸宋。宋人伐之，晉人不救，築五邑於其郊，曰黍丘、揖丘、大城鍾、邗。曹，今山東曹州。子思，子産之子國參也，謚桓。振鐸，曹始祖。霸説，求霸之説。築，曹築之。

八年　春，宋公伐曹，將還。褚師子肥殿，曹人詬之，不行，師待之。公聞之，怒，命反之，遂滅曹，執曹伯及司城彊以歸，殺之。子肥，宋大夫。詬，詈辱也。不行，殿師止也。殺陽及彊，終其人之夢。

大尹亂政

哀公十七年　冬，宋皇瑗之子麇有友曰田丙，而奪其兄酁般邑以與之。酁般愠而行，告桓司馬之臣子儀克。子儀克適宋，告夫人曰：「麇將納桓氏。」公問諸子仲。初，子仲將以杞姒之子非我爲子。麇曰：「必立伯也，是良材。」子仲怒，弗從。故對曰：「右師則老矣，不識麇也。」公執之，皇瑗奔晉，召之。瑗，宋右師。麇其子。田丙，麇友。酁般，麇兄。前魋亂，子儀克在下邑不與，故在。爲酁般譖麇將納魋等。子仲，皇野也。爲子，以非我爲嫡嗣。杞姒，子仲妻。伯，非我兄。弗從，不從麇言。爲是怒，言右師老，不能爲亂，麇則不可保。公於是執麇還瑗。

十八年　春，宋殺皇瑗。公聞其情，復皇氏之族，使皇緩爲右師。言宋景公無常。緩，瑗從弟。

二十六年　夏，宋景公無子，取公孫周之子得與啓，畜諸公宮，未有立焉。於是皇緩爲右師，皇非我爲大司馬，皇懷爲司徒，靈不緩爲左師，樂茷爲司城，樂朱鉏爲大司寇。六卿三族降聽政，因大尹以達。大尹常不告，而以其欲稱君命以令。國人惡之。司城欲去大尹，左師曰：「縱之使盈其罪，重而無基，能無敝乎？」冬，十月，公遊於空澤。辛巳，卒於連中。大尹興空澤之士千甲，奉公自空桐入如沃宮，使召六子，曰：「聞下有師，君請六子畫。」六子至，以甲劫之曰：「君有疾病，請二三子盟。」乃盟于少寢之庭，曰：「無爲公室不利！」大尹立啓，奉喪殯于大宮，三日而後國人知之。司城茷使宣言于國曰：「大尹惑蠱其君而專其利，今君無疾而死，死又匿之，是無他矣，大尹之罪也。」得夢啓北首而寢於盧門之外，己爲烏而集於其上，咮加於南門，尾加於桐門。曰：「余夢美，必立。」大尹謀曰：「我不在盟，無乃逐我？復盟之乎！」使祝爲載書。六子在唐盂，將盟之，祝襄以載書告皇非我。皇非我因子潞、門尹得、左師謀曰：「民與我，逐之乎！」皆歸授甲，使徇於國曰：「大尹蠱惑其君，以陵虐公室。與我者，救君者也。」衆曰：「與之！」大尹徇曰：「戴氏、皇氏將不利公室，與我者無憂不富。」衆曰：「無別！」戴氏、皇氏欲伐公，樂得曰：「不可。彼以陵公有罪，我伐公，則甚焉。」使國人施於大尹，大尹奉啓以奔楚，乃立得。司城爲上卿，盟曰：「三族共政，無相害也。」周，元公孫子高。得，昭公名。啓，得弟。俱畜之而未適立。懷，非我從弟，不緩子，靈圍龜之後。茷，樂溷之子。朱鉏，樂輓之子。三族，皇、靈、樂也。降，和

同也。大尹，近官有寵者，六卿因之以達於公。常不告命而假公命以行私，故致惡。基，謂德勢。重而無德以爲之基，必敗。空澤，宋邑。連中，館名。千甲，甲士千人。奉公，奉公之尸。空桐，宋地，在河南虞城縣境。沃宫，内宫。畫，計策也。大尹之罪，言爲所弒也。盧門，宋東南門。得未立而夢北首死，象在門外失國也。得爲大鳥而咮、尾加二門，有國之祥，故曰美。桐門，北門。少寢盟，但以君命盟六卿。大尹不與，故曰不在盟。唐盂，宋地。褢，祝名。子潞，樂茷。得，樂得。左師，不緩。非我與之謀，以我爲民所與，可因逐之。戴氏即樂氏。無別，惡其號令與君無別。公，謂公室。施，施罪於大尹。得立，果符其夢。

春秋左傳屬事卷十五

衛

州吁之亂

隱公二年　冬，鄭人伐衛，討公孫滑之亂也。滑，叔段之子。段亂滑奔衛，衛爲之伐鄭廩延，故鄭爲討之。

三年　衛莊公娶于齊東宫得臣之妹曰莊姜，美而無子，衛人所爲賦碩人也。又娶于陳曰厲嬀，生孝伯，早死。其弟戴嬀生桓公，莊姜以爲己子。公子州吁，嬖人之子也，有寵而好兵，公弗禁，莊姜惡之。石碏諫曰：「臣聞愛子，教之以義方，弗納于邪。驕、奢、淫、泆，所自邪也。四者之來，寵祿過也。將立州吁，乃定之矣。若猶未也，階之爲禍。夫寵而不驕，驕而能降，降而不憾，憾而能昣者鮮矣。且夫賤妨貴，少陵長，遠間親，新間舊，小加大，淫破義，所謂六逆也。

君義臣行，父慈子孝，兄愛弟敬，所謂六順也。去順效逆，所以速禍也。君人者將禍是務去而速之，無乃不可乎！」弗聽。其子厚與州吁游，禁之不可。桓公立，乃老。此因桓公弑，追紀其始。得臣，齊太子。震，長男，在東，太子宮居焉。稱其妹，明嫡女也。碩人詩，衛人憫莊姜美且賢，見棄無子而作。嬀，陳姓。厲、戴皆謚。桓公雖子於莊姜，未定爲大子。嬖人，賤而愛。石碏，衛大夫。言欲立州吁宜早定，否則緣寵搆禍，是階之也。既驕而復降，必忿憾而輕身以造亂。眕，安重也。大小，亦班列也。老，致仕。

四年　春，衛州吁弑桓公而立。宋殤公之即位也，公子馮出奔鄭，鄭人欲納之。及衛州吁立，將修先君之怨於鄭，而求寵於諸侯，以和其民，使告於宋曰：「君若伐鄭以除君害，君爲主，敝邑以賦與陳、蔡從，則衛國之願也。」宋人許之。於是陳、蔡方睦於衛，故宋公、陳侯、蔡人、衛人伐鄭，圍其東門，五日而還。公問於衆仲曰：「衛州吁其成乎？」對曰：「臣聞以德和民，不聞以亂。以亂，猶治絲而棼之也。夫州吁阻兵而安忍，阻兵無衆，安忍無親，衆叛親離，難以濟矣夫。兵猶火也，弗戢，將自焚也。夫州吁弑其君而虐用其民，於是乎不務令德，而欲以亂成，必不免矣。」秋，諸侯復伐鄭。　敗鄭徒兵，取其禾而還。州吁未能和其民，厚問定君於石子，石子曰：「王覲爲可。」曰：「何以得覲？」曰：「陳桓公方有寵於王，陳、衛方睦，若朝陳使請，必可得也。」厚從州吁如陳。石碏使告于陳曰：「衛國褊小，老夫耄矣，無能爲也。此二人者，實弑寡君，敢即圖之。」陳人執之，而請涖于衛。九月，衛人使右宰醜涖殺州吁于濮，石碏使其宰

獳羊肩涖殺石厚于陳。君子曰：「石碏，純臣也。惡州吁而厚與焉，大義滅親，其是之謂乎！」衛人逆公子晉于邢。冬，十二月，宣公即位。書曰「衛人立晉」，衆也。州吁弑逆如碏言。時諸簒立者，諸侯既與之會，則不復討，故求此寵而搆宋以修怨於鄭，欲以此内和其民。怨，謂前伐君。害，謂子馮事，見宋殤之弑。賦，兵賦。衆仲，魯大夫。棼，紊也。恃兵則民殘而衆叛，安忍則刑慘而親離。餘見隱公攝國。徒兵，步卒。兩會諸侯伐鄭而民猶未和厚，復爲謀之於父。碏誘以覲王，因使陳圖之。八九十曰耄。稱國小已老，自謙以委陳。請涖，請衛人自臨討之。右宰，衛官名醜。宰，石氏之宰，名獳羊肩。濮，今山東濮州。碏一以公義而不少牽於私，故曰純臣。宣公名晉。

五年　夏，葬衛桓公，衛亂是以緩。四月，鄭人侵衛牧，以報東門之役。衛人以燕師伐鄭。鄭祭足、原繁、洩駕以三軍軍其前，使曼伯與子元潛軍軍其後。燕人畏鄭三軍，而不虞制人。六月，鄭二公子以制人敗燕師于北制。君子曰：「不備不虞，不可以師。」牧，衛邑。燕，南燕。足、繁、駕，鄭三卿。曼、元，二公子。北制，河南汜水縣，一名虎牢。衛之亂也，郕人侵衛，故衛師入郕。郕，國也。

桓公二年　夏，齊侯、衛侯胥命于蒲，不盟也。蒲，衛邑，今爲北直隸長垣縣治。

惠公竊國

桓公十六年　初，衛宣公烝於夷姜，生急子，屬諸右公子。爲之娶於齊，而美，公取之。生壽

及朔。屬壽於左公子。夷姜縊。宣姜與公子朔構急子。公使諸齊，使盜待諸莘，將殺之。壽子告之，使行，不可，曰：「棄父之命，惡用子矣？有無父之國則可也。」及行，飲以酒，壽子載其旌以先，盜殺之。急子至，曰：「我之求也，此何罪？請殺我乎！」又殺之。二公子故怨惠公。十一月，左公子洩、右公子職立公子黔牟，惠公奔齊。夷姜，宣公庶母。上淫曰烝。左右，因左右媵之子以爲號。屬，屬使立之。縊，失寵故。宣姜，宣公所取急子之妻。構，構會其罪。莘，衛地，今山東莘縣。黔牟，羣公子。惠公，朔也。衛宣於桓公十二年卒，此因朔奔而追記其事。

十七年　春，盟于黄。　且謀衛故也。

莊公五年　冬，伐衛，納惠公也。

六年　春，王人救衛。夏，衛侯入，放公子黔牟于周，放甯跪于秦，殺左公子洩、右公子職，乃即位。君子以二公子之立黔牟爲不度矣。夫能固位者，必度其本末，而後立衷焉。不知其本不謀，知本之不枝弗强。詩云「本枝百世」。甯跪，衛大夫。宥之以遠曰放。傳以人臣立君猶人植木，必度其本之宜立與否，又度其末之終能强盛與否，於是適其可立之節而立焉，斯能固其位。衷，節適也。使其本之宜立與否，猶不知固不與謀矣。或其本雖宜立而度其枝之不能昌，亦不犯難而强爲之。詩大雅，言文王本枝俱茂，故蕃滋百世。今黔牟雖或可立而孤弱寡助，終至危亡，故以二公子爲不度本。或以賢，或以分，或以年，本扶之者衆，能有成無敗也。◯朔惡極矣，二公子討其罪而立黔牟，義之正也。不幸無成，乃以「不度」名之，左氏以成敗論人類如此。

文公定狄難

閔公二年　冬，十二月，狄人伐衛。衛懿公好鶴，鶴有乘軒者。將戰，國人受甲者皆曰：「使鶴！鶴實有祿位，余焉能戰？」公與石祁子玦，與甯莊子矢，使守，曰：「以此贊國，擇利而爲之。」與夫人繡衣，曰：「聽於二子。」渠孔御戎，子伯爲右，黄夷前驅，孔嬰齊殿。及狄人戰于熒澤，衛師敗績，遂滅衛。衛侯不去其旗，是以甚敗。狄人囚史華龍滑與禮孔，以逐衛人。二人曰：「我，大史也，實掌其祭，不先，國不可得也。」乃先之，至則告守曰：「不可待也。」夜與國人出。狄入衛，遂從之，又敗諸河。初，惠公之即位也少，齊人使昭伯烝於宣姜，不可，强之。生齊子、戴公、文公、宋桓夫人、許穆夫人。文公爲衛之多患也，先適齊。及敗，宋桓公逆諸河，宵濟。衛之遺民男女七百有三十人，益之以共、滕之民爲五千人。立戴公以廬于曹。許穆夫人賦載馳。齊侯使公子無虧帥車三百乘、甲士三千人以戍曹。衛自宣公淫穢亂國，懿公以玩好繼之，遂致滅亡。衛都河北古朝歌地，今爲衛輝府。而今真定永平等地，時多爲北狄所據，遂得入其國。軒，大夫車。寵鶴過甚，故乘軒。北直隸長垣縣有鶴城，其養鶴所也。莊子名速。玦，玉玦。贊，助也。玦示以當決斷，矢示以禦難。繡衣，取其文章順序，皆以之守。御、右、前驅、後殿，皆以之戰。雖臨事而戒，然失民有素，故無及。熒澤，衛地，今河南滎澤縣。師之目在旗，既敗而去之，衆得奔免，不去

故偕死，亡敗而不可收。華龍滑、禮孔，皆衛太史。夷狄畏鬼，故誑言先當白神，乃告守者使速行。守者石、甯二大夫。衛將東走渡河，而南狄復追敗之。惠公年十五六，故曰少。昭伯，惠公世兄子頑，烝於宣姜而生男女五人。牆有茨詩云「公子頑通於君母」，即其事也。適齊，避衛難也。宋桓以其夫人故迎衛敗衆，復畏狄，夜渡河。共、滕，衛二別邑。廬，舍也。曹，亦衛邑。戴公名申，立其年卒，而文公立。載馳衛風，穆夫人痛衛之亡，思歸唁之，不可，故作此詩以言志。無虧，桓公子。餘詳見齊桓公之伯。僖之……二年，封衛于楚丘。　衛文公大布之衣，大帛之冠，務材訓農，通商惠工，敬教勸學，授方任能。元年革車三十乘，季年乃三百乘。封，齊桓封之。大布，麤布。大帛，厚繒。以敗亡後，故敦樸儉。務材，務蓄材木以立門户、宗廟、宫室、廬舍。訓農，訓飭農事，服田力穡。通商，通達商旅，楙遷有無。惠工，加惠百工，賴其器用。敬教，敬重五教。勸學，勸勉士人力學。授方，授百事之宜。任能，任才能之人。革車，兵車三十三百，其衆十倍也。文公招懷迸散，故能致衆如此。

僖公十八年　冬，邢人、狄人伐衛，圍菟圃。衛侯以國讓父兄子弟及朝衆，曰：「苟能治之，燬請從焉。」衆不可。而後師于訾婁，狄師還。菟圃、訾婁，皆衛邑。訾婁，今北直隸長垣縣西北有訾婁城。燬，文公名。公以國讓，懷柔國人，而後出師。狄見其衆和，故退，而邢獨留。

十九年　秋，衛人伐邢，以報菟圃之役。於是衛大旱，卜，有事於山川，不吉。甯莊子曰：「昔周饑，克殷而年豐。今邢方無道，諸侯無伯，天其或者欲使衛討邢乎？」從之。師興而雨。

二十年　秋，齊、狄盟于邢，爲邢謀衛難也。於是衛方病邢。

二十四年　冬，衛人將伐邢。禮至曰：「不得其守，國不可得也。我請昆弟仕焉。」乃往，

得仕。禮至，衛大夫。守，謂邢正卿國子。

二十五年　春，衛人伐邢。二禮從國子巡城，掖以赴外，殺之。正月丙午，衛侯燬滅邢。同姓也，故名。禮至爲銘曰：「余掖殺國子，莫余敢止。」衛文雖多難興邦，邢雖無道取滅，而以同姓，故猶必名之。禮至逞詐以蔑親，不知恥而反銘功於器。

甯武子弭晉難

僖公二十三年　晉公子重耳之及於難也。遂奔狄。過衛，衛文公不禮焉。出於五鹿，乞食於野人，野人與之塊。難，驪姬之難。五鹿，衛地，大名府東有五鹿墟，爲與塊之所。詳見晉文公之伯。

二十四年　春，王正月，秦伯納之。納重耳於晉。詳見晉文公之伯。

二十八年　春，晉侯……伐衛。　取五鹿。　晉侯、齊侯盟于斂盂。衛侯請盟，晉人弗許。衛侯欲與楚，國人不欲，故出其君以説於晉。衛侯出居于襄牛。公子買戍衛，楚人救衛，不克。公懼於晉，殺子叢以説焉，謂楚人曰「不卒戍也」。衛侯，文公子成公也。斂盂、襄牛，皆衛地。詳見晉文公之伯。買，字子叢。衛、楚昏，魯與楚且素善，衛因其被伐使戍之。見楚弱晉强，乃殺叢以謝晉，又恐楚罪，復以不卒戍歸叢以解於楚。

夏，四月戊辰，晉侯、宋公、齊國歸父、崔夭、秦小子慭次于城濮。己巳，晉師陳于莘北。楚師敗績。詳見晉文公之伯。衛侯聞楚師敗，懼，出奔楚。遂適陳，使元咺奉叔武以受盟。或訴元咺於衛侯曰：「立叔武矣。」其子角從公，公使殺之。咺不廢命，奉夷叔以入守。六月，晉人復衛侯，甯武子與衛人盟于宛濮，曰：「天禍衛國，君臣不協，以及此憂也。今天誘其衷，使皆降心以相從也。不有居者，誰守社稷？不有行者，誰扞牧圉？不協之故，用昭乞盟于爾大神以誘天衷。自今日以往，既盟之後，行者無保其力，居者無懼其罪。有渝此盟，以相及也。明神先君，是糾是殛。」國人聞此盟也，而後不貳。衛侯先期入，甯子先，長牂守門，以爲使也，與之乘而入。公子歂犬、華仲前驅，叔武將沐，聞君至，喜，捉髮走出，前驅射而殺之。公知其無罪也，枕之股而哭之。歂犬走出，公使殺之。元咺出奔晉。元咺，衛大夫。叔武，衛侯弟，謚夷，奉攝君事也。咺被愬，子殺而猶不廢命，亦忠也。晉以叔武受盟，故歸衛侯。甯武子，名俞。宛，近濮水，在北直隸長垣縣境，舊有宛亭。不協，謂君欲與楚，國人不欲也。衷，中也。牛曰牧，馬曰圉。相及，以惡相及也。武子恐國人以出君爲罪，故盟以居者行者其勞均，聞之知無罪且心服，故不貳。衛侯有疑於叔武，故先入。甯子恐有妄殺，先爲擁衛之圖，因與長牂同乘入，致叔武速出，爲前驅探衛侯意射殺之，而不及救。公雖枕哭其尸、殺歂犬，而元咺猶奔晉愬之。長牂、歂犬、華仲，皆衛大夫。冬，衛侯與元咺訟，甯武子爲輔，鍼莊子爲坐，士榮爲大士。衛侯不勝，殺士榮，刖鍼莊子，謂甯俞忠而免之。執衛侯，歸之于京師，寘諸深室。甯子職納槖饘焉。元咺歸于衛，立公子瑕。大士，治獄官也。周禮，

命夫命婦不躬坐獄。元咺又不宜與其君對坐，故鍼莊子爲主，又使衛之忠臣及其獄官質正元咺，而三子詞屈，故囚衛侯。深室，囚室之深者。甯俞忠慮專親其飲食，以槖乘饘而納焉。瑕，公子適。

三十年　夏，晉侯使醫衍酖衛侯。甯俞貨醫，使薄其酖，不死。公爲之請，納玉於王與晉侯，皆十瑴。王許之。秋，乃釋衛侯。衛侯使賂周歂、冶廑，曰：「苟能納我，吾使爾爲卿。」周、冶殺元咺及子適、子儀。公入，祀先君，周、冶既服，將命。周歂先入，及門，遇疾而死，冶廑辭卿。文公怨衛侯深罪不至死，故使酖之。衍，醫名。甯俞視衛侯食，故得賂醫薄酖。雙玉曰瑴。儀，瑕母弟。服，卿服。歂死，廑懼咺等爲祟，遂辭卿。

三十一年　冬，狄圍衛，衛遷于帝丘。卜曰三百年。衛成公夢康叔曰：「相奪予享。」公命祀相，甯武子不可，曰：「鬼神非其族類，不歆其祀。杞、鄫何事？相之不享於此久矣，非衛之罪也，不可以間成王、周公之命祀，請改祀命。」晉猶怨衛，故不救其患。帝丘，顓頊之虛，今北直隸開州東有顓頊城，滑縣東北有帝丘城。相，夏后啟之孫，亦居之享祭也。歆，猶享也。言杞、鄫夏後，自當祀相。帝丘久不祀相，非衛所絶。諸侯受命各有常，祀相非所命也，請改祀相之命。

三十二年　夏，狄有亂，衛人侵狄，狄請平焉。秋，衛人及狄盟。○武子之忠一也，夫子以知、愚二之，固自夫人之見云耳。其所謂知者，豈非乘時遇主、籌畫決奇以匡寧其家國乎？且文公時衛亦多故矣，武子安能養晦以自逸也？魯史載諸國事多畧，遂不少概見。惜哉！噫！其論相祀尤能據正守禮，而不媚神於邪矣。

孫甯廢立

成公七年　衛定公惡孫林父。冬，孫林父出奔晉。衛侯如晉，晉反戚焉。林父，良夫子。戚，林父邑，林父出奔晉，隨屬晉，因衛朝而反之。

十四年　春，衛侯如晉，晉侯强見孫林父焉。定公不可。夏，衛侯既歸，晉侯使郤犨送孫林父而見之，衛侯欲辭，定姜曰：「不可。是先君宗卿之嗣也，大國又以爲請。不許，將亡，雖惡之，不猶愈於亡乎？君其忍之。安民而宥宗卿，不亦可乎？」衛侯見而復之。强見，欲歸之也。定姜，定公夫人。以拒大國之請，絶同姓之世卿，内外交釁，亡兆也。秋，衛侯有疾，使孔成子、甯惠子立敬姒之子衎以爲太子。冬，十月，衛定公卒。夫人姜氏既哭而息，見大子之不哀也，不内酌飲，歎曰：「是夫也，將不唯衛國之敗，其必始於未亡人。烏呼！天禍衛國也夫！吾不獲鱄也使主社稷。」大夫聞之，無不聳懼。孫文子自是不敢舍其重器於衛，盡寘諸戚而甚善晉大夫。成子，孔達孫。惠子，名殖。皆衛卿。敬姒，定公妾。衎，獻公名。定姜言獻公行無禮，必從己始，下言暴妾使余是也。鱄，衎母弟。時已見其賢。寘戚，謀自保。善晉，求以爲援也。

襄公七年　冬，衛孫文子來聘。公登，亦登。叔孫穆子相，趨進曰：「諸侯之會，寡君未嘗

後衛君。今吾子不後寡君，寡君未知所過。吾子其少安。」孫子無辭，亦無悛容。穆叔曰：「孫子必亡！爲臣而君，過而不悛，亡之本也。詩曰：『退食自公，委蛇委蛇。』謂從者也，衡而委蛇，必折。」文子，林父謚。穆子，豹謚。叔，以氏稱。穆子言魯、衛之君敵體共登，孫子臣自宜後。悛，懼而改也。詩召南，委蛇，自得貌。從，順也。衡，横通不順也。言詩人美大夫之自得以順于道也。林父不順道而有自得之意，必毀折矣。

十四年　夏，衛獻公戒孫文子、甯惠子食，皆服而朝，日旰不召，而射鴻於囿。二子從之，不釋皮冠而與之言，二子怒。孫文子如戚，孫蒯入使，公飲之酒，使大師歌巧言之卒章，大師辭。師曹請爲之。初，公有嬖妾，使師曹誨之琴，師曹鞭之。公怒，鞭師曹三百。故師曹欲歌之，以怒孫子，以報公。公使歌之，遂誦之，蒯懼，告文子。文子曰：「君忌我矣。弗先，必死。」并帑於戚而入，見蘧伯玉曰：「君之暴虐，子所知也，大懼社稷之傾覆，將若之何？」對曰：「君制其國，臣敢奸之？雖奸之，庸知愈乎？」遂行，從近關出。公使子蟜、子伯、子皮與孫子盟于丘宫，孫子皆殺之。四月己未，子展奔齊，公如鄄，使子行於孫子，孫子又殺之。公出奔齊，孫氏追之，敗公徒于阿澤，鄄人執之。初，尹公佗學射於庾公差，庾公差學射於公孫丁。二子追公，公孫丁御。公子魚曰：「射爲背師，不射爲戮，射爲禮乎？」射兩軥而還。尹公佗曰：「子爲師，我則遠矣。」乃反之。公孫丁授公轡而射之，貫臂。子鮮從公，及竟，公使祝宗告亡，且告無罪。定姜曰：「無神，何告？若有，不可誣也。有罪，若何告無？舍大臣而與小臣謀，一罪也。先

君有冢卿以爲師保而蔑之，二罪也。余以巾櫛事先君而暴妾使余，三罪也。告亡而已，無告無罪！」公使厚成叔弔于衛，曰：「寡君使瘠，聞君不撫社稷，而越在他竟，若之何不弔？以同盟之故，使瘠敢私於執事曰：『有君不弔，有臣不敏。君不赦宥，臣亦不帥職。增淫發洩，其若之何？』」衛人使大叔儀對曰：「羣臣不佞，得罪於寡君，寡君不以即刑而悼棄之，以爲君憂。君不忘先君之好，辱弔羣臣，又重恤之，敢拜君命之辱，重拜大貺。」厚孫歸，復命，語臧武仲曰：「衛君其必歸乎！有大叔儀以守，有母弟鱄以出。或撫其内，或營其外，能無歸乎！」齊人以郲寄衛侯。及其復也，以郲糧歸。右宰穀從而逃歸，衛人將殺之。辭曰：「余不説初矣。余狐裘而羔袖。」乃赦之。衛人立公孫剽，孫林父、甯殖相之，以聽命於諸侯。衛侯在郲，臧紇如齊唁衛侯。衛侯與之言，虐。退而告其人曰：「衛侯其不得入矣。其言糞土也，亡而不變，何以復國？」子展、子鮮聞之，見臧紇，與之言，道。臧孫説，謂其人曰：「衛君必入。夫二子者，或輓之，或推之，欲無入，得乎？」

獻公無道，陵侮大臣。戒食，敕戒二子共宴食。服，朝服。朝，待命於朝。旰，宴。從，從公於囿。皮冠，田獵之冠。見大臣宜釋，既不釋，又不與食。巧言，詩小雅，其卒章曰：「彼何人斯，居河之麋？無拳無勇，職爲亂階。」戚，河上邑。公欲以喻文子居河上爲亂。太師，樂大夫。辭以不可。師曹，樂人，憾公横鞭，既歌復誦，欲蒯即解以報之。先，先作亂。帑，妻子。伯玉，名瑗，衛賢大夫。奸，犯也。愈，勝也。言逐君更立，未知能勝於今否。近關出，避亂速也。蟜、伯、皮三子，衛羣公子。疑孫子，故盟之丘宫。近戚地。子展，衛侯弟。子行，亦羣公子。使請，與前三子皆被殺。鄄、阿澤，

皆衛地，鄄今屬山東濮州，阿澤今鉅野有大澤。公徒既敗，鄄人復執之。時孫氏再殺君使，復追敗公徒，其惡已極而國人皆爲之用。佗與差爲孫氏逐公，丁爲公御。子魚，差字。以背師與戮權之，射猶爲得禮，故發二矢以示之禮。軥，車軛卷者。佗不從丁學，故言遠。獨還，追丁，丁射佗，貫其臂。子鮮，鱄字。告，告于宗廟。姜以公罪三而以無罪告，故譏其誣神。脊，厚成叔名。執事，指衛諸大夫。弔，恤下。敏，達禮。增淫，增其淫慝。發洩，以逐君也。大叔儀，衛大夫。大貺，謂愍恤之也。郲，齊所滅郲國，以寄衛侯，而乃以其糧歸，貪也。穀，衛大夫，以其從君故欲殺之。穀言初從君，今悔之，不以爲悦。狐裘、羔袖，喻己暫從君即歸國，善多而惡少也。剽，穆公孫。聽命，聽會盟之命。弔生曰唁。子展先奔齊。輓，推，以車喻也。

師曠侍於晉侯，晉侯曰：「衛人出其君，不亦甚乎？」對曰：「或者其君實甚。良君將賞善而刑淫，養民如子，蓋之如天，容之如地。民奉其君，愛之如父母，仰之如日月，敬之如神明，畏之如雷霆，其可出乎？夫君，神之主，而民之望也。若困民之主，匱神乏祀，百姓絶望，社稷無主，將安用之？弗去何爲？天生民而立之君，使司牧之，勿使失性。有君而爲之貳，使師保之，勿使過度，是故天子有公，諸侯有卿，卿置側室，大夫有貳，宗士有朋友，庶人、工商、皁隸、牧圉皆有親暱，以相輔佐也。善則賞之，過則匡之，患則救之，失則革之。自王以下，各有父兄子弟以補察其政。史爲書，瞽爲詩，工誦箴諫，大夫規誨，士傳言，庶人謗，商旅于市，百工獻藝。故夏書曰：『遒人以木鐸徇於路，官師相規，工執藝事以諫。』正月孟春，於是乎有之，諫失常也。天之愛民甚矣，豈其使一人肆於民上，以從其淫，而棄天地之性？必不然矣。」師曠，樂師。貳，卿佐。側室，支子。貳宗，小

宗也。賞，謂稱揚。匡，正也。補，補其愆過。察，察其得失。史，太史，君舉則書。瞽者以詩爲諷刺。工，樂人。誦箴，諫之辭。規，正。誨，諫也。士卑不得徑達，聞君過失，傳告大夫。庶人不與政，聞君過則誹謗。旅，陳也，陳其貨物以示時所貴尚，如踊貴履賤是也。獻藝，各獻技藝，以喻政事。夏書，胤征。遒人，行人之官。木鐸，木舌金鈴，徇於路，求歌謡之言。官師，衆官師衆也，自相規正。執藝，即獻藝也。有之，有遒人之事。〇師曠因問盡言，其意深矣，尤冥會乎天地愛民之心。書一通以置人主座隅，殊勝乎仲長統之所稱也。秋，晉侯問衛故於中行獻子，對曰：「不如因而定之。衛有君矣，伐之未可以得志，而勤諸侯。史佚有言曰：『因重而撫之。』仲虺有言曰：『亡者侮之，亂者取之。推亡，固存，國之道也。』君其定衛以待時乎！」冬，會于戚，謀定衛也。問衛故，問衛逐君當討否。獻子，荀偃謚。素善孫氏，故陰庇之。史佚，周武王太史。重而撫，謂重不可移就安撫之。仲虺，湯相。待時，待其昏亂之時乃伐之。定衛，定立剽也。

十七年　春，衛孫蒯田于曹隧，飲馬于重丘，毁其瓶。重丘人閉門而詢之，曰：「親逐而君，爾父爲厲。是之不憂，而何以田爲？」夏，衛石買、孫蒯伐曹，取重丘。曹人愬于晉。田曹隧，越竟而田。重丘，曹邑。詢，罵也。厲，惡鬼也。

十八年　夏，晉人執衛行人石買于長子，執孫蒯于純留，爲曹故也。長子、純留，晉二邑，今屬山西潞安府。

十九年　冬，衛石共子卒。悼子不哀，孔成子曰：「是謂蹷其本，必不有其宗。」石共子，名買。悼子，買之子石惡也。蹷，仆也。

二十年　冬，衛甯惠子疾，召悼子曰：「吾得罪於君，悔而無及也。名藏在諸侯之策，曰：『孫林父、甯殖出其君。』君入則掩之。若能掩之，則吾子也。若不能，猶有鬼神，吾有餒而已，不來食矣。」悼子許諾，惠子遂卒。悼子，名喜。

二十五年　夏，晉侯使魏舒、宛没逆衛侯，將使衛與之夷儀。崔子止其帑，以求五鹿。秋，衛獻公入于夷儀。魏舒、宛没，晉二大夫。夷儀，時屬衛。晉愍衛侯失國，使衛分以處之。崔子，名杼。止其帑以爲質。五鹿，衛地。冬，衛獻公自夷儀使與甯喜言，甯喜許之。大叔文子聞之，曰：「烏乎！詩所謂『我躬不説，皇恤我後』者，甯子可謂不恤其後矣！將可乎哉？殆必不可。君子之行，思其忠也，思其復也。書曰：『慎始而敬終，終以不困。』詩曰：『夙夜匪解，以事一人。』今甯子視君不如奕棋，其何以免乎？奕者舉棋不定，不勝其耦，而況置君而弗定乎？必不免矣。九世之卿族，一舉而滅之，可哀也哉！」衛侯或聞甯氏父子語，故使與言復國。文子，大叔儀謚。詩小雅，言我不能自容説，何暇念其後乎！謂甯子必身受禍，不得及其後也。思終，思使其終可成。思復，思使其後可復行。書，周書蔡仲之命。詩，小雅。甯氏出自武公，至喜九世。

二十六年　春，衛獻公使子鮮爲復，辭。敬姒强命之，對曰：「君無信，臣懼不免。」敬姒曰：「雖然，以吾故也。」許諾。初，獻公使與甯喜言，甯喜曰：「必子鮮在。不然，必敗。」故公使子鮮。子鮮不獲命於敬姒，以公命與甯喜言，曰：「苟反，政由甯氏，祭則寡人。」甯喜告蘧伯

玉，伯玉曰：「瑗不得聞君之出，敢聞其入。」遂行。從近關出，告右宰穀。右宰穀曰：「不可。獲罪於兩君，天下誰畜之？」悼子曰：「吾受命於先人，不可以貳。」穀曰：「我請使焉而觀之。」遂見公於夷儀，反曰：「君淹恤在外十二年矣，而無憂色，亦無寬言，猶夫人也。若不已，死無日矣。」悼子曰：「子鮮在。」右宰穀曰：「子鮮在何益？多而能亡，於我何爲？」悼子曰：「雖然，弗可以已。」孫文子在戚，孫嘉聘於齊，孫襄居守。二月庚寅，甯喜、右宰穀伐孫氏，不克，伯國傷。甯子出，舍於郊，伯國死。孫氏夜哭。國人召甯子，甯子復攻孫氏，克之。辛卯，殺子叔及大子角。書曰「甯喜弒其君剽」，言罪之在甯氏也。孫林父以戚如晉，書曰「入於戚以叛」，罪孫氏也。臣之祿，君實有之。義則進，否則奉身而退。專祿以周旋，戮也。甲午，衛侯入。書曰「復歸」，國納之也。大夫逆于竟者，執其手而與之言。道逆者，自車揖之。逆於門者，頷之而已。公至，使讓大叔文子曰：「寡人淹恤在外，二三子皆使寡人朝夕聞衛國之言。吾子獨不在寡人。古人有言曰：『非所怨勿怨。』寡人怨矣！」對曰：「臣知罪矣。臣不佞，不能負羈絏以從扞牧圉，臣之罪一也。有出者，有居者，臣不能貳，通外內之言以事君，臣之罪二也。有二罪，敢忘其死！」乃行，從近關出，公使止之。

獻公知鱄爲國人所向，故使爲己求復。以公無信，故辭。不獲命，以母命不獲辭也。穀前棄君而歸者。得罪兩君，謂前出公將弒剽也。畜，容也。猶夫人，其爲人猶故也。多能亡，言子鮮踐言多不過能出亡。其弗可已，以受父遺命也。嘉、襄，文子二子。伯國，襄字。喜乘其父兄不在攻之。出舍，以不克欲奔，既

而復乘其喪以克。子叔，剽字。○傳以弑君罪甯氏，固矣，獨以專禄罪孫氏，義未悉也。豈逐君之罪輕於據邑乎？○頷，點其頭。衎驕心易生，接逆者其禮漸倨，又使責讓太叔。儀不在心，不在我。衛人侵戚東鄙，孫氏愬於晉。晉戍茅氏。殖綽伐茅氏，殺晉戍三百人。孫蒯追之，弗敢擊。文子曰：「厲之不如。」遂從衛師，敗之圉。雍鉏獲殖綽，復愬于晉。晉人爲孫氏故，召諸侯，將以討衛也。夏，中行穆子來聘，召公也。六月，公會晉趙武、宋向戌、鄭良霄、曹人于澶淵，以討衛，彊戚田。取衛西鄙懿氏六十以與孫氏。趙武不書，尊公也。向戌不書，後也。鄭先宋，不失所也。於是衛侯會之，晉人執甯喜、北宮遺，使女齊以先歸。衛侯如晉，晉人執而囚之於士弱氏。秋，七月，齊侯、鄭伯爲衛侯故如晉，晉侯兼享之。晉侯賦嘉樂。國景子相齊侯，賦蓼蕭。子展相鄭伯，賦緇衣。叔向命晉侯拜二君，曰：「寡君敢拜齊君之安我先君之宗祧也，敢拜鄭君之不貳也。」國子使晏平仲私於叔向曰：「晉君宣其明德於諸侯，恤其患而補其闕，正其違而治其煩，所以爲盟主也。今爲臣執君，若之何？」叔向告趙文子，文子以告晉侯，晉侯言衛侯之罪，使叔向告二君。國子賦轡之柔矣，子展賦將仲子兮，晉侯乃許歸衛侯。十二月，衛人歸衛姬于晉，乃釋衛侯，君子是以知平公之失政也。侵戚，以林父叛故。茅氏，戚東鄙地。殖綽，齊士，時來在衛。厲，惡鬼。從，逐也。圉，衛地。雍鉏，孫氏臣。彊，正其彊。六十，六十井。衛侯如會，晉將執之，不與於會。遺，北宮括之子。女齊，司馬侯字。使之先執二子以歸，復執衛侯。士弱，主獄大夫。○傳以不書趙武爲尊公，斷不然也，必以爲臣討君而貶武明矣。○齊、鄭欲共請衛侯。嘉樂，詩大雅，取其「嘉樂君子，

顯顯令德。宜民宜人，受禄於天」。景子，國弱謚。蓼蕭，詩小雅，以「澤之遠及，若露之在蕭」以喻晉君恩澤及諸侯。緇衣，詩鄭風，義取「適子之館兮，還，予授子之粲兮」，言不敢違遠於晉。向以二詩義各不同，故拜二君異辭。私，私語衛罪，以其殺晉戍也。轡之柔，逸詩，見周書，義取寬正以安諸侯，若柔轡之馭剛馬。將仲子，詩鄭風，義取衆言可畏，言衛侯雖别有罪，而衆人猶謂晉爲臣執君。然衛侯竟以女説晉而後得免，君子重譏之。◯孫氏世藉晉庇以逞逆節，罪無論矣。晉君每狥其臣之邪以自弱主威，大義固久蔑矣。然獨不爲身慮耶？噫！平不足責也，至悼而已然傷哉！

二十七年　春，衛甯喜專，公患之。公孫免餘請殺之，公曰：「微甯子，不及此。吾與之言矣。事未可知，祇成惡名，止也。」對曰：「臣殺之，君勿與知。」乃與公孫無地、公孫臣謀，使攻甯氏，弗克，皆死。公曰：「臣也無罪，父子死余矣。」夏，免餘復攻甯氏，殺甯喜及右宰穀，尸諸朝。石惡將會宋之盟，受命而出，衣其尸，枕之股，而哭之。欲斂以亡，懼不免，且曰：「受命矣。」乃行。子鮮曰：「逐我者出，納我者死。賞罰無章，何以沮勸？君失其信，而國無刑，不亦難乎？且鱄實使之。」遂出，奔晉。公使止之，不可。及河，又使止之。止使者，而盟於河。託於木門，不鄉衛國而坐。木門大夫勸之仕，不可，曰：「仕而廢其事，罪也。從之，昭吾所以出也。將誰愬乎？吾不可以立於人之朝矣。」終身不仕，公喪之如税服終身。公與免餘邑六十，辭曰：「唯卿備百邑，臣六十矣。下有上禄，亂也，臣弗敢聞。且甯子唯多邑故死，臣懼死之速及也。」公固與之，受其半，以爲少師。公使爲卿，辭曰：「大叔儀不貳，能贊大事，君其命

之。」乃使文子爲卿。喜以子鱄言，遂專衛政。免餘、無地，皆衛臣。免餘定謀使二子攻甯氏，皆死。公出亡時臣父爲孫氏所殺，故云父子。既而免餘復自攻殺之。石惡盡哀於喜，欲奔，以既受命，故會宋。子鮮以信、刑皆失，且已使奔，誓不還。坐不鄉，卒不仕，恨公負言極也。木門，晉邑。從之，從其職事則昭己乃以欲仕出，情無由怨。禮，日月已過聞喪追服曰稅。諸侯絶期，無爲兄弟追服之禮，如而服之歿身，慚痛之深也。免餘既殺喜，復辭邑讓賢。六十者，一乘之邑，非四井之邑也。○惠子臨歿恥逐君，而甘餒鬼，亦足悲矣。喜受父遺命以納亡君，情可原也。而乃繼之以專，斯招戮矣。使既納君而恭恪自守，政不與焉，庶幾其免乎！然出一君、弑一君，必無自全之理，斯蓋蠱之莫能幹者歟？

二十八年　夏，衛人討甯氏之黨，故石惡出奔晉。衛人立其從子圃，以守石氏之祀，禮也。石惡之先石碏有大功於衛，惡之罪，不及不祀，故曰禮。

二十九年　夏，吴公子札來聘。　適衛。　自衛如晉，將宿於戚，聞鐘聲焉，曰：「異哉！吾聞之也，辯而不德，必加於戮。夫子獲罪於君以在此，懼猶不足，而又何樂？夫子之在此也，猶燕之巢于幕上。君又在殯，而可以樂乎？」遂去之。文子聞之，終身不聽琴瑟。是年五月獻公卒，未葬，而林父擊鐘奏樂，故札云云。○林父之惡極矣，而亦有節焉可録，其免於討也，或以是故乎？

昭公七年　秋，八月，衛襄公卒。晉大夫言於范獻子曰：「衛事晉爲睦，晉不禮焉，庇其賊人而取其地，故諸侯貳。詩曰：『鶺鴒在原，兄弟急難。』又曰：『死喪之威，兄弟孔懷。』兄弟之不睦，於是乎不弔。況遠人，誰敢歸之？今又不禮於衛之嗣，衛必叛我，是絶諸侯也。」獻子以告韓宣子，宣子説，使獻子如衛弔，且反戚田。襄公，獻公子，名惡。詩小雅，鶺鴒，雝渠也，飛則鳴，行則搖，喻

兄弟相救於急難，不可自舍威畏也。言有死喪，兄弟宜有懷思。弔，相恤也。言兄弟懿親不睦，則於人皆無相恤之意。近者猶不附，況其遠乎？ 嗣，新君也。

靈公之立

昭公七年　秋，衛襄公卒。衛齊惡告喪于周，且請命。王使成簡公如衛弔，且追命襄公曰：「叔父陟恪，在我先王之左右，以佐事上帝。余敢忘高圉、亞圉？」齊惡，衛大夫。簡公，王卿士。陟，登也。恪，敬也。叔父，謂襄公。命，如今之哀策。二圉，周之先，爲殷諸侯，亦受殷王追命者。　衛襄公夫人姜氏無子，嬖人婤姶生孟縶。孔成子夢康叔謂己：「立元，余使羈之孫圉與史苟相之。」史朝亦夢康叔謂己：「余將命而子苟與孔烝鉏之曾孫圉相元。」史朝見成子，告之夢，夢協。晉韓宣子爲政聘於諸侯之歲，婤姶生子，名之曰元。孟縶之足不良能行。孔成子以周易筮之，曰：「元尚享衛國，主其社稷。」遇屯䷂。又曰：「余尚立縶，尚克嘉之。」遇屯之比䷇，以示史朝。史朝曰：「元，亨，又何疑焉？」成子曰：「非長之謂乎？」對曰：「康叔名之，可謂長矣。孟非人也，將不列於宗，不可謂長。且其繇曰：『利建侯。』嗣吉，何建？建非嗣也。二卦皆云，子其建之！康叔命之，二卦告之，筮襲於夢，武王所用也，弗從何爲？弱足者居。侯主社稷，臨祭祀，奉民人，事鬼

神，從會朝，又焉得居？各以所利，不亦可乎？」故孔成子立靈公。十二月癸亥，葬衛襄公。姜氏謚宣。嬖人，賤而寵者。成子，衛卿，孔達之孫，名烝鉏。元，孟縶弟，後爲靈公，夢時未生。羈，烝鉏子。史苟，史朝子。協，合也。不良，跛也。成子兩筮立元、立縶孰吉。元得屯，震下坎上。縶得屯之比，坤下坎上，初九變也。朝以爲元亨爲吉，成子疑元爲年長，非以名也。朝謂縶跛，非全人，將不得在宗人之列，豈可復謂長乎？且以卦辭決之，言「利建侯」，嗣子既吉，何建之有？言建則非嗣矣。屯、比二卦皆有建侯之文，明元非長而宜立也。武王伐紂，太誓曰：「朕夢協朕卜，襲於休祥，戎商必克。」故曰武王所用。孟跛利居，元吉利建，故可。

二十年　夏，六月，衛公孟縶狎齊豹，奪之司寇與鄄。有役則反之，無則取之。公孟惡北宮喜、褚師圃，欲去之。公子朝通于襄夫人宣姜，懼，而欲以作亂，故齊豹、北宮喜、褚師圃、公子朝作亂。初，齊豹見宗魯於公孟，爲驂乘焉。將作亂，而謂之曰：「公孟之不善，子所知也，勿與乘，吾將殺之。」對曰：「吾由子事公孟，子假吾名焉，故不吾遠也。雖其不善，吾亦知之，抑以利故，不能去，是吾過也。今聞難而逃，是僭子也。子行事乎，吾將死之，以周事子。而歸死於公孟，其可也。」丙辰，衛侯在平壽，公孟有事於蓋獲之門外，齊子氏帷于門外，而伏甲焉。使祝鼃寘戈於車薪以當門，使一乘從公孟以出，使華齊御公孟，宗魯驂乘。及閎中，齊氏用戈擊公孟，宗魯以背蔽之，斷肱，以中公孟之肩，皆殺之。公聞亂，乘，驅自閱門入。慶比御公，公南楚驂乘。使華寅乘貳車。及公宮，鴻駵魋駟乘於公。公載寶以出。褚師子申遇公于馬路之衢，遂

從。過齊氏，使華寅肉袒，執蓋以當其闕。齊氏射公，中南楚之背，公遂出。寅閉郭門，踰而從公。公如死鳥。析朱鉏宵從竇出，徒行從公。齊侯使公孫青聘于衛，既出，聞衛亂，使請所聘。公曰：「猶在竟内，則衛君也。」乃將事焉，遂從諸死鳥。請將事。辭曰：「亡人不佞，失守社稷，越在草莽，吾子無所辱君命。」賓曰：「寡君命下臣於朝曰：『阿下執事。』臣不敢貳。」主人曰：「君若惠顧先君之好，照臨敝邑，鎮撫其社稷，則有宗祧在。」乃止。衛侯固請見之，不獲命，以其良馬見，爲未致使故也。衛侯以爲乘馬，賓將掫，主人辭曰：「亡人之憂，不可以及吾子。草莽之中，不足以辱從者。敢辭。」賓曰：「寡君之下臣，君之牧圉也。若不獲扞外役，是不有寡君也。臣懼不免於戾，請以除死。」親執鐸，終夕與於燎。齊氏之宰渠子召北宫子，北宫氏之宰不與聞，謀殺渠子，遂伐齊氏，滅之。丁巳晦，公入，與北宫喜盟于彭水之上。秋，七月戊午朔，遂盟國人。八月辛亥，公子朝、褚師圃、子玉霄、子高魴出奔晋。閏月戊辰，殺宣姜。衛侯賜北宫喜謚曰貞子，賜析朱鉏謚曰成子，而以齊氏之墓予之。衛侯告寧于齊，且言子石。齊侯將飲酒，徧賜大夫，曰：「二三子之教也。」苑何忌辭，曰：「與於青之賞，必及於其罰。在康誥曰，父子兄弟，罪不相及，況在羣臣？臣敢貪君賜以干先王？」瑟張聞宗魯死，將往弔之。仲尼曰：「齊豹之盜，而孟縶之賊，女何弔焉？君子不食姦，不受亂，不爲利疚於回，不以回待人，不蓋不義，不犯非禮。」孟縶以公兄，故繫以公。豹，齊惡子，爲衛司寇。狎，輕也。鄄，豹邑。縶奪其官與邑。足不良，故

有役，則以官邑還之。喜、圃，皆衛大夫。宣姜，靈公嫡母，淫于朝，因以共亂。宗魯，豹友。見，薦達也。名，善名。言子假我以善名，故親我。僭，不信也。言已逃難，使子言不信。周，猶終竟也。平壽，衛下邑。有事，祭也。蓋獲，衛郭門。齊子氏，豹也。以帷蔽其甲。祝鼃，豹黨。當門，要其前。一乘，亦如前車。寘戈於薪，尋其後。華齊，亦豹黨。閎，曲門中。宗魯蔽公孟，傷而與俱死。公下邑聞之，乘驅以速入。慶比、公南楚、華寅，衛三臣。貳車，公副車。鴻駵魋，亦衛臣，復就公乘，四人共一車。公復出避，諸臣力扈從之。寅肉袒示必死，執蓋當侍從之闕，以蔽公。既閉郭門以距追者，復踰門出以從公。死鳥，衛地。析朱鉏，黑背孫。青，齊頃公孫。將事，行聘事也。阿下，親附而卑下之，欲就地行聘也。不敢斥尊，故曰執事。貳，違命也。受聘當在宗廟，故云宗祧，以止之。乃請青見，青辭不獲，若已致君命，則享有庭實有私覿，今爲未致使，故但以良馬。衛侯喜青敬己，爲乘馬以貴之。掫，夜行。除死，免死也。燎，設火燎以守備。北宮，子喜也。渠子召喜同叛，因其宰不與謀，即殺渠子，滅齊氏。公以喜始亂終變正，故先盟之。朝等四人，皆齊氏黨。殺宣姜，以淫亂故。喜緣是得先死，賜美謚。朱鉏以徒行從，亦豫謚，又予墓田。子石，青字。言，言其有禮。苑何忌，齊大夫。言受賜則犯康誥之義。琴張，孔子弟子，名牢。慕宗魯，故將弔。夫子言齊豹所以爲盜，孟縶所以見賊，皆由宗魯。知公孟不善而受其禄，是食姦。許豹行事，是受亂。疚，病。回，邪也。以利故不去，是病身於邪。難不告是以邪待人，以周事豹，是蓋不義。二心事縶，是非禮。

莊公出公父子争國

定公十三年　初，衛公叔文子朝，而請享靈公。退，見史鰌而告之。史鰌曰：「子必禍矣。

子富而君貪，罪其及子乎？」文子曰：「然。吾不先告子，是吾罪也。君既許我矣，其若之何？」史鰌曰：「無害。子臣，可以免。富而能臣，必免於難。上下同之。戍也驕，其亡乎！富而不驕者鮮，吾唯子之見。驕而不亡者未之有也，戍必與焉。」及文子卒，衛侯始惡於公叔戍，以其富也。公叔戍又將去夫人之黨，夫人愬之曰：「戍將爲亂。」文子名發，欲公臨其家以受享。史鰌，史魚也。臣能盡臣禮。戍，文子子。與，與於禍。夫人黨，如宋朝之徒。

十四年 春，衛侯逐公叔戍與其黨。故趙陽奔宋，戍來奔。夏，衛北宮結來奔，公叔戍之故也。衛侯爲夫人南子召宋朝，會于洮。大子蒯聵獻盂于齊，過宋野，野人歌之曰：「既定爾婁豬，盍歸吾艾豭？」太子羞之，謂戲陽速曰：「從我而朝少君，少君見我，我顧，乃殺之。」速曰：「諾。」乃朝夫人，夫人見大子。大子三顧，速不進。夫人見其色，啼而走，曰：「蒯聵將殺余。」公執其手以登臺，大子奔宋，盡逐其黨。故公孟彄出奔鄭，自鄭奔齊。大子告人曰：「戲陽速禍余。」戲陽速告人曰：「大子則禍余。大子無道，使余殺其母，余不許，將戕於余。若殺夫人，將以余說。余是故許而弗爲，以紓余死。諺曰：『民保於信』，吾以信義也。」南子，宋女。朝，宋公子，舊通南子，因在宋，呼之。蒯聵，靈公大子。盂，邑名。婁豬，求子豬，喻南子。艾豭，老牡豬，喻宋朝。速，大子家臣。見其色，見太子之色變也。戕，賊也。以信義，言使義可信，不必信言。

哀公二年 初，衛侯遊于郊，子南僕，公曰：「余無子，將立女。」不對。他日，又謂之，對

曰：「郢不足以辱社稷，君其改圖。君夫人在堂，三揖在下，君命祇辱。」夏，衛靈公卒。夫人曰：「命公子郢爲大子，君命也。」對曰：「郢異於他子。且君没於吾手，若有之，郢必聞之。且亡人之子輒在。」乃立輒。六月乙酉，晉趙鞅納衛大子于戚。宵迷，陽虎曰：「右河而南，必至焉。」使大子絻，八人衰絰，僞自衛逆者。告於門，哭而入，遂居之。子南，靈公子郢也。僕，御也。無子，蒯聵奔故。三揖，卿大夫士。郢言立適當以禮，與内外同之，君乃私命，必不從，適爲辱。異，立意不同。輒，蒯聵之子出公也。宵迷，夜行迷道。是時河北流，過元城界，戚在河外，今在北直隸開州城北七十里，有戚城。傳謂納蒯聵於此。晉軍已渡河，故欲出河右而南。絻者始發喪服，詐爲衛人逆太子，故衰絰。

三年　春，齊、衛圍戚，求援于中山。中山，鮮虞也。

十一年　冬，衛大叔疾出奔宋。初，疾娶于宋子朝，其娣嬖。子朝出，孔文子使疾出其妻，而妻之。疾使侍人誘其初妻之娣寘於犂，而爲之一宫，如二妻。文子怒，欲攻之，仲尼止之。遂奪其妻。或淫于外州，外州人奪之軒以獻。恥是二者，故出。衛人立遺，使室孔姞。疾臣向魋，納美珠焉，與之城鉏。……及桓氏出，城鉏人攻大叔疾，衛莊公復之，使處巢，死焉，殯於鄖，葬於少禘。初，晉悼公子慭亡在衛，使其女僕而田，大叔懿子止而飲之酒，遂聘之，生悼子。悼子即位，故夏戊爲大夫。悼子亡，衛人翦夏戊。大叔疾，大叔懿子之子，謚悼子。子朝，南子所淫者。娣，所娶之妹。朝出，出奔。孔文子，名圉。犂，衛地。外州，衛邑。或淫，疾或時往淫也。軒，車也。獻，獻于君。二者，奪妻、奪軒也。遺，疾

之弟。孔姞，文子女，疾之妻也。疾奔宋，臣於魋。城鉏，魋私邑。桓氏出，魋亂而奔也。詳見向魋之亂。復，復使疾還衛。巢、郥、少禘，皆衛地。傳詳疾之失所。僕，御也。田，獵也。夏戊，悼子之甥。翦，削其爵邑。

十二年　夏，吴徵會于衛。秋，衛侯會吴于鄖。吴人藩衛侯之舍。衛侯歸，效夷言。子之尚幼，曰：「君必不免，其死於夷乎！執焉而又説其言，從之固矣。」藩，藩籬之以示辱。餘見越滅吴。子之，公孫彌牟。從之固，從夷之心固也。

十五年　衛孔圉取大子蒯聵之姊，生悝。孔氏之豎渾良夫長而美，孔文子卒，通於内。大子在戚，孔姬使之焉。大子與之言曰：「苟使我入獲國，服冕乘軒，三死無與。」與之盟。爲請於伯姬。閏月，良夫與大子入，舍於孔氏之外圃。昏，二人蒙衣而乘，寺人羅御，如孔氏。孔氏之老欒寧問之，稱姻妾以告，遂入，適伯姬氏。既食，孔伯姬杖戈而先，大子與五人介，輿豭從之。迫孔悝於厠，强盟之，遂劫以登臺。欒寧將飲酒，炙未熟，聞亂，使告季子。召獲駕乘車，行爵食炙，奉衛侯輒來奔。季子將入，遇子羔將出，曰：「門已閉矣。」季子曰：「吾姑至焉。」子羔曰：「弗及，不踐其難。」季子曰：「食焉，不辟其難。」子羔遂出。子路入，及門，公孫敢門焉，曰：「無入爲也。」季子曰：「是公孫也，求利焉，而逃其難。由不然，利其禄，必救其患。」有使者出，乃入，曰：「大子焉用孔悝？雖殺之，必或繼之。」且曰：「大子無勇，若燔臺，半，必舍孔叔。」大子聞之，懼，下石乞、盂黶敵子路，以戈擊之，斷纓，子路曰：「君子死，冠不免。」

結纓而死。孔子聞衛亂，曰：「柴也其來，由也死矣。」孔悝立莊公。莊公害故政，欲盡去之，先謂司徒瞞成曰：「寡人離病於外久矣，子請亦嘗之。」歸告褚師比，欲與之伐公，不果。孔圉，文子。蒯聵姊，孔伯姬也。悝，姬子。良夫通於姬，故使之詣大子所。冕，大夫服。軒，大夫車。三死，死罪三。請，良夫爲之請。二人，大子與良夫。蒙衣，服婦人服。御，御車。稱姻妾，自稱昏姻家妾。介，被甲。輿豭，豚，欲以劫盟。時孔氏專政，故劫悝，欲令逐輒。欒寧，孔氏老。季子，子路，爲孔氏邑宰。召獲，衛大夫。駕乘車，且飲食，不欲戰也，奉輒避其父。子羔，高柴，亦孔子弟子，仕衛，言政不在己，不須踐其難。季言食其禄，宜與其難。門焉，守其門。繼之，言已必繼悝攻太子。石乞、盂黶，聵黨。冠不免，不使冠免在地。莊公，蒯聵也。故政，輒之故臣，瞞成、褚師比皆是也。○先儒謂子路食輒之禄爲非義，然春秋時欲擇君而仕，則唯不仕而已，故夫子不之非，而唯欲正名之急焉。但於此輒已避父而悝已奉蒯聵矣，何用以身殉之？遊聖人之門而明義不及晏子，惜也。

十六年　春，瞞成、褚師比出奔宋。衛侯使鄢武子告于周曰：「蒯聵得罪於君父、君母，逋竄於晉。晉以王室之故，不棄兄弟，寘諸河上。天誘其衷，獲嗣守封焉，使下臣肸敢告執事。」王使單平公對曰：「肸以嘉命來告余一人，往謂叔父：余嘉乃成世，復爾禄次。敬之哉！方天之休。弗敬弗休，悔其可追？」鄢武子，衛大夫，名肸。河上，戚邑。成世，繼其先世。復次，還居君之禄次。方休，天之休方始。末復申戒之。夏，六月，衛侯飲孔悝酒於平陽，重酬之，大夫皆有納焉。醉而送之，夜半而遣之。載伯姬於平陽而行，及西門，使貳車反祏於西圃。子伯季子初爲孔氏臣，新登於公，請追之，遇載祏者，殺而乘其車。許公爲反祏，遇之曰：「與不仁人争明，無不勝。」必使先射，射三

發，皆遠許爲。許爲射之，殪。或以其車從，得祏於橐中。孔悝出奔宋。蒯聵因孔悝得國，乃復逐之。北直隸滑縣東南境有平陽城，傳云衛侯飲悝於此。納，財賄也。夜遣者，慚負之不欲令人見。悝載其母俱去。反祏，使副車返取廟主。西圃，孔氏廟。祏，藏主石函。子伯忘舊恩而追殺載祏者，悝怪祏久不至，使公爲反逆之。不仁人，謂子伯。言必勝之，許爲果一發而殪之。車，副車。從，從許爲也。衛侯占夢，嬖人求酒於大叔僖子，不得，與卜人比，而告公曰：「君有大臣在西南隅，弗去，懼害。」乃逐大叔遺。遺奔晉。夢嬖以能占夢見愛。僖子，大叔遺也。託占夢卜而暗指遺爲公害，公信而逐之。衛侯謂渾良夫曰：「吾繼先君而不得其器，若之何？」良夫代執火者而言曰：「疾與亡君皆君之子也，召之而擇材焉，可也。若不材，器可得也。」豎告大子，大子使五人輿豭從己劫公而强盟之，且請殺良夫，公曰：「其盟免三死。」曰：「請三之後有罪殺之。」公曰：「諾哉！」輒之奔，盡以其寶行，故聵不得器。將密謀，故屏執火者而代之。亡君，輒也。擇其才則立之，若不才則廢之而寶得。豎，小臣。太子疾恨良父爲公謀，恐廢己立輒，故輿豭爲盟牲强盟，必不召輒，并與公爲期，以殺良夫。

十七年　春，衛侯爲虎幄於藉圃，成，求令名者而與之始食焉。大子請使良夫。良夫乘衷甸兩牡，紫衣狐裘。至，袒裘，不釋劒而食。大子使牽以退，數之以三罪而殺之。衛侯以虎皮爲幄於藉田之圃，求令名者以爲吉兆，太子以良夫應之。甸，即乘也。四丘爲甸，出車一乘。衷，中也。丘車一轅二馬夾之，其外更有二驂，是爲四牡。今止乘兩牡，故謂衷甸。大夫乘車兩馬，此雖乘中二馬而車制則卿矣。見良夫之侈。紫衣，君服玉藻，云裘之裼也，見美也。君在則裼盡飾也，是在君之所惟有露裼衣耳，無露裘之時。今良夫爲食熱之故，偏袒其裘，則并裘亦袒，是不敬。

近君則解劒，此不釋，亦不敬。故以紫衣、袒裘、帶劒爲三罪。晉趙鞅使告于衛曰：「君之在晉也，志父爲主。請君若大子來，以免志父。不然，寡君其曰志父之爲也。」衛侯辭以難，大子又使椓之。夏，六月，趙鞅圍衛。齊國觀、陳瓘救衛，得晉人之致師者。子玉使服而見之，曰：「國子實執齊柄，而命瓘曰：『無辟晉師。』豈敢廢命？子又何辱？」簡子曰：「我卜伐衛，未卜與齊戰。」乃還。志父，鞅別名。蒯聵既得國背晉，故鞅言恐晉君爲己教使不來。椓，築也，實之也。欲速得父處。國觀，書之子。瓘，子玉。服禮，服而禮之，言已受國子之命，必欲敵晉，不須來致師。鞅畏之而還。時陳氏謀齊，故駕怨於國氏。秋，衛侯夢於北宮見人登昆吾之觀，被髮北面而譟曰：「登此昆吾之虛，緜緜生之瓜。余爲渾良夫，叫天無辜。」公親筮之，胥彌赦占之，曰：「不害。」與之邑，寘之而逃，奔宋。衛侯貞卜，其繇曰：「如魚竀尾，衡流而方羊。裔焉大國，滅之將亡。闔門塞竇，乃自後踰。」冬，十月，晉復伐衛，入其郛。將入城，簡子曰：「止。叔向有言曰：『怙亂滅國者無後。』」衛人出莊公，而與晉平。晉立襄公之孫般師而還。十一月，衛侯自鄄入，般師出。昆吾觀，衛有觀在古昆吾氏之墟，今開州城東有昆吾臺。緜緜，瓜初生也。良夫喻己有小成大之功，若瓜之初生，使衛侯得國，本盟當免三死而并數一時之事殺之，故自謂無辜。胥彌赦，衛筮史。衛侯無道，故卜人不以實告，云不害，反其邑而逃。貞卜，正卜夢之吉凶。竀，赤也。魚勞則尾赤。衡，横也。方羊作彷徉，不安意。言衛侯將若此魚。裔，苗裔，同也。大國謂晉與衛同姓，故云裔。竇作窬。六句皆繇詞，晉果復入衛。簡子憶叔向之言，姑止，竟如所夢。初，公登城以望，見戎州，問之，以告。公曰：「我，姬姓也，何戎之有焉？」翦

之。公使匠久，公欲逐石圃，未及而難作。辛巳，石圃因匠氏攻公，公閉門而請，弗許。踰于北方而隊，折股。戎州人攻之。大子疾、公子青踰從公，戎州人殺之。公入于戎州己氏。初，公自城上見己氏之妻髮美，使髡之，以爲呂姜髢。既入焉，而示之璧，曰：「活我，吾與女璧。」己氏曰：「殺女，璧其焉往？」遂殺之，而取其璧。衛人復公孫般師而立之。十二月，齊人伐衛，衛人請平。立公子起，執般師以歸，舍諸潞。戎州，衛邑，山東曹縣有楚丘城其地。莊公惡其名，因翦壞其邑聚。又匠久役而不息。石圃，石惡從子，衛卿。請，請免也。青，疾之弟，與疾皆被殺。己氏，戎人姓。髡，去其髮。呂姜，莊公夫人。髢，髮也。蒯聵有國二年而殺於己氏。起，靈公子。潞，齊邑。

十八年　夏，衛石圃逐其君起，起奔齊。衛侯輒自齊復歸，逐石圃，而復石魋與大叔遺。蒯聵所逐，輒歸國而復之。

二十五年　夏，五月庚辰，衛侯出奔宋。衛侯爲靈臺于藉圃，與諸大夫飲酒焉。褚師聲子韈而登席，公怒，辭曰：「臣有疾，異於人，若見之，君將㱿之，是以不敢。」公愈怒。大夫辭之，不可。褚師出，公戟其手曰：「必斷而足。」聞之。褚師與司寇亥乘，曰：「今日幸而後亡。」公之入也，奪南氏邑，而奪司寇亥政。公使侍人納公文懿子之車于池。初，衛人翦夏丁氏，以其帑賜彭封彌子。彌子飲公酒，納夏戊之女，嬖，以爲夫人。其弟期，大叔疾之從孫甥也，少畜於公，以爲司徒。夫人寵衰，期得罪。公使三匠久。公使優狡盟拳彌，而甚近信之。故褚師比、公孫

彌牟、公文要、司寇亥、司徒期因三匠與拳彌以作亂，皆執利兵，無者執斤。使拳彌入于公宮，而自大子疾之宮譟以攻公。鄄子士請禦之，彌援其手曰：「子則勇矣，將若君何？不見先君乎？君何所不逞欲？且君嘗在外矣，豈必不反？當今不可，衆怒難犯，休而易間也。」乃出，將適蒲，彌曰：「晉無信，不可。」將適鄄，彌曰：「齊、晉爭我，不可。」將適泠，彌曰：「魯不足與。請適城鉏，以鉤越。越有君。」乃適城鉏。彌曰：「衛盜不可知也，請速，自我始。」乃載寶以歸。公爲支離之卒，因祝史揮以侵衛。衛人病之。懿子知之，見子之，請逐揮，文子曰：「無罪。」懿子曰：「彼好專利而妄，夫見君之入也，將先道焉。若逐之，必出於南門，而適君所。夫越新得諸侯，將必請師焉。」揮在朝，使吏遣諸其室。揮出，信，弗内。五日，乃館諸外里，遂有寵，使如越請師。輒得國七年而奔，下敘奔故。聲子名比，亦蒯聵所逐。古者臣見君解韈，比否，故怒。疾，足瘡。㱿，嘔吐。不敢，不敢解也。辭之，共爲辭謝。戟其手，屈二指以中三指如戟形。聞，比聞也。乘，與亥同載。幸亡，恐死以得亡爲幸。南氏，子男之子。公孫彌牟，謚文子。亥，故知政者。懿子，公文要謚。翦夏丁氏，見前。彌子，名瑕。期，夏戊之子。使匠久，致怨，如蒯聵。優，俳優，狡其名。拳彌，衛大夫。使俳盟，恥之也。比，韈登席者。彌牟，喪邑者。要，失車者。亥，奪政者。期，得罪者。匠、彌得入宮，故因之。鄄子士，衛大夫。彌僞爲公謀，言不可禦，恐害公。先君，蒯聵也。以不速奔，故爲戎州所殺，欲令輒早去。蒲，近晉邑。鄄，齊、晉界上邑。泠，近魯邑。城鉏，近宋邑，南近越。鉤，鉤牽也。有君，謂句踐稱伯也。又欺輒言盜或在近，請速行以避之，己爲先發，乃以寶歸衛。蓋輒不知彌之詐，故皆爲其所賣。支離，陳名。揮爲輒間，因之侵衛，故

要請逐之。彌牟不知，乃曰無罪。要言揮貪妄，若見君有入，勢必道助之出南門，必請師，皆揮之情而預料之如此。難面逐，故先遣其家。再宿曰信。外里，輒所在。請師，以伐衛求入也。

二十六年　夏，五月，叔孫舒帥師會越皐如、后庸、宋樂茷納衛侯，文子欲納之，懿子曰：「君愎而虐，少待之，必毒於民，乃睦於子矣。」師侵外州，大獲。出禦之，大敗。掘褚師定子之墓，焚之於平莊之上。文子使王孫齊私於皐如，曰：「子將大滅衛乎？抑納君而已乎？」皐如曰：「寡君之命無他，納衛君而已。」文子致衆而問焉，曰：「君以蠻夷伐國，國幾亡矣，請納之。」衆曰：「勿納。」曰：「彌牟亡而有益，請自北門出。」衆曰：「勿出。」重賂越人，申開守陴而納公，公不敢入。師還。立悼公，南氏相之。以城鉏與越人。公曰：「期則爲此。」令苟有怨於夫人者報之。司徒期聘於越，公攻而奪之幣。期告王，王命取之，期以衆取之。公怒，殺期之甥之爲大子者，遂卒于越。叔孫舒，武叔之子。皐如、后庸，越大夫。樂茷，宋司城子潞。衛侯，輒也。睦，民睦。師，越師。大敗，衛大敗。定子，比之父。憾北逐己而焚其尸。平莊，陵名。王孫齊，王孫賈之子。私，私問之。文子致衆而兩問以觀衆心，知衆惡公而悦己，乃申令開門，登陴以守，嚴設備以恐公，使不敢入。悼公，蒯聵庶弟，公子黚也。南氏，即彌牟。以城鉏賂越，輒怒期而不得加戮，乃勑宫女困苦其姊。期聘，爲悼公聘。告王，告越王。又忿期而無所洩，并殺其甥，遷怒縱惡之極也。

衛出公自城鉏使以弓問子贛，且曰：「吾其入乎？」子贛稽首受弓，對曰：「臣不識也。」私於使者曰：「昔成公孫於陳，甯武子、孫莊子爲宛濮之盟而君入。獻公孫於齊，子鮮、子展爲

夷儀之盟而君入。今君再在孫矣，内不聞獻之親，外不聞成之卿，則賜不識所由入也。詩曰：『無競惟人，四方其順之。』若得其人，四方以爲主，而國於何有？」此追記前事也。子貢稱成公、獻公事，皆見本卷。詩周頌，言國無强，惟在得人。○嗚呼！飛走之倫於人異矣，然於其父子孕字不相禍，故各緐其類焉。使皆蒯聵、輒、疾，則其類俱滅矣。以文、武、康叔、武公之後也而有是，不重可傷哉？而國猶不亡者，則聖賢遺烈之遠也。若子貢之論，抑其末矣，其亦未聞夫子正名之旨耶？或疑夫子何以正名，予謂蒯聵欲殺南子，出於羞忿，與篡弑者亦稍殊科。且靈公未有廢命也，何不可以有國乎？設宜廢，則輒豈獨得立乎？若夫子爲政，當使輒以國讓父，而身爲大子耳。蒯聵雖不仁受國，於輒必不廢之而立疾矣。其事甚順，而子路以爲迂，何也？夫以二賢猶尚爾，則民彝固已大泯於斯世矣！傷哉！

春秋左傳屬事卷十六

鄭

莊公克叔段

隱公元年　初，鄭武公娶于申，曰武姜，生莊公及共叔段。莊公寤生，驚姜氏，故名曰寤生，遂惡之。愛共叔段，欲立之，亟請於武公，公弗許。及莊公即位，爲之請制，公曰：「制，巖邑也，虢叔死焉，他邑唯命。」請京，使居之，謂之京城大叔。祭仲曰：「都城過百雉，國之害也。先王之制，大都不過參國之一，中五之一，小九之一。今京不度，非制也。君將不堪。」公曰：「姜氏欲之，焉辟害？」對曰：「姜氏何厭之有？不如早爲之所，無使滋蔓。蔓，難圖也。蔓草猶不可除，況君之寵弟乎？」公曰：「多行不義必自斃，子姑待之。」既而大叔命西鄙、北鄙貳於己。公

子呂曰：「國不堪貳，君將若之何？欲與大叔，臣請事之。若弗與，則請除之，無生民心。」公曰：「無庸，將自及。」大叔又收貳以爲己邑，至於廩延。子封曰：「可矣。厚將得衆。」公曰：「不義不暱，厚將崩。」大叔完聚，繕甲兵，具卒乘，將襲鄭，夫人將啓之。公聞其期，曰：「可矣。」命子封帥車二百乘以伐京。京叛大叔段，段入于鄢，公伐諸鄢。五月辛丑，大叔出奔共。書曰「鄭伯克段于鄢」，段不弟，故不言弟。如二君，故曰克。稱鄭伯，譏失教也。謂之鄭志。不言出奔，難之也。遂寘姜氏于城潁，而誓之曰：「不及黃泉，無相見也！」既而悔之。潁考叔爲潁谷封人，聞之，有獻於公。公賜之食，食舍肉，公問之，對曰：「小人有母，皆嘗小人之食矣。未嘗君之羹，請以遺之。」公曰：「爾有母遺，繄我獨無！」潁考叔曰：「敢問何謂也？」公語之故，且告之悔。對曰：「君何患焉？若闕地及泉，隧而相見，其誰曰不然？」公從之。公入而賦：「大隧之中，其樂也融融。」姜出而賦：「大隧之外，其樂也洩洩。」遂爲母子如初。君子曰：「潁考叔純孝也，愛其母，施及莊公。《詩》曰：『孝子不匱，永錫爾類。』其是之謂乎！」申，申伯國，今爲河南南陽縣。段出奔共，故曰共叔。共，古共伯國，今爲河南輝縣。兒墮地能開目視者曰寤生。虢叔，東虢君，今爲河南陝州等縣。制，汜水縣。恃制巖險而不修德，鄭滅之，恐段亦然，故云云。然莊之意實忌段，恐居巖險而難制也。已而順姜請使居京，因謂京城大叔，見寵異於衆臣。京亦鄭邑，今爲滎陽縣，亦虢地，有索亭。祭仲，鄭大夫。方丈曰堵，三堵曰雉，一雉長三丈高一丈。侯伯之城方五里，徑三百雉。故其大都不得過百雉。三一，三分國城之一，中、小以次減。不度，不合法度。早爲所，即欲

以計除之也。鄙，鄭邊邑。貳，兩屬也。吕，鄭大夫，字子封。言叔久不除，則舉國之民當生他心。公言無用除之，禍將自及。廩延，鄭邑，今爲河南延津縣。見轉侵多也。厚，謂土地廣大。公言不義之人不爲衆所親暱，如墻之厚而無基必崩。完，城郭完。聚，人民聚。繕，治也。步曰卒，車曰乘。啟，開也。鄢，鄭地，今爲河南鄢陵縣。傳言夫子作春秋，改舊史以明義，不早制而養成其惡，故曰失教。段實出奔而以克爲文，明鄭伯志在於殺。難，言出奔。潁水源出河南登封縣潁谷，經鄭州，至襄城縣爲渚河。考叔典其封疆，稱封人。聞公母子之故，欲解而合之。肉謂之羹，食而不啜，欲以發問也。繄，語助。何謂，佯不知，設疑也。隧，若今延道。賦，賦詩。融融，和樂。洩洩，舒散純篤也。詩大雅既醉篇，言孝子之心無窮，能以其孝而推廣于人，所謂錫爾類。考叔以其愛母之心而感莊公之念母，故云然。冬，十月，鄭共叔之亂，公孫滑出奔衛。衛人爲之伐鄭，取廩延。鄭人以王師、虢師伐衛南鄙。滑，共叔子。虢，西虢國。

二年　冬，鄭人伐衛，討公孫滑之亂也。

莊公入許

隱公十一年　夏，公會鄭伯于郲，謀伐許也。鄭伯將伐許。五月甲辰，授兵於大宮。公孫閼與潁考叔争車，潁考叔挾輈以走，子都拔棘以逐之，及大逵，弗及。子都怒。秋，七月，公會齊侯、鄭伯伐許。庚辰，傅于許。潁考叔取鄭伯之旗蝥弧以先登，子都自下射之，顛。瑕叔盈又以蝥弧

登，周麾而呼曰：「君登矣！」鄭師畢登。壬午，遂入許，許莊公奔衛。齊侯以許讓公，公曰：「君謂許不共，故從君討之。許既伏其罪矣，雖君有命，寡人弗敢與聞。」乃與鄭人。鄭伯使許大夫百里奉許叔以居許東偏，曰：「天禍許國，鬼神實不逞于許君，而假手于我寡人，寡人唯是一二父兄不能共億，其敢以許自爲功乎？寡人有弟不能和協，而使餬其口於四方，其況能久有許乎？吾子其奉許叔以撫柔此民也，吾將使獲也佐吾子。若寡人得没于地，天其以禮悔禍于許，無寧茲許公復奉其社稷，唯我鄭國之有請謁焉，如舊昏媾，其能降以相從也。無滋他族實偪處此，以與我鄭國争此土也。吾子孫其覆亡之不暇，而況能禋祀許乎？寡人之使吾子處此，不唯許國之爲，亦聊以固吾圉也。」乃使公孫獲處許西偏，曰：「凡而器用財賄無寘於許，我死，乃亟去之。吾先君新邑於此，王室而既卑矣，周之子孫日失其序。夫許，大岳之胤也。天而既厭周德矣，吾其能與許争乎？」君子謂鄭莊公「於是乎有禮。禮，經國家、定社稷、序民人、利後嗣者也。許無刑而伐之，服而舍之，度德而處之，量力而行之，相時而動，無累後人，可謂知禮矣」。鄭伯使卒出豭，行出犬、雞，以詛射潁考叔者。君子謂鄭莊公「失政刑矣。政以治民，刑以正邪。既無德政，又無威刑，是以及邪。邪而詛之，將何益矣！」郲，即時來，鄭地，今屬河南滎陽縣境。許，今爲許州。太宫，鄭祖廟，古者出師授兵於廟。公孫閼，鄭大夫，字子都。與考叔争車不勝，至考叔以君旗登城，射殺之。輈，車轅。棘，戟也。逵，道方九軌。傅，附於城。蝥弧，君旗名。顛，墜而死。瑕叔盈，鄭大夫，繼考叔登。周，徧也。麾，招也。不共，不敬禮。許

叔，許公弟。東偏，東鄙。父兄，同姓羣臣。共，給。億，安也。弟，叔段。餬，粥屬。獲，公孫獲。没于地，以壽終也。禮，加禮。悔禍，悔前禍之。無寧，寧也。謁，告也。重昏曰媾。降，降心也。潔齊以享謂之禋。祀，謂祀許之山川。圉，邊垂也。太岳，神農之後堯四岳。胤，繼也。自知身死而國亂，如以許遺子孫則反爲兵端，故云云。刑，法也。○莊公於此耿乎其心之良焉，揣後嗣事又何明也，而不爲彌亂計，何哉？良由内釁已成，復不能以義裁其私也。百人爲卒，二十五人爲行。疾闕射考叔，故令卒及行間皆詛之。傳言其德、刑俱廢。

桓公十五年　夏，許叔入于許。公會齊侯于艾，謀定許也。莊公卒，子突爭立，國亂，叔乘之以入，公與齊侯因定之。艾，齊、魯間艾山。

莊公二十九年　夏，鄭人侵許。凡師有鐘鼓曰伐，無曰侵，輕曰襲。襲，掩其不備。

厲公篡國

隱公七年　冬，鄭公子忽在王所，故陳侯請妻之，鄭伯許之，乃成昏。以忽有王寵故。

八年　四月甲辰，鄭公子忽如陳逆婦嬀。辛亥，以嬀氏歸。甲寅，入于鄭。陳鍼子送女，先配而後祖。鍼子曰：「是不爲夫婦，誣其祖矣，非禮也，何以能育？」嬀，陳姓。鍼子，陳大夫。禮，逆婦必先告祖廟而後行。鄭忽先逆婦而後告廟，故鍼子譏之。

九年　冬，北戎侵鄭，鄭伯禦之，患戎師，曰：「彼徒我車，懼其侵軼我也。」公子突曰：

「使勇而無剛者，嘗寇而速去之。君爲三覆以待之。戎輕而不整，貪而無親，勝不相讓，敗不相救。先者見獲，必務進。進而遇覆，必速奔。後者不救，則無繼矣。乃可以逞。」從之。戎人之前遇覆者奔，祝聃逐之，衷戎師，前後擊之，盡殪。戎師大奔。十一月甲寅，鄭人大敗戎師。突，厲公名。嘗，試也。勇則能往，無剛不恥退。覆，伏兵也。逞，快也。祝聃，鄭大夫。先爲三部伏兵，聃帥勇而無剛者先犯戎而速奔，以誘之入伏中。戎遇伏還走，聃反逐之，戎前後及中三面受敵，故曰衷。後軍不繼，故大奔。殪，死也。見突於此已能兵。

桓公六年　夏，北戎伐齊，齊侯使乞師于鄭。鄭大子忽帥師救齊。六月，大敗戎師，獲其二帥大良、少良，甲首三百，以獻於齊。於是諸侯之大夫戍齊，齊人饋之餼。使魯爲其班，後鄭。鄭忽以其有功也，怒，故有郎之師。公之未昏於齊也，齊侯欲以文姜妻鄭大子忽，辭。人問其故，大子曰：「人各有耦。齊大，非吾耦也。詩云：『自求多福。』在我而已，大國何爲？」君子曰：「善自爲謀。」及其敗戎師也，齊侯又請妻之，固辭。人問其故，大子曰：「無事於齊，吾猶不敢。今以君命奔齊之急，而受室以歸，是以師昏也。民其謂我何？」遂辭諸鄭伯。大良、少良，戎二帥名。甲首，披甲者首。熟曰饔，生曰餼。班，次也。魯親班齊饋，則亦使戍齊矣。詩大雅，文王言求福由己，非由人。善，善其得是道。前文姜未昏魯，欲以之妻忽。今既歸魯，復欲以他女妻之。忽謂以師救齊而得昏，恐見怪於民，乃托父命以辭。

○鄭忽辭昏之言，義正而識明，蓋賢公子也。不幸遭不良人以致不終，議者以此咎之，謬矣。且文姜淫亂，又可娶乎？

十年　冬，齊、衛、鄭來戰于郎，我有辭也。初，北戎病齊，諸侯救之，鄭公子忽有功焉。齊

人餼諸侯，使魯次之，魯以周班後鄭，鄭人怒，請師於齊，齊人以衛師助之，故不稱侵伐。先書齊、衛，王爵也。郎，魯地，今山東魚臺縣。不稱侵伐而以戰爲文，明魯直諸侯曲，故言我有辭，以禮自釋，交綏而退無勝敗。鄭主兵而序齊、衛下者，以王爵次之也。見魯猶秉周禮。

十一年　鄭昭公之敗北戎也，齊人將妻之，昭公辭。祭仲曰：「必取之。君多内寵，子無大援，將不立。三公子皆君也。」弗從。夏，鄭莊公卒。初，祭封人仲足有寵於莊公，莊公使爲卿。爲公娶鄧曼，生昭公，故祭仲立之。宋雍氏女於鄭莊公曰雍姞，生厲公。雍氏宗，有寵於宋莊公，故誘祭仲而執之，曰：「不立突，將死。」亦執厲公而求賂焉。祭仲與宋人盟，以厲公歸而立之。秋，九月丁亥，昭公奔衛。己亥，厲公立。祭仲，名足，初守祭之封疆，因以爲氏，今河南鄭州有祭城。三公子，突、亹、儀，其母皆有寵。曼，鄧姓。雍氏，姞姓，宋大夫。以女妻人曰女。

十二年　夏，公欲平宋、鄭。秋，公及宋公盟于句瀆之丘。宋成未可知也，故又會于虛。冬，又會于龜。宋公辭平，故與鄭伯盟于武父，遂帥師而伐宋，戰焉，宋無信也。君子曰：「苟信不繼，盟無益也。詩云：『君子屢盟，亂是用長。』無信也。」句瀆之丘，即穀丘，在河南歸德州南境，與虛、龜皆宋地。宋以立厲公故，責賂於鄭，鄭人不堪，遂不平。公爲成之，與宋盟會者三，宋公貪甚，卒辭焉，故與鄭盟而伐宋。詩小雅，言無信故數盟，數盟則情疏，情疏則憾結，故云長亂。

十三年　春，宋多責賂於鄭，鄭不堪命，故以紀、魯及齊與宋、衛、燕戰。不書所戰，後也。

鄭人來請修好。公後地期不及其戰，故不書戰地。修好，修武父之好。

十四年　春，會于曹。曹人致餼，禮也。夏，鄭子人來尋盟，且修曹之會。子人，即弟語也，其後爲子人氏。冬，宋人以諸侯伐鄭，報宋之戰也。焚渠門入，及大逵。伐東郊，取牛首。以大宮之椽歸，爲盧門之椽。渠門，鄭城門。逵，道九軌。東郊，鄭郊。牛首，鄭邑。大宮，鄭祖廟。盧門，宋城門。爲椽以辱之。

十五年　祭仲專，鄭伯患之，使其壻雍糾殺之。將享諸郊，雍姬知之，謂其母曰：「父與夫孰親？」其母曰：「人盡夫也，父一而已，胡可比也！」遂告祭仲曰：「雍氏舍其室而將享子於郊，吾惑之，以告。」祭仲殺雍糾，尸諸周氏之汪。公載以出，曰：「謀及婦人，宜其死也。」夏，厲公出奔蔡。六月乙亥，昭公入。汪，池也。周氏，鄭大夫。殺而暴其尸以示戮，公愍其見殺，故載以出。秋，鄭伯因櫟人殺檀伯，而遂居櫟。冬，會于袲，謀伐鄭，將納厲公也，弗克而還。櫟，鄭別都，今爲河南鈞州。檀伯，鄭守櫟大夫。公與宋、衛、陳會袲，宋地，似今鳳陽府虹縣西境。

十六年　春正月，會于曹，謀伐鄭也。夏，伐鄭。秋，七月，公至自伐鄭，以飲至之禮也。前謀弗克，故再伐。飲至，告於廟而飲至也。

十七年　初，鄭伯將以高渠彌爲卿，昭公惡之，固諫，不聽。昭公立，懼其殺己也。辛卯，弑昭公，而立公子亹。君子謂昭公知所惡矣。公子達曰：「高伯其爲戮乎！復惡已甚矣。」亹，昭公弟。達，魯大夫。復，重也。伯，高彌字。本爲昭公所惡，而復弑君，重爲惡也。

十八年　秋，齊侯師於首止，子亹會之，高渠彌相。七月戊戌，齊人殺子亹，而轘高渠彌。蔡仲逆鄭子于陳而立之。是行也，祭仲知之，故稱疾不往。人曰：「祭仲以知免。」仲曰：「信也。」首止，衛地。師，陳師討鄭弑君也。渠彌不知討己，故相以往。車裂曰轘。鄭子，昭公弟子儀也。時人譏仲失忠臣之節，仲以子亹爲渠彌所立，宜其見除，故即然譏者之言，以明本意。

莊公十四年　夏，鄭厲公自櫟侵鄭，及大陵，獲傅瑕。傅瑕曰：「苟舍我，吾請納君。」與之盟而赦之。六月甲子，傅瑕殺鄭子及其二子，而納厲公。初，内蛇與外蛇鬬於鄭南門中，内蛇死，六年而厲公入。公聞之，問於申繻曰：「猶有妖乎？」對曰：「人之所忌，其氣燄以取之。妖由人興也，人無釁焉，妖不自作。人棄常則妖興，故有妖。」厲公入，遂殺傅瑕。使謂原繁曰：「傅瑕貳。周有常刑，既伏其罪矣。納我而無二心者，吾皆許之上大夫之事。吾願與伯父圖之。且寡人出，伯父無裏言。入，又不念寡人。寡人憾焉。」對曰：「先君桓公命我先人典司宗祏。社稷有主，而外其心，其何貳如之？苟主社稷，國内之民，其誰不爲臣？臣無二心，天之制也。子儀在位十四年矣，而謀召君者，庸非貳乎？莊公之子猶有八人，若皆以官爵行賂勸貳而可以濟事，君其若之何？臣聞命矣。」乃縊而死。大陵，鄭地。傅瑕，鄭大夫。洛誥「火始燄燄，厥攸灼」，始微而終盛之意也。所忌者之氣燄如此，故至于災。蓋厲公據櫟而有復國之勢，子儀所忌也，實由子儀不自强正，使厲公有此氣燄，故云然。貳，二心也。上大夫，卿也。伯父，謂原繁。裏言，納我之言。念，心附也。桓公，鄭始受封君。宗祏，宗廟中藏主石室。言

己世爲宗廟守臣。厲公自以先君鄭，事子儀者爲二，原繁謂子儀既主社稷，納亡者乃二也。其義較正矣。八人，弟語其一，餘無考。

十六年　秋，鄭伯治與於雍糾之亂者。九月，殺公子閼，刖强鉏。公父定叔出奔衛。三年而復之，曰：「不可使共叔無後於鄭。」使以十月入，曰：「良月也，就盈數焉。」君子謂强鉏不能衛其足。子閼、强鉏，祭仲黨。斷足曰刖。公父定叔，叔段之孫。數滿於十，故爲良月。强鉏不能早避害，故君子譏之。

穆公之立

僖公十六年　冬，十一月乙卯，鄭殺子華。詳見齊桓公之伯。

二十四年　秋，鄭子華之弟子臧出奔宋。好聚鷸冠，鄭伯聞而惡之，使盜誘之。八月，盜殺之于陳、宋之間。君子曰：「服之不衷，身之災也。詩曰：『彼己之子，不稱其服。』子臧之服不稱也夫！詩曰：『自詒伊慼。』其子臧之謂矣。夏書曰：『地平天成。』稱也。」鷸，翠鳥，聚其羽以爲冠。非法之服。衷，猶適也。詩曹風，刺小人在位，言彼人之德不稱其服。又詩小雅，取其自遺憂。夏書禹謨，地平，其化天成，其施上下相稱爲宜。

三十年　九月甲午，晉侯、秦伯圍鄭。　初，鄭公子蘭出奔晉，從於晉侯伐鄭，請無與圍鄭，

許之，使待命于東。鄭石甲父、侯宣多逆以爲大子，以求成于晉，晉人許之。圍鄭，餘見晉秦交伐。甲父、宣多，鄭二大夫。

三十一年　冬，鄭洩駕惡公子瑕，鄭伯亦惡之，故公子瑕出奔楚。瑕，文公子。洩駕，鄭大夫。

三十三年　冬，楚令尹子上……伐鄭，將納公子瑕，門于桔柣之門。瑕覆于周氏之汪。外僕髡屯禽之，以獻文夫人，斂而葬之鄶城之下。桔柣，鄭城名。汪，池也，車覆於其中。獻，殺瑕以獻。夫人，文公妻。鄶，故國，今爲河南新鄭、密二縣，密舊有鄶城。

宣公三年　冬，鄭穆公卒。初，鄭文公有賤妾曰燕姞，夢天使與己蘭，曰：「余爲伯儵，余而祖也，以是爲而子。以蘭有國香，人服媚之如是。」既而文公見之，與之蘭而御之，辭曰：「妾不才，幸而有子，將不信，敢徵蘭乎？」公曰：「諾。」生穆公，名之曰蘭。文公報鄭子之妃曰陳嬀，生子華、子臧。子臧得罪而出，誘子華而殺之南里，使盜殺子臧於陳、宋之間。又娶于江，生公子士，朝于楚，楚人酖之，及葉而死。又娶于蘇，生子瑕、子俞彌。俞彌早卒，洩駕惡瑕，文公亦惡之，故不立也。公逐羣公子，公子蘭奔晉，從晉文公伐鄭。石癸曰：「吾聞姬、姞耦，其子孫必蕃。姞，吉人也，后稷之元妃也。今公子蘭，姞甥也，天或啟之，必將爲君，其後必蕃。先納之，可以亢寵。」與孔將鉏、侯宣多納之，盟于大宮而立之，以與晉平。穆公有疾，曰：「蘭死，吾其死乎？吾所以生也。」刈蘭而卒。因穆公之後盛於鄭而追紀其始，見天所啟也。姞，南燕姓。伯儵，南燕祖帝。

天命以蘭爲之子，令人愛之如蘭，蓋以蘭之靈秀毓焉，後有蘭驗，子孫繁昌。徵蘭，以蘭爲徵，恐以賤故忘之也。鄭子，子儀也，淫季父之妻曰報。南里，鄭地。葉，楚地，今爲河南葉縣。石癸，鄭大夫。言姬、姞二姓宜爲配耦，姞文從吉，其女爲后稷元妃而周興。亢，極也。大宫，鄭祖廟。

靈公信公之弒

宣公四年　春，楚人獻黿于鄭靈公。公子宋與子家將見，子公之食指動，以示子家，曰：「他日我如此，必嘗異味。」及入，宰夫將解黿，相視而笑。公問之，子家以告。及食大夫黿，召子公而弗與也，子公怒，染指於鼎嘗之而出。公怒，欲殺子公。子公與子家謀先，子家曰：「畜老猶憚殺之，而況君乎？」反譖子家，子家懼而從之。夏，弒靈公。書曰「鄭公子歸生弒其君夷」，權不足也。君子曰：「仁而不武，無能達也。」凡弒君稱君，君無道也。稱臣，臣之罪也。鄭人立子良，辭曰：「以賢，則去疾不足。以順，則公子堅長。」乃立襄公。襄公將去穆氏，而舍子良。子良不可，曰：「穆氏宜存，則固願也。若將亡之，則亦皆亡，去疾何爲？」乃舍之，皆爲大夫。黿如鼈而大，千歲能與人語。靈公，穆公子，名夷。宋字子公，子家名歸生。食指，第二指也。弗與，使指動無驗。先，先公爲難。譖子公，譖於公子家。權不足，以禦亂懼譖而從，故書以首惡。稱君，謂唯書君名，而稱國以弒。稱臣者，書弒者之名。子良，穆公

庶子，名去疾。堅，襄公名。穆氏，穆公之羣子。襄公欲盡逐之，以子良讓己，故獨舍。何爲，何爲獨留。

十年　冬，鄭子家卒。鄭人討幽公之亂，斲子家之棺而逐其族。改葬幽公，謚之曰靈。斲，薄其棺不使從卿禮。四年傳以歸生權不足而書弒，今鄭人以弒君之罪歸歸生。夫權不足，豈鄭人討之之意耶？何更不及子公也？此傳之舛謬，有難辨者。

襄公二年　秋，七月，鄭伯睔卒。於是子罕當國，子駟爲政，子國爲司馬。睔之子髡頑立，是爲僖公。當國，攝君事。爲政，卿也。司馬，主兵。

五年　夏，鄭子國來聘，通嗣君也。

七年　鄭僖公之爲大子也，於成之十六年與子罕適晉，不禮焉。又與子豐適楚，亦不禮焉。及其元年，朝于晉，子豐欲愬諸晉而廢之，子罕止之。及將會于鄬，子駟相，又不禮焉。侍者諫，不聽，又諫，殺之。及鄵，子駟使賊夜弒僖公，而以瘧疾赴于諸侯。簡公生五年，奉而立之。成，魯成公。子罕、子豐，皆穆公子。不禮，不敬禮之。元年，鄭僖元年。簡公，僖公子。〇既詳知見弒之由，又承其僞，赴而書之，皆不可解。

八年　鄭羣公子以僖公之死也，謀子駟。子駟先之。夏，四月庚辰，辟殺子狐、子熙、子侯、子丁，孫擊、孫惡出奔衛。辟，罪也，加罪以戮之。

西宮純門之難

襄公十年　六月，楚子囊、鄭子耳伐宋。詳見悼公復伯。秋，七月，楚子囊、鄭子耳侵我西鄙，還，圍蕭。八月丙寅，克之。九月，子耳侵宋北鄙，孟獻子曰：「鄭其有災乎？師競已甚，周猶不堪競，況鄭乎？有災，其執政之三士乎！」競，强競也。簡公幼少，子駟、子國、子耳秉政，故知三士任其禍。初，子駟與尉止有爭，將禦諸侯之師，而黜其車。尉止獲，又與之爭，子駟抑尉止曰：「爾車非禮也。」遂弗使獻。初，子駟爲田洫，司氏、堵氏、侯氏、子師氏皆喪田焉，故五族聚羣不逞之人因公子之徒以作亂。於是子駟當國，子國爲司馬，子耳爲司空，子孔爲司徒。冬，十月戊辰，尉止、司臣、侯晉、堵女父、子師僕帥賊以入，晨攻執政于西宮之朝，殺子駟、子國、子耳，劫鄭伯以如北宮。子孔知之，故不死。書曰「盜」，言無大夫焉。子西聞盜，不儆而出，尸而追盜。盜入于北宮，乃歸，授甲，臣妾多逃，器用多喪。子產聞盜，爲門者，庀羣司，閉府庫，慎閉藏，完守備，成列而後出，兵車十七乘。尸而攻盜於北宮，子蟜帥國人助之，殺尉止、子師僕，盜衆盡死。侯晉奔晉，堵女父、司臣、尉翩、司齊奔宋。子孔當國，爲載書，以位序、聽政辟。大夫、諸司、門子弗順，將誅之，子產止之，請爲之焚書，子孔不可，曰：「爲書以定國，衆怒而焚之，是衆爲政也，國不

亦難乎？」子產曰：「衆怒難犯，專欲難成，合二難以安國，危之道也。不如焚書以安衆，子得所欲，衆亦得安，不亦可乎？專欲無成，犯衆興禍，子必從之。」乃焚書於倉門之外，衆而後定。

諸侯之師伐鄭牛首之師。黜，減損。獲，囚俘也。非禮，過制。獻，獻所獲也。洫，田畔溝也。子駟爲田洫以正封疆而侵四族之田，故皆喪田。公子，前子駟所殺子熙等之黨。西宮，公宮。子孔，公子嘉字。知難不告，利得其處也。尉止等五人皆士，以微故不書名。子西，公孫夏字，子駟子也。尸，臨父尸。子產，公孫僑字，子國子也。爲門，置守門者。庀，備也。羣司，衆官。十七乘，千二百七十五人。尉翩，尉止子。司齊，司臣子。子孔當國，代子駟。載書，盟而載之書。位序，使諸大夫各以職位爲序，以聽執政之法，不得侵越。辟，法也。門子，卿之嫡子。弗順子孔之命，故子孔命誅之，子產止使勿誅。焚書，焚前載書。難，難以治所欲爲政也。焚於外，欲使衆見之。〇子產相國之畧已見於此。

十五年　鄭尉氏、司氏之亂，其餘盜在宋。鄭人以子西、伯有、子產之故，納賂于宋，以馬四十乘，與師茷、師慧。三月，公孫黑爲質焉。司城子罕以堵女父、尉翩、司齊與之，良司臣而逸之，託諸季武子，武子寘諸卞。鄭人醢之三人也。師慧過宋朝，將私焉。其相曰：「朝也。」慧曰：「無人焉。」相曰：「朝也，何故無人？」慧曰：「必無人焉。若猶有人，豈其以千乘之相易淫樂之矇？必無人焉故也。」子罕聞之，固請而歸之。十二月，鄭人奪堵狗之妻而歸諸范氏。

子西三子貴，用於鄭而父賊不討，有傷厥心，且非國體，故以賂求之。馬四十乘，百六十匹。師，樂師也，茷、慧皆其名。黑，字子晳。良，賢。逸，放也。三人，堵女父、尉翩、司齊也。私，小便。相，相師者。宋於鄰國之相自宜爲之討賊，俟得賂而歸之，則無三子而有淫樂，是以相博而互易也，故慧詭言無人以激之。宋子罕賢其言，請歸之，能徙義也。堵狗，堵女父之族。狗娶于晉范

氏，鄭人既誅女父，畏狗，因范氏作亂故奪歸其妻先絶之，鄭之謀也。

十八年　冬，鄭子孔欲去諸大夫，將叛晉而起楚師以去之。使告子庚。　子庚帥師治兵於汾。於是子蟜、伯有、子張從鄭伯伐齊，子孔、子展、子西守。二子知子孔之謀，完守入保，子孔不敢會楚師。楚師伐鄭，次於魚陵。右師城上棘，遂涉潁。次于旃然。蔿子馮、公子格率鋭師侵費滑、胥靡、獻于、雍梁，右回梅山，侵鄭東北，至于蟲牢而反。子庚門于純門，信于城下而還。子庚，楚令尹。餘見晉平楚康争伯。子蟜，公孫蠆字。伯有，良霄字。子張，公孫黑肱字。二子，子展、子西。完保，完城郭内保守也。魚陵，鄭地。城上棘者，將涉潁故，於水邊權築小城爲進退之備。旃然，水名。費滑、胥靡、獻于、雍梁，皆鄭邑。信，再宿也。餘見晉平楚康争伯。

十九年　秋，鄭子孔之爲政也專，國人患之，乃討西宫之難，與純門之師。子孔當罪，以其甲及子革、子良氏之甲守。甲辰，子展、子西率國人伐之，殺子孔而分其室。書曰「鄭殺其大夫」，專也。子然、子孔，宋子之子也。士子孔，圭嬀之子也。圭嬀之班亞宋子，而相親也。士子孔亦相親也。僖之四年，子然卒。簡之元年，士子孔卒。司徒孔實相子革、子良之室，三室如一，故及於難。子革、子良出奔楚。子革爲右尹。鄭人使子展當國，子西聽政，立子産爲卿。守，子孔自守。經書「鄭殺」，以國討爲文。子然，子革之父。士子孔，子良之父。宋子、圭嬀，皆鄭穆公妾。亞，次也。相，助也。三室以先世相親，凡事如一室，故子良、子革并及於難。子革即鄭丹。簡公猶幼，故子展以大夫當國。

子産相國

襄公二十二年　九月，鄭公孫黑肱有疾，歸邑於公，召室老、宗人立段，而使黜官、薄祭。祭以特羊，殷以少牢，足以共祀，盡歸其餘邑，曰：「吾聞之，生于亂世，貴而能貧，民無求焉，可以後亡。敬共事君與二三子。生在敬戒，不在富也。」己巳，伯張卒。君子曰：「善戒。詩曰：『慎爾侯度，用戒不虞。』鄭子張其有焉。」黑肱字伯張，一字子張。段其子，字子石。黜官，減其官職。禮，大夫時祭少牢，此四時祀以特羊，三年盛祭以少牢，爲薄矣。特，一也。殷，盛也。大牢，牛、羊、豕。少牢，羊、豕。詩大雅，侯，維也。義取慎法度，戒未然。時鄭亂，賢臣懼而自貶。十二月，鄭游眅將如晉，未出竟，遭逆妻者，奪之，以館于邑。丁巳，其夫攻子明，殺之，以其妻行。子展廢良而立大叔，曰：「國卿，君之貳也，民之主也，不可以苟。請舍子明之類。」求亡妻者，使復其所。使游氏勿怨，曰：「無昭惡也。」游眅，公孫蠆子，字子明。館於邑，舍止其邑不復行也。良，游眅子。大叔，眅弟。子明有罪而良又不賢，是類也，故廢之。復不討專殺之人，以抑强扶弱，且令忘其怨，不使昭播之。

二十四年　冬，晉侯嬖程鄭，使佐下軍。鄭行人公孫揮如晉聘，程鄭問焉，曰：「敢問降階何由？」子羽不能對，歸以語然明。然明曰：「是將死矣！不然，將亡。貴而知懼，懼而思降，

乃得其階，下人而已，又何問焉？且夫既登而求降階者，知人也，不在程鄭，其有亡釁乎？不然，其有惑疾，將死而憂也。」晉逐欒盈而以程鄭代之，使佐下軍。揮，字子羽。降階，自卑下也。然明，鬷蔑也。階，猶道也。

二十五年　初，陳侯會楚子伐鄭。　六月，鄭子展、子産帥車七百乘伐陳，宵突陳城，遂入之。　八月，鄭子産獻捷于晉，戎服將事。戎服，異於朝服。詳見晉平楚康争伯。　十二月，晉程鄭卒。　子産始知然明，問爲政焉，對曰：「視民如子，見不仁者誅之，如鷹鸇之逐鳥雀也。」子産喜以語子大叔，且曰：「他日吾見蔑之面而已，今吾見其心矣！」子大叔問政於子産，子産曰：「政如農功，日夜思之，思其始而成其終，朝夕而行之。行無越思，如農之有畔，其過鮮矣。」子産以然明之言驗，故知其賢。越，過也。言所行不過其所思。有畔，言有則也。

二十六年　春，鄭伯賞入陳之功。　三月甲寅朔，享子展，賜之先路三命之服，先八邑。　賜子産次路再命之服，先六邑。　子産辭邑，曰：「自上以下，隆殺以兩，禮也。臣之位在四，且子展之功也，臣不敢及賞禮，請辭邑。」公固予之，乃受三邑。　公孫揮曰：「子産其將知政矣。讓不失禮。」先路、次路，皆王所賜車之總名。鄭蓋請之於王以路及命服，爲邑先八邑三十二井。上卿子展，次卿子西。十一年良宵見，經十九年乃立子産爲卿，故位在四。賞禮，以禮見賞，謂六邑也位次當受二邑。以公固與之，故受三邑。　〇秋，七月，齊侯、鄭伯爲衛侯故如晉。　國景子相齊侯。　子展相鄭伯。　叔向曰：「鄭七穆，罕氏其後

亡者也，子展儉而壹。」衛侯，獻公也，復國而侵戚田，殺晉戍，故晉執之。齊、鄭如晉，爲之請也。詳見衛孫甯廢立。鄭穆公十一子，子然二、子孔三族已亡，子羽不爲卿，故止七。子展，公孫舍之罕氏也。子西，公孫夏駟氏也。子產，公孫僑國氏也。伯有，良霄良氏也。子大叔，游吉游氏也。子石，公孫段豐氏也。伯石，印段印氏也。叔向觀察子展言貌而謂其居身儉、用心壹，子孫當久興於鄭。

二十七年　秋，鄭伯享趙孟於垂隴，子展、伯有、子西、子產、子大叔、二子石從，趙孟曰：「七子從君以寵武也，請皆賦，以卒君貺，武亦以觀七子之志。」子展賦草蟲，趙孟曰：「善哉！民之主也。抑武也，不足以當之。」伯有賦鶉之賁賁，趙孟曰：「牀笫之言不踰閾，況在野乎？非使人之所得聞也。」子西賦黍苗之四章，趙孟曰：「寡君在，武何能焉？」子產賦隰桑，趙孟曰：「武請受其卒章。」子大叔賦野有蔓草，趙孟曰：「吾子之惠也。」印段賦蟋蟀，趙孟曰：「善哉！保家之主也，吾有望矣。」公孫段賦桑扈，趙孟曰：「『匪交匪敖』，福將焉往？若保是言也，欲辭福禄，得乎？」卒享，文子告叔向曰：「伯有將爲戮矣。詩以言志，志誣其上而公怨之，以爲賓榮，其能久乎？幸而後亡。」叔向曰：「然，已侈，所謂不及五稔者，夫子之謂矣。」文子曰：「其餘皆數世之主也，子展其後亡者也，在上不忘降。印氏其次也，樂而不荒。樂以安民，不淫以使之，後亡，不亦可乎！」趙孟自宋之盟還，過鄭。二子石，印段、公孫段。草蟲，詩召南，曰：「未見君子，憂心忡忡。亦既見止，亦既覯止，我心則降。」以趙孟爲君子，趙孟以在上不忘降，故可以主民，復辭君子。鶉之賁賁，詩鄘

風，衛人刺其君淫亂，鶉鵲之不若，義取「人之無良，我以爲兄，我以爲君」也。第，簀也。此詩刺淫亂，故云牀第之言。閾，門限。使人，趙孟自謂。黍苗，詩小雅，四章曰：「肅肅謝功，召伯營之。烈烈征師，召伯成之。」比趙孟於召伯，召伯諸侯之事，故推其君而不敢當。隰桑，詩小雅，義取思見君子盡心以事之，曰：「既見君子，其樂如何。」卒章曰：「心乎愛矣，遐不謂矣。中心藏之，何日忘之。」趙孟欲子産之見規誨，故受之。野有蔓草，詩鄭風，取其「邂逅相遇，適我願兮」，大叔喜於相遇，故趙孟受其惠。蟋蟀，詩唐風，曰：「無以大康，職思其居。好樂無荒，良士瞿瞿。」言瞿瞿然，顧禮儀也，能戒懼不荒，所以保家，故趙孟云有望。桑扈，詩小雅，義取君子有禮文，故能受天之祐。「匪交匪敖，福將焉往」，此桑扈詩卒章，趙孟因以取義。享畢而咎伯有，云鄭伯未有無良而誣之，以公歌之於衆，爲榮寵於賓，因策其必速亡。稔，年也。又賢其餘，而子展爲最，印爲次。

二十八年　十二月，爲宋之盟故，公及宋公、陳侯、鄭伯、許男如楚。公過鄭，鄭伯不在，伯有迋勞於黄崖，不敬。穆叔曰：「伯有無戾於鄭，鄭必有大咎。敬，民之主也，而棄之，何以承守？鄭人不討，必受其辜。濟澤之阿，行潦之蘋藻，寘諸宗室，季蘭尸之，敬也。敬可棄乎！」不在，朝楚也。迋，往也。承守，承先祖守其家。受其辜，言必大爲鄭害。濟澤，言薄土。蘋藻，言賤菜。宗室，宗廟。言取蘋藻於阿澤，使服蘭之女爲之主，神猶享之，以其敬也。古者女將行嫁，就宗子之室教之以四德，三月教成，設祭於宗子之廟，故云然。女珮蘭而馨，故曰季蘭。

二十九年　五月，鄭子展卒，子皮即位。於是鄭饑而未及麥，民病。子皮以子展之命餼國人粟，户一鍾，是以得鄭國之民，故罕氏常掌國政，以爲上卿。子皮名虎，代父爲卿。六斛四斗曰鍾。餘見宋子罕之賢。十一月，鄭伯有使公孫黑如楚，辭曰：「楚、鄭方惡而使余往，是殺余也。」伯有曰：

「世行也。」子皙曰：「可則往，難則已，何世之有？」伯有將强使之，子皙怒，將伐伯有氏，大夫和之。十二月己巳，鄭大夫盟於伯有氏。裨諶曰：「是盟也，其與幾何？詩曰：『君子屢盟，亂是用長。』今是長亂之道也，禍未歇也，必三年而後能紓。」然明曰：「政將焉往？」裨諶曰：「善之代不善，天命也，其焉辟？子産舉不踰等，則位班也。擇善而舉，則世隆也。天又除之，奪伯有魄。子西即世，將焉辟之？天禍鄭久矣，其必使子産息之，乃猶可以戾，不然，將亡矣。」伯有執國政，故得使黑。世行，世爲行人。裨諶，鄭大夫。幾何，不能久也。紓，解也。焉辟，必歸之也。子産位班，次應知政。世隆，世所高。奪魄，喪其精神，爲子産驅除。戾，定也。

三十年　春，子産相鄭伯以如晉。叔向問鄭國之政焉，對曰：「吾得見與否，在此歲也。駟、良方争，未知所成。若有所成，吾得見乃可知也。」叔向曰：「不既和矣乎？」對曰：「伯有侈而愎，子皙好在人上，莫能相下也。雖其和也，猶相積惡也。惡至無日矣。」駟氏，子皙。良氏，伯有。愎，狠也。夏，四月，鄭伯及其大夫盟，君子是以知鄭難之不已也。駟、良争，故盟。鄭伯微弱，不能制其臣。君臣詛盟，故亂不已。秋，七月，鄭伯有耆酒，爲窟室而夜飲酒，擊鐘焉，朝至未已。朝者曰：「公焉在？」其人曰：「吾公在壑谷。」皆自朝布路而罷。既而朝，則又將使子皙如楚，歸而飲酒。庚子，子皙以駟氏之甲伐而焚之，伯有奔雍梁，醒而後知之，遂奔許。大夫聚謀，子皮曰：「仲虺之志云：『亂者取之，亡者侮之。』推亡固存，國之利也。罕、駟、豐同生，伯有汏侈，故不免。」

人謂子産就直助彊，子産曰：「豈爲我徒？國之禍難，誰知所敝？或主彊直，難乃不生，姑成吾所。」辛丑，子産斂伯有氏之死者而殯之，不及謀而遂行，印段從之，子皮止之，衆曰：「人不我順，何止焉？」子皮曰：「夫子禮於死者，況生者乎？」遂自止之。壬寅，子産入。癸卯，子石入，皆受盟于子晳氏。乙巳，鄭伯及其大夫盟于大宫，盟國人于師之梁之外。伯有聞鄭人之盟已也，怒。聞子皮之甲不與攻已也，喜。曰：「子皮與我矣。」癸丑，晨，自墓門之瀆入，因馬師頡介于襄庫，以伐舊北門。駟帶率國人以伐之。皆召子産，子産曰：「兄弟而及此，吾從天所與。」伯有死於羊肆，子産襚之，枕之股而哭之，斂而殯諸伯有之臣在市側者，既而葬諸斗城。子駟氏欲攻子産，子皮怒之曰：「禮，國之幹也。殺有禮，禍莫大焉。」乃止。於是游吉如晉，還，聞難不入，復命于介。八月甲子，奔晉。駟帶追之，及酸棗，與子上盟，用兩珪質于河，使公孫肸入盟大夫。己巳，復歸。書曰「鄭人殺良霄」，不稱大夫，言自外入也。於子蟜之卒也，將葬，公孫揮與裨竈晨會事焉。過伯有氏，其門上生莠，子羽曰：「其莠猶在乎？」於是歲在降婁，降婁中而旦，裨竈指之曰：「猶可以終歲，歲不及此次也已。」及其亡也，歲在娵訾之口，其明年乃及降婁。僕展從伯有，與之皆死。羽頡出奔晉，爲任大夫。雞澤之會，鄭樂成奔楚，遂適晉，羽頡因之，與之比而事趙文子，言伐鄭之説焉，以宋之盟故，不可。子皮以公孫鉏爲馬師。窟室，地室。擊鐘，僭樂。朝者，家臣朝伯有者。謂伯有爲公。壑谷，窟室。布路，分散也。而朝，伯有朝君也。雍梁，鄭地。罕氏，子皮。駟

氏，子皙。豐氏，公孫段。三家本同母兄弟，故云同生。伯有孤特，又汏侈，所以亡。時人謂子皙直，三家彊，故勸子產就而助之。子產言我於駟、良豈偏有黨乎？但禍難難量，或能直能彊則難不生矣，今三家未能，故伯有方爭，吾姑不違吾所志耳。所謂執禮而中立也。不及謀，不與於國謀也。印段，子石，從之，義之也。大宮，祖廟。師之梁、墓門，皆鄭城門。馬師頡，子羽孫。所介，甲也。用襄庫之甲兵。駟帶，子西之子，子皙之宗主。皆召，駟氏、伯有召之也。子產以兄弟恩等，無所偏助。復斂葬伯有以斂致其情，所謂成吾所也。故子皮以爲禮，而怒夫攻之者。羊肆，市列也。斗城，鄭地。吉懼禍并及，故不入。子上，駟帶也。沈珪於河，爲信也。復歸，吉復歸。伯有既出絶位，故不稱大夫。子蟜卒在十九年。會葬事。揮，子羽。裨竈，鄭大夫。揮指蔿喻伯有以其侈久宜亡，故云。猶在歲，歲星十二年而一週天。降婁，奎婁也。歲星時在其度，周七月，夏五月，降婁中而天明。竈指之言伯有猶可終此一週之期，而歲星至期反不及此次，至伯有之亡，適一週矣。而歲星乃在娵訾，不及降婁之次。娵訾，營室東壁，蓋二十八年歲星淫在玄枵，今三十年在娵訾。是歲星停在玄枵二年，越一年方及，如竈言。僕展，伯有黨。羽頡，馬師頡也。任，晉邑。樂成，亦鄭叛臣。二臣欲害宗國，宋盟約弭兵，故趙孟不可。鉏，子罕子，代羽頡。冬，十月，鄭子皮授子產政，辭曰：「國小而偪，族大寵多，不可爲也。」子皮曰：「虎帥以聽，誰敢犯子？子善相之。國無小，小能事大，國乃寬。」子產爲政，有事伯石，賂與之邑。子大叔曰：「國皆其國也，奚獨賂焉？」子產曰：「無欲實難，皆得其欲，以從其事，而要其成。非我有成，其在人乎？何愛於邑？邑將焉往？」子大叔曰：「若四國何？」子產曰：「非相違也，而相從也，四國何尤焉？鄭書有之曰：『安定國家，必大焉先。』姑先安大，以待其所歸。」既伯石懼而歸邑，卒與之。伯有既死，使大史命伯石爲卿，辭。大史退則請命焉，復命之，又辭。如是三，乃受策入拜，

子產是以惡其爲人也，使次己位。子產使都鄙有章，上下有服，田有封洫，廬井有伍，大人之忠儉者從而與之，泰侈者因而斃之。豐卷將祭，請田焉，弗許，曰：「唯君用鮮，衆給而已。」子張怒，退而徵役。子產奔晉，子皮止之，而逐豐卷。豐卷奔晉，子產請其田里，三年而復之，反其田里及其入焉。從政一年，輿人誦之，曰：「取我衣冠而褚之，取我田疇而伍之，孰殺子產，吾其與之。」及三年又誦之，曰：「我有子弟，子產誨之。我有田疇，子產殖之。子產而死，誰其嗣之？」子皮代伯有知政，以子產賢讓之。偪近大國，無小言，在政紀也乃寬，爲大國所恤也。伯石，公孫段字。有事使之而恐其不順，故賂以邑。大叔言鄭大夫共憂鄭國事，何爲獨賂之。子產言人不能無欲，得所欲以成其事，則其成功在我，且邑固在國也。大叔又恐爲四鄰所議，又言此共以和順，何尤之有。鄭書，鄭國史書，言先和大族而後國家安。待歸，要其成也。辭而卒與，信有終也。惡，惡其飾詐。畏其作亂，故寵之。子產以國奢，故示之以禮。國都及邊鄙、車服、尊卑各有分部，公卿大夫服不相踰。封，疆也。洫，溝也。廬，舍也。九夫爲井，使五家爲保。大人，爲卿大夫。豐卷，子張也。田，獵也。一殺爲鮮，國君用以供祭，故必田。衆臣止取於給備，故不須田。徵役，召兵欲攻子產。請，請不沒於公。復，復其位。入，所收也。褚，衣之橐奢侈者。畏法橐而藏之，並畔爲疇。殖，生也。嗣，續也。

三十一年　公薨之月，子產相鄭伯以如晉，晉侯以我喪故，未之見也。子產使盡壞其館之垣，而納車馬焉。詳見晉楚爲成。十二月，北宮文子相衛襄公以如楚。過鄭，印段迋勞于棐林，如聘禮而以勞辭。文子入聘，子羽爲行人，馮簡子與子大叔逆客。事畢而出，言於衛侯曰：「鄭

有禮，其數世之福也。其無大國之討乎？詩云：『誰能執熱，逝不以濯。』禮之於政，如熱之有濯也。濯以救熱，何患之有？」子産之從政也，擇能而使之，馮簡子能斷大事，子大叔美秀而文，公孫揮能知四國之爲，而辨於其大夫之族姓、班位、貴賤、能否，而又善爲辭令。裨諶能謀，謀於野則獲，謀於邑則否。鄭國將有諸侯之事，子産乃問四國之爲於子羽，且使多爲辭令。與裨諶乘以適野，使謀可否。而告馮簡子使斷之，事成乃授子大叔使行之，以應對賓客，是以鮮有敗事。北宫文子所謂有禮也。文子，名佗。以勞辭，用郊勞之辭。入聘，報印段。客，謂文子。詩大雅，引詩以喻鄭有禮必無患，因跡子産行事以明文子之言。美，貌美。秀，才秀。文，有文彩。謀國則否，才性之蔽，子産順其偏而用之，不遺善也。

鄭人游于鄉校，以論執政。然明謂子産曰：「毀鄉校，如何？」子産曰：「何爲？夫人朝夕退而游焉，以議執政之善否。其所善者吾則行之，其所惡者吾則改之，是吾師也。若之何毀之？我聞忠善以損怨，不聞作威以防怨，豈不遽止？然猶防川，大決所犯，傷人必多，吾不克救也。不如小決使道，不如吾聞而藥之也。」然明曰：「蔑也今而後知吾子之信可事也。小人實不才，若果行此，其鄭國實賴之，豈唯二三臣？」仲尼聞是語也，曰：「以是觀之，人謂子産不仁，吾不信也。」子産初政未協，有遊于校議其得失者，然明欲毀校以息之。子産言爲忠善則怨謗自息。損，猶息也。遽，即也。道，通也。藥，爲己藥石也。仲尼以仁歸子産，計其年於此應十歲，蓋長而聞之。子皮欲使尹何爲邑，子産曰：「少，未知可否。」子皮曰：「愿，吾愛之，不吾叛也。使夫往而學焉，夫亦愈知治矣。」子産曰：「不可。

人之愛人，求利之也。今吾子愛人則以政，猶未能操刀而使割也，其傷實多。子之愛人，傷之而已。其誰敢求愛於子？子於鄭國，棟也。棟折榱崩，僑將厭焉。敢不盡言？子有美錦，不使人學製焉。大官大邑，身之所庇也，而使學者製焉，其爲美錦，不亦多乎？僑聞學而後入政，未聞以政學者也。若果行此，必有所害。譬如田獵，射御貫，則能獲禽，若未嘗登車射御，則敗績厭覆是懼，何暇思獲？」子皮曰：「善哉！虎不敏。吾聞君子務知大者遠者，小人務知小者近者。我，小人也，衣服附在吾身，我知而慎之。大官大邑，所以庇身也，我遠而慢之。微子之言，吾不知也。他日我曰，子爲鄭國，我爲吾家，以庇焉，其可也。今而後知不足。自今請，雖吾家，聽子而行。」子產曰：「人心之不同如其面焉，吾豈敢謂子面如吾面乎？抑心所謂危，亦以告也。」子皮以爲忠，故委政焉，子產是以能爲鄭國。爲邑，爲邑大夫。少，年少。傷，自傷。貫，習也。我，自言也。以庇，庇吾身也。不足，智慮不足謀其家也。傳言子產之治乃子皮之功。

昭公元年　春，楚公子圍聘于鄭，且娶於公孫段氏，伍舉爲介。將入館，鄭人惡之，使行人子羽與之言，乃館于外。既聘，將以衆逆，子產患之，使子羽辭曰：「以敝邑褊小，不足以容從者，請墠聽命。」令尹命大宰伯州犂，對曰：「君辱貺寡大夫圍，謂圍將使豐氏撫有而室。圍布几筵，告於莊、共之廟而來。若野賜之，是委君貺於草莽也，是寡大夫不得列於諸卿也。不寧唯是，又使圍蒙其先君，將不得爲寡君老，其蔑以復矣。唯大夫圖之。」子羽曰：「小國無罪，恃實

其罪。將恃大國之安靖己，而無乃包藏禍心以圖之？小國失恃，而懲諸侯，使莫不憾者，距違君命，而有所壅塞不行是懼。不然，敝邑，館人之屬也，其敢愛豐氏之祧？」伍舉知其有備也，請垂櫜而入，許之。正月乙未，入，逆而出。介，副也。入館，就客舍。鄭知楚懷詐，故惡之。外，城外。衆逆，以兵入逆婦。請墠，請於城外除地爲墠行昏禮。豐氏，公孫段。莊王，圍之祖。共王，圍之父。蒙，欺蔽也。告廟而來，不得成禮于女氏之廟，爲欺先君。大臣稱老，不得列，懼辱命而黜退。子羽言已失恃則諸侯懲恨以距君命，懼壅而不行。館人屬，言爲往來行李之所供。祧，廟之兆域即廟也。垂櫜，示無弓。○夏，四月，鄭徐吾犯之妹美，公孫楚聘之矣，公孫黑又使强委禽焉。犯懼，告子産，子産曰：「是國無政，非子之患也。唯所欲與。」犯請於二子，請使女擇焉，皆許之。子皙盛飾入，布幣而出。子南戎服入，左右射，超乘而出。女自房觀之，曰：「子皙信美矣，抑子南，夫也。夫夫婦婦，所謂順也。」適子南氏。子皙怒，既而櫜甲以見子南，欲殺之而取其妻。子南知之，執戈逐之，及衝，擊之以戈。子皙傷而歸，告大夫曰：「我好見之，不知其有異志也，故傷。」大夫皆謀之，子産曰：「直鈞，幼賤有罪，罪在楚也。」乃執子南而數之，曰：「國之大節有五，女皆奸之。畏君之威，聽其政，尊其貴，事其長，養其親，五者所以爲國也。今君在國，女用兵焉，不畏威也。奸國之紀，不聽政也。子皙上大夫，女嬖大夫，而弗下之，不尊貴也。幼而不忌，不事長也。兵其從兄，不養親也。君曰：『余不女忍殺，宥女以遠。』勉，速行乎，無重而罪！」五月庚辰，鄭放游楚於吴。將行子南，子産咨於大叔，大叔曰：「吉不

能亢身，焉能亢宗？彼國政也，非私難也。子圖鄭國，利則行之，又何疑焉？周公殺管叔而蔡蔡叔夫，豈不愛？王室故也。吉若獲戾，子將行之，何有於諸游？」徐吾犯，鄭大夫。楚字子南，黑字子晳，皆穆公孫。禽，鴈也。强納之。夫，丈夫。以其武勇也。一云以先聘己，故爲夫。衝，交道也。直鈞，以先聘爲子南直，用戈爲子晳直，是均也。子產力未能討，故鈞其事而歸罪於卑者。奸，犯也。奸國紀，謂傷人。忌，畏也。大叔，游楚之兄子。亢，蔽也。蔡，放也。鄭爲游楚亂故，六月丁巳，鄭伯及其大夫盟于公孫段氏。罕虎、公孫僑、公孫段、印段、游吉、駟帶私盟于閨門之外，實薰隧。公孫黑强與於盟，使大史書其名，且曰「七子」。子產弗討。閨門，鄭城門。薰隧，門外道名。實之者，爲明年子產數子晳罪稱薰隧盟也。自欲同於六卿，故曰七子。以其强討之，恐致亂，故弗討。秋，鄭伯使公孫僑如晉聘。叔向問焉。向出，行人揮送之，叔向問鄭故焉，且問子晳，對曰：「其與幾何。無禮而好陵人，怙富而卑其上，弗能久矣。」向問事，見晉失諸侯。幾何，言不久將敗也。

二年　秋，鄭公孫黑將作亂，欲去游氏而代其位，傷疾作而不果。駟氏與諸大夫欲殺之，子產在鄙，聞之，懼弗及，乘遽而至，使吏數之曰：「伯有之亂，以大國之事而未爾討也。爾有亂心無厭，國不女堪。專伐伯有，而罪一也。昆弟爭室，而罪二也。薰隧之盟，女矯君位，而罪三也。有死罪三，何以堪之？不速死，大刑將至。」再拜稽首，辭曰：「死在朝夕，無助天爲虐。」子產曰：「人誰不死？凶人不終，命也。作凶事，爲凶人，不助天，其助凶人乎？」請以印爲褚

師，子産曰：「印也若才，君將任之，不才將朝夕從女。女罪之不恤，而又何請焉？不速死，司寇將至。」七月壬寅，縊，尸諸周氏之衢，加木焉。游氏，大叔族。黑爲游楚所傷，故欲去之。駟氏，黑之族，以黑好亂，恐并及，故欲殺之。遽，驛騎以車曰傳，以馬曰遽。乘遽，欲速至也。印，黑之子。褚師，市官。周氏衢，道名。陳其尸，書罪於木，以加尸上。

四年　九月，鄭子産作丘賦，國人謗之，曰：「其父死於路，己爲蠆尾，以令於國，國將若之何？」子寬以告子産，曰：「何害？苟利社稷，死生以之。且吾聞爲善者不改其度，故能有濟也。民不可逞，度不可改。詩曰：『禮義不愆，何恤於人言。』吾不遷矣。」渾罕曰：「國氏其先亡乎！君子作法於涼，其敝猶貪。作法於貪，敝將若之何？姬在列者，蔡及曹、滕其先亡乎？偪而無禮，鄭先衛亡，偪而無法。政不率法，而制於心。民各有心，何上之有？」丘，十六井，當出馬一四、牛三頭，此古法也。子産作之者，必更有所增益，如魯作丘甲之類。死路，謂子國爲尉氏所殺。蠆尾，有毒，喻子産重賦毒民。詩，逸詩。遷，移也。子寬，名渾罕。涼，薄取也。列，列於國。蔡偪楚，曹、滕偪宋，鄭偪晉、楚，子産權時救急，渾罕譏之，正也。

五年　春，鄭罕虎如齊，娶于子尾氏。晏子驟見之，陳桓子問其故，對曰：「能用善人，民之主也。」娶，自爲娶。子尾，公孫蠆字。用善人，謂授政子産也。

六年　三月，鄭人鑄刑書，叔向使詒子産書，曰：「始吾有虞於子，今則已矣。昔先王議事

以制，不爲刑辟，懼民之有争心也。猶不可禁禦，是故閑之以義，糾之以政，行之以禮，守之以信，奉之以仁，制爲禄位，以勸其從。嚴斷刑罰，以威其淫。懼其未也，故誨之以忠，聳之以行，教之以務，使之以和，臨之以敬，涖之以彊，斷之以剛。猶求聖哲之上、明察之官、忠信之長、慈惠之師，民於是乎可任使也，而不生禍亂。民知有辟，則不忌於上。並有争心，以徵於書，而徼幸以成之，弗可爲矣。夏有亂政而作禹刑，商有亂政而作湯刑，周有亂政而作九刑，三辟之興，皆叔世也。今吾子相鄭國，作封洫，立謗政，制參辟，鑄刑書，將以靖民，不亦難乎！詩曰：『儀式刑文王之德，日靖四方。』又曰：『儀刑文王，萬邦作孚。』如是，何辟之有？民知争端矣，將棄禮而徵於書。錐刀之末，將盡争之。亂獄滋豐，賄賂並行，終子之世，鄭其敗乎？肸聞之，國將亡，必多制，其此之謂乎！」復書曰：「若吾子之言，僑不才，不能及子孫。吾以救世也，既不承命，敢忘大惠！」鄭鑄刑書於鼎，以爲國之常法。叔向與子産雖異國臣，而心契道一，故遺書諫之。虞，度也。準度之以爲己法，一云虞，畏也，敬憚之意。以制謂臨事裁其輕重之宜，不豫立法。辟，法也。法豫立則民知争端。閑，防。糾，舉。行，施。守，執。奉，養也。從，從教。淫，放也。忠，誠其心。聳，動也。行，善行。務，時所急。和，説以使民也。臨，居其上。涖，措之事。剛，以義斷恩也。上，王公官卿大夫。不忌上，謂權移於法，不畏上也。皆因危文以生争。徼，據也。據於刑書，緣徼幸以成其巧僞，弗可爲治。考三代之亂，皆作刑書，不能議事以制。謗政，即作丘賦。制參辟，謂用三代之末法。詩周頌，言則文王之德，有安靖四方之功。刑，則也。又詩大雅，言以文王爲儀則，天下信而從之。又何刑爲？孚，信也。錐末，喻細微

也。多制，數立法也。大惠，以箴戒爲惠也。〇叔向之言誠知要矣，然三代而下則法不可一日無也。子産德焉而不從，其亦是故乎？若云國將亡必多制者，信夫信夫！

七年　夏，四月，鄭子産聘于晉。晉侯有疾，韓宣子逆客，私焉，曰：「寡君寢疾，於今三月矣，並走羣望，有加而無瘳。今夢黄熊入於寢門，其何厲鬼也？」對曰：「以君之明，子爲大政，其何厲之有？昔堯殛鯀于羽山，其神化爲黄熊，以入于羽淵，實爲夏郊，三代祀之。晉爲盟主，其或者未之祀也乎？」韓子祀夏郊，晉侯有間，賜子産莒之二方鼎。熊，獸，似豕。見于晉侯夢，以子産博物，因來聘問之。私焉，私語也。望，晉所望山川。皆走，往祈祝禱地。羽山，今淮安府贛榆縣有羽山，舜殛鯀處，有羽潭，鯀化黄熊處。夏家郊祀之，歷商、周三代亦通在羣神之數。周衰，晉爲盟主，得佐天子祀羣神。夏郊，鯀也。間，差也。方鼎，莒所貢。〇鄭人相驚以伯有，曰：「伯有至矣！」則皆走，不知所往。鑄刑書之歲二月，或夢伯有介而行，曰：「壬子，余將殺帶也。明年壬寅，余又將殺段也。」及壬子，駟帶卒。國人益懼。齊、燕平之月，壬寅，公孫段卒，國人愈懼。其明月，子産立公孫洩及良止以撫之，乃止。子大叔問其故，子産曰：「鬼有所歸，乃不爲厲，吾爲之歸也。」大叔曰：「公孫洩何爲？」子産曰：「説也。爲身無義而圖説，從政有所反之，以取媚也。不媚不信，不信民不從也。」及子産適晉，趙景子問焉，曰：「伯有猶能爲鬼乎？」子産曰：「能。人生始化曰魄，既生魄陽曰魂。用物精多，則魂魄强，是以有精爽至於神明。匹夫匹婦强死，其魂魄猶能馮依於人，以爲淫厲，况良霄，我

先君穆公之冑，子良之孫，子耳之子，敝邑之卿，從政三世矣。鄭雖無腆，抑諺曰『蕞爾國』，而三世執其政柄，其用物也弘矣，其取精也多矣，其族又大所馮厚矣，而强死，能爲鬼，不亦宜乎？」介，甲也。駟帶，助子晳殺伯有。公孫段，豐氏黨。故伯有爲祟殺之。洩，子孔子。良止，伯有子。皆立爲大夫，使有宗廟爲之歸也。子孔不爲厲亦立後，故大叔疑之。子産以伯有無義，徒以妖鬼而立之，恐惑民，故立洩，使若自以大義存誅絶之後者，圖以此解説民心。民不可使知之，故治政或反其常度以求媚於民，蓋以心説而後信之也。景子，晉中軍佐趙成。魄，陰精形之靈也。既生魄，内有陽氣爲魂。物，權勢也。精爽，英靈也。精能神爽故明。强死，不得其死。腆，厚也。蕞，小貌。子良，穆公子，生子耳，子耳生伯有。伯有既戮死，其族猶大，所馮者貴重。傳言子産之博敏。

子皮之族飲酒無度，故馬師氏與子皮氏有惡。齊師還自燕之月，罕朔殺罕魋，罕朔奔晉，韓宣子問其位於子産，子産曰：「君之羈臣，苟得容以逃死，何位之敢擇？卿違，從大夫之位，罪人以其罪降，古之制也。朔於敝邑，亞大夫也，其官馬師也，獲戾而逃，唯執政所寘之得免其死，爲惠大矣，又敢求位？」宣子爲子産之敏也，使從嬖大夫。前馬師頡奔，公孫鉏代之，故稱馬師氏，與子皮同族。月，此年二月。罕朔，鉏之子。罕魋，子皮弟。卿從大夫位，謂以禮去者，降位一等。以罪降，謂從其罪之輕重爲降之多寡。大夫位，馬師職也。從嬖大夫，使降一等不以其罪，爲子産故。

十年　秋，七月，晉平公卒。九月，叔孫婼、齊國弱、宋華定、衛北宫喜、鄭罕虎、許人、曹人、莒人、邾人、滕人、薛人、杞人、小邾人如晉，葬平公也。鄭子皮將以幣行，子産曰：「喪，焉用

幣？用幣必百兩，百兩必千人，千人至，將不行，不行必盡用之。幾千人而國不亡？」子皮固請以行。既葬，諸侯之大夫欲因見新君。叔孫昭子曰：「非禮也。」弗聽。叔向辭之，曰：「大夫之事畢矣，而又命孤。孤斬焉，在衰絰之中。其以嘉服見，則喪禮未畢。其以喪服見，是重受弔也。大夫將若之何？」皆無辭以見。子皮盡用其幣，歸，謂子羽曰：「非知之實難，將在行之。夫子知之矣，我則不足。書曰：『欲敗度，縱敗禮。』我之謂矣。夫子知度與禮矣，我實縱慾而不能自克也。」子皮，罕虎也。幣，見新君之贄。子產言幣必不用而徒費，載幣用車百乘，則徒千人。人衆則費廣，將不能行，必盡用以給之千人之費，國不可數。晉果以禮拒，又用幣盡，皆如子產言，故子皮悔之，言知之難在於行，夫子知之而我不能行，則其知爲徒，此我之不足，非夫子之咎也。畢，送葬禮畢。斬焉，哀痛之深如斬絶也。書大甲篇。

十二年　三月，鄭簡公卒，將爲葬除，及游氏之廟，將毀焉。子大叔使其除徒執用以立，而無庸毀，曰：「子產過女，而問何故不毀，乃曰：『不忍，廟也。諾，將毀矣。』」既如是，子產乃使辟之。司墓之室有當道者，毀之則朝而塴，弗毀則日中而塴。子大叔請毀之，曰：「無若諸侯之賓何？」子產曰：「諸侯之賓能來會吾喪，豈憚日中？無損於賓，而民不害，何故不爲？」遂弗毀。日中而葬。君子謂子產於是乎知禮。禮，無毀人以自成也。葬除，除葬道。游氏，大叔族。用，毀廟具。「乃曰」下二句，大叔教毀廟者之辭。子產果不忍毀其廟，使避之迂道，以避其廟也。又因簡公別營葬地，不在鄭先君舊墓，故掌公墓大夫之室有當其葬道者。塴，掩土。子大叔欲直其道速葬，無久留賓。子產不忍傷民，迂道緩葬，賓亦無傷。傳

以禮美之。

十三年　八月甲戌，同盟于平丘。　子產爭承。　自日中以爭，至於昏，晉人許之。　子產歸，未至，聞子皮卒，哭且曰：「吾已！　無爲爲善矣，唯夫子知我。」仲尼謂子產「於是行也，足以爲國基矣。　詩曰：『樂只君子，邦家之基。』子產，君子之求樂者也。」且曰：「合諸侯，藝貢事，禮也。」承，貢賦之次。子產以鄭爵列伯子男，不應出公侯之貢，故爭之，必直而後已。詳見晉失諸侯。子皮深知子產賢，以政讓，故死而哭之哀。已，止也。無爲，無緣也。詩小雅，言樂與君子爲治，乃邦家之基。嫌爭競不順，故以禮明之。○齊無管仲則不伯，鄭無子產則不國，宋澶淵之役無寇萊公則天下分。然管仲之舉也以鮑叔，子產之任也以子皮，萊公之相也以畢文簡公。三子之才世恒有，而鮑、罕、文簡不恒有也，可勝悼哉！

十六年　三月，晉韓起聘于鄭，鄭伯享之，子產戒曰：「苟有位於朝，無有不共恪。」孔張後至，立於客間，執政禦之。適客後，又禦之。適縣間，客從而笑之。事畢，富子諫曰：「夫大國之人，不可不慎也，幾爲之笑，而不陵我？　我皆有禮，夫猶鄙我。　國而無禮，何以求榮？　孔張失位，吾子之恥也。」子產怒，曰：「發命之不衷，出令之不信，刑之頗類，獄之放紛，會朝之不敬，使命之不聽，取陵於大國，罷民而無功，罪及而弗知，僑之恥也。孔張，君之昆孫子孔之後也，執政之嗣也，爲嗣大夫。承命以使，周於諸侯，國人所尊，諸侯所知，立於朝而祀於家，有祿於國，有賦於軍，喪、祭有職，受脤、歸脤。其祭在廟，已有著位。在位數世，世守其業，而忘其

所，僑焉得恥之？辟邪之人而皆及執政，是先王無刑罰也，子寧以他規我。」宣子有環，其一在鄭商。宣子謁諸鄭伯，子產弗與，曰：「非官府之守器也，寡君不知。」子大叔、子羽謂子産曰：「韓子亦無幾求，晉國亦未可以貳，晉國、韓子不可偷也。若屬有讒人交鬭其間，鬼神而助之，以興其凶怒，悔之何及？吾子何愛於一環，其以取憎於大國也盍求而與之？」子産曰：「吾非偷晉而有二心，將終事之，是以弗與，忠信故也。僑聞君子非無賄之難，立而無令名之患。僑聞爲國非不能事大字小之難，無禮以定其位之患。夫大國之人令於小國，而皆獲其求，將何以給之？一共一否，爲罪滋大。大國之求無禮以斥之，何饜之有？吾且爲鄙邑，則失位矣。若韓子奉命以使而求玉焉，貪淫甚矣，獨非罪乎？出一玉以起二罪，吾又失位。韓子成貪，將焉用之？且吾以玉賈罪，不亦鋭乎？」韓子買諸賈人，既成賈矣，商人曰：「必告君大夫。」韓子請諸子産，曰：「日起請夫環，執政弗義，弗敢復也。今買諸商人，商人曰必以聞，敢以爲請。」子産對曰：「昔我先君桓公與商人皆出自周，庸次比耦以艾殺此地，斬之蓬、蒿、藜、藿而共處之。世有盟誓，以相信也，曰：『爾無我叛，我無强賈，毋或匄奪。爾有利市寶賄，我勿與知。』恃此質誓，故能相保，以至於今。今吾子以好來辱，而謂敝邑强奪商人，是教敝邑背盟誓也，毋乃不可乎！吾子得玉而失諸侯，必不爲也。若大國令，而共無藝，鄭鄙邑也，亦弗爲也。僑若獻玉，不知所成。敢私布之。」韓子辭玉，曰：「起不敏，敢求玉以徼二罪，敢辭之。」夏，四月，鄭六卿

餞宣子於郊，宣子曰：「二三君子請皆賦，起亦以知鄭志。」子齹賦野有蔓草，宣子曰：「孺子善哉，吾有望矣。」子產賦鄭之羔裘，宣子曰：「起不堪也。」子大叔賦褰裳，宣子曰：「起在此，敢勤子至於他人乎？」子大叔拜，宣子曰：「善哉！子之言是。不有是事，其能終乎？」子游賦風雨，子旗賦有女同車，子柳賦蘀兮，宣子喜，曰：「鄭其庶乎！二三君子以君命貺起，賦不出鄭志，皆昵燕好也。二三君子，數世之主也，可以無懼矣。」宣子皆獻馬焉，而賦我將。子產拜，使五卿皆拜，曰：「吾子靖亂，敢不拜德。」宣子私覲於子產，以玉與馬，曰：「子命起舍夫玉，是賜我玉而免吾死也，敢不藉手以拜。」

孔張，子孔之孫。執政，掌位列者。禦，拒也。縣，樂肆。富子，鄭大夫。以孔張之見笑爲取陵之具，諫子產。子產怒之。衷，當也。類作纇，不平也。放，縱也。紛，亂也。不聽，謂不從上命。昆，兄也。子孔，鄭襄公兄，嘗執鄭國政。卿得自立廟，故曰祀於家。禄，禄邑。賦，軍賦。軍出卿賦百乘，職有所主。受脤，謂君祭以肉賜大夫。歸脤，謂大夫祭歸肉於公。皆社之戎祭。祭在廟，謂助君祭也。言僻邪者應加以刑罰，不應上累執政。〇子產素賢，而於此乃若拒諫者，豈以一事一人上累執政則國體不肅耶？或以子孔亂臣之後，故不告戒而外之耶？〇玉環同工共樸自共爲雙。偷，薄也。鄙邑，不復成國也。失位，失國君之列。鋭，細也。鄭本在周畿內，桓公東遷，與商人俱，故云皆出。庸次比耦，用次序相比耦耕。强賈，强市其物。藝，法也。成，就也。二罪，謂失諸侯、鄙鄭國。傳言子產知禮，宣子能改過。〇以子產之才知而相小國，屈服盟主，恒不平於心，故每遇事而發，其英氣可想見也。〇鄭志，鄭國所誌。子齹，子皮之子，名嬰齊。野有蔓草，詩，取其「邂逅相遇，適我願兮」，宣子善其幼而能賦，望其能繼父賢也。羔裘，言鄭以別於唐羔裘，子產取其「彼己之子，舍命不渝。邦之司直，邦之彥兮」，以美韓子，韓子謙己不堪。褰裳詩曰：「子惠思我，寒衣裳涉溱。子不我思，亦豈無他人。」

大叔欲宣子恤鄭，否將他適，宣子言己在必能安靖之，不使之適他人也。拜，謝之也。其言嫌，若有二心，故宣子更是之。又以人情相與翫習，恒不善其終，惟有是警戒用能終於好。子游，駟帶之子名偃。風雨詩，取其「既見君子，云乎不夷」。子旗，公孫段之子，名豐施。有女同車，取其「洵美且都」，愛樂宣子也。子柳，印段之子，名癸。蘀兮詩，取其「倡予和女」，言宣子倡己將和之也。庶，庶幾於興。六詩皆鄭風，故云不出鄭志。昵，親也。皆以示親好之意。我將，詩周頌，取其「日靖四方，我其夙夜，畏天之威」，言志在靖亂，畏懼天威。藉手以玉馬，藉手拜謝。○按六詩自羔裘而外，先儒皆謂淫風。如果則五卿之刺謬已甚，宣子豈以爲賢？鄭其不國矣。考古註皆自有説，不及載。

十九年　是歲也，鄭駟偃卒。子游娶於晉大夫，生絲，弱，其父兄立子瑕，子產憎其爲人也，且以爲不順，弗許，亦弗止。駟氏聳。他日，絲以告其舅。冬，晉人使以幣如鄭，問駟乞之立故。駟氏懼，駟乞欲逃，子產弗遣。請龜以卜，亦弗予。大夫謀對，子產不待而對客曰：「鄭國不天，寡君之二三臣札瘥夭昏，今又喪我先大夫偃。其子幼弱，其一二父兄懼隊宗主，私族於謀而立長親。寡君與其二三老曰：『抑天實剥亂是，吾何知焉？』諺曰：『無過亂門。』民有兵亂，猶憚過之，而況敢知天之所亂？今大夫將問其故，抑寡君實不敢知，其誰實知之？平丘之會，君尋舊盟曰：『無或失職！』若寡君之二三臣，其即世者，晉大夫而專制其位，是晉之縣鄙也，何國之爲？」辭客幣而報其使，晉人舍之。駟偃，字子游。弱，幼小。子瑕，偃叔父，名駟乞。憎，憎子瑕舍子立叔，不順禮也。許之爲違禮，止之爲違衆，故中立。聳，懼也。不天，不獲天福也。疫死曰札，病曰瘥，短，拆曰夭，狂惑曰昏。族於謀，謀於族也。長親，分長而且親也。剥亂何知，言天自欲亂駟氏，非國所知。吾國且不知，鄰國之大夫何得專制。且辭幣，

拒之深也。報使，答其禮也。○子産辭晉問，其氣壯矣，盍若黜乞立絲之爲順乎？而并免其問也。

二十年　十二月，鄭子産有疾，謂子大叔曰：「我死，子必爲政。唯有德者能以寬服民，其次莫如猛。夫火烈，民望而畏之，故鮮死焉。水懦弱，民狎而翫之，則多死焉。故寬難。」疾數月而卒。大叔爲政，不忍猛而寬，鄭國多盜，取人於萑苻之澤。大叔悔之，曰：「吾早從夫子，不及此。」興徒兵以攻萑苻之盜，盡殺之，盜少止。仲尼曰：「善哉！政寬則民慢，慢則糾之以猛，猛則民殘，殘則施之以寬。寬以濟猛，猛以濟寬，政是以和。詩曰：『民亦勞止，汔可小康。惠此中國，以綏四方。』施之以寬也。『毋從詭隨，以謹無良。式遏寇虐，慘不畏明。』糾之以猛也。『柔遠能邇，以定我王。』平之以和也。又曰：『不競不絿，不剛不柔。布政優優，百祿是遒。』和之至也。」及子産卒，仲尼聞之，出涕曰：「古之遺愛也。」子産死，賢莫如大叔，故知必代己。寬難，難以治也。萑苻，澤名。於澤中劫人。詩大雅，汔，其也。康、綏，皆安也。周厲王暴虐，民勞於苛政，故詩人刺之，欲其施之以寬。詭隨，無正心之人不可從也。謹，戒勑也。無良，不良人也。式，用。遏，止。慘，曾也。言爲寇虐曾不畏明法者亦當用猛政糾治之。能柔遠邇則王室定，是和也。詩商頌，言湯政得其中平。競，强也。絿，緩也。優優，和也。遒，聚也。

定公八年　冬，鄭駟歂嗣子大叔爲政。歂駟，乞子，字子然，大叔死，嗣之。

九年　春，鄭駟歂殺鄧析而用其竹刑。君子謂子然「於是不忠。苟有可以加於國家者，棄其邪可也。靜女之三章，取彤管焉。竿旄『何以告之』，取其忠也。故用其道，不棄其人。詩

云：『蔽芾甘棠，勿翦勿伐，召伯所茇。』思其人猶愛其樹，況用其道而不恤其人乎？子然無以勸能矣。」鄧析，鄭大夫，欲改鄭所鑄舊制，不受君命而私造刑法，書於竹簡，故名竹刑。加，益也。棄其邪，不責其邪也。詩邶風，言静女三章之詩雖説美女，義在彤管。彤管，赤管筆，女史記事規訓之所執。又詩鄘風，録竿旄詩者，取其中心願告人以善道也。言此二詩皆以一善見采，而鄧析不能以一善存身。詩召南，召伯決訟於蔽芾、甘棠之下，詩人思之，不伐其樹。茇，草舍也。深咎駟歂之殺鄧析爲不忠也。○自子產而後，相鄭者益劣矣。

滅許

成公三年　夏，許恃楚而不事鄭，鄭子良伐許。自莊公伐許，以後雖復國，向事鄭，至此恃楚而不事，故伐之。

四年　冬，十一月，鄭公孫申帥師疆許田，許人敗諸展陂。鄭伯伐許，取鉏任、泠敦之田。疆田，正前所侵田之疆。展陂，許地。田，許田。

五年　夏，許靈公愬鄭伯于楚。詳見晉楚争伯。

十四年　八月，鄭子罕伐許，敗焉。戊戌，鄭伯復伐許。庚子，入其郛，許人平以叔申之封。前申疆許田，許人敗之，不得定其封疆，此許以其所封田求和于鄭。

十五年　十一月，許靈公畏偪於鄭，請遷于楚。辛丑，楚公子申遷許于葉。葉，今河南葉縣，本古應國。

襄公十六年　春，許男請遷于晉。諸侯遂遷許。許大夫不可，晉人歸諸侯。鄭子蟜聞，將伐許，遂相鄭伯以從諸侯之師。欲叛楚，故請遷，復不可，故伐之。鄭與許有宿怨，故其君親行。

二十六年　秋，許靈公如楚，請伐鄭，曰：「師不興，孤不歸矣。」八月，卒于楚。忿鄭伯獨親行，故必欲報之。不及出楚師，卒於楚。冬，十月，楚子伐鄭。詳見晉楚爲成。

昭公九年　二月，楚公子棄疾遷許于夷，實城父。城父，今南直隸亳縣有城父城。

十三年　平王即位。　復之。

十八年　秋，楚左尹王子勝言於楚子曰：「許於鄭讎敵也，而居楚地，以不禮于鄭。晉、鄭方睦，鄭若伐許，而晉助之，楚喪地矣。君盍遷許？許不專於楚。鄭方有令政，許曰：『余舊國也。』鄭曰：『余俘邑也。』葉在楚國，方城外之蔽也。土不可易，國不可小，許不可俘，讎不可啟，君其圖之。」楚子說。冬，楚子使王子勝遷許於析，實白羽。不專楚，不專心事楚。有令政，子產相鄭。故先許遷而鄭得其地，故云乃余之舊國。鄭滅許而復存之，故曰我之俘邑。蔽，障蔽也。易，輕也。不可小，謂鄭也。白羽，今河南內鄉縣。

十九年　夏，許悼公瘧。五月戊辰，飲大子止之藥，卒。大子奔晉。書曰：「弒其君。」君

子曰：「盡心力以事君，舍藥物可也。」藥物有毒當由醫，非凡人所知，故不可苟用，必嘗試其善而後可，不然舍之可也。譏止不慎藥物，所以加弒君之名。

定公六年　春，鄭滅許，因楚敗也。敗，吳入郢也。

高克曼滿石制駟秦之敗

閔公二年　冬，鄭人惡高克，使帥師次于河上。久而弗召。師潰而歸，高克奔陳。鄭人爲之賦清人。高克，鄭大夫，好利而不顧其君，文公惡之而不能遠，故使帥師而不召。清人，詩鄭風，刺文公退臣不以道。危國亡，詩之本。

宣公六年　冬，鄭公子曼滿與王子伯廖語，欲爲卿。伯廖告人曰：「無德而貪，其在周易，豐☳☲之離☲☲，弗過之矣。」間一歲，鄭人殺之。曼滿、伯廖，皆鄭大夫。離下震上豐，上六變而爲離。周易論變，故雖不筮，必以變言其義。豐上六曰：「豐其屋，蔀其家，闚其户，闃其無人，三歲不覿，凶。」義取無德而大其屋，不過三歲必滅亡。

十二年　春，楚子圍鄭。　夏，晉師救鄭。餘見楚莊王之伯。是役也，鄭石制實入楚師，將以分鄭，而立公子魚臣。辛未，鄭殺僕叔及子服。君子曰：「史佚所謂毋怙亂者，謂是類也。詩

曰：『亂離瘼矣，爰其適歸。』歸於怙亂者也夫！」石制，字子服。魚臣，字僕叔。皆鄭臣。詩小雅，離，憂也。瘼，病也。爰，於也。言禍亂憂病於何歸乎？蓋歸於怙人之亂以要利者。

哀公五年　冬，十月，鄭駟秦富而侈，嬖大夫也，而常陳卿之車服於其庭，鄭人惡而殺之。子思曰：「詩曰：『不解于位，民之攸塈。』不守其位而能久者鮮矣。商頌曰：『不僭不濫，不敢怠皇，命以多福。』」子思，子産之子國參也。詩大雅，攸，所。塈，息也。僭，差。濫，溢。皇，暇也。言駟秦違詩與商頌，故受禍。

春秋左傳屬事卷十七

秦

納芮取梁

桓公三年　冬，芮伯萬之母芮姜惡芮伯之多寵人也，故逐之，出居于魏。芮，今山西芮城縣。魏，今平陸縣。

四年　秋，秦師侵芮，敗焉，小之也。冬，王師、秦師圍魏，執芮伯以歸。秦以芮小輕之，遂爲所敗。前芮伯出魏，芮更立君，秦憾前敗，故以芮伯歸，將納之。

十年　秋，秦人納芮伯萬于芮。

僖公十八年　冬，梁伯益其國而不能實也，命曰新里，秦取之。梁，今陝西韓城、郃陽二縣其國也。

多築城邑，無民以實，秦乘其虚取之。

十九年　春，遂城而居之。冬，梁亡。不書其主，自取之也。初，梁伯好土功，亟城而弗處，民罷而弗堪，則曰：「某寇將至。」乃溝公宫，曰：「秦將襲我。」民懼而潰，秦遂取梁。不書取梁者主名，以見梁自致於亡。

穆公霸西戎

僖公九年　冬，晉郤芮使夷吾重賂秦以求入。　齊隰朋帥師會秦師，納晉惠公。

十三年　冬，晉薦饑，使乞糴于秦。　秦於是乎輸粟于晉，自雍及絳相繼。雍，秦都，今陝西鳳翔縣。絳，晉都，今山西絳州。

十四年　冬，秦饑，使乞糴于晉，晉人弗與。

十五年　夏，秦伯伐晉，戰于韓原。　獲晉侯以歸。　十月，晉陰飴甥會秦伯，盟于王城。改館晉侯。　十一月，晉侯歸。　是歲晉又饑，秦伯又餼之粟，曰：「吾怨其君，而矜其民。」於是秦始征晉河東，置官司焉。

十七年　夏，晉太子圉爲質於秦，秦歸河東而妻之。以上俱節，詳見晉驪姬之亂。

二十三年　晉公子重耳之及於難也。　遂奔狄。　過衛。　及齊。　及曹。　及鄭。及楚。　及送諸秦。　詳見晉文公之伯、驪姬之亂。

二十四年　春王正月，秦伯納之。　送衛於晉三千人，實紀綱之僕。　詳見晉文公之伯。　秋，頽叔桃子奉太叔以狄師伐周。　王出，適鄭，處于汜，使左鄢父告于秦。

二十五年　春，秦伯師于河上，將納王。　晉侯辭秦師而下。　詳見王室子帶之亂、晉文之伯。

三十年　九月甲午，晉侯、秦伯圍鄭，以其無禮於晉，且貳於楚也。　晉軍函陵，秦軍汜南。佚之狐言於鄭伯曰：「國危矣。　若使燭之武見秦君，師必退。」公從之，辭曰：「臣之壯也猶不如人，今老矣，無能爲也已。」公曰：「吾不能早用子，今急而求子，是寡人之過也。　然鄭亡，子亦有不利焉。」許之。　夜縋而出，見秦伯曰：「秦、晉圍鄭，鄭既知亡矣。　若亡鄭而有益於君，敢以煩執事。　越國以鄙遠，君知其難也。　焉用亡鄭以陪鄰？　鄰之厚，君之薄也。　若舍鄭以爲東道主，行李之往來，共其乏困，君亦無所害。　且君嘗爲晉君賜矣，許君焦、瑕，朝濟而夕設版焉，君之所知也。　夫晉何厭之有？　既東封鄭，又欲肆其西封。　若不闕秦，將焉取之？　闕秦以利晉，唯君圖之。」秦伯說，與鄭人盟，使杞子、逢孫、揚孫戍之，乃還。　子犯請擊之，公曰：「不可。微夫人之力不及此，因人之力而敝之，不仁。　失其所與，不知。　以亂易整，不武。　吾其還也。」亦去之。　無禮，謂文公出亡時。　函陵，函谷之陵，在今河南靈寶縣南。　汜南，汜水之南，在今河南滎陽中牟縣南。　此東汜也。　佚

之狐、燭之武，皆鄭大夫。縋，縣城而下。鄙，以鄭爲邊鄙。越晉，故遠而難保。陪，益也。行李，使人。晉君，謂惠公。焦、瑕，晉河外五城之二邑。朝濟河，夕設版，築以距秦，言背秦之速。肆，大也。封，疆也。杞子、逢孫、揚孫，秦三大夫。背晉反爲鄭守。擊，擊秦。夫人，謂秦穆。懷人之德爲仁，得其所與爲智，以整定亂爲武，若擊秦，皆反之。

三十二年　冬，晉文公卒。庚辰，將殯于曲沃。出絳，柩有聲如牛。卜偃使大夫拜曰：「君命大事，將有西師過軼我，擊之，必大捷焉。」殯，窆棺。曲沃有舊宫。柩中如牛响聲。卜偃，晉卜大夫。謂此文公之命。大事，戎事。軼，突也。古之巫卜多能通鬼神，故云爾。　杞子自鄭使告于秦曰：「鄭人使我掌其北門之管，若潛師以來，國可得也。」穆公訪諸蹇叔，蹇叔曰：「勞師以襲遠，非所聞也。師勞力竭，遠主備之，無乃不可乎？師知所爲，鄭必知之，勤而無所，必有悖心。且行千里，其誰不知？」公辭焉。召孟明、西乞、白乙，使出師於東門之外。蹇叔哭之，曰：「孟子，吾見師之出，而不見其入也。」公使謂之曰：「爾何知？中壽，爾墓之木拱矣。」蹇叔之子與師，哭而送之，曰：「晉人禦師，必於殽。殽有二陵焉，其南陵，夏后皋之墓也；其北陵，文王之所辟風雨也。必死是閒，余收爾骨焉。」秦師遂東。杞子戍鄭，鄭信委之，故得其管籥，因謀其國。蹇叔，秦大夫，老而賢。無所，無所得。悖心，以師不空出，將害善良也。辭，不受其言。孟明，姓百里，名視。西乞名術，白乙名丙，皆秦臣。上壽百二十，中壽百，下壽八十。合手曰拱。言其久當死，老耄不可用也。殽，山名，本作「崤」，在今河南永寧縣北六十里。大阜曰陵。皋，夏桀之祖父。崤有土崤、石崤，此道在二崤之閒南谷中，谷深委阻，兩山相嵚，故可以辟風雨，古道由此。魏武伐巴漢，惡其險，更開

北山高道。蹇叔以其深阨，故知秦師必困於此。

三十三年　春，秦師過周北門，左右免胄而下，超乘者三百乘。王孫滿尚幼，觀之，言於王曰：「秦師輕而無禮，必敗。輕則寡謀，無禮則脱。入險而脱，又不能謀，能無敗乎！」及滑，鄭商人弦高將市於周，遇之，以乘韋先，牛十二犒師，曰：「寡君聞吾子將步師出於敝邑，敢犒從者。不腆敝邑，爲從者之淹，居則具一日之積，行則備一夕之衛。」且使遽告于鄭。鄭穆公使視客館，則束載、厲兵、秣馬矣。使皇武子辭焉，曰：「吾子淹久於敝邑，唯是脯資、餼牽竭矣，爲吾子之將行也，鄭之有原圃，猶秦之有具囿也，吾子取其麋鹿，以閒敝邑，若何？」杞子奔齊，逢孫、揚孫奔宋。孟明曰：「鄭有備矣，不可冀也。攻之不克，圍之不繼，吾其還也。」滅滑而還。

北門，王城北門。冑，兜鍪。兵車非大將，御者在中，故左右下，御不下。輕而無禮，謂過天子門不卷甲束兵，且超乘示勇。脱，易也。滿幼而智，故知必敗。商，行賈，名弦高。四數曰乘，熟皮曰韋，先韋乃入牛。古者獻物於人，必有以先之。步，猶行也。腆，厚也。淹，久也。積，芻米菜薪。衛，捍禦之具。遽，驛馬。客館，秦三大夫之館。束，束矢。載，載弓。厲，磨厲。秣，穀食。蓋嚴備以應秦師。乾肉曰脯，糧曰資，生曰餼，牛、羊、豕曰牽。原圃，今河南中牟縣有圃田澤，爾雅十藪：鄭有圃田，魯有鉅野，宋有孟諸，晉有大陸，楚有雲夢，秦有陽陓，餘不見傳，不悉。閒，暇也。欲秦戍，自取麋鹿爲行資，使鄭得閒暇。三子以謀敗而奔。滅滑，所謂悖心也。

晉原軫曰：「秦違蹇叔，而以貪勤民，天奉我也。奉不可失，敵不可縱，縱敵患生，違天不祥，必伐秦師。」欒枝曰：「未報秦施，而伐其師，其爲死君乎？」先軫曰：「秦

不哀吾喪，而伐吾同姓，秦則無禮，何施之爲？吾聞之，一日縱敵，數世之患也。謀及子孫，可謂死君乎？」遂發命，遽興姜戎。子墨衰絰，梁弘御戎，萊駒爲右。夏，四月辛巳，敗秦師于殽，獲百里孟明視、西乞術、白乙丙以歸。遂墨以葬文公，晉於是始墨。文嬴請三帥，曰：「彼實構吾二君，寡君若得而食之，不厭，君何辱討焉？使歸就戮于秦，以逞寡君之志，若何？」公許之。先軫朝，問秦囚，公曰：「夫人請之，吾舍之矣。」先軫怒，曰：「武夫力而拘諸原，婦人暫而免諸國，墮軍實而長寇讎，亡無日矣！」不顧而唾。公使陽處父追之，及諸河，則在舟中矣。釋左驂，以公命贈孟明。孟明稽首，曰：「君之惠，不以纍臣釁鼓，使歸就戮于秦，寡君之以爲戮，死且不朽。若從君惠而免之，三年將拜君賜。」秦伯素服郊次，鄉師而哭，曰：「孤違蹇叔，以辱二三子，孤之罪也。不替孟明，孤之過也。大夫何罪？且吾不以一眚掩大德。」秦師還過晉境，先軫謀邀而伐之。奉，與也。枝言以君死忘秦施爲死君。軫言秦無禮，施不足顧，爲國遠謀乃懷君也。遽，驛馬，欲速也。晉文未葬，故襄公稱子。以凶服從戎，故墨之，後遂以爲常。因記禮所由變。文嬴，襄公嫡母，文公適秦所妻。軫知孟明歸，必報晉，患深故怒甚。處父假公命贈以左驂，誘使還拜謝，因執之。孟明知其詐，遥於舟中稽首。纍，囚繫也。殺人以血塗鼓謂之釁鼓。拜賜，欲伐晉雪辱，飾言拜謝免歸之賜。替，廢也。不廢其師而用之取敗也。眚，過也。

文公元年　殽之役，晉人既歸秦帥，秦大夫及左右皆言於秦伯曰：「是敗也，孟明之罪也，必殺之。」秦伯曰：「是孤之罪也。周芮良夫之詩曰：『大風有隧，貪人敗類。聽言則對，誦言

如醉。匪用其良，覆俾我悖。』是貪故也，孤之謂矣。孤實貪以禍夫子，夫子何罪！」復使爲政。詩大雅，隧，蹊徑也。周大夫芮伯刺厲王，言貪人之敗善類，若大風之行，毀壞衆物，所在成蹊。昏亂之君得道聽塗説之言則喜，而答對典誦之言則如醉而不聞。覆，反也。俾，使也。不用良臣之言，反使我爲悖亂。

二年　春，秦孟明視帥師伐晉，以報殽之役。二月，晉侯禦之，先且居將中軍，趙衰佐之，王官無地御戎，狐鞫居爲右。甲子，及秦師戰于彭衙，秦師敗績。晉人謂秦「拜賜之師」。戰於殽也，晉梁弘御戎，萊駒爲右。戰之明日，晉襄公縛秦囚，使萊駒以戈斬之。囚呼，萊駒失戈，狼瞫取戈以斬囚，禽之以從公乘。遂以爲右。箕之役，先軫黜之，而立續簡伯。狼瞫怒，其友曰：「盍死之？」瞫曰：「吾未獲死所。」其友曰：「吾與女爲難。」瞫曰：「周志有之：『勇則害上，不登於明堂。』死而不義，非勇也，共用之謂勇。吾以勇求右，無勇而黜，亦其所也。謂上不我知，黜而宜，乃知我矣。子姑待之。」及彭衙，既陳，以其屬馳秦師，死焉，晉師從之，大敗秦師。君子謂狼瞫「於是乎君子。詩曰：『君子如怒，亂庶遄沮。』又曰：『王赫斯怒，爰整其旅。』怒不作亂，而以從師，可謂君子矣。」秦伯猶用孟明。孟明增脩國政，重施於民。趙成子言於諸大夫曰：「秦師又至，將必辟之。懼而增德，不可當也。詩曰：『毋念爾祖，聿脩厥德。』孟明念之矣。念德不怠，其可敵乎？」彭衙，今陝西白水縣有彭衙城。孟明報前忿而復敗，因其言「拜君賜」，故晉以嗤之。死所，可死之所。爲難，作亂殺先軫。周志，周書。明堂，策功序德之所。故不義之士不得升死於義爲勇，敬恭以死于國，用斯

義也。作亂而死不義，更成無勇，宜見黜矣，不可言不我知。屬，屬己之兵。詩小雅，言君子之怒必以止亂。遄，速也。沮，止也。又詩大雅，言文王赫然奮怒，則整師旅以討亂。狼瞫得二詩之義。孟明再敗猶用，益脩政而厚施。成子，趙衰也，以爲不可敵。詩大雅，言念其祖考則宜述脩其德以顯之。毋念，念也。冬，晉先且居、宋公子成、陳轅選、鄭公子歸生伐秦，取汪及彭衙而還，以報彭衙之役。卿不書，爲穆公故，尊秦也，謂之崇德。

三年　夏，秦伯伐晉，濟河焚舟，取王官及郊。晉人不出。遂自茅津濟，封殽尸而還。遂霸西戎，用孟明也。君子是以知秦穆公之爲君也，舉人之周也，與人之壹也。孟明之臣也，其不解也，能懼思也。子桑之忠也，其知人也，能舉善也。詩曰：「于以采蘩，于沼于沚。于以用之，公侯之事。」秦穆有焉。「夙夜匪解，以事一人。」孟明有焉。「詒厥孫謀，以燕翼子。」子桑有焉。

孟明既再敗復受伐，故奮勇而出，焚舟示必死。王官、郊，晉邑，今陝西澄城縣有王官城。茅津，今河南陝州。晉既避之，威伸西陲，傳因美之。周，備也。謂不以一惡棄其善。壹，專也。子桑，名公孫枝，舉孟明者。詩國風，言沼沚之蘩至薄，猶采以共公侯，以喻秦穆不遺賢也。又詩大雅，美仲山甫，取以美孟明之能敬懼。又詩大雅，燕，安。翼，成也。美武王能遺其子孫善謀以安成之，喻子桑有舉善之謀也。◯穆公平亂善鄰，卹災討罪，綽乎伯者之風焉。惜其既信燭之武之言，復狥杞子之計，惟利焉趨，背向彌速，以至將禽師殞，幾不自振。雖僅收之桑榆，曷克以償之？夫文公雖甚憾鄭，無必滅焉之志也。欲持其危，以好喻晉，使兩釋兵而歸，則仁昭而義著矣。顧舍戍焉以啓邪謀，誠始慮之不詳哉！

四年　秋，晉侯伐秦，圍邧新城，以報王官之役。邧新城，秦邑。楚人滅江，秦伯爲之降服，出次，不舉，過數。大夫諫，公曰：「同盟滅，雖不能救，敢不矜乎？吾自懼也。」君子曰：「詩

云：『惟彼二國，其政不獲。惟此四國，爰究爰度。』其秦穆之謂矣。」降服，素服。出次，辟正寢。不舉，去盛饌。鄰國之禮有數，秦伯過之。詩大雅，言夏商之君爲政不得人心，故四方諸侯皆懼，而謀度其政事。秦穆感江之滅，懼而思政。爰，於也。究、度，皆謀也。

五年　初，鄀叛楚即秦，又貳於楚。夏，秦人入鄀。

六年　夏，秦伯任好卒。以子車氏之三子奄息、仲行、鍼虎爲殉，皆秦之良也。國人哀之，爲之賦黄鳥。君子曰：「秦穆之不爲盟主也宜哉！死而棄民。先王違世，猶詒之法，而況奪之善人乎！詩曰：『人之云亡，邦國殄瘁。』無善人之謂，若之何奪之？古之王者知命之不長，是以並建聖哲，樹之風聲，分之物采，著之話言，爲之律度，陳之藝極，引之表儀，予之法制，告之訓典，教之防利，委之常秩，道之以禮則，使毋失其土宜，衆隸賴之，而後即命。聖王同之。今縱無法以遺後嗣，而又收其良以死，難以在上矣。」君子是以知秦之不復東征也。任好，穆公名。子車，秦大夫，其三子皆秦之良。以人從葬爲殉。黄鳥，秦風，取黄鳥止于棘桑，往來得其所，傷三良不然。詩大雅，言善人亡則國瘁病。建聖哲，以牧民繼其勳烈。樹，立也。立其風化聲教，采物、旌旗、衣服，各有分制。著，作也。著其話言之善者爲遺則。律度，度量權衡。藝，準也。極，中也。貢獻多少之法。引，道也。表儀，威儀之則。法制，賞罰之制。訓典，先王之書。防，防惡。利，興利。委，任也。常秩，司官之常職。即命，就用上命也。東征，征討東土爲伯主也。

秦晉交伐

文公六年　八月乙亥，晉襄公卒。靈公少，晉人以難故，欲立長君趙孟。使先蔑士會如秦，逆公子雍。詳見卿族廢興。

七年　夏，四月，秦康公送公子雍于晉，曰：「文公之入也無衛，故有呂、郤之難。」乃多與之徒衛。穆嬴日抱太子以啼于朝。　宣子與諸大夫……乃背先蔑而立靈公，以禦秦師，箕鄭居守。趙盾將中軍，先克佐之。荀林父佐上軍，先蔑將下軍，先都佐之。步招御戎，戎津爲右。及堇陰，宣子曰：「我若受秦，秦則賓也。不受，寇也。既不受矣，而復緩師，秦將生心。先人有奪人之心，軍之善謀也。逐寇如追逃，軍之善政也。」訓卒，利兵，秣馬，蓐食，潛師夜起。戊子，敗秦師于令狐，至于刳首。己丑，先蔑奔秦，士會從之。呂、郤難，見驪姬之亂。穆嬴，靈公母。先蔑、士會逆公子雍，時還晉，晉人既以大義立靈公，先蔑不能異，故猶在戎職。既以所逆不終而奔。堇陰，晉地。蓐食，於寢蓐。令狐，猗氏縣。刳首，地接。

八年　夏，秦人伐晉，取武城，以報令狐之役。前役節，詳卿族廢興。

十年　春，晉人伐秦，取少梁。夏，秦伯伐晉，取北徵。少梁，今陝西韓城縣有少梁城。北徵，今陝西澄

城縣有北徵城。

十二年　秋，秦伯使西乞術來聘，且言將伐晉。襄仲辭玉，曰：「君不忘先君之好，照臨魯國，鎮撫其社稷，重之以大器，寡君敢辭玉。」對曰：「不腆敝器，不足辭也。」主人三辭，賓答曰：「寡君願徼福于周公、魯公以事君，不腆先君之敝器，使下臣致諸執事以爲瑞節，要結好命，所以藉寡君之命結二國之好，是以敢致之。」襄仲曰：「不有君子，其能國乎？國無陋矣。」厚賄之。時晉主盟，魯方事晉，術欲伐晉，故辭玉以拒之。大器，圭璋也，即所辭玉。禮，君聘以珪，夫人以璋。以珪璋聘，重禮也。已聘而還之，輕財也。使執之以信，故又曰瑞節。則還玉於聘終，此初聘而辭玉，故術知爲拒己，而必欲致之以成其好。徼，要也。魯公，伯禽，稱先君以固結之。珪璋傳之先世，又告廟而行，故稱先君。以玉爲信曰瑞。節，符也。藉，薦也。襄仲嘉其有詞而稱之。賄，贈送也。秦爲令狐之役故，冬，秦伯伐晉，取羈馬，晉人禦之。十二月，秦軍掩晉上軍，趙穿追之不及。秦師夜遁。復侵晉，入瑕。羈馬，晉邑，陝西郃陽縣有羈馬城。瑕，晉邑。詳見卿族廢興。

十三年　春，晉侯使詹嘉處瑕，以守桃林之塞。詹嘉，晉大夫。桃林，在今河南靈寶縣西至潼關。賜嘉瑕邑，令帥衆守之以備秦。

宣公元年　秋，晉欲求成於秦。趙穿曰：「我侵崇，秦急崇，必救之，吾以求成焉。」冬，趙穿侵崇，秦弗與成。崇，秦之與國。

二年　春，秦師伐晉，以報崇也。遂圍焦。夏，晉趙盾救焦。焦，晉邑。

八年　春，白狄及晉平。夏，會晉伐秦。晉人獲秦諜，殺諸絳市，六日而蘇。蓋記異也。

十五年　秋，七月，秦桓公伐晉，次于輔氏。壬午，晉侯治兵于稷，以略狄土，立黎侯而還。及雒，魏顆敗秦師于輔氏，獲杜回，秦之力人也。初，魏武子有嬖妾，無子，武子疾，命顆曰：「必嫁是。」疾病則曰：「必以爲殉。」及卒，顆嫁之，曰：「疾病則亂，吾從其治也。」及輔氏之役，顆見老人結草以亢杜回，杜回躓而顛，故獲之。夜夢之曰：「余，而所嫁婦人之父也。爾用先人之治命，余是以報。」輔氏、稷，皆晉地。略，取也。晉時新破狄，土地未安，權秦師之弱，故别遣魏顆拒秦，而東行定狄地，以狄前奪黎侯地，故復立之。及雒，晉侯還及雒也。雒，晉地。武子，魏犨，顆之父。亢，禦也。而，汝也。

成公九年　冬，秦人、白狄伐晉，諸侯貳故也。爲汶陽之田，故諸侯貳。見晉景公楚共王爭伯。

十二年　冬，秦、晉爲成。將會于令狐，晉侯先至焉。秦伯不肯涉河，次于王城，使史顆盟晉侯于河東，晉郤犨盟秦伯于河西。范文子曰：「是盟也，何益？齊盟，所以質信也，會，所信之始也。始之不從，其可質乎？」秦伯歸而背晉成。史顆，秦大夫。齊，一心。質，實也。

十三年　春，晉侯使郤錡來乞師。三月，公如京師，宣伯欲賜，請先使。王以行人之禮禮焉。孟獻子從，王以爲介而重賄之。公及諸侯朝王，遂從劉康公、成肅公會晉侯伐秦。夏，四月戊午，晉侯使呂相絶秦，曰：「昔逮我獻公及穆公相好，戮力同心，申之以盟誓，重之昏姻。

天禍晉國，文公如齊，惠公如秦。無禄，獻公即世。穆公不忘舊德，俾我惠公，用能奉祀于晉。又不能成大勳，而爲韓之師。亦悔于厥心，用集我文公，是穆之成也。文公躬擐甲胄，跋履山川，踰越險阻，征東之諸侯，虞、夏、商、周之胤而朝諸秦，則亦既報舊德矣。鄭人怒君之疆埸，我文公帥諸侯及秦圍鄭。秦大夫不詢于我寡君，擅及鄭盟，諸侯疾之，將致命于秦。文公恐懼，綏静諸侯，秦師克還無害，則是我有大造于西也。無禄，文公即世，穆爲不弔，蔑死我君，寡我襄公，迭我殽地，奸絶我好，伐我保城，殄滅我費滑，散離我兄弟，撓亂我同盟，傾覆我國家。我襄公未忘君之舊勳，而懼社稷之隕，是以有殽之師，猶願赦罪于穆公。穆公弗聽，而即楚謀我。天誘其衷，成王隕命，穆公是以不克逞志于我。穆、襄即世，康、靈即位。康公，我之自出，又欲闕翦我公室，傾覆我社稷，帥我蝥賊，以來蕩摇我邊疆，我是以有令狐之役。康猶不悛，入我河曲，伐我涑川，俘我王官，翦我羈馬，我是以有河曲之戰。東道之不通，則是康公絶我好也。及君之嗣也，我君景公引領西望曰：『庶撫我乎？』君亦不惠稱盟，利吾有狄難，入我河縣，焚我箕、郜，芟夷我農功，虔、劉我邊垂，我是以有輔氏之聚。君亦悔禍之延，而欲徼福于先君獻、穆，使伯車來命我景公曰：『吾與女同好棄惡，復脩舊德，以追念前勳。』言誓未就，景公即世，我寡君是以有令狐之會。君又不祥，背棄盟誓。白狄及君同州，君之仇讎，而我昏姻也。君來賜命曰：『吾與女伐狄。』寡君不敢顧昏姻，畏君之威，而受命于吏。君有二心於狄，曰：『晉將伐

女。』狄應且憎，是用告我。楚人惡君之二三其德也，亦來告我曰：『秦背令狐之盟，而來求盟于我：　昭告昊天上帝、秦三公、楚三王曰，余雖與晉出入，余唯利是視。不穀惡其無成德，是用宣之，以懲不壹。』諸侯備聞此言，斯是用痛心疾首，暱就寡人。寡人帥以聽命，唯好是求。君若惠顧諸侯，矜哀寡人，而賜之盟，則寡人之願也。其承寧諸侯以退，豈敢徼亂？君若不施大惠，寡人不佞，其不能以諸侯退矣。敢盡布之執事，俾執事實圖利之。』秦桓公既與晉厲公爲令狐之盟，而又召狄與楚，欲道以伐晉，諸侯是以睦於晉。晉欒書將中軍，荀庚佐之。士燮將上軍，郤錡佐之。韓厥將下軍，荀罃佐之。趙旃將新軍，郤至佐之。郤毅御戎，欒鍼爲右。孟獻子曰：「晉帥乘和，師必有大功。」五月丁亥，晉師以諸侯之師及秦師戰于麻隧，秦師敗績，獲秦成差及不更女父。曹宣公卒于師。師遂濟涇，及侯麗而還。迓晉侯于新楚。

乞師以伐秦。餘見卿族廢興。欲賜，欲王賜己。以行人，不加厚也。介，輔相威儀者。獻子相公以禮，故王重賜之。餘見王臣喪亡。呂相，魏錡子。以書達晉侯命于秦穆公。夫人，獻公之女，故云昏姻。文如齊，惠如秦，辟驪姬也。集，安定也。成，成功也。草行爲跋。圍鄭者，晉自以無禮于己，又二於楚，今言侵秦者，誣之。盟鄭者，穆公謙言大夫。時無諸侯，蓋假以致德。西，指秦也。不弔，不見傷恤。寡，弱也。滑都於費，今河南偃師縣。舊勳，納文之勳。赦罪，解怨也。即楚謀，謂秦使鬬克歸楚求成也。事見楚儀燮之亂。自出，晉之甥。蟊賊，禾稼蟲名。謂子雍。涑水，自山西絳縣經聞喜縣，至蒲州東南入河。東道，晉自謂。君，謂秦桓公。惠稱盟，加惠于晉而舉盟。虔、劉，皆殺也。聚，衆師也。延，長也。獻、穆，晉獻、秦穆。伯車，秦桓公子。本言寡人，兩言寡君，誤也。祥，善

也。及，與也。狄應且憎，言狄雖應答秦而心實憎秦無信。三公，穆、康、共。三王，成、穆、莊。出入，猶往來。暱，親也。承寧，承君之惠以寧静諸侯。徼，要也。晉辭多誣，惟既盟令狐而召狄與楚伐晉三事爲實，故傳舉言以正秦罪。帥，軍帥。乘，車士。不更，秦爵。涇水，自陝西平陽府白巖發源，至涇州東南至邠州界，又東北由高陵縣界入渭。迓，迎也。既戰，晉侯止新楚，故師還過迎之。麻隧、新楚、侯麗，皆秦地。

襄公九年　夏，秦景公使士雃乞師于楚，將以伐晉，楚子許之。秋，楚子師于武城，以爲秦援。秦人侵晉，晉饑，弗能報也。詳見悼公復伯。

十年　六月，晉荀罃伐秦，報其侵也。

十一年　四月，諸侯伐鄭。九月，諸侯悉師以復伐鄭。十二月，秦庶長鮑、庶長武帥師伐晉，以救鄭。鮑先入晉地，士魴御之，少秦師而弗設備。壬午，武濟自輔氏，與鮑交伐晉師。己丑，秦、晉戰于櫟，晉師敗績，易秦故也。庶長，秦爵。救鄭，爲楚救也。時秦與楚通好故。濟從輔氏渡河也。櫟，晉地。

十二年　冬，秦嬴歸于楚，楚司馬子庚聘于秦，爲夫人寧，禮也。秦景公妹爲楚共王夫人。子庚，莊王子，名午。諸侯夫人父母既没，歸寧使卿，故曰禮。

十四年　夏，諸侯之大夫從晉侯伐秦，以報櫟之役也。晉侯待于竟，使六卿帥諸侯之師以進。及涇，不濟。叔向見叔孫穆子，穆子賦匏有苦葉。叔向退而具舟。魯人、莒人先濟。鄭子蟜見衛北宫懿子，曰：「與人而不固，取惡莫甚焉。若社稷何？」懿子説。二子見諸侯之師而

勸之濟。濟涇而次。秦人毒涇上流，師人多死。鄭司馬子蟜帥鄭師以進，師皆從之，至于棫林，不獲成焉。荀偃令曰：「雞鳴而駕，塞井夷竈，唯余馬首是瞻。」欒黶曰：「晉國之命未是有也，余馬首欲東。」乃歸，下軍從之。左史謂魏莊子曰：「不待中行伯乎？」莊子曰：「夫子命從帥，欒伯，吾帥也，吾將從之。從帥，所以待夫子也。」伯游曰：「吾令實過，悔之何及，多遺秦禽。」乃命大還。晉人謂之「遷延之役」。於是齊崔杼、宋華閱、仲江會伐秦。不書，惰也。向之會亦如之。衛北宮括不書於向，書於伐秦，攝也。晉以諸侯之師伐秦。不濟，不肯渡涇也。詩邶風，義取於「深則厲，淺則揭」，言己志在于必濟。棫林，秦地。塞井夷竈，示即行。馬首是瞻，將率之西入。黶惡偃不謀羣帥而自專，故棄之歸。左史，晉大夫。莊子，魏絳。中行伯，荀偃。夫子謂偃也。黶帥下軍，莊子爲佐，故曰吾帥。蓋絳亦以偃專爲非。伯游，偃字。言軍帥不和，多自遺禽獲於秦。大還，皆還。遷延，退郤也。餘見卿族廢興。惰，臨事怠慢。如之，亦惰也。攝，能整攝。從子蟜俱濟涇向會，見吳通上國。〇時荀偃專命，欒黶擅還，而悼公罔聞，君威阻矣。

十九年　於四月丁未，鄭公孫蠆卒，赴於晉大夫。范宣子言於晉侯，以其善於伐秦也。六月，晉侯請於王，王追賜之大路，使以行，禮也。大路，天子所賜車之摠名。以行，行葬禮。傳言大夫有功，則賜服路。

會于夷儀之歲，其五月，秦、晉爲成，晉韓起如秦涖盟，秦伯車如晉涖盟，成而不結。伯車，秦伯之弟，名鍼。不結，不固結也。

二十六年　春，秦伯之弟鍼如晉脩成，叔向命召行人子員，行人子朱曰：「朱也當御。」三

云，叔向不應。子朱怒，曰：「班爵同，何以黜朱於朝？」撫劍從之。叔向曰：「秦、晉不和久矣，今日之事幸而集，晉國賴之。不集，三軍暴骨。子員道二國之言無私，子常易之。姦以事君者，吾所能御也。」拂衣從之。人救之，平公曰：「晉其庶乎！吾臣之所争者大。」師曠曰：「公室懼卑，臣不心競而力争。不務德而争善，私欲已侈，能無卑乎！」脩成，脩前成。召子員，使答秦命也。御，進也。言朱次當行。從，逐叔向。易，變也。拂，振也。庶，庶幾于治。争者大，非私忿也。心競，心自競於忠。力争，謂撫劍拂衣。争善，各以所行爲善。私欲侈則公義廢，故卑。

昭公元年　夏，五月，秦后子有寵於桓，如二君於景。其母曰：「弗去，懼選。」癸卯，鍼適晉，其車千乘。書曰「秦伯之弟鍼出奔晉」，罪秦伯也。后子享晉侯，造舟于河，十里舍車，自雍及絳。歸取酬幣，終事八反。司馬侯問焉，曰：「子之車盡於此而已乎？」對曰：「此之謂多矣。若能少此，吾何以得見？」女叔齊以告公，且曰：「秦公子必歸。臣聞君子能知其過，必有令圖。令圖，天所贊也。」后子見趙孟趙，孟曰：「吾子其曷歸？」對曰：「鍼懼選於寡君，是以在此，將待嗣君。」趙孟曰：「秦君何如？」對曰：「無道。」趙孟曰：「亡乎？」對曰：「何爲？一世無道，國未艾也。國於天地有與立焉，不數世淫，弗能斃也。」趙孟曰：「天乎？」對曰：「有焉。」趙孟曰：「其幾何？」對曰：「鍼聞之，國無道而年穀和熟，天贊之也。鮮不五稔。」趙孟視蔭曰：「朝夕不相及，誰能待五？」后子出而告人曰：「趙孟將死矣！主民翫歲

而愒日，其與幾何？」后子名鍼，一名伯車，秦桓公子，景公母弟。其權寵如二君。選，數也。恐景公數其罪而加戮。罪，罪失教也。享，爲晉侯設享禮。造舟，爲梁于河，通秦、晉之道。以十里爲一舍，每舍置車八乘，爲八反之備。秦之雍，晉之絳，相去千里，用八百乘以備。九獻，禮，每獻必有酬幣，始自齎其一，續八皆歸取於秦，各以次載幣而還，晉不徑至，故八反。千里用車八百乘，其二百乘以自隨，故曰千乘，此蓋度其道里，以次第舍車，各預置酬幣於車中，復計其遠近，使之先日續發約，享日仍以每享次第而至，享畢車亦畢。鍼極奢富以盡敬於所赴。司馬侯，晉大夫，字女叔齊。見其車多，故抑之以爲盡于此已乎，鍼自言已以車多故出奔。令圖，善謀。曷歸，何時歸。有與立，言國與天地參而並立，植之固也。鮮不五稔，言無道反獲天助，將恃之而驕，其死必速，故不及五稔。稔，年也。蔭，日景。趙孟意衰，視之而言人生雖保朝夕，不能常有此日月，豈能待五。翫、愒，皆偷安不爲社稷生靈長久慮。幾何，言不能久。趙孟果於此歲終。冬，楚子干奔晉，從車五乘。叔向使與秦公子同食，皆百人之餼。趙文子曰：「秦公子富。」叔向曰：「底禄以德，德鈞以年，年同以尊。公子以國，不聞以富。且夫以千乘去其國，彊禦以甚。詩曰：『不侮鰥寡，不畏彊禦。』秦、楚匹也。」使后子與子干齒，辭曰：「鍼懼選，楚公子不獲，是以皆來，亦唯命。且臣與羈齒，無乃不可乎？史佚有言曰：『非羈，何忌？』」子干，公子比字，避楚虔亂奔晉。同食，同其食禄。百人，一卒也。其禄足百人。富，謂鍼富强，秩禄不宜與子干同。底，致也。詩大雅。齒，齊列也。不獲，不得自安，言俱奔有優劣，唯主人命所處，蓋謙辭。又言已先仕晉爲臣，子干後至猶爲羈客，已當降損，引史佚言唯羈當敬。忌，敬也。

五年　冬，秦后子復歸于秦，景公卒故也。

春秋左傳屬事卷十八

楚

武王伐隨

桓公六年　春，楚武王侵隨，使薳章求成焉，軍於瑕以待之。隨人使少師董成。鬭伯比言於楚子，曰：「吾不得志於漢東也，我則使然。我張吾三軍，而被吾甲兵，以武臨之，彼則懼而協以謀我，故難間也。漢東之國，隨爲大。隨張，必棄小國。小國離，楚之利也。少師侈，請羸師以張之。」熊率且比曰：「季梁在，何益？」鬭伯比曰：「以爲後圖，少師得其君。」王毁軍而納少師。少師歸，請追楚師。隨侯將許之，季梁止之曰：「天方授楚，楚之羸，其誘我也，君何急焉？臣聞小之能敵大也，小道大淫。所謂道，忠於民而信於神也。上思利，民忠也。祝史正，辭信也。

今民餒而君逞欲，祝史矯舉以祭，臣不知其可也。」公曰：「吾牲牷肥腯，粢盛豐備，何則不信？」對曰：「夫民，神之主也，是以聖王先成民而後致力於神。故奉牲以告曰『博碩肥腯』，謂民力之普存也，謂其畜之碩大蕃滋也，謂其不疾瘯蠡也，謂其備腯咸有也。奉盛以告曰『絜粢豐盛』，謂其三時不害而民和年豐也。奉酒醴以告曰『嘉栗旨酒』，謂其上下皆有嘉德而無違心也。所謂馨香，無讒慝也。故務其三時，脩其五教，親其九族，以致其禋祀。於是乎民和而神降之福，故動則有成。今民各有心而鬼神乏主，君雖獨豐，其何福之有？君姑脩政而親兄弟之國，庶免於難。」隨侯懼而脩政，楚不敢伐。

隨國，今湖廣德安府隨州有隨城山。薳章，楚大夫。瑕，隨地。少師，隨寵臣。董，正也。鬭伯比，楚大夫，令尹子文之父。熊率且比，亦楚大夫。季梁，隨賢臣。伯比欲示弱以驕隨，且比以季賢知吾謀將不行，故伯比言隨侯今雖從季梁，終當以少師計爲善，可爲後圖。毀軍，從伯比謀。許追楚，信楚弱也。正辭，不虛辭稱君美。矯舉，詐稱功德以欺鬼神。牲，牛、羊、豕。牷，純色完全也。腯，亦肥也。黍稷曰粢，在器曰盛。鬼神之情依民而行，故民爲神之主。告神，以博碩肥腯意，實兼此四，謂民力適完則六畜既大，而滋博廣。碩，大也。疥癬曰瘯。蠡作「瘰」，筋結病瘰也。皮毛無此疾，又兼備而無有闕，皆民力之存。奉盛，奉醴，意皆歸於德民，非徒以物，故聖人養而教之先民而後神。三時，春、夏、秋。嘉，善。栗，敬也。馨香之遠聞者。五教，以五倫爲教。禋，潔敬也。九族，謂自高祖至玄孫爲九，非必己有高玄，凡與高玄爲一世者是也。乏主，民饑餒也。脩政，以內撫民、親兄弟以爲外援。

八年　春，隨少師有寵。楚鬭伯比曰：「可矣。讎有釁，不可失也。」夏，楚子合諸侯于沈鹿，黃、隨不會。使薳章讓黃。楚子伐隨，軍於漢、淮之間。季梁請下之，「弗許而後戰，所以怒

我而怠寇也。」少師謂隨侯曰：「必速戰。不然，將失楚師。」隨侯禦之，望楚師，季梁曰：「楚人上左，君必左，無與王遇。且攻其右，右無良焉，必敗。偏敗，衆乃攜矣。」少師曰：「不當王，非敵也。」弗從。戰于速杞，隨師敗績。隨侯逸，鬭丹獲其戎車與其戎右少師。秋，隨及楚平，楚子將不許，鬭伯比曰：「天去其疾矣，隨未可克也。」乃盟而還。無德者寵，國之釁也，故謀伐隨。沈鹿，楚地。讓，責也。黄，今爲河南光州。今隨州境有楚子城，以其築城伐隨而名。下之，請服也。君必左，楚君必在左。弗從，不從季梁。速杞，隨地。逸，逃也。鬭丹，楚大夫。戎車，君所乘兵車。戎右，車右。寵少師，故爲右。被獲而死，故云去疾。

莊公四年　春，楚武王荆尸，授師孑焉以伐隨。將齊，入告夫人鄧曼，曰：「余心蕩。」鄧曼嘆曰：「王祿盡矣。盈而蕩，天之道也。先君其知之矣，故臨武事，將發大命，而蕩王心焉。若師徒無虧，王薨於行，國之福也。」王遂行，卒於樠木之下。令尹鬭祁、莫敖屈重除道梁溠，營軍臨隨，隨人懼，行成。莫敖以王命入盟隨侯，且請爲會於漢汭，而還。濟漢而後發喪。尸，陳也。荆，即楚更爲楚陳兵之法。揚雄方言：孑者，戟也。楚始於此參用戟爲陳。將授兵於太廟，故齊。蕩，動散。薨于行，不死於敵也。樠木，木名，今湖廣承天府樠木山有楚子廟。鬭祁、屈重謀祕王喪，爲奇兵，更開直道爲梁於溠。溠水在隨州城東南。築軍壘以臨隨，爲持久計。隨人莫測，懼而求成。水曲曰汭，漢之西也。請會，示隨不疑。

僖公二十年　秋，隨以漢東諸侯叛楚。冬，楚鬭穀於菟帥師伐隨，取成而還。君子曰：「隨之見伐，不量力也。量力而動，其過鮮矣。善敗由己，而由人乎哉！詩曰：『豈不夙夜，謂

行多露。』」鬬穀於菟，字子文。詩召南，言豈不欲早暮而行，懼多露之濡己，以喻違禮而行必有汚辱，是量力相時之義。

屈瑕敗鄖敗絞伐羅

桓公十一年　春，楚屈瑕將盟貳、軫。鄖人軍於蒲騷，將與隨、絞、州、蓼伐楚師。莫敖患之，鬬廉曰：「鄖人軍其郊，必不誡。且日虞四邑之至也。君次於郊郢，以禦四邑，我以銳師宵加於鄖。鄖有虞心而恃其城，莫有鬬志。若敗鄖師，四邑必離。」莫敖曰：「盍請濟師於王？」對曰：「師克在和，不在衆。商、周之不敵，君之所聞也。成軍以出，又何濟焉？」莫敖曰：「卜之？」對曰：「卜以決疑，不疑何卜？」遂敗鄖師於蒲騷，卒盟而還。貳、軫，二國名。盟，盟以服之。鄖亦國，今爲湖廣德安府有鄖子國。蒲騷，鄖邑，今應城縣有蒲騷城。隨、絞、州、蓼，四國也。州在今監利縣境，蓼在南直隸壽州，有蓼國城。莫敖，楚官，屈瑕爲之。鬬廉，楚大夫。誡，備。虞，度也。四邑，謂四國，以國小而邑名之。君，謂屈瑕。郊郢，楚地，今爲承天府，舊名郢中。恃其城，度敗而有城可保也。濟，益也。不敵，紂衆武王寡也。卒盟，盟貳、軫也。

十二年　冬，楚伐絞，軍其南門。莫敖屈瑕曰：「絞小而輕，輕則寡謀，請無扞采樵者以誘之。」從之。絞人獲三十人，明日，絞人争出，驅楚役徒於山中。楚人坐其北門而覆諸山下，大敗之。爲城下之盟而還。伐絞之役，楚師分涉於彭，羅人欲伐之，使伯嘉諜之，三巡數之。扞，衛也。

樵，薪也。獲，獲楚人。坐，猶守也。覆，設伏兵以待之也。城下之盟，諸侯所深恥。彭，水名。羅，熊姓國，在湖廣南漳縣南境有羅國城，後徙枝江縣。伯嘉，羅大夫。諜，伺也。巡，徧也。

十三年　春，楚屈瑕伐羅，鬬伯比送之，還，謂其御曰：「莫敖必敗！舉趾高，心不固矣。」遂見楚子曰：「必濟師。」楚子辭焉。入告夫人鄧曼，鄧曼曰：「大夫其非衆之謂，其謂君撫小民以信，訓諸司以德，而威莫敖以刑也。莫敖狃於蒲騷之役，將自用也，必小羅。君若不鎮撫，其不設備乎！夫固謂君訓衆而好鎮撫之，召諸司而勸之以令德，見莫敖而告諸天之不假易也。不然，夫豈不知楚師之盡行也？」楚子使賴人追之，不及。莫敖使徇于師曰：「諫者有刑。」及鄢，亂次以濟，遂無次，且不設備。及羅，羅與盧戎兩軍之，大敗之。莫敖縊于荒谷，羣帥囚于冶父以聽刑。楚子曰：「孤之罪也。」皆免之。趾，足也。伯比難言瑕將敗，故以濟師諷諫，武王不解其旨，故拒之。鄧曼，王夫人，言伯比意不在益衆，而在王之以德刑信爲訓也。狃，狎也。不假易，言天不借貸慢易之人。賴人，賴人仕於楚者。徇，宣令也。鄢水在襄陽宜城縣入漢。無次，無復行伍之次。備，戰備。盧戎，南蠻。縊，自經。荒谷、冶父，皆楚地。

文王滅息鄧敗蔡黃

隱公十一年　秋，鄭、息有違言，息侯伐鄭，鄭伯與戰于竟，息師大敗而還。君子是以知息之

將亡也。不度德，不量力，不親親，不徵辭，不察有罪，犯五不韙而以伐人，其喪師也不亦宜乎！息，後見。違言，以言語相違恨。不度，言德薄。不量，言國弱。息、鄭同姓爲親。徵辭，言當明徵其辭，審曲直以察罪之所在。韙，是也。

桓公九年　春，巴子使韓服告于楚，請與鄧爲好。楚子使道朔將巴客以聘於鄧，鄧南鄙鄾人攻而奪之幣，殺道朔及巴行人。楚子使薳章讓於鄧，鄧人弗受。夏，楚使鬭廉帥師及巴師圍鄾，鄧養甥、聃甥帥師救鄾。三逐巴師，不克。鬭廉衡陳其師於巴師之中以戰，而北，鄧人逐之，背巴師。而夾攻之，鄧師大敗，鄾人宵潰。鄧，今爲鄧州，又湖廣襄陽府東北有鄧城，亦云鄧地。巴國，今爲四川重慶府。韓服，巴行人。楚子，武王也。道朔，楚大夫。巴客，韓服也。鄾，鄧邑，在鄧城南八里有鄾城。弗受，言非鄾人所攻。廉圍而討之。二甥皆鄧甥，仕舅氏。衡，横也。分巴師爲二部，廉横陳於其中，以與鄧戰，而僞走誘鄧師背巴師而逐己，己還戰，巴師自其背與夾攻之，故鄧敗。鄾人失援，夜潰。北，走也。宵，夜也。

莊公六年　冬，楚文王伐申，過鄧。鄧祈侯曰：「吾甥也。」止而享之。騅甥、聃甥、養甥請殺楚子，鄧侯弗許。三甥曰：「亡鄧國者必此人也，若不早圖，後君噬齊，其及圖之乎？圖之，此爲時矣。」鄧侯曰：「人將不食吾餘。」對曰：「若不從三臣，抑社稷實不血食，而君焉取餘？」弗從。還年，楚子伐鄧。十六年，楚復伐鄧，滅之。申，伯國，今爲河南信陽縣。祁，謚也。姊妹之子曰甥。三甥欲因享於飲食中毒殺楚子。噬齊，若齧腹齊，喻不可及。鄧侯言因享而害人，大致人疑，不食吾之餘矣。焉取餘，言國

亡無食，不復有其餘也。還年，伐申還之年。

十年　夏，蔡哀侯娶于陳，息侯亦娶焉。息嬀將歸，過蔡，蔡侯曰：「吾姨也。」止而見之，弗賓，息侯聞之，怒，使謂楚文王曰：「伐我，吾求救於蔡，而伐之。」楚子從之。秋，九月，楚敗蔡師于莘，以蔡侯獻舞歸。息，侯國，今爲河南息縣。妻之姊妹曰姨。弗賓，不敬禮也。莘，蔡地。

十四年　蔡哀侯爲莘故，繩息嬀以語楚子。楚子如息，以食入享，遂滅息。以息嬀歸，生堵敖及成王焉。未言。楚子問之，對曰：「吾一婦人，而事二夫，縱弗能死，其又奚言？」楚子以蔡侯滅息，遂伐蔡。秋，七月，楚入蔡。君子曰：「商書所謂『惡之易也，如火之燎于原，不可鄉邇，其猶可撲滅』者，其如蔡哀侯乎！」繩，譽也。食入享，僞設享食之具，因而納兵。未言，不與王言，示恨意。入蔡，以說息嬀。商書，盤庚，言惡宜遠而宜滅，蔡侯以惡自害也。

十八年　初，楚武王克權，使鬭緡尹之，以叛，圍而殺之。遷權於那處，使閻敖尹之。及文王即位，與巴人伐申，而驚其師。巴人叛楚，而伐那處，取之，遂門于楚。閻敖游涌而逸，楚子殺之，其族爲亂。冬，巴人因之以伐楚。權國，在今湖廣當陽縣東南舊有權城。以叛，緡以權叛。殺之，殺緡也。那處，楚地，在荊門州境舊有那口城。閻敖，楚大夫。驚其師，驚巴師。門，攻楚城門。涌水，舊在監利縣境，今闕。敖不能守城，游涌水而走。

十九年　春，楚子禦之，大敗於津。還，鬻拳弗納，遂伐黃。敗黃師于踖陵，還，及湫，有疾。

夏，六月庚申，卒。鬻拳葬諸夕室，亦自殺也，而葬於絰皇。初，鬻拳强諫楚子，楚子弗從，臨之以兵，懼而從之。鬻拳曰：「吾懼君以兵，罪莫大焉。」遂自刖也。楚人以爲大閽，謂之太伯，使其後掌之。君子曰：「鬻拳可謂愛君矣，諫以自納於刑，刑猶不忘納君於善。」津，楚地。鬻拳，楚大閽。黄，嬴姓國。踖陵，黄地。湫、夕室，皆楚地。絰皇，冢前闕。生守門，故死不失職。大閽，守城門者，以太伯稱，示寵異，使子孫常主此官。因以兵諫而自刖，既刖而復進忠諫，卒以自殺，故爲愛君。○拳雖非人臣之正，而心實出於忠愛，況己自殺，後人復何罪之深也。特不可以爲法耳。然楚能盡其忠愛，所以興乎！

成王滅弦黄夔

僖公五年　秋，楚鬭穀於菟滅弦，弦子奔黄。於是江、黄、道、柏方睦於齊，皆弦姻也。弦子恃之而不事楚，又不設備，故亡。於菟，即子文。弦國，今河南光山縣。道國，在今河南安陽縣南。柏國，在今河南西平縣有柏亭。

十一年　黄人不歸楚貢，冬，楚人伐黄。

十二年　黄人恃諸侯之睦于齊也，不共楚職，曰：「自郢及我九百里，焉能害我？」夏，楚滅黄。

二十六年　夔子不祀祝融與鬻熊，楚人讓之，對曰：「我先王熊摯有疾，鬼神弗赦，而自竄于夔，吾是以失楚，又何祀焉？」秋，楚成得臣、鬭宜申帥師滅夔，以夔子歸。夔國，今湖廣歸州東有夔子城。祝融，高辛氏之火正，楚之遠祖也。鬻熊距祝融一千二百餘年，其苗裔也。夔，楚之别封，故亦世紹其祀。熊摯，楚嫡子，有疾不得嗣位，别封爲夔子。得臣，子玉。宜申，子西。

成王之弑

僖公二十二年　冬，十一月己巳朔，宋公及楚人戰于泓。宋師敗績。丙子晨，鄭文夫人芈氏、姜氏勞楚子於柯澤。楚子使師縉示之俘馘。君子曰：「非禮也。婦人送迎不出門，見兄弟不踰閾，戎事不邇女器。」丁丑，楚子入饗于鄭，九獻，庭實旅百，加籩豆六品。饗畢，夜出，文芈送于軍，取鄭二姬以歸。叔詹曰：「楚王其不没乎！爲禮卒於無别，無别不可謂禮，將何以没？」諸侯是以知其不遂霸也。宋敗，詳見宋襄圖伯。楚子還過鄭，鄭文公夫人芈氏，楚女。姜氏，齊女也。柯澤，鄭地。師縉，楚樂師。俘所得囚馘所截耳。言戎事尚嚴，不近女子所御之物，況使婦人至軍中，又示以俘馘乎？享，爲鄭所享，用上公之禮九獻。酒而禮畢，庭中所陳品數百也。食物六品，加於籩豆。二姬，文芈女也。不没，不以壽終。楚子所以即敗城濮，終爲商臣所弑。

文公元年　初，楚子將以商臣爲太子，訪諸令尹子上，子上曰：「君之齒未也，而又多愛，黜乃亂也。楚國之舉，恒在少者。且是人也，蠭目而豺聲，忍人也，不可立也。」弗聽。既，又欲立王子職，而黜太子商臣。商臣聞之而未察，告其師潘崇，曰：「若之何而察之？」潘崇曰：「享江芈而勿敬也。」從之。江芈怒，曰：「呼！役夫！宜君王之欲殺女而立職也。」告潘崇曰：「信矣。」潘崇曰：「能事諸乎？」曰：「不能。」「能行乎？」曰：「不能。」「能行大事乎？」曰：「能。」冬，十月，以宫甲圍成王，王請食熊蹯而死，弗聽。丁未，王縊，謚之曰「靈」。不瞑，曰「成」，乃瞑。穆王立，以其爲太子之室與潘崇，使爲太師，且掌環列之尹。商臣，穆王名。齒未年，尚少。黜乃亂，謂既立而黜之則生亂。舉，立也。江芈，成王妹，嫁於江。呼，發聲。役夫，賤者稱。事，臣之也。行，出奔。大事，謂弑君。宫甲，太子宫甲。熊掌難熟，冀久將有外變。亂而不損曰靈。未斂而加惡謚，忍之極也。環列之尹，宫衛之官，列兵而環王宫。

十年　初，楚范巫矞似謂成王與子玉、子西曰：「三君皆將强死。」城濮之役，王思之，故使止子玉曰：「毋死。」不及。止子西，子西縊而縣絶，王使適至，遂止之，使爲商公。沿漢泝江，將入郢。王在渚宫，下，見之。懼，而辭曰：「臣免於死，又有讒言，謂臣將逃，臣歸死於司敗也。」王使爲工尹，又與子家謀弑穆王。穆王聞之，五月，殺鬬宜申及仲歸。矞似，范邑之巫。城濮，見晉文公之伯。商，楚邑。沿，順流。泝，逆流。小洲曰渚。司敗，司寇也。子西本欲爲亂，見王懼而飾詞，言願歸死焉。工尹，掌

百工之官。宜申，子西。仲歸，子家。

穆王滅江蓼六

文公三年　秋，楚師圍江。晉先僕伐楚以救江。冬，晉以江故告于周，王叔桓公、晉陽處父伐楚以救江，門于方城，遇息公子朱而還。晉本無救江之心，乃爲虛聲耳。

四年　秋，楚人滅江。

五年　六人叛楚，即東夷。秋，楚成大心、仲歸帥師滅六。冬，楚公子燮滅蓼。臧文仲聞六與蓼滅，曰：「皐陶、庭堅不祀忽諸。德之不建，民之無援，哀哉！」六，今南直隸六安州有六城。蓼，今霍丘縣。成大心，得臣子。仲歸，子家也。六，皐陶後。舊云庭堅皐陶字，恐非。一云蓼，庭堅後，亦未詳。忽，亡之速也。又傷二國之君不能建德以衛其民。

子燮子儀子越之亂

文公九年　冬，楚子越椒來聘，執幣，傲。叔仲惠伯曰：「是必滅若敖氏之宗。傲其先君，

神弗福也。」越椒，子文從子。凡聘必告廟，又其珪璋皆傳之先世，故言傲其先君。

十四年　秋，楚莊王立，子孔、潘崇將襲羣舒，使公子燮與子儀守，而伐舒蓼。二子作亂，城郢，而使賊殺子孔，不克而還。八月，二子以楚子出，將如商密，廬戢黎及叔麇誘之，遂殺鬬克及公子燮。初，鬬克囚于秦，秦有殽之敗，而使歸求成，成而不得志。公子燮求令尹而不得，故二子作亂。時莊王幼弱，子儀爲師，子燮爲傅，作亂不克而刼王以出。商密，漢爲丹水縣，後廢。廬，楚邑，在今湖廣襄陽府城南有中廬城。戢黎，邑大夫，叔麇其佐。鬬克，子儀名。不得志，無賞報也。

宣公四年　初，楚司馬子良生子越椒，子文曰：「必殺之。是子也，熊虎之狀而豺狼之聲，弗殺，必滅若敖氏矣。諺曰『狼子野心』，是乃狼也，其可畜乎？」子良不可。子文以爲大慼，及將死，聚其族曰：「椒也知政，乃速行矣！無及於難。」且泣曰：「鬼猶求食，若敖氏之鬼不其餒而！」及令尹子文卒，鬬般爲令尹，子越爲司馬，蔿賈爲工正，譖子揚而殺之，子越爲令尹，己爲司馬。子越又惡之，乃以若敖氏之族，圄伯嬴於轑陽而殺之。遂處烝野，將攻王。王以三王之子爲質焉，弗受，師于漳澨。秋，七月戊戌，楚子與若敖氏戰于臯滸，伯棼射王，汰輈，及鼓跗，著于丁寧。又射，汰輈，以貫笠轂。師懼，退，王使巡師曰：「吾先君文王克息，獲三矢焉，伯棼竊其二，盡於是矣。」鼓而進之，遂滅若敖氏。初，若敖娶於䢵，生鬬伯比。若敖卒，從其母畜於䢵，淫於䢵子之女，生子文焉。䢵夫人使棄諸夢中，虎乳之，䢵子田，見之，懼而歸，夫人以告，遂

使收之。楚人謂乳穀，謂虎於菟，故命之曰鬭穀於菟。以其女妻伯比，實爲令尹子文。其孫箴尹克黃使於齊，還及宋，聞亂，其人曰：「不可以入矣。」箴尹曰：「棄君之命，獨誰受之？君，天也，天可逃乎？」遂歸復命，而自拘於司敗。王思子文之治楚國也，曰：「子文無後，何以勸善？」使復其所，改命曰生。子良，子文弟。若敖，子文之先，因以爲氏。餒，不祀也。而，語助。般，子文之子，字子揚。子越，椒字，别字伯棼。蔿賈，字伯嬴。爲椒譖子揚而位以第遷，椒復惡賈而殺之。圄，囚也。轑陽、烝野，皆楚邑。三王，文、成、穆。漳澨，漳水之邊。臯滸，亦楚地。汰，過也。輈，車轅跗以架鼓。矢過車轅，上及跗而著丁寧。丁寧，鉦也。笠轂，用笠爲蓋蔽轂上，以禦暑雨。矢又過車輈及蓋。師見椒發矢異常，故懼，王爲設詞以强其心，遂奮而克之。邔、鄖同。畜，養也。夢，澤名，今德安府有雲夢城、雲夢縣，縣有於菟鄉，爲虎乳子文而名。告，告女私通所生。箴尹，官，名克黃，子揚之子，曰生，明更生之。

三王滅庸舒 莊共康

文公十年　厥貉之會，麇子逃歸。麇國，今爲湖廣岳州。

十一年　春，楚子伐麇，成大心敗麇師于防渚。潘崇復伐麇，至于錫穴。成大心，字孫伯。防渚、錫穴，皆麇地。錫穴，今爲鄖縣。

十二年，春，楚令尹大孫伯卒，成嘉爲令尹，羣舒叛楚。夏，子孔執舒子平及宗子，遂圍巢。成嘉，若敖曾孫，字子孔。羣舒，謂舒庸、舒鳩、舒蓼等，皆東夷小國，今南直隸有舒城縣，又有龍舒城。平，舒君名。宗、巢二國，羣舒之黨。

十六年，秋，楚大饑，戎伐其西南，至于阜山，師于大林。又伐其東南，至于陽丘，以侵訾枝。庸人帥羣蠻以叛楚，麇人率百濮聚於選，將伐楚。於是申、息之北門不啓。楚人謀徙於阪高，蔿賈曰：「不可。我能往，寇亦能往，不如伐庸。夫麇與百濮謂我饑，不能師，故伐我也。若我出師，必懼而歸。百濮離居，將各走其邑，誰暇謀人？」乃出師，旬有五日，百濮乃罷。自廬以往，振廩同食，次于句澨，使廬戢棃侵庸，及庸方城。庸人逐之，囚子揚窻。三宿而逸，曰：「庸師衆，羣蠻聚焉，不如復大師，且起王卒，合而後進。」師叔曰：「不可。姑又與之遇以驕之，彼驕我怒，而後可克，先君蚡冒所以服陘隰也。」又與之遇，七遇皆北，唯裨、儵、魚人實逐之。庸人曰：「楚不足與戰矣。」遂不設備，楚子乘馹會師于臨品，分爲二隊，子越自石溪，子貝自仞，以伐庸，秦人、巴人從楚師，羣蠻從楚子盟，遂滅庸。戎，山夷也。阜山，在湖廣房山境，與大林、陽丘、訾枝皆楚邑。庸，屬楚小國，今爲湖廣竹山縣有庸山。選，楚地。百濮，夷也。皆叛楚，聚而伐之。申、息二邑。北門不啓，懼中國也。阪高，楚險地，衆欲遷國於此以避寇。蔿賈，字伯嬴，叔孫敖之父，獨不可，欲乘不意而伐庸，以庸帥羣蠻也。濮夷無屯聚，見難則散歸。罷，散也。廬，楚邑。往，往伐庸。振，發。廩，倉也。同食，與下同甘苦也。句澨，楚西界地。戢棃，廬大夫，使帥偏師先

進。方城，庸地，竹山縣東有方城山。揚窻，戢之官屬，被囚逸歸，欲復就句澨之師，且發兵方進。師叔，楚大夫，名潘尪。不可，謀驕彼怒我以克之。蚡冒，楚武王父，據史記世家爲兄，未詳。陘隰，地名。北，敗也。裨、鯈、魚，庸三邑。蓋見楚師累敗，遂輕楚，但使三邑人逐之。馹，傳車。臨品，地名。隊，部也。兩道俱進。子越，名鬬椒。子貝鬭。石溪、仞，皆入庸道。蠻見楚强，復從之盟，庸遂滅而楚復安。傳言楚有謀臣所以興。

宣公八年　夏，楚爲衆舒叛，故伐舒蓼，滅之，楚子疆之。及滑汭，盟吴、越而還。舒蓼，衆舒之一。疆，正其界。滑汭，滑水之曲。盟，服之也。

成公十七年　冬，舒庸人以楚師之敗也，道吴人圍巢，伐駕，圍釐、虺。遂恃吴而不設備。楚公子橐師襲舒庸，滅之。敗，鄢陵之敗。舒庸，前見。巢，今巢縣，與駕、釐、虺，楚四邑。

襄公二十四年　夏，楚子爲舟師以伐吴。詳見吴通上國。冬，吴人爲楚舟師之役故，召舒鳩人，舒鳩人叛楚。楚子師于荒浦，使沈尹壽與師祁犂讓之。舒鳩子敬逆二子，而告無之，且請受盟。二子復命，王欲伐之，薳子曰：「不可。彼告不叛，且請受盟，而又伐之，伐無罪也。姑歸息民以待其卒，卒而不貳，吾又何求？若猶叛我，無辭有庸。」乃還。荒浦，舒鳩地。沈尹壽、師祁犂，楚大夫。薳子，令尹，字子馮。卒，終也。無辭有庸，乘彼之曲易有功也。

二十五年　秋，楚薳子馮卒。舒鳩人卒叛楚，令尹子木伐之，及離城，吴人救之。子木遽以右師先，子彊、息桓、子捷、子駢、子盂帥左師以退。吴人居其間七日。子彊曰：「久將墊隘，

隘乃禽也。不如速戰。請以其私卒誘之，簡師，陳以待我。我克則進，奔則亦視之，乃可以免。不然，必爲吴禽。」從之。五人以其私卒先擊吴師，吴師奔。登山以望，見楚師不繼，復逐之，傅諸其軍，簡師會之。吴師大敗，遂圍舒鳩，舒鳩潰。八月，楚滅舒鳩。十二月，楚子以滅舒鳩賞子木，辭曰：「先大夫蒍子之功也。」以與蒍掩。離城，舒鳩別城。子木先至舒鳩，子彊等五子不及。子木與吴師相遇而退，故吴居其兩軍之間。墊隘，慮水雨。簡，簡閱精兵。駐後爲陳。視，視其形勢而救助。從，如其謀。吴還逐五子，至其本軍所陳精兵與其軍會擊之，故吴敗，遂前及子木共圍，滅舒鳩。蒍子前謀善而今滅之，故以爲功。

五令尹代政

襄公十三年　秋，楚共王卒。　謀謚。　子囊曰……請謚之，共大夫從之。詳見晉楚鄢陵之戰。

十四年　冬，楚子囊還自伐吴，卒。將死，遺言謂子庚：「必城郢。」君子謂子囊「忠」：「君薨，不忘增其名。將死，不忘衛社稷，可不謂忠乎！忠，民之望也。詩曰：『行歸于周，萬民所望。』忠也。」楚徙都郢，未有城郭，公子燮、公子儀因築城，爲亂事未得，訖子囊欲訖而未暇，故遺言見意。詩小雅，忠信爲周，言德行歸於忠信，即爲萬民所瞻望。

十五年　春，楚公子午爲令尹，公子罷戎爲右尹，蒍子馮爲大司馬，公子槖師爲右司馬，公

子成爲左司馬，屈到爲莫敖，公子追舒爲箴尹，屈蕩爲連尹，養由基爲宮廏尹，以靖國人。君子謂楚於是乎能官人。官人，國之急也。能官人，則民無覦心。詩云：「嗟我懷人，寘彼周行。」能官人也。王及公、侯、伯、子、男、甸、采、衛大夫各居其列，所謂周行也。午字子庚，代子囊。子馮，叔敖從子。屈到，屈蕩子。追舒，莊王子，字子南。屈蕩與屈到父同名。覦心，覬覦之心。詩周南。寘，置行列。周，徧也。詩人嗟歎，言我思得賢人，置之徧於列位，是后妃之志，以官人爲急，言自王以下諸侯大夫各任其職，則是詩人周行之志也。甸、采、衛，五服之名也。天子所居千里曰圻，其外曰侯服，次曰甸服，次曰男服，次曰采服，次曰衛服。五百里爲一服。不言侯男，略舉也。

二十一年　夏，楚子庚卒。楚子使薳子馮爲令尹，訪於申叔豫，叔豫曰：「國多寵而王弱，國不可爲也。」遂以疾辭。方暑，闕地，下冰而牀焉，重繭，衣裘，鮮食而寢。楚子使醫視之，復曰：「瘠則甚矣，而血氣未動。」乃使子南爲令尹。叔豫，叔時之孫，薳子馮所敬。寵，權貴。弱，無威。繭，綿也。瘠而未動，言無疾，知其詐也。

二十二年　冬，楚觀起有寵於令尹子南，未益祿而有馬數十乘，楚人患之。王將討焉。子南之子棄疾爲王御士，王每見之，必泣，棄疾曰：「君三泣臣矣，敢問誰之罪也？」王曰：「令尹之不能，爾所知也。國將討焉，爾其居乎？」對曰：「父戮子居，君焉用之？洩命重刑，臣亦不爲。」王遂殺子南於朝，轘觀起於四竟。子南之臣謂棄疾：「請徙子尸於朝。」曰：「君臣有禮，唯二三子。」三日，棄疾請尸，王許之。既葬，其徒曰：「行乎？」曰：「吾與殺吾父，行將焉

入？」曰：「然則臣王乎？」曰：「棄父事讎，吾弗忍也。」遂縊而死。復使薳子馮爲令尹，公子齮爲司馬，屈建爲莫敖。有寵於薳子者八人，皆無禄而多馬。他日朝，與申叔豫，言弗應而退。從之入於人中，又從之，遂歸。退朝，見之，曰：「子三困我於朝，吾懼，不敢不見。吾過，子姑告我，何疾我也？」對曰：「吾不免是懼，何敢告子？」曰：「何故？」對曰：「昔觀起有寵於子南，子南得罪，觀起車裂，何故不懼？」自御而歸，不能當道。至，謂八人者曰：「吾見申叔，夫子所謂生死而肉骨也，知我者如夫子則可。不然，請止。」辭八人者，而後王安之。子南偏寵觀起令富，故馬多。御士，御王車。王賢棄疾，將討子南，惜之而泣爾。其居，欲留使事己也。父殺而居爲不孝，洩君命爲不忠。而王遂殺子南。徙尸，犯命，取殯也。有禮，先盡國法而後私情也。棄疾自以不與父言爲與殺，王於事爲仇，於分爲君，行與事之皆不可，故自縊。○康王與人子謀其父，殊失君道，而棄疾可悲甚矣。然曷若聞命即死，庶以警父，或以啓王之悔而不忍邪？○薳子寵八人如觀起，申叔三避之，使怪而就問。叔難言八人，唯以已懼禍爲詞，薳子悟惶，遽馳歸以再生恩歸之，辭遣八人，君臣始相安。

二十五年　秋，楚薳子馮卒。屈建爲令尹，屈蕩爲莫敖。冬，楚蔿掩爲司馬，子木使庀賦，數甲兵。甲午，蔿掩書土、田：度山林，鳩藪澤，辨京陵，表淳鹵，數疆潦，規偃豬，町原防，牧隰皋，井衍沃，量入脩賦，賦車籍馬，賦車兵、徒兵、甲楯之數。既成，以授子木，禮也。屈建，屈到之子。子木，蔿掩，蔿子馮之子。庀，治也。數，閱數之。書土田，書其所宜。度山林，量度其材以共國用。鳩，聚也，聚其財物入之王

府，若周官澤虞之職。辨，別也。絶高曰京，大阜曰陵，別之以爲冢墓之地。淳鹵地，宜鹽者可資民用表之。疆潦，疆界有流潦者，數之使勿壅滯。偃豬，下濕之地，規度其受水多少。廣平曰原。防，隄也。隄防間地不得方正，如井田者，別爲小頃町。隰臯，水厓下濕爲芻牧之地。衍沃，平美之地，則如周禮制爲井田，六尺爲步，步百爲畝，畝百爲夫，九夫爲井，量九土之所入而治理其賦税。車亦倣周制，甸出長轂一乘之數。籍，疏其馬之毛色歲齒以備軍用。車兵，甲士。徒兵，步卒。與甲楯器械之屬，皆有常數。得治國之禮。傳言楚之所以興。

二十六年　初，楚伍參與蔡太師子朝友，其子伍舉與聲子相善也。伍舉娶於王子牟，王子牟爲申公而亡，楚人曰：「伍舉實送之。」伍舉奔鄭，將遂奔晉。聲子將如晉，遇之於鄭郊，班荆相與食，而言復故，聲子曰：「子行也，吾必復子。」及宋向戌將平晉、楚，聲子通使於晉，還如楚。令尹子木與之語，問晉故焉，且曰：「晉大夫與楚孰賢？」對曰：「晉卿不如楚，其大夫則賢，皆卿材也。如杞梓、皮革，自楚往也。雖楚有材，晉實用之。」子木曰：「夫獨無族姻乎？」對曰：「雖有，而用楚材實多。歸生聞之，善爲國者，賞不僭而刑不濫。賞僭，則懼及淫人。刑濫，則懼及善人。若不幸而過，寧僭無濫。與其失善，寧其利淫。無善人，則國從之。詩曰：『人之云亡，邦國殄瘁。』無善人之謂也。故夏書曰：『與其殺不辜，寧失不經。』懼失善也。商頌有之曰：『不僭不濫，不敢怠皇。命于下國，封建厥福。』此湯所以獲天福也。古之治民者，勸賞而畏刑，恤民不倦，賞以春夏，刑以秋冬，是以將賞爲之加膳，加膳則飫賜，此以知其勸賞

也。將刑，爲之不舉，不舉則徹樂，此以知其畏刑也。夙興夜寐，朝夕臨政，此以知其恤民也。三者禮之大節也。有禮，無敗。今楚多淫刑，其大夫逃死於四方而爲之謀主，以害楚國，不可救療，所謂不能也。子儀之亂，析公奔晉，晉人寘諸戎車之殿，以爲謀主。繞角之役，晉將遁矣，析公曰：『楚師輕窕，易震蕩也。若多鼓鈞聲，以夜軍之，楚師必遁。』晉人從之，楚師宵潰，晉遂侵蔡，襲沈，獲其君，敗申、息之師於桑隧，獲申麗而還，鄭於是不敢南面。楚失華夏，則析公之爲也。雍子之父兄譖雍子，君與大夫不善是也，雍子奔晉，晉人與之鄐以爲謀主。彭城之役，晉、楚遇於靡角之谷，晉將遁矣，雍子發命於軍曰：『歸老幼，反孤疾，二人役，歸一人。簡兵蒐乘，秣馬蓐食，師陳焚次，明日將戰。』行歸者，而逸楚囚。楚師宵潰，晉降彭城而歸諸宋，以魚石歸。楚失東夷，子辛死之，則雍子之爲也。子反與子靈爭夏姬，而雍害其事，子靈奔晉，晉人與之邢以爲謀主，扞禦北狄，通吴於晉，教吴叛楚，教之乘車、射御、驅侵，使其子狐庸爲吴行人焉。吴於是伐巢、取駕、克棘、入州來，楚罷於奔命，至今爲患，則子靈之爲也。若敖之亂，伯賁之子賁皇奔晉，晉人與之苗以爲謀主。鄢陵之役，楚晨壓晉軍而陳，晉將遁矣，苗賁皇曰：『楚師之良在其中軍王族而已，若塞井夷竈，成陳以當之，欒、范易行以誘之，中行、二郤必克二穆，吾乃四萃於其王族，必大敗之。』晉人從之，楚師大敗，王夷師熸，子反死之。鄭叛吴興，楚失諸侯，則苗賁皇之爲也。」子木曰：「是皆然矣。」聲子曰：「今又有甚於此：椒舉娶於申公子牟，子牟

得戾而亡，君大夫謂椒舉：『女實遣之。』懼而奔鄭，引領南望曰：『庶幾赦余。』亦弗圖也。今在晉矣，晉人將與之縣，以比叔向。彼若謀害楚國，豈不爲患？』子木懼，言諸王，益其禄爵而復之。聲子使椒鳴逆之。聲子，子朝之子，名歸生。伍舉，子胥祖父，一名椒舉。班，布也。布荆坐地，共議歸楚事，朋友世親也。通使，爲蔡通平事也。晉故，晉之故事。杞梓，美木，與皮革皆楚産，而晉用之，喻楚亡臣多用於晉。夫，發語。國從之，從之亡也。詩大雅，殄，盡也。瘁，病也。夏書，大禹謨，不經，不用常法。商頌，言湯賞罰皆中無怠皇，故受天命於下國，爲天子。勸賞，樂行賞。畏刑，憚用刑。春夏秋冬，皆順天時。飫，饜也。酒食賜下，無不饜足，以加膳故也。不舉，不舉盛饌。療，治也。不能，不能用其材也。殿，後軍。鈞，同其聲。獲麗事，見晉景公楚共王争伯。不善，不善别其曲直。鄐，晉邑。簡，擇也。蒐，閲也。次，舍也。焚舍，示必死。逸囚，使聞之。失東夷，謂楚東小國見楚弱而皆叛。事見晉悼公之伯。子靈，巫臣。雍、擁同。邢，晉邑。子靈事，見吴通上國。若敖亂，即子越之亂，見前。欒、范將中軍，兵精，故簡易兵備，欲令楚貪己，不復顧二穆之兵。郤錡、中行偃、郤至三人分良以攻二穆。楚子重、子反皆出穆王，故曰二穆。四萃，四面集攻之。夷，兵傷。吴、楚之間謂火滅爲熸。弗圖，不以爲意。比叔向，以才能比之。椒，鳴舉子。傳言聲子有詞，伍舉所以反，子孫復仕於楚。愚謂聞言知懼而用能，子木之賢也。

二十七年　崔氏之亂，申鮮虞來奔，僕賃於野，以喪莊公。冬，楚人召之，遂如楚，爲右尹。喪莊公，爲之服喪。楚人義之，故召爲右尹，言其能用賢也。○觀春秋諸國，惟楚英賢最多，而出於公族者爲尤。楚親疏參用，而爲令尹執國政者皆其公族。少有僨事，旋即誅死無少貸，與晉、齊、魯、衛立法殊異，所以强大，累世而威權略無下移，固其君之强明，亦其傳國用人之制獨善也。

平王得國 靈王之篡附前

襄公二十六年　夏，楚子、秦人侵吳，及雩婁，聞吳有備而還，遂侵鄭。五月，至于城麇，鄭皇頡戍之，出與楚師戰，敗。穿封戌囚皇頡，公子圍與之爭之，正於伯州犂，伯州犂曰：「請問於囚。」乃立囚。伯州犂曰：「所爭，君子也，其何不知？」上其手，曰：「夫子爲王子圍，寡君之貴介弟也。」下其手，曰：「此子爲穿封戌，方城外之縣尹也，誰獲子？」囚曰：「頡遇王子，弱焉。」戌怒，抽戈逐王子圍，弗及，楚人以皇頡歸。雩婁，楚地，今鳳陽府霍丘縣。城麇，鄭邑。皇頡，鄭大夫。戌，守也。圍，共王子，是爲靈王。正，正曲直。君子言圍與戌，皆非細人易別。介，大也。州犂手與言皆有輕重，以導囚意。弱焉，因爲所禽。餘見晉平楚康爭伯。

二十九年　夏四月，葬楚康王，諸侯之大夫皆至于墓。楚郟敖即位，王子圍爲令尹。鄭行人子羽曰：「是謂不宜，必代之昌。松柏之下，其草不殖。」郟敖，康王子熊麇。子羽言楚王弱，令尹强，必取而代之。

三十年　春王正月，楚子使薳罷來聘，通嗣君也。穆叔問王子之爲政何如，對曰：「吾儕小人，食而聽事，猶懼不給命，而不免於戾，焉與知政？」固問焉，不告。穆叔告大夫曰：「楚令尹將有大事，子蕩將與焉助之，匿其情矣。」嗣君，郟敖。子蕩，薳罷字。時諸侯皆知圍之將篡。秋，楚公子圍

殺大司馬薳掩而取其室。申無宇曰：「王子必不免！善人，國之主也。王子相楚國，將善是封殖，而虐之，是禍國也。且司馬，令尹之偏，而王之四體也。絶民之主，去身之偏，艾王之體，以禍其國，無不祥大焉，何以得免！」無宇，芋尹。偏，佐也。四體，言俱股肱也。

三十一年　十二月，北宫文子相衛襄公以如楚。文子，北宫佗。衛侯在楚北宫，文子見令尹圍之威儀，言於衛侯曰：「令尹似君矣，將有他志。雖獲其志，不能終也。詩云：『靡不有初，鮮克有終。』終之實難，令尹其將不免。」公曰：「子何以知之？」對曰：「詩云：『敬慎威儀，惟民之則。』令尹無威儀，民無則焉。民所不則，以在民上，不可以終。」公曰：「善哉！何謂威儀？」對曰：「有威而可畏，謂之威。有儀而可象，謂之儀。君有君之威儀，其臣畏而愛之，則而象之，故能有其國家，令聞長世。臣有臣之威儀，其下畏而愛之，故能守其官職，保族宜家。順是以下，皆如是。是以上下能相固也。衛詩曰：『威儀棣棣，不可選也。』言君臣、上下、父子、兄弟、内外、大小皆有威儀也。周詩曰：『朋友攸攝，攝以威儀。』言朋友之道，必先教訓以威儀也。周書數文王之德曰：『大國畏其力，小國懷其德。』言畏而愛之也。詩云：『不識不知，順帝之則。』言則而象之也。紂囚文王七年，諸侯皆從之囚，紂於是乎懼而歸之，可謂愛之。文王伐崇，再駕而降爲臣，蠻夷帥服，可謂畏之。文王之功，天下誦而歌舞之，可謂則之。文王之行，至今爲法，可謂象之，有威儀也。故君子在位可畏，施舍可愛，進退可度，周旋可則，容止

可觀，作事可法，德行可象，聲氣可樂，動作有文，言語有章，以臨其下，謂之有威儀也。」令尹言語、瞻視、行步不常，故佗知其有異志而不終。君臣，倫之大者，威儀稱焉順也，順之以下，至于父子、兄弟、夫婦、朋友、士農商工、皁隸、牧圉咸當其分而不踰，故能相固。令尹侈僭，故知不終。衛詩邶風，棣棣，富而閑也。選，數也。周詩大雅，攸，所。攝，正也。又引大雅，言文王惟則象於天，故爲天下法。深言威儀之宜慎而令也。

昭公元年　春，楚公子圍聘于鄭。　遂會于虢。　三月甲辰，盟。　楚公子圍設服離衛。叔孫穆子曰：「楚公子美矣，君哉！」鄭子皮曰：「二執戈者前矣。」蔡子家曰：「蒲宮有前，不亦可乎？」楚伯州犂曰：「此行也，辭而假之寡君。」鄭行人揮曰：「假不反矣。」伯州犂曰：「子姑憂子皙之欲背誕也。」子羽曰：「當璧猶在，假而不反，子其無憂乎？」齊國子曰：「吾代二子愍矣。」陳公子招曰：「不憂何成？二子樂矣。」衛齊子曰：「苟或知之，雖憂何害？」宋合左師曰：「大國令，小國共，吾知共而已。」晉樂王鮒曰：「小旻之卒章善矣，吾從之。」退會，子羽謂子皮曰：「叔孫絞而婉，宋左師簡而禮，樂王鮒字而敬，子與子家持之，皆保世之主也。齊、衛、陳大夫其不免乎！國子代人憂，子招樂憂，齊子雖憂弗害。夫弗及而憂，與可憂而樂，與憂而弗害，皆取憂之道也，憂必及之。太誓曰：『民之所欲，天必從之。』三大夫兆憂，憂能無至乎？言以知物，其是之謂矣。」聘鄭，詳見子產相國。會虢，詳見晉楚爲成。服，服從也。離，兩相麗也。圍陳設其儀從侍衛皆僭侈，如王行有二執戈者在前。緝蒲爲王殿屋，屏蔽以自殊異，故穆子嘆其美似君。子皮、子家相與議之。州犂言

假之王以飾其過。揮言將遂眞矣。時鄭子晳殺伯有，背命放誕，將爲國難。州犂言子且自憂，此無爲楚憂。子羽，行人揮字，言棄疾有當璧之命，圍雖得國，猶將有難。國子名弱，代州犂憂王子圍，代子羽憂子晳。招言事以能憂而成，成則樂。齊子名惡，言先知爲備，則憂而無害。左師言共承大國之命，不敢知其他。小旻，詩小雅，其卒章義取非惟暴虎馮河之可畏，不敬小人亦危殆。王鮒從斯義，故不敢議圍。絞，切也。譏其似君，反謂之美，故曰婉。無所臧否，故曰簡。共事大國，故曰禮。字，愛也，不犯凶人所以自愛敬。子，謂子皮。子家名歸生。持之，言無所取與。太誓周書，兆憂，開憂兆也。物，類也。察言以知禍福之類。其後招以殺太子偃師而身放國滅，國弱、齊惡當身各無患。

秋，楚公子圍使公子黑肱、伯州犂城犨、櫟、郟。鄭人懼，子産曰：「不害。令尹將行大事，而先除二子也，禍不及鄭，何患焉？」冬，楚公子圍將聘于鄭，伍舉爲介。未出竟，聞王有疾而還。伍舉遂聘。十一月己酉，公子圍至，入問王疾，縊而弑之，遂殺其二子幕及平、夏，右尹子干出奔晉，宫廄尹子晳出奔鄭。殺太宰伯州犂于郟。葬王于郟，謂之郟敖。使赴于鄭，伍舉問應爲後之辭焉，對曰：「寡大夫圍。」伍舉更之曰：「共王之子圍爲長。」楚靈王即位，薳罷爲令尹，薳啓彊爲太宰。黑肱，圍弟，字子晳。犨，今河南魯山縣東南有犨城。櫟，河南鈞州。郟，河南郟縣。本鄭地，時屬楚。城之，鄭以偪己，懼。大事，謂弑君。縊，絞也。幕、平、夏，皆郟敖子。子干，亦圍弟，名比。子晳因築城而奔，州犂被殺。楚人謂未成君者爲敖，葬於郟，故曰郟敖。伍舉問使更赴辭使若應立者告，終稱嗣，不以簒弑赴諸侯。餘見秦晉交伐。靈王即位，更名熊虔。詳見靈王之亂。

六年　六月，楚公子棄疾如晉。過鄭，鄭罕虎、公孫僑、游吉從鄭伯以勞諸柤，辭不敢見。固請，見之。見如見王。以其乘馬八匹私面，見子皮如上卿，以馬六匹。見子産，以馬四匹。見

子太叔，以馬二匹。禁芻牧採樵，不入田，不樵樹，不采蓺，不抽屋，不强匄。誓曰：「有犯命者，君子廢，小人降！」舍不爲暴，主不慁賓，往來如是，鄭三卿皆知其將爲王也。如晉報聘，事見靈王之亂。辭不敢當國君之榮。相，鄭地。如見王，如見楚王。私面，爲私見之禮。如上卿，如楚上廢。卿，不得居位。降，退給下劇。慁，患也。三卿，虎、僑、吉也。

七年　楚子之爲令尹也，爲王旌以田。芋尹無宇斷之，曰：「一國兩君，其誰堪之？」及即位，爲章華之宮，納亡人以實之。無宇之閽入焉。無宇執之，有司弗與，曰：「執人於王宮，其罪大矣。」執而謁諸王，王將飲酒，無宇辭曰：「天子經略，諸侯正封，古之制也。封略之內，何非君土？食土之毛，誰非君臣？故詩曰：『普天之下，莫非王土。率土之濱，莫非王臣。』天有十日，人有十等，下所以事上，上所以共神也。故王臣公，公臣大夫，大夫臣士，士臣皁，皁臣輿，輿臣隸，隸臣僚，僚臣僕，僕臣臺。馬有圉，牛有牧，以待百事。今有司曰：『女胡執人於王宮？』將焉執之？周文王之法曰：『有亡，荒閱。』所以得天下也。吾先君文王作僕區之法，曰：『盜所隱器，與盜同罪。』所以封汝也。若從有司，是無所執逃臣也。逃而舍之，是無陪臺也。王事無乃闕乎？昔武王數紂之罪，以告諸侯曰：『紂爲天下逋逃主，萃淵藪。』故夫致死焉。君王始求諸侯而則紂，無乃不可乎？若以二文之法取之，盜有所在矣。」王曰：「取而臣以往，盜有寵，未可得也。」遂赦之。析羽爲旌，王旌，游至於軫，時圍僭之。章華宮，在今湖廣監利縣。閽入焉。有

罪，亡入之也。有司，王之有司。執，執無宇。經略，經營天下，略有四方。正封，謂封疆有定分。毛，草也。詩小雅，甲至癸爲十日，王至臺爲十等。養馬曰圉，養牛曰牧。荒，大也。閱，蒐也。有亡人當大蒐其衆。僕區，刑書名，一云僕隱也，區匿也，隱亡人之法，亦未詳。隱器，隱盜所得器。封汝，啓封疆北至汝水，以行善法也。無陪臺，皆逃故也。萃，集也。天下逋逃悉以紂爲淵藪，集而歸之。致死，致死力以討紂。盜有所，言王亦爲盜。盜有寵，王自謂也。

八年　冬，十一月壬午，滅陳。使穿封戌爲陳公，曰：「城麇之役不諂。」侍飲酒於王，王曰：「城麇之役，女知寡人之及此，女其辟寡人乎？」對曰：「若知君之及此，臣必致死禮以息楚。」滅陳爲縣，使戌爲其縣公。城麇役，在本事內前。死禮，以死盡臣禮。○前州犂陰附圍而竟爲所殺，戌與圍抗乃以是獲賞。君子惟秉道行義而已，邪媚取容亦何濟乎？

十一年　冬，十一月，楚子滅蔡。十二月，楚子城陳、蔡、不羹。使棄疾爲蔡公。王問於申無宇曰：「棄疾在蔡何如？」對曰：「擇子莫如父，擇臣莫如君。鄭莊公城櫟而寘子元焉，使昭公不立。齊桓公城穀而寘管仲焉，至于今賴之。臣聞五大不在邊，五細不在庭。親不在外，羈不在內，今棄疾在外，鄭丹在內，君其少戒。」王曰：「國有大城，何如？」對曰：「鄭京、櫟實殺曼伯，宋蕭、亳實殺子游，齊渠丘實殺無知，衛蒲、戚實出獻公。若由是觀之，則害於國。末大必折，尾大不掉，君所知也。」不羹，今河南襄城縣東南舊有不羹亭。子元，鄭公子，莊公寘之櫟，厲公因以殺櫟大夫，檀伯居櫟，卒使昭公不安位而見殺。城穀寘管仲，成霸業，今猶賴其强。二事皆增飾，見親不可使在外，尤須擇人。上古金、木、

水、火、土謂之五官。玄鳥氏、丹鳥氏，亦有五。又以五鳩、鳩民，五雉爲五工正，蓋立官之本也。末世隨事施職，是以官無常數，時無宇稱習古言，故云五大。言五官之長，專盛過節，則不可居邊。細弱不勝任，亦不可居朝廷。丹，子革也，以鄭臣奔楚。曼伯，即檀伯。殺子游，見宋閔之弑。殺無知，見齊襄之弑。出獻公，見孫甯廢立。折，本折。掉，運用也。

十二年　夏，楚子謂成虎若敖之餘也，遂殺之。或譖成虎於楚子，成虎知之而不能行。書曰「楚殺其大夫成虎」，懷寵也。成虎，令尹子玉之孫，與鬬氏同出於若敖。前鬬椒作亂，此楚子信譖而遠，託討若敖之餘。懷寵，懷思寵禄也。冬，楚子狩于州來。使蕩侯、潘子、司馬督、嚻尹午、陵尹喜帥師圍徐以懼吴。楚子次于乾谿，以爲之援。徐，吴與國。乾谿，楚邑。餘詳見靈王之亂。

十三年　楚子之爲令尹也，殺大司馬薳掩而取其室。及即位，奪薳居田，遷許而質許圍。蔡洧有寵於王，王之滅蔡也，其父死焉，王使與於守而行。申之會，越大夫戮焉。王奪鬬韋龜中犫，又奪成然邑，而使爲郊尹。蔓成然故事蔡公。故薳氏之族及薳居、許圍、蔡洧、蔓成然，皆王所不禮也，因羣喪職之族啓越大夫常壽過作亂，圍固城，克息舟，城而居之。觀起之死也，其子從在蔡，事朝吴，曰：「今不封蔡，蔡不封矣。我請試之。」以蔡公之命召子干、子皙，及郊而告之情，强與之盟，入襲蔡。蔡公將食，見之而逃。觀從使子干食，坎，用牲，加書，而速行。己狥於蔡，曰：「蔡公召二子，將納之，與之盟而遣之矣，將師而從之。」蔡人聚，將執之，辭曰：「失賊成軍，而殺余，何益？」乃釋之。朝吴曰：「二三子若能死亡，則如違之，以待所濟。若求安

定，則如與之，以濟所欲。且違上，何適而可？」衆曰：「與之！」乃奉蔡公，召二子而盟于鄧，依陳、蔡人以國。楚公子比、公子黑肱、公子棄疾、蔓成然、蔡朝吳帥陳、蔡、不羹、許、葉之師，因四族之徒以入楚。及郊，陳、蔡欲爲名，故請爲武軍。蔡公知之，曰：「欲速，且役病矣，請藩而已。」乃藩爲軍。蔡公使須務牟與史猈先入，因正僕人殺太子禄及公子罷敵。公子比爲王，公子黑肱爲令尹，次于魚陂。公子棄疾爲司馬，先除王宫，使觀從從師于乾谿，而遂告之，且曰：「先歸復所，後者劓。」師及訾梁而潰。王聞羣公子之死也，自投于車下曰：「人之愛其子也，亦如余乎？」侍者曰：「甚焉，小人老而無子，知擠于溝壑矣。」王曰：「余殺人子多矣，能無及此乎？」右尹子革曰：「請待于郊，以聽國人。」王曰：「衆怒不可犯也。」曰：「若入於大都，而乞師於諸侯。」王曰：「皆叛矣。」曰：「若亡於諸侯，以聽大國之圖君也。」王曰：「大福不再，祇取辱焉。」然丹乃歸于楚。王沿夏，將欲入鄢。芋尹無宇之子申亥曰：「吾父再奸王命，王弗誅，惠孰大焉？君不可忍，惠不可棄，吾其從王。」乃求王，遇諸棘闈以歸。夏，五月癸亥，王縊于芋尹申亥氏。申亥以其二女殉而葬之。觀從謂子干曰：「不殺棄疾，雖得國，猶受禍也。」子干曰：「余不忍也。」子玉曰：「人將忍子，吾不忍俟也。」乃行。國每夜駭曰：「王入矣！」乙卯夜，棄疾使周走而呼曰：「王至矣！」國人大驚。使蔓成然走告子干、子晳曰：「王至矣，國人殺君司馬，將來矣。君若早自圖也，可以無辱。衆怒如水火焉，不可爲謀。」又有呼而走至者

曰：「衆至矣！」二子皆自殺。丙辰，棄疾即位，名曰熊居。葬子干于訾，實訾敖。殺囚，衣之王服，而流諸漢，乃取而葬之，以靖國人。使子旗爲令尹。楚師還自徐，吴人敗諸豫章，獲其五帥。平王封陳、蔡，復遷邑，致羣賂，施舍、寬民，宥罪、舉職。召觀從，王曰：「唯爾所欲。」對曰：「臣之先佐開卜。」乃使爲卜尹。使枝如子躬聘于鄭，且致犨、櫟之田。事畢，弗致。鄭人請曰：「聞諸道路，將命寡君以犨、櫟，敢請命。」對曰：「臣未聞命。」既復，王問犨、櫟，降服而對曰：「臣過失命，未之致也。」王執其手曰：「子毋勤！姑歸，不穀有事，其告子也。」他年，芋尹申亥以王柩告，乃改葬之。初，共王無冢適，有寵子五人，無適立焉。乃大有事于羣望，而祈曰：「請神擇於五人者，使主社稷。」乃徧以璧見於羣望，曰：「當璧而拜者，神所立也。誰敢違之？」既，乃與巴姬密埋璧於太室之庭，使五人齊，而長入拜。康王跨之，靈王肘加焉，子干、子晳皆遠之。平王弱，抱而入，再拜，皆厭紐。鬭韋龜屬成然焉，且曰：「棄禮違命，楚其危哉！」子干歸，韓宣子問於叔向曰：「子干其濟乎？」對曰：「難。」宣子曰：「同惡相求，如市賈焉，何難？」對曰：「無與同好，誰與同惡？取國有五難：有寵而無人一也，有人而無主二也，有主而無謀三也，有謀而無民四也，有民而無德五也。子干在晉十三年矣，晉、楚之從不聞達者，可謂無人。族盡親叛，可謂無主。無釁而動，可謂無謀。爲羈終世，可謂無民。亡無愛徵，可謂無德。王虐而不忌，楚君子干，涉五難以弑舊君，誰能濟之？有楚國者其棄疾乎！君

陳、蔡，城外屬焉。苛慝不作，盜賊伏隱，私欲不違，民無怨心。先神命之，國民信之，芈姓有亂，必季實立，楚之常也。獲神一也，有民二也，令德三也，寵貴四也，居常五也，有五利以去五難，誰能害之？子干之官，則右尹也。數其貴寵，則庶子也。以神所命，則又遠之。其貴亡矣，其寵棄矣。民無懷焉，國無與焉，將何以立？」宣子曰：「齊桓、晉文不亦是乎？」對曰：「齊桓，衛姬之子也，有寵於僖，有鮑叔牙、賓須無、隰朋以爲輔佐，有莒、衛以爲外主，有國、高以爲內主，從善如流，下善齊肅，不藏賄，不從欲，施舍不倦，求善不厭，是以有國，不亦宜乎？我先君文公，狐季姬之子也，有寵於獻，好學而不貳，生十七年有士五人，有先大夫子餘、子犯以爲腹心，有魏犨、賈佗以爲股肱，有齊、宋、秦、楚以爲外主，有欒、郤、狐、先以爲內主，亡十九年，守志彌篤，惠、懷棄民，民從而與之，獻無異親，民無異望，天方相晉，將何以代文？此二君者，異於子干。共有寵子，國有奥主。無施於民，無援於外。去晉而不送，歸楚而不逆，何以冀國？」靈王横虐，聚怨已多，至此乘王不在國，合焉而舉。居，薳之族。殺薳掩，前見。圍許大夫。蔡洧仕楚，其父在蔡，故死。王將至乾谿，設守備，侑與焉。越大夫常壽，過也。韋龜，令尹子文玄孫，中犨其食邑。成然，韋龜子。郊尹，治郊境大夫。蔡公棄疾，故猶舊也。啓，道也。息舟，即城邑之固者。觀起死於子南，事見五令尹代政。朝吳，蔡大夫聲子之子，觀從事之。知吳忠於蔡，故勸之乘此機以復國。以子干、子晳有次立之分，而棄疾得衆，兼有利權，可假以濟，遂詐其命以召二子而告之情，强盟之，襲入蔡。棄疾方食，驚逃。從使子干居其床，食其食，復僞爲與蔡公盟之驗以示衆，而使行又誑衆，言蔡公召之，將助之以師。衆將

執之，又言二子已去，蔡公已成軍，殺己一人不足以解亂。賊，謂二子也。朝吴因言若能爲王死亡，則可遣蔡公之命，以待成敗何如，求安不如與蔡公，以得所欲。上，謂蔡公，言其命不可違。於是合謀而盟，以舉事。以陳、蔡人有故國之思，復其國名，以依其衆。四族，薳氏、許圍、蔡洧、蔓成然也。陳、蔡欲壘壁爲復讎名以示後，棄疾不欲假其名阻之。藩，籬也。須務牟、史猈，楚大夫，棄疾之黨。正僕，太子之近官。禄、罷敵，靈王二子。魚陂，楚地，在湖廣景陵縣西有甘魚陂。使觀從，棄疾使之告令叛王。劓，截鼻。王還至訾梁而衆散。擠，排也。然丹，子革。三爲王畫計，不可爲棄王歸。夏，漢別名。順流爲沿。順漢水南至鄢。再奸命，謂斷王旌，執人於章華宫也。棘，里名。闈，門也。申亥以靈王再赦其父，故葬王，并用女爲殉以報德。子玉，觀從也。忌棄疾欲殺之，以謀不用而亡國。相駭，以靈王天啓棄疾也。棄疾因而遂其謀，使以已見殺怖殺二子。不成君無號謚，葬于訾，故曰訾敖。殺囚詐爲靈王，見已死也，故皆安。子旗，蔓成然也。前圍徐之師還，以國亂，故吴得敗之豫章，五帥皆獲。此豫章在江北淮南，後徙於江南。前陳、蔡徙以國名，此乃實封之。遷邑，九年所遷。詳見靈王之亂。始舉事時所許賂，竟致之。施，施恩惠。舍，舍逋負以寬民力。宥，赦罪戾。脩舉廢官，觀從教殺，棄疾多其智，召用之。佐開卜，佐卜人開龜兆。枝如子躬，楚大夫。犨、櫟本鄭邑，楚中取之，平王新立，故使還以賂鄭子。躬知鄭自悦服，不須賂，故弗致。降服，如今解冠以謝。違命，王善其有權。有事，將與謀之，故曰其告子。既得王柩于申亥，而改葬焉。餘見靈王之亂。傳又推棄疾得國與子干無成之故。冢，大也。羣望，境内名山大川。巴姬，共王寵妾。太室，祖廟。齊，齊戒。長入，從長幼以次拜也。跨，過其上。初埋璧時，微見璧紐以爲識，故知厭紐。韋龜知其兆，故以子托禮於羣望，命於當璧而違棄之，故知必危。同惡，謂同謀造難者。相求，如市賈之趨利。向言子干本無黨，無有與之同謀者。寵，父所寵愛。人，賢才。主内外，爲應援者。謀，策畫。民，得民心。德，爲人仰望。子干皆無之，徒以楚人不堪靈王之虐，故借子干以君名而作亂。子干涉是五難，以被弑君之名，終無能成。棄疾兼兹五利，必當有國。時穿封戌死，并領陳、蔡，故君陳、蔡。不違，不以私欲違民事。獲神，謂當璧。有民，民信之。令德，無苛

慝。寵貴，謂權寵用事。居常，謂季少也。宣子又言桓、文皆在外，乘國亂而入。如子干、叔向，又詳其與比異。齊桓出奔莒、衛，有舅氏之助。高、國二氏，齊上卿。齊，嚴也。肅，敬也。不貳，志篤也。五士未詳，或即顛頡、司空、季子、狐毛之倫。子餘，趙衰。子犯，狐偃。魏犫，武子。賈佗，晉公族。從後爲太師，齊妻以女，宋贈以馬，楚人送秦，秦伯納之。欒，欒枝。郤，郤縠。狐，狐突。先，先軫。獻公有子九，惟文公在，故無異寵子。奥主，謂棄疾。叔肹之料人與事審矣！

十四年　夏，楚子使然丹簡上國之兵於宗丘，且撫其民。分貧，振窮。長孤幼，養老疾。收介特，救災患。宥孤寡，赦罪戾。詰姦慝，舉淹滯。禮新，敘舊。禄勳，合親。任良，物官。使屈罷簡東國之兵於召陵，亦如之。好於邊疆，息民五年而後用師，禮也。上國，在國都之西居上流者。宗丘，楚地。分，與也。振，救也。介特，單身民也，收養不使離散。宥，寬其賦税。詰，責問也。淹滯，有才德而未敘者。新，羇旅。舊，舊德。勳，功也。親，九族也。良，賢良。物，審也。東國，在國都之東者，亦如上國也。禮，以安國治民故曰禮。秋，楚令尹子旗有德於王，不知度，與養氏比，而求無厭。王患之。九月甲午，楚子殺鬬成然，而滅養氏之族。使鬬辛居鄖，以無忘舊勳。子旗，成然字，有佐立之德。不度，不以法自檢也。辛，子旗之子。鄖，今湖廣德安府其地。

十六年　春，楚子聞蠻氏之亂也，與蠻子之無質也，使然丹誘戎蠻子嘉殺之，遂取蠻氏。既而復立其子焉，禮也。蠻氏，在今河南府城東南有鄤聚是也。質，信也。不絶其嗣，故云禮。

春秋左傳屬事卷十九

吴楚

吴通上國季札讓國附

成公二年　楚之討陳夏氏也，莊王欲納夏姬。申公巫臣曰：「不可。君召諸侯，以討罪也，今納夏姬，貪其色也。貪色爲淫，淫爲大罰。周書曰：『明德慎罰。』文王所以造周也。明德，務崇之之謂也。慎罰，務去之之謂也。若興諸侯以取大罰，非慎之也。君其圖之！」王乃止。子反欲取之，巫臣曰：「是不祥人也。是夭子蠻，殺御叔，弑靈侯，戮夏南，出孔、儀，喪陳國，何不祥如是？人生實難，其有不獲死乎！天下多美婦人，何必是？」子反乃止。王以予連尹襄老。襄老死於邲，不獲其尸。其子黑要烝焉，巫臣使道焉，曰：「歸，吾聘女。」又使自鄭召之，曰：「尸

可得也，必來逆之。」姬以告王，王問諸屈巫，對曰：「其信。知罃之父，成公之嬖也，而中行伯之季弟也，新佐中軍，而善鄭皇戌，甚愛此子。其必因鄭而歸王子與襄老之尸以求之。鄭人懼於邲之役，而欲求媚於晉，其必許之。」王遣夏姬歸。將行，謂送者曰：「不得尸，吾不反矣。」巫臣聘諸鄭，鄭伯許之。及共王即位，將爲陽橋之役，使屈巫聘于齊，且告師期。巫臣盡室以行，申叔跪從其父。將適郢，遇之，曰：「異哉！夫子有三軍之懼，而又有桑中之喜，宜將竊妻以逃者也。」及鄭，使介反幣而以夏姬行。將奔齊，齊師新敗，曰：「吾不處不勝之國。」遂奔晉，而因郤至以臣於晉，晉人使爲邢大夫。子反請以重幣錮之，王曰：「止。其自爲謀也，則過矣。其爲吾先君謀也，則忠。忠，社稷之固也，所蓋多矣。且彼若能利國家，雖重幣，晉將可乎？若無益於晉，晉將棄之，何勞錮焉？」巫臣，屈姓，本楚宗，爲申縣公。討夏氏，見楚莊王之伯。周書康誥。子蠻，鄭靈公名，夏姬之兄。殺，死無後。御叔，夏姬之夫，亦早死。靈公，陳靈公。夏南，夏姬子徵舒。孔、儀，孔寧、儀行父。喪陳，楚滅陳。有不獲死，言死易得，無爲取夏姬以速之。黑要，襄老子。下淫上曰烝。巫臣以正諫王，止子反而竟自取之。道，道使夏姬歸鄭。知罃父名荀首。中行伯，荀林父字。邲之戰，楚人囚知罃、荀首，囚王子穀臣，獲襄老。巫臣聘，聘夏姬也。楚伐魯至陽橋，見晉景楚共爭伯。叔跪，申叔時子。桑中，衛風，淫奔之詩。介，副也。幣，聘物。齊敗，敗于鞍也。邢，晉邑。錮，禁之弗令仕。將可，與之仕也。

七年　春，吳伐郯，郯成。季文子曰：「中國不振旅，蠻夷入伐而莫之或恤。無弔者也

夫！詩曰：『不弔昊天，亂靡有定。』其此之謂乎！有上不弔，其誰不受亂？吾亡無日矣。」君子曰：「知懼如是，斯不亡矣。」郯，今南直隸海州。振旅，整衆也。弔，相恤也。詩小雅，刺在上者不能弔愍下民，故號天告亂。上，謂伯主。○楚圍宋之役，師還，子重請取于申、呂以爲賞田，王許之。申公巫臣曰：「不可。此申、呂所以邑也，是以爲賦以御北方。若取之，是無申、呂也，晉、鄭必至于漢。」王乃止。子重是以怨巫臣。子反欲取夏姬，巫臣止之，遂取以行，子反亦怨之。及共王即位，子重、子反殺巫臣之族子閻、子蕩及清尹弗忌及襄老之子黑要，而分其室。子重取子閻之室，使沈尹與王子罷分子蕩之室，子反取黑要與清尹之室。巫臣自晉遺二子書曰：「爾以讒慝貪惏事君，而多殺不辜，余必使爾罷於奔命以死。」巫臣請使於吴，晉侯許之。吴子壽夢説之，乃通吴於晉，以兩之一卒適吴，舍偏兩之一焉。與其射御，教吴乘車，教之戰陳，教之叛楚。置其子狐庸焉，使爲行人於吴。吴始伐楚、伐巢、伐徐，子重奔命。馬陵之會，吴入州來，子重自鄭奔命。子重、子反於是乎一歲七奔命。蠻夷屬於楚者，吴盡取之，是以始大，通吴於上國。吴僻在蠻夷，不與中國通，自巫臣以一婦人故奔晉，使吴而始通焉。圍宋，見莊王之佰。申、呂，楚二邑。分申、呂之田以自賞。巫臣言申、呂賴此田成邑，去此田則無以出兵而二邑壞。北方，中國也。閻、蕩、弗忌，皆巫臣族。以夏姬并怨黑要，亦殺之。二子，子重、子反。吴屬楚，楚、晉爭衡，故巫臣獻謀於晉，使己使吴，教吴反楚爲其内害。壽夢，吴子乘，季札父也。車一乘爲兩，百人爲卒。偏，車之半也，又五十人爲偏。楚廣百人，故以百人往而留其二十五人，則半車之一矣，故曰舍偏兩之一。狐庸，巫臣子，亦智士，故寘之

吴爲行人，使謀外事。巢，今南直隸巢縣。徐，今泗州有徐城。州來，今爲壽州。皆楚屬國。於是二子往來奔命，而楚不獲寧矣。

八年　秋，晉侯使申公巫臣如吴。餘見晉景楚共争伯。◯冬，晉士燮來聘，言伐郯也。以其事吴故，公賂之，請緩師。文子不可，曰：「君命無二，失信不立，禮無加貨，事無二成。君後諸侯，是寡君不得事君也。燮將復之。」季孫懼，使宣伯帥師會伐郯。士燮，謚文子。言受命于君，不得有二，失信於君無以自立。朝聘既有贈送之禮，復有私賂，是加貨，於禮所無，公私之事不兩成。以君命爲公，受賄爲私也。不得事君，將與魯絶也。

九年　春，會于蒲，以尋馬陵之盟。是行也，將始會吴，吴人不至。蒲，衛地。詳見晉景楚共争伯。

十五年　十一月，會吴于鍾離，始通吴也。鍾離，楚邑，今鳳陽府境。襄公三年，春，楚子重伐吴，爲簡之師。克鳩兹，至于衡山。使鄧廖帥組甲三百、被練三千，以侵吴。吴人要而擊之，獲鄧廖，其能免者組甲八十、被練三百而已。子重歸，既飲至三日，吴人伐楚，取駕。駕，良邑也，鄧廖亦楚之良也。君子謂子重於是役也，所獲不如所亡。楚人以是咎子重，子重病之，遂遇心疾而卒。簡，選也。鳩兹，吴邑，今南直隸蕪湖縣東四十里有鳩兹港。衡山，在今浙江湖州府城南。組甲，漆甲成組文。被練，練袍。皆精兵也。飲至，告廟而飲至也。心疾，愧恚成疾。六月，公會單頃公及諸侯。己未，同盟于雞澤。晉

侯使荀會逆吴子于淮上，吴子不至。頃公，王卿士。淮河自今泗州龜山北流入淮安府界，縈迴城東入城。吴不至，道遠多難也。

五年 夏，吴子使壽越如晉，辭不會于雞澤之故，且請聽諸侯之好。晉人將爲之合諸侯，使魯、衛先會吴，且告會期。故孟獻子、孫文子會吴于善道。九月丙午，盟于戚，會吴也。壽越，吴大夫。聽好，更請會也。以道遠先告其期。善道，吴地，今南直隸盱眙縣。

十年 春，會于柤，會吴子壽夢也。柤，楚地。

十二年 秋，吴子壽夢卒。臨於周廟，禮也。凡諸侯之喪，異姓臨於外，同姓於宗廟。同宗於祖廟，同族於禰廟。是故魯爲諸姬臨於周廟，爲邢、凡、蔣、茅、胙、祭臨於周公之廟。周廟，文王廟。外，於城外向其國。宗廟，所出之王廟。祖廟，始封君之廟。禰廟，父廟。同族，謂高祖以下。諸姬，同姓國。邢、凡等六國，皆周公之支子别封，共祖周公。周公廟，祖廟也。

十三年 秋，楚共王卒。吴侵楚，養由基奔命，子庚以師繼之。養叔曰：「吴乘我喪，謂我不能師也，必易我而不戒。子爲三覆以待我，我請誘之。」子庚從之，戰于庸浦，大敗吴師，獲公子黨。君子以吴爲不弔，詩曰：「不弔昊天，亂靡有定。」養由基，字叔。子庚，楚司馬。戒，備也。覆，伏兵。庸浦，楚地。不弔，謂乘楚喪，不以天道相恤也。詩小雅，言不爲天所弔恤，則禍亂無定時。

十四年 春，吴告敗于晉，會於向，爲吴謀楚故也。范宣子數吴之不德也，以退吴人。向，鄭

地。士匄以吴伐喪爲不德。餘見悼公復伯。吴子諸樊既除喪，將立季札，季札辭，曰：「曹宣公之卒也，諸侯與曹人不義曹君，將立子臧，子臧去之，遂弗爲也，以成曹君。君子曰：『能守節，君義嗣也，誰敢奸君？』有國，非吾節也。札雖不才，願附於子臧，以無失節。」固立之，棄其室而耕，乃舍之。諸樊，吴子乘之長子。季札，諸樊少弟，以賢故讓之立。札自附曹子臧之義，固讓而止。子臧事見小國交魯。傳言季札之讓吴兄弟相傳。○春秋中讓國者三：吴季札、曹子臧、衛子南。南事微不著，皆足稱賢而皆不克以靖國，蓋其性自不樂於爲君，非有爲也。然德非至德，而于王季、武王之事亦不逮矣。秋，楚子爲庸浦之役故，子囊師於棠以伐吴。吴不出而還，子囊殿，以吴爲不能而弗儆。吴人自皋舟之隘要而擊之，楚人不能相救。吴人敗之，獲楚公子宜穀。棠，楚邑，今爲南直隸六合、江浦二縣。殿，後軍。皋舟，吴險阨之道。

二十四年　夏，楚子爲舟師以伐吴，不爲軍政，無功而還。軍政，嚴設賞罰也。冬，吴人爲楚舟師之役故，召舒鳩人，舒鳩人叛楚。詳見楚五令尹代政。

二十五年　秋，楚令尹子木伐之。吴人救之。吴師大敗。詳見五令尹代政。十二月，吴子諸樊伐楚，以報舟師之役。門于巢，巢牛臣曰：「吴王勇而輕，若啓之，將親門，我獲射之，必殪。是君也死，疆其少安。」從之。吴子門焉，牛臣隱於短牆以射之，卒。門，攻其門。啓，開門也。殪，死也。諸樊卒，餘祭立。

二十六年　夏，楚子、秦人侵吴，及雩婁，聞吴有備而還。雩婁，吴地，在今霍丘縣境。餘見楚平王得

國、晉平楚康争伯。

二十九年　夏，五月，吳人伐越，獲俘焉，以爲閽，使守舟。吳子餘祭觀舟，閽以刀弒之。餘祭弒，夷昧立。六月，吳公子札來聘，見叔孫穆子，説之，謂穆子曰：「子其不得死乎！好善而不能擇人，吾聞君子務在擇人。吾子爲魯宗卿而任其大政，不慎舉，何以堪之？禍必及子。」請觀於周樂，使工爲之歌周南、召南，曰：「美哉！始基之矣，猶未也。然勤而不怨矣。」爲之歌邶、鄘、衛，曰：「美哉淵乎！憂而不困者也。吾聞衛康叔、武公之德如是，是其衛風乎！」爲之歌王，曰：「美哉！思而不懼，其周之東乎！」爲之歌鄭，曰：「美哉！其細已甚，民弗堪也，是其先亡乎？」爲之歌齊，曰：「美哉！泱泱乎，大風也哉！表東海者其大公乎？國未可量也。」爲之歌豳，曰：「美哉！蕩乎！樂而不淫，其周公之東乎！」爲之歌秦，曰：「此之謂夏聲。夫能夏則大，大之至也，其周之舊乎！」爲之歌魏，曰：「美哉！渢渢乎！大而婉，險而易行，以德輔此，則明主也。」爲之歌唐，曰：「思深哉！其有陶唐氏之遺民乎！不然，何憂之遠也。非令德之後，誰能若是？」爲之歌陳，曰：「國無主，其能久乎？」自鄶以下無譏焉。爲之歌小雅，曰：「美哉！思而不貳，怨而不言，其周德之衰乎？猶有先王之遺民焉。」爲之歌大雅，曰：「廣哉，熙熙乎！曲而有直體，其文王之德乎！」爲之歌頌，曰：「至矣哉！直而不倨，曲而不屈，邇而不偪，遠而不攜，遷而不淫，復而不厭，哀而不愁，樂而不荒，用而不匱，廣

而不宣，施而不費，取而不貪，處而不底，行而不流。五聲和，八風平，節有度，守有序，盛德之所同也。」見舞象箾、南籥者，曰：「美哉！猶有憾。」見舞大武者，曰：「美哉！周之盛也，其若此乎！」見舞韶濩者，曰：「聖人之弘也，而猶有慙德，聖人之難也。」見舞大夏者，曰：「美哉！勤而不德，非禹其誰能修之？」見舞韶箾者，曰：「德至矣哉！大矣！如天之無不幬也，如地之無不載也。雖甚盛德，其蔑以加於此矣！觀止矣，若有他樂，吾不敢請已。」其出聘也，通嗣君也，故遂聘于齊，説晏平仲，謂之曰：「子速納邑與政。無邑、無政，乃免於難。齊國之政將有所歸，未獲所歸，難未歇也。」故晏子因陳桓子以納政與邑，是以免於欒、高之難。聘於鄭，見子產，如舊相識，與之縞帶，子產獻紵衣焉。謂子產曰：「鄭之執政侈，難將至矣。政必及子，子爲政，慎之以禮，不然，鄭國將敗。」適衛，説蘧瑗、史狗、史鰌、公子荆、公叔發、公子朝，曰：「衛多君子，未有患也。」自衛如晉，將宿於戚，聞鐘聲焉，曰：「異哉！吾聞之也，辯而不德，必加於戮。夫子獲罪於君以在此，懼猶不足，而又何樂？夫子之在此也，猶燕之巢于幕上。君又在殯，而可以樂乎？」遂去之。文子聞之，終身不聽琴瑟。適晉，説趙文子、韓宣子、魏獻子，曰：「晉國其萃於三族乎！」説叔向，將行，謂叔向曰：「吾子勉之！君侈而多良，大夫皆富，政將在家。吾子好直，必思自免於難。」夷昧嗣位，使札聘上國，始至魯。穆子，名豹。不得死，不以壽終，竟死於豎牛之手。周樂，天子之禮樂。魯以周公，故得有之。以後樂歌皆依本國所常用歌曲。周南、召南，王化之基，化未大行，勤勞而

得其正。邶、鄘，皆衛也，武王伐紂，分其地爲三監，三監叛，周公滅之，更封康叔，并其地，故三國盡被康叔之化。淵，深也。亡國之民哀以思，其民困。武公，康叔九世孫二。公德化深遠，雖遭宣公淫亂、懿公滅亡，民猶秉義不至於困，所遺固然也。王，黍離也，幽王遇犬戎之禍，平王東遷，王政不行於天下，與諸侯同，故不爲雅。宗周殞滅，故憂思，猶有先王之遺風，故不懼。鄭，詩第七，美其有政治之音，譏其煩碎，知不能久。齊，詩第八，泱泱，弘大之聲。大公封齊爲東海表率，其後將强大也。豳，周之舊國，詩第十五，美其德之廣，樂而有節，故不淫。周公遭管、蔡之變，東征三年，爲成王陳后稷先公不敢怠荒，以成王業，故曰周公之東。秦，詩第十一，後仲尼删定，故不同。秦本在西戎，汧隴之西，秦仲始有車馬禮樂，去戎狄之音而有諸夏之聲，故謂之夏聲。襄公佐周平王東遷而受其地，故曰周之舊。魏，詩第九，魏，姬姓國，晉獻滅之。渢渢，沖瀜之聲，謂如風行巨水也，是大而險然，婉而易行，故可以德輔。唐，詩第十，晉本唐國，故有堯之遺風，憂思深遠，必令德之後。陳，詩第十二，淫聲放蕩，無所畏忌，故曰國無主。鄶，第十三。曹，第十四。季聞此歌不復譏論之，以二國微也。小雅小正，亦歌樂之常，憂思怨忿而無貳心，猶不忍形於言。疑當幽、厲之世，去文、武未遠，其遺民猶存，蓋變小雅也。大雅陳文王之德以正天下，熙熙和樂之聲，委曲而有正直之體，故知爲文德。頌者以成功告于神明。至哉，言道備也。不倨，直之美。不屈，曲之美。不偪，謙也。不攜，仁也。不淫，有守也。不厭，日新也。不愁，知命也。不荒，節之以禮也。不匱，德弘大。不宣，不自顯。不費，因利而利之。不貪，義然後取。底，滯也。不底，守以道也。不流，制以義也。五音，宫、商、角、徵、羽。八風，八方之風。八音既諧，節有度也，無相奪倫，守其序也。頌有殷、魯，故曰盛德之所同。樂有歌有舞，舞以容，故云。見象，象其功德也。箾，舞所執之竿，即詩序所謂維清奏。象舞，武舞也。南籥，二南之籥，文舞也。皆文王之樂。美，美其德也。憾，憾未周洽天下。大武，武王樂。韶濩，湯樂。韶，猶紹也，紹繼大禹，故曰韶。防濩下民故曰濩。慙，慙於放桀，言湯而不及武者，或爲先王諱也。大夏，禹樂。禹治水八年，其勤至矣，而不矜不伐，故云不德。韶箾，舜樂，紹堯之德曰韶。札以舜德盛如天地，蔑加故止焉，而不敢復請，且知其篇終也。

札觀樂而知政，極其評議之當，何其賢明才博之絶人，豈在吴而涉知其樂歌之文。或左氏附會之也。又聘諸國而遍識其賢，納歸之公。歇，盡也。欒、高之難，見田氏傾齊。帶，大帶。吴地貴縞，鄭地貴紵，故各以獻。瑗，蘧伯玉。史狗，史朝之子。文子史鰌，史魚。發，公叔文子。戚，孫文子邑。辯，猶争也。君在殯，獻公未葬也。君不德而臣賢且富，故政必歸之。

三十一年　冬，吴子使屈狐庸聘于晉，通路也。趙文子問焉，曰：「延州來季子其果立乎？巢隕諸樊，閽戕戴吴，天似啓之，何如？」對曰：「不立。是二王之命也，非啓季子也。若天所啓，其在今嗣君乎！甚德而度，德不失民，度不失事，民親而事有序，其天所啓也。有吴國者必此君之子孫實終之。季子守節者也，雖有國不立。」狐庸以吴行人聘晉。延州來，季札前後食邑，故以爲稱。延，延陵，今南直隸常州。嗣君，光。度，檢則也。

昭公四年　秋，七月，楚子以諸侯伐吴，圍朱方，克之。詳見靈王之亂。冬，吴伐楚，入棘、櫟、麻，以報朱方之役。楚沈尹射奔命於夏汭，葴尹宜咎城鍾離，薳啓彊城巢，然丹城州來。棘、櫟、麻，皆楚東鄙邑。夏汭，漢水曲，今湖廣武昌府境有夏汭。吴兵在東北，楚盛兵東南以絶其後。宜咎，陳大夫，奔楚。然丹，鄭子革，前奔楚。

五年　冬，十月，楚子以諸侯及東夷伐吴，以報棘、櫟、麻之役。薳射以繁揚之師會於夏汭，越大夫常壽過帥師會楚子于瑣。聞吴師出，薳啓彊帥師從之。遽不設備，吴人敗諸鵲岸。楚子以驛至於羅汭。吴子使其弟蹶由犒師，楚人執之，將以釁鼓。王使問焉，曰：「女卜來吉乎？」

對曰：「吉。寡君聞將治兵於敝邑，卜之以守龜，曰：『余亟使人犒師，請行以觀王怒之疾徐，而爲之備，尚克知之！』龜兆告吉，曰：『克可知也。』君若驩焉好逆使臣，兹敝邑休怠，而忘其死，亡無日矣。今君奮焉震電馮怒，虐執使臣，將以釁鼓，則吴知所備矣。敝邑雖羸，若早修完，其可以息師。難易有備，可謂吉矣。且吴社稷是卜，豈爲一人？使臣獲釁軍鼓，而敝邑知備，以禦不虞，其爲吉孰大焉？國之守龜，其何事不卜？一臧一否，其誰能常之？城濮之兆，其報在邲。今此行也，其庸有報志？」乃弗殺。楚師濟於羅汭，沈尹赤會楚子，次於萊山。薳射帥繁揚之師先入南懷，楚師從之，及汝清。吴不可入，楚子遂觀兵於坻箕之山。是行也，吴早設備，楚無功而還，以蹶由歸。楚子懼吴，使沈尹射待命于巢，薳啓彊待命于雩婁，禮也。薳射，楚大夫。瑣，楚地。遽，忽遽也。鵲岸，楚地，南直隸舒縣。杜云有鵲尾渚，又河南羅縣南有鵲山，未詳。驛，傳也。羅，水名。守龜，疑寶龜藏于宗廟者。余亟使述吴令龜之詞。馮怒，盛怒也。兆龜，兆報應也。城濮戰，楚卜吉，應乃在邲。報志，志在應其卜吉也。南懷、汝清，皆楚界。禮，謂備敵之禮。○懼而脩備，兵家之常，何禮之有？

六年　九月，徐儀楚聘于楚，楚子執之，逃歸。懼其叛也，使薳洩伐徐。吴人救之。令尹子蕩帥師伐吴，師于豫章，而次于乾谿。吴人敗其師於房鍾，獲宫廐尹棄疾。子蕩歸罪於薳洩而殺之。儀楚，徐大夫。薳洩，楚大夫。乾谿，楚東竟。房鍾，吴地。棄疾，鬬韋龜之父。歸罪薳洩，以解其敗軍之罪。

十三年　夏，晉……並徵會，告于吴。秋，晉侯會吴子于良，水道不可，吴子辭乃還。徵會，召

諸侯會平丘也。良，今南直隸邳州城北有良城。

十九年　冬，令尹子瑕言蹶由於楚子曰：「彼何罪？諺所謂『室於怒，市於色』者，楚之謂矣。舍前之忿可也。」乃歸蹶由。楚子，平王也。子瑕言靈王怒吴子而執其使，猶人忿於室家而作色於市人。

闔廬入郢

昭公十三年　冬，吴滅州來。令尹子旗請伐吴，王弗許，曰：「吾未撫民人，未事鬼神，未脩守備，未定國家。而用民力敗，不可悔。州來在吴，猶在楚也，子姑待之。」州來，今壽州，爲吴、楚要害之地，吴前入，而今滅之，以封季子，後以遷蔡。

十五年　楚費無極害朝吴之在蔡也，欲去之，乃謂之曰：「王唯信子，故處子於蔡。子亦長矣，而在下位，辱必求之。吾助子請。」又謂其上之人曰：「王唯信吴，故處諸蔡。二三子莫之如也，而在其上，不亦難乎？弗圖，必及於難。」夏，蔡人逐朝吴。朝吴出奔鄭，王怒曰：「余唯信吴，故置諸蔡。且微吴，吾不及此，女何故去之？」無極對曰：「臣豈不欲吴然？而前知其爲人之異也。吴在蔡，蔡必速飛。去吴，所以翦其翼也。」朝吴有功於平王，無極忌其寵，謀害之。誘之請求上位，而又間其位在吴上者，使逐之。至王怒，又云去吴以翦蔡。欲，悦也。異，言其多權謀。以鳥喻蔡，言吴必能使蔡速飛

背楚，故翦之。是年吴夷昧卒，王僚立。

十七年　冬，吴伐楚。陽匄爲令尹，卜戰，不吉。司馬子魚曰：「我得上流，何故不吉？且楚故，司馬令龜，我請改卜。」令曰：「魴也以其屬死之，楚師繼之，尚大克之！」吉。戰于長岸，子魚先死，楚師繼之，大敗吴師，獲其乘舟餘皇。使隨人與後至者守之，環而塹之，及泉，盈其隧炭，陳以待命。吴公子光請於其衆，曰：「喪先王之乘舟，豈唯光之罪？衆亦有焉。請藉取之以救死。」衆許之。使長鬣者三人潛伏於舟側，曰：「我呼餘皇，則對。師夜從之。」三呼，皆迭對。楚人從而殺之，楚師亂，吴人大敗之，取餘皇以歸。陽匄，字子瑕。子魚，名魴。司馬主兵，故卜戰。令龜，以事命於龜。長岸，楚地。餘皇，舟名。隧，出入道。置炭火滿於隧，陳兵守之。光，諸樊子闔廬。藉，借衆力也。長鬣，多髭鬚似楚人者。三呼更對，楚人以爲怪，殺之而亂。傳言光有謀。

十九年　楚子之在蔡也，郹陽封人之女奔之，生大子建。及即位，使伍奢爲之師，費無極爲少師。無寵焉，欲譖諸王曰：「建可室矣。」王爲之聘于秦，無極與逆，勸王取之。正月，楚夫人嬴氏至自秦。在蔡，蓋爲大夫時往聘蔡。郹陽，蔡邑。伍奢，舉之子，員之父。室，妻也。無極既言可妻，又以女美勸王，皆欲譖建而先爲之地也。秦女歸王，故稱夫人。夏，楚子爲舟師以伐濮。費無極言於楚子曰：「晉之伯也，邇於諸夏，而楚辟陋，故弗能與争。若大城城父而置大子焉，以通北方，王收南方，是得天下也。」王說，從之。故太子建居于城父。濮，南夷也。城父，今爲南直隸亳縣東南七十里有城父城。居太子，亦將爲

讒地也。令尹子瑕聘于秦，拜夫人也。拜，謝秦。冬，楚人城州來。沈尹戌曰：「楚人必敗。昔吳滅州來，子旗請伐之，王曰：『吾未撫吾民。』今亦如之。而城州來以挑吳，能無敗乎？」侍者曰：「王施舍不倦，息民五年，可謂撫之矣。」戌曰：「吾聞撫民者，節用於內，而樹德於外。民樂其性，而無寇讎。今宮室無量，民人日駭，勞罷死轉，忘寢與食，非撫之也。」前吳滅州來，今楚復取而城之。戌，莊王曾孫葉公諸梁父。駭，驚也。轉，遷徙也。

二十年　春，費無極言於楚子曰：「建與伍奢將以方城之外叛，自以爲猶宋、鄭也，齊、晉又交輔之，將以害楚。其事集矣。」王信之。問伍奢，伍奢對曰：「君一過多矣，何信於讒？」王執伍奢，使城父司馬奮揚殺大子。未至，而使遣之。三月，太子建奔宋。王召奮揚，奮揚使城父人執己以至，王曰：「言出於余口，入於爾耳，誰告建也？」對曰：「臣告之。君王命臣曰：『事建如事余。』臣不佞，不能苟貳。奉初以還，不忍後命，故遣之。既而悔之，亦無及矣。」王曰：「而敢來，何也？」對曰：「使而失命，召而不來，是再奸也，逃無所入。」王曰：「歸。從政如他日。」無極曰：「奢之子材，若在吳，必憂楚國，盍以免其父召之？彼仁，必來。不然，將爲患。」王使召之，曰：「來！吾免而父。」棠君尚謂其弟員曰：「爾適吳，我將歸。死，吾知不逮。我能死，爾能報。聞免父之命，不可以莫之奔也。親戚爲戮，不可以莫之報也。奔死免父，孝也。度功而行，仁也。擇任而往，知也。知死不辟，勇也。父不可棄，名不可廢，爾其免之！

相從爲愈。」伍尚歸，奢聞員不來，曰：「楚君大夫其旰食乎！」楚人皆殺之。員如吳，言伐楚之利於州于，公子光曰：「是宗爲戮，而欲反其讎，不可從也。」員曰：「彼將有他志，余姑爲之求士而鄙以待之。」乃見鱄設諸焉，而耕於鄙。無極譖計已成，王信其譖，召奢詰之。一過，納建妻也。王忿其言，切執之。奮揚知太子冤，故遣去。初，初命。還，周旋也。奸，犯也。歸，王善其言，舍之使還。棠邑，今六合、江浦二縣。奢長子尚爲棠邑大夫，稱君。員，尚弟子胥。不逮，知不及員。尚以己死遣弟爲孝，仁、知、勇，復勉弟報仇，愈于相隨俱死。旰食，有吳憂不得早食也。州于，吳子僚。時光欲弒僚不利，員用事，故破其謀。員知光之可輔，遂進勇士以求入，退居鄙野。鱄設諸，勇士也。

二十一年　三月，葬蔡平公。蔡大子朱失位，位在卑。大夫送葬者歸，見昭子，昭子問蔡故，以告，昭子歎曰：「蔡其亡乎！若不亡，是君也必不終。詩曰：『不解于位，民之攸暨。』今蔡侯始即位而適卑，身將從之。」在卑，謂不在嫡子，位以長幼齒。詩大雅，暨，息也。冬，蔡侯朱出奔楚，費無極取貨於東國，而謂蔡人曰：「朱不用命於楚，君王將立東國。若不先從王欲，楚必圍蔡。」蔡人懼，出朱而立東國。朱愬於楚，楚子將討蔡，無極曰：「平侯與楚有盟，故封。其子有二心，故廢之。靈王殺隱太子，其子與君同惡，德君必甚。又使立之，不亦可乎？且廢置在君，蔡無他矣。」東國，隱太子之子。平侯，廬之弟，朱之叔父。有盟，盟于鄧，依陳蔡人以國是也。在君，言權在君。他，他心也。

二十三年　秋，吳人伐州來，楚薳越帥師及諸侯之師奔命救州來。吳人禦諸鍾離。子瑕

卒，楚師熸。吳公子光曰：「諸侯從於楚者衆，而皆小國也。畏楚而不獲已，是以來。吾聞之曰：『作事威克其愛，雖小必濟。』胡、沈之君幼而狂，陳大夫齧壯而頑，頓與許、蔡疾楚政。楚令尹死，其師熸。帥賤多寵，政令不壹，七國同役而不同心。帥賤而不能整，無大威命，楚可敗也。若分師先以犯胡、沈與陳，必先奔。三國敗，諸侯之師乃搖心矣。諸侯乖亂，楚必大奔。請先者去備薄威，後者敦陳整旅。」吳子從之。戊辰晦，戰于雞父。吳子以罪人三千先犯胡、沈與陳，三國爭之，吳爲三軍以繫於後。中軍從王，光帥右，掩餘帥左。吳之罪人或奔或止，三國亂，吳師擊之，三國敗。獲胡、沈之君及陳大夫。舍胡、沈之囚，使奔許與蔡、頓，曰：「吾君死矣。」師譟而從之，三國奔，楚師大奔。書曰「胡子髡、沈子逞滅，獲陳夏齧」，君臣之辭也。不言戰，楚未陳也。凡將威重，則兵皆嚴整，詐不能施。時令尹子瑕以疾將兵，使薳越攝其事，而瑕竟卒，主帥喪亡，其軍人無復鬭志，故如熸。熸，火滅也。光謂越賤軍多寵人，政令不一，可以詐襲，故令前隊去戰備、薄威嚴，示不整以誘之，後則敦厚其陳整衆以待。兵忌晦，犯晦擊楚不意也。雞父，在南直隸壽州境舊有雞備亭。罪人不習戰以餌之。王，王僚。掩餘，僚弟。國君，社稷之主，與宗廟共其存亡，故稱滅。大夫輕，故曰獲。此戌所謂挑吳者。楚既大敗州來，必入吳矣。楚大子建之母在郹，召吳人而啓之。冬，十月甲申，吳太子諸樊入郹，取楚夫人與其寶器以歸。楚司馬薳越追之不及，將死，衆曰：「請遂伐吳以徼之。」薳越曰：「再敗君師，死且有罪。亡君夫人，不可以莫之死也。」乃縊於薳澨。郹，郹陽也。平王前娶秦女，廢太子建，故母歸其家，恨失寵而召吳人。諸樊、門巢已卒，此誤，應即諸

樊之太子光也。徼，要其勝負。既敗雞父，設往復敗，是再敗。薳澨，楚地。楚囊瓦爲令尹，城郢，沈尹戌曰：「子常必亡郢。苟不能衛城，無益也。古者天子守在四夷，天子卑守在諸侯，諸侯守在四鄰，諸侯卑守在四竟。慎其四竟，結其四援，民狎其野，三務成功。民無内憂，而又無外懼，國焉用城？今吴是懼，而城於郢，守已小矣。卑之不獲，能無亡乎？昔梁伯溝其公宫而民潰，民棄其上，不亡何待？夫正其疆埸，修其土田，險其走集，親其民人，明其伍候，信其鄰國，慎其官守，守其交禮，不僭不貪，不懦不耆，完其守備，以待不虞，又何畏矣！詩曰：『無念爾祖，聿修厥德。』無亦監乎若敖、蚡冒至于武、文，土不過同，慎其四竟，猶不城郢。今土數圻而郢是城，不亦難乎？」囊瓦，子囊之孫，字子常。前用子囊遺言已築郢城，今畏吴，復增修以自固。天子德及遠，四夷爲之守，在諸侯已卑。諸侯政修，四鄰爲之守四竟，裁自完而已。狎，安習也。三務，春、夏、秋之務。梁事，見秦取梁。走集，邊竟之壘壁。伍，伍部。候，候望。交禮，交接之禮。懦，弱也。耆，强也。詩大雅。無念，念也。聿，述也。義取念祖考，則述其德以顯之。若敖、蚡冒、武、文，楚四君，皆賢。方百里爲同，方千里爲圻。難，難以爲安。○前子囊城郢，君子以爲忠。此囊瓦城郢，戌以爲必亡者，蓋共王之季，當楚方强而思城其國都，是防患於豫，有謀國之深思焉。今畏吴而城，是智略無施，自保不遑矣。此事同而勢異、情異，不可不察也。

二十四年　冬，楚子爲舟師以略吴疆。沈尹戌曰：「此行也，楚必亡邑。不撫民而勞之，吴不動而速之，吴踵楚，而疆埸無備，邑能無亡乎？」越大夫胥犴勞王於豫章之汭。越公子倉歸

王乘舟。倉及壽夢帥師從王，王及圉陽而還。吴人踵楚，而邊人不備，遂滅巢及鍾離而還。沈尹戌曰：「亡郢之始於此在矣。王壹動而亡二姓之帥，幾如是而不及郢。詩曰：『誰生厲階，至今爲梗。』其王之謂乎！」略，行也。行吴境，將侵之。踵，躡其後。汭，水曲。歸，遺也。越既遺王以舟，復以師從王。圉陽，楚地。壽夢，越大夫。二姓之帥，守巢、鍾離二大夫。詩大雅，厲，惡。階，道。梗，病也。

二十五年　十二月，楚子使薳射城州屈，復茄人焉。城丘皇，遷訾人焉。使熊相禖郭巢，季然郭卷。子大叔聞之，曰：「楚王將死矣！使民不安其土，民必憂，憂將及王，弗能久矣。」薳射、熊相禖、季然，楚三大夫。州屈、丘皇、巢、卷，楚四邑。城，築其城。郭，築其郭。茄、訾，皆楚地。復，復於故。遷，遷之新。

二十六年　九月，楚平王卒。令尹子常欲立子西，曰：「大子壬弱，其母非適也，王子建實聘之。子西長而好善，立長則順，建善則治。王順國治，可不務乎？」子西怒，曰：「是亂國而惡君王也。國有外援不可瀆也，王有適嗣不可亂也。敗親速讎，亂嗣不祥。我受其名，賂吾以天下，吾滋不從也。楚國何爲？必殺令尹！」令尹懼，乃立昭王。子西，平王之長庶。壬，昭王名。言其母爲建聘，是揚王之惡。外援，秦也。瀆，慢也。不立秦出，將來討，是速讎也。名，簒國之名。○子西若立，則無入郢之禍。子常之言，亦不可以入廢也。然子西以正拒，自不能違矣。

二十七年　春，吴子欲因楚喪而伐之，使公子掩餘、公子燭庸帥師圍潛，使延州來季子聘于上國。遂聘于晉，以觀諸侯。楚莠尹然、工尹麇帥師救潛，左司馬沈尹戌帥都君子與王馬之屬

以濟師。與吳師遇于窮，令尹子常以舟師及沙汭而還。左尹郤宛、工尹壽帥師至于潛，吳師不能退。吳公子光曰：「此時也，弗可失也。」告鱄設諸曰：「上國有言曰：『不索，何獲？』我，王嗣也，吾欲求之事。若克，季子雖至，不吾廢也。」鱄設諸曰：「王可弑也。母老、子弱，是無若我何？」光曰：「我，爾身也。」夏，四月，光伏甲於堀室，而享王。王使甲坐於道及其門。門、階、户、席，皆王親也，夾之以鈹。羞者獻體改服於門外，執羞者坐行而入，執鈹者夾承之，及體，以相授也。光僞足疾，入于堀室。鱄設諸置劍於魚中以進，抽劍刺王，鈹交於胸，遂弑王。闔廬以其子爲卿。季子至，曰：「苟先君無廢祀，民人無廢主，社稷有奉，國家無傾，乃吾君也。吾誰敢怨？哀死事生，以待天命。非我生亂，立者從之，先人之道也。」復命哭墓，復位而待。吳公子掩餘奔徐，公子燭庸奔鍾吾。楚師聞吳亂而還。

掩餘、燭庸，皆王僚母弟。潛，楚邑，在南直隸廬江縣有灊城。季子聘，觀强弱也。二尹，楚官，然、麇其名。都君子，在都邑之士，有復除者。王馬之屬，王之養馬官屬校人。濟師，益其師也。窮，楚地。沙，水名。遇窮之師當吳之前，至潛之師要吳之後，故吳不能退。光言二弟將兵在外，爲敵國所制，國内空，此機宜乘。光，諸樊子，故自稱王嗣。料季聘還，亦以光當立。專諸深然之，以僚無復可忌。光感其意，遂以身委之。堀室，掘地爲室，預爲避計。僚備光甚密，甲士坐道邊至光門以其親，持鈹環衛。進羞者使解衣于外，膝行而進，以鈹夾之及其體，復以次相授進於王。設諸炙全魚，置劍於中以刺王，雖鈹交其胸而竟弑之。鈹，劍屬。闔廬，光也。以鱄諸子爲卿。吳自諸樊以下，兄弟相傳而不立適。欲以次及季子，季子不立而僚以夷昧之子立。光固宜有國者，故札云爾。復使命於僚墓而哭之，居本位待

光命。徐、鍾吾，二國。鍾吾今爲南直隸宿遷縣。郤宛以乘亂不祥，故還。郤宛直而和，國人説之。鄢將師爲右領，與費無極比而惡之。令尹子常賄而信讒，無極譖郤宛焉，謂子常曰：「子惡欲飲子酒。」又謂子惡：「令尹欲飲酒於子氏。」子惡曰：「我，賤人也，不足以辱令尹。令尹將必來辱，爲惠已甚，吾無以酬之，若何？」無極曰：「令尹好甲兵，子出之，吾擇焉。」取五甲五兵，曰：「置諸門，令尹至，必觀之，而從以酬之。」及饗日，帷諸門左，無極謂令尹曰：「吾幾禍子，子惡將爲子不利，甲在門矣。子必無往。且此役也，吴可以得志，子惡取賂焉而還。又誤羣帥，使退其師，曰：『乘亂不祥。』吴乘我喪，我乘其亂，不亦可乎？」令尹使視郤氏，則有甲焉。不往，召鄢將師而告之，將師退，遂令攻郤氏，且爇之。子惡聞之，遂自殺也。國人弗爇，令曰：「不爇郤氏，與之同罪。」或取一編菅焉，或取一秉秆焉，國人投之，遂弗爇也。令尹炮之，盡滅郤氏之族黨，殺陽令終與其弟完及佗，與晉陳及其子弟。晉陳之族呼於國曰：「鄢氏、費氏自以爲王，專禍楚國，弱寡王室，蒙王與令尹以自利也，令尹盡信之矣，國將如何？」令尹病之。右領，楚官。子惡，郤宛字。酬，報獻也。曰置至酬之無極辭。帷，帳。帷陳甲兵其中。此役，救灊之役。遂令，將師令也。爇，燒也。編菅，苫也。秉，把也。秆，藁也。投，投於地。競取其屋之材以投地，不忍燒之也。炮，燔郤宛也。令終，陽匄子。晉陳，楚大夫。皆郤氏黨。蒙，蔽也。楚郤宛之難，國言未已，進胙者莫不謗令尹。沈尹戌言於子常曰：「夫左尹與中廐尹莫知其罪，而子殺之以興謗，讟至于今不已。戌也惑之。仁者殺人以掩謗，猶弗爲也。今吾

子殺人以興謗，而弗圖，不亦異乎？夫無極，楚之讒人也，民莫不知。去朝吳，出蔡侯朱，喪大子建，殺連尹奢，屏王之耳目，使不聰明。不然，平王之温惠共儉，有過成、莊，無不及焉，所以不獲諸侯，邇無極也。今又殺三不辜，以興大謗，幾及子矣。子而不圖，將焉用之？夫鄢將師矯子之命以滅三族，國之良也，而不愆位。吳新有君，疆埸日駭。楚國若有大事，子其危哉！知者除讒以自安也，今子愛讒以自危也，甚矣！其惑也。」子常曰：「是瓦之罪，敢不良圖！」九月己未，子常殺費無極與鄢將師，盡滅其族，以説于國，謗言乃止。進胙國，人祭祀者。謗，詛也。左尹，郤宛也。中廄，尹陽令終也。三不辜，郤氏、陽氏、晉陳氏。不愆位，在位無愆過。

三十年　秋，吳子使徐人執掩餘，使鍾吾人執燭庸，二公子奔楚。楚子大封，而定其徙，使監馬尹大心逆吳公子，使居養，莠尹然、左司馬沈尹戌城之。取於城父與胡田以與之，將以害吳也。子西諫曰：「吳光新得國而親其民，視民如子，辛苦同之，將用之也。若好吳邊疆，使柔服焉，猶懼其至，吾又彊其讎以重怒之，無乃不可乎？吳，周之冑裔也，而棄在海濱，不與姬通。今而始大，比于諸華，光又甚文，將自同於先王，不知天將以爲虐乎，使翦喪吳國而封大異姓乎，其抑亦將卒以祚吳乎，其終不遠矣。我盍姑億吾鬼神，而寧吾族姓，以待其歸，將焉用自播揚焉？」王弗聽。吳子怒。冬，十二月，吳子執鍾吾子，遂伐徐，防山以水之。己卯，滅徐，徐子章禹斷其髮，攜其夫人以逆吳子。吳子唁而送之，使其邇臣從之，遂奔楚。楚沈尹戌帥師救徐，弗

及，遂滅夷，使徐子處之。吴子忌二子在徐，故使執之。楚乃大封殖之，故子西以爲重其怒。大封，多分與土田。定徙，定其所徙之居。又使逆之於竟，養所封邑。城，城養。胡田，故胡子之田。柔服，使吴柔而服。自同先王，言光文甚志美，欲比於先周盛時也。終不遠，言其究竟可俟億安也。歸，善惡之歸。播揚，宣耀而無遵養之意。防，壅也。壅山水以灌徐。斷髮，自刑，示懼。夷，城父也。吴子問於伍員曰：「初而言伐楚，余知其可也，而恐其使余往也，又惡人之有余之功也。今余將自有之矣。伐楚，何如？」對曰：「楚執政衆而乖，莫適任患。若爲三師以肄焉，一師至，彼必皆出，彼出則歸，彼歸則出，楚必道敝，亟肄以罷之，多方以誤之，既罷而後，以三軍繼之，必大克之。」闔廬從之，楚於是乎始病。肄，習也，數往數來如肄習也。道敝，罷敝於道。

三十一年　秋，吴人侵楚，伐夷，侵潛、六。楚沈尹戌帥師救潛，吴師還。楚師遷潛於南岡而還。吴師圍弦，左司馬戌、右司馬稽帥師救弦。及豫章，吴師還。始用子胥之謀也。潛、六，楚二邑。十二月辛亥朔，日有食之。是夜也，趙簡子夢童子羸而轉以歌旦。占諸史墨，曰：「吾夢如是，今而日食，何也？」對曰：「六年及此月也，吴其入郢乎，終亦弗克。入郢必以庚辰，日月在辰尾。庚午之日，日始有謫。火勝金，故弗克。」羸，羸體也。轉，宛轉也。簡子夢適與日食會，疑咎在己，故問之。史墨知夢非日食之應，故不釋夢而釋日食之咎在楚。周十二月，夏十月，日月合朔於辰尾而食。庚午，周十月十九日，閱四十一日至辛亥朔，日雖食於辛亥而變始于庚午。以始變爲占，而日在辰，故知入郢之日必以庚辰。午，南方，楚位以午。日有變，故災在楚。辰，東方，吴在楚東，故入郢必吴。午火，庚金。金爲火妃，午火勝庚金，楚氣猶旺，故吴終不克。亥水也，水數

六，故六年。辰尾、龍尾，譎變氣也。

定公二年　四月，桐叛楚，吴子使舒鳩氏誘楚人，曰：「以師臨我，我伐桐，爲我使之無忌。」秋，楚囊瓦伐吴師于豫章，吴人見舟于豫章，而潛師于巢。冬，十月，吴軍楚師于豫章，敗之，遂圍巢，克之，獲楚公子繁。桐，今南直隸安慶府有桐城。舒，舒城縣，與鳩皆楚屬國。吴教舒鳩，誘楚使以兵臨我，我伐桐，僞若畏楚師之臨己，而爲伐其叛國以取媚者，欲使楚不忌。所謂多方以誤之。楚從舒鳩伐吴，吴見舟豫章，僞若爲楚伐桐，而實潛師以擊楚軍，楚不忌故敗。繁，守巢大夫。

三年　冬，蔡昭侯爲兩佩與兩裘以如楚，獻一佩一裘於昭王。昭王服之以享蔡侯，蔡侯亦服其一。子常欲之，弗與。三年止之。唐成公如楚，有兩肅爽馬，子常欲之，弗與，亦三年止之。唐人或相與謀，請代先從者，許之。飲先從者酒，醉之，竊馬而獻之子常，子常歸唐侯。自拘於司敗，曰：「君以弄馬之故，隱君身，棄國家。羣臣請相夫人以償馬，必如之。」唐侯曰：「寡人之過也，二三子無辱。」皆賞之。蔡人聞之，固請而獻佩于子常，子常朝見蔡侯之徒，命有司曰：「蔡君之久也，官不共也。明日禮不畢，將死。」蔡侯歸，及漢，執玉而沈，曰：「余所有濟漢而南者，有若大川！」蔡侯如晉，以其子元與其大夫之子爲質焉，而請伐楚。佩，佩玉。唐國在湖廣棗陽縣東南百五十里，舊有上唐縣。成公，惠侯後。肅爽，駿馬名，隨州城北唐城白雲鄉有驌驦陂。自拘，以竊馬故也。隱，憂約相助也。夫人，謂圉馬者。官不共，言禮遣蔡侯之物不供備。蔡在汝南漢北，誓言若復渡漢，事楚當受禍，明如大川。○囊瓦之賄不足

論矣，唐、蔡二君以弱小處强暴之下，忍欲示樸猶恐不寧，而乃以翫好誇示貪夫，其及也宜矣。

四年　春，三月，劉文公合諸侯于召陵，謀伐楚也。晉荀寅求貨於蔡侯，弗得。乃辭蔡侯。沈人不會于召陵，晉人使蔡伐之。夏，蔡滅沈。秋，楚爲沈故圍蔡，伍員爲吴行人以謀楚。楚之殺郤宛也，伯氏之族出，伯州犂之孫嚭爲吴大宰，以謀楚。楚自昭王即位，無歲不有吴師。蔡侯因之，以其子乾與其大夫之子爲質於吴。冬，蔡侯、吴子、唐侯伐楚，舍舟于淮汭，自豫章與楚夾漢。左司馬戌謂子常曰：「子沿漢而與之上下，我悉方城外以毁其舟，還塞大隧、直轅、冥阨。子濟漢而伐之，我自後擊之，必大敗之。」既謀而行，武城黑謂子常曰：「吴用木也，我用革也，不可久也，不如速戰。」史皇謂子常：「楚人惡子而好司馬。若司馬毁吴舟于淮，塞城口而入，是獨克吴也。子必速戰！不然，不免。」乃濟漢而陳，自小别至於大别。三戰，子常知不可，欲奔。史皇曰：「安求其事，難而逃之，將何所入？子必死之，初罪必盡說。」十一月庚午，二師陳于柏舉。闔廬之弟夫概王晨請於闔廬曰：「楚瓦不仁，其臣莫有死志。先伐之，其卒必奔，而後大師繼之，必克。」弗許。夫概王曰：「所謂臣義而行，不待命者，其此之謂也。今日我死，楚可入也。」以其屬五千先擊子常之卒，子常之卒奔，楚師亂，吴師大敗之。子常奔鄭。史皇以其乘廣死。吴從楚師，及清發，將擊之，夫概王曰：「困獸猶鬭，況人乎？若知不免而致死，必敗我。若使先濟者知免，後者慕之，蔑有鬭心矣。半濟而後可擊也。」從之，又敗

之。楚人爲食，吳人及之，奔。食而從之，敗諸雍澨。五戰，及郢。己卯，楚子取其妹季芈畀我以出，涉雎。鍼尹固與王同舟，王使執燧象以奔吳師。庚辰，吳入郢，以班處宮。子山處令尹之宮，夫概王欲攻之，懼而去之，夫概王入之。左司馬戌及息而還，敗吳師于雍澨，傷。初，司馬臣闔廬，故恥爲禽焉，謂其臣曰：「誰能免吾首？」吳句卑曰：「臣賤，可乎？」司馬曰：「我實失子，可哉！」三戰皆傷，曰：「吾不可用也已。」句卑布裳，剄而裹之，藏其身，而以其首免。楚子涉雎，濟江，入于雲中。王寢，盜攻之，以戈擊王，王孫由于以背受之，中肩。王奔鄖，鍾建負季芈以從。由于徐蘇而從。鄖公辛之弟懷將弒王，曰：「平王殺吾父，吾殺其子，不亦可乎？」辛曰：「君討臣，誰敢讎之？君命，天也。若死天命，將誰讎？詩曰：『柔亦不茹，剛亦不吐。不侮矜寡，不畏彊禦。』唯仁者能之。違彊陵弱，非勇也。乘人之約，非仁也。滅宗廢祀，非孝也。動無令名，非知也。必犯是，余將殺女。」鬭辛與其弟巢以王奔隨。吳人從之，謂隨人曰：「周之子孫在漢川者，楚實盡之。天誘其衷，致罰於楚，而君又竄之，周室何罪？君若顧報周室，施及寡人，以獎天衷，君之惠也。漢陽之田，君實有之。」楚子在公宮之北，吳人在其南。子期似王，逃王，而己爲王，曰：「以我與之，王必免。」隨人卜與之，不吉，乃辭吳曰：「以隨之辟小，而密邇於楚，楚實存之。世有盟誓，至于今未改。若難而棄之，何以事君？執事之患，不唯一人，若鳩楚竟，敢不聽命？」吳人乃退。鑪金初宦於子期氏，實與隨人要言。王使見，辭，

曰：「不敢以約爲利。」王割子期之心以與隨人盟。文公，王官，伯也。晉人假王命以討楚，故曰文公合諸侯。餘見晉失諸侯。沈今爲汝陽縣，隣蔡，晉使蔡滅之。伯氏，郤宛黨，嚭因奔吴。員與嚭皆志必報其仇，共謀破楚，故楚苦兵。淮汭，淮水曲。吴乘舟從淮過，蔡舍之。時豫章乃今湖廣德安府東卌里章山也。戍欲瓦緣漢水上下遮使勿渡，己以方城外入毁吴所舍舟。大隧，在今河南羅山縣西南百二千里，一名九重關。直轅，疑爲武勝關，在今河南信陽縣南。冥阨，在信陽縣東南九十里，一名平靖關，有大小石門，鑿山爲道。是漢東三隘道，塞之使吴不得退，因與瓦師夾擊。黑，武城大夫。用，軍器。革不可持久，故欲速決。史皇，楚大夫。又緣國人素情，恐戍獨克爲功，欲速戰以先之。城口，三隘道總名。瓦濟漢，從其言。禹貢漢水至大别南入江，則此二别在江夏界。今大别在漢陽府城東北、漢江之右，小别在漢川縣一十里。不可，不可支也。安求，言安寧時求知政事，難時不可逃。又以致死克吴，可免貪賄致寇之罪。二師，吴、楚之師。柏舉，楚地，在今河南西平縣，本柏子國地。夫概後自立爲王，故稱王，擅以偏師擊囊瓦卒而大勝。清發，水名。雍澨，爲今岳州府東南澭湖。自此楚兵又五止戰皆敗，及郢。○如戍之謀，楚殊有勝形。而史皇以妬功之心，背其謀而輕戰，以致敗，則入郢之禍幾史皇之爲也，固一死不足贖矣。於時吴多謀臣，而其功夫概實成之，亦所謂非一狐之腋者哉。○楚以重兵禦吴於境，不虞其大敗，吴乘勝而至，故不暇爲守禦，倉皇以出。畀我，或云季芈字。吴兵自東，迫楚王涉睢自西而稍南。睢、沮同。燧象，燒火燧繫象尾，使赴吴師驚却之。以班，吴以尊卑班次處楚君臣之宫室。子山，吴王子。夫概自以功高，奪其宫。戍聞楚敗故還，雖能敗吴師而身被重創。句卑，戍臣，失不知其賢也。戍將死，刭取其首，以裳裹之，見戍之忠壯。雲中，雲夢澤中，蓋江北之夢，今湖廣德安府其地。王前既涉沮避吴兵，此復由沮入江，遶吴兵南而北濟。鍾建、由于，皆楚臣。于以背代王受戈，悶絶，至蘇復從。鄖本雲中地，前平王封蔓成然之子鬬辛於鄖，事見上卷。懷欲弑王以報父仇，辛既禁止，復奉王奔隨。隨與鄖鄰壤也。公宫，隨侯之宫。子期，昭王兄，公子結。一人，謂楚王。鳩，安集也。鑪金，子期臣。要言，無以楚王與吴，并免子期。王喜其意，欲引見之，以比王臣。金言不敢乘君父

困約時以致榮利。割心，當心前割血以盟，示其至心。◯世稱五伯，齊桓、晉文信云盛矣，秦穆僅雄西陲，楚莊用夷陵夏，已難爲並，而宋襄志業猶劣，又安能與之伍也？白虎通以吴闔廬繼晉救蔡，與桓、文、穆、莊列而伍之，蓋庶幾焉。子胥謂夫差曰「我令若父霸」，則當時固亦以伯稱也哉！◯又按此傳云囊瓦城郢，又云吴從楚師五戰及郢，楚子涉雎，則郢止一城。吴兵至而昭王避之出矣。考史記註，楚都郢，今江陵縣北紀南城，是至平王更城郢，在江陵東北故郢城是也。又荆州紀云昭王十年吴通漳水灌紀南入赤湖，進灌郢城，遂破楚，則郢與紀南爲二城。而吴以水攻楚破之，與傳不協。古書之異同如此。

春秋左傳屬事卷二十

楚吴越

昭王復國

定公四年　初，伍員與申包胥友，其亡也，謂申包胥曰：「我必復楚國！」申包胥曰：「勉之！子能復之，我必能興之。」及昭王在隨，申包胥如秦乞師，曰：「吴爲封豕長蛇，以薦食上國，虐始於楚，寡君失守社稷，越在草莽，使下臣告急曰：『夷德無厭，若鄰於君，疆埸之患也。逮吴之未定，君其取分焉。若楚之遂亡，君之土也。若以君靈撫之，世以事君。』」秦伯使辭焉，曰：「寡人聞命矣，子姑就館，將圖而告。」對曰：「寡君越在草莽，未獲所伏，下臣何敢即安？」立依於庭牆而哭，日夜不絶聲，勺飲不入口。七日，秦哀公爲之賦無衣。九頓首而坐，秦師乃出。

包胥，楚大夫，與子胥善而各行其志。復，報也。薦，數也，言吴貪害如蛇豕。封，大也。吴有楚則與秦鄰，故患。取分，與吴共分楚地。撫，存恤也。伏，隱處也。無衣，秦風，取其「王于興師，脩我戈矛。與子同仇，與子偕作，與子偕行。」無衣三章，章三頓首，故九頓其首。

五年　夏，申包胥以秦師至，秦子蒲、子虎帥車五百乘以救楚。子蒲曰：「吾未知吴道。」使楚人先與吴人戰，而自稷會之，大敗夫概王于沂。吴人獲薳射於柏舉，其子帥奔徒以從子西，敗吴師於軍祥。秋，七月，子期、子蒲滅唐。九月，夫概王歸，自立也。以與王戰而敗，奔楚，爲堂谿氏。吴師敗，楚師于雍澨。秦師又敗吴師，吴師居麇。子期將焚之，子西曰：「父兄親暴骨焉，不能收，又焚之，不可。」子期曰：「國亡矣！死者若有知也，可以歆舊祀？豈憚焚之？」焚之而又戰，吴師敗，又戰于公壻之谿。吴師大敗，吴子乃歸。囚闉輿罷，闉輿罷請先，遂逃歸。葉公諸梁之弟后臧從其母於吴，不待而歸。葉公終不正視。道，謂行兵之法。稷、沂，皆楚地。薳射，楚大夫。奔徒，敗散之卒。軍祥，亦楚地。以唐從吴，伐國滅之。夫概戰敗奔楚，蓋事後，此終言之。棠溪，河南郾城西八十五里有棠溪故城。麇，楚地。子期欲焚其師於此，子西謂前與吴戰父兄多死其中，不忍并焚。子期言焚吴復國，則祭祀不廢，而死者得歆。公壻，楚地。闉輿罷，楚大夫。先被吴囚，誑吴而歸。諸梁，沈尹戌之子。葉公，子高也。其弟后臧與母俱獲於吴，竟棄母而歸，故惡其人。冬，楚子入于郢。初，鬬辛聞吴人之争宫也，曰：「吾聞之，不讓則不和，不和不可以遠征。吴争於楚，必有亂，有亂則必歸，焉能定楚？」王之奔隨也，將涉於成臼。藍尹

亹涉其帑，不與王舟。及寧，王欲殺之。子西曰：「子常唯思舊怨以敗，君何效焉？」王曰：「善。使復其所，吾以志前惡。」王賞鬭辛、王孫由于、王孫圉、鍾建、鬭巢、申包胥、王孫賈、宋木、鬭懷。子西曰：「請舍懷也。」王曰：「大德滅小怨，道也。」申包胥曰：「吾爲君也，非爲身也。君既定矣，又何求？且吾尤子旗，其又爲諸？」遂逃賞。王將嫁季芈，季芈辭曰：「所以爲女子，遠丈夫也。鍾建負我矣。」以妻鍾建，以爲樂尹。王之在隨也，子西爲王輿服以保路，國於脾洩。聞王所在而後從王，王使由于城麇，復命。子西問高厚焉，弗知，子西曰：「不能，如辭。城不知高厚，小大何知？」對曰：「固辭不能，子使余也。人各有能有不能。王遇盜於雲中，余受其戈，其所猶在。」袒而示之背，曰：「此余所能也，脾洩之事，余亦弗能也。」成臼，水名，在今湖廣漢川縣南一百二十里，源出縣西界入漢。藍尹，楚官，名亹。寧，安定也。志，記也。鬭辛等九子，皆從王有功，故賞。懷初謀弑王，故欲舍之，王憐其念父以其兄有大功，故并賞。子旗有功平王，恃功見殺。包胥常尤其人，遂逃賞以自異。脾洩，楚邑。先王，恐國人潰散，乃僞爲王車服，權立國脾洩，以保安道路之人。城麇，築城于麇，今岳州府境有東西二城，其所築也。子西以由于不能其事，當辭勿行。由于以人材質不同，于能受戈蔽王而不能如脾洩之事，豈能知城事乎？〇傳言楚多賢臣，各致其能，故昭王歸國。

六年　四月己丑，吳大子終纍敗楚舟師，獲潘子臣、小惟子及大夫七人。楚國大惕，懼亡。子期又以陵師敗于繁揚。令尹子西喜曰：「乃今可爲矣。」於是乎遷郢於鄀，而改紀其政，以定

楚國。終纍，闔廬長子，夫差兄。潘子臣、小惟子，楚二帥。陵，陸也。水陸二師皆敗，子西以國人知懼而後可與圖安，故遷郢於鄀，改紀以安定之。鄀本都商密，漢爲丹水縣，後廢，在今河南内鄉縣西南一百二十里。楚徙之近郢，後爲襄州樂鄉縣，襄州今爲襄陽樂鄉，已廢，其地在襄陽府城南二百二十里，子西遷郢實此。○竊謂臨難遷都，智謀所忌，楚雖遭吴患，國猶未虧也，何用遷都以自弱乎？子西諸臣皆忠勇有謀，籌之豈其略耶？緣楚郢本今江陵，吴自江而至頗爲便易。襄陽稍北，吴既難犯，尤居國上流，其勢易以制吴。斯見謀國營慮萬端，不可以一律拘也。至今襄陽控制南北，天下之形勝實稱焉，子西其審矣哉！

十四年　頓子牂欲事晋背楚，而絶陳好。二月，楚滅頓。牂，頓子名。頓，今河南商水縣。

十五年　吴之入楚也，胡子盡俘楚邑之近胡者。楚既定，胡子豹又不事楚，曰：「存亡有命，事楚何爲？多取費焉。」二月，楚滅胡。豹，胡子名。胡，今南直隸潁州。

哀公元年　春，楚子圍蔡，報柏舉也。里而栽，廣丈，高倍。夫屯晝夜九日，如子西之素。蔡人男女以辨。使疆于江、汝之間而還。蔡於是乎請遷于吴。栽，設版築爲圍壘周匝，去蔡城一里。壘厚一丈，高二丈。夫，役。屯，聚。晝夜不止，凡九日而壘成。子西本計如此，今如之。辨，别也。男女各别係纍而出降，楚欲使蔡徙國在江水之北、汝水之南。蔡權聽命，故楚師還。既還，而蔡叛楚即吴。

二年　秋，吴洩庸如蔡納聘，而稍納師。師畢入，衆知之。蔡侯告大夫，殺公子駟以説。哭而遷墓。冬，蔡遷于州來。蔡請遷于吴，中悔，故因聘襲之。蔡殺駟以説於吴，言不時遷，駟之爲也。將遷，與先君辭，故哭。

四年　春，蔡昭侯將如吴，諸大夫恐其又遷也，承，公孫翩逐而射之，入於家人而卒。以兩

矢門之，衆莫敢進。文之鍇後至，曰：「如牆而進，多而殺二人。」鍇執弓而先，翩射之，中肘，鍇遂殺之。故逐公孫辰而殺公孫姓、公孫盱。承音懲，蓋楚言，或云衍字。翩，蔡大夫，射公，公卒，門之。翩以矢自守門。鍇，亦蔡大夫。如牆並行，如牆俱進。中肘，中鍇之肘。盱即霍也。夏，楚人既克夷虎，乃謀北方。左司馬眅、申公壽餘、葉公諸梁致蔡於負函，致方城之外於繒關，曰：「吴將泝江入郢，將奔命焉。」爲一昔之期，襲梁及霍。單浮餘圍蠻氏，蠻氏潰。蠻子赤奔晉陰地。司馬起豐、析與狄戎，以臨上雒。左師軍于菟和，右師軍于倉野，使謂陰地之命大夫士蔑曰：「晉、楚有盟，好惡同之，若將不廢，寡君之願也。不然，將通於少習以聽命。」士蔑請諸趙孟，趙孟曰：「晉國未寧，安能惡於楚？必速與之。」士蔑乃致九州之戎，將裂田以與蠻子而城之，且將爲之卜。蠻子聽卜，遂執之與其五大夫，以畀楚師于三户。司馬致邑立宗焉，以誘其遺民，而盡俘以歸。夷虎，蠻夷叛楚者。謀北方，既定其内而圖外也。眅、壽餘、諸梁，皆楚大夫致蔡者，先以蔡之故地，人民以爲邑，今復會其衆於負函，又會方城外之衆於繒關。負函、繒關，皆楚地。僞詞將以備吴，夜約其期即襲梁、霍，使不知備。一昔，一夜也。梁、霍，蠻二邑，皆在今河南汝州境，有廢梁縣，有霍山，又有蠻中聚。浮餘，楚大夫。晉陰地，在河南山北，自今陝西洛南縣至河南嵩縣。司馬，即眅也。起，發也。析、豐，皆楚邑。析今爲内鄉縣南舊有豐鄉。眅發二邑之兵與戎狄之衆以臨上雒，而分軍爲二，以脅晉之命大夫之守陰地曰士蔑者。上洛，即洛南。菟和，上雒東山。倉野，上雒之野。少習，武關，在今陝西商縣東一百八十里。將大開武關伐晉，時晉有范、中行之難，故曰未寧。九州戎，在晉陰地陸渾者，詐以田封蠻子而爲之卜城，因執之以與楚。三户，楚地内鄉縣西南有

三戶城。楚復許爲蠻子作邑，立其宗主，誘而悉俘之。

六年　春，吴伐陳。　秋，七月，楚子在城父，將救陳。卜戰，不吉。卜退，不吉。王曰：「然則死也。再敗楚師，不如死。棄盟逃讎，亦不如死。死一也，其死讎乎！」命公子申爲王，不可。則命公子結，亦不可。則命公子啓，五辭而後許。將戰，王有疾。庚寅，昭王攻大冥，卒于城父。子閭退，曰：「君王舍其子而讓，羣臣敢忘君乎？從君之命，順也。立君之子，亦順也。二順不可失也。」與子西、子期謀，潛師閉塗，逆越女之子章，立之而後還。是歲也，有雲如衆赤鳥，夾日以飛三日。楚子使問諸周大史，周大史曰：「其當王身乎？若禜之，可移於令尹、司馬。」王曰：「除腹心之疾，而置諸股肱，何益？不穀不有大過，天其夭諸，有罪受罰，又焉移之？」遂弗禜。初，昭王有疾，卜曰：「河爲祟。」王弗祭。大夫請祭諸郊，王曰：「三代命祀，祭不越望。江、漢、睢、漳，楚之望也。禍福之至，不是過也。不穀雖不德，河非所獲罪也。」遂弗祭。孔子曰：「楚昭王知大道矣。其不失國也宜哉！夏書曰：『惟彼陶唐，帥彼天常，有此冀方。今失其行，亂其紀綱，乃滅而亡。』又曰：『允出茲在茲。』由己率常，可矣。」伐陳，詳見楚滅陳。前敗柏舉，此戰更敗，是再敗。楚先於陳有盟，吴爲世仇，若不救陳，是棄盟逃仇。申，子西名。結，子期名。啓，子閭名。皆昭王兄。大冥，陳地，吴師所在。二順，謂前許立爲順命，今立君子爲順分。潛師，密發。閉塗，伏道也。越女，昭王妾。章，惠王名。日爲君象，妖氛守之，故以爲當王身。雲在楚上，唯楚見之，故禍不及他國。禜，禳祭。諸侯望祀境內山川，故不越望。

江，今在荆州府城南，源自蜀之岷山，歷歸州、夷陵、宜都、枝江、公安、石首而東與漢合。漢，今在荆門州東九十里，源自陜西漢中爲漢江，至荆山東爲滄浪水，過潛江爲沔水。雎，今在當陽縣北，出房陵縣界，與漳水合，流通沱江至枝江縣界入大江。漳，今在當陽縣北界，出臨沮縣，南至當陽與沮水合，流入大江。皆在楚境。夏書五子之歌，云唐虞及夏皆都冀，桀乃於此滅亡，由不知天道之常也。又書大禹謨，言信出己則福亦在己。昭王由己率其常道，可以保國。

白公勝之亂

哀公十六年　楚大子建之遇讒也，自城父奔宋，又辟華氏之亂於鄭，鄭人甚善之。又適晉，與晉人謀襲鄭。乃求復焉，鄭人復之如初。晉人使諜於子木，請行而期焉。子木暴虐於其私邑，邑人訴之，鄭人省之，得晉諜焉，遂殺子木。其子曰勝，在吳，子西欲召之。葉公曰：「吾聞勝也詐而亂，無乃害乎？」子西曰：「吾聞勝也信而勇，不爲不利，舍諸邊境，使衛藩焉。」葉公曰：「周仁之謂信，率義之謂勇。吾聞勝也好復言而求死，士殆有私乎？復言，非信也。期死，非勇也。子必悔之。」弗從，召之，使處吳竟，爲白公。請伐鄭，子西曰：「楚未節也。不然，吾不忘也。」他日，又請，許之。未起師，晉人伐鄭，楚救之，與之盟。勝怒曰：「鄭人在此，讎不遠矣。」勝自厲劍，子期之子平見之，曰：「王孫何自厲也？」曰：「勝以直聞，不告女，庸爲直乎？將

以殺爾父。」平以告子西，子西曰：「勝如卵，余翼而長之。楚國第，我死，令尹、司馬，非勝而誰？」勝聞之，曰：「令尹之狂也！得死，乃非我。」子西不悛。勝謂石乞曰：「王與二卿士皆五百人當之，則可矣。」乞曰：「不可得也。」曰：「市南有熊宜僚者，若得之，可以當五百人矣。」乃從白公而見之，與之言，說。告之故，辭。承之以劍，不動。勝曰：「不爲利諂，不爲威惕，不洩人言以求媚者，去之。」吴人伐慎，白公敗之，請以戰備獻，許之，遂作亂。秋，七月，殺子西、子期于朝，而劫惠王。子西以袂掩面而死，子期曰：「昔者吾以力事君，不可以弗終。」抉豫章以殺人而後死。石乞曰：「焚庫，殺王。不然，不濟。」白公曰：「不可。殺王不祥，焚庫無聚，將何以守矣。」乞曰：「有楚國而治其民，以敬事神，可以得祥，且有聚矣，何患？」弗從。葉公在蔡，方城之外皆曰：「可以入矣。」子高曰：「吾聞之，以險徼幸者，其求無饜，偏重必離。」聞其殺齊管脩也，而後入。白公欲以子閭爲王，子閭不可，遂劫以兵。子閭曰：「王孫若安靖楚國，匡正王室，而後庇焉，啓之願也，敢不聽從？若將專利以傾王室，不顧楚國，有死不能。」遂殺之，而以王如高府。石乞尹門，圉公陽穴宮，負王以如昭夫人之宮。葉公亦至，及北門，或遇之，曰：「君胡不胄？國人望君如望慈父母焉，盗賊之矢若傷君，是絶民望也，若之何不胄？」乃胄而進。又遇一人，曰：「君胡胄？國人望君如望歲焉，日日以幾，若見君面，是得艾也。民知不死，其亦夫有奮心，猶將旌君以狥於國。而又掩面以絶民望，不亦甚乎！」乃免胄而進。遇箴尹固帥其

屬，將與白公。子高曰：「微二子者，楚不國矣。棄德從賊，其可保乎？」乃從葉公。使與國人以攻白公，白公奔山而縊，其徒微之。生拘石乞而問白公之死焉，對曰：「余知其死所，而長者使余勿言。」曰：「不言將烹。」乞曰：「此事也，克則爲卿，不克則烹，固其所也，何害？」乃烹石乞。王孫燕奔頯黄氏。沈諸梁兼二事，國寧，乃使寧爲令尹，使寬爲司馬，而老於葉。建遇讒，見前。建奔鄭，見宋華向之亂。諜，間伺者。子木，建字。請行而期，請行襲鄭而定其期也。鄭殺建，子勝亡在吴。子西以勝信勇，欲召之，使藩衛其國。葉公云周旋於仁之厚，斯成其信。率由於義之正，斯成其勇。言必求復以死爲期，則必悖仁傷義以濟其私謀，豈曰信勇乎？卒召之。白，楚邑，在今河南息縣有白公城。未節，言楚新破未得節。適讎不遠，比子西於鄭人。翼而長，以鳥喻己之愛育勝。第，用士之次第。得死，得良死。言必殺之方爲我也。悛，懼也。石乞，勝之徒。二卿士，子西、子期。熊宜僚，楚勇士。説，相悦。辭，辭其事。承之，拔劍指其喉。慎，楚邑，在今南直隸廬州府城東北有慎城。戰備，欲陳鎧杖兵器，如與吴戰時以入獻捷，因作亂。以袂掩，慚於葉公故。豫章，大木，抉以殺人，效其多力。乞欲焚庫以息覬覦，弑王以絶羣望。勝志止復仇，故弗從。蔡遷州來，楚并其地，故葉公在蔡。言行險圖倖者多求于人，則偏重而離散，欲須其斃討之。管脩，楚賢大夫，管仲之後。聞其殺賢，知可討。高府，楚别府，居王於内。乞主其門。圉公陽，楚大夫，穴其宫以出王。昭夫人，王母也。歲，年穀。幾，冀望也。艾，安也。旌，表也。國人或勸之胄，或勸之勿胄，見葉公之得民也。箴尹，楚官，名固，欲助白公。子高，葉公字。言二子功多，楚由以國，而勝殺之，是賊也，豈可保其終而從之。因使率衆攻勝，勝奔縊。微，匿也。長者，謂白公。燕，白公弟。頯黄，吴地。二事，令尹、司馬。國寧，國安也。寧，子西子，字子國。寬，子期之子。授二子位而歸老，亦要後言之。

十七年　秋，王與葉公枚卜子良以爲令尹，沈尹朱曰：「吉。過於其志。」葉公曰：「王子

而相國，過將何爲！」他日，改卜子國，而使爲令尹。枚卜，暗指所卜以令龜。子良，惠王弟。志，望也。過，相將爲王也。

十八年　春，巴人伐楚，圍鄾。初，右司馬子國之卜也，觀瞻曰：「如志。」故命之。及巴師至，將卜帥。王曰：「寧如志，何卜焉？」使帥師而行。請承，王曰：「寢尹、工尹勤先君者也。」三月，楚公孫寧、吴由于、薳固敗巴師于鄾，故封子國於析。君子曰：「惠王知志。夏書曰：『官占唯能蔽志，昆命元龜。』其是之謂乎！志曰：『聖人不煩卜筮。』惠王其有焉。」巴，四川重慶府有巴子城。鄾，時屬楚。觀瞻，楚開卜大夫。子國未爲令尹時，卜爲右司馬，得吉兆，故此。命，使爲之帥。請承，請其佐。寢尹由于以背受戈，工尹薳固①執燧象奔吴師，所謂勤先君者。析，楚邑。知志，知用其志。夏書大禹謨。官占，卜筮之官。蔽，斷也。昆，後也。言當先斷以志，後用龜，蓋詳於人，不瀆神也。

楚滅陳

襄公三十年　六月，鄭子産如陳涖盟，歸，復命，告大夫曰：「陳亡國也，不可與也。聚禾

① 固，原作「國」，據定四年傳改。

粟，繕城郭，恃此二者而不撫其民。其君弱植，公子侈。大子卑，大夫敖。政多門，以介於大國，能無亡乎！不過十年矣。」（以陳之亡形已備，不可結好。）

昭公八年　陳哀公元妃鄭姬生悼大子偃師，二妃生公子留，下妃生公子勝。二妃嬖，留有寵，屬諸司徒招與公子過。哀公有廢疾，三月甲申，公子招、公子過殺悼太子偃師而立公子留。夏，四月辛亥，哀公縊。干徵師赴于楚，且告有立君。公子勝愬之于楚，楚人執而殺之。公子留奔鄭。書曰「陳侯之弟招殺陳世子偃師」，罪在招也。「楚人執陳行人干徵師殺之」，罪不在行人也。（招、過，皆哀公弟。哀公先愛留，屬招、過立之。既見殺大子而立留，知人心不順，復憂恚自殺。干徵師，陳大夫，以喪赴于楚，而勝愬招、過殺大子，楚遂殺干徵師。）秋，陳公子招歸罪於公子過而殺之。九月，楚公子棄疾帥師奉孫吳圍陳，宋戴惡會之。冬，十一月壬午，滅陳。輿嬖袁克殺馬毀玉以葬。楚人將殺之，請置之，既又請私，私於幄，加絰於顙而逃。（孫吳，偃師子惠公。奉之伐陳，示欲立之也。戴惡，宋大夫。輿嬖，衆寵人。袁克，嬖之貴者。殺馬毀玉，以非禮葬哀公。爲將殺，請置馬玉不用而求私，盡其臣禮於幄中。加絰，以喪公義不臣楚，故逃。）

九年　夏，四月，陳災。鄭裨竈曰：「五年陳將復封，封五十二年而遂亡。」子產問其故，對曰：「陳，水屬也。火，水妃也，而楚所相也。今火出而火陳，逐楚而建陳也。妃以五成，故曰五年。歲五及鶉火而後陳卒亡，楚克有之，天之道也，故曰五十二年。」（陳，顓頊之後。顓頊以水德王天下，故爲水屬。火畏水，故爲之妃。相，治也。楚之先祝融爲高辛氏火正，治火。火心，星心，星見而陳火，是陳以水得火，爲之

妃而興。陳封而楚去，故曰逐楚建陳。火出於周五月，而以四月者，以長曆推前年悞置閏故也。妃，合也。五行各相妃合得五而成，故五歲而陳復封。是歲，歲在星紀。五歲及大梁而陳復封，自大梁四歲而及鶉火，後四周四十八歲，凡五及鶉火五十二年。天數以五爲紀，故五及鶉火。火盛則水滅而陳亡。

十三年　平王即位。　悼大子之子吴歸于陳。

哀公元年　吴之入楚也，使召陳懷公。懷公朝國人而問焉曰：「欲與楚者右，欲與吴者左。陳人從田，無田從黨。」逢滑當公而進，曰：「臣聞國之興也以福，其亡也以禍。今吴未有福，楚未有禍，楚未可棄，吴未可從。而晉盟主也，若以晉辭吴，若何？」公曰：「國勝君亡，非禍而何？」對曰：「國之有是多矣，何必不復？小國猶復，況大國乎？臣聞國之興也，視民如傷，是其福也。其亡也，以民爲土芥，是其禍也。楚雖無德，亦不艾殺其民。吴日敝於兵，暴骨如莽，而未見德焉。天其或者正訓楚也，禍之適吴，其何日之有？」陳侯從之。及夫差克越，乃脩先君之怨。秋，八月，吴侵陳，脩舊怨也。懷公令以與楚、與吴者，分右左。陳人謂無所與者，從其田之東西爲左右。都邑之人無田者隨其黨。逢滑，陳大夫。當公見，志在公也。國勝，國爲吴所勝。如莽，如草生野莽莽然，言多也。訓楚，使懼而改過，何日無幾日。

六年　春，吴伐陳，復脩舊怨也。楚子曰：「吾先君與陳有盟，不可以不救。」乃救陳，師于城父。

九年　夏，楚人伐陳，陳即吴故也。

十年　冬，楚子期伐陳，吴延州來季子救陳。

十一年　夏，陳轅頗出奔鄭。初，轅頗爲司徒，賦封田以嫁公女，有餘以爲己大器，國人逐之，故出。道渴，其族轅咺進稻醴、梁糗、腶脯焉，喜曰：「何其給也？」對曰：「器成而具。」曰：「何不吾諫？」對曰：「懼先行。」封田，封内之田，悉賦税之。大器，鐘鼎之屬。稻醴，酒也。梁糗，乾飯。腶加薑桂曰脯。給，備也。言知必逐，故即具此，若諫恐見怒而先逐。○以弱小介乎强暴而所任若此，何得不亡？

十五年　夏，楚子西、子期伐吴，及桐汭。陳侯使公孫貞子弔焉，及良而卒。將以尸入，吴子使大宰嚭勞且辭，曰：「以水潦之不時，無乃廩然隕大夫之尸，以重寡君之憂。寡君敢辭。」上介芋尹蓋對曰：「寡君聞楚爲不道，薦伐吴國，滅厥民人，寡君使蓋備使，弔君之下吏。無禄，使人逢天之慼，大命隕隊，絶世于良。廢日共積，一日遷次。今君命逆使人曰：『無以尸造于門』，是我寡君之命委于草莽也。且臣聞之曰：『事死如生，禮也。』於是乎有朝聘而終、以尸將事之禮，又有朝聘而遭喪之禮。若不以尸將命，是遭喪而還也，無乃不可乎？以禮防民，猶或踰之。今大夫曰『死而棄之』，是棄禮也，其何以爲諸侯主？先民有言曰：『無穢虐士。』備使奉尸將命，苟我寡君之命達于君所，雖隕于深淵，則天命也，非君與涉人之過也。」吴人内之。桐汭，桐水之曲，吴地，今南直隸廣德州。弔，弔其被兵也。良，亦吴地，在邳州境。尸，未葬之通稱。吴不欲以尸入，故托言值

水潦難濟，恐隕其尸，爲重憂以辭。廩然，傾動貌。尹蓋，陳大夫貞子之上介，據禮以必行。薦，重也。備，猶充也。廢日，并日。共積，共給委積。一日即遷，不敢留命也。聘禮，若賓死未將命，則既斂於棺，造於朝。介將命又聘遭喪，入竟則遂也。不郊勞，不筵几，不禮賓，主人畢歸，禮賓唯饔餼之受，不賄，不禮，玉不贈。朝禮已亡，虐士死者。無穢，不以爲穢也。必欲奉尸以達君命，雖隕于淵無悔。吴詘于禮而内之。〇蓋誠知禮矣。不二年而陳旋亡者，以經國家定上下蓋有所不逮。而或以觸楚之怒也，豈若逢滑當公言之爲智乎？惜白公亂時，無復聞有滑言也。吁！

十七年　楚白公之亂，陳人恃其聚而侵楚。楚既寧，將取陳麥。楚子問帥於大師子穀與葉公諸梁，子穀曰：「右領差車與左史老皆相令尹、司馬以伐陳，其可使也。」子高曰：「率賤民慢之，懼不用命焉。」子穀曰：「觀丁父，鄀俘也，武王以爲軍率，是以克州、蓼，服隨、唐，大啓羣蠻。彭仲爽，申俘也，文王以爲令尹，實縣申、息，朝陳、蔡，封畛於汝。唯其任也，何賤之有？」子高曰：「天命不謟，令尹有憾於陳，天若亡之，其必令尹之子是與，君盍舍焉？臣懼右領與左史有二俘之賤而無其令德也。」王卜之，武城尹吉。使帥師取陳麥，陳人御之，敗，遂圍陳。秋，七月己卯，楚公孫朝帥師滅陳。聚，積聚。子穀言差車、老二帥嘗從子西、子期伐陳，習陳事。諸梁言二帥官賤，民不用其令。穀又言先王武、文皆用俘囚有功，雖賤可使。封畛於汝，開封疆北至汝水。子高即諸梁，又以天命揆之，陳爲子西所憾而其子必有功，并知二帥賤而無德。憾，憾其棄楚即吴也。舍，舍二帥。朝，子西之子。

勾踐滅吴

昭公三十二年　夏，吴伐越，始用師於越也。史墨曰：「不及四十年，越其有吴乎！越得歲而吴伐之，必受其凶。」越自少康之庶子封于會稽，今爲浙江紹興府，治國于吴之南。自此之前雖疆埸小争，未嘗用大兵，故曰始用。史墨，晉史官。以存亡之數不過三紀，歲星三周三十六歲，故曰不及四十年。此年歲星在星紀。星紀，吴越之分，歲星所在，其國有福。吴先舉兵伐越，故受其殃。

定公五年　春，越入吴，吴在楚也。吴入郢故也。

十四年　夏，吴伐越，越子句踐禦之，陳于檇李。句踐患吴之整也，使死士再禽焉，不動。使罪人三行屬劍於頸，而辭曰：「二君有治，臣奸旗鼓。不敏於君之行前，不敢逃刑，敢歸死。」遂自剄也。師屬之目，越子因而伐之，大敗之。靈姑浮以戈擊闔廬，闔廬傷將指，取其一屨。還，卒於陘，去檇李七里。夫差使人立於庭，苟出入，必謂己曰：「夫差！而忘越王之殺而父乎？」則對曰：「唯。不敢忘！」三年乃報越。句踐，越王允常子。檇李，今嘉興府城東有檇李城。死士，敢死士。禽如鷙鳥之發，急持以衝其陳，吴陳堅不可動。屬頸，以劍注頸。治，治軍旅。靈姑浮，越大夫。將指，足大指見斬，屨爲所取。陘，吴地。夫差，闔廬子。○兩雄相持，無間可乘，少得焉則大勝矣。夫差亦其流亞哉，而卒以亡國，惜也。

哀公元年　春，吳王夫差敗越于夫椒，報檇李也。遂入越，越子以甲楯五千保于會稽。使大夫種因吳大宰嚭以行成，吳子將許之。伍員曰：「不可。臣聞之，樹德莫如滋，去疾莫如盡。昔有過澆殺斟灌以伐斟鄩，滅夏后相，后緡方娠，逃出自竇，歸於有仍，生少康焉。爲仍牧正，惎澆能戒之，澆使椒求之，逃奔有虞，爲之庖正，以除其害。虞思於是妻之以二姚，而邑諸綸，有田一成，有衆一旅。能布其德，而兆其謀，以收夏衆，撫其官職。使女艾諜澆，使季杼誘豷，遂滅過、戈，復禹之績，祀夏配天，不失舊物。今吳不如過，而越大於少康，或將豐之，不亦難乎？句踐能親而務施，施不失人，親不棄勞，與我同壤而世爲仇讎。於是乎克而弗取，將又存之，違天而長寇讎，後雖悔之，不可食已。姬之衰也，日可俟也。介在蠻夷，而長寇讎，以是求伯，必不行矣。」弗聽。退而告人曰：「越十年生聚，而十年教訓，二十年之外，吳其爲沼乎！」三月，越及吳平，吳入越。不書，吳不告慶，越不告敗也。

夫差報其父仇，乘勝深入越國。夫椒山，在今無錫縣西大湖濱。會稽山在今紹興府東南十餘里。宰嚭讒諛，越因之求成。子胥知句踐君臣智勇，失此不取，後必滅吳，以少康事爲諫。澆，寒浞子。浞，寒國支庶，今山東濰縣東北有寒亭，其本國也。事羿弒之，有其室，生澆，封之過，山東掖縣舊有過鄉。二斟，夏同姓諸侯。后相，啓孫，失國依之。壽光縣東南舊有灌亭，濰縣東南有斟亭。澆伐二斟而滅相。后緡，相妻。娠，孕少康也。緡，仍女。牧正，牧官長。惎，毒。戒，備也。椒，澆臣。虞，舜後國，今河南虞城縣。庖正，掌膳羞之官。賴此以得除己害。思，虞君。以二女妻少康。姚，虞姓。綸，虞邑。十里爲成，五百人爲旅。兆，始也。女艾，少康臣。諜，候也。季杼，少康子后杼。豷，澆弟。

戈，殪國，與過俱滅。舊物，故業。喻今釋越，亦必爾也。又言句踐施惠，皆得其人，推親愛則不遺小勞，見其必復强報吳也。違天，言天與不取。不可食已，言雖忿而欲食之不可得矣。生，育。聚，集也。教訓，使閑於戰陣。爲沼，言吳宮廢爲沼池也。

秋，八月，吳侵陳，脩舊怨也。吳師在陳，楚大夫皆懼，曰：「闔廬惟能用其民，以敗我於柏舉。今聞其嗣又甚焉，將若之何？」子西曰：「二三子恤不相睦，無患吳矣。昔闔廬食不二味，居不重席，室不崇壇，器不彤鏤，宮室不觀，舟車不飾，衣服財用，擇不取費。在國，天有災癘，親巡孤寡，而共其乏困。在軍，熟食者分而後敢食。其所嘗者，卒乘與焉。勤恤其民而與之勞逸，是以民不罷勞，死知不曠。吾先大夫子常易之，所以敗我也。今聞夫差次有臺榭陂池焉，宿有妃嬙嬪御焉。一日之行，所欲必成，玩好必從，珍異是聚，觀樂是務，視民如讎，而用之日新。夫先自敗也已，安能敗我？」前吳入郢，召陳懷公，辭不往，夫差既入越，脩是怨。詳見楚滅陳。楚諸臣懲前事患之。子西言夫差與父異，將自亡，不足患。不崇壇，平地作室。彤丹，鏤刻也。不觀，無臺榭。擇，擇其堅厚而不靡費者。分，猶徧也。後，後於衆。與焉，與下同甘也。與之，共之也。死知，知身死不見曠廢。易，輕之也。積土爲高曰臺，有木曰榭，過再宿曰次。妃嬙貴者，嬪御賤者。日新，不已也。

六年　春，吳伐陳，復脩舊怨也。

七年　夏，公會吳于鄫。吳來徵百牢，子服景伯對曰：「先王未之有也。」吳人曰：「宋百牢我，魯不可以後宋。且魯牢晉大夫過十，吳王百牢，不亦可乎？」景伯曰：「晉范鞅貪而棄

禮，以大國懼敝邑，故敝邑十一牢之。君若以禮命於諸侯，則有數矣。若亦棄禮，則有淫者矣。周之王也，制禮，上物不過十二，以爲天之大數也。今棄周禮而曰必百牢，亦唯執事。」吴人弗聽。景伯曰：「吴將亡矣。棄天而背本。不與，必棄疾於我。」乃與之。大宰嚭召季康子，康子使子貢辭。大宰嚭曰：「國君道長，而大夫不出門，此何禮也？」對曰：「豈以爲禮？畏大國也。大國不以禮命於諸侯，苟不以禮，豈可量也？寡君既共命焉，其老豈敢棄其國？大伯端委以治周禮，仲雍嗣之，斷髮文身，贏以爲飾，豈禮也哉？有由然也。」反自鄫，以吴爲無能爲也。鄫，故國。會鄫，吴欲伯中國也。宋百牢我，吴過宋，以百牢禮之也。晉大夫，謂范鞅。數，有常數。淫，過其數也。天有十二次，故制禮以象之。冕旒、玉路、樊纓之類皆以十二爲至，牢數亦如之。棄天，謂過其數。背本，謂廢周禮。棄疾，言放棄凶疾，以兵陵我也。道長，長大於道路。子貢云畏大故君親行，又言仲雍嗣大伯君吴，變禮以治，自同於夷。由時遷易，事以權濟，不一拘於禮也。及歸魯，而知其不伯矣。○此言制禮以象天數，冕服俱禮之大。虞書制服十有二章，周衮服乃九章，云日、月、星、辰，畫於旂爲足其數。蓋因臧僖伯之諫云爾。漢儒據之以解周禮，愚久以爲疑。至有楊信齋氏云周天子服亦十二章，公服九章，昭然甚明，辨之詳覈，福寧黄氏深取其說。則知宇宙之廣莫，必有同心者，特識之以俟好古君子考焉。又按史大伯仲雍奔荆蠻，文身斷髮，示不可用，以避季歷。而此云云，竊謂大伯始以夷習成其讓可耳，若大伯既以禮治，仲雍何用自同於夷乎？恐子貢一時辨說之詞，未足爲據也。

八年　春，吴爲邾故……伐我。　盟而還。爲魯伐邾，執其君也。詳見季康子搆怨邾齊。　夏，五月，齊鮑牧帥師伐我。　齊侯使如吴請師，將以伐我。　秋，及齊平。詳見田氏傾齊、季康子搆怨邾齊。

九年　春，齊侯使公孟綽辭師于吴，吴子曰：「昔歲寡人聞命，今又革之，不知所從。將

進，受命於君。」革，易也。 秋，吳城邗，溝通江淮。邗，今揚州廣陵城東南。築邗城，今名蕪城。下掘深溝，謂之邗。江自江東北通射陽湖，又西北入淮，以便兵餉也，今名官河。 冬，吳子使來儆師伐齊。前吳與齊謀伐魯，齊既與魯成而止，故吳恨之，反與魯謀伐齊。

十年　春，公會吳子、邾子、郯子伐齊南鄙，師于鄎。齊人弒悼公，赴于師。吳子三日哭于軍門之外。徐承帥舟師將自海入齊，齊人敗之，吳師乃還。鄎，齊地。弒悼公以説於吳。承，吳大夫。 秋，吳子使來復儆師。 冬，楚子期伐陳，吳延州來季子救陳，謂子期曰：「二君不務德而力争諸侯，民何罪焉？ 我請退，以爲子名，務德而安民。」乃還。名，勇名也。避之以成其名。季子至此年蓋九十餘矣，故論之者多異説焉。

十一年　春，齊爲鄎故，國書、高無丕帥師伐我。 師及齊師戰于郊。詳見康子搆怨邾齊。 夏，爲郊戰故，公會吳子伐齊。 五月，克博。 壬申，至于嬴。 中軍從王，胥門巢將上軍，王子姑曹將下軍，展如將右軍。 齊國書將中軍，高無丕將上軍，宗樓將下軍。 陳僖子謂其弟書：「爾死，我必得志。」宗子陽與閭丘明相厲也。 桑掩胥御國子。 公孫夏曰：「二子必死。」將戰，公孫夏命其徒歌虞殯。 陳子行命其徒具含玉。 公孫揮命其徒曰：「人尋約，吳髮短。」東郭書曰：「三戰必死，於此三矣。」使問弦多以琴，曰：「吾不復見子矣。」陳書曰：「此行也，吾聞鼓而已，不聞金矣。」甲戌，戰于艾陵，展如敗高子，國子敗胥門巢，王卒助之，大敗齊師，獲國書、公孫夏、閭

丘明、陳書、東郭書，革車八百乘，甲首三千，以獻于公。將戰，吴子呼叔孫，曰：「而事何也？」對曰：「從司馬。」王賜之甲、劒鈹，曰：「奉爾君事，敬無廢命。」叔孫未能對。衛賜進曰：「州仇奉甲從君。」而拜。公使大史固歸國子之元，置之新篋，褽之以玄纁，加組帶焉。置書于其上，曰：「天若不識不衷，何以使下國？」吴將伐齊，越子率其衆以朝焉，王及列士皆有饋賂，吴人皆喜，唯子胥懼曰：「是豢吴也夫！」諫曰：「越在我，心腹之疾也，壤地同，而有欲於我。夫其柔服，求濟其欲也，不如早從事焉。得志于齊，猶獲石田也，無所用之。越不爲沼，吴其泯矣。使醫除疾，而曰『必遺類焉』者，未之有也。盤庚之誥曰：『其有顛越不共，則劓殄無遺育，無俾易種于兹邑。』是商所以興也。今君易之，將以求大，不亦難乎？」弗聽。使於齊，屬其子於鮑氏，爲王孫氏。反役，王聞之，使賜之屬鏤以死。將死，曰：「樹吾墓檟，檟可材也。吴其亡乎！三年，其始弱矣。盈必毁，天之道也。」前伐齊未逞，復會魯再伐。博、嬴，齊二邑，皆屬今泰安州萊蕪縣。中軍王自將。巢、姑曹、展如，吴三將。書，子占。得志，以死事也。子陽，即樓也，與明相勸厲致死。國子，書也。必死，亦勸勉之。虞，送葬歌曲。具含玉，皆示以必死。子行，陳逆也。尋，繹也。約，繩也。吴髮短，欲以繩貫其首，故預繹之。三戰，夷儀、五氏與今也。弦多，齊人，六年奔魯。問，遺也。不復見，言將死也。聞鼓不聞金，有進無退也。艾陵，齊地。時齊、吴之上軍皆敗，勝負猶相當，而王以精卒乘之，故大勝而獲齊之羣帥。公以兵從，故以革車、甲、首勞公。叔孫，州仇也。從司馬，唯從吴司馬所命。衛賜，子貢。拜，拜受之。褽，薦也。書云天唯識此不善，故使下國殺國子。衷，善也。下國，魯自謂也。○齊國之士

莫不致死以敵吳，而竟至於敗，可見吳兵之强極矣。此其銳盡焉，而卒破于越也。〇將伐齊，是役之先。豢，養也。如人養犧牲，非愛之，將殺之。有欲，欲并之也。石田，喻不可耕。盤庚，商書。顛越不共，從横不受命者。劓，割也。殄，絶也。育，長也。易種，轉生種類也。王使員于齊，員因托其子，改姓爲王孫，欲避吳禍也。反，使返。屬鏤，劍名。越朝齊，敗盈之極也。〇子胥誠智士，論吳越之利害亦悉矣，然以先王不共天之仇爲言，夫差庶有儆於心，而不及，是何也？鮑氏亡不旋踵而以托後，豈員之明，亦於此而有奪也哉？

十二年　夏，公會吳于橐皋。吳子使大宰嚭請尋盟，公不欲，使子貢對曰：「盟所以周信也，故心以制之，玉帛以奉之，言以結之，明神以要之。寡君以爲苟有盟焉，弗可改也已。若猶可改，曰盟何益？今吾子曰必尋盟，若可尋也，亦可寒也。」乃不尋盟。吳徵會于衛。初，衛人殺吳行人且姚而懼，謀於行人子羽，子羽曰：「吳方無道，無乃辱吾君，不如止也。」子木曰：「吳方無道，國無道，必棄疾於人。吳雖無道，猶足以患衛。往也！長木之斃，無不摽也。國狗之瘈，無不噬也。而況大國乎！」秋，衛侯會吳于鄖，公及衛侯、宋皇瑗盟而卒辭吳盟。吳人藩衛侯之舍。子服景伯謂子貢曰：「夫諸侯之會，事既畢矣，侯伯致禮，地主歸餼，以相辭也。今吳不行禮於衛，而藩其君舍以難之，子盍見大宰？」乃請束錦以行。語及衛故，大宰嚭曰：「寡君願事衛君，衛君之來也緩，寡君懼，故將止之。」子貢曰：「衛君之來，必謀於其衆，其衆或欲或否，是以緩來。其欲來者，子之黨也。其不欲來者，子之讎也。若執衛君，是墮黨而崇讎也。

夫墮子者得其志矣。且合諸侯而執衛君，誰敢不懼？墮黨崇讎，而懼諸侯，或者難以霸乎！」大宰嚭說，乃舍衛侯。橐皋，在今南直隸巢縣柘皋有會吴城。尋盟，尋鄫之盟。周，固也。制，制其義。奉，奉贄明神。結，結其信。要，要以禍福。尋，重也。寒，歇也。徵會，召之使就會也。且姚，吴行人名。子羽、子木，皆衛大夫。患衛，爲衛患。摽，擊也。瘈，狂也。噬，齧也。與宋、衛盟，畏吴竊盟。藩，籬也。侯伯致禮以禮賓。地主，所會主人。餼，生物。各以禮相辭讓。難之，苦困之。束錦以賂吴。語及，若將不爲衛請者。墮，毁也。崇，猶與也。

十三年　夏，公會單平公、晉定公、吴夫差于黄池。六月丙子，越子伐吴，爲二隧，疇無餘、謳陽自南方，先及郊。吴大子友、王子地、王孫彌庸、壽於姚自泓上觀之。彌庸見姑蔑之旗，曰：「吾父之旗也。不可以見讎而弗殺也。」大子曰：「戰而不克，將亡國。請待之。」彌庸不可，屬徒五千，王子地助之。乙酉，戰，彌庸獲疇無餘，地獲謳陽。越子至，王子地守。丙戌，復戰，大敗吴師，獲大子友、王孫彌庸、壽於姚。丁亥，入吴。吴人告敗于王，王惡其聞也，自剄七人於幕下。秋，七月辛丑，盟。吴、晉争先，吴人曰：「於周室我爲長。」晉人曰：「於姬姓我爲伯。」趙鞅呼司馬寅曰：「日旰矣，大事未成，二臣之罪也。建鼓整列，二臣死之，長幼必可知也。」對曰：「請姑視之。」反，曰：「肉食者無墨。今吴王有墨，國勝乎？大子死乎？且夷德輕，不忍久，請少待之。」乃先晉人。吴人將以公見晉侯，子服景伯對使者曰：「王合諸侯，則伯帥侯牧以見於王。伯合諸侯，則侯帥子男以見於伯。自王以下，朝聘玉帛不同。故敝邑之職貢

於吳，有豐於晉，無不及焉，以爲伯也。今諸侯會，而君將以寡君見晉君，則晉成爲伯矣。敝邑將改職貢，魯賦於吳八百乘，若爲子男則將半邾以屬於吳，而如邾以事晉。且執事以伯召諸侯，而以侯終之，何利之有焉？」吳人乃止。既而悔之，將囚景伯。景伯曰：「何也立後於魯矣，將以二乘與六人從，遲速惟命。」遂囚以還。及户牖，謂大宰曰：「魯將以十月上辛有事於上帝、先王，季辛而畢，何世有職焉，自襄以來未之改也。若不會，祝宗將曰吳實然，且謂魯不共，而執其賤者七人，何損焉？」大宰嚭言於王曰：「無損於魯，而祇爲名，不如歸之。」乃歸景伯。吳申叔儀乞糧於公孫有山氏，曰：「佩玉繠兮，余無所繫之。旨酒一盛兮，余與褐之父睨之。」對曰：「粱則無矣，麤則有之。若登首山以呼曰『庚癸乎』，則諾。」王欲伐宋，殺其丈夫而囚其婦人。大宰嚭曰：「可勝也，而弗能居也。」乃歸。冬，吳及越平。吳前既勝齊，復與晉争伯，而國破于越。單平公，周卿士。黄池在今河南封丘縣南。隧，道也。疇無餘、謳陽，越二大夫。泓，水名。姑蔑，今浙江龍游縣有蔑姑城蔑姑墓。彌庸父爲蔑姑所殺，得其旌旗。屬，會也。越始敗而後勝，先以弱兵誘之，而以精兵繼之，故遂入其國。王剄七人以絶口也。争先，争歃血先後。吳大伯後，故云長。晉盟主，故云伯。寅，晉大夫。旰，晚也。大事，盟也。二臣，鞅與寅也。墨，氣色下。勝，爲越所勝。少待，無與争也。按曲禮云，五官之長曰伯，是職方也。九州之長入天子之國曰牧，於外曰侯。職方者，二伯各主一方。州長者，州、牧各主一州。周禮所謂「八命作牧，九命作伯」是也。王合諸侯則伯。帥侯牧，如康王之誥「大保帥西方諸侯，畢公帥東方諸侯」是也。當盡帥諸侯而獨言侯牧者，舉尊而言也。伯合諸侯，則侯帥子男。侯，謂牧也。牧帥諸國之君見于伯，亦當盡帥諸侯，而獨云子男，舉卜爲言也。魯以侯事

吴，故賦八百乘。今吴率之以見晉，是晉爲伯，吴爲侯，魯爲子男，故半邾，以三百乘事吴，如邾以六百乘事晉。蓋邾子爵，其賦六百乘也。悔，謂景伯欺之。何，景伯名。户牖，地名。襄，襄公。會，會祭。吴實然，言爲吴所執也。吴人信鬼，故以此恐之。名惡名儀，吴大夫。有山，魯大夫。二人舊相識。縈，垂貌，言上人佩服美好，已獨無以繫佩。一盛，一器也。睨，視也。褐，寒賤之人。言有旨酒，但得視，不得飲。軍中不得出糧，故相爲隱語。庚，西方主穀。癸，北方主水。言吴子不恤下故亡。以宋不會黄池，欲伐之。殺丈夫囚婦人，悖虐甚也。不能報越，與之平，子胥所謂始弱也。

十七年　春，三月，越子伐吴，吴子禦之笠澤，夾水而陳。越子爲左右句卒，使夜或左或右，鼓譟而進，吴師分以禦之。越子以三軍潛涉，當吴中軍而鼓之，吴師大亂，遂敗之。笠澤，今大湖。句卒，鉤伍相著，别爲左右屯。以此爲聲勢分吴師，而以三軍精兵并力擊其中軍，故得勝。

十九年　春，越人侵楚，以誤吴也。夏，楚公子慶、公孫寬追越師，至冥，不及，乃還。秋，楚沈諸梁伐東夷，三夷男女及楚師盟于敖。誤吴，使若與楚搆怨，使吴不爲備。冥，越地。伐東夷，報越也。三夷，三種之夷從越者。敖，東吴地。

二十年　秋，吴公子慶忌驟諫吴子曰：「不改必亡。」弗聽。出居于艾，遂適楚。聞越將伐吴。冬，請歸平越，遂歸。欲除不忠者以説于越。吴人殺之。艾，吴地。除不忠者，内以靖其國，外駕罪焉，以説于越。〇是時吴之亡形具矣，夫差猶不悟而殺諫臣。英雄消阻，曾愚人之不若也，哀夫！然越計已素定，而欲假焉以説之，慶忌雖忠而少智哉！　十一月，越圍吴。趙孟降于喪食。楚隆曰：「三年之喪，親暱之極也，主又降之，無乃有故乎？」趙孟曰：「黄池之役，先主與吴王有質，曰：『好惡同之。』今越圍吴，嗣

子不廢舊業而敵之，非晉之所能及也。吾是以爲降。」楚隆曰：「若使吴王知之，若何？」趙孟曰：「可乎？」隆曰：「請嘗之。」乃往，先造于越軍，曰：「吴犯間上國多矣，聞君親討焉，諸夏之人莫不欣喜，唯恐君志之不從，請入視之。」許之。告于吴王曰：「寡君之老無恤，使陪臣隆敢展謝其不共，黄池之役，君之先臣志父得承齊盟，曰『好惡同之』。今君在難，無恤不敢憚勞，非晉國之所能及也。使陪臣敢展布之。」王拜稽首曰：「寡人不佞，不能事越，以爲大夫憂，拜命之辱。」與之一簞珠，使問趙孟，曰：「句踐將生憂寡人，寡人死之不得矣。」王曰：「溺人必笑，吾將有問也。史黯何以得爲君子？」對曰：「黯也進不見惡，退無謗言。」王曰：「宜哉！」趙孟謚襄子，名無恤，時有父簡子之喪，飲食又降之。楚隆，襄子家臣。先主，簡子。質，明信也。嗣子，襄子自謂。以欲敵越救吴而不能。嘗，試也。隆欲入見吴王，恐越不聽，故僞詞以説越人而得入。展，陳也。簞，卜筩。問，遺也。夫差自喻所問不急，猶溺人不知將溺而反笑晉。史黯云不及四十年吴當亡，吴王感此而問，隆言黯進退咸宜於人，故有美稱。

二十一年　夏，五月，越人始來。越既勝吴，欲伯中國，始遣使適魯。

二十二年　冬，十一月丁卯，越滅吴。請使吴王居甬東，辭曰：「孤老矣。焉能事君？」乃縊。越人以歸。吴圍三年而亡。甬東，今浙江定海縣境，唐爲翁山縣，今廢。以歸，以其尸歸。◯夫差痛父創亡，使人呼名自警，必報其仇，志亦壯矣。且句踐君臣皆人傑也，而能大勝入其國都，略亦豈世出哉？卒侈心務勝，以至滅亡，斯見保基固業者不在於雄勇機智，而在於履信思順也。噫！使兼秉而並運之，尤足稱賢也已。

春秋左傳屬事後叙

先聖王經籍雖遭秦燬，而自西漢以後千數百年，名儒碩士撰述叙紀，已汗牛充棟。雖稱博洽者，亦莫能殫閲。士生今世，若無庸復有所益矣。然事有剴要而於古遺焉，其可漫焉而任其缺乎？往歲余以遷補，與諸同籍聚晤京邸，有謂袁仲樞通鑑紀事本末可便覽讀，而上有左傳恨無有如其法而列之前者。余曰：「某曾讀宋學士集，有左傳始末叙文。又近世毘陵唐荆川氏亦有此纂。」時璽丞王敬文曰：「宋學士所叙藏諸秘府，某等未之見。荆川所纂，事頗不全，又少註難讀。余向年有志纂之，未竟。會將計偕，以授吾同門友傅遜氏。渠因更張附益之，國以次叙，事以國分，先後相續，巨細相維。傳事既羅之無漏矣，又將杜氏集解變其體裁而革其訛謬。余詳讀一二卷，及其辯誤精覈，必傳無疑。此真足以列紀事本末之前矣。」余聞而心識之，惜未獲即覩其書也。去歲秋杪，傅君適補建昌學諭。甫及參謁，余因詢得前書，與王敬文所語符。遂諷令鋟之板以廣所傳。傅諭云雅有此志而詘於力。會建昌陳令縱臾之，且捐俸以資之。始既，巡道施公聞而贍成之，余亦微有濟焉。然傅諭既以此爲袁氏之前，又欲以宋、元事繼其後，并取袁

氏書蠹其未允而增其未備，瞿瞿焉恒以不克副其志爲懼。余每慨近世科舉之習，日趨簡便，蘇子瞻所謂「束書不觀，遊談無根」者，殆尤甚矣。今臺省諸公識際弘遠，思挽其弊，屢建白欲得窮經讀史、博古通今之士以當科目之選。則斯編也，其可幽伏而不使之播揚耶？使海内學者皆如其志，豈不以通博稱，而迺致夫寡昧之誚耶？但人情忽於近見而慕於遠聞，或誦古人遺書而追憶其人，則不免有隔世之嘆。設遇其人而與之處，則安爲故常而不見其殊異。使見其異，則又爲衆所嫉而不容於世。此古今賢豪所以多伏櫪之悲也。吾於傅遜氏而深有感焉。既訖，工持以請叙於余。余憐其居今而學古，力微而志遠，不欲拒其意。以鳳洲先生既叙其前矣，遂推敬文之意，以繫之後。萬曆乙酉秋九月朔日，守臣廬松陵潘志伊撰。

春秋左傳屬事後叙

竊觀古今學術，其始也有自，其成也有漸，其行也有藉。必天篤生睿聖，始能超悟先物創制。遜弱冠至崑，獲師歸熙甫有光。子建有極，獲友周汝亨士淹、汝允士洵、俞仲蔚允文、徐道潛三省，與陳吉甫敬純、王敬文執禮，皆卑視時藝，交相淬礪，以博古高遠爲務，中少許可。遜年輩獨後，皆推情分好，開發予蒙。今此纂與訓註粗成，而二師四友先已徂謝，吉甫潦倒家居，敬文官天朝，無緣一一質之，良可恨也。尚幸焉，稍後獲交今兵侍顧公觀海、刑侍王公鳳洲與其弟學憲陳霽巖公，爲内閣王公荆石禮。逮寒陋，并得交其弟學憲和石公。以歲賦至京，復得師掌經局趙定宇公，皆蒙不以凡衆鄙夷。此書脱稾，即録以求正六公，繼得以首册正定宇師，幸留荆石公許最久，煩更定數條以示，擬作序。適内召未果。定宇師與諸公並虚加賞詡，而鳳洲公爲尤，以雄作遠惠。兵書張公崌崍，公臭味也，撫浙時疏薦云：「註左氏而雅有發明。」又安居帥公視吾、臨桂張公念華、連州馬公連城俱以名御史按浙，俱辱薦揚，有云「業精三傳」，有云「見超色相」，有云「具見淵源之學」。其他監司諸公亦交口過譽，深愧蕪謬得當世名公指訓品隲如此，或可藉以不

磨也。猶恐無以仰答諸公知遇，於傳中文義頗竭思慮，特於地理殊有遺憾焉。幼聞天文、易學、地理難精。天象有常，運度躔次亘古不易，區域屢遭易代割據，制度名號，務以相矯，并裂互錯，新故疊更，紛紛籍籍，有難殫紀。前人偶遺，後終無證，而況所居朴野少蓄書者。舊所藏地志，皆不獲帶來，惟得一統志、廣輿圖，及向所記憶者，與史記、漢書參考而已。然已几案爲盈，手翻目閱，形罷神耗，而景晷易移，或旰不得一中焉。憒憒憶向年周汝允藏酈道元水經，皆手自點竄校訂，又云東南非其身歷多錯。曾會藝吉甫園，其書室有地理圖如席許者數十幅，絲分疆里，曲直縱橫，吉甫云：「予數十年究意於此，猶不能精。」今此不得與二友共之，痛九原之不起，嘆縮地之無術，不知吾涕之潸然也。因圖付梓，遂濫叨兵憲施公、郡守潘公、邑令陳侯腆賜，刻工一集，事不容緩。其中訛舛，能必無乎？但以西晉至今千百餘年，若不即爲一更，恐後彌遠彌難考，失其真矣。故寧以疎略取笑當世，而不敢避焉。愚前語敬文云：「通鑑有何難解？胡三省安用註爲？」敬文曰：「不然。先生云其註地理極可觀。」愚復讀之，信。先生蓋熙甫也。今此註有媿於胡氏弘多。如天假以緣，使遜遍蒐天下郡邑志而精考之，復見於左氏編年，本固大願也。此譬之築宅焉，以曠野而頓爲營搆也難，既有堂室而欲增易之也易。元凱無漢儒不能爲集解，遜無元凱亦不能爲此註。今於元凱既有加焉，後人欲因此而更正之，當益易矣。歐陽子曰：「六經非一世之書，其將與天地無終極而存也。」夫既非一世之書，則豈一世之人所能

定乎！今學校科舉皆襲宋儒一人一時之見爲著令，遜雖不敢輕議，而中耿耿者難自泯也。則此書之隃望於天下後世者誠殷矣。敢識之卷尾以竢。萬曆乙酉中秋，古婁後學傅遜書於江西南康府建昌縣學宮。

春秋左傳註解辨誤

春秋左傳註解辨誤序

遜少志頗迂，讀書慕孔明觀大意，獨好究前代理亂成敗之原，於字句不深求。既而無用于世，不免譔述，始欲精其義，而恨魯甚未能也。及編左傳屬事，不可無註，雅愛杜註古簡，謂註書者莫是過矣。至舉筆録之，乃覺有未然。既得吾郡先達陸貞山附註，皆正杜悞，與鄙意多會，因據以咀味，亦未爲盡得。於是迸註而唯傳之讀，而大義益明。

先儒雖宏深瞻博，非遜所能企至百一，而疵纇頗多。始猥會衆説而折之衷，有未經辨議者，亦創爲己意而爲之釐革焉。猶自爲妄出胸臆，復博參之群籍，得有徵據，爰以自愜，間有一二可以意求者，則亦自明著，不必於他考焉者也。

遜於古人皆極崇仰，元凱資兼文武，尤深敬慕，嘗更賤名以志效法之意，豈樂輕用其訾毁哉？實於心有不安，敢爲其忠臣於千載之下耳。恐世之君子不審其義，而謂遜擅易古人之筆，故特詳覈得失，而尤以存其説焉。韓子於三百篇云：「曾經聖人手，議論安敢到？」則經非聖人

者，亦庸可致吾喙矣？然古今之變，典籍之蘗，其訛之深也多矣，又安能一一而爲之辨也哉？噫！

萬曆癸未年春日，古婁傅遜士凱自序。

卷之上

隱公元年，莊公寤生　杜云：　寐寤而莊公已生。愚謂果爾，則生之特易，姜應喜，何爲遂惡之？且后稷之聖，其生如達；　如寤寐而生，則莊公聖過於稷，豈理乎？或云難産，困而后寤，則當云「寐」，不當云「寤」也。史記云「生之難」，則亦以意言之，於「寤生」二字無解。惟應劭之説「兒墮地能開目視者爲寤生」，於二字既明切，於下「驚」字亦相應，故從之。

不如早爲之所　杜云：　使得其所宜。則是愛段而欲安全之矣，與下文「無使滋蔓」意反。蓋欲以計豫除之也，故伯答云「必自斃」，意可見。

未嘗君之羹　杜云：　宋華元殺羊爲羹，蓋古賜賤官之常。愚按禮經「食居人之左，羹居人之右」，傳云「大羹不致」，爾雅「肉謂之羹」，非有分於貴賤也，而謂賜賤者之常，謬矣。要之，非特爲設燕，據時所有以賜之。華元於軍中殺羊爲羹享士，應優卹之，以使之樂戰，豈以賤食享之？特在軍中不同於禮食耳。此本不足解，而杜爲曲説以誤後人，故爲之辯。

弔生不及哀　杜云：　諸侯已上既葬則縗絰除，無哭，位諒闇終喪。陸云：　此説於經典未

之前聞，杜於晉朝元皇后喪，議大子應既葬除服，援此傳文及鄭伯辭享、景王宴樂爲證，先儒譏其巧飾經傳以附人情；今以傳考之，所謂「吊生不及哀」者，蓋言惠公薨久，今來賵，不及其哀哭方盛之時耳；至如子産爲鄭伯辭享，直云免喪聽命，傳亦但言葬鄭簡公，杜何由知其定爲既葬而除也？叔向譏景王，明言「三年之喪，雖貴遂服，禮也」，乃謂其譏宴樂，而不譏除服，可乎？杜既創爲此議，故於傳中諸言喪禮與己説不合者，輒遷就解釋以求通；如文元年傳曰「晉襄公既祥」，註云：諸侯雖諒闇，亦因祥祭爲位而哭；昭十年傳「葬晉平公，叔向辭諸侯之大夫曰：孤斬焉，在衰絰之中」，註云：既葬，未卒哭，故猶服斬衰；十五年傳叔向譏景王下，亦云：天子諸侯除喪，當在卒哭。今王既葬而除，故譏其不遂此服，自與前所議乖違。蓋雖委曲生意，祇益顯其謬耳。孔疏乃云：卒哭與葬相去非遠，卒哭是葬之餘事，故杜云然。其黨於所習而爲之護飾短闕，抑又甚矣。愚按陸説至允，可以革千載之誤，今皆從之。

三年四月，鄭祭足帥師取温之麥，秋，又取成周之禾　杜於桓五年註云：足，祭仲之字。陸深辨其謬，良然。盖足其名，而仲其字耳。又云：四月，今二月也，秋，今之夏也，麥、禾皆未熟；言取者，盖芟踐之。陸云：先儒謂春秋間有用夏正紀事者，此類是也，以「取」爲芟踐，强説耳，愚謂麥禾雖未熟，軍中豈無別用？杜既强説，而云用夏正者，亦鑿，故削而改，云爲牧圉用。

澗谿沼沚之毛　杜云：谿，亦澗也。愚謂既有二名，當小有別，按爾雅、説文皆云「山夾水

曰澗，山瀆無所通曰谿」，然谿豈皆無所通乎？故采爾雅註而略改之。

蘋蘩、薀藻之菜 杜云：薀藻，聚藻也，毛晃謂薀亦水草。愚考本音温，今薀草也，其薀崇、薀利宜作「藴」，此訓「聚」作「藴」，文義乖矣。

小加大 杜云：小國而加兵於大國，如息侯伐鄭之比。陸云：此亦以班位上下言之，不必專謂用兵。其説爲長。

五年，天子用八，諸侯用六，大夫四，士二 杜云：八，八八六十四人；六，六六三十六人；四，四四十六人；二，二二四人。此本何休公羊註。服虔以爲用六爲六八四十八，用四爲四八三十二，用二爲二八十六。杜以舞勢宜方，行列既減，則每行人數亦宜減，故同何説。然此傳本文云：「舞，所以節八音而行八風，故自八以下。」又宋元嘉中大常傅隆云：夫舞者，所以節八音，八音克諧，然後成樂，故必以八人爲列，自天子降殺，以二者減其二行耳。此爲有據。若如杜意，則自諸侯以下，節宣皆不以八矣。陸又云：至士止餘四人，豈復成樂？服説爲當，故遂革而從之。

對曰：未及國 杜云：忿公知而故問責窮辭。陸云：責以必窮之辭耳，此文晦澁，疑有誤。愚謂宋使既忿，公知而又問，則宜有他辭，示不滿於公意，何緣諱之如此？蓋使者未知公之聞其入郛，尚有鄰國疑慮之心，故不以實告，而以緩詞自諱，故公以見外怒之甚也。下云「君命寡

人同恤社稷之難」，其意可見。

八年，胙之土 杜以「胙」爲「報」，陸從韋昭以「胙」爲「禄」，竊謂「報」亦「禄」之意，不如「禄」明，故從之。

諸侯以字爲謚，因以爲族 杜云：諸侯位卑，不得賜姓，故其臣因氏其王父字，或便即先人之謚稱以爲族。陸按鄭玄駁許慎五經異義引此傳文云「諸侯以字爲氏」，今此以氏爲謚者，傳寫誤也，杜考之不詳，乃妄斷其句而强解之。愚初依杜讀傳，本覺短澁不成文句，固宜以謚作氏，但春秋中實有以謚爲氏，如宋戴惡、衛齊惡之類，疑不能決，既而再讀正文，則知杜説之謬無疑也。蓋羽父爲請謚與族，公問族於衆仲，公未問氏也，而衆仲對云「諸侯以字爲氏，因以爲族」，則問對相承，了然自明矣。又下文「公命以字爲展氏」，則用衆仲之説又明矣，而乃妄生意見，强斷爲句，因一字之訛而不尋考上下文理，抑何不達乎！又考宋戴惡蓋宋戴公之後，傳中稱戴族者是也，非其臣之謚。衛齊惡，「齊」爲其臣之謚與否亦無定據，孔疏曲以二人當之耳，使戴齊果爲二惡之先之謚，則亦在衆仲所對之後，衆仲時蓋未及之，故朱子亦云此「謚」應作「氏」。

公命以字爲展氏 杜云：諸侯之子稱公子，公子之子稱公孫，公孫之子以王父字爲氏；無駭，公子展之孫，故爲展氏。劉敞曰：此説非也，使無駭眞公子展之孫，當其繼大宗也，賜氏久矣，其何待无而後賜氏乎？且禮云公孫之子以王父字爲氏，非死而後賜之也，然則無駭固公

孫羽父爲其子請耳。陸是其説，予以爲皆非也。杜所云公子、公孫、公孫之子以王父字爲氏，此據魯三桓、鄭七穆等言之耳，考春秋不盡然也，使諸侯之子若孫皆爲大夫，其孫皆以王父字爲氏而世其官，則一國中何其大夫之多？盡其官而官之，亦不勝矣。蓋雖均爲公子、公孫，必其有功于國，爲時君所寵任者，始命之氏而世其官，若魯季友援立僖公、鄭子良以國讓襄公，而三桓、七穆始盛于魯、鄭，皆天所啓也。又或立國之初，其子孫以父祖之烈亦得世其卿，非概以公子、公孫而官之，至公孫之子以王父字爲氏也。東漢明帝有云：「吾子不得與先帝等。」得之矣。若無駭不稱公子、公孫，則必非公子、公孫矣，其祖父雖爲公子、公孫，無功於國，豈得賜之氏乎？則無駭必公孫之子若孫，其先世未有賜氏者，而無駭自以賢才見任於惠公、隱公之世，應世其官而賜氏，故羽父爲之請。如華督弑殤立莊，故立華氏，華督亦公族，何前不賜氏乎？此正與無駭事略同。但宋莊公感督迎立之恩，故遂生而賜氏。隱公雖任用無駭，而無私寵，故既死，待請而賜之，爲不同耳。杜因無駭死而賜氏，遂以督未死賜氏爲督之妄，亦據一而該百矣，豈先王有定制乎？且展，舒轉之義，正與無駭字義相通，則展即爲無駭之字，公因衆仲以字爲氏之言，而遂以賜之，傳文甚明，杜乃借彼以解此，復據此以該彼，其非通方之論，而强且鑿也甚矣。劉敞亦以三桓、七穆爲比，即祖其意以規其失，而陸乃是之，亦欲異杜而不究其原矣。若鄭樵氏族略又云「魯孝公子四人，惟展無字，以名爲氏」，何所據而知之？其誕漫無稽也尤甚，不足辨也。

桓公二年，藻率、鞞鞛 杜註：藻率，以韋爲之，所以藉玉也，王五采、公侯伯三采、子男二采。戴侗曰：杜解藻率之義非也，記曰「率，帶，諸侯、大夫皆五采，士二采」，又曰「士練帶率下辟」，凡帶有率無箴功，藻，五采也，藻率者，以五采率帶也。陸取戴説。愚按周禮典瑞篇「王執鎮圭，繅藉五采五就以朝日，公執桓圭，侯執信圭，伯執躬圭，皆三采三就，子執穀璧，男執蒲璧，繅皆二采再就，以朝覲宗遇會同」①，此所謂五采、三采、二采也，是繅有五采，五采方爲藻，非繅即藻也。本文但云「繅藉」，不云「繅率」也，而改「藉」爲「率」，於義何當乎？鄭玄註云：「繅以薦玉，木爲中幹，用韋衣而畫之。」服虔以「藻」爲畫藻，「率」爲刷巾。穎達以拭物之巾無名「率」者，此固誠然矣，其言畫藻不可易也，乃以藻率爲「藻」之複名。又曰：藻得稱爲藻藉，何以不可名爲藻率也？夫藉率二字，義豈可通？其明黨杜而妄言甚矣，則杜之謬也，不自見乎？然戴侗之説亦非也，按禮經率帶諸侯、大夫皆五采，士二采，註云：「率」與「繂」同，死者著衣畢而加此帶。則此乃斂服，與諸吉服不協，臧哀伯於此不應以斂服爲數。其註又云：士喪禮，緇帶，此二采天子之士也。其以「二采」對「緇」言，則「采」乃帶之色，非率之色也，況其上下文俱一字爲一物，何獨於此舉複名也？故愚以「藻」從「玉藻」之「藻」，「率」從「率辟」之「率」，本爲二物，而於傳

① 此處所引與周禮略有出入。

文數字亦相應，詳見本註。鞞鞛，杜云：鞞，佩刀削上飾；鞛，下飾。據韻書，鞛、琫同。詩小雅「鞞琫有珌」，毛傳云：鞞，容刀鞞也；琫，上飾；珌，下飾。至大雅「鞞琫容刀」，傳則云：下曰鞞，上曰琫。已有小異，今杜反之，其誤滋甚，穎達疏乃云：鞞、鞛，或上或下，亦無正文。此非掩杜之失而遷就其詞乎？愚謂鞞爲刀削必矣，鞛爲下飾必非也，説文云：琫，佩刀上飾。徐云：琫之爲言捧也。若捧持之，則非在上，而何故遂從詩傳而改焉？

帶裳幅舄　杜云：幅，若今行縢。疏引小雅「邪幅在下」，註云：邪，纏於足，如今行縢，所以來脛在股下。然考詩圖，所謂幅者，其形方，上稍闊，下稍狹，兩端有帶，分明以縛小股，並不可以邪纏於足，與今行縢形大異，不知何自而以此當之？且此傳「昭其度也」，謂尊卑各有制度，今其圖止一耳，並無尊卑之别，度安在乎？詩所謂「邪幅」，亦非所圖也。此幅疑即今之錦綬，然於五經無考，故不敢易，而姑記之於此，俟博物君子教之。

義士猶或非之　杜云：蓋伯夷之屬。陳同甫謂殷之頑民，非伯夷等也。竊味「非」之字義，本指伯夷言，若頑民則有戴商之心，豈獨非之而已？

臧孫達其有後於魯乎　杜云：僖伯諫隱，哀伯諫桓，積善之家，必有餘慶。陸云：此只據哀伯言，又何遠引僖伯？愚謂此杜以己意稱美之，非註也，然亦不須此意，故削之。

特相會，往來稱地，讓事也；自參以上，則往稱地、來稱會，成事也　杜云：特相會，公與

一國會也，會必有主；二人獨會，則莫肯爲主，兩讓，事不成，故但書地；成，會事成。愚謂皆非也，以事揆之，豈有兩君特以事爲會，因莫適爲主，其事不成而遂已乎？又豈有諸國徒以事會，而無禮讓乎？傳各舉重爲言，而太析之過矣。

卿置側室，大夫有貳宗　杜云：側室，衆子也，得立此一官，適子爲小宗，次者爲二宗。孔疏因側室爲立官，遂云二宗亦官名。陸云：俱未有考而不辨其非，竊謂側室、二宗固應請於君，於其中立官以統之，而即以側室、二宗爲官，必非，何也？以其不似官名也。又云：適子爲小宗，此其意以諸侯爲大宗耳，然不聞族人不得以戚君，大夫不得以宗諸侯乎？近世儒者有公子宗道論其説爲詳允，大都始爲小宗，既爲大宗，小宗四大宗一并而爲五宗，其變至于無窮，則大夫之家固自爲大宗矣；其二宗即小宗也，杜考之不詳而云爾。

六年，謂其不疾瘯蠡也　杜云：皮毛無疥癬。於諸字義不明，故用疏中逐字細解。

親其九族　杜云：謂外祖父、外祖母、從母子及妻父、妻母、姑之子、姊妹之子、女子之子，非己之同族，皆外親有服而異族者。陸從戴、歐陽父族四、母族三、妻族二之説。愚謂二説言九族之是非固未暇辨，但此指國君而爲言，則外親與姑之子等皆在異國，或爲臣下，待之自有體，未可概云親之也，故從鄭玄自高祖至玄孫九世之説。又竊怪穎達正義中以高曾、曾玄皆不能於一身備有，豈能親之？殊不思國君宗室繁衍，高、曾雖亡，與高、曾一代者，或高、曾之子孫，非高、

曾族乎？曾、玄，雖無與曾、玄爲一代者，豈無曾、玄族乎？

君子曰：善自爲謀 杜云：獨絜其身，謀不及國。此是以成敗論人，而不要諸義也，今革焉。

接以大牢 杜云：以禮接夫人，重適也。疏云：「接」作「捷」，以母虚，爲之補虚强氣。其説本强，又以「接」作「捷」，其矯假殊甚。考之禮經，謂以大牢之禮接見大子，非夫人也。接夫人，鄭玄之説，陣澔已辨其謬。且下云「卜士負」、「士妻食」，皆以大子言，則接必非夫人矣。

不以國① 杜云：不自以本國爲名。料此必無者，是概諸國言耳。考曲禮可見其名晉、名周皆非。

隱疾 鄭、孔云：體中隱處疾。疾而非隱，可名耶？②

十年，無厭，將及我 杜云：將殺我。愚詳其文意，蓋言好利無厭者當得禍，患叔以母弟必連及之爾。

莊公六年，人將不食吾餘 杜云：言自害其甥，必爲人所賤。此解寬而不切，愚謂三甥欲

---

① 此條乃丁酉改訂時增入。

② 甲申原版爲：「杜云：隱痛，疾患，辟不祥也，鄭、孔皆謂體中幽隱之處疾病。是於『隱』『疾』二字固明矣，然疾而非隱者，可爲名乎？」

置毒于飲食中殺之，故鄧侯云然。

莊公十四年，人之所忌，其氣燄以取之　杜引尚書「無若火始燄燄」，未盛而進退之時，以喻人心不堅正，則以燄燄在忌人者而言。夫忌人則其氣歉矣，何燄燄之有？尚書云「無若火始燄燄厥攸灼」，蓋始微而終不可遏之謂也。愚謂此指所忌者，今勢雖微弱，而終將强大，如火始燄燄耳，故僭以意改之。若陸用顔師古言，人心之所忌惡者，其氣燄燄，馴至於災，亦同。

傳瑕貳　杜云：瑕有二心於己，是謂雖事子儀，而有二心于己，如漢高之斬丁公者。非也，下云納我而無二心者，許以上大夫，蓋言瑕雖納我，而中有二焉耳。

十九年，鬻拳可謂愛君矣　杜云：愛君非臣法也。蓋左氏實予拳爲愛君，而杜乃曲爲之解，以合義是。

二十五年夏，六月辛未朔，日有食之，鼓，用牲于社，非常也　杜云：非常鼓之月；長曆推之，辛未實七月朔，置閏失所，故致月錯。蓋杜以此年與昭公十七年夏六月朔日食事同，彼此異議，不可合解，故謬以置閏失所爲言。而貞山闢之甚詳，其義似密，予讀之懵不知所定。以示小孫沖之，沖之讀之，即曰：「此易知耳，大父舍傳而看經，自明矣。」予猶不省，沖之以用牲、用鼓與下文于朝、于社自别，因憶胡傳所云甚明，乃自忘之。愚固不足論，以元凱、貞山之博且精，而見不如一孺子，此古人有一得、一失之議也。

二十八年，小戎子生夷吾　杜解小戎，允姓之戎；　子，女也。陸據傳云「允姓之姦，居于瓜州，自惠公始誘以來」，則獻公時固未入中土，何緣得薦女于晉？　此疑是而非，戎在要荒，自可薦女，何須在中土乎？　但未知必爲允姓之戎，故名以别種，上狐姬稱姓子，亦當是其姓也。

三十二年，能投蓋于稷門　杜解盖，覆也；　走而自投，接其屋之桶，反覆門上。　此解本可疑，劉炫謂投車盖過于稷門，雖似是，而孔氏以車盖輕物，投于稷門，不足爲勇，投而自覆于門，此蹻捷之甚，亦勇者事也，故姑從杜。

閔公二年，用其衷則佩之度　杜云：　衷，中也；　佩玉者，君子常度。　其言泛矣，劉奉世云：　佩之合法度，世子佩瑜玉而綦組綬。　的然可據。

狂夫阻之　杜云：　阻，疑也；　言雖狂夫，猶知有疑。　如此於本句已覺不暢，於上句亦不相蒙。陸以爲有誤，闕之可也。　考國語曰：　是服也，狂夫阻之衣也，其言盡敵而反。　韋昭註曰：狂夫，方相氏之士也；　阻，古詛字；　將服是服，狂夫詛之。　又引周禮爲據。　考周禮大司馬方相氏「狂夫四人」，則韋之説似爲有據，於傳亦順，故姑從之。

内寵並后，外寵貳政，嬖子配適，大都耦國，亂之本也　杜以驪姬爲内寵，二五爲外寵，奚齊爲嬖子，曲沃爲大都。　劉炫譏之，固當。　又陸云：　今按古人援證前聞，皆取其大致，不必事事符同，杜誠大拘。　此誠知言矣。

大布之衣，大帛之冠　杜云：用諸侯諒闇之服。陸云：言其朴儉耳。良是。

僖公二年，冀爲不道，入自顚軨，伐鄍三門。冀之既病，則亦唯君故　杜云：冀前伐虞至鄍，虞報伐，使病，將欲假道，故稱虞强以悦其心。服虔以爲「伐鄍三門」，謂冀伐晉也；「冀之既病，則亦唯君故」，謂虞助晉也，將欲假道，故稱前恩以誘之。疏以虔説爲不然，謂若虞嘗經助晉，則是昔來通好，何憂不許而進國之美寶，尚畏宫之奇諫乎？愚謂虔説固非，而疏折之亦未當，若果通好，曾受其救國之恩，則今之假道，尤宜用賄，以謝其前恩而求後功，何由必其無也？何不觀下文云「虢爲不道，侵敝邑之南鄙」，則鄍三門果是晉地，亦當用救邑字面。或遺文尚有謙下，豈得直言地名而已？故以杜説爲定。

四年，君處北海，寡人處南海，唯是風馬牛不相及也　杜云：牛馬風逸，蓋末界之微事，故以取喻。馬永卿曰：註意未明，此乃醒詆之詞，蓋言齊、楚相遠，雖馬牛之風者猶不相及，今汝人也而顧入吾地，何也？愚謂杜説固未明，而馬説亦鑿，但言地遠，馬牛猶不相及，今何與而涉吾竟乎？

賜我先君履，東至于海，西至于河，南至于穆陵，北至于無棣　杜云：穆陵、無棣，皆齊竟；履，所踐履之界，齊因自言其盛。此註於傳意皆未明，且周命大公以征伐之權，豈獨止其國境而已乎？故無棣在遼西孤竹，則四方皆其所命征伐之地之廣。杜云以齊竟言其盛，大謬矣，故俱

革去，而折衷諸說，以僭解於內。

筮短龜長 杜用下文韓簡之言：「物生而後有象，象而後有滋，滋而後有數。」楊用修曰：「卜人云筮之辭理短，龜之辭理長，蓋就驪姬一事而言，非謂龜、筮實有長短也。」穎達正義云：「杜欲成卜人所言之意，故引傳文證之，若以至理而言，龜、筮實無短長。」竊謂有大極，斯有陰陽，有陰陽而奇耦、方圓、象數已具乎無物之先矣，物由以生，豈緣物而有乎？曷有先後之分乎？簡之說固已鄙野，而杜即用之以爲釋，陋矣。楊用修謂龜、筮之辭理有長短，雖曰就驪姬一事而言，然易之辭理豈有短者乎？穎達每屈他說以伸杜，而此獨云云必杜之說，有甚不可者耳。然疑古人之言亦必有據。又尚書洪範云：「龜從，筮逆，卿士逆，庶民逆，作內吉，作外凶。」蔡仲默釋之曰：「有龜從、筮逆而無筮從、龜逆者，龜尤聖人所重。禮記曰：『大事卜，小事筮。』傳謂『筮短龜長』是也。」愚益疑不能決。史記云：「蓍生蒲百莖者，其下必有神龜守之。」則蓍、龜一也。且易經三聖探賾索隱，鈎深致遠，萬事萬物之理備矣。彼云長短，必更有奥義存乎其中，餘不足信。仲默一代大儒，凡性命之學至宋大明，豈得草草？因又考周禮註疏亦有長短、輕重之說，乃亦用韓簡之言而云。易雖窮理盡性，仍六經並列，龜之繇辭譬若讖緯圖書，不可測量，故云長短。夫然，讖緯之說乃勝于六經耶？其誣不俟知者而辨矣。又思朱子亦必有說，既而得之，乃云：「筮短龜長，近得其說。是筮有筮病，才一畫定，便只有三十二卦，永不到是那三十二卦。」

又二畫，便只有十六卦；又三畫，便只有八卦；又四畫，便只有四卦；又五畫，便只有二卦。這二卦，便可以著意揣度了。不似龜，才鑽拆，便無救處，全不可容心。」即如所云，則凡可以揣度者皆爲短，而無可揣度者皆爲長乎？天地之化，陰陽之變，其爲長也極矣，何嘗不可推度？惟世之幻變詭異，多有不可推者耳。不意朱子乃淺乎爲言至此也。惟穎達於洪範註云：「此經『龜從、筮逆』，其筮從龜逆爲吉亦同，故傳言『筮龜相違』，見筮龜之智等也。」亦引左傳之説。獻公云筮時神靈不以實告，筮得吉，公欲用之，卜人欲公從卜，故云「筮短龜長」，非是龜實長也。易系辭云：「蓍之德圓而神，卦之德方以智。」神以知來，智以藏往，然則知來藏往，是爲極妙，雖龜之長，無以加此。聖人演筮爲易，豈有短乎？又云洪範所云從逆之類，皆多舉一以該二，詞多不能悉載，是前二説皆已不經，穎達之疏皆與鄙見相合，方敢執以自信。然謂「不以實告」者，亦非也。今筮辭不載于傳，或筮人阿公意以爲吉。又記云：「卜、筮不相襲。」卜不吉則止，而公乃復筮，故神不告耳。且記中無「大事卜，小事筮」二句，亦周禮賈公彦之疏耳。而蔡氏誤以爲禮文，蓋世儒皆因晉卜人一言，轉相傳播，互爲曲説，以强自相誣，而不求諸心，因慨經學之晦久矣，多以一時有爲之言，而遂爲千載不易之訓，隱大道而誤後學。自唐貞觀間命諸儒稡章句爲義疏，以定南北之異，時議者已病其非宏博之規。至宋儒之訓詁出，而我朝遂著之以爲令，列于學宮，并昔人註疏而俱廢之，益使陷于孤陋而莫知廣。石渠、白虎之異義，豈特此一事而已哉！（洪範殷

法，曲禮所記周法，故異。）

五年，輔車相依，脣亡齒寒　杜云：輔，頰。輔車，牙車。意以二句義通。竊謂兩頰爲輔，牙根爲車，亦因其輔載之象而借名之耳，非眞名也。宫之奇意在取喻，不應復以物之借名爲言。且與脣齒亦重，詩曰：「其車既載，乃棄爾輔。」又曰：「無棄爾輔，員于爾輻。」則車輔相依，固詩人所咏，與脣齒二物並以取譬，不更明乎？故即以本字釋之。

均服振振　杜云：「戎事上下同服。」竊謂上下唯同甲胄耳，不論國君、將帥，與士卒亦異服，故從漢書五行志作「袀」。

六年，圍新密，鄭所以不時城也　杜云實新密，而經言新城者，鄭以非時興土功，齊桓聲其罪以告諸侯。愚謂桓於此本責鄭之從楚，何暇責其以不時興役？且與傳大戾，故順而改之。

七年，諸侯官受方物　杜云：諸侯官司各受其方所當貢天子之物，趙子常謂此受所當貢伯主之物。竊謂此因管仲以德禮爲言，而桓修禮于諸侯，豈有已受四方諸侯之貢而遂亡天子乎？若爾，何以爲修禮？命亦不行矣。蓋班所當貢天子之物于諸侯，而諸侯自各以其意自致幣于齊，所謂使輕其幣而重其禮者也。又引晉悼邢丘之會爲比，自當不同。

九年，以是藐諸孤　杜云：言幼賤與諸子懸藐。陸謂非也，蓋言奚齊卓子藐焉弱小耳，於文意本妥。

荀息有焉 杜云：有此詩人重言之義。此李德裕、司馬君實與宋儒論之詳且明矣，故遂削而易之。

十年，帝許我罰有罪矣 杜云：夷吾忌克多怨，終於失國，雖改葬加謚，申生猶忿。愚謂夷吾忌克失國固其罪，非申生所忿者。蓋申生孝而恭，忿其蒸於賈君亂倫耳。杜舍大而舉細，失申生之意。考之林叟同鄙見。

七輿大夫 杜云：侯伯七命，副車七乘。正義曰：周禮大行人云：「侯伯七命，貳車七乘。」貳即副也。每車一大夫主之，謂之七輿大夫。服虔云：上軍之輿帥七人屬申生者。襄二十三年下軍輿帥七人，前申生將上軍，今與帥七人，爲申生報怨，盈將下軍，故七輿大夫與欒氏。劉炫以服説爲是。又云：若是主公車則當情親於公，不應曲附欒氏。愚按正義引服説而不之非，亦以其説爲是矣。以愚言之，非也。再考周禮典命云：侯伯七命。大行人云：貳車七乘。則杜之説本有據。服云上、下軍輿帥七人，傳無上下軍之文，果何所據乎？且申生死於驪姬，與惠公何怨，而爲之報？懷子好施，士多歸之，豈必其所將耶？古今以君親臣而外附者多矣，豈特七輿已哉？

十四年，虢射 杜謂惠公舅，疏以晉語惠公稱射爲舅，故杜本之。考晉語韋昭註云：諸侯謂異姓大夫爲舅，則通稱耳。前言小戎子生夷吾，虢射既非戎人，非惠公舅可知。

十五年，卜徒父筮之，吉 杜謂卜人而用筮，不能通三易之占，故據其所見雜占而言之。劉炫以成十六年筮，卦遇復云：南國蹴射，其元王中厥目。則筮法亦用雜占，不必皆取周易。愚又按周禮，大卜掌三兆三易三夢之法，則卜人固兼筮矣。

夫狐蠱必其君也 杜云以狐蠱爲君，其義欲以喻晉侯，其象未聞。竊謂上云獲其雄狐，此必頂上文雄狐而言，其義甚明，因蠱卦名。而下文又云蠱之貞，遂致誤以雄狐爲狐蠱耳。此本明白易知，而前未及此，何歟？

三敗及韓 杜云：晉侯車三壞。陸云：晉師敗也。杜緣上文卜人之言，遂以爲車壞，其說拘而陋矣。

入而未定列 杜云：列，位也。陸以爲師之伍列，承上文言能合其衆而言，豈有位未定而能合其衆者乎？亦拘。

晉於是作爰田 杜註：分田之税應入公者，爰之於民。陸用國語賈侍中註，作易田之法以賞衆，又用漢書地理志三歲要耕之説，故訓爰爲易。若此所云，則是漢時代田之制，何以爲損上惠下而使民懷之乎？唐氏云，讓肥取磽也，良是。

士刲羊亦無衁也，女承筐亦無貺也 杜云：易歸妹上六爻辭也，離爲中女，震爲長男，故稱士、女。陸云：止上六本爻之義，未及于離，當云兑爲少女，今言離爲中女，誤矣。今據歸妹兑

下震上，陸説良是。

姪從其姑　杜云：　震爲木，離爲火，火從木生，離爲震妹，於火爲姑，謂我姪者，我謂之姑，謂子圉質秦。陸以既云離爲火，火從木生，復云於火爲姑，未詳其義。劉用熙曰：　震變爲離，是姪從姑之象，此但取男女爲姑姪，非取長次義也，説本明直。

先君之敗德，及可數乎　杜云：　先君敗德，非筮數所生。林云：　先君所行當致喪敗之德，及今言之，可一一數之乎？　初讀之，似林説明，然與上文不恊。且獻公之敗德，非唯立驪姬一事，而云不可一一數，稍過矣，故仍杜。但以及字爲句非也，及可數乎，猶云數可及乎，蓋倒字法也。

史蘇是占，勿從何益　杜云：　雖不復從史蘇，不能益禍。陸謂雖不從史蘇，無益於今。愚以上文揆之，皆非也。上晉侯曰從史蘇占，吾不及此，是欲免禍也。而杜公不能益禍，豈問意乎？　如陸説，則當云從之何益，而乃曰勿從，亦相戾矣。愚詳味之，盖云敗德已定，從不從皆無益，爲省文耳。不然，或有誤也。

此一役也，秦可以霸　杜註言還惠公使諸侯威服，可當一事之功。服虔曰：　一役者，統韓戰之役也。本上「貳而執之，服而舍之」而言，其説當矣。

十六年，君失問，是陰陽之事，非吉凶所生也　杜註言石隕、鷁退，陰陽錯逆所爲，非人所生，

襄公不知陰陽而問人事，故曰失問，叔興自以對非其實，恐爲有識所譏，故退而告人。

吉凶由人，吾不敢逆君故也 杜云：積善餘慶，積惡餘殃，故曰由人。君問吉凶，不敢逆之，故假他占以對。愚竊謂天人相感久矣，人事作于下，則天變動于上，正賢智所當察也。叔興分天人而二之，豈其心之所謂誠然者哉？且叔興所言後事皆驗，而杜云失實恐爲有識所譏，何也？讀傳文，與杜註雖同而意實別，盖不察其意，概以其文而淺解之，故云云爾。且其言曰陰陽之事，非吉凶所生，然獨不爲吉凶之所兆耶？又曰吉凶由人，然人獨不能感天乎？故去舊註，而特會其意以僭註於其下云。

十九年，齊桓公存三亡國，以屬諸侯，義士猶曰薄德 杜云：三亡國，魯、衛、邢。竊謂魯雖有慶父之變，何至於亡？不得在其數。盖謂杞與邢、衛。杜以城緣陵傳云：不書其人，有闕也，遂不數耳。不知淮夷病杞已甚，不遷將遂亡乎？又薄德，謂因亂取魯，緩救邢、衛。竊謂因亂取魯固不必辨，而救邢雖稍緩，功亦大矣。封衛又豈緩乎？盖概言其德不及古先聖王耳。

二十年春，新作南門。書，不時也。凡啓、塞從時 杜云：失土功之時，門戶道橋謂之啓，墻郭城塹謂之塞，皆官民之開閉不可一日闕者，故特隨時而治之。今特高大其制，改名高①門，

① 高，當作南。

作新以易舊，非開閉之急，故以土功之制譏之。愚謂杜以上文不時之時爲土功之時，下文從時之時爲隨壞時之時，二句相連，而一字兩用，非撰詞之體，讀之自見其謬。故愚稍用其語而改之，使協于事理，并使之成文。

二十一年，貶食省用，務穡勸分　杜註云：穡，儉也。陸云：既言省用矣，不應重言務穡。林堯叟謂以稼穡爲務然矣，外傳韋註亦同。

以服事諸夏　杜註云：與諸夏同服王事。陸云：猶言以服事殷耳，不必更言王事。愚謂凡國之始封，必命以同服王事，雖時不然，原其始而言之，宜也。

二十二年，大司馬固諫曰：天之棄商久矣，君將興之，弗可赦也已　杜云：大司馬固，莊公之孫公孫固也。言君興天所棄，必不可，不如赦楚，勿與戰。愚素以大司馬即司馬子魚，陸亦以爲然，又引史記宋世家以爲子魚之言，晉語雖云文公過宋，與司馬公孫固相善，考世家，猶在戰泓之後，此爲子魚無疑。固諫，猶固請也。弗可赦也已，言違天舉事，必將獲罪，勿可赦宥也，今味之，則勿可赦也。句固如陸所云，與鄙意雅合，若云大司馬即子魚，有未必然者。子魚累見，或稱名，或稱字，或稱官，皆未有言大者，此獨言大，必有所别也。若史記疏略多矣，豈可以爲據？又何由而知固爲司馬在戰泓之後也？世家内亦未曾言某年以固爲司馬，因記事及之，故在戰泓後耳，故今從杜稱公孫固。

金鼓以聲氣也　杜云：　鼓以佐士卒之聲氣。於文不順，故從劉用熙云：　聲，宣也，宣倡士卒之勇氣。又金，鉦也，用以節鼓。

戎事不邇女器　杜云：　俘馘非近婦人之物。陸曰：　依杜云，是以俘馘爲器，與傳文乖矣。郭定襄言戎事尚嚴，不近女子所御器，是也。

二十三年，策名委質，貳乃辟也　杜註云：　名書于所臣之策，屈膝而臣事之，則不可以二。疏曰：　質，形體也，謂拜而屈膝委身體於地也。愚謂此本强鑿，質即贄耳，管子令諸侯之子將委質者，皆以雙虎之皮。晉語「臣委質於翟之鼓」，韋註：　質，贄也，士贄以雉。依杜説則質讀如字，非也。

辟不敏也　杜云：　敏猶審也，同盟然後告名，赴者之禮也；　承赴然後書策，史官之制也。陸云：　敏猶達也。愚謂陸不辨杜説之當否，而改易一字，於傳文無當。原杜之意，以爲告則書名，彼不以名告而書名，恐不審其實而有誤，故亦不名，以自辟其不審之誤，此與達字何涉！　愚謂既已同盟，則史官應知其名矣，何不審之有？　蓋「辟」當作「闢」，傳以赴者不達于禮而不以名赴，故惡其違禮而辟除之。不書其名，若未嘗與之同盟者耳，此與文公七年「後至，不書其國，辟不敏也」同意，猶云懲不恪也。「書不共也」，杜於彼云：　此傳還自釋凡例之意，其解與此同，亦誤。蓋彼傳以爲不敏達於事，不及諸國會盟，故辟之，使若不與於會者。陸改「審」爲「達」，是也，

而不求其不達之故，思之淺矣。

從者狐偃、趙衰、顛頡、魏武子、司空季子　杜云：時狐毛、賈佗皆從而獨舉五人者，蓋賢而有大功。然以愚考之，顛頡、魏犨俱奸命於圍曹，頡即就戮，而犨亦被黜，後犨亦未有勳績也，雖或賢，安見其有大功乎？狐毛設旆于城濮以勝楚，賈佗以公族致位大師，初不在魏犨下也。想五人從公子在一時，而毛、佗或稍後，遂因而逸之耳，乃妄以此斷，何謬乎！

從者以爲不可，謀於桑下　杜註：齊桓公既卒，知孝公不可恃故。而不解其殺聞之者之意。蓋緣桓公與秦共納惠公，不欲復納重耳，尤忌其賢而以計留之，故妻以女，富以馬，如周喻之建策於孫權羈縻玄德者。至孝公時，諸侯皆叛，壻又去，益恨，故從者謀行，而姜氏恐露其計，故殺婦以滅口。傳中如此而舊註不明者多矣，姑舉其一於此。

吾觀晉公子之從者皆足以相國，若以相夫子，必反其國　杜註云：若遂以傅相，在「相」字爲句。陸以爲當在「夫子」爲句。愚謂句讀且無論，當先解其義。杜以「反國」句在「若以相」之句下，故解「相」爲「傅相」，以爲傅相於適國燕享之際耳。殊不知古人文字錯綜，多有倒句者，若「以相」之「相」即上文「相國」之「相」耳。「夫子必反其國」，蓋必然者以爲帶句，豈有傅相之善而遂能反國，及得志諸侯乎？史記中用句多有如此者，博雅當自知之，句絶亦自見。

奉匜沃盥，既而揮之　杜云：揮，湔也。陸云：揮非湔也。疏曰：蓋以濕手揮之，使水

湔污其衣，故怒。愚讀之，乃杜省其文，與疏本一意，實非也，陸亦不審矣。蓋盥未畢，故手尚濕而揮之，以湔其衣，則在方盥時，傳何用「既而」二字乎？蓋盥畢而揮之使卻也，以子圉妻，故諸註皆謬。

二十四年，實紀綱之僕 杜云：諸門戶僕隸之事，皆秦卒共之，爲之紀綱。愚謂文公已君晉國，人必有爲之用者，傳又云欒郤爲之內主，豈皆無人而皆秦卒任其門戶之事耶？蓋但言其可任耳。

弔二叔之不咸 杜註用馬融說，云周公傷夏殷之叔世，疏其親戚，以至滅亡，故廣封其兄弟。而鄭衆、賈逵皆以二叔爲管、蔡，傷其不和睦而流言作亂。鄭玄、郭定襄與陸貞山皆以爲然。予獨主杜，蓋管、蔡流言作亂，周公已殺管叔而蔡蔡叔，此時豈尚在封建之列乎？孔註云：按其封建之中，方有管、蔡，豈有待其作亂始封建之乎？良然。況流言者，尚有霍叔耶？

召穆公思周德之不類，故糾合宗族於成周，而作詩 杜解周厲王之時，周德衰微，兄弟道闕，召穆公于東都收會宗族，特作周公之樂歌。夫傳明言穆公作詩，而此云周公之樂歌者，蓋詩小序云：常棣燕兄弟也，周公閔管、蔡之失道，故作常棣焉。外傳亦以爲周公之詩，而此獨云召穆公，故陸以爲所傳異耳。考杜說本之韋昭，韋云：周文王之詩者，周公旦所作，其後周室既衰，親親禮廢，復脩，作常棣之歌以親之。蓋諸儒以此傳與詩序不同，故强附而合之。竊以爲此類去

古久遠，固未必小序之爲是而此傳之爲非，亦未必此傳之爲是而小序之爲非也。今註傳姑依本文解之，與詩序不同，缺之何害，而必欲强令之耶？故削其附會之説而直解之。

棄嬖寵而用三良 杜云：三良，叔詹、堵叔、師叔，所謂尊賢。孔疏曰：如杜此説，則謂鄭伯尊賢，與傳文尊賢乖異。蓋云能用三良，是鄭伯之賢，王當尊之。其説爲得，而乃以杜註省略，蓋惡斥其短耳。

省視官具于氾 杜云：省官司，具器用。是以省視對具字，以具爲活字用，非也。蓋言省視，則備辦之意在其中，以官司對器具，而以省視貫之也。

二十五年請隧 杜云：闕地，通路曰隧，王之葬禮。此賈逵説。韋昭曰：隧，六遂，周禮：天子遠郊之内有六鄉，外有六遂。考周禮冢人以度爲丘隧，則凡葬皆用隧。傳中魯、宋俱有隧，正書云「魯三郊、三遂」，不獨天子有隧。若謂王章，蓋在六耳，公未請六也。二説皆未允，難定，故並存之。

王章也 杜註：章，顯，王者與諸侯異。本鑿，蓋章，典也，云王制耳。

以壺飧從，徑餒而弗食 杜云：徑，行也。於「徑」字句。愚於「從」字句，蓋言從即從行矣，何須用「徑」字乎？且「餒」字亦無著，二句文意亦不佳，故爲改之。

二十六年，室如縣罄，野無青草 杜云：如，而也，時夏四月，今之二月，野物未成，故居室

而資糧縣盡，在野則無蔬食之物，所以當恐。陸云：如之爲而，雖傳、紀多有，於此自當依本字，且服虔、劉炫、王學林諸家以爲如字，當作「似」字訓；罄，國語作「磬」，韋昭註云：府藏空虚，但有榱梁，如縣磬也；又禮記「磬于甸人」，疏援此傳文正作「磬」，而下著王氏説亦云「縣樂器之磬」，蓋罄、磬古字通用，則如韋註無疑矣。愚自幼讀此傳，暗與韋合，但杜又云「時夏四月，今二月，故室無資糧，野無蔬菜」，殊未當，而陸未及議。竊謂以二月故室、野如此，則無國無歲不然。春秋時無歲無國無兵，何獨魯恐乎？又何獨恐於此年乎？計其時魯必有旱荒，史佚之耳，杜不推而謾解也。

大師職之　杜云：職，主也，大公爲大師，兼主司盟之官。劉用熙曰：言周之大師主之，不必專謂大公。當矣。

夔子不祀祝融與鬻熊　杜言鬻熊，祝融之十二世孫。劉炫云：自祝融自鬻熊，其間有一千二百年，何得止十二世乎？孔疏雖爲曲解，終自難通，以爲傳寫悮，今著其年，不詳其世。

二十八年，曹人尸諸城上　杜云：磔晉死人於城上。愚以曹弱小，何敢磔其尸以取怒於晉？蓋即以所死者陳於城上，則晉師自爲寒心矣。且磔乃支解，與尸字自别。蓋尸，陳其尸也。

距躍三百，曲踊三百　杜云：距躍，超越也；曲踊，跳踊也；百，猶勱也。孔疏云：距躍、曲踊皆詳明，但以「百」爲「勱」不知所據，以傷病之人不可爲六百跳，故以意解耳。邵文莊公

言百猶阡陌之陌，雖未見必然而比訓「百」爲「勱」爲近理。蓋躍、踊之度大約如此。古字「百」作「陌」，又解距躍爲直跳、曲踊爲横跳，皆明切。

天假之年而除其害　杜云：除懷、惠、呂、郤。愚謂非也，使文公不得國，則懷、惠、呂、郤於晉未爲害也，何用假年以除之？公除害以得晉，則享有晉國止耳，於楚何與而使避之耶？蓋成王以中原無伯，故以其兵侵陵上國，而其時弱小之受害於夷狄者多矣，前享而問報，已知其志大，豈區區在一晉耶？或謂楚王不應以己爲害爲言，殊不知英雄方論天下大勢，當不掩一己以自諱也，成王知公必伯而不殺，豈庸人哉！

背惠食言，以亢其讎　杜云：亢猶當也，讎謂楚。陸云：亢，蔽也；讎謂宋，宋爲楚之讎，外傳所謂未報楚惠而亢宋者，是矣。

楚子伏己而盬其腦　杜云：盬，啑也。正義曰：盬之爲啑，未見正訓，蓋相傳爲然，自古未有議之者。予竊以爲必非也，盬從皿，啑從口，二字義絶不相通，不知何自而以啑訓。正義明知其非而未有以易之，下文云「吾且柔之」，據考工註云：「得和煦之氣，故柔。」使果啑而食之，則何得其和煦而柔也？子犯雖權詞以解，亦須有因，何遠理如此！此事情亦近而可推，蓋楚子伏晉侯於下，以手捧持其腦而撲碎之，宜從詩「王事靡盬」之「盬」，此「盬」與周易「幹蠱」之「蠱」意義本通，故正義於襄公二十九年「王事靡盬」云：「盬亦蠱也，蠱是蟲之害物，故爲不堅固也。」貞

山乃以爲非。穎達但能解於彼而不能通於此，貞山於字義難解者每以爲古字通用。於此本自通而乃二之，抑不知何以也？蓋皆泥於腦之漿故，必以啑爲訓。觀周禮實統頭而言，則鹽之義自明矣。此説雖自予始之，而竊謂必不可易也。

吾且柔之矣　杜云：腦所以柔物也。雖如此解，而不知所以柔之之義。因憶歸田録「人氣粉犀」之説，推考工記角本蹙腦故柔之義類解之。一友云：人食腦則陽痿而骨弱。復從杜以「啑」訓「鹽」。予幼聞諸腦敗陽，今考之，止豬羊腦也。思子犯審見事宜，權解公夢，用和煦意淺言之，乃得彼説既鑿，且污瀆其君太甚，故不從，而記之以存異焉。

甯子先長牂守門以爲使也，與之乘而入，公子歂犬、華仲前驅　杜云：甯子患公之欲速，故先入，欲安喻國人，衛侯遂驅掩甯子未備。愚初讀之，甚不解，以甯子先入安喻國人，公何用遂驅之以掩其未備乎？且宛濮之盟，國人既已安矣，掩未備，不知其所備者何也。況諸侯固應有先驅，不待掩未備方有也。既詳之，蓋因衛侯不勝其忮害之心，故甯子先入，欲護救其妄殺耳。而長牂悞以爲使與之乘入，故前驅者，遂探衛侯意，不待命殺叔，使甯子不入，可救止也。若衛侯果驅之以掩未備，則是承公命殺叔武矣，公何枕之股而哭之，又使殺歂犬乎？或云：衛侯與元咺訟不勝，何也？曰：衛侯素無害武叔之心，則前驅必不敢自射殺之，此實探衛侯平日之意，故三子無詞以敵元咺，而謂於此衛侯遂驅掩甯子未備，則非也。

大旆之左旃　杜云：大旆，旗名，繫旐曰旆，通帛曰旃。據傳云大旆，則不可繫於旐矣；云旆之左旃，則旃爲旆上之一物耳。而杜止釋二字，殊乖文義。且前於「設二旆而退之」，杜註云「旆，大旗也」，何於此復曰繫旐乎？故愚合二旆而通之，詳見昭公十四年平丘傳。

甯子職納槖饘焉　杜云：甯俞以君在幽隘，故親以衣食爲己職；槖，衣囊；饘，糜也。陸云：槖以盛饘，故曰槖饘；甯子慮防酖毒，故以餽食爲己職，必不兼及衣矣；疏曰：槖以盛衣，亦可盛食。宣二年傳爲「簞食與肉，寘諸槖以與之」是也。竊謂甯子痛君幽囚，慮其饑寒，或兼衣食亦不可知。但就「槖饘」二字，則必以槖盛饘耳。若衣不言衣而言槖，食不言器而言饘，則非撰詞之體矣。

三十二年，卜偃使大夫拜曰：君命大事，將有西師過軼我，擊之必大捷焉　杜云：卜偃聞秦密謀，故因柩聲以正衆心。陸云：雍、絳相去既遠，秦人密謀，卜偃無由得聞，或當自以他術知之；左氏好采異説，此等奇恠猥多，未容悉辨。愚謂杜解固非矣，而陸説亦未得。春秋時巫卜每每有異，其神恒與鬼通，或文公之靈憑之以告，未可如也。晉之忠智秉政者多矣，乃不能知其密謀，而使卜者知之乎？陸云或以他術知之，益迂，左氏好采奇恠異説誠然，然亦未可概謂必無也。

三十三年，葬僖公，緩作主，非禮也　杜註：文公元年經書四月葬，僖公之薨實以今年十一

月，并閏七月乃葬，故傳云「緩」。劉敞曰：傳云「葬僖公，緩作主，非禮也」，「緩」屬下句，杜以「緩」屬上句，非也。僖公以十二月薨，明年四月葬，凡五月不得云「緩」，杜以文二年冬傳云「襄仲如齊納幣，禮也」，故欲遷僖公之葬於十一月，則除喪在二年十一月，而納幣爲十二月，乃與傳合，獨不顧「作主，非禮也」之句無所繫乎？讀劉說，知元凱强經附傳，甚矣。

文公元年，衛孔達帥師伐晉，君子以爲古 杜云：合古之道而失今事霸之禮，故身執邑失。陸云：伐晉非善謀，傳以爲古，故杜爲此說以護其失耳。今讀之良是。

二年不登於明堂 杜云：明堂，祖廟也。按賈逵、盧植、蔡邕、服虔皆以祖廟與明堂爲一，故杜同之。鄭玄以爲明堂在國之陽，與宗廟别處。孟子亦以明堂爲王者之堂，非祖廟必矣。蓋明堂中有祖廟，豈可以祖廟訓明堂乎？近世諸儒論之已詳，故直去「祖廟」二字，但以爲王者策功序德之所。

以厭之也 杜云：厭猶損也，晉人以非禮盟公，故文「厭之」以示譏。愚謂以「損」訓「厭」，遠而難解，漢人每有厭勝之術，當作「壓」。既考韻書：厭，臨也。此於我公以尊臨卑，事理既切，而勝之之義亦在其中矣。

五年，臧文仲聞六與蓼滅，曰：皋陶庭堅不祀 杜云：蓼與六皆皋陶後。按十八年行父使大史克對宣公所稱「八愷」有「庭堅」，杜以爲皋陶字。孔疏謂本於鄭玄論語註，不知鄭得之何

書。馬永卿曰：若庭堅即皋陶，則文仲不應連言之，似是兩人耳。羅泌曰：六，皋陶之後；蓼，庭堅之後；預說誤矣。又按焦贛易林云：「龍降庭堅，爲陶叔後，封於蓼、六，福履綏厚。」然則庭堅者乃皋陶之子若孫耳。貞山謂：先漢去古未遠，焦氏所傳宜得其眞，二國皆皋陶後，而庭堅則或以支子別封，自爲其國之祖，故文仲並舉之也。愚以庭堅既皋陶之子若孫，則在堯舜之後矣，「八愷」中何得有庭堅也？又唐虞之時，人皆以名稱，無緣有字，皋陶字庭堅則垂、益、禹之倫何皆無字？豈皋陶字獨傳而餘皆不傳也？諸儒皆各以所傳所聞言之，皆未足爲據，獨馬永卿、羅泌之說頗爲近似，故姑從之。但可知庭堅爲八愷之一，必非皋陶，亦非其後也，此等所謂闕疑者耳。

六年樹之風聲 杜云：因土地風俗爲立聲教之法。陸謂樹立其風化聲教，如杜說則唯樹聲耳。

著之話言 杜云：話，善也，爲作善言遺戒。竊謂話亦言也，何訓之以「善」？凡韻書皆訓爲善，仍杜誤耳。善之意實兼話、言二字，著之者必其善者耳。

爲之律度 杜云：鍾律度量，所以治曆明時。愚謂此皆以遺後而言，治曆明時，帝王首務，於遺後嗣不切。蓋度量權衡皆起於律，故以律爲言耳。

遭喪之禮以行 杜云：聞晉侯疾故。陸云：語稱文子三思而行，蓋言其臨事過於周詳，

非以聞晉侯疾故也。劉炫謂聘使之法，自須遭喪禮而行，若然則是常禮，文子不須使求，傳亦無庸記其事也。劉說既謬，而謂非因晉侯疾，亦非。蓋使他人使，雖聞疾，安知其必物故而求喪禮以行乎？文子聞疾即求，亦謂周詳矣。若晉侯無疾而求喪禮以行，不大迂而無當耶？

難必抒矣 杜云：抒，除也。陸以說文「抒，挹也」，不得爲除，當從服虔作「紓」，紓緩也。愚按班固兩都賦序「抒下情」，劉向傳「抒愚意」，王褒傳「略陳愚而抒忠」，韻會云：「抒，引而泄之也。」今從。

七年，葛藟猶能庇其本根 杜云：葛之能藟蔓繁滋者，以本枝廕庥之多。陸云：傳以葛藟喻公族，本根喻公室也；如杜說則是葛藟反藉本根之庇，戾傳意矣。愚謂若讀上文則陸說爲是，觀下文「況國君乎」句，又是杜說爲長。蓋公族固爲公室之枝葉，然非其國君親而撫之，則枝葉亦不能茂矣，此交相庇焉者也。杜會其前後意而解之如此，非謬也。

先蔑將下軍 杜云：先蔑、士會逆公子雍還晉，晉軍始以逆雍而出，卒然變計，立靈公，故軍右戎御猶在職，此雖言御右，而實以先蔑既逆雍，又將下軍故也。愚按傳上文云「背先蔑而立靈公，以禦秦師」，則非卒然變計矣。且逆雍何用車徒如此之衆乎？此元凱以上文既云背先蔑、下文「先蔑奔秦」故，遂以此强解耳。故啖助曰：上言背先蔑立靈，明蔑在秦也，次言先蔑將下軍，是在晉也，何其自相戾？蓋先蔑時雖爲下軍將而身在秦，故致誤耳。趙子常曰：蔑既逆雍

於秦，則必不肯將兵以拒秦，苟已將兵拒秦，豈容復奔秦？理無可通，傳誤明矣。予竊以爲不然。大率古人行事與今人異，有不可以世情推者。如翟僂居新里而助公戰，華妊居公里而助華氏，如賈季殺陽處父奔狄而趙盾送其孥，傳中如先蔑事亦比比有之，且云蔑既在秦，而下何云奔秦耶？即在秦，自留秦不返矣，言奔秦則歸晉可知。蓋盾執國權，又以正義禦秦，先蔑何敢棄其職而不從之？先蔑奉命以逆雍，本無罪，盾何得廢之而不使之將耶？既勝秦後，蔑自以所事不成、難以事新君而奔，故盾以士會爲無罪，則先蔑亦何罪之有？此將下軍，乃在國爲國之義，奔秦爲使事不終之故，此何誤之有？諸説亦見之不宏矣，故既削杜註，而於諸説亦皆無取。

辟不敏也　見僖公二十三年。

義而行之，謂之德禮　杜云：德，正德也，禮以制財用之節，又以厚生民之命。愚謂此郤缺以衛既服，欲趙孟以德懷之，引夏書數言，意重於戒之用休句，言九功亦只重一歌字耳。其云義而行之，云行賞罰合其宜也，賞合其宜則人樂而歌之，下文「無禮不樂」言有善而不之賞則無禮，而人不樂，賞罰有章，禮也。此與財用之節、生民之命何與乎？郤缺意在綏懷諸侯，而杜以富殖人民爲言；缺欲施恩慶賞，而杜以節財厚生爲言，不大悖也乎！

八年春，晉侯使解揚歸匡戚之田于衛　杜云：匡本衛邑，中屬鄭，孔達伐不能克，今晉令鄭還衛。

且復致公壻池之封，自申至於虎牢之竟　杜云：　公壻池，晉君女壻，又取衛地以封之，今并還衛；　申，鄭地。陸云：　似以致之衛耳，然申至虎牢皆鄭地，何緣乃以歸衛？　考服虔以爲致之於鄭，劉炫從其説以規杜。杜於上年云「爲晉歸鄭、衛田張本」，而此云「今并歸衛」，立文不明。孔疏强解，義終難通。又劉用熙曰：　公壻池者，楚地名，有公壻谿，見定公五年，此人盖因地爲名，非晉壻也。愚讀傳文上云「晉侯使解揚歸匡戚之田于衛」，衛事畢矣；　下文「且復致公壻池之封，自申至於虎牢」，非衛事矣。而陸云「似致之衛」，何也？　盖傳以申與虎牢皆鄭地，則還鄭已明，故不復言鄭。況上年杜註已言歸鄭、衛田張本，而此不言鄭，其誤自見。又考其時止有公子、公孫，何嘗有公壻之稱？　且十七年趙穿與公壻池爲質于鄭，穿亦公壻也，何穿不稱而池獨稱乎？　池封既衛田，何申及虎牢皆鄭地乎？　盖公壻池必以楚人奔晉，晉取鄭田封之，今令鄭歸匡于衛，因思池封乃鄭地，豈有使鄭歸人之侵地而不以己之所侵于鄭者歸之乎？　陸有疑而未决，愚反覆詳味傳意，并考諸説而斷之如此。

九年，楚子師於狼淵以伐鄭　杜云：　陳師狼淵爲伐鄭援也。傳文明言楚子親伐，又無別師，而杜云然者，盖以經書「楚人伐鄭」，既註楚子不親伐，故今以此師爲援，欲與彼相合而實非也。

十一年，皇父之二子死焉，宋公於是以門賞耏班　杜云：　皇父與穀甥及牛父皆死，故耏班

獨受賞。以前未有議其非者，愚觀上傳文頗明，而杜註既與相反，且于宋國之賞典大戾。上云穀甥爲右司寇、牛父駟乘，下止言皇父之二子死，不云穀甥、牛父死也，而杜云穀甥及牛父皆死，既已誣矣，假使穀甥、牛父眞死，則必以其死事戰亡而賞之應重，豈得因死而遂不及之乎？蓋二人並無死，皇父之二子死耳，即其二子死，亦應有賞，傳不及載，而止以名彰班爲有據，故舉之以爲徵耳。後皇父之後世任于宋，其賞可知。此杜乃曲解以誤傳文，謬戾如此，而劉炫之徒亦未有規焉，何居？

晉之滅潞也　在宣十五年。

獲僑如之弟焚如齊襄公之二年　魯桓之十六年。

鄋瞞伐齊，齊王子成父獲其弟榮如　杜云：榮如，焚如之弟。榮如以魯桓十六年死，至宣十五年一百三歲，其兄猶在，傳言既長且壽，有異於人。陸考史記魯世家引此傳文作「齊惠公之二年」，又齊世家云「惠公二年，長翟來，王子城父攻殺之」，十二諸侯年表亦於齊惠公二年書「王子城父敗長翟」，三文皆同。案惠之二年即魯宣之二年也，在晉滅潞之前僅十三年耳，此傳以惠公爲襄公，蓋傳寫之誤，杜因有是説，失之不考也。愚以陸所考有據可信，故敢削杜説而正其誤。

十二年，寡君敢辭玉　杜云：不欲與秦爲好，故辭玉。趙子常曰：聘義云：以圭璋聘，重禮也。已聘而還圭璋，此輕財重禮之義也。然則聘禮終當還玉，而秦人必欲致之，故襄仲以禮

辭之，非不欲與秦人爲好也。陸是其説。愚按聘義重禮輕財固矣，然使聘而自宜還玉，則秦使者何爲違禮而必致之魯乎？若爾，則西乞術不知禮甚矣，襄仲何緣以君子與之？蓋聘終則還玉，禮之常，今於聘禮方行，而襄仲辭之，是不欲與秦爲好也。緣此時晉主夏盟，魯事晉方謹，術言將伐晉，故襄仲畏晉而拒之，理必然矣。杜註大省略，陸亦好用異説以短杜，而不考其細，故從杜而加詳焉。且聘以圭璋以爲信，自當還之，故術云以爲瑞節，所謂輕財重義，亦未盡其義也。

十三年，繞朝贈之以策 杜云：策，馬撾，臨别授之，示己所策以展情。劉勰文心雕龍云「繞朝贈士會以策」，子家與趙宣以書、巫臣之遺子反、子産之諫范宣，詳觀四書，辭若對面，其旨蓋以爲書策也。孔疏引服虔解亦如此，陸用諸説以正杜。愚謂陸於群書爲博，故每引他説以爲傳解，多有未的然者，而杜亦未明朝意，蓋朝知士會有歸志，與秦伯言留之而不克，故贈之以策，使之策馬以歸，示己已知其情也，故曰「子無謂秦無人」。若劉勰，文士一時之見，詎可據之以爲傳解耶？

十七年，鄭子家使執訊而與之書，以告趙宣子 杜云：執訊，通信問之官，爲書與宣子。陸云：執訊者，執其通問之人而與之書也，詩云「執訊獲醜」，事雖不同，文足相比。愚謂詩之「執訊」固不可與此相比，而其説亦謬。蓋此時晉爲盟主，而鄭以小國事之，豈敢執其通問之人乎？若然，則禍不旋踵矣，豈有此乎？

鹿死不擇音　杜註：音，所茠蔭之處，古字聲同，皆相假借。陸云：以「音」爲「蔭」，未之前聞，案服虔解云：鹿得美草，呦呦相呼，困迫不暇復擇善音，急之至矣；莊子「獸死不擇音」，郭象註云「野獸蹴之窮地，意急情盡，則和聲不至意」，與此同，蓋杜泥于下文「鋌而走險」之語，遂生此說。今按陸所援引明當。

鋌而走險，急何能擇　杜註：鋌，疾走貌，言急則欲蔭茠于楚，如鹿赴險。陸云：詳子家此書，未見有從楚之意，下文云「將悉敝賦以待鯈者」，正謂如鹿走險，欲一鬪以死，不暇擇音而鳴之惡耳。鋌，字書作⿺廴鹿壬，鹿疾走貌。愚謂杜解固非矣，然必有人迫之而后疾走也，上文無自而竟以疾走爲言，文不順矣。況「鋌」本從金，必利器也，以難解而改作⿺廴鹿壬，强矣。今考「鋌」，銅鐵朴也，盖語意以鋌鋌鹿，而後鹿走險耳，其義甚明，故敢用陸說，并參以己意而改之。

窮奇　杜註：其行窮其好奇。陸引戴章甫曰：據山海經、神異經、吕氏春秋諸書所紀，則渾敦、窮奇、檮杌、饕餮俱獸名，盖四凶之號，皆取義于惡獸，杜考之未詳，乃以字義釋之，非也。今按宋俞成所註叢説亦有此論，然服虔解已如此，則衆説皆同。

投諸四裔　杜云：裔，遠也。欠明考，説文，裔，衣裾也。徐諧曰：裾，衣邊也。故謂四裔，傳中言裔夷、裔子、裔胄之類，義皆視此。

宣公二年，文馬百駟　杜註：畫馬爲文四百疋。説文引此傳作「駁馬」，亦云「畫馬也」，丘

光庭曰：文馬，馬之毛色有文采者，爲可愛重，若畫馬爲文，乃是常馬耳，何足貴乎！其説長矣。

宧三年矣① 杜云：宧，學也。此乃曲禮「宧學事師」漢儒之謬解，謂宧學官職、學學經藝，夫士人爲學皆將用世，非宧乎？經藝、官職皆其學，豈有二之各專學焉者？此宧必「門宧」、「宧女」之「宧」，故從越語「范蠡宧吴」之解解焉。

我之懷矣，自貽伊戚 杜云：逸詩也。按邶風雄雉之篇「我之懷矣，自貽伊阻」，蓋即此詩，以「阻」爲「戚」，傳讀異耳，且古人所引詩、書多有差一二字者，何疑焉？

使屏季以其故族爲公族大夫 杜云：盾以其故官與屏季使爲衰之嫡。陸云：以其故族者，謂將領其族人，非官屬也。愚謂以族爲官屬，杜説本非；謂將領其族人者，亦未明。② 蓋以適子爲宗，宜統其族人，故以族人屬之。

三年，昔夏之方有德也 杜云：禹之世。陸云：傳言「夏之方有德」，不必是禹；禹之鑄

---

① 辨誤兩卷，由日殖齋刊刻于萬曆十二年甲申，傅士凱于萬曆二十五年丁酉在原版末補充了五條，并將下面的「我之懷矣，自貽伊戚」條挖去，補爲「宧三年矣」條。

② 「以族爲官屬，杜説本非；謂將領其族人者，亦未明。」此語于丁酉年挖去，乃傅士凱自云多糾摘前人而「恆不安於心」之證。

鼎事不經見，墨子云夏后開命大廉鑄鼎於昆吾，灼龜得逢逢①白雲之兆，未知其審。愚謂「方」字當在禹世無疑。

螭魅罔兩　杜云：螭，山神，獸形；魅，怪物；罔兩，水神。陸據魯語「木石之怪夔罔兩，水之怪龍罔象」，故以杜誤。愚以怪物難定，兩存之。

以是爲而子　杜云：以蘭爲女子名。愚謂盖以蘭之秀美付畀之耳，而必曰名，斯固矣。

四年，以貫笠轂　杜云：兵車無盖，尊者則邊人執笠依轂而立以禦寒暑，名曰笠轂。正義曰：服虔云：「轂之盖如笠，所以蔽轂上以禦矢也，一曰車轂上鐵也；或曰兵車旁幔輪謂之笠轂；杜以彼爲不安，故改之而爲此說，亦以意言，差於人情爲近。」今姑依杜而並存之於此，以示不絕異說。

六年，以盈其貫，將可殪也　杜註：殪，盡也；貫，猶習也。劉炫云：泰誓「商罪貫盈」，言紂之爲惡如物在繩索之貫；又韓非子云「恐其以我滿貫」，亦此意。盖以繩穿物謂之貫，言其惡之多如物之滿於貫也；殪，殺也。杜皆非。

八年，楚爲衆舒叛故，伐舒蓼，滅之　杜云：舒、蓼，二國名。疏曰：二國名者，盖傳寫誤，

① 逢逢，墨子通行本作「逄逄」，士凱以同音而代。

當云一國名，釋例有舒、群舒、舒蓼、舒庸、舒鳩以爲五名，則與文五年滅蓼同。蓋蓼滅后復故，今楚更滅之。羅泌曰：蓼與舒蓼別；舒蓼，皋陶之後，偃姓；若舒自爲一國，僖之三年爲徐所滅矣，預既妄分舒蓼爲二國名，孔氏遂以爲文五年楚所滅之蓼，皆臆説也。今按羅説爲允，孔又以群舒爲一種，尤謬。群舒者，尤言群蠻通衆舒而爲言，舒蓼、舒庸、舒鳩皆其屬。舒與蓼二國皆前滅，不在群舒之内，蓋杜考之不詳，而孔左右其短耳。

十二年，夷於九縣　杜註云：滅九國以爲縣。願得比之九縣，謂息、鄧、弦、黄、夔、江、六、蓼、庸。然又有武王滅權、文王滅申，凡十一國，故諸儒辨説紛紛。楊用修以九爲陽數之極，凡稱九者皆極言之，其説尤謬。愚謂楚滅國雖十一，或以二小國併爲一縣，亦不可知；若必滅一國爲一縣，楚亦固矣。滅國設縣，豈無分併於其間乎？且此尤不足辨。上文云「徼福於四君，不泯其社稷，使得事君，夷於九縣」，則望其存而不滅之；若以滅國爲比，不大戾上意耶？時楚有九縣，願得比之，自言服事恭謹如其縣邑耳，豈復追記滅國乎？徒屑屑以解九縣而不尋其意，悖孰甚焉！

軍行，右轅，左追蓐　杜云：在車之右者，挾轅爲戰備；在車之左者，追求蓐草爲宿備。前未有議者，愚以爲非也。蓋楚五分其軍爲前後左右與中，而使之各有所任耳，如以車之右左而爲用，則其所謂前後與中者，抑亦其車之前後與中否也？且一車之中而凡在右者挾轅，凡在左

者追蓐，於軍中不亦煩擾乎？蓋古今之爲陳者，必有前後左右中軍，此楚亦既分軍爲五，而以右軍專挾轅爲戰備，左軍專追蓐爲宿備，前軍專斥堠以慮有無，後軍專爲殿以拒後，中軍任權謀出令，五軍各有所任，部分既定，號令齊一，此顯然易見者。杜以楚止三軍，故有此解，獨不觀晉知罃曰「吾三分四軍以逆來者」，四可分而爲三，三不可分而爲五乎？

有律以如己也　杜註：如，從也。法行則人從法，法敗則法從人；坎爲法象，今爲衆則散，爲川則壅，是失法之用，從人之象。今據杜以己作人，本謬。

故曰：律否臧，且易①竭也　杜云：竭，敗也。坎變爲兑，是法敗。

盈而以竭，夭且不整，所以凶也　杜云：水遇夭塞，不得整流則竭涸也。陸云：此傳義頗難曉，尋其語脉，當讀「有律」爲句，「以如己也，故曰律」又自爲句，杜以「故曰律」三字屬下，既非；又專論掛②象而不言事理，此其蔽耳。愚詳讀傳文，誠如陸所云，故敢從其説，略附以己意改之。

聽而無上，衆誰適從　註云：聽彘子、趙同、趙括，則爲軍無上，令衆不知所從。陸云：

---

① 易，左傳作「律」。

② 掛，當爲「卦」，孔穎達引易緯「卦者，掛也」，士凱本此。

同、括有言，在楚師北轅之後，此時未也；且伍參獨言先穀不仁，何嘗及二子乎？蓋謂林父之將令不行，軍衆欲禀聽進止而無上令，不知所從也。此闢杜之短既明，而解之允暢。

其君之戎，分爲二廣，廣有一卒，卒偏之兩　杜云：十五乘爲一廣；司馬法百人爲卒，二十五人爲兩，十五乘爲大偏；今廣十五乘亦用舊偏法，復以二十五人爲承副。古今未有議之者，竊謂上云「其君之戎，分爲二廣」，註云「十五乘爲一廣」，而傳云「廣有一卒」，則所謂百人者將分屬于十五乘耶？抑別有百人耶？又云司馬法「十五乘爲大偏」，而傳云「卒偏之兩」，則既云廣，又云偏，而二十五人亦何所麗乎？於文理俱不通矣。蓋以下文「楚子爲乘，廣三十乘，分爲左右」，與司馬法十五乘爲偏之制同，而此「偏」字又即十五乘爲偏之「偏」字，故强以此解而不尋其文意耳。愚合後段觀之，則廣，兵車名，楚王即以名其親兵，以其兵分爲左右二部，故名二廣；每車用百人，故曰廣有一卒；其云「偏」者，蓋車之半耳。又五十人曰偏，以百人四分之一爲承副，則逸多勞少，自精專無廢事矣。傳文太高簡難解，舊註復謾焉，益難通耳。

楚許伯御樂伯，攝叔爲右，以致晉師　杜云：單車挑戰，又示不欲崇和，以疑晉之群帥。愚觀此傳楚之君臣初無必戰之意，起於晉之以鈍車逆趙旃而潘黨望塵之誤耳，何爲而用以疑群帥耶？此蓋三子各逞其伎以示武於敵耳，觀之下文可見。

兩馬掉鞅而還　杜言：兩，飾也；掉，正也，示閒暇。疏云：兩，古字作「掚」。邵文莊

曰：兩馬掉鞅，掉兩馬之鞅也，蓋驂馬折旋則其鞅必掉，而示閒暇之意在其中。陸似從邵説。愚詳味之，非也。左既射以菆，御下不兩馬，何所爲乎？御下飾馬，而左于此時乃代執轡，而掉鞭爲閒暇耳。

楚人惎之脱扃，少進，馬還，又惎之拔旆投衡，乃出，顧曰：吾不如大國之數奔也　杜註：惎，教也。陸云：惎，毒也。此謂惎爲教者，杜以「脱扃」及下文「拔旆」皆教人之語，故以意解之耳；説文引此傳作「畀」，云「舉也」，引黄穎説，廣車陷，楚人爲舉之也，其義良是，疑今文作「惎」者誤。愚謂以「惎」爲「教」者固謬，而以爲「舉」者尤謬。夫兩敵交戰，既敗而乘敵之困執俘獻馘其常也，豈有敵車既陷而顧教之使脱乎？教之已過，況從而舉之乎？教之、舉之一爲已甚，豈有見其馬旋而復教之乎？脱扃、拔旆投衡，凡在車者皆能，何晉人獨愚而待楚人之教耶？若果爾，則晉人方荷德無量，豈敢復以數奔戲之？此寧不激楚人之怒以授之首乎？此楚人之仁過於宋襄，而晉人騃痴不解事之甚矣，古今寧有是耶？蓋楚人見晉隊不能進，即惎毒而殺害之，故晉人脱扃以免馬旋，楚又欲害之，晉人拔旆投衡乃出，既出，而乃敢云「吾軍止此偶敗耳，非如大國之數奔也」，此于事理甚明，並無教人語也。杜仍漢儒之謬，相因以爲固然，而不求之心，并合之事理人情，以訛傳訛，更千載而未之正也。或有以郤至見楚子免冑趨風，謂古者軍禮亦有是者，殊不知郤至見敵國之君，故敦盡臣禮，然亦惟至能之，而欒書亦以此爲譖。此二軍相遇非有

君臣之分，而楚何郤至之多耶？且傳于宋之狂狡倒戟而出，鄭人以爲失禮違命，此楚之教晉與狂狡何異，而傳不以譏乎！

十四年，過我而不假道，鄙我也，鄙我亡也　杜云：以我比其鄙邑，是與亡國同。考呂氏春秋説此事云：往不假道，來不假道，是以宋爲鄙野也。高誘註謂以宋爲鄙邑，與杜説同。貞山以爲當作鄙薄之意，昭十六年傳「夫猶鄙我」，註云「鄙，賤」是也，尚書「反鄙我周邦」。愚謂此當從杜無疑，下云「亡也」，可見陸多引他書爲証，而意自不同，亦好異之過也。

於是有庭實旅百　杜云：主人亦設籩豆百品，陳于庭以答賓。劉炫曰：莊二十二年「庭實旅百」，杜云諸侯朝王陳贄幣之象，則此聘而獻物亦實百品于庭，非謂主人也。

於是有容貌、采章、嘉淑，而有嘉貨　杜云：容貌，威儀容顔；采章，車服衣章；嘉淑，令辭稱讚；嘉貨，命宥幣帛；言往恭則來報亦備。劉炫曰：仲孫勸君行聘，惟當論聘之義，深不宜言主之禮備，豈慮楚不見報而言此乎？此言爲至當，且於上文尤順。

十五年，使華元夜入楚師　杜云：兵法「因其鄉人而用之，必先知其守將、左右謁者、門者舍人之姓名，因而利道之」，華元蓋用此術，因以自通。愚謂此杜以兵法曲解於此，而實非也。古者兵交，使在其間，所以貴謀示整。春秋時兩敵要持而信使往來者多矣，何皆不用而獨華元於此用之乎？時楚師久駐宋郊，而元以國相至其師，則楚必爲求成請服，自應納之，何待如兵法所云

乎？且其時俱以國人爲兵，何鄉人非鄉人之有？其云左右謁者與門者舍人之稱，皆戰國以後之官名，非春秋時事也，不知杜何意而乃以此爲解，其登床劫盟之意略不爲言，尤疎矣。

成公二年，桀石以投人 杜云：桀，擔也。竊謂以「擔」訓「桀」字，義既遠，又豈有以大將入敵國軍而擔負石者乎？考韻書，古字「桀」與「磔」通用，盖恃其多力，用大石桀而碎之，以投人也。

紀甗、玉磬 杜云：甗，玉甗，與磬，皆滅紀所得。正義又謂甗與磬皆玉。愚謂甗言紀而不言玉，則非玉可知。考周禮有甗人，本瓦器；又考古、博古二圖所載甗皆銅器；古人器自有所以爲重者，不皆玉也。玉磬自應齊物，非紀也。

先王疆理天下物土之宜而布其利 杜云：播殖之物，各從土宜。陸云：物，猶後傳「物土方」之物；物，相也，盖云相土之所，宜使之或南或東也，杜誠非矣。

敝邑之幸，亦云從也，況其不幸，敢不唯命是聽 杜註：言完盛之時尚不敢違晉，今若不幸則從命。丘光庭曰：言幸而戰勝亦當從晉命，況不幸而敗，不敢不服。劉炫亦然。愚謂杜說於「背城借一」意不屬，果謬。

用蜃炭 杜云：燒蜃爲炭以瘞壙。劉炫以爲用蜃炭者，用蜃復用炭也。按周禮掌蜃掌斂互物蜃物，以共闉壙之蜃，鄭註以蜃禦溫也，不言燒蜃爲炭；又掌炭掌灰物炭物之徵令，則灰、

炭二者不同。孔疏謂炭亦灰之類，非也。愚謂堊用炭，此其常也，不得爲厚，傳何用舉之？鄭註雖不言燒蜃爲炭，要其用時自燒之，註何須及此？且用以禦温非炭不可，則燒炭不必言矣。炭與灰本一類，而亦自別，今如時俗，凡燒物存性者爲炭，燒過者爲灰，傳言蜃炭焉，知非燒蜃存性者乎？

吾知免矣 杜云：知不益己禍。愚謂非也，蓋言以己度，變必免于患耳。

四年，楚雖大，非吾族也 杜云：與魯異姓。愚謂此蓋以夷狄待楚，非關姓也。若齊桓亦異姓，何能字魯乎？

六年，其惡易覯 杜云：惡，疾疢；覯，成也。陸云：下文有「汾澮以流其惡」，註以「惡」爲垢穢，與此字同訓異，良所未曉。愚據獻子説「沉溺重腿之疾」，猶在「墊隘」之後，不應于此處云其疾易成。又按爾雅訓「覯」爲「見」，「其惡易覯」言水淺故垢穢易見耳。

民愁則墊隘 杜註云：墊隘，羸困也。陸云：傳中屢言「墊隘」，杜之註釋各殊，此年言羸困，襄九年猶委頓，二十五年慮水雨，三者皆非正訓；按説文引此傳曰「墊，下也」，尚書「下民昏墊」，註「溺也」；昭三年傳「湫隘」，註「隘，小也」，孔疏言地之下温湫隘者，是矣；或言此傳文有誤，宜作「易覯則墊隘，墊隘則民愁」，於文理爲順。皆從之。

七年，以兩之一卒適吴，舍偏兩之一焉 杜引司馬法：百人爲卒，二十五人爲兩，車九乘爲

小偏，十五乘爲大偏，蓋留九乘車及一兩二十五人習之。陸謂：若如所言，是卒大于兩，傳文當云「卒之二兩」，不當云「兩之一卒」；「舍偏兩之一焉」，此語亦難曉，孔疏亦云左丘明爲傳，辭皆易解，此獨蹇澁，或有誤文。愚亦素疑此，陸辨「兩之卒」句，杜雖巧詞不能答矣。其下句如杜解，當云「偏兩皆一」，此云「偏兩之一」，則偏、兩中之一矣，誠難解也。且于適言人不言車，於留言車乃及人，左氏遺文必不如此。今順文觀之，則所謂兩者即一車耳，車中每事皆兩，即詩所謂「百兩」，孟子所謂「三百兩」之「兩」，非「二十五人爲兩」之「兩」也。蓋楚廣之制，本用一卒，故云「以兩之一卒」。其云「舍偏兩之一」者，蓋車之半邊爲偏，則每車有二偏，各五十人，今留二十五人，非偏兩之一而何？蓋杜徒泥于爲兩、爲偏之制，而不尋文義事理，苟以釋其字面焉耳，其「成辟也」亦虛矣。

八年，詩曰：愷悌君子，遐不作人　杜云：遐，遠也；作，用也，詩大雅言文王能遠用善人；不，助語。陸以詩傳云：遐，何。通言其必作人也。良然。

「夫狡焉」至「惟或思或縱也」　杜於「狡焉」爲句，於下註云：世有思開封疆者，有縱其暴掠者，莒人當唯此爲命。此文强而意不暢。陸以「狡焉」與下爲一句，而下註云：有思啓封疆者，有縱弛而不設備者，故得兼并以成大國。此於上下意皆會而明矣。

十年，不食新矣　杜註：言公不得及食新麥。陸云：「食新」泛言，豈必新麥？然下文明

言新麥，且時舉其大者必麥也。

居肓之上，膏之下　杜云：肓，鬲也，心下爲膏。正義曰：此賈逵之説，杜依用之，古今傳文皆爲「膏之下」，賈、服、何休諸儒等亦皆以爲「膏」，雖凝者爲脂，釋者爲膏，其實凝者亦曰膏，内則云「小切狼臅膏」，則此膏爲連心脂膏也。獨劉炫以爲惟釋者爲膏，連心之脂不得稱膏，以爲「膏」當作「鬲」，以易傳文以規杜之失。愚初讀之，茫不知所謂，繼考素問刺禁論云：「鬲肓之上，中有父母。」楊上善説云：「心下鬲上爲肓，心爲陽，父也；肺爲陰，母也。」於是始覺有緒。舊聞猪臟與人相類，有一友曾親諦觀猪臟，爲言心鬲之處，方憶膈者，隔也，自鬲以上皆心肺清潔之屬，自鬲以下皆腸胃污濁之屬，故晉人言酒之美惡有鬲上、鬲下之分，則心在上、鬲在下固矣。而心下有微脂爲膏，鬲上有薄膜爲肓也，蓋以醫家凡用針灸、藥石，必以經絡穴道管某腑、某臟而治之。二豎居心鬲之上下，猶有肓與膏之係，而居膏肓之上下，則于腑臟略無所係，爲至虚之處，非經絡穴道所關，以故攻之不可，達之不及，藥不至焉也。既明膏、肓二字之實，則諸儒脂膏之辨與劉炫之失不攻自破矣。元凱以「鬲」釋「肓」固有少間，而諸韻書釋「肓」字皆云心上、鬲下，其訛舛差謬以誤後人，尤可恨也。或難云：心之下有脂爲膏固矣，而子云鬲之上有膜爲肓，何所據乎？予曰：據素問曰鬲肓則明云「鬲之肓也」，「鬲之肓」非其膜而何？其痺論又云：「皮膚之中，分物之間，熏於肓膜。」註云：「肓膜謂五臟之間，鬲中膜也。」則正與心下之微脂相對，益

明矣。竊謂膏、肓二字，今辨之始明，醫緩猶不能治，而世醫謾點膏肓穴，不知何以也。

忠爲令德，非其人猶不可，況不令乎　杜註言叔申爲忠，不得其人還害身。陸云：非其人，蓋謂叔申本非賢者，雖欲效忠，不見信于君，適以自害耳。今翫「非其人」句語意，還指叔申言，若指鄭伯，則「遣」字不當如此矣。

十二年，詩曰：赳赳武夫，公侯腹心　杜云：舉詩之正以駁亂義，詩言治世則武夫能合德公侯，外爲扞城，内制腹心。陸謂：所引二詩分屬治亂，此上文曰「及其亂也」，「略其武夫，以爲己腹心股肱爪牙」，即繼之以此詩，則所謂公侯腹心者，非治世之美詞矣；古人引詩大率斷章取義，杜亦嘗云春秋傳引詩不與今説詩者同，此乃獨謂舉詩之正以駁亂義，得無與前指異乎？愚謂陸此説固善，然讀傳文，自覺杜説之謬矣，故參用愚意而詳焉。

十三年，能者養之以福　杜註：養威儀以致福。孔疏云：往適於福。陸深取之，又引顔師古註漢書律曆志援此傳謂「之，往也，往就福也」，又云「將身向福」，其義爲長。愚深不然，夫君子善其威儀以定命也，豈徒以求福乎？若如諸説，則君子之徼福甚矣，其爲威儀也必不令。惟杜註近理，較勝諸説，而於「養之」字義猶未明；云「養之以福」，猶云養之以德耳，福因德而自致，此天人相因之義，在悟其旨而會解之耳。惜貞山之博雅，而乃有戾乎此也！

使吕相絶秦曰　杜云：蓋口宣晉侯命。予謂非此，必詒書與秦，傳文簡不及詳耳。所詒委

曲詳贍，自成一文，其爲書明矣。若呂相口宣，何其敏給如此？且秦國群臣多矣，何皆鉗口塞聰而任其逞辨重誣耶？皆非事情。

白狄及君之同州，君之仇讎，而我之昏姻也 杜云：季隗，廧咎如赤狄之女也，白狄伐而獲之，納諸文公。陸云：春秋經傳中書赤狄、白狄，皆標其號，文公所奔之狄，傳不言赤、白，此杜臆説耳；孔疏曰：未必晉於白狄别無昏姻，是矣，杜註本鑿。

十四年，不許將亡① 杜云：違大國必見伐，故亡。是何不審事情而言之易也！蓋先世宗卿其殖根固矣，又有伯國之助，是内外合而能搆禍也。

春秋之稱也 杜無解②，林云：稱，權衡也，言春秋書法權衡其輕重。愚謂此言春秋之善可稱云耳。

十六年，致死以補其闕 杜註：闕，死者。拘矣。陸謂軍國之事有所闕之，於義爲當。

奸時以動 杜註：禮以順時，周四月，今二月，妨農業。於時事不切。陸謂：是時晉國無釁，而楚以利求鄭，自起兵端，不能順時息民。其義優矣。

---

① 此條乃丁酉補入。

② 丁酉補版時删此三字。

諜輅之，余從之乘，而俘以下　杜言欲遣輕兵單進以距鄭伯車前，而自後登其車以執之。陸云：言諜則非輕兵矣，蓋兵交必有諜在其間，所以覘候形勢。愚謂杜以輕兵解「諜」固非矣，然諜以覘候形勢，雖兵家之常，於此宜無用。此時鄭師已敗，鄭伯或單車奔走，何形勢之須覘乎？諜固所以覘敵，獨不可用之以輕兵乎？蓋欲使諜爲疑兵于前，乃從其後而俘之耳。

憂猶未弭　杜註：弭，息也；既葬，國人皆將從子臧，所謂憂未息。夫舍其君薨、大子弒而以從子臧爲言，其謬甚矣。

子叔聲伯使叔孫豹請逆于晉　杜云：僑如於是作亂，豹因奔齊。愚按昭四年傳，穆子去叔孫氏，宿庚宗①，婦人私爲食而宿焉，後歸，婦人見子豎牛；又適齊，娶于國氏，生孟丙、仲壬，至宣伯奔齊，穆子饋之，則豹實先在齊矣，僑如始往，故服虔以爲豹已在齊，此時從國佐在師，聲伯令人就齊師使豹，豹不忘宗□，□國佐爲魯請逆。正義强欲宗杜，乃云豹既在齊，非復魯臣，聲伯安得專使叛逆之臣，魯人更無可使者，而崎嶇艱難以使他國之人也？愚謂服虔之説良是，豹避兄亂而奔，何罪之有？其賢必聞於國，聲伯使之順而便，且豹初如齊，婦人未有子也，縱有子，必未能奉雉也，豹必在齊數年而豎牛能長大。又豹在齊既娶而生二子，亦豈一二年事乎？此必先

① 「庚宗」，底本作「宗庚」，據左傳改。

奔齊無疑，傳逸之耳。若豹因使不復命，奔齊而使使復命，則爲罪甚矣，豈豹之賢而爲之？使果奔，則傳必因言使而言奔矣。杜欲自黨其説，乃云豹於襄公始見，經傳召豹爲言其終，蓋强以自飾焉耳。

奉君命無私　杜云：不受郤犨請邑。

謀國家不貳　杜云：謂四日不食以堅事晉。

圖其身不忘其君　杜云：辭邑不食，皆先君而後身。愚謂三句詞雖異而意實一也，總以形容聲伯之忠耳，何用如此分析？且四日不食之事，范文子庸有未知，只據其力辭邑以請季孫，其意甚明。

十七年，與婦人蒙衣乘輦而入于閎　杜云：蒙衣亦爲婦人相冒。陸云：蒙衣者，爲婦人服以自蒙冒也，此云「相冒」，文亦小誤。愚以杜爲相冒使人不見，若如陸，則傳文應云蒙衣與婦人矣。

昔吾畜於趙氏，孟姬之讒，吾能違兵　杜云：晉將討趙氏，而厥去其兵，示不與黨。言此者，明已無所偏助，據晉語韋昭註：「違兵者，能違其兵，難卒存趙氏，今未可脅以弑君。」其説是矣。

十八年，以戈殺國佐于内宫之朝，師逃于夫人之宫　杜云：内宫，夫人宫；伏兵内宫，恐

不勝。竊謂佐以人臣而身入内宫，豈有徒黨以相拒而恐其不勝耶？且既云伏兵，又何逃耶？蓋齊靈公密誘佐入宫而殺之，其衛從之，師倉卒不知謀，乃逃入耳。

且事晉何爲？晉必恤之　杜註：宋常事晉，何爲顧有此患難？陸云：宋平日事晉何爲哉？正望其恤我耳。其意尤明。

襄公二年，非異人任寡人也　杜言楚子任此患，不爲他人，蓋在己；「任」作「壬」，「任」字句絶，或作「人」字句絶。愚謂上文云「以鄭故，親集失於目」，即爲成公矣，又云非爲異人任，不亦贅乎？若然，成公與鄭自爲二也。蓋成公謂楚王爲鄭受辱，故自任之以報德耳，故下文云云，此雖前人未及，可以理推也。

官命未改　杜云：成公未葬，嗣君未免喪，故言未改。孔疏：先君既葬，嗣君正位，乃得建官命臣，十六年晉侯改服修官是其事也；未葬則皆因舊事，故言官命未改。陸云：官命猶言公命耳，古今人稱公爲官，其常也，非建官命臣之命。愚按陸説甚明，杜謂未葬未免喪，亦以成其既葬除服之謬耳。且建官命臣，乃新君即位施於國内者，此外敵兵爭，宜以時制，豈可以此爲例乎？

三年，請歸死於司寇　杜云：致尸于司寇，使戮之。愚謂此説大鑿，絳方自裁，以司寇主刑，故以爲詞耳。

四年，金奏肆夏之三，不拜　杜云：肆夏，曲樂名；周禮以鐘鼓奏九夏，其二曰肆夏，一名

繁，三曰韶夏，一名遏；四曰納夏，一曰渠。此因魯語「金奏肆夏、繁遏渠」，而韋昭之註如此也。劉炫曰：杜解不甚愜當，何則？此下①文言「文王之三」，即文王是其一，大明、綿是其二；鹿鳴之三，即鹿鳴是其一，四牡、皇皇者華是其二；然則肆夏之三亦當肆夏是其一②，繁遏渠是其二；若繁即是肆夏，何須重舉二名？陸謂炫説是也。又鄭玄周禮註亦引呂叔玉説：三夏者，肆夏是一，繁遏是二，渠是三。愚細觀之，皆有未安者。按周禮九夏，一曰王夏，二曰肆夏，三曰韶夏，四曰納夏，五曰章夏，六曰齊夏，七曰族夏，八曰陔夏，九曰驁夏。而九夏各有所宜奏，未見有三夏之名，亦未見其爲天子所以享元侯者。又文王之三，則是文王而大明而綿；鹿鳴之三，則是鹿鳴而四牡而皇皇者華，其始終皆自爲篇帙。此肆夏之三，則前去其一，而後去其五，非樂全矣。若呂叔玉則以肆夏爲時邁，繁遏爲執競，渠爲思文，篇帙固成而爲三矣，然三百篇之詩名各自其首章首句一二字爲之者，間有概取其意義而名之者，若勺、若賚之類，亦即以爲篇名矣。果如玉説，何序詩者不即以肆夏名時邁、繁遏名執競、渠名思文乎？今詩以時邁、執競、思文爲篇，何得强以肆夏、繁遏、渠名之也？且以肆夏名時邁猶可，至以繁遏名執競、以渠名思

① 下，底本誤作「上」。
② 一，底本誤作「二」。

文，則尤强矣，故先儒亦以爲譏。要之，三夏必自有三夏之樂章，樂崩詩逸，無由而考，故韋昭以九夏中有肆夏，則斷以肆夏之下三章而爲三，叔玉以時邁篇有「肆夏」二字，則續以執競、思文而爲三，復强名之，以足其數耳。今據傳文「三夏」，則其後二篇皆以夏名，似韋說爲近，然周禮載杜子春註云：「尸出入，奏肆夏；牲出入，奏昭夏；四方賓來，則奏納夏。」則與本傳所云「天子享元侯」者大别矣。又三夏重名繁遏、渠，則其餘六夏亦應有重名，何皆無也？若吕叔玉所定肆夏、繁遏、渠皆周頌也，其時邁曰「肆于時夏，允王保之」，執競曰「降福穰穰，降福簡簡」，思文曰「思文后稷，克配彼天」，皆言周之令德，獲景福于天，天子以此享元侯，明祖德之光大，以啓其威懷之心，意與樂協，而三篇又自成帙，故姑從之，而復載吕叔玉所云，亦見有未安也。

靡奔有鬲氏　杜云：靡，夏遺臣事羿者。眞西山曰：靡自有鬲氏，收二國之燼，以滅浞而立少康，忠于王室如此。考其本末，乃事相，非羿也，豈有夏之忠臣而肯事篡賊者哉？然哀元年傳則云「羿既篡夏，相奔二斟，浞用師伐二斟，以滅相」，則靡是時果何事乎？此云家衆既殺羿，而靡方奔有鬲，則靡或自相亡而往事羿也，計靡固忠于夏室，或冀羿猶能復夏而事之耶？或以羿好田，多釁易圖，故姑事焉，而欲乘其隙以圖之耶？有不可縣斷者，西山之說徒愛護賢者，而未必其實，故闕之以傳疑焉。

五年，成允成功　杜云：逸書也。愚按此虞書大禹謨之文，杜時未見古文尚書，故爲逸書。

又襄公三十一年穆叔曰「大誓云：民之所欲，天必從之」，杜亦云，今尚書泰誓無此文。昭公七年孔成子曰「筮襲於夢，武王所用」，杜引外傳，泰誓曰：「朕夢協朕卜，襲於休祥，戎商必克。」是杜亦未見泰誓有此文也。蓋漢魏諸儒馬融、鄭玄、王肅所註尚書惟二十八篇，古文尚書尚未列於學官，杜氏在晉之先，未見其本，及渡江，元帝時梅頤始獻孔安國所註古文尚書，其文始備，先儒或以爲僞，辯論頗多。今杜所云逸書，皆從今尚書篇名釋之。

六年，司武而梏於朝，難以勝矣 杜云言其懦弱不足以勝敵，迂矣。陸云不堪其司武之任，爲當。

子罕善之如初 杜云：言子罕雖見辱，不追忿，所以得安。服虔云：子罕初欲逐樂轡，以正國法，及轡射其門，乃復善之如初，是爲茹柔吐剛喪其志①也。陸謂此論優於杜矣，愚以爲不然。轡以子罕言已於君而逐之，故以此志，其忿子罕善之於其奔後，若趙盾之於季賈等耳，其雅量可知，且其時轡已出亡矣，何吐剛之有？然杜言亦不得其情也。

七年，詩曰：退食自公，委蛇委蛇。謂從者也，衡而委蛇必折 杜云：委蛇，順貌，言人臣自公門入私門，無不順禮從順也；衡，横也，横不順道必毀折。陸云：既言衡而委蛇，則委蛇

① 易泰初九：拔茅茹以其彙，征吉。周易本義：三陽在下，相連而進，拔茅連茹之象。

之義兼從與衡，不得專言順矣，鄭箋云：季蛇，自得之貌；故愚爲之解曰：順道而自得則可以横，不順道而妄焉，自得必毁折矣。

八年，如匪行邁謀，是用不得于道　杜云：匪，彼也；行邁謀，謀于路人也；不得於道，衆無適從。詩鄭箋云：匪，非也，言不行而坐圖遠近，故不得於道路也。杜於文義倒而不順，不如鄭箋之明當也。

九年，古之火正，或食於心，或食於味，以出内火　杜註謂：火正之官，配食于火星，建辰之月，鶉火星昏在南方，則令民放火；建戌之月，大火星伏在日下，夜不得見，則令民内火，禁放火。陸云：此獨於鶉火言見，大火言伏，於義未盡，漢書五行註説曰：「季春昏心星出東方，而味七星鳥首正在南方，則用火，季秋星入則止火，以順天時救民疾。」據此是二火俱有出内也；劉用熙曰：食于心、食于味者，猶食邑之食，謂封火正於火之分野，使掌出内之正令，非謂死而配食也。愚以二説誠長，且火正而冠，以古則當火正之身矣，何配食之有？云以出内火則必非既死之後矣，又其下云「火正閼伯居商丘」，更明也。

始往而筮之，遇艮之八　杜言：周禮大卜掌三易，然則雜用連山、歸藏、周易，二易皆以七、八爲占，故言遇艮之八。陸引劉禹錫稱董生之説曰：揲蓍者九，與六爲老，老爲變爻，七與八爲少，少爲定位；國語晉公子筮得「貞屯悔豫」，皆八，八非變爻，故不曰有所之；穆姜筮遇艮之

八，史曰「是謂艮之隨」，夫艮之隨，唯二不動，斯遇八也，餘五位皆九、六，故反焉；　筮法以少爲卦主，若定者五，而變者一，即宜曰「之某卦」，觀之否、師之臨之類是也；　今變者五、定者一，宜從少占；　艮之六二曰「艮其腓，不拯其隨，其心不快」，史以遇此爲不利，故從變爻而占曰「是謂艮之隨」，苟以悦于姜耳；　而杜元凱以爲雜用三易，故有遇八之云，非也。據貞山之説爲有理，繼觀朱子之説亦如此，堯叟以發所未發。今按周易筮儀則有大不然者，云：　六爻不變則占本卦之彖辭；　一爻變則占本卦之變爻；　二爻變則占本卦之二變爻，仍以上爻爲主；　三爻變則占本卦及之卦之彖辭；　四爻變則占之卦二不變爻，仍以下爻爲主；　五爻變則占之卦不變爻；　六爻變則乾坤，占二用；　餘卦占之卦彖辭。則貞山所引劉禹錫之言，乃筮蓍之常，其下文所云與筮儀不同。筮儀文朱子所定，何自異其説也？　想即連山、歸藏之筮法亦不可知，如周易之用占，則是隨之六二「係小子，失丈夫」矣，豈所謂「艮其腓，不拯其隨」者乎？　故疏云：　周易以變爻爲占，占九、六之爻。傳之諸筮皆用變爻也。連山、歸藏以不變爻爲占，占七、八之爻也，此亦自艮之隨爲言耳。二易並亡，不知實然與否。世有歸藏之易乃僞妄之書，非眞殷易也。假令二易俱占七、八，亦不知此筮爲用連山、爲用歸藏。所云艮之八，不知意何。所道以爲先代之易，其言亦無所據。賈、鄭二儒相傳如此，先儒爲此言意者，此言遇艮之八，下文穆姜云「是於在周易」，晉語公子重耳筮得「貞屯悔豫」皆八，其司空季子云「是在周易」，並於遇八之下別言周易，知此遇

八皆非周易也。愚按疏所云皆曲而當矣，且周禮大卜掌三易之法，其事甚重，魯豈得獨舍二易乎？則元凱所註當得其似，而晦翁、貞山之説失之略矣。但不知筮儀定於何時，春秋時同之否。愚故自有一説，以先儒未有同者，故敢附之此以求正於博雅，説云：艮五爻皆變，唯二得八不變之隨，隨震下兑上，筮法五爻皆變，則占之卦定，爻得隨之六二「係小子，失丈夫」，是明示穆姜淫於僑如之穢史，以國母難言之，故隱而概云「之隨」，爲速出之象，不言用爻，似以彖辭「元亨利貞，无咎」，姜自以己行不臧，非隨之義，故言隨以四德備而後无咎，詳引四德之善，不可誣妄得之，已行皆與四德相戾，故必凶。傳言穆姜辨而不德，其上文不言艮之隨，而言艮之八者，欲言隨之用，爻立，文不得不爾也。

以先君之祧處之　杜云：諸侯以始祖之廟爲祧。

及衛，冠于成公之廟　杜云：成公，今獻公之曾祖；從衛所處。愚據祭法云「遠廟爲祧，天子有二祧」，鄭玄云「祧之爲言超也，超上意也」；諸侯無祧」，聘禮「不腆先君之祧」，是謂始祖廟也，註云：「天子七廟，文、武爲祧；諸侯五廟，則祧始祖廟也，是亦廟也。言祧者，祧尊而廟親，待賓客者上尊，彼以始祖之廟，故爲祧耳。」此説已相仍千年，其有議者，至宋魏了翁始曰：「祧者，取廟外之兆域爲義，祧即廟耳，非親盡也。自鄭康成以『超』訓『祧』，後世皆承其誤。」貞山深主魏説，以傳中所註祧爲遠祖皆謬。愚疑不決，思之累年，考諸書，皆以祧爲遠祖廟，無有爲魏

説者。然此衛成公於獻公爲曾祖，非親盡也，何得爲祧？又昭公元年鄭子羽曰「其敢愛豐氏之祧」，而豐氏僅大夫兩世，何遠祖之有？則祧爲「超」之義也益可疑。又考周禮大宗伯「守祧，奄八人，女祧每廟二人，奚四人」，後又云「其廟則有司修除之，其祧則守祧黝堊之」，夫守祧則奄八人，而不言廟，又云每廟女祧二人、奚四人，則祧不在廟數明矣。下云「廟則有司修除之」，蓋致其詳敬之意，祧則令守祧黝堊之耳。爾雅云「地謂之黝，墻謂之堊」，地與墻非廟之兆域而何？又晉張融以爲祭法所言皆衰世之制，元吴幼清亦云祭法不可盡信，於是始敢斷主了翁之説，而知康成之非，因思其名義亦謬。其所名祧者，謂文、武二世室，夫文、武二王以功德爲百世不毁之主，因而藏遷主於中，乃舍文、武不毁之義以爲名，而反因遷主以名之，失其本矣。其云「諸侯無祧」，不敢僭上禮也，而名始祖之廟爲祧，非僭乎？其諸侯始祖廟亦應以大廟世室爲名，以示常尊，不應以因藏遠主而名之也。既曰「諸侯無祧」，則大夫可知，杜氏又安得以豐氏之祧稱遠祖也？又以「超」訓「祧」字義，迂遠無當。從兆從示爲祧，本切而當矣，蓋謂親盡則挑固然，而以祧名廟必不然。康成每爲遷就之説以信其誣，而益見其謬。周禮明以祧與廟分言，而鄭乃云「互言之」，其强解而牵合也甚矣。杜以成公非遠祖，乃曰「從衛所處」，何行冠禮而狥人以苟簡如此乎？孔疏亦覺鄭説之謬，曰「散而通論，則凡廟曰祧」，又云「豐氏無遠祖廟，良是，或君賜得立穆公廟」，然記曰「大夫不得祖諸侯」，而公廟設于家，豈禮歟？况穆公於豐氏亦未可稱遠也，蓋古人或曰宗

廟，或曰宗祊，或曰宗祏，或曰宗祧，意各有爲，而自以所重爲言耳。讀者少求之心，當自得之。竊謂康成博稽群籍，爲漢儒宗，偶以一慮之失，遂成千載之訛，幸經了翁大儒一訂其失，而未有闡明其義者，愚何人，而敢僭辨於此乎！

信者，言之瑞也　杜云：瑞，符也。竊謂符者取其兩相合耳，信則符矣，何重言之？蓋以信爲言語中之祥瑞者耳。

輸積聚以貸　杜云：輸，盡也。竊謂輸文從車，於「盡」字無當，且下文云「苟有積者盡出之」，於文不宜疊。蓋「輸」爲「委輸」之「輸」，晉國大矣，所當貸者，必使之皆至絳都，則大勞擾，故以車輦運其物於當貸之地分積聚，四出以就民所居而貸之，則民安堵而德自遍，此亦振貸之首務，而杜略之。

十年，請以桑林　杜云：桑林，殷天子之樂名，按呂氏春秋武王使召伯與微子盟云「相奉桑林」，高誘註亦以爲樂名。陸以莊子有桑林之舞，故謂即下文「舞師題以旌夏」者是也。愚觀傳文云「請以桑林」，偃、匄曰「宋、魯於是觀」，則其爲樂名也必矣。夏旌，蓋桑林樂中之舞，以夏旌爲標識耳。

猶將退也，不如從楚，亦以退之　杜註：以退楚。今讀傳文非也，故從劉用熙「以退諸侯」之說。

牲用備具　杜云：　主爲王備犧牲共祭祀。愚觀傳文云「牲用」，明爲二事，杜獨言犧牲，頗誤。且平王東遷，豈止須犧牲以供祭祀而别無他物爲用耶？

王賴之，而賜之騂旄之盟　杜云：　騂旄，赤牛也。陸云：　騂，赤牛；　旄，旄牛也；　山海經曰：「旄牛，其狀如牛，而四節生毛。」爾雅有犣牛，郭璞註曰「旄牛也」。愚謂旄牛即如山海經所載，必不常有之物，豈得用之以爲盟乎？　平王東遷，周室多難，何必求異物而用之？　又莊子有犛牛，註云「旄牛也」，又云「其大若垂天之雲」，想即山海經所載。要之皆異物，縱使有之，豈能必其騂乎？　疏云：　旄尾也，共旌旗之用，故其字從旌，旗者，旌旗，行而從風偃也。於義迂矣。今考韻書，犣，牛牡也，是即詩所云「騂牡」耳，凡有事用牲皆牡，此無疑也。

十一年，季武子將作三軍　杜云：　魯本無中軍，唯上、下二軍。愚幼即知魯頌有「公車千乘」「公徒三萬」之説矣，今更考之，良是，但以淺言之，古者大國三軍，次國二軍。周公以大勳勞而封於曲阜，得賜天子禮樂，豈得爲次國而止二軍耶？　杜因「作」之一字，遂不考而云二軍，謬矣，正義、詩傳其説多不載。

不然不舍　杜云：　三家盟詛之本言。愚讀傳文，蓋言三家本謀如是，非盟詛也。

十三年，唯是春秋窀穸之事　杜云：　窀，厚也；　穸，夜也；　厚夜，猶長夜，春秋謂祭祀，長夜謂葬埋。王若虚曰：　窀、穸，字從穴，盖塚壙之稱，杜以爲長夜，未曉其説。毛光亦曰：　窀穸，墓

穴也。今按説文釋窀、穸字云：「葬之厚也。」其語本難通，竊以杜意以春秋祭于廟，廟有謚，墓穴無謚，故訓爲長夜，作虛語用之，今韻書皆仍其謬。蓋古人既葬而謀謚，故以窀穸爲言耳。

襄公十四年，來姜戎氏，昔秦人迫逐乃祖吾離于瓜州　杜云：四岳之後，皆姜姓，又別爲允姓。陸云：此註以昭公九年傳景王責晉之辭爲據，然彼文云「先王居檮杌于四裔……故允姓之姦，居于瓜州」，則其處此土舊矣，非秦人所逐；又云「惠公始誘以來，使入我郊甸」，杜謂即僖二十二年陸渾之戎遷伊川者是矣，今此姜戎自居晉南鄙，非其族類也，蓋當時晉人所遷，或非一種，其所處亦非一地；謂姜姓別爲允姓，豈其然乎？王符潛夫論、羅泌路史皆以陸渾之戎爲姜姓，亦非也。愚謂陸於此考檢精矣，故從之，去下句。

子叔齊子　杜云：齊子，叔老字也。陸云：叔老，公孫嬰齊之子，不應以父名爲字，齊是其謚；謚法：執心克莊曰齊。愚謂父名不可以爲字，獨不可以爲謚乎？失之矣，當是二名不偏諱耳。

穆子賦匏有苦葉　杜註：義取於「深則厲，淺則揭」，言己志在于必濟；魯語載此事云：叔向退，召舟虞與司馬曰：夫苦匏不材，于人共濟而已，魯叔孫賦匏有苦葉，必將涉矣。陸以杜爲此解而不取彼義爲非，愚謂穆子賦苦匏之意本在「厲」「揭」，叔向取「苦匏不材」之義以令衆，未必爲穆子之本意也，其不取要爲得之。

郪人執之　杜云：　公徒因敗散還，故爲公執之。　劉用熙曰：　公雖居郪，郪人反執公徒，言公失民也。今讀傳文與當時時勢，劉説爲長。

無告無罪　杜云：　時姜在國，不使以無罪告。　愚謂以無罪告于宗廟，何益于公、何害于姜而阻之乎？　蓋自議論之云耳。　古今人多有如此者，人情不遠可推。

官師相規　杜註：　官師，大夫。書胤征孔傳云：　官師，衆官。　漢書「並建豪英以爲官師」，顔註：「師，表也。各爲一官之長。」今觀語意，言衆官耳。

世胙大師，以表東海　杜云：　胙，報也；　表，顯也；　謂顯封東海，以報大師之功。　陸云：　此解於傳文不順，胙即「無克胙國」之「胙」，謂世胙大師之業，以表正東海耳。　自妥。

富而後使復其所　杜云：　賣玉者得富。　竊謂於此事情難通，獻玉者以爲懷玉不可以越鄉，故子罕已置於其里，而使玉人爲之攻之。如獻玉者將其玉賣於人，又當越鄉矣。　使獻玉者能賣以致富，自能歸矣，何待子罕使之復所乎？　果爾，則傳文雖高簡，亦不應如此大略也。　盖富者盛美之云耳。

（末段係十五年事，失分）①

---

① 括號中九字，底本爲小字，蓋版已刻成，不及改訂，爲傳士凱或校者所注。

十六年，齊子帥師會荀偃，書曰「鄭伯」，爲夷也　杜云：夷，平也；春秋於魯事所紀，不與外事同者，客、主之言，所以爲文固當異也；魯卿每會公侯，春秋無譏，故於此示例，不先書主兵之荀偃，而書後至之鄭伯，時皆諸侯大夫，義皆取平，故得會鄭伯。愚按此文意强鑿，而於義無當。時魯卿之會諸侯久矣，何至此而復發例乎？是明不會傳意而强解耳。蓋緣諸國皆大夫，鄭獨以君，君臣名分宜有以尊而別之，其時惟以伯國爲重，鄭伯特夷於諸國之大夫，故齊子本會荀偃而經特以會鄭伯爲文，列之於諸臣之上，不使夷之於諸大夫也。愚此説較正而理□□□。

十八年，曾臣彪　杜云：彪，晉侯名，稱臣者，上有天子以謙告神，曾臣猶末臣。據王制「五嶽視三公，四瀆視諸侯」，釋「曾臣」爲末，俱謬。①

乃脱歸②　杜云：脱，不張旗幟。陸云：何由知之？愚謂避也，避則儀衛必略，非脱乎？

連③**大車以塞隧而殿**　杜云：此衛所欲守險。愚謂凡兵家言守險者，皆謂進據形勝要害

---

① 此注釋乃丁酉所改，甲申原刻爲：「杜云：彪，晉侯名，稱臣者，上有天子以謙告神，曾臣猶末臣。陸云：曾訓作重，蓋謙詞以媚神耳；又王制云『五嶽視三公，四瀆視諸侯』，則皆天子之所臣也，而又云『上有天子』，無當矣。」

② 此條爲丁酉改版增加。

③ 甲申原版「連」字上有「夙沙衛」三字。

之地，使敵不得越我而爲害也。史傳所記多矣，前衛以防門不足爲險，則其所謂險者必自有在。此戰敗而奔，不得已而連大車以塞隧，豈所謂險者乎？隧與防門皆在平陰之境，皆非險也，故削之。

皆衿甲面縛　杜云：衿甲不解甲。陸云：衿，結也，通作紟。又引少儀云：國家靡則甲不組縢。鄭注：縢，紟帶也。愚謂凡軍中被擒者，皆不暇解甲，何須言之？結亦不解之意耳，何足深辨？蓋縛手於後，則惟見其甲之衿與人之面，故如此立文，以模寫其被擒時之狀耳。

十九年，天子令德　杜云：天子銘德不銘功。邵文莊曰：令，猶「令龜」之「令」，言以德布於銘，杜不解「令」字，故以備之。

城西郛，懼齊也　杜云：前年與晉伐齊，又鑄其器爲鐘，故懼。陸云：與晉伐齊，齊大魯小，理自應懼，不待鑄鐘，杜爲此説以附會臧孫之言。按杜如此類頗多，皆去之。

諸子、仲子、戎子　杜云：諸子，諸妾生子者，二子皆子姓。按管子云「中婦諸子」，房玄齡註「諸子，内官之號」；又哀五年傳「諸子鬻姒」，與此同；戎子，蓋戎女子姓；仲子，宋女也。今依房。

二十一年，人謂叔向曰：子離於罪，其爲不知乎　杜云：譏其受囚而不能去。陸云：譏其不能保身，非謂不能去也。爲是。

詩曰「優哉游哉，聊以卒歲」，知也　杜註：詩小雅，言君子優游於衰世，所以辟害卒其壽，是亦智也。今按小雅無此詩，唯采菽之篇曰「優哉游哉，亦是戾矣」，故謂逸詩焉。

莊公爲勇爵　杜云：設爵位以命勇士。陸言：爵，飲酒器，設此以觴勇士，因名勇爵，非爵位也。今淺觀之，陸説爲優，細玩之，則杜説爲是。蓋使爲飲爵，則殖最欲與之，亦何不可？而莊公靳之以爲爲晉君勇也，唯其爵位，故有慎惜之意耳。

卷之下

襄公二十二年，見於嘗酎，與執膰焉　杜註云：“酒之新熟重者爲酎嘗，新飲酒爲嘗酎；執膰，助祭。”愚每讀此解，覺與傳文不協。果爾，則“嘗酎”下更應有一二句而有“執膰”句。且“嘗酎”二字，憶漢書不如此解。又按禮經月令“天子飲酎，用禮樂”，不云“嘗酎”也。若云“嘗”，則後復飲乎？且飲酎時，雖有祭，示有所先，不應有助祭而致執膰。因再考前漢景帝紀“高廟酎”，張晏註云：“正月旦作酒，八月成，名曰酎，酎之爲言純也；至武帝，因八月嘗酎，會諸侯，廟中出金助祭，所謂酎金也。”至武帝紀，服虔註云：“因八月獻酎，祭宗廟，時使諸侯各獻金來助祭。”則知古有嘗酎助祭之禮，而漢因之。時晉主夏盟，擬迹天子，故當嘗酎時而鄭伯適往，因助祭，爲之執膰，此必然也。

二十三年，納諸曲沃　杜云：“欒盈邑也。”愚謂曲沃，晉宗廟所在，豈以其爲臣食邑乎？齊崔氏猶以崔爲宗邑，而云必在宗主；宋桓魋易薄，公曰“不可薄宗邑也”，晉豈獨異乎？此猶絳公邑，而屬趙武。正義以爲晉卿分掌公邑，而絳趙武所掌，則曲沃於欒氏亦猶是耳。使果爲欒氏

邑，何欒氏既奔而邑宰猶不易乎？且欒氏邑本今眞定府欒城縣，非曲沃也。又考晉世家至幽公時微極矣，獨有絳，曲沃使與欒氏，又與魏氏，安得有之？

我實不天，子無咎焉　杜註：言我雖不爲天所祐，子無天咎，故可因。陸云：言雖事不集而死，實我自不爲天所祐，非子之咎也。語意固然。

攝車從之　杜云：鞅攝宣子戎車。陸云：攝，持引也；云引車逐之。愚謂鞅當自有車，其用劒時，蓋棄車而以短兵率士也。若在車，安能用劒乎？今乘欒氏敗而引車以追之耳。杜說固非，而陸亦略。

陳文子　杜云：陳完之孫。考史記世家爲曾孫，度其年世，曾孫是也。

下妾不得與郊弔　杜云：婦人無外事。故今據擅弓說此事，蓋以行弔於野爲非禮，故弗受，其說不可易矣。

二十四年，在夏爲御龍氏　杜云：謂劉累也。

在商爲豕韋氏　杜氏：豕韋，國名。

在周爲唐、杜氏　杜云：唐、杜，二國名，殷末豕韋國於唐，周成王滅唐，遷之於杜，爲杜伯，杜伯之子隰叔奔晉，四世及士會，食邑於范，復爲范氏。此用國語韋昭之註也。陸按昭二十九年傳云「夏后賜劉累氏曰御龍，以更豕韋之後」，昭元年傳云「遷實沉於大夏，唐人是因以服事夏

商」，杜註云：唐人若劉累之等，累遷魯縣，此在大夏；是居唐者非御龍之裔矣，安得謂豕韋國唐也？又傳言服夏、商，則亦非殷末矣；其曰滅唐遷杜，何所據而知之？愚按陸所云皆劉炫之説，炫又引賈逵説云：武王封堯後爲唐、杜二國，非滅唐，乃封杜也，故陸謂二國蓋同源而異派。居大夏，爲成王所滅者唐也。初居魯縣，後奔晉者杜也。今令而爲一，謬矣。愚讀前後傳文自相背戾者良多，此云在夏爲御龍、在商爲豕韋，則御龍在豕韋之前，昭二十九年云「夏后賜劉累氏爲御龍，以更豕韋之後」，則豕韋又在御龍之前矣，故杜於其下註云「累遷魯縣，豕韋復國，至商而滅，累之後世復承其國爲豕韋」，此明以二傳而附會强合之也。昭元年「遷實沉於大夏，唐人是因以服事夏商」，註云「唐人若劉累等，累遷魯縣，此在大夏」，此亦因二十九年傳云「懼而遷於魯縣」，故遂以爲累遷魯縣，亦因服事夏、商，故云「此在大夏」。正義云：此者，蓋指其子孫或其同族而言。其强附尤甚。杜又云「殷末豕韋國於唐，周成王滅唐，遷之於杜」者，亦以昭元年傳云及成王滅唐而封大叔，又因國語云杜伯射宣王於鄗，是周有杜伯，故遂以爲成王滅唐而遷之於杜也。劉炫譏其無據，信矣。賈逵謂武王封堯後爲唐、杜二國，亦不知其何據。竊謂唐既堯後，武王所封，非有大罪，成王又賢王，何遂滅之？後近楚有唐侯，或成王遷之於江漢，而以其地封虞叔也。傳所謂滅唐亦未必信。正義又謂成王時有唐無杜，宣王時有杜無唐，故遂以杜説爲然。竊謂史籍散逸多矣，一國偶見於二王時，安可據其片簡逸事遂以爲遷滅耶？又蔡墨云「遷魯縣，

范氏其后也」，而晉語訾祏又云「隰叔子違周，難於晉國」，註云「隰叔，杜伯之子也」，則又與蔡墨之説異矣。陸所云初居魯縣者，亦未必然也。左氏採異説而爲傳，文多不純，則居魯縣者不知何代復入商、周爲諸侯，在周爲杜伯而奔晉耶？大率世遠籍滅，諸儒不能闕其所不知，而强以意推附會之，愚故姑仍其舊註，而並辨其説，以求正於博雅焉。

象有齒以焚其身　杜云：焚，斃也。服虔云：焚，讀曰僨。陸云：安知象無焚死者？然象之焚死者實鮮，盖言焚，猶靡滅之云耳。

踞轉而鼓琴　杜云：轉，衣裝也。竊謂「轉」字從車，與衣裝何與？不知先儒何故而以爲訓。此必「軫」字之訛，詩云「小戎俴收」，註云「收，軫也，謂車前後兩端横木，所以收斂所載者，踞之可以鼓琴」，如果衣裝，何可踞之而琴乎？且下文云「取胄于櫜而胄」，則櫜固爲衣裝矣，又何衣裝之有？讀者毋泥成説而試思之。

二十五年，風隕妻，不可娶也　杜云：風能隕落物者，變而隕落，故曰妻不可娶。陸云：此當以「風隕妻」爲句，言夫則從風，風能隕妻。本長，若如杜，則二句皆不成文。

將庸何歸　杜云：將用死亡之義，何所歸趣。趙子常曰：即覆説上文「君死如歸」之意耳。其説婉而順。

及處守者皆有賂　杜云：皆以男女爲賂。盖因上文「男女以班」，故有此訓，何不考此年子

産入陳，使其衆男女別而纍，哀公元年蔡人男女以別皆降服之狀耳？豈以爲賂乎？處守者應自有賂，不及言之，必非男女也。

晉侯許之　杜云：晉侯受賂還；不譏者，齊有喪，自宜還。陸云：伐國聞喪而還，其常也，今齊人弒君而伯主用師，是討罪，非伐喪也，元凱此言殊乖大義。愚故削其説，而僭以己意斷焉。

數俘而出　杜云：但數其所獲人數，不將以歸。劉敞曰：成二年傳云「蠻夷戎狄，王命伐之」，則有獻捷兄弟甥舅伐之告事而已，不獻其功，今傳謂子産獻捷，則非告事矣，如曰數俘而出，安得捷而獻歟？故下註云「獻入俘之功，不獻其俘」，今按傳直云數俘而出，安知其不將以歸耶？如不獻其俘，則將何物以爲功耶？是將以歸必矣。數之者，以明其所獲之俘止此，無他虓掠之慘耳。

封諸陳，以備三恪　杜云：周得天下，封夏、殷二王後，又封舜後，拜二王後爲三國，其禮轉降，示敬而已，故曰三恪。按禮記郊特牲曰「天子存二代之後，猶尊賢也，尊賢不過二代」，疏引古春秋左氏説曰：周家封夏、殷之後以爲上公，封黄帝、堯、舜之後，謂之三恪。又鄭玄樂記之文亦謂武王初封薊、祝、陳爲三恪，後封杞、宋爲二王後。崔靈恩以此義爲長，曰：若更立一代通備者則非，不過二代之意。趙子常曰「夏、商之後皆作賓，王家統承先王，修其禮物，非但示敬而

已，不得言恪。其說似詳，故陸從之，以杜爲非。然愚考召公所封乃薊地，而魯亦有祝丘。又按薛爲黄帝之後，而賈逵又云武王封堯後爲唐、杜二國，不云有祝也。又杞初止封侯，而云上公，則與以上説異矣。蓋禮經雜採漢儒所記，其文多異同不純，安可以爲據乎？且傳云以備三恪，則亦似先二代而以陳備爲三耳。或武王初封薊、祝、陳，而後以薊封，召公改薊於薛，以祝與魯，改封祝爲唐、杜耶？初以薊、祝、陳爲三恪，而後復改以二代耶？雖皆不可考，亦當以後爲據矣，故諸説雖詳，舍之而從杜焉。

不可億逞　杜云：億，度也；逞，盡也。陸云：億、逞未詳，註意亦難通；或曰，億，安也，猶「億吾鬼神」之億，言其欲憑陵之意方盛，不可解也，皆强。愚謂億，度也，逞，肆也，蓋言陳受周、鄭之大恩，而乃逞肆如此，不億度也，校諸説自明。

鳩藪澤　杜云：鳩，聚也，聚成藪澤，使民不得焚燎壞之，欲以備田獵之處。陸云：鳩，聚，若周官澤虞使其地之人守其財物以入之于王，而豈專以備田獵哉？愚謂「鳩」訓爲「聚」，於財物相應，若云使民不得壞以備田獵，則非鳩字之義矣。

表淳鹵　杜云：淳鹵，埆薄之地，表異輕具賦税。陸云：淳鹵，地宜鹹者，説文亦云西方鹹地是矣。

數疆潦　杜云：疆界有流潦者，計數減其租入。賈逵以「疆」爲疆檃磽确之地，陸取之。愚

謂杜解疆潦是矣，減租入非也，賈尤遠，蓋謂疆理之有行潦，皆數之使通，則水不壅，而便于耕殖，此於諸説雖未有而覺是。

二十六年，吾子獨不在寡人　杜云：在，存問之；公聞文子答甯喜之言，故忿之。陸云：衛侯以文子不通内外之言，故怨之，其曰「不在寡人」，猶鄭厲公責原繁云爾，若文子之譏甯喜，特私説之耳，何得聞之？　愚謂二説皆未允，其云「不在」者，猶云心不在我耳，則存問通内外之言等事自在其中矣。

享子展，賜之先路三命之服　杜云：先路、次路皆王所賜車之總名，蓋請之於王。趙子常曰：晉以蔽冕命士會，傳言請於王，此不言請，則自賜之也，蓋禮樂之自諸侯出久矣，今杜以路車之命非諸侯所得專，故云爾；成二年魯公賜晉三帥先路，註云「三帥已嘗受王之賜，今改而易新」，此説尤不然，如杜所見，是天子之賜諸侯，專之則不可，改之則可，豈禮也哉？　愚謂以晉主盟大國，命士會猶請於王，豈鄭以小國而敢專之？　傳不言請於王者，亦省文互見耳。成公二年鞏朔獻齊捷于周王曰「未有職司于王室」，則知諸侯國卿皆王所命也，若魯以侯國而服事于晉，豈敢專以王之車服賜伯國之臣？　杜所註皆其事理當爾，陸謂改之不可，尤非也。且今制大臣既膺上賜章服，則亦得自造，或受饋遺而服之，魯獨不可以新王之賜乎？

欒、范易行以誘之　杜云：欒書時將中軍，范燮佐之，易行謂簡易兵備，欲令楚貪己，不復

顧二穆之兵。孔疏謂賈、鄭皆讀易爲「變易」之易。今按國語說此事云：若易中、下，楚必歆之，韋註以爲易行者，中軍與下易卒伍也，中軍之卒良，故易之。陸以此爲勝，予謂中軍、下軍部分有素，豈容變易？易之不過以誘楚耳，簡易兵備豈不可以爲誘，必變置其常而後可耶？於此當依杜解。據國語所記，自當如韋解，蓋二書每有異同，如黄池之會，一云先晉，一云先吴，豈可强之使同？即此與鄢陵本事亦異，並存闕疑可也。

晉人將與之縣，以比叔向　杜云：以舉材能比叔向。陸云：令其禄秩如叔向也。此傳明言伍舉有智謀，故以比叔向，而寵任之，則禄秩在其中矣。

二十七年，公喪之，如税服終身　杜云：税即繐也，喪服，繐縗裳縷細而希，非五服之常，本無月數，痛愍子鮮，故特爲此服。陸云：禮，日月已過，乃聞喪而追服，謂之税；獻公痛愍子鮮，故爲此服；疏引服虔說，意亦如此，杜以税爲繐，非是；疏原杜意以爲兄弟之服，則當齊衰，期税乃服之輕者，何以得云如税也；言「如」於義有不通，故以「税」作「繐」；又云獻公尋薨，故言「終身」，殊不知諸侯絶期，無爲兄弟追服之禮，今公獨服此服，故曰「如税」，於義何不通乎？乃謾即以「繐」重謬解其制也；子鮮之卒年月無考，何由知公服之尋薨乎？以尋薨言終身，不本其情，誣矣。

單斃其死　杜云：單，盡也；斃，踣也。

食言不病　杜云：不病者，單斃其死。愚推杜意，蓋以食言者必速亡，不患病而盡，皆踣仆地以即死，此恐太遠于事理，叔向不應如此易言。竊以爲單，獨也；斃死，自斃以死；不病，不能爲人病；病，害也。傳文簡古，故若此耳。

且吾因宋以守病，則夫能致死　杜云：爲楚所病，則欲入宋城。陸云：病宜屬下，謂爲楚所攻而病，則與宋同受其禍，必能致死助我。愚謂杜説既未盡，而陸説尤謬。蓋弭兵之謀，倡自宋，晉恃宋而保焉，致有衷甲之病，則禍自宋起，而晉因宋致病矣，宋安得不致死以敵楚乎？

十一月乙亥朔，日有食之，辰在申，司曆過也，再失閏矣　杜云：斗建指申，周十一月，今之九月，斗當建戌而在申，故知再失閏也。文十一年三月甲子至今年七十一歲，應有二十六閏，今長曆推得二十四閏，通計少再閏，釋例言之詳矣。釋例曰：魯之司曆漸失其閏，至此始覺其謬，遂頓置兩閏以應天正，前閏建酉，後閏建戌。劉敞曰：杜如頓置兩閏，眩聽駭俗，非人情也。周密曰：杜所造長曆，置閏疏密不齊，多可疑者，如此年則一歲兩閏，然前此者二十一年、二十四年、二十六年皆有閏矣，何緣至此失閏之再而獨置兩閏乎？此其立法殆不可曉。趙子常曰：傳言司曆過也，蓋指王朝曆官，猶桓十七年傳云「官失之耳」，杜以爲魯之司曆，非也；至哀十三年又註云「季孫雖聞仲尼之言而不正曆」，此亦謂魯實有曆，實承劉歆之誤，劉説見漢志，其所傳魯曆，不與春秋相孚，杜亦謂好事者爲之。陸云：周室雖衰，豈遽廢頒曆之禮？諸侯亦安敢輒

自爲之？魯曆既差，史之所書日月應與周記不同，韓宣子見魯春秋，何以曰「周禮盡在魯也」？斯理必不然矣。愚不知曆法，不可懸斷，但據劉歆、周密、趙子常之説，亦皆以常理大略論之，亦非深明曆法，有以折杜之短者。又按經書日食在十二月，杜以爲如在十二月是爲失三閏，故以經文爲誤，又以若不置二閏，則明年之無冰不在子月，不得爲灾，故知其必再置也，而漢律曆志亦引是年日食，與傳文同，又推其曆數以至于漢建武皆合，不以傳爲謬，則杜之説未可必其爲非也。時周室衰微，頒曆與否亦無實據，若必其頒曆，則通紀兩失閏，天下諸國知曆者多，亦必紛然而議矣。若必其頒曆而無失，則傳文與杜何自而起此議乎？以意而細推，則如杜可也，況治曆有專門，吾等所不能精者，故姑存諸説以俟知曆者焉。

二十八年，吴句餘予之朱方 杜云：句餘，吴子夷末也。按史記吴世家書此事於餘祭之三年，司馬貞曰：餘祭以襄二十九年卒，則二十八年賜慶封邑，不得云夷末。服虔亦云是餘祭，正義以慶封於此年之末來奔魯，齊人來讓，方奔吴，明年五月而閽弑餘祭，計其間未得賜慶封邑，故杜以爲夷末。愚按世家諸書所言甚明，而正義曲以附杜，即五閲月矣，獨不能以一邑封之乎？

二十九年，乃使巫以桃茢先祓殯 杜云：茢，黍穰。陸據説文𥝩①，黍穰也；茢，芀也。

① 𥝩，底本漶漫不清，據説文及下文補。

又釋「芀」曰「葦華也」。梨、苅①二字自異，芀亦作苕，韻書皆同，是②。被殯者以「苕」爲「帚」，非黍穰也，杜誤以「梨」爲「苅」，孔疏因傳會云今之苕帚或用藡穗，或用黍穰，謬矣。今案以苕爲帚可除不祥，故用之，與黍穰何與？物性各有宜用，不可同也，杜說誠謬矣。

先君尚有知也，不尚取之 杜云：不尚叔侯之取貨。

且先君而有知也，毋寧夫人，而焉用老臣 杜云：言先君毋寧怪夫人之所爲，無用責我。服虔曰：不尚，尚也，言尚當取女叔侯殺之；毋寧，寧也，言寧自取夫人，將焉用老臣乎？蓋杜以叔侯之言太不敬，不應如此，故改之。今觀其語意本如服說，古時君臣尚質，不爲避諱，且夫人愠而出詞，其言當悖，故因其言而反之耳。

猶未也 杜云：猶有商紂，未盡善也。陸云：二南，周詩，何關商紂？賈逵言未有雅頌之成功，雖近而未盡，蓋言其王化之局於一方，猶未大行耳。

國未可量也 杜云：言其或將復興。服虔曰：言其國之興衰世數長短未可量也。愚以二説俱未當，上言「太公爲東海表」，蓋言後將强大，指桓公伯業耳，且齊亡，爲田氏所簒，何復

① 梨、苅，底本漶漫不清，據文意補。
② 韻書皆同是，五字乃丁酉改，甲申刻時爲「爾雅謂之藡」。

興耶？

渢渢乎大而婉，險而易行　杜云：渢渢，中庸之聲；婉，約也；「險」當爲「儉」字之誤；大而約，則節儉易行。陸按史記吴世家賈逵註云：其志大，直而婉曲，體歸中和、中庸之德，難成而實易行；依此説則「險」當從險難之意，非字之誤也；今史記或作「儉」，疑後人以杜追改。愚謂凡此等語意皆若相反而實相成者，上文謂「大而婉」，不相謀，則險與易亦然。若云節儉易行，非二句語意矣。蓋云中庸之德雖難成，而乃易行，與「大而婉」句意同，又「儉」字與「渢渢」意亦不相涉。

其周德之衰乎，猶有先王之遺民焉　杜云：衰，小也，謂有殷王餘俗，故未大。據服虔以爲此嘆變小雅也，其周德之衰微，疑其幽、厲之政也。劉炫以此説爲然，孔疏以小雅、大雅相對歌，大雅云文王之德，是歌其善者，知小雅亦歌其善者，且魯爲季札歌，不應揚先王之惡以示遠夷。愚謂吴雖遠夷，於周爲同姓，非有敵國相傾之謀，詩章皆據其善惡而歌之，何傷？故陸謂二雅篇數既多，當時樂師或間歌其一二，札因就所聞而評議之，孔疏太拘矣。又葉夢得云：季札以小雅爲周之衰，大雅爲文王之德者，小雅皆變雅，大雅皆正雅也，如楚莊王言武王克商作頌，亦與今詩次序不同，蓋雅以正、變爲大小，頌以所作爲先後者，詩未删之序也，論政事之廢興，而以所陳者爲大小，推功德之形容，而以可告者爲先後，孔子删詩之序也。其説似爲宏博，則魯當時所歌

之小雅，豈必今之所謂小雅者乎？或正如夢得所云以變雅爲小雅耳。今但據傳文「思而不貳，怨而不言，其周德之衰乎？猶有先王之遺民焉」，詳其文意，明爲幽、厲時，先王指文、武、成、康無疑也，杜乃曲意而爲之説，誠大鑿而悖矣。

見舞象箾南籥者　杜云：象箾，舞所執；南籥，以籥舞也，皆文王之樂。陸云：杜不解象、南之義，孔疏曰「維清奏象舞也」，即此象箾之舞，南籥，文舞；象箾，武舞也。程大昌曰：南籥者，二南之籥，鼓鐘之詩，所謂以雅、以南、以籥不僭者也。又杜不解箾是何物，陸以爲即下「韶箾」同義，書稱「簫韶」，司馬貞云：箾即簫也，今蔡解亦同。南籥，即二南之籥；維清，亦即象箾之舞矣，然於象字皆無解，竊謂即所云「干以象文德，羽以象武功」，象，象其德耳。

美哉，猶有憾　杜從服虔之説云：恨不及已致太平。陸謂文王三分天下有其二，以服事殷，何憾之有？此自觀者憾之耳。愚謂札上下評議，皆就其樂而言，何獨於此乃自後人觀者言之？文王事殷之心雖忠，而視民如傷之意尤至，何忍殷民之困於紂亂，必有憾焉者矣。

雖有他樂，吾不敢請已　杜云：魯用四代之樂，故及韶箾而季子知其終也，季札賢明才博，在吴雖已涉見此樂歌之文，然未聞中國雅聲，故請作周樂，欲聽其聲，然後依聲以參時政，知其興衰也。今讀傳文似不然，季札以韶樂德至盛無加，故云「雖有他樂，不敢請」，非謂樂之終也。杜以季子聞樂而知政，極其評議之當，似非一時聽聞所能，故憶度之，以爲其在吴素所涉見，故能

然。今總讀傳文意，皆似得於聞音而以意測度之者，非素知也，然非素知而能之，則季子雖賢，恐未能至此。或左氏文有附會不可盡信，而杜多曲爲之解耳，故姑存其疑焉。

其出聘也，通嗣君也　杜云：吴子餘祭嗣立。愚考餘祭以襄公二十五年立，距此五年矣，而復稱嗣君，非也。且餘祭以此年五月遇弑，而夷昧既立，何得舍初立之新君，而稱爲五年所立遇弑之舊君乎？使果爲餘祭所遣，則吴、魯鄰壤，弑君大事，札豈不聞？札使聞之，則彼知禮者，必有聘，而遭本國君喪之禮，札何謾然不顧而揚揚歷聘上國如是乎？皆非事情矣。蓋此必夷末所使無疑，夷末以五月立，而季札以六月至魯，量其道里日月，亦適相當也，不知杜何故而不少考，疏略如此。

君侈而多良大夫，皆富，政將在家　杜無註，於「良」字爲句。林用杜意，解云：晉君侈汰而多賢其臣，大夫皆富强。果如此則安，必其政在家乎？蓋謂君不德而臣多賢且富，故政歸之，指韓、趙、魏三子耳，愚改其句於大夫讀。

三十年，亥有二首六身，下二如身，是其日數也　杜云：「亥」字二畫在上，併三六爲身，如「筭」之六下，亥上二畫竪置身旁。正義曰：二畫爲首，六畫爲身下，首之二畫並之，使如其身，則是生來日數也。因「亥」畫似「筭」位，故假之以爲言，其本作「亥」字，不爲此也。邵文莊曰：二首，「亥」字上二畫也；六身，「亥」字中三畫也，三畫而謂之六者，其形如「筭」之六也；下二

如身，謂其下二畫亦如「筭」之六，故曰如身，蓋古字體本如此。貞山云：此説是也，杜謂下「亥」上二畫竪置身旁，是以「如」爲「往」義，本迂。近世馬永卿所述劉安世之説亦如是，陸皆以爲非。予反覆思之杜説，誠如所譏矣，而邵文莊之説亦未允也，其謂二首固與杜同矣，據其以三畫如「筭」之六，下二亦如「筭」之六，亦止爲六者二耳，安得有三六乎？且以三畫如「筭」之六居中，又以二畫如六居下，其結構不成字，乃謂古字體本如此，不知何也。又考説文云：「亥，荄也。十月微陽起，接盛陰。從二，作二人，一人男，一人女也。從乙，象懷子咳咳之形。」此盖小篆之文，與春秋時字不同，於傳文終不能解。既而以正義云因「亥」畫似「筭」位故假之以爲言，林叟又明示古「亥」字於註。因憶今筭法每有下一得一、一六如六之説，乃悟即如今人用筭者，以二畫三六而積之於局以成數耳。下二，置其二也，即下棋之下。如身者，即如其三六之數也。杜以筭法必横視，故强爲竪置身旁之説，愚即依本文直下自成「二萬六千六百六旬」矣，敢冒用此爲註，與明達者評其當否焉。

譆譆出出 杜云：譆譆，熱也。説文：譆，痛也。吾人於文字中用「譆」字，皆從痛恨意，何曾以熱字用之？況偏旁從「言」，則嗟嘆耳。

唯君用鮮，衆給而已 杜云：鮮，野獸，衆臣祭以芻豢爲足。陸云：殺新爲鮮。愚謂君祭所以必田獵者，必其上殺最鮮者以獻祖考，二説皆偏其一矣。衆給者，云不必用鮮，惟物之足而

已，何必專於芻豢乎？

取我衣冠而褚之 杜云：褚，畜也。陸云：褚，衣之橐也，莊子曰「褚小者不可以懷大」，則橐義明矣。

三十一年，其在今嗣君乎 杜云：嗣君，夷末也。愚謂左傳論人，必要其後之成敗而言。夷末旋卒而子僚見弒，光有國，二世而成，何爲「此君之子孫實終之」？且夷末時已立三年，何得爲嗣君？況其賢亦未有稱也。蓋謂公子光耳，光本適嗣宜立，國人以嗣君稱，而其賢名已著，故爲此言耳。

昭公元年，其敢愛豐氏之祧 見襄公九年。

吾代二子愍矣 杜云：二子謂王子圍及伯州犂，圍此冬便簒位，不能自終，州犂亦尋爲圍所殺，故言可愍。服虔曰：代伯州犂憂王子圍，代子羽憂子皙。漢五行志引應劭解與服同，陸是其說，今觀杜註偏於楚，而服兼言之，誠當。

帶其褊矣 杜云：言帶褊盡，故裂裳示不相逆。陸云：褊，狹小也，言此帶其小矣，又以後范鞅請冠，而叔孫婼與之兩冠，僞若不解其意者，以爲與此同。愚謂不解亦不相逆之意，而必裂裳者，且以杜其再請耳。

舉之表旗 杜云：旌旗以表貴賤。劉用熙謂表旗猶表識，蓋以別封界者。觀此本論疆場，

何及貴賤乎？

周有徐、奄　杜云：二國皆嬴姓，書序曰成王「伐淮夷，遂踐奄」，徐即淮夷。陸據費誓云「淮夷、徐戎並興」，詩江漢以平淮夷，常武以征徐方，則徐與淮夷自別，而云徐即淮夷，謬矣；逸周書稱三叔及殷東徐奄及熊盈以叛，則徐奄蓋助武庚爲亂者。愚謂逸書所載與詩、書不同，未可爲據。按詩之江漢爲征淮南之夷，常武征淮北之夷，淮夷、徐戎皆在徐州之域，特異種耳所。謂徐方，即淮北之夷也。然此所稱徐者，當即僖公時楚人所伐之徐，韓公所作徐偃王碑云穆王所征者是也。趙武言諸侯，不應以戎爲言。

子皮賦野有死麕之卒章　杜云：義取君子徐以禮來，無使我失節而使狗驚吠，喻趙孟以義撫諸侯，無以非禮相加陵。趙子常曰：尨以喻楚，諸侯惡楚公子圍，故欲趙孟安徐馴擾之，觀下文趙孟答賦之語可見。愚每讀傳至此，疑趙孟待諸國素有禮，子皮何故以此喻之？今得趙説，涣然自釋矣。

后子享晉侯，造舟于河，十里舍車，自雍及絳，歸取酬幣，終事八反　杜云：造舟爲梁，通秦晉之道，一舍八乘爲八反之備，雍、絳相去千里，用車八百乘，備九獻之儀，始禮自賫其一，故續送其八；而酬酒之幣，每十里以八乘，車各以次載幣，相授而還，不徑至，故言八反；千里用車八百乘，其二百乘以自隨，故言千乘。服虔以爲每於十里置車八乘，千里八百乘，以次相授，車率日

行一百六十里，自絳向雍，去而復還，一享之間八度至也。然則千里之路往還八反，車還日行一百六十里，而計則八萬六千里，雖追風逐日之馬猶不能逮于此，后子之馬一何駃乎？縱今如此説可以彰馬疾，未可以明車多而發問也。陸以其説而疑杜之妄，愚亦甚以爲怪。孔疏以爲后子預前約束，使幣早發而來，非臨享始取，而云歸取酬幣者，后子必先適晉多日，然後設享，非初至即享君也。爲之日，酒食之屬皆在絳備之，其幣乃遣歸取之於秦，非設享之日始歸取也。其言八反者，蓋反至絳耳，此幣離雍計已多日，其設享之幣去絳不過一二十里耳，使之相續而來，每獻皆到，以示己之豪富，故令漸進之也。此疏明當，但初讀之，稍難解耳，故愚既知其意，而又陳物布圖以驗之，乃知杜説之精，不惟詳於解傳，而寓部分行列之制矣。陸不深考，而乃云杜緣八反之語遂爲此言，强以求合千乘之數，何其疏也。

國於天地，有與立焉　杜云：言欲輔助之者多。愚謂此解於本句無當，蓋言有國者其先世必有大功德於民，故令其子孫享有土地，得血食數百年，與天地並立，未易傾也。

鮮不五稔　杜云：鮮，少也，少尚當歷五年，多則不啻。此解本拗，韋昭云「言鮮不至五年而亡」，本自順暢可從，然杜之所以失者，在於「贊」之一字謬解，蓋以君無道，宜天有災凶以警懼之，而年穀和熟，是助其無道，速之使亡也，故鮮不五稔矣。

趙孟視蔭曰：朝夕不相及，誰能待五　杜云：趙孟意衰，以日景自喻。愚謂日月之推行

無窮，豈以自喻？其視之者，知已不能長有此日月，而有愛戀之意。言不相及者，猶言朝不保暮耳。

請皆卒，自我始 杜云：魏舒先自毀其屬車爲步陳。陸云：此言自我作古耳，蓋前此皆車、步參用，專步戰自舒始。陸説是也。

此二者，古之所慎也 杜云：一四時、取同姓，二者古人所慎。愚謂「一四時」，文意已於上文畢矣。此二者即「内官不及同姓」、「買妾不知其姓則卜之」，此雖皆重同姓，而實有二事，故云「二者」。○此謬，見補遺。

四姬有省猶可 杜云：據異姓去同姓爲省。愚讀傳上文云「君内實有四姬焉」，則此省即於四姬中明矣，乃云「據異姓去同姓」，則四姬皆去矣，豈復省乎？蓋子産以公既有同姓四姬，故姑爲不得已之詞，而云接御稀省猶可。猶者，可已而不已之意，則杜之謬也必矣。既考劉炫亦同愚説，而正義不闢其非，亦以此説爲是矣。

中聲以降，五降之後，不容彈矣 杜云：聲成五降而息也；降，罷退。正義曰：爲樂有五聲之節，爲聲有遲有速，從本至末，緩急相及，使得中和之和，其曲既了，以此罷退五聲，既成罷退之後，謂爲曲已了，不容更復彈作，以「煩手淫聲」，鄭衛之曲也。劉炫云：言五降而息，罷退者，五聲一周，聲下而息。前聲退罷以待後聲，非作樂息也，樂曲成乃息，非五聲一周乃息也。傳

下文「君子弗聽」，劉云：五聲皆降，則聲一成，曲既未成，當從上始，不以後聲來接前聲，而容手妄彈擊，是爲煩手；此手所擊，非復正音，故弗聽。愚按二説皆鄙陋不經，無復可辨，明哲者一覽自知，故愚以樂記之説改之。

女陽物　杜云：女常隨男，故言陽物。必非，此只在女一身中爲陰陽耳。

使后子與子干齒　杜云：以年齒爲高下而坐。愚謂此蓋論班飱耳，何及其年之高下乎？言齒，猶齊列也，使至其坐時，則二子自以年矣，何待晉議之耶？

二年，周禮盡在魯矣　杜云：春秋遵周公之典以序事。愚謂遵之以序事，韓宣子何自知其爲周典而遵之？必春秋之始記周公之典，而宣子得見之，今吾等不及見之耳。

送從逆班，畏大國也，猶有所易，是以亂作　杜云：韓須，公族大夫；陳無宇，上大夫；言齊畏晉，改易禮制，遂致此執辱之罪。愚讀此解，則傳文「猶」字、「亂」字不通甚矣，且謂晉以盟主而執列國之使，可謂之亂乎？蓋言畏大國而送從逆班以爲恭，又以爲罪而討之。使又有所更易，則使人懷忿積憾而亂作矣。易，更也。

國則不共　杜云：逆卑於送，是晉國不共。陸云：言不在使人也；國，齊國也，言齊國不共，亦不宜執其使。按上文既言君求貪，又言晉國不共，句累矣，宜屬下，蓋言假使齊國不共，亦非使人之罪，甚言無宇之宜歸耳。

三年，豆、區、釜、鍾，四升爲豆，各自其四，以登於釜 杜云：四豆爲區，區斗六升，四區爲釜，釜六斗四升； 登，成也。

釜十則鍾，陳氏三量，皆登一焉，鍾乃大矣 杜云：登，加也，加一謂加舊量之一，以五升爲豆，五豆爲區，五區爲釜，則區二斗，釜八斗，鍾八斛。 孔疏據舊本以五升爲豆，四豆爲區，四區爲釜，直至豆爲五升，而區、釜自大，故杜云區二斗釜八斗也，今或作五豆爲區，五區爲釜者，爲加舊豆、區爲五，亦與杜註相會，非於五升之豆又五五而加也； 林堯叟以舊本爲是，以自五五而加者，必非。 愚按杜前三句本自五五而加，而復云「釜八斗，鍾八斛」，則又舊本所云豆、區，皆以四而加者，自相悖矣。 而孔以舊本與杜註相會，誠不能解。 若五五而加，則一鍾得十斛，比舊鍾多三斛六斗，太不經矣。 若如舊本，則尚得八斛，比舊鍾尚多一斛六斗，恐陳氏雖務厚施以得民，亦於事情太遠，且力亦必不能給，何以能行於一國乎？ 愚久以爲疑，以示沖孫，沖孫謂三量皆自十分而加之一耳，非本四而加一爲五也，予遂頷之。 則鍾比舊亦大六斗四升。 據今世用量，皆以加一爲極大，陳氏加一以貸，而以平量取民，亦戴之如父母矣。 此於事理爲得，傳文本然，故不以稚而棄之。

而或燠休之 杜云：燠休，痛念之聲，讀爲嫗呴。 王若虛以爲温煦安息之意，讀如字。 愚謂二解意同而字異，不若王說之明近。

以樂慆憂　杜云：慆，藏也。朱申曰：慆，慢也，以淫樂而慢易，其憂禍也，本順。

詩曰：君子如祉，亂庶遄已　杜註：如，行也；祉，福也；言君子行福，則庶幾亂疾止。陸云：如，若也；祉，喜也。愚謂此詩本如陸解，而於本文不合，仍從杜。

及郊，遇懿伯之忌，敬子不入　杜云：忌，怨也；懿伯，椒之叔父；敬子，叔弓也；叔弓禮椒，爲之辟仇。孔疏引檀弓所記事同，以爲即此事也。陸云：忌，謂忌日也，而以檀弓及此註皆瞽說。愚謂以「忌」爲「怨」本强，然與人同使，而遇其叔父之忌，即不入受鄰國之禮，恐無是事也。且人子於父母之亡日爲忌日，未聞於叔父而有忌日者，陸思之不深矣。若懿伯爲椒之父則可耳。禮傳又謂懿伯爲其叔父，而敬子之五世祖，恐有誤，今姑從其説而闕疑其人。

四年，先王務修德音，以亨神人　杜云：亨，通也。劉向新序援此文「亨」作「享」。陸云：古字亨、享通。愚謂劉自誤，非通也。

晉君少安，不在諸侯　杜云：安于少小，不能遠圖。陸云：杜以少安爲幼小時躭于安逸，非也，蓋如他傳所謂少懦少惰耳。今讀其語意本然。

西陸朝覿而出之　杜云：夏三月，日在昴畢，蟄虫出而用冰，春分之中，奎星朝見東方。陸曰：既云夏三月，又云春分之中，不可曉，疏雖强解，義終難通；服虔云，春分奎始朝見，月令「仲春天子乃獻羔啟冰」是也；鄭云，西陸朝見謂夏四月立夏，昴朝見即周禮夏班冰也。劉炫取

鄭説，陸亦取之，愚初深以爲疑。既而三讀傳文，蓋在「西陸」爲小讀，頂上句「日在北陸」而爲文。「日在昴畢，蟄蟲出而用冰」，此解「西陸」二字，「春分之月，奎星朝見東方」解「朝覿」二字。蓋云西陸與朝覿二時，皆爲出冰候耳。陸惟泥杜而不求之傳，故轉覺支離。若服説，則即春分之中，奎星朝見東方者，即下文所謂「獻羔而啓」也，鄭之説即下文所謂「火出畢賦」者，皆得其偏，於文爲重，此蓋約言之，而其下乃詳言之也。諸儒自謬，而疏中亦甚明白，非難通也。

秋無苦雨 杜云：霖雨爲人所患苦。愚謂久雨四時皆苦之，不獨秋也，且其三句皆指天象，不應此句指人言。蓋農家皆云雨過白露則苦，時物得之則傷，今考疏中亦同。

民不夭札 杜云：短折爲夭，夭死爲札，則夭、札爲一矣。鄭衆云：札，疾疫死亡也，截也，氣傷人如有斷截也。斯得「札」之意義矣。

王使椒舉侍於後以規過 杜云：規正二子之過。陸云：規正會禮之失耳。今觀下文，果如是。

屬有宗祧之事於武城，寡君將墮幣焉，敢謝後見 杜云：言爲宗廟田獵，恨其後至，故言將因諸侯會布幣乃相見。經并書宋大子佐，知此言在會前。孔疏以「墮」爲「輸」，引公羊傳「輸平猶墮平」爲證，陸以爲彼「輸」爲「渝」，渝，變也，云墮敗其成耳，於此義不相當；服虔云，言將輸受宋之幣於宗廟。愚謂諸説皆謬甚，傳文理本順，而諸儒皆曲解之。蓋王時田於武城，有先君之廟

在焉，將其所獲以供祭，則自應有幣薦享，祭畢瘞之，故曰「將墮幣焉」。墮幣，猶云委禽委質也，言後見者俟祭畢而後見也。此事明叙於會畢之後，而杜因經文有宋世子，故曲爲此言以附會耳。經義難以輕論，而即以傳文讀之本然。

求之而至，又何去焉　杜云：言求食可得，無爲去豎牛，蓋杜洩力不能去，設辭以免。陸云：洩憾叔孫召豎牛以致禍，故言汝本自求之而至，今又何故而去之。愚謂杜説固未當，而陸説尤遠。叔孫困迫將死，杜洩爲其臣，而且有忠義之節，其時豈無憐痛之意？乃追咎其前事而使之愧忿，必不然也。叔孫既死，杜洩尚能抗季孫，而必以禮葬，白毀中軍之誣，豈有叔孫尚在而謂其力不能討牛也？杜亦未得其情矣。蓋緣豎牛寵任既久，而其爲尤惡戾異常，故驟聞叔孫之言，而一時不虞其惡之至此，不悟其言，故云云。蓋杜解其言爲是，而解其所以言者則非矣。

五年，舍中軍　杜云：罷中軍，季孫稱左師，孟氏稱右師，叔孫氏則自以叔孫爲軍名。劉敞云：如杜所云，則三軍猶在，徒以軍爲師，名號少異耳，何謂舍中軍乎？陸云：今按魯之軍號，傳所不言，哀十一年雖稱左師、右師，疑亦臨時所命，非若晉之三軍、楚之二廣有定制者。若爾，則傳宜屢書之矣。叔孫之軍名尤未見有據。愚謂劉、陸之説皆明，據此直杜之謬矣，下文言四分公室則自明白，不必用註。季氏擇二則中軍固存，特易其名耳，故削之。

使亂大從　杜云：使從於亂。服虔云：亂，大順之道；從，順也；謂適庶之順。陸取

服說。愚謂以「從」爲「順」雖通，而左氏每有倒用字者，大從猶言大作，蓋暗言殺其父耳。杜又謂昭子不知牛餓死其父，豈有父死數日而猶有不知其故者乎？

享頫有璋　杜云：享，饗也；頫，見也；既朝聘而享見也，臣爲君使執璋。愚推杜意，蓋謂主國設酒食以享賓，則執璋以行禮，故註「享，饗也」，破「享獻」之「享」爲「饗食」之「享」。今按朝聘之禮，執玉以授主國之君，乃行享禮，獻國之所有。頫，見也，謂行享禮以見主國之君也，而杜註與之相戾，正義以此下文「設機而不倚，爵盈而不獻」者饗賓之事，故以杜爲正。愚謂聘而獻，見禮之大者，啓彊何得略之小？行人合六幣，鄭康成所註甚詳，正享獻之事，況下文間「述職」、「巡功」二句，豈可即以享賓事實之耶？又爵盈設機，亦合朝聘禮而言，此即鄉黨所記「享禮有容色」之「享」耳。

晉不失備，而加之以禮，重之以睦　杜云：君臣和也。夫豈有君臣不睦而能修備者乎？況以「禮」言敵國，而以「睦」言本國，文亦拗。陸云「言睦於楚」，良是。

七年，暨齊平，齊求之也　杜云：齊伐燕，燕人賂之，反從求平。按賈逵、何休皆以爲魯與齊平，獨許惠卿以爲燕與齊平，杜從許說。劉敞曰：杜說與傳意錯，傳所云「齊求之」者，指齊求與魯爲平也，其下乃言「齊侯次于虢，燕人行成」，若齊已暨燕平，無緣復有茲事，且齊伐燕，燕人賂之，傳當云「燕求之，暨齊平」，不當云「齊求之，暨燕平」也。愚以事推之，自昭公即位，未嘗與

齊通好，此年三月叔孫婼如齊涖盟，是魯與齊平而無傳，何傳舉其始而闕其終乎？使齊果求于魯，則當書「齊求我」也。孔疏云：因上年齊伐燕，接此春中無異事，故不云燕，省文也。今讀上下文，本燕事，文氣相接無疑，劉敞强爲異説耳。

魯、衛惡之 杜云：受其凶惡。陸云：惡，讀「畏惡」之「惡」；惡之，猶言忌之耳；襄二十八年傳「周、楚惡之」，註云「周王、楚子受其凶」。亦誤，蓋因孔疏云「惡之，如字，或烏路反」，非也，故陸有此説。愚讀傳文明爲「畏惡」之「惡」無疑，杜言「受其凶惡」，蓋原其惡之之故，疏既悖，陸亦不明杜意。

人生始化曰魄 杜云：魄，形也。愚據下文云「匹夫匹婦强死，其魂魄猶能憑依於人，以爲淫厲」，則豈有既死而形能憑人者乎？他傳又云「天奪之魄矣」，則亦非形也。考之説文曰「陰神也」，韻書云：魂，神也，陽也，氣也；魄，精也，陰也，形也。則形亦可以言魄，而魄則不可以言形矣。杜既得其偏，於下文亦難通。

用物精多 杜云：物，權勢。孔疏謂「物，奉養之物」，陸取之，愚以爲非也。其言權勢盛者，蓋言有威權以賞罰制馭于人，則有精爽而魂魄强，雖奉食之物亦在其中，而此其粗者。若言奉養之物，則今之富室俗子，其奉養者厚矣，一死而熄，其何精强之有？此必爵位，威權之人而後可以言此耳。

聖人之後也，而滅於宋 杜謂：聖人，殷湯，孔子六代祖孔父嘉爲宋督所殺，其子奔魯。陸本世本、家語並云孔父嘉曾孫防叔始奔魯，家語又云以避華氏之偪故，今按嘉爲華督所殺，其子避禍，應即出奔，安得至曾孫乃奔魯乎？杜説較近理，特未詳所據耳；又云僖子，所謂聖人，乃正考父，非湯也，於此既言殷湯，而於下「聖人有明德者」，又横益其文爲聖人之後。愚以陸所辨皆詳明，且杜以聖人爲殷湯，則宋皆其後也，何云滅于宋乎？

八年，子盍謂之 杜云：謂之使無攻我。

周書曰：惠不惠，茂不茂 陸云謂之當連「周書」爲句，盖舉書辭以詔子良，使順其不順，而勉其不勉也。愚謂左氏之文本婉古，如陸所解，何其句累而文滯哉？好異過矣。

猶將復由 杜云：由，用也。陸云：由，經也，從也，言將復經由鶉火之次乃亡。魏了翁云：「由」義如尚書「顛木之有由蘖」。今按説文無「由」字，惟「粤」字，註云：「木生條也，古文省弓作由，後人因省之，通用爲由。」以此言陳將興，如已仆之木復生粤蘖，於字義既明，而句法亦完矣。

寘德於遂 寘，本訓置，杜以「至」訓，謬。①

① 此條乃丁丑補入。

九年，豈如弁髦，而因以敝之　杜云：童子垂髦始冠，必三加冠成禮，而棄其始冠，故云然。劉炫曰：弁、髦二物也，因以敝之者，謂冠則棄弁，親殁則不髦也。陸取其説，而以杜説爲不明。愚初謂二説皆通，但加「弁」於「髦」，時有尊之之意，以喻君爲切，故用之。○此謬，見補遺。

后稷封殖天下，今戎制之　杜云：后稷修封疆，植五穀，今戎得之，唯以畜牧。陸謂：封殖，封厚長殖也；制，制御之也。以較之杜鑿矣。

辰在子卯，謂之疾日　杜云：疾，惡也，紂以甲子喪，桀以乙卯亡，故國君以爲忌日。案王充論衡曰：禮，不以子卯舉禮，殷、夏以子卯亡也。賈逵、鄭玄皆同此義，故杜用之。漢書翼奉傳曰：北方之情好也，好行貪狼，甲子主之；東方之情怒也，怒行陰賊，亥卯主之；貪狼必待陰賊而後動，陰賊必待貪狼而後用，二陰並行，是以王者忌子卯。陸晏又曰：子刑卯，卯刑子，相刑之日，故以爲忌，而説者以夏、殷亡日，不推湯、武以興乎？愚謂興亡固有定數，當由於德，桀、紂以是二日亡，故王者忌之以存警戒之義耳，初不係於日也。言亡必有興，可以湯、武興日而爲喜乎？若陰陽讖緯之説，君子不道，又足論乎！

飲外嬖嬖叔　杜云：外都大夫之嬖者。盖外嬖對内嬖而爲言耳，若云「外都」泥矣，而陸乃多爲之辭，贅矣，成十七年註云「愛幸大夫」是也。

十年，居其維首，而有妖星焉　杜云：客星居玄枵之維首。夫既曰「居其維首」，則必居之

者矣，下曰「有妖星焉」，則明言有妖星見於其所居之處。今杜既曰「客星居玄枵之首」，不大略乎？今詳傳文并考星辰度位，蓋言婺女居於玄枵之維首，而妖星見於婺女之次，韋昭註周語亦曰：須女、天黿之首，須女即婺女也，天黿即玄枵也。

天以七紀 杜云：二十八宿面七。夫二十八宿固爲面七矣，而於此上下文何與乎？愚按爾雅「斗牛爲星紀」，郭云：「日月五星之所始終，故爲星紀。」則其分尤不應有妖星出于其間，故言耳。

彼雖不信 杜云：彼，傳言者。劉用熙曰：彼謂欒高也，信猶實也，言彼雖不實欲攻我，今以下文讀之，當在欒高也。

千人至，將不行，不行必盡用之 杜云：行，用也，不得見新君，將自費用盡。竊謂以「用」訓「行」既非矣，況其意即以用爲見新君之用耳，如不用爲見新君，則其幣固在，何盡費之？蓋不行在千人上，人衆則費廣，將不能行矣。

斬焉在衰絰之中 杜云：既葬，未卒哭，故猶服斬衰。其謬説，已在隱公元年。陸又云：斬焉，言哀痛之深，如斬截也。得之矣。

非知之實難，將在行之，夫子知之矣，我則不足 杜云：言不患不知，患不能行己，由子産之戒，既知其不可而遂行之，是我之不足。愚讀此解雖無他謬，實未得傳意。夫不患不知，患不

能行者，此吾人論一己之難易耳，今知在子產不能行，在子皮則知未可輕也。其所謂難者，蓋歸重于行，以貴己耳，下云「夫子知之，我則不足」，其意可見。註乃云「既知其不可而遂行之」，則又以知屬己矣，此豈子皮歸美子產而重責己之意耶？

十一年，物以無親　杜云：物，事也，此猶弗躬弗親之謂也。陸云：物猶人也，言不恤小國之患，故物情不附然矣。

十二年，毀之，則朝而塴　杜云：塴，下棺。俞琰曰：塴字從土從崩，當是既下棺而掩之以土也。按説文云「窆，下棺也」，「塴，喪葬下土也……禮謂之封，周官謂之窆」，鄭衆解周禮亦略同。塴之與窆，實則一事，而義小異耳，今從掩土之義。

齊將何事　杜云：言晉德不衰于古，齊不事晉，將無所事。愚謂齊以國大，何肯事人？陸云：何事，猶云作何等事也，言其無能爲也，與愚合。

外彊內温忠也，和以率貞信也　杜云：坎險故强，坤順故温，强而能温，所以爲忠，水和而土安，正和正信之本也。陸云：二語取喻於卦象，義雖近似，然詳傳文云坤之比者，謂坤卦之比爻耳，故比下文惟説「黃裳元吉」之義，亦猶七年孔成子筮得屯之比，止論「利建侯」，不取比義，如崔杼得困之大過，陽虎得泰之需，其爲説皆止取本爻，不及之爻也。今詳陸説爲是，則其解皆宜改，愚參以正義之説解之。

供養三德爲善　杜云：　三德，謂正直、剛克、柔克也。

非此三者弗當　杜云：　非忠、信、善，不當此卦。按陸以此三德爲誤，當作二，二德者即上文忠與共也，杜以洪範正直、剛克、柔克當之，與上文不相蒙，直强説耳。愚謂上下文俱以忠、信、共爲言，而此忽以洪範三德，其爲無當必矣，而以爲誤，非也。蓋上文本言忠、信，大都天下之事、人臣之節，忠、信盡之矣，惠伯以南蒯居下位，宜共以事上，故加「共」字以諷之，是以合忠、信、共爲三善，非此三者，即頂此而言。杜又舍共而以善益之，非矣。觀下文又云「且可飾乎」，欲其從下飾而恭也，其意可見，今皆改正。

三墳、五典、八索、九丘　杜云：　皆古書名。愚按孔安國尚書序云：　伏羲、神農、黄帝之書謂三墳，少昊、顓頊、高辛、唐、虞之書謂五典，八卦之説謂八索，九州之志謂九丘。又按周禮：外史掌三王、五帝之書，鄭玄云：　即靈王所謂三墳、五典也。賈逵則三墳、五典與孔同，而以八索爲八王之法，九丘爲九州亡國之戒。又延篤言張平子説三墳爲三禮，禮爲人防，爾雅曰「墳，大防也」，書曰「維能典朕三禮」，天地人之禮也；　五典，五帝之常道；　八索，周禮八議之刑索，謂索，空設之；　九丘，周禮之九刑。丘，空也，亦空設之。又馬融説三墳，三氣，陰陽始生，天地人之氣也；　五典，五行也；　八索，八卦；　九丘，九州之數也。杜以諸説各以意言，無正驗，故皆不從，而但云古書名。今愚考諸説，安國之説爲長，而猶恐或有未然，故加「或」字。諸説雖多鑿，

亦存之於此，以備考焉。

式如玉，式如金 杜云「金、玉取其堅重」，而不釋「式」字，若即以上文用字解，則文理難通。若以物，則堅重者果何物乎？竊思「式」必「車軾」之「軾」，古字通用耳。既考韻書果然，即論語式負版者。

形民之力，而無醉飽之心 杜云：言國之用民，當隨其力任，如金冶之器，隨器而制形，故言形民之力，去其醉飽過盈之心。王肅曰：形，刑之誤；刑，傷也；刑傷民力，用之不節，無有醉飽之心，言無厭足也。李百藥封建論云：或刑民力而將盡。陸從此二説，愚詳思杜註本强，亦非語意，然以「刑」改「形」非也。愚用其意，而即以「形」解，蓋形，象也，君子不盡人之力，乃象民力之多寡，而用之無遺也。

十三年，依陳、蔡人以國 杜云：國陳、蔡而依之。陸云：依倚陳、蔡之衆以立國耳，是時倉卒舉事，何暇遽國陳、蔡乎？愚謂二説俱未爲得，蓋以陳、蔡既滅，而其國人皆有故國之思，故復其國，以依附二國之人心耳。

乃大有事于群望 杜云：群望，星辰山川。趙匡曰：據禮篇云諸侯祭名山大川在其竟内者，不言星辰。趙子常曰：舜典言望于山川，不及星辰。愚又考周禮小宗伯「兆五帝於四郊，四望、四類亦如之」，註云：「四望，五嶽、四鎮、四瀆，四類，日月星辰。」又典瑞言「兩圭有邸，以祀

地、旅四望……圭璧以祀日月星辰」。觀諸説則星辰非望明矣。杜盖承賈逵、服虔之誤耳。

棄禮違命 杜云：棄立長之禮，違當璧之命，終致靈王之亂。愚謂此解易甚，而杜何失之？共王諸子，康王最長，故立之，何謂其棄立長之禮乎？盖以當璧之命在平王，以至幼而姑舍之。如杜所云，則以平王爲長耶？據韋龜意，實以有事于群望爲禮耳。

同惡相求，如市賈焉 杜云：宣子謂棄疾親恃子干，共同好惡，故言如市賈同利以相求。愚謂宣子意盖指當時同心造亂之人薳居、成然等，非謂棄疾也，故叔向答之如彼，味其言意自見。

無與同好，誰與同惡 杜云：言棄疾本不與子干同好，則亦不同惡。服虔云：盖言子干無黨於内，誰當與共同好惡者？其説是矣。

齊桓、晉文不亦是乎 杜云「皆庶賤」，亦大謬矣，此盖以子干在晉乘亂而入，與桓、文相同耳。若言庶賤，則於此時事不切甚矣。

有士五人 杜云：狐偃、趙衰、顛頡、魏武子、司空季子。

有先大夫子餘、子犯以爲腹心 杜云：子餘，趙衰；子犯，狐偃。

有魏犫、賈佗以爲股肱 杜云：魏犫，魏武子也，稱五人而説四士，賈佗又不在本數，盖叔向所賢。愚讀此文勢並不如此，既云「有士五人」，又云「有先大夫子餘、子犯以爲腹心」，又云「有魏犫、賈佗以爲股肱」，則四人明在五人之外矣。據如杜所註，則以趙衰、狐偃、魏犫三人疊見，而

顛頡、司空季子乃不及數，又以賈佗益之，取舍無當甚矣。自知難通，故云「盖叔向所賢」。且下文有齊、宋、秦、楚以爲外主，有欒郤、狐先以爲内主，則五「有」字皆並稱可知，豈得子餘、子犯、魏犨復在五士内耶？三子既在内，而賈佗獨不與，顛頡、司空季子又不在心腹、股肱之列耶？故五士必有所指，而下四人不在其内也必矣。

辛未，治兵，建而不旆。壬申，復旆之　杜云：建立旌旗，不曳其旆；旆，游也；軍將戰則旆，故曳旆以恐之。愚於傳中累累見旆，而杜解之者多異，姑舉二三辨之。莊二十八年「子元鬭御强，鬭梧，耿之不比，爲旆」，杜云：「子元自與二子特建以居前，廣充幅長尋曰旐，繼旐曰旆。」僖二十八年「狐毛設二旆而退之」，杜云：「旆，太旗也，建二旆而退，若使大將稍却後。」於「亡大旆之左旃」，杜云：「大旆，旗名，繫旐曰旆，通帛曰旃。」哀二年「陽虎曰，吾車少，以兵車之旆，與罕駟兵車先陳」，杜云：「旆，先驅車也。」於此年則曰「游也」。愚考杜所云「繼旐曰旆」，出于爾雅郭註云「帛續末爲燕尾者，義見詩」，其所謂詩，即小雅六月「白旆央央」是也，詩註亦云「白旆，繼旐者」也。因再考五經圖，則一車中有二旗，其一則以旗畫朱鳥，即詩云「織文鳥章」也；其一則旆，別自爲一竿，有旌，有兩飄帶，即所云「白旆央央」也，其所謂「廣充幅長尋」者並無有焉。則詩與爾雅既異，而乃云「義見詩」，悖矣。杜於「子元爲旆」則曰「特建以居前」，固爲前軍矣；「狐毛設二旆」則曰「大將所建」，至于「亡大旆之左旃」，即前「大將所建」無疑，而復以「繼旐

曰旆」，何自矛盾也！至此年「建而不旆」又云「游也」，故正義從爾雅云「游是燕尾不旆者，建大旗而以其燕尾繫於竿上也」。至陽虎「兵車之旆」，則以先驅車釋之，與子元略同。愚因反復其説，并以其事推之，則子元之旆與陽虎之旆，其爲前軍必矣，即詩所圖者是也。若狐毛所設與後所云，及此建而不旆之旆，皆大將所建大旗，與繫旐之旆必不同，而杜或强而一之，或二而分之，皆不得其當矣。蓋旌旗爲物之大，而燕尾特其飾耳，豈有既建旌旗而特繫其燕尾以示未戰，至明日方放其燕尾以示將戰乎？其軍容何太不明彰也！故建者必非旌旗，即大旆之干耳，先惟建干，既而曳旆，將戰之志明矣。因考詩圖白旆鳥章，自是二物，而以爲一，非矣。又詩之桑柔曰「旟旐有翩」，周禮司常掌九旗之物，名日月爲常、交龍爲旂、通帛爲旜、雜帛爲物、熊虎爲旗、鳥隼爲旟、龜蛇爲旐、全羽爲旞、析羽爲旌，與詩圖同，則與「廣充幅長尋曰旐」者又不同矣。竊謂爾雅士人稱爲修詞指南，景純又博學高才，好古窮經，元凱號稱武庫，身經行陳，皆不宜有誤。而爾雅與詩、禮既別，元凱每有背馳，且於軍事不恊，詩圖亦相傳有據，不應草草。以是節而推，則古書之難信也不一矣，考古者不其難哉！

懷錦奉壺飲冰，以蒲伏焉 杜云：蒲伏，竊往飲季孫；冰，箭筩，蓋可以取飲。陸以爲非，引鄭風「抑釋掤忌」，毛傳云「掤以覆矢，先儒相傳爲冰」，與「掤」通，故此年及二十五年註皆訓爲箭筩，蓋彼云「釋甲執冰」或當如杜義，此言「飲冰」，即是冰耳；飲冰以壺，藏於冰也，猶飲羽之

飲。愚思而考之時，意如執以七月之下旬，蓋今五六月之交，天氣炎熱，被蒙以幕，當不勝其焦渴，故以壺漿藏于冰，使之凉而可飲以解渴耳，當如陸説無疑也，且非戰争倥偬之時，何緣特取矢筩而用之乎？

十四年，曰義也夫，可謂直矣　杜云：於義未安，直則有之。愚謂直與義豈有二耶？

猶義也夫　杜云：三罪唯答宣子問不可以不正，其餘則以直傷義，故重疑之。陸云：先儒或譏元凱此論，然叔向之處三事亦未盡善。愚雖不知先儒之言，即以元凱强解傳文矣。傳中明白深美叔向，而再三婉辭以稱揚之，何有疑也？豈元凱心本不取此事，而强以合己意耶？

十五年，王一歲而有三年之喪二焉　杜云：天子絶期，唯服三年，故后雖期，通謂之三年喪。陸云：此解未暢，孔疏備矣。良然，故用疏所説而解之。

一動而失二禮，無大經矣　杜云：失二禮，謂既不遂服，又設宴樂。夫杜於晉元后喪引此爲證，謂向譏宴樂，不譏除服矣。於此又以不遂服爲失禮，不自異其説乎？朱申曰：失二禮，謂因喪求器，又宴樂以早。然傳以不遂服爲非，似爲失禮者三，而止云失二禮者，蓋以天子於父母之喪固三年矣，若后與大子雖有三年喪之義，而君臨萬國，自不容於終服，唯哀戚之心宜以三年，若求彝器而宴樂，則非居喪之心矣，故云二禮，朱説爲當。

十六年，起亦以知鄭志　杜云：詩言志也。竊謂詩言志，自作者、賦者而言，則當云二三子

之志。乃云鄭志，則是統一國而言矣。且下云「不出鄭志」，則益於此難貼。盖鄭志，鄭國所誌載者耳。

十七年，辰不集于房　杜云：逸書也；集，安也；房，舍也；日月不安其舍則食。孔傳曰：集，合也，不合則日食。可知疏曰傳言日月之會是謂辰日月當聚會共舍，今不合于舍，則月體掩日而食矣。唐曆志曰：古文「集」于「輯」同，日月嘉會而陰陽輯睦，若變而相傷，則不輯矣。各說皆與杜不同，姑記于此。逸書，盖胤征也。

獻俘於文宮　杜云：欲以應夢。夫既滅陸渾，已應夢矣，乃以此應夢，何淺也！盖以爲文公於夢中所命，故獻俘以告成耳。

今除於火，火出必布焉　杜云：今火向伏，故知當須火出乃布，散爲灾。朱申曰：言今火向伏而慧以除之，所謂除舊，明年大火星出必布；散爲灾，所謂布新。陸取其說，愚觀意義，二說皆非。謂除舊布新者，盖火除其舊，則新自布矣。今二說俱以火灾爲布新，大謬矣。盖傳文高簡，上言除而不言布，下言布而不言除，乃互用成文耳。

水火所以合也　杜云：丙午火，壬子水，水火合而相薄，水少火多，故水不勝火。竊觀傳止言合，而不及相勝，且何自而知其多少也？故削之。

瓘斝玉瓚　杜云：瓘，珪也；斝，玉爵；瓚，勺也。據說文，瓘，玉也；瓘斝者，以瓘爲

斚，與「玉瓚」相對，非珪也。

十八年，大人患失而惑，又曰可以無學，無學不害　杜云「患有學而失道者以惑其心」，本不明。陸云：患失，猶論語患失之失，言大人懼違衆而失位，心志惑亂，故狗流俗之説而云「可以無學」。其解甚明。

子大叔之廟在道南，其寢在道北，其庭小　杜云：庭，蒐場也。

過期三日　杜云：處小，不得一時畢。陸云：庭謂廟寢之間，以其小，不便于蒐，當除之使廣，而大叔不忍毁廟，故過期三日，須子産見之而有後命也。此解本暢。

許曰：余舊國也　杜云：許先鄭封。陸按十二年楚靈王之「伯父昆吾，舊許是宅，今鄭人貪賴其田」，襄十一年傳東侵舊許，註云：許之舊國，鄭新邑；蓋許遷而鄭得之，故今許人謂曰爾之地乃余舊國也；鄭人謂許曰爾乃予俘邑，言其兩不相下耳；苟謂許先鄭封而自稱舊國，則鄭亦豈自謂俘邑乎？此註仍足以折杜之疑矣。

十九年，寡君之二三臣，札瘥夭昏　杜云：夭死曰札，小疫曰瘥，短折曰夭，未名曰昏。按國語「無札瘥夭昏之謂」，韋昭註云：狂惑曰昏，疫死曰札，瘥病也；又「君子失心，鮮不夭昏」，註云：昏，狂荒之疾也。陸云：此云夭死小疫，似未有據，且言寡君之二三臣，則不得云未名矣，後年晏子論祝史亦曰「夭昏孤疾」，則韋論爲是。

二十年，梓慎望氛 杜云：時魯侯不行登臺之禮，使梓慎望氛。陸云：此或梓慎自望見之，如十八年登大庭氏之庫以望火耳，何由知魯侯不行登臺之禮？鄭康成註周禮馮相氏世登高臺以觀天文，然則此日官之世業也，故削之。

華寅肉袒執蓋，以當其闕 杜云：肉袒，示不敢與齊氏争。愚謂此必非也。時齊氏方肆亂，豈見其不敢争遂少戢乎？下文齊氏射公，中南楚之背可知。且諸臣方以忠義衛公，皆捐軀以共患難，且既執蓋以當闕，而乃不敢争乎？此肉袒者，明示以必死耳。

阿下執事 杜云：阿，比也，命己使比衛臣下。竊謂大謬。此本青欲將事而衛辭之，故青以齊侯命云，猶在衛地，則衛君也，即欲就死，烏行聘耳？若比衛臣下，則猶在下文親執鐸與燎，於此何與乎？

賜北宫喜謚曰貞子，賜析朱鉏謚曰成子，而以齊氏之墓予之 杜云：皆未死而賜謚及墓田，傳終言之。予謂齊氏安得有二墓乎？觀傳文喜止賜謚無墓田，惟朱鉏兼有墓田也，亦一時事，何終言之有？

四物 杜云：雜用四方之物以成器。陸謂之强解，誠然。竊謂四物當爲律、度、量、衡也。先儒以下有六律，故謂律重見而避之，殊不知此以數目次第成文，如陰陽二氣也，而謂之一。七音亦即上五聲六律耳，而復列之律、度、量、衡，所以爲樂器者，而可舍之乎？

七音 杜云：武王伐紂，自午至子，凡七日，王因以數合之，以聲昭之，故以七同其數，以律和其聲，謂之七音。陸云：此註實采國語之文，然云自午至子凡七日，不用彼所言七列、七同者，未測杜意；劉炫以此爲疑，孔疏謂尚書、國語俱有七義，事得兩通，故杜兼而取之。此曲説也，愚考周語泠州鳩曰：「昔武王伐商，歲在鶉火，月在天駟，日在析木之津，辰在斗柄，星在天黿，我姬氏出自天黿及析木者，有建星及牽牛焉，則我皇妣大姜之姪，逢公之所馮神也；歲之所在，則我周之分野也；月之所在，辰馬農祥也，大祖后稷之所經緯也。王欲因是五位、七所而用之，自鶉及駟七列也，南北之揆七同也，鬼、神、人以數合之，以聲昭之，數合聲和，然後可用也。故以七同其數，以律和其聲，於是乎有七律。」是元凱七同之説實始于此，而有少異，不知其又何本。柳子厚非國語以鳩爲誣聖人之大，而不闡其所以爲誣。又考蔡季通律吕新書云：「五聲，宮與商、商與角、徵與羽，相去各一律。至角與徵、羽與宮，相去乃二律。相去一律則音節和，相去二律則音節遠。故角、徵之間近徵，收一聲，比徵少下，故謂之變徵；羽、宮之間近宮，收一聲，少高於宮，故謂之變宮也。五聲，正聲，故以起調爲諸聲之綱。至二變則宮不成宮，徵不成徵，不比於五音，但可以濟五聲之所不及而已。然有五音而無二變，亦不可以成樂也。夫然，則二變固五音之不可無者，本自有之，與元凱、泠州鳩之説大異，疑不能決。」愚不能通曉律意，但以爲使二變出於音律之自然，則不應自周始有，使果自周始，則虞之韶、湯之濩皆不成樂矣。使殷

前果未有也，則杜、泠之説當是，使自前有之，則鳩説果誣矣。又考前漢書志云「書曰：予欲聞六律、五聲、八音、七始」，蔡氏曰「所謂七始，七音是也」，又引通典註曰：「按應鐘爲變宮，蕤賓爲變徵，自殷以前但有五音，自周以來加文、武二聲，謂之七聲。」則又自二其説矣。既得近世季原德樂律纂要曰：「五聲得變而後成均，猶四時得閏而後成歲，乃自然之理，聖人亦不得而損益之也。通典盖本國語七列、七同而爲之説耳，殊不知國語因七律而附會，非聲律之自然也。況前漢志稱舜欲聞七始，則唐虞時固已有之，安得云至周始有乎？」得此説以爲可釋前疑矣，然再考漢書則云：「七始者，天、地、人、四時之始也，聽之則順乎天地，序乎四時，應人倫，本陰陽，原情性，風之以德，感之以樂，莫不同乎一，雖聖人爲能同天下之意，故舜欲聽之。」則七始者與七音何與？而季通原德乃謾以當之乎！復徧撿諸史律吕志，於州鳩之説皆不之載，惟推陰陽氣候合天地之數以爲樂本，曰伏羲作易，紀陽氣之初以爲律法，建日冬至之聲，以黄鐘爲宮，太簇爲商，姑洗爲角，林鐘爲徵，南吕爲羽，應鐘爲變宮，蕤賓爲變徵，此聲、氣之元、五音之正也。則二變自古有之，鳩説皆其所不取，其誣誕也必矣。然蔡氏既明二變之所以然，而又載通典之説以自乖戾，季氏雖知州鳩之附會，而于七始之義猶有未明，世之欲著書成家者，非有睿哲之資、超然炳然之見，何以博群書、考異同而決其衷哉！○尚書無七始之文，班不知何本。

二十一年，使有司以齊鮑、國歸費之禮爲士鞅　杜云：牢禮，各如其命數，魯人失禮，故爲

鮑、國七牢。劉炫曰：聘禮，卿之饔餼五牢，則牢禮不必如命數，鮑、國禮當五牢，加二牢耳。疏强主杜而非劉，以周禮掌客上公九牢、侯伯七牢、子男五牢，以諸侯牢禮各以其命數，則知卿大夫來者，亦當牢禮如其命數計；鮑國齊卿，不過三命，於法當三牢，而魯人失禮爲七牢也。愚謂劉所據聘禮甚明，而孔疏强以諸侯推之固妄，且自五而加二爲七，猶事理所有。若三而加四爲七，則魯之不經也甚矣。

不死伍乘，軍之大刑也 杜云：同乘共伍當皆死。竊惟杜意以同乘共伍者既死，己亦當死，義不獨生也。愚謂軍事以勝敵爲期，以死敵爲義，凡在軍者皆自當爾，豈論同乘共伍者乎？設同乘共伍先降，己亦同其降乎？干犨之意，只欲死於戰陣耳。

二十二年，王與賓孟説之，欲立之 杜云：王語賓孟，欲立子朝爲大子。林堯叟云：王與賓孟皆喜子朝也，「説」作「悦」。陸如林。愚謂若從「悦」，則上文「王子朝、賓孟有寵」，則既悦之，於此不贅乎？故如字作「説」。

二十三年，使各居一館 杜云：分別叔孫子服回。賈逵以爲使邾、魯大夫各居一館。陸是賈説，又云：其下言士伯聽其辭而愬諸宣子，「乃皆執之」者，亦執邾大夫也。愚謂邾、魯二國其大夫固宜各居一館，傳何用記之？且觀此事，本曲在魯，邾何罪而同執？特杜下文「皆執之」，

乃云二子辭不屈，故皆執之。此謬耳。盖以二子辭不直，故執之，豈不屈乎？①

南宫極震 杜云：爲屋所壓而死。趙子常曰：言南宫極震，是以震死，非爲屋所壓也。竊謂地震可以致死者多矣，豈特屋壓乎？

吴大子諸樊入郥 杜云：諸樊，吴王僚之大子。孔、陸皆云吴子諸樊，吴王僚伯父，何容僚子乃與同名，此應傳寫誤耳。且專諸曰母老子幼，「無若我何」，何緣有子將兵伐國者？此即諸樊之大子光無疑也，杜乃依文解之，謬甚。

二十五年，昭子如宋聘，且逆之 杜云：平子人臣，而因卿逆，季氏强横。愚觀春秋中大夫爲同列逆女者多矣，季氏雖强横，而以此罪之，非也。

五牲 杜云：麋、鹿、麏、狼、兔。疏曰：十一年傳曰「五牲不相爲用」，註云牛、羊、豕、犬、鷄，此異彼者，以上文已言六畜，故别解之，用鄭玄六獸之説去野豕，而以其餘當之也。陸云：六畜、五牲、三犧，從所用而異號也；杜解五牲，前用爾雅，後從鄭玄，於彼所釋六者之名，各損其一，取决肺腸，自相乖背，良可怪矣；服虔解三犧爲鴈、鶩、鷄，亦非是；三犧猶詩言三物耳。

---

① 「特」以下，丁酉改作：「然傳文本如賈説，蓋魯、邾固應有館，更分館之者，以便於聽其詞也。邾過魯境不假道，非曲乎？」

愚謂陸譏杜與服當矣，而云從所用而異號，亦非也。古人制禮，豈得謾無所準乎？且犧、牲皆以薦宗廟神祇而爲名，未有及野獸者，賓客牢禮亦然。周禮王膳用六牲，亦曰馬、牛、羊、豕、雞、犬耳，其麋、鹿、熊、麕、豕、野兔謂之六獸，鴈、鶉、鷃、雉、鳩、鴿謂之六禽，固不可混焉；而以犧牲名之，又可雜焉而隨所用乎？蓋野禽獸止充醢酺之用，此大叔姑舉其大而未及其細，故愚解亦止于六畜焉。

九文 杜謂山、龍、華、虫、藻、火、粉米、黼、黻也；華若草華；藻，水草；火，畫火；粉米若白米；黼若斧；黻若兩，已相戾。書孔傳曰：華象草華；虫，雉也；説者謂此言象草華之虫，爲雉也。周禮鄭註亦以華虫爲一物，陸謂此註釋華而不及虫，疑有逸文。愚謂先儒皆以華虫爲雉，而九章有宗彝，此必逸之，故以宗彝足其九。

爲父子、兄弟、姑姪、甥舅、昏媾、姻亞，以象天明 杜云：六親和睦以事嚴父，若衆星之共辰極也。上註以天明爲日月星辰，何乃頓異其説？陸云：言其親疏倫序，比象於天文之行列。是也。

此之謂不能庸先君之廟 杜云：不能用禮也，蓋襄公別立廟。陸云：周衰禮廢，諸侯典祀，蓋有獨豐於昵者，如閔二年「禘于莊公」，趙匡曰「不及於祖也」，今此禘於襄公亦然，杜皆謂別立廟，謬矣；武宮、煬宮之立，經皆書之，即別立二公廟，無緣不書。今按陸説爲是，故削去下

句。然所謂不能用禮者，亦未嘗季氏之罪，故稍改之。

君受其名　杜云：受惡名。竊謂以臣逐君，何惡之有？殊失君臣之分矣，蓋言必不能逐，而徒受其虛名以致禍耳。

失魯而以千社爲臣　杜云：臣爲齊臣。愚謂諸侯不臣，寓公禮也，且齊侯云請致千社以待君命，是以千社屬之公，故曰臣也。故子家以千社對魯言，而杜所云誤矣。

而何守焉　杜云：何必守公。陸云：何必守盟誓之言。愚謂上文「通外内而去君，君將速入，弗通何爲，而何守焉」，則「弗通」應上「通外内」，「何守」應上「去君」，若盟誓之言則不與已矣，何云不守乎？

二十六年，王心戾虐，萬民弗忍，居王于彘　杜云：不忍害王也。劉炫曰：不忍者，不忍王之虐也。按周語祭公謀父曰「王商帝辛大惡於民，庶民弗忍，欣戴武王，以致戎於商牧」，張衡東京賦云「百姓勿忍，用是息肩於大漢，而欣戴高祖」，皆謂弗能堪其惡也，故從諸說而易焉。

諸侯釋位，以閒王政　杜云：閒，與也，作去聲；釋其位與治王之政。陸按史記言厲王奔彘，周、召二相行政，號曰共和；然漢書古今人表有共伯和，顔師古曰「共，國；伯，爵；和，其名」，史遷之言未可據也；汲冢紀年亦云厲王既亡，有共伯和者攝行天子之事；又莊子稱共伯得乎共首，司馬彪曰「共伯名和，諸侯知其賢，請以爲天子，即王位，十有四年大旱屋焚，卜曰厲王

爲崇，乃立宣王，共伯復歸於宗，逍遥得意於共山之首」；呂氏春秋云「共伯和其行好賢仁，厲王之難，天子曠絶，而天下皆來請矣」，據此諸書所説皆同，則釋位以閒王政者，共伯其人也。愚謂陸採不經諸説以示博，而不釋本傳，愚竊謂以閒王政者，即諸侯閒於王事相朝之，閒當音閑，非「與」字意也。蓋因王室多難，政事倥傯，故諸侯共理王政，以使之少有閒豫耳。況下文有云「王室其有閒王位」，又云「贊私立少，以閒先王」，則閒皆參錯、干犯之意，豈有一書之中而於善惡二事不同，即以一字通用，又同一句法乎？若陸所引諸書，蓋因有「共和」二字，故認以爲人名，而妄爲之説以附會耳。設果如所言，則言共伯一人足矣，而乃言諸侯乎，言諸侯則非一人矣。

帥群不弔之人　杜云：弔，至也。此用詩云「神之弔矣」，彼弔，至也。今以「至」訓「弔」難通，蓋言行亂者皆好禍，不相弔恤之謂也。

天道不謟　杜云：謟，疑也。竊謂杜於「慆」、「謟」二字，皆以「疑」爲訓，而不考文意。慆、謟雖通用，而各有宜訓。此言天道不濫，惟德是與，觀下文可見。

二十七年，王可弒也，母老子弱，是無若我何　杜云：猶言我無若是何，欲以老弱托光。愚自幼讀之，即不謂然，按王肅云「專諸言王僚，母老子幼也」，又史記吳世家説此事云「王僚可弒也，母老子幼，而兩公子將兵伐楚，楚絶其路，外困于楚，而内空無骨鯁之臣，是無柰我何」，意尤明。服虔以下文曰「我爾身也……以其子爲卿」，遂强解如此，而杜因之。竊謂專諸烈士臨事，而

以老幼爲托，非其心矣，且光亦何待其相托而後以爲報耶？此非唯文義迂回，抑亦不知古烈士相與之誠矣。

事君如在國 杜云：書公行，告公至是也。竊謂此祝史事耳，趙子常曰「即後賈馬歸，從者衣屨之類」，允矣。

天命不慆久矣 杜云：慆，疑也，言棄君不疑。愚考韻書，慆，悦也，言天不悦公，已不祐之也。覺順。

使宰獻而請安 杜云：比公於大夫也；禮，君不敵臣宴，大夫使宰爲主請安；齊侯請自安，不在坐也。劉炫謂燕禮司正命卿大夫以安，今此傳所言亦當如彼，請魯侯自安耳；杜云齊侯不在坐，非也。愚按儀禮本如劉説，而杜偶不考，以致斯謬。孔疏又援鄉飲酒禮以請安爲常，不見卑公之實，尤爲阿杜，非正也。

二十八年，屬厭而已 杜云：屬，足也。韋昭云：屬，適也；厭，飽也；言適及飽則止。此於文義自明。

二十九年，人實不知，非龍實知 杜云：言龍無知，乃人不知之耳。陸云：言人自不知，無擾龍之術耳，非龍之有知也。愚謂陸解固勝杜，而傳文自明白，削之。

夏后嘉之賜氏曰御龍以更豕韋之後 見襄公二十四年傳。

有烈山氏之子曰柱爲稷　杜云：烈山氏，神農世諸侯。孔疏曰：魯語及祭法皆云烈山氏之有天下也，其子能植百穀，故祀以爲稷。賈逵、鄭玄皆以爲烈山，炎帝之號，即神農也。則杜之謬明矣。

遂賦晉國一鼓鐵，以鑄刑鼎　杜云：合晉國各出功力共鼓石爲鐵，計令一鼓而足。愚謂杜説固迂而曲，至觀孔疏復强爲辨解，終爲費辭。按家語載此事，王肅註云「三十斤爲鈞，鈞四爲石，石四爲鼓，蓋用四百八十斤鐵矣，以此鑄刑書，適給於用」，而文義自明。

三十年，共其職貢，與其備御，不虞之患，豈忘共命　杜云：言不敢忘共命，以所備御者多，不及辨之。陸云：不虞之患，若軍旅喪葬之類，出于意外者，言此等皆不敢忘共命，非謂不及辨也。初觀之，若陸是者，既又讀，則知杜非註其「不虞之患」，蓋會其意而補其所不及言耳。若軍旅喪葬之類，皆鄭事晉之所宜者，何不虞之有？故杜云「所備御者多」，則不虞之意足矣。言不及辨，非敢忘共命也，此杜爲善註，陸乃未悟其意而改之。

若其不間，雖士大夫有所不獲數矣　杜云：不得如先王禮數。陸云：言不得備使以充數也，此對上文先君親執紼，意蓋得間則君親行，不得間則大夫不獲備數，傳意本然，而杜以先王爲言，遠矣。

若好吾邊疆，使柔服焉　杜云：柔服，謂不與吴搆怨。朱申曰：使吴人柔順而服從也。

蓋杜亦註其意，而朱説較明。

光又甚文，將自同於先王　杜云：先王謂大王、王季，亦自西戎始比諸華。愚謂大王、王季時方肇基，王績未及文也，自武王有天下，而周公制禮樂，始有文耳。闔廬於時亦未有入主諸華之意，蓋言其志廣才美，有慕周先盛時耳，杜説鑿矣。

將焉用自播揚焉　杜云：播揚，猶勞動也。夫播揚與勞動意義不同，蓋子西欲養晦待時，不欲其耀武揚威耳。

若爲三師以肄焉　杜云：肄，猶勞也。陸引釋文云「肄，一本作肆」，又按文十二年河曲云「使輕者肆焉」，註謂「暫往而退也」，與此傳所謂彼出則歸、彼歸則出意正相類。愚謂甚有異焉，彼秦師在一陣之間可耳，此越境而入敵，事已不同，何得以輕而肆乎？故爲解云：肄，習也，使我軍數出，既有習之之義，而使楚狃於我之數出，不大爲備，則必習而易我矣，故大舉而得志也。此較二説似爲長，然詩曰「既詒我肄」，又曰「莫知我肄」，皆訓「勞」也，則「勞」本爲正訓，而陸乃改傳文以規之，過矣。愚以「勞」意猶在下文，故以「習」訓，即依杜亦可。

三十一年，夫有所有名，而不如其已　杜云：有所，謂有地也。愚謂此解太徑，而於上下文俱不順。蓋云人固貴於有名，又有一等有名，不如無名者，暗指庶其也，蓋所指物之詞。

吴其入郢乎……庚午之日，日始有謫　杜云：楚之仇敵唯吴，故知入郢必吴。愚謂史墨以

天文而推，何料人事？若天意使然，則有并仇而仇、仇而不仇者，蓋以辰尾居東，吳在楚東，故云爾。其謂辰在辛亥，而謫始庚午，其理不可曉，故缺之以俟知曆者。

定公四年，嘖有煩言，莫之治也 杜云：嘖，至也；煩言，忿爭。按管子「嘖室之議」，房玄齡曰「謂議論者言語詛嘖」，又荀子「嘖然而不類」，楊倞曰「嘖，争言也」。此云「嘖有煩言」，若曰嘖然有煩亂争忿之言耳。今訓「嘖」爲「至」，非也。

分之土田陪敦 杜云：陪，增也；敦，厚也。竊讀傳文義，於此不宜有兩虚字，且王制分封有定，與孟子及諸處所説者同可信，魯至戰國時并國多矣，亦止云方百里者五，而明堂位謂方七百里，孔疏與堯叟以爲此增厚者妄矣。蓋「敦」音對，器名，周禮「珠盤玉敦」，註「敦，盤類，珠玉以爲飾，古者以盤盛血，以敦盛食」，鄭司農云「玉敦，歃血玉器」。又「九嬪凡祭祀贊玉齍」，註云「齍，玉敦，受黍稷器」。又明堂位有虞氏之兩敦、夏后氏之四璉、殷之六瑚、周之八簋，陳氏註謂「古器之存者寡，此皆魯所有之數」，則敦之爲魯重器也舊矣，焉知其不爲周之所分乎？或謂敦果爲分器，曷不與大路、大旂等並舉，而又綴之土田之下？殊不知古人文字錯縱，固有敘而重敘分見互屬者，所以爲難及，即此本文可見。若申豐之論雹，其重複多矣，初不覺也。

夷叔，其母弟也，猶先蔡 杜云：踐土、召陵二會，經書蔡在衛上，伯主以國之大小序也，子魚所言盟歃之次。竊謂先後正當以盟歃爲序，其序豈有二乎？杜意欲兩通，故如此曲解，而實

非也。要之子魚之言雖有理，亦辨士一時之辭，未考周室宗盟之序。萇弘雖周賢臣，而其事亦或未之考，故屈于子魚而從之，豈可遽以爲信乎？ 如此，姑闕之可也。

剄而裹之　杜云：司馬已死，剄取其首。愚謂其時吴兵乘勝，事勢窮迫，必待其既死方剄，恐無及矣，且何足爲忠壯乎？ 必自未死而遂以剄藏之，此烈士之行，不可以常情測也。 又或戌自剄耳。

不敢以約爲利　杜云：約謂要言也。此盖謂一時之事，非德舉，故辭不敢見，亦不肯爲盟。陸云：此「約」與上「乘人之約」義同，謂不敢乘君父困約之時以爲利。其説較然矣。

五年，改步改玉　杜云：昭公之出，季孫行君事，佩璵璠祭宗廟，今定公立，復臣位，則亦宜去璵璠。陸引周語晉文公請隧，王弗許，曰改玉改行，韋昭云：佩玉所以節行步，君臣遲速有節，言服其服，則行其禮，晉侯尚在臣位，不宜有隧也； 今仲梁懷之言亦此意，若曰季孫人臣未改君少，則不宜步玉矣； 杜謂季孫前行，嘗佩璵璠祭宗廟，未必然也。愚觀陸説似有理，然此與晉侯事不同，彼曰「改玉改行」，盖言佩君玉則行君禮爲僭。今曰「改步改玉」，則言復臣位而行臣禮爲宜。且陽虎雖悖，若季孫未嘗佩璵璠主祭，何自而遽欲以爲斂乎？ 其僭必有因也。

王曰：大德滅小怨，道也　杜云：終從其兄，免王大難，是大德。陸云：尋傳所記，鬭懷但有弑君之謀，並無從王之績，昭王此意，但當以其兄辛之故，若曰以兄之德滅弟之怨耳。愚考

國語事與陸合，故採而註之。

八年，主人出，師奔　杜云：攻郛人少，故遣後師走往助之。賈逵以爲主人出，魯人奔走而郤退。孔疏以爲若從賈言，則是敗還，下文陽虎何得云「猛在此必敗」？明其時不敗，故猛得以逐廩丘也。陸是賈説，謂其奔敗退郤者，暫退也，不謂戰敗而奔，與陽虎之言自不相妨。愚讀傳文，本如賈説，謂奔往救之者不順，戰陣之間小小進退常自有之，況此役魯亦無大勝齊，後冉猛無繼而僞顛可見，賈説爲是。

捘衛侯之手及捥　杜云：捘，擠也，血至腕。趙子常曰：傳不言見血，杜説甚矣。戴侗曰：按若言推擠，則不當言至腕。陸云：按字書「捘」一作「捽」，持頭髮也，捽是把持之意，捘意亦當然，觀杜説自相戾。愚謂三説皆是也，而不及「腕」義。「捥」從手從宛，蓋在擘手之曲掌後節中也。涉陀以他國之大夫而捘國君之手，上近於臂，其辱之也甚矣。

順祀先公而祈焉，禘于僖公　杜云：將作大事，欲以順祀取媚，不於大廟者，順祀之義，當退僖公，故於僖廟行順祀。愚按經書「從祀先公」，杜訓「從，順也」，蓋以文公二年躋僖公爲逆祀，故必强以此爲退僖公，謂之順耳，愚謂必非也。夫所謂逆祀者，自後之知禮者言之，其時皆以爲禮，無有知其逆者。陽虎何人，能知其爲逆也？縱知爲逆，而升閔於僖，將以誰媚耶？閔公幼而遇弑無嗣，何須媚之？若謂媚於群公，則自文至此六公，相安已久，未聞有譴謫之應，陽虎何

故而忽自爲此變常之舉，以取怒于僖神也？且既知懼於僖神，即不退之可矣，乃就其廟而仍退之，皆非人情所宜，陽虎之狡必不爲之。愚謂但合群廟之主於僖宮，順其昭穆之序，以禱於先公，又以僖公季氏所立，故於其廟以見崇敬之意，推之當如是耳。

桓子咋謂林楚曰：而先皆季氏之良也，爾以是繼之 杜云：咋，暫也，欲使林楚免己於難，以繼其先人之良。疏曰：言汝先祖以來皆爲季氏之良，今不良，以是殺我之事繼之。陸以疏爲長，愚讀傳文，二解皆通，當在「咋」之字義別之。若如杜以「咋」爲「暫」，則其說是矣。今考咋，嚙也，東方朔答客難「孤豚之咋虎」，則是恨疾意，非暫忽意也，疏之義果長矣。

九年，子明謂桐門右師出 杜云：右師，樂大心，子明族父；右師往到子明舍，子明逐使出門去。劉用熙曰：子明蓋與右師同居，古者同族居有東西宮、南北宮，出謂逐之使出而各居也。則劉說有據，且近事情。

其帥又賤 杜云：帥謂東郭書。劉炫云：傳所陳東郭書之事，皆非將帥，若書爲帥，則人無不識，何故云「晳幘而衣貍製」？齊侯使視之，乃知夫子也；又書既爲帥，而被晉所敗，何齊侯乃以爲功而更賞乎？陸是其說，然以愚觀之則不然。是役齊侯親將其卿大夫，爲帥者名姓不見於傳，東郭書等皆以勇士從軍有功，或即爲帥未可知也，其云「晳幘而貍製」，蓋舉其狀以爲證，示無私耳，豈必不知其人哉？假使素昧平生，自讓登之後，亦必審而知之矣，下文「彼賓旅也」，

貞山以書不識彌，故稱之爲賓，豈有俱爲將帥，而猶有不識者哉？後雖敗于晉，其登城賈勇之功亦自當賞，豈得以一敗捐之？況敗者，諸將均之，而讓登之勇，彌與書獨之也。

皙幘而衣貍製　杜云：皙，白也；幘，齒上下相值，「幘」作「齻」。按正義引詩諧老篇稱夫人之美云「揚且之皙」，則「皙」是面白之名。又説文云「齻，齒相值也」，言齒長而白，上下之齒相值，是杜謂齒白而齊矣。愚謂皙爲面白則可，以爲齒白則不可，且以「幘」作「齻」尤强。蓋「幘」即「岸幘」之「幘」，言其人白皙幘，而不冠身衣貍製，則其人宛然在目，犂彌據軍中所見言其面貌冠服止矣，何暇細及其口中齒乎？又以「裘」訓「製」亦未安，「製」則衣之將成者，或以貍皮而爲别衣未可必。若裘，則衣之大而成名者。此「製」與「裘」必有别，而以裘名之，謬矣。

十二年，與其素厲，寧爲無勇　杜云：素，空也；厲，猛也；言伐小國當如無勇者，以誘致之。陸云：滑羅以曹國小弱，無追兵，故言其殿，而空設嚴猛，寧爲無勇耳，不欲虛當爲殿之名也。今按陸説本於正義而略改之。愚謂「素」作「空」終强，其言素厲者，蓋惡衛之每虐小國也，彼固知曹國小而敗，必不能追衛之勝兵，而惡衛，故云然。

十四年，使死士再禽焉，不動　杜云：使敢死之士往，輒爲吴所禽，欲使吴師亂取之，而吴不動。愚謂若杜解，則當於「再」字爲句，既不成文，又豈有禽人而不動者乎？竊謂禽者，乃越死士猛鷙之狀，擒捉吴師以衝其陳，欲其陳亂，而吴師堅整不可動耳。豈有敢死之士再往，皆爲吴

所禽而又不動者乎？何吳師之强一至於是！林云使死士再往遺吳禽，則以弱兵委之，如鷄父之戰可耳，未有以死士而遺之禽者也，故俱不從。

哀公元年，不可食已　杜云：食，消也；已，止也。此解本不妥，陸非之，乃以「食」爲「食言」之「食」，尤非。詳其語意，蓋謂失今不取，後雖怨毒而欲食之，不可得矣。

二年，謀協以故兆，詢可也　杜云：故兆，始納衛大子，卜得吉兆，今既謀同，可不須更卜。予謂此謬甚矣，此鞅與范中行氏戰，非衛大子事也，大子特爲右耳。此必鞅始欲逐范中行，而卜得吉兆也。此事甚易見，杜自謬。

趙孟喜曰：可矣　杜云：喜大子前怯而後勇。亦謬，使果喜大子，當於其上逐鄭師時，下傳「傁曰：雖克鄭，猶有知在」，於大子勇不相接。蓋鄭敗則范中行失援，粮竭必將亡，故喜，而傳傁應之，以猶有知在也。

四年，陰地之命大夫士蔑　杜云：命大夫別縣監尹。疏曰：楚官稱尹，故以尹言。陸云：陰地之命大夫，是晉臣也，安得稱尹？今按陰地本晉地，而楚使與言如此，必晉大夫無疑，杜何誤至此？疏何曲之使通乎？

六年，再敗楚師，不如死　杜云：前敗於柏舉，今若退還，亦是敗。劉炫曰：再敗，謂今戰更敗。陸言：今案此下云「棄盟逃仇」，方説退意，則此「再敗」之義，當如劉説。

潛師閉塗　杜云：潛師，密發也；閉塗，不通外使也。司馬貞曰：閉塗，即禮記所云菆塗者，謂匿其喪也。又徐廣曰：塗，一作「壁」，又列女傳亦作「壁」，壁，軍壘也。愚詳其文意，與時勢皆非也。蓋閉猶隱也，既潛師而復由隱路，即所謂問道，使人不得於中道邀害之耳。

七年，上物不過十二　杜云：上物，天子之牢。陸云：上物，亦通言之，如冕與旂俱十二旒，玉路、樊纓十二就之類，則是不專謂牢，而牢亦在其中矣。

禹合諸侯於塗山，執玉帛者萬國，今其存者無數十焉，唯大不字小，小不事大也　杜云：諸大夫對也，言諸侯相伐，古來以然。

知必危，何故不言　杜云：知伐邾必危，自當言，今不言者，不危故也，大夫以答孟孫所怪，且阿附季孫。

魯德如邾，而以衆加之，可乎　杜云：孟孫忿答大夫，今魯德無以勝邾，但欲恃衆。可乎，言不可。

不樂而出　杜云：季孟意異侫直不同，故罷享。愚謂此段文意，文氣本一順而下，杜乃强分裂上段爲諸大夫對，而以下三句爲孟孫答，想必有所本。蓋以季孫享諸大夫，以謀伐邾，而諸大夫皆云不可，無遂伐之理，故乃以意强分之，而不尋繹其文理之本不可斷也。且解上段爲阿季氏之語，與傳文皆反，附會明矣。獨不觀東漢竇憲之伐北匈奴乎？使舉朝會議，舉朝皆以爲不

可，而袁、任二公争之甚力，竟不可阻。盖權勢所在，不能孰何也。其享以謀之者，姑以示同于衆耳，豈取其謀之善，而從之哉？愚故順其詞，而皆以諸大夫之語解之，雖前人未之有，所不論也。

塗山　按舊云塗山有四，一會稽，二渝州巴南舊江州，三濠州，四當塗縣。又按尚書、史記皆云「禹娶塗山」，孔安國云：塗山，國名，今鳳陽府。以爲古塗山氏之國，即所謂濠州也。越絶書又云「禹安于會稽塗山」，應劭云「在永興北」，永興即蕭山也。吴越春秋又兼載塗山之歌，大氐渝、濠、宣、越之塗山皆有禹迹。柳子厚山銘、蘇子瞻廟詩則在越、濠也。國語吴伐越，得大骨專車，問仲尼，仲足曰：「禹致群神於會稽之山，防風後至，禹殺而戮之。」史記亦云：「會諸侯江南，計功而崩，因葬焉，曰會稽。」會稽者，會計也。杜元凱於此塗山，則註云在壽春東北。壽春，即今鳳陽府懷遠縣也。竊謂禹會萬國諸侯，應在四方道里之中，其時建國多在西北，不宜獨偏江南，豈今會稽者或止會南方諸侯於此，而後人即以塗山名之耶？則壽春似爲得之。蔡仲默於尚書註、今一統志皆同屬。居窮僻蒐閲質問，皆無從得，姑以所聞求正博雅，深慚寡陋云。〇渝州今爲忠州，當塗今屬太平府，皆知非是，故不辨。

八年，魯雖無與立，必有與斃　杜云：緩時若無能自立，急則人人知懼，皆將同死戰。此解殊誤，盖凡「與」字，必指人己而言。此時魯之微弱，已不必言矣，專藉四鄰之救，故言緩時雖無與之俱立者，急則恐禍及己，有與之俱斃者矣，即下文意耳，非難解者。

及吴師至，拘者道之，以伐武城，克之，王犯嘗爲之宰，澹臺子羽之父好焉，國人懼　杜云：鄫人教吴必可克。疏曰：杜意以下傳始云「王犯嘗爲之宰，澹臺子羽之父好焉，國人懼」，懼者，謂武城邑懼子羽之父爲吴内應，則是此時未得武城，故知言「克之」者，是鄫人教吴之語。劉炫以爲實克武城，國人懼，懼其害魯，非武城也，疏非其説。陸云：傳言「伐武城，克之」，其文甚明，子羽之父雖武城人，此時蓋在魯國，人懼其内應耳，劉炫於傳文爲順，未可非也。愚謂炫説固是，而於傳意大不明。蓋吴以客兵遠涉敵境，自不能久，雖克武城，人心不附，今王犯既舊爲邑宰，子羽之父又一邑之望，二人相得，則武城之人皆將固事吴，而吴據之以爲魯害，非遊兵羈寓者比，故國人爲之懼也。

景伯負載，造於萊門　杜云：以言不見從，故負載書，將欲出盟。劉炫謂「載」非載書，蓋負載器物，欲往爲質。陸云：此説是也，又云「載」當依釋文作「戴」，詩「載弁俅俅」，讀曰「戴」；荀卿書戴子作「載」，蓋古字通用。愚謂上文吴人行成將盟，景伯諫之，弗從，而負載出盟，於事理爲近，豈有盟不成而遽往爲質乎？何景伯難于盟而易於質也！且景伯位爲大夫，乃身負載器物而出，質必無是矣。陸每以古字通用爲解，而不用本字，曲矣。

十一年，人尋約，吴髮短　杜云：約，繩也，八尺爲尋，吴髮短，欲以繩貫其首。陸云：説文「尋，繹理也」，尋約者，使尋理繩約以待用也。二解俱通，似陸説得之。

使於齊，屬其子於鮑氏爲王孫氏　杜氏：　私使人至齊，屬其子改姓爲王孫，欲以辟吳禍。

案史記與吳越春秋皆云吳王使子胥于齊，子胥屬其子於齊鮑氏，而還報吳，與杜異。　今又以傳文考，此云「使於齊」，下曰「反役」，明是子胥身自使齊，使子胥使人，當曰「使使於齊」，而無「反役」之文矣。

十二年，孔子與弔，適季氏，季氏不絻，放絰而拜　杜云：　孔子始老，故與弔；　絻，喪冠也；　孔子以小君禮往弔，季孫不服喪，故去絰，從主節制。　孔疏云：　禮弔無拜法，曲禮曰「凡非弔喪，非見君，無不答拜者」，鄭玄曰「喪，賓不答，不自賓客也」。　陸云：　依此禮，則言孔子拜者悞，又云以季氏不絻而放絰，則夫子貶禮以狗强臣乎？　疑傳文當以「不絻放絰而拜」爲一句，蓋言其不著喪服，又去絰而拜耳，非謂孔子去絰也；　然孔疏又云喪賓不答拜，謂喪主既拜賓，賓不答拜耳；　其初見主人，或弔者先拜，據傳文必有拜法，特記不具耳。　愚謂孔疏此說近於有理可從，但孔子茲時與曲禮所載異，蓋曲禮惟言賓、主弔喪之常，而孔子以臣弔君，應自不同。　想孔子時以弔於朝矣，而後適季氏，豈向季氏弔乎？　其交拜者如常時，相見而拜耳，弔喪不答拜之禮，於此何與而乃引此以孔子拜爲誤也？　蓋見季氏不絻，亦放絰而拜，以爲稱耳。　其弔君母之喪已盡禮矣，豈謂貶禮以狗强臣乎？　且絰因喪服而有，季氏既不絻矣，又何絰之有？　貞山之疑，亦謬矣，杜註亦自有誤。　孔子仕於定公十年，距此已遠，而云「始老」，又云「去絰，從主節制」，夫豈

孔子弔季氏而云從主哉！

十四年，子我夕 杜云：夕視事。陸據昭十二年傳「右尹子革夕」，註云「莫見也」，柳宗元朝日説引此傳文亦以爲「莫見」。愚謂昭十二年「夕」固子革莫見楚子，此處「夕」應是子我夕視事耳。其下文「陳逆殺人，逢之，遂執以入」，可見爲視事也。

成子兄弟，四乘如公 杜云：成子之兄弟，昭子莊、簡子齒、宣子夷、穆子安廩、丘子意兹、芒子盈、惠子得，凡八人，二人共一乘。按史記齊世家司馬貞註云：世本傳陳僖子産、成子常以下七人，若昭子則桓公之子、成子之叔父，又不名莊。田完世家云：「田常兄弟四人如公宫。」陸云：此稱四乘，謂兄弟四人乘車而入，非二人共乘也，其三人不見者，蓋時或不同入公宫，不可强以四乘爲八人，强叔父爲兄弟之數，此服虔、杜預之失也。今按孔疏亦引世本以昭子莊爲僖子之子，與司馬氏之説不同，疑欲成杜説而妄言耳。愚謂此等世遠，諸儒各據所見而言，皆不可考，故並存之。

野曰：嘗私焉 杜云：嘗，試也。陸云：言已嘗與左師私暱，猶云吾嘗獲於夫子爾，傳曰「欒盈佐魏莊子於下軍，獻子私焉」。愚謂杜説是也，上文云「吾憚告子，野曰，試私告焉」，其文甚明，陸以他傳句一之，誤矣。

十五年，廢日共積 杜云：廢行道之日，以共具殯斂所積聚之用。陸云：共積，謂供給委

積。今按杜説本强，盖言倍日而行，以二日之用而爲一日之用耳，故曰廢日。又考諸書，「積」字皆如陸説。

利不可得，而喪宗國　杜云：喪宗國，謂以邑入齊，使魯有危亡之禍。陸云：喪，失也，背魯出奔，是失其宗國。今觀陸説爲得。

十七年，數之以三罪而殺之　杜云：三罪，紫衣、袒裘、帶劒。陸云：良夫乘衷甸、兩牡，僭卿當爲罪之一，若三罪不數衷甸，則傳何用言？又袒裘、不釋劒總是一事耳；孔疏曰三者皆偪僭于君，故以此爲三罪；若衷甸僭卿耳，比此爲輕，知衷甸非也。愚謂誠如疏説，且袒裘、帶劒亦果二事，何可言一事乎？若以槩言，則并紫衣與袒裘、帶劒亦一事耳。此良夫之自謂無辜者，盖以一事而强之爲三罪耳，杜説不可易也。

大子又使椓之　杜云：椓，訴父，欲速得其處。陸云：「椓」與「諑」古字通，楚詞「諑謂余以善淫」，吕氏春秋「椓崔杼之子使之争」。愚按貞山於文義之稍難通，專以古字通用爲解。古字固多通用者，而亦有各爲意義者。此「椓」從木，與從言自不同。彼從言者，固讒譖之義，此即詩云「椓之登登」。椓，實也，盖使人實其父之罪耳。

如魚竀尾，衡流而方羊，裔焉大國滅之將亡，闔門塞竇，乃自後踰　杜云：衡流、方羊，皆不自安意；裔，水邊；言衛侯將如此魚於裔焉。句絶此，賈逵之説，而杜因之也。鄭衆以爲魚勞

則尾赤，方羊遊戲，喻衛淫縱。疏不然之，以詩云「魴魚赬尾，王室如燬」，魚勞則尾赤，以勞苦之魚比衛侯，則方羊爲勞苦之狀。若其方羊是縱肆之狀，何得比以勞苦之魚？ 劉炫以爲卜繇之辭，文句相韻，以「裔焉」二字屬下，孔尤不然之，以爲詩之爲體，文皆韻句，其助語之辭皆在韻句之下，即齊詩云「俟我於著乎，而充耳以素乎」，而王詩云「君子揚揚，左執簧……其樂只且」之類是也。此之「方羊」與下句「將亡」自相爲韻，「裔焉」二字爲助語之辭，上繇辭之例，未必皆韻。此云「闔門塞竇，乃自後踰」，不與後「亡」爲韻；又「一薰一蕕，十年尚猶有臭」，不與「攘公之羭」爲韻。是或韻，或不韻，理無定準。以劉爲「裔焉大國」謂土地遠焉之大國，近不辭矣。又以方羊爲縱肆之狀，非也。愚即其説而論，以方羊爲縱肆之狀，誠非。盖「方羊」爲「彷徉」古字，本如此。又謂詩韻有在助語之上，誠然。然「裔焉」之「裔」乃實字，非助語也。又古詩並無隔實字用韻者，又以「裔」訓「水邊」尤不經，且以「裔」屬上句，亦不成文。劉訓「裔」爲「遠」，固爲字義，然果何指乎？ 盖此大國本指晉而言，「裔」者言其苗裔之同也。故愚以「裔焉」屬「大國」讀之，文理本妥。又謂繇辭未必皆韻，尤非也。盖「竇」古字作「窬」，許氏説文亦引「圭竇」作「圭窬」。「窬」與「踰」又自爲韻也。若「專之踰，攘公之羭」，「羭」與「踰」自爲韻；「一薰一蕕，十年尚猶有臭」，「臭」與「蕕」又相韻，何云未必韻乎？ 故改杜説，而詳辨之。

二十一年，唯其儒書，以爲二國憂　杜云：二國，齊、邾也。愚論邾以小國從兵，其事輕矣，

何憂之有？魯被兵反不憂耶？以齊、魯主、賓言必矣。

二十三年，敝邑有社稷之事，使肥與有職競焉 杜云：競，遽也。林云：社稷之事，謂祭祀也。竊謂二註皆非。社稷之事，謂軍國大事，若祭祀則當云宗廟之事矣。又「競」之字義，盖謂其職事之盛不可忽而暫離耳。訓「競」爲「遽」既强，亦不切事理。

彌甥 杜云：彌，遠也。竊謂康子自稱，不應云遠以自疏于宋，且以「遠」訓「彌」亦未之有。盖彌，增也。彌甥，猶言曾孫也，以父爲之甥，而已又爲甥之子耳。

其可以稱旌繁乎 杜云：稱，舉也。劉用熙曰：「稱」讀「稱副」之「稱」，謙言不腆之馬，不知能稱旌繁之飾否。意如劉而不明，且不解「旌」字意，故愚從之而詳其詞。

二十四年，是躗言也 杜云：躗，過也。陸云：躗，踶蹋之意，此當作「衞」，説文、字林皆云「衞，寱言，不慧也」，三蒼言廣雅云「寱，言也」，此謂晉人妄語，若夢中謊寱之言。諸説固有理，但傳文從足，愚不欲改之。杜云過也，猶今人俗言跨大步耳。

二十五年，君將彀之 考「彀」與「觳」同，非義，盖觳之誤也，諸本皆誤，宜改正。

戟其手 杜云：抵徙手，屈肘如戟形。竊謂以手抵徙固非戟形矣，曰屈肘又非手矣。且雖屈其肘，而安能如戟乎？盖戈與戟皆有枝，兵單枝曰戈，雙枝曰戟，雙枝與中幹列而爲三，此必屈其無名指或小指，而以其三指爲戟形耳。此本淺事，而杜既謬，後亦未有正之者，豈必以手比

足，而指小不足以喻其足耶？殊不知指固手也，而可以爲戟形乎！

二十六年，申開守陴 杜云：申，重也，開重門而嚴設守備。愚謂城門必自有重，何須舉以爲言？蓋言申明號令，示嚴警之意，而後開城門，復登陴以守，則輒畏有伏兵，自不敢入耳。

二十七年，季康子卒，公弔焉，降禮 杜云：禮不備也，言公之多妄。陸云：降禮，猶言降于喪食，公過自貶也。愚謂季氏强臣，公敢不備禮乎？必過貶。

後序

竊觀古名將多好讀左氏春秋，吾師傅士凱夙負經濟曉兵，尤尚義烈，于家君爲執友。竣髫齡聆其言論，即竦異之，既而家君命執經授義，亟蒙賞以易悟，然未獲悉其微也。閱三年，師迺以歲選作邑博，又二年竣舉於留都，追思往訓，多内媿焉。今春以左傳注解辨誤見視，其弘深精覈非世所儗，因慨左氏之旨晰矣，諸家之謬訂矣。師之困阨以抑鬱也，孰惜而孰振之乎！孰奇而孰曜之乎！恨竣猶弱無能爲之重也，若何而使其高節嘉謨英略俱少概見，則於當世明公尚大有覬云。皇明萬曆甲申仲春中旬門生顧天竣頓首謹識。

登母氏伯兄士凱父節敦樂，蓋躭古矯俗，以故志不獲讎，分訓剡谿，親朋咸感其嶽嶽難諧也。既聞三薦於朝矣，登深歎三公知人惟哲，而舅氏之志亦非必不可讎也。復將杜武庫解左氏傳而更之，詳析衆說是非之原，名曰辨誤。不余愚穉而示教，使題識焉。又見其他作，多悲慨語，因思

使吾舅蚤顯，豈復得餘暇爲此，今卓卓如是，將永傳奚疑？而況其顯者固自有在耶。籍令終不顯，又烏足悲而慨也。

萬曆壬午應天舉士愚甥金兆登頓首書，時甲申春二月之五日也。

補遺

遜既作辯誤兩卷，以所註全本呈今内閣王公荆石，蒙改正數條，示教已見註中，不敢攘其美。復自改前註數條，并爲補遺見此。

僖公九年，恐隕越于下 杜云：隕越，顛墜也，據天王居上，故言下。今内閣王荆翁云：非也，下即對堂上而言，言我僭越拜於堂上，則神魂不安，必隕墜於堂下矣。愚本仍杜，今味「隕墜」二字，明爲堂下，復改而從之。

二十三年，期期而不至無赦 期音基。

冬，懷公執狐突 杜云：未及期而執突，以不召子故。竊謂懷公忮懻秦、晉密邇，豈遠其期至期年乎？且觀下狐突所對，並無未及期之意。蓋懷公自以意限之期，至所期而不至，乃殺之，突意在必不召，蓋已及其所限之期矣。

二十四年，常棣之華，鄂不韡韡 杜云：鄂，鄂然，華外發以喻兄弟和睦，則强盛而光輝韡

韡然。朱子註此詩同。愚思唐玄宗宴兄弟之樓，名「華萼相輝」，實本此二註，不及，久以爲疑。讀註、疏知二註從毛傳，鄭箋曰：承花者「鄂」，不當作「柎」，萼，足也，鄂足得華之光明，則韡韡其盛，興者，喻弟以敬事兄，兄以榮覆弟，恩義之顯亦韡韡然。正義謂鄭取喻親切，良是。考韻書皆以「鄂」與「萼」通，不作「柎」，徵以此詩。楊用修、何元朗，近世博雅之士，取鄭説以譏朱子，林叟以華萼承覆從鄭，以「不」爲「豈不是」，疑不、柎相遠耳。再考「不」有七音，同「柎」其一也，俗作逋骨切，盖本「不」也；增足爲趺，或爲跗，或爲柎，四字音同，義亦通。或作「拊」，誤。緣古字少以一字爲幾用，後字漸多，乃與本字相遠。然凡花止一蔕，鄭以「柎」爲萼足，固一蔕矣，乃云「承花者萼」，似萼亦蔕矣，故韻書註「萼」、「柎」二字皆交互不明。且據如所云文義，亦不宜句斷。憶唐詩有「紅萼」、「青跗」之句，又柳子詩「叢萼中競秀，分房外舒英」，則萼豈蔕乎？又别詩曰「常棣輝輝聯跗萼」，尤與二句脗合無間。廣韻云「花外曰萼，花内曰蕊」，則萼、跗皆花也。「韡韡」以萼、跗相附言，而實即花矣。毛、杜、朱固淺，而鄭亦微謬，愚取三詩釋之，庶曲而暢矣，後重訂尤長。

文公十四年，請葬，弗許　杜云：請以卿禮葬。未有非之者，愚亦仍其謬，今王荆翁云：請歸葬於魯地，非以卿禮葬也。因觀後傳文云「許之」，又云「葬視共仲」，則歸魯甚明，其説不可易矣。

宣公十二年，殿其卒而還，不敗　杜云：以其所將卒爲軍後殿。竊謂會所將卒即上軍也，據杜即以上軍爲諸軍之殿，而得不敗矣。此戰中軍、下軍已大奔，惟上軍未動，如此立文與事實大悖，且傳文亦别。蓋士會自以其身爲上軍之殿耳，此如合肥之役，韋叡將梁兵還，身乘小輿殿後，魏兵不敢逼，事理略同，而杜謬甚矣。

成公十六年，詳以事神　杜無註，正義云：詳者，祥也，古字通用。李巡曰：祥，福之善也，事神得福，乃名其祥。愚謂如説則事神乃獲其祥，非以事神也，故曰詳，慎也，即敬犢不敢悖其盟誓，乃所以事神耳。

襄公十二年，夫婦所生若而人　杜云：不敢譽，亦不敢毁，故曰「若而人」。本有可疑，愚向因之，今王荆翁云：乃設爲對詞，不可實以某某，故曰「若而人」，非本應答之詞也，「不敢毁譽」非是。固爲有見，獨昭公三年齊使晏嬰請繼室於晉，曰「猶有先君之適，及遺姑姊妹若而人」，則似實稱，非設詞矣。今竊其意稍改之。

昭公元年，此二者古之所慎也　杜以一四時，取同姓爲二，愚前以内官不及同姓，買妾必卜爲二。今詳索之，杜註是也，愚前説妄耳，於註中已從杜，恐後人以爲疑，故志此。

七年，堯殛鯀于羽山，其神化爲黄熊　杜無註。一云熊獸名，一云熊爲能三足鼈也，一曰既爲神，何妨是獸？正義援引徵辨甚博，不及録。竊謂既神，雖獸能入水，其説得矣。且鯀以巨凶

而化爲熊，似其靈神猶在，爲鼈不既下乎？何以爲夏郊也！

九年，豈如弁髦，而因以敝之　杜云：童子垂髦始冠，必三加冠成禮，而弃其始冠，故言弁髦，因以敝之，弁亦冠也。正義解之曰：案禮未髻之時必垂髦，故云童子垂髦；士冠禮始冠緇布冠，次加皮弁，次加爵弁，是始冠必三加冠也；記冠義云，始冠緇市之冠，冠而敝之可也；玉藻云，始冠緇布冠，自諸侯下達，冠而敝可也；鄭玄云，本太古耳，非時王之法服，是言本古而暫冠，既冠而即弃，故云弁髦，因以敝之；弁有爵弁、皮弁，嫌緇布冠不得名弁，故曰弁，亦冠也。愚考諸禮經所載，良然，以解杜註亦明，獨於傳文大異。禮所謂敝者緇布冠，非弁也，傳所言弁非緇布冠也。緇布冠固敝矣，弁則古天子、諸侯俱冠之以朝覲祭享，禮曰三加彌尊，何敝之有？乃以「敝」字偶同，遂强而一之，曰弁亦冠也，是即弁以爲緇布冠，可乎？林堯叟因而實之，云：弁，緇布冠也，則冠禮尚未讀，乃强解傳以誤後人，妄矣。劉炫以杜爲非，而不能解，乃曰：弁、髦二物，以童子垂髦爲髮，彼兩髦因以敝之者，謂親没則不髦也。夫親没則不髦，固矣，然傳中無「新没」之文，豈得横益？且「弁」字何着？疑此「髦」非詩所謂「兩髦」，即髮也，即今童子所垂髫耳。貞山不深考，而從炫説，愚前亦未及詳，姑以意言，殊率爾也。今詳考諸禮經，并味傳意，盖曰豈有如弁髦而乃因以敝之乎？盖王自居於尊以責晉，不應以卑自喻也。觀下文云「我在伯父，猶衣服之有冠冕」，可見此説迺自愚始，而實必然也。且據禮以緇布冠非時王之服，故暫冠而

敝然。論語云「麻冕，禮也」，註云「麻冕，緇布冠」，又似不以敝之者，何也？且此「弁髦」與「濫觴」二事，累見文士用之，而多謬。家語云：江始出岷山，其源可以濫觴，及至江津，不舫楫不可以涉。是言水之始其小，僅可濫觴耳，濫，泛也，今皆以濫觴爲流弊，與本文大反矣。如弁髦本尊，而不可敝，今皆以渺忽意用之，亦反，予并僭白之。

十年，遭子良醉而騁，遂見文子 杜云：欲及子良醉，故騁告鮑文子。是以子良醉而桓子騁矣，於傳文不協。如杜意，則傳文應云「遭子良醉，遂騁告文子」。蓋醉而騁者子良也，遂見文子者桓子也，文義甚明，今改。

二十六年，子車曰，齊人也 杜云：子車即淵捷，齊人無註。林云：子車見魯人助己，乃自言「我齊人也」。愚素有疑焉，内閣王公云：魯人誤認子車爲魯將，子車見其助己也，亦誤以爲齊人。其識卓矣，蓋本知爲魯人，因其助己，遂疑爲齊人，而未審，故更呼以試之耳。

定公四年，楚子……涉睢……涉睢，濟江，入于雲中 杜云：入雲夢澤中，所謂江南之夢。愚據杜所云，是以楚子初涉睢避吴，既而復涉睢、濟江，而南入江南之夢避吴兵，益遠矣。然郢本在江北，何時復涉江而北也？使涉江而北，傳自應載之，且考郢、隨俱在江北，下文「王奔郢」，又云「以王奔隨」，皆與江南之夢隔江矣，何數數濟江之頻？皆悖事理，且傳文亦不宜疏漏如此。今考睢、漢二水皆入江，故楚子既涉睢，而西復還入睢，由睢而入江，遶吴兵之南而北濟，以入郢，自

鄖而奔隨，故俟吴兵既退即入郢，並未至江南也。元凱但以傳文兩涉睢，遂謂濟江而南入江南之雲夢耳，不思睢水本自入江，而鄖、隨在江之北也。愚猶恐不然，適有寮友本雲夢人，細詢之，知此爲江北之夢，方敢改之。

重訂　**常棣之華，鄂不韡韡**　杜云「棣也」，愚考而易之以郁李，思朱子註棠棣亦曰郁李，因再考之，知常棣棣也，棠棣移也，別名皆多，而郁李一以爲棣，一以爲移。至讀詩緝曰：常棣，玉李也，花柎相承甚力。始悟詩人取興之意，端自有在，不必言及柎萼，而兄弟親附之情隱然自寓。讀之殊覺雋永，諸説或泛，或鑿矣。

重補　**隱公五年，將萬焉**　杜云：萬，舞也。考韻書引大戴禮云：湯武以萬人定天下，故干舞稱萬舞，則專名武舞矣。及詩、書、公羊三註疏皆同戴。朱子註詩則曰「舞總名」，又吕東萊讀詩記援引甚詳，以武舞名干舞，文舞名籥舞，則萬爲總名明矣。考大戴止云「萬者，干戚舞，且萬之也」，無「湯武，萬人」句，見傳中皆以總名爲文，獨莊公二十八年楚文夫人曰「先君以是舞也，習戎備也」，似專於武。然萬既總名，則武舞亦必以萬名矣。故從杜，但其意義無考，惟博雅教之。

僖公四年六日……毒而獻之　杜云：毒酒經宿輒敗。前偶忽而仍之，後思胙不獨酒也，考國語所載甚詳，正義亦病杜之偏，而略欲益以「肉」字，則板刻難益，故以「食」易之。考諸書，食，

飲食也，又飲盡曰食，祭曰血食，漢書「食酒一斗」，則肉、酒兼之矣。

襄公十年，其能來東底乎　杜云：底，至也。竊謂以「至」訓「底」固矣，若云「來東至乎」，文理難通。自漢至今，京師里第皆名邸，古字通用，此必然矣。

昭公二十四年，余左顧而欬，乃殺之　杜云：疑士伯來殺己，故謀殺之。竊謂魯侯爵，且周公之冑，晉雖盟主，何得戮其命卿？考其時未有侯國之卿戮於伯國者，取邾師固有罪，晉所以屈辱之者不一，賴昭子風節，庶以少競，誠足以相當矣，必無復殺之理。昭子亦不過疑及此，特以其氣高勁，恐復有陵侮難勝，將以死繼，故謀先殺之耳。

定公十年，在揚水卒章之四言，叔孫稽首　杜云：四言云「我聞有命」，稽首，謝其受己命也。然觀赤此言亦平平，何謝之過乎？考詩乃三言繼之，不敢以告人爲四言。蓋時侯犯據郈强，固非□□，無以制之，故引云不敢以告人，是赤欲秘其命，詭計以圖犯也。觀其多方以誘而傾之，可見使其命稍宣，安能用其譎謀以出犯如此乎？隱曰四言，蓋深秘之。叔孫已悟其意，故謝之深，因共爲之秘也。愚審察事情，已得於文詞之表，□更於詩文本爾，益自愜焉。又上文侯犯叛，下文衆言異，愚意亦與元凱稍別，已見之註中，不遑辨矣。

哀公十七年，然則彘也　凡盟小國執牛耳，杜云無常，謬矣。劉説是也。其義久思方悉，詳本註。

二十一年，數年不覺　杜云：數年，不知答齊稽首。竊謂不答已在往歲，後無會盟，何自而答之乎？蓋□□怒，□應有悔，謝之，舉曾乃久而安焉，故云爾耳。

僖公二十八年，瓊弁玉纓　杜云：弁以鹿子皮爲之，瓊王別名，攻之以飾弁及纓。愚據冠禮始緇布冠，次皮弁，次爵弁，是爵弁尊於皮弁，安知子玉舍爵而飾皮也。又據儀禮爵弁服纁裳純衣緇帶韎韐，皮弁服素積緇帶素韠，註云：爵弁冕之次，其色赤而微黑，皮弁以白鹿皮爲之。今觀爵弁之裳衣韐，皆近赤黑色，皮弁之積韠，皆素，是各以色爲稱。考瓊爲赤玉，則應用以飾爵弁矣，然以無明據故存疑焉。杜既漫以爲皮弁，又於纓無釋，瓊與玉亦無辨，愚故詳而明之。

襄公二十九年，桃茢祓殯　前已據周禮、檀弓、韻書以「苕」釋「茢」，正杜謬矣。然諸韻書皆以爾雅爲據，據之云：苕，王彗也，爲帚除不祥；於「茢」曰：苕也，亦云王彗。予考爾雅，「葥爲王彗」，註云：今之落帚。並非苕茢。貞山云：爾雅謂之薍，考之薍乃烏蓲，尤非。又有爲「苕」者三，爲茢者一，與葥、薍皆無除不祥之說。竊以「茢」載經傳，君臨臣喪所用，不宜疏略不載韻書，反以爲據。貞山乃以「薍」當之，使人懷疑。但今抽條生花，無莩萼作帚者，是苕矣。

定公十三年，乃如之，而歸之於晉陽，趙孟怒　杜云：欲如此謀歸衛貢，鞅不察，怒其拒命。陸云：實使齊歸衛貢，非欲如此。讀傳文本，如陸說，但鞅何自怒也？故又依杜。今思衛時背

晉，數連齊兵，爲晉患，鞅以其欲通衛，乃甚怨於春，故怒也。

愚爲此註，雖有辨諸説之溷杜者，然易杜尤多，恒不安於心。復累撿以求其義，期去予謬，復於杜，乃更得杜誤十許，復杜義者止一，其桓六年「不以國」、宣二年「宧三年矣」、重改補辨。成十四年「不許將亡」、襄二十九年「渢渢乎」、昭二十三年「使各居一館」。已鋊舊板，寘刻其中，餘增見此前。惟昭十三年「思我王度」五句彷杜，與前十餘條俱已改註於每事本文下，似後無復有改者矣。遜既蹇拙，古註又難輕易，故歷久始定，祇恨前布諸帙無緣校此正之。時萬曆丁酉日南至遜重誌。

附録

傳記、著録資料

傅遜字元凱，少好讀書，至老不倦。其學長於論古今成敗。師事崑山歸太僕，其馳騁文辭雖不能及，而持論常屈其師。倭寇圍崑山，請縋城出，詣軍府告急，竟得兵以解圍，于是縉紳服其才氣焉①。尤好春秋左氏，更爲之注，參互以訂杜氏之訛。每一事竟，以數十言具論所以得失，往往出人意表，世多能知之者。

——萬曆嘉定縣志卷十二人物考中

又按傅遜士凱，歸熙甫之門人也，著左傳屬事。序稱：「某前語王執禮：『通鑒有何難解？胡三省安用注爲？』執禮答以『不然，先生云其注地理極可觀』。某複讀之，信。先生蓋熙

① 崑山倭寇事，在嘉靖三十三年甲寅夏季，歸有光崑山縣倭寇始末書云：「當夜，鄉大夫蠟書，募敢死士縋城而下，自間道往，請救于代巡孫公。」

甫也。」予苦愛斯語，以爲其一言破的處，酷似朱子，近顧祖禹。景范著方輿紀要，則服膺京兆杜氏、浚儀王氏地理之學，亦知言哉！

——閻若璩尚書古文疏證卷六上

春秋古器圖一卷。存。嘉定縣志：傅遜字士凱，師事歸有光。其文長於論今古成敗。倭寇圍崑山，請縋城出，詣軍府告急。乞師得解圍，人服其才畧。好春秋左氏，更爲之注，參互以訂杜氏之訛，具論事之得失，悉中肌理。

——朱彝尊經義考卷二百三春秋

傅遜左傳屬事二十卷，左傳註解辨誤二卷。遜字士凱，太倉人，從歸有光學，以歲貢授建昌訓導。臣等謹案：左傳屬事倣宋袁樞通鑑紀事本末爲之，更加考注，以訂杜氏之訛。每一事竟，復論其人所以得失成敗。其註解辨誤會衆說以折衷之。杜注之誤有未經辨議，亦創以己意，爲之釐革。

——續文獻通考卷一百五十四經籍考

傅遜字元凱，嘉定歲貢，以節義自負，善論古今成敗。師事崑山歸有光。倭寇崑山，請縋城

出，詣軍府告急，得兵以解圍，人皆壯其義。所著有春秋左傳屬事本末。

——乾隆江南通志卷一百五十九人物志

左傳屬事二十卷。浙江巡撫采進本。明傅遜撰。遜字士凱，太倉人。嘗遊歸有光之門。困頓場屋，晚歲乃以歲貢授建昌訓導。是書發端於其友王執禮，而遜續成之。仿建安袁樞紀事本末之體，變編年爲屬事。事以題分，題以國分。傳文之後，各隱括大意而論之。於杜氏集解之未安者，頗有更定。而凡傳文之有乖於世教者，時亦糾正焉。遜嘗自云：「傳中文義頗竭思慮，特於地理殊多遺憾，恨不獲遍蒐天下郡縣誌而精考之。」又云：「元凱無漢儒不能爲集解，遜無元凱不能爲此注。」其用心深至，推讓古人，勝於文人相輕者多矣。

——四庫全書總目提要卷二十八經部二十八春秋類三

春秋左傳屬事二十卷。原刊本。明傅遜撰。遜字士凱，太倉人，以歲貢官建昌縣訓導。四庫全書著録無「春秋」二字。明史藝文志、朱氏經義考俱載之。朱氏注曰「未見」，而王弇州世貞序及萬曆乙酉前、後自序俱備録無遺，似乎不僅據諸家書目著之也。士凱以袁氏通鑑紀事本末使每事成敗始終之迹一覽而得，因祖其法以纂左傳事，懼其事繁紊且遺也，故于諸國事，各以其

國分屬，而仍次第之。于時王道既衰，伯圖是賴，故以伯繼周。凡周九篇，伯十二篇，魯十四篇，晉五篇，齊八篇，宋九篇，衛七篇，鄭九篇，秦三篇，楚十篇，吴楚及越六篇，言共九十二篇。又以其文古，須注可讀，而杜氏集解乃多紕繆疏略，或傳文未斷而裂其句以爲之注，且意義亦難于會解，故竟其篇章而總用訓詁于後，并參衆説，酌以己意，爲之釐正焉。自謂得古人讀史之遺意，有助于考古者之便，不虚也。卷首又有自撰凡例，末又有潘志尹①後叙，爲經義考所不載云。

——周中孚鄭堂讀書記卷十一經部六之下

傅遜字士凱，嘉定人，徙崑山。萬曆間以歲薦爲嵊縣訓導，授建昌教諭，選傅河南王以歸。遜長八尺，偉儀觀，喜談當世之務。少師事歸有光。嘗以左傳體本編年而紀載繁博，讀者急不得其要領，乃仿袁氏紀事本末爲一書，以事爲主，首王室，次霸國，以類相從，顛委頭緒，開卷瞭然，讀者便之。又以杜注時有未當，爲之辨其訛謬，名曰左傳屬事，行於世。同邑陳可言字以忠撰春秋經傳類事一書，與遜書相似，而遜獨傳。王志堅傳，參張大復傳。

——同治蘇州府志卷第九十三

①「潘志尹」，傅書作「潘志伊」。

傅遜字元凱，居江東，萬曆三年貢生①，由嵊縣訓導，歷建昌教諭，遷周藩長史。少好讀書，至老不倦，善論古今成敗，師事歸有光，持論常屈其師。倭寇圍崑山，請縋城出，詣軍府告急，竟得解圍。尤好左氏春秋，參互考訂，以正杜氏之訛。有春秋左傳屬事本末行世。

——光緒寶山縣志卷之九

① 傅遜爲萬曆三年貢生，當本諸王昶嘉慶直隸太倉州志卷十五選舉。

圖書在版編目(CIP)數據

傅遜集/(明)傅遜撰;孫大鵬、袁雯君整理.—上海:復旦大學出版社,2015.12
(浦東歷代要籍選刊/李天綱主編)
ISBN 978-7-309-11172-9

Ⅰ.傅… Ⅱ.①傅…②袁… Ⅲ.①中國歷史-春秋時代-編年體
②《左傳》-研究 Ⅳ.K225.04

中國版本圖書館 CIP 數據核字(2014)第 309111 號

責任編輯 張旭輝

(浦東歷代要籍選刊)
傅 遜 集
(明)傅 遜 撰
孫大鵬 袁雯君 整理

復旦大學出版社有限公司出版發行
上海市國權路 579 號 郵編:200433
網址:fupnet@fudanpress.com
http://www.fudanpress.com
門市零售:86-21-65642857
團體訂購:86-21-65118853
外埠郵購:86-21-65109143

浙江新華數碼印務有限公司印刷

開本 890×1240 1/32 印張 27.75 字數 497 千
2015 年 12 月第 1 版第 1 次印刷

ISBN 978-7-309-11172-9
K·519 定價:168.00 元

如有質量問題,請與承印公司聯系

ISBN 978-7-309-11172-9

9 787309 111729 >

定價：168.00圓